2017年文化和旅游部优秀研究成果奖教材类一等奖

国家文化产业资金支持媒体融合重大项目

21世纪新概念教材：多元整合型一体化·"传承-创新"系列

普通高等学校旅游管理类教材新系

旅游消费者行为学

Lüyou Xiaofeizhe Xingweixue

（第三版）

◄ 孙九霞 陈钢华 编著

东北财经大学出版社
Dongbei University of Finance & Economics Press
大连

图书在版编目（CIP）数据

旅游消费者行为学 / 孙九霞，陈钢华编著. —3版. —大连：东北财经大学出版社，2022.7（2025.7重印）
（普通高等学校旅游管理类教材新系）
ISBN 978-7-5654-4549-1

Ⅰ．旅⋯　Ⅱ．①孙⋯ ②陈⋯　Ⅲ．旅游–消费者行为论–高等学校–教材　Ⅳ．F590

中国版本图书馆CIP数据核字（2022）第091361号

东北财经大学出版社出版
（大连市黑石礁尖山街217号　邮政编码　116025）
网　　址：http://www.dufep.cn
读者信箱：dufep@dufe.edu.cn

大连天骄彩色印刷有限公司印刷　东北财经大学出版社发行
幅面尺寸：185mm×260mm　　字数：558千字　　印张：26.25
2022年7月第3版　　　　　　　2025年7月第7次印刷
责任编辑：许景行　石建华　王　斌　　责任校对：伊　仁
封面设计：冀贵收　　　　　　　　　　版式设计：原　皓
定价：62.00元

"整体论"课程观指导下的中国高校课程及其教材建设

"整体论"课程观是反映当代世界特别是美欧发达国家高等教育课程观综合化趋势，通过博采诸多课程观之所长、避其所短而产生的一种课程理论取向，也是面向未来的中国高校课程及其教材建设的指导性理念。这种取向有着充分的历史依据、坚实的现实基础与深刻的逻辑反思背景。

一、当代美欧大学高校课程改革

（一）社会背景

当代美欧大学课程观及其指导下的高校课改，与时代发展、世界政治格局变化、科学文化走向、社会经济结构和职业结构转型等"社会背景"要素密切相关。

1.恢复与发展经济，打赢"冷战"

第二次世界大战（以下简称"二战"）后初期，世界政治格局发生变化，进入"冷战"时期。美欧主要发达国家面临两大任务：一是由战时经济转向战后经济的恢复与发展；二是使国家发展服务于美苏"冷战"需要。

战后经济恢复与发展需要培养大批高等专业人才，"专业化""职业化"一度引领美欧高校的办学方向，并推进了高校建设的数量增长与规模扩张；"冷战"对抗的加剧，使以"提高科技竞争力"和"强化西方价值观"为内涵的"普通教育"被视为战胜苏联的手段。

2.关注"职业流动性"

20世纪70—80年代以来，以原子能、计算机、微电子技术、生物工程技术和空间技术广泛应用为标志的第三次科学技术革命席卷美欧，传统工业时代的产业结构、市场需求结构和职业结构发生改变，行业内乃至跨行业的职业流动渐成常态。

联合国教科文组织国际教育发展委员会在《学会生存——教育世界的今天与明天》（1972）的报告中，最早提醒包括高等教育在内的世界各国教育要关注"职业流动性"。

进入21世纪，随着以物联网、大数据、机器人及人工智能等技术为驱动力的第四次工业革命席卷全球，职业及就业结构转型方兴未艾，职业能力中的"通能"特别是"4Cs①"重要性日益受到各国教育专家的关注，针对特定技能的"专能"职业教

---

① 所谓"4Cs"，即批判性思考（critical thinking）、沟通（communication）、合作（collaboration）和创意（creativity）。

育，越来越让位于兼顾"专能"与"通能"的职业教育。

3. 转变国家发展战略

美欧主要国家发展战略经历了从"争办世界工厂"的"贸易战略"（1757年至第一次世界大战），到"争夺投资场所"的"资本战略"（两次世界大战期间），再到立足"科技创新"的"技术战略"（20世纪50年代以后）的转变。

依据美国熊彼特"创新理论"（20世纪初）和英国学者弗里曼"国家创新体系理论"（20世纪80年代），将"技术创新"作为经济社会发展的核心驱动力，建立创新型国家，是新时期美欧国家发展战略的选择；为国家培养和输送高等"创新型人才"，是20世纪下半叶该战略向美欧国家高校提出的要求。

4. 应对"知识流变性"

联合国教科文组织的研究表明：19世纪到20世纪初，知识更新周期为30年；20世纪六七十年代，一般学科的知识更新周期为5～10年；到了20世纪八九十年代，许多学科的知识更新周期缩短为5年；进入21世纪，不少学科知识更新周期已缩短至2～3年。这意味着相当多在校学习的知识毕业后已经过时。

统计资料还显示，不同层次的知识，其更新周期是不同的：深层知识（哲学和人文层面的知识）更新周期最长；中层知识（科学基础理论知识）更新周期居中；表层知识（专业知识）更新周期最短。

作为迎接上述挑战的对策：欧美高校通过导入"通识课程"，以具有普遍性的"不变"或"缓变"知识，应对"知识流变"；通过导入"学习策略"和"学习方法"知识，培养学生的"自主学习"能力。

5. 高技术产业崛起

20世纪90年代，美国进入了以信息和网络技术为基础，以高技术产业为支撑，以生产率增长和结构转换为特征，以"科学、技术与生产一体化"为发展趋势的战后经济增长期。

为提升高等人才的国际竞争力，美国政府通过制订相应计划，在大学建立研究中心，从事高新技术基础研究；在高等职业教育中倡导"职业性"与"学术性"并重。

6. 欧洲"一体化"与"碎片化"

1965年组建的"欧洲共同体"，到1993年发展成"政治经济一体化"的"欧洲政治经济联盟"（"欧盟"）。2022年3月，趁俄乌冲突之机，欧盟批准《安全与防务战略指南》，实现了军事层面的"一体化"进程。

然而，欧洲一些国家在20世纪末已经进入经济低速增长甚至负增长的阶段。先前的"福利国家"模式所推高的财政开支与日益衰减的财政收入形成了巨大反差。随着"一体化"边际效益递减，欧盟的认同感和凝聚力不断下降，分离主义不断高涨，欧洲已经走到了"推进一体化"和"地缘政治碎片化"的十字路口。

"欧洲高等教育一体化"进程就是在这一背景下展开的。

7. 英国脱欧

2020年1月31日，英国正式"脱欧"。英国脱欧的影响是多重的。

对英国而言，退出欧盟可以节省每年缴纳给欧盟财政的80亿英镑款项，同时增加中小企业的就业机会，从而在短期内是有利的；从长远影响看，失去欧盟成员国的资格，英国难以依托欧盟在欧洲和世界事务中发挥重要作用，其国际地位和影响将大打折扣。不仅如此，脱欧对英国高等教育的影响也不容小觑：英国高校此后失去了不少研发经费、国际学生和科研人员，其国际声誉、世界竞争力和全球排名也大打折扣。

对欧盟而言，在经济全球化和区域合作深入发展的时代背景下，加入欧盟47年的英国脱欧，表明欧盟内部治理机制失灵和成员国在应对多重危机时出现了难以弥合的分歧，促使新老成员国反思欧盟的发展方向，推动欧盟加速改革。

对世界而言，英国脱欧对全球股市、汇市、债市、大宗商品和全球资产配置格局都产生了不同程度的影响，并引发国际高等教育中新一轮学生和人才流动，以及全球大学排名格局的变化。

8.现代科学发展趋势

现代科学发展呈现两方面趋势：一方面是学科的不断分化，另一方面是学科的交叉和渗透。分化导致学科数量的增长；学科的交叉、渗透导致学科综合化、整体化。学科的分化与综合，使现代科学技术形成一个多层结构、纵横联系、动态发展、综合一致的整体网络。

当代人类还面临诸多现实问题，如科学技术问题、环境问题、社会问题、经济问题等，也都具有综合性质，这些问题的解决都超出了单一科学领域的范围，需要综合运用自然科学、社会科学和人文科学知识去研究解决。

研究对象的高度综合性决定了研究主体知识结构的高度综合性：作为未来研究主体的大学生，既需要具有基于现代科学技术整体网络的综合知识，又需要具有必要的自然科学、人文科学和社会科学素养。这一切赋予美国高校的"通识教育"以新的历史特定性。

9.全球化与逆全球化

"全球化"和"国际化"是20世纪80年代以来世界发展的两个新趋势。"全球化"是指以经济联系为核心的全球联系不断增强，国与国之间在政治、经济贸易上互相依存，人类生活在全球范围内的发展和全球意识的崛起。"国际化"是指"全球化"内涵在国际范围内的流动。

"旧全球化"由美国主导，其指导思想是20世纪80年代美国里根政府和英国撒切尔政府奉为准则的新自由主义经济政策，该政策宣扬"自由化"、"私有化"和"市场化"，奉行"弱肉强食"的"丛林法则"和"你输我赢"的"零和博弈"。"新自由主义"泛滥引发了2008年金融危机，加剧了劳资收入差距和就业困难，促使贸易保护主义、民粹主义抬头，"反全球化"或"逆全球化"（以"英国脱欧"为最新代表）思潮涌动。

近年来，美国政府无视全球产业分工，基于地缘战略需求，不断鼓吹对华"脱钩断链"，试图打造"基于价值观的供应链体系"，意图将中国排除在全球供应链之外，这是美国逆全球化思潮进一步发酵的表现。这些做法不仅违反经济规律，造成效率损失，也与经济全球化的大势背道而驰，将持续损害开放的世界经济和贸易体系，阻碍全球经济复苏和进一步增长。世界发展需要新一轮全球化。

"新全球化"由中国主导，以"一带一路"共建国家为主体，以推动基础设施建设、制造业为核心的工业化和发展中国家合作为主要内容，其指导理念是"人类命运共同体"，基本价值观是相互依存的国际权力观、共同利益观、可持续发展观和全球治理观①。

可以把"新全球化"视为对"反全球化"或"逆全球化"的否定，"旧全球化"的"否定之否定"。

"全球化"不仅塑造着世界经济和文化的新模式，也影响着高等教育向"国际化"方向发展。越来越多的高校把高等教育国际化作为学校建设理念和强校战略，要求课程建设与国际接轨。"为'全球胜任力'而教"已成为各国重点大学的共识，"适应多元文化的素养"和"全球化素养"被提升为大学生最重要的教育目标之一。

10.单边主义与多边主义

单边主义与多边主义是关于国家行为模式的一种分类。前者指一家独大的霸权主义模式；后者指"国际上的事由大家共同商量着办，世界前途命运由各国共同掌握"。

多边主义是适应经济全球化、世界多极化时代要求的产物。前苏联解体后形成的美国"单极世界"展示了太多弊端。人们领教了什么是"让美国再次伟大"，也体验过被架在火上烤的"选边站"。在霸权主义面前，所有其他国家一律平等，或者不如说同样卑微。"美国霸权主义"与受霸权欺凌的所有其他国家（包括西方国家②）的矛盾，已经或正在上升为世界的主要矛盾，是国际政治格局中的最大"公约数"。越来越多的国家开始着眼这个"公约数"制定和实施未来发展战略。

坚持多边主义，就是"要守正出新、面向未来，既要坚持多边主义的核心价值和基本原则，也要立足世界格局变化，着眼应对全球性挑战需要，在广泛协商、凝聚共识基础上改革和完善全球治理体系。"

在高等教育和课程建设领域坚持多边主义，就是高举和平、发展、合作、共赢的旗帜，坚持共商共建共享原则，处理好世界文化统一性与多样性的关系，加强跨文化协同合作能力（特别是"OECD PISA的框架"③下的"全球胜任力"）培养。

应当指出：特朗普执政时期推行的"单边主义"政策及对赴美留学访学的限制措施，阻碍了国际交流的正常进行，是世界"多边主义"高等教育中的一股"逆流"；拜登上台以来延续特朗普时代的行政令，限制中国理工科留学生签证，本质是一种对华技术封锁，是美科技霸权的体现。

11.社会转型

工业经济时代的"价值链"是"开采→制造→装配→销售→配送→产品（和服务）"；知识经济时代的"价值链"是"数据→信息→知识→专长→销售→服务（和产品）"。

上述"社会转型"使单纯生产性劳动持续减少，基于知识的服务持续增加，对能胜任知识性工作的劳动者需求剧增；在工作方式上，要求"日常操作"和"常规认

---

① 习近平倡导的"构建人类命运共同体"理念已多次被写入联合国决议。以该理念为指导的"中国倡议"是推动建设"五个世界"，即：1.建设一个持久和平的世界；2.建设一个普遍安全的世界；3.建设一个共同繁荣的世界；4.建设一个开放包容的世界；5.建设一个清洁美丽的世界。
② 欧盟批准《安全与防务战略指南》，将导致美国主导的"北约"解体，有助于军事领域"多极"世界格局的形成。
③ 这个框架主要是基于哈佛大学零点工程的维罗妮卡·博克森·曼斯勒（Veronica bBoixi Mansilla）教授团队的研究成果，他们认为"全球胜任力"是指理解全球性问题并为之做出行动的能力与倾向（详后）。

知"的传统工作，越来越让位于"包含高层次知识及其应用技能的工作"（如"专家思维"和"复杂沟通"等）；工作性质也由"基于规则的、程序的、操作的、普通环境适应性和人际适应性"（如流水线工人、图书管理员、司机、服务员等），逐渐向"抽象解决问题"和"思考灵活性"（如科学家、程序员、设计者、经理等）转换。

"价值链"和"工作方式"的变化，迫使"转型"中的国家变革高等教育体制，导入"新平衡学习"。

（二）当代美欧高校课改历程

第二次世界大战后到21世纪初，美欧主要发达国家高校课程改革分为两大层次：职业高校课改经历了由"知识本位"的"学术性课改"到"'能力本位'的'职业性课改'"，再到"'学术性'与'职业性'整合课改"的三阶段发展过程；本科以上高校课改经历了由"多种课程思想纷争"，进向两种"融合统一"的发展过程。

1.职业高校课改

1）"学术性"课改

二战后初期，随着美苏"冷战"对抗的加剧，科技竞争成为人们关注的焦点。美国把强化"普通教育"视为战胜苏联的手段；欧洲主要发达国家的高职院校也普遍重视"普通教育"。

在总体上由"学术性"向"职业性"转变的继起阶段，"学术课程"在美国社区学院的"转学教育"、英国第三级学院、德国完全中学和其他学术性高校等教育机构或职能中得以延续。

2）"职业性"课改

20世纪60年代，美国经济发展迅速，技能型人才供不应求，高职教育朝着职业化、大众化和规模化方向发展。《职业教育法》（1963）出台后，初级学院规模迅速扩大，其功能由"转学教育"为主转向"职业教育"为主，"非学术课程改革运动"取代"学科结构运动"成为主流，培训与企业岗位对接的技能成为人们关注的重点，并催生了DACUM模式的CBE课程开发与推广。

20世纪70—80年代新技术革命席卷美欧国家，传统工业时代的产业结构、市场需求结构和职业结构发生改变，行业内乃至跨行业的职业流动渐成常态。为满足新时期职业需求，美国"职业群集课程"、德国"双元制"和英国BTEC等课程模式，通过导入"关键能力"或"通用能力"，将"能力本位"由"专能"提升为"'专能'与'通能'并重"。

20世纪90年代以来，德国不来梅大学技术与教育研究所（ITB）以菲利克斯·劳耐尔（Felix Rauner）教授为首的研究团队与德国大众汽车公司合作，提出并推广了一种"基于工作过程"的"学习领域"（Lernfeld）职业教育课程模式。该模式主张以工匠或"职业成手"的"工作过程为导向"，要求从其"职业活动"或"职业行动"领域导出"学习领域"和"学习情境"，并兼顾"关键能力"的培养。

3）"整合性"课改

在西方发达国家，高等职业教育"'学术性'与'职业性'整合"课程改革兴起于20世纪末至21世纪初。

（1）美国：从 AIO 到"生技教育"

①AIO 指导下的课改

从 20 世纪 90 年代起，美国"非学术课程改革运动"所导致的过度"职业化"和教育质量下降受到关注，一种倡导"职业教育与学术教育有机结合"（AIO）的职业教育观应运而生。在 AIO 和相关立法的推动下，美国各州社区学院进行了整合"学术课程"与"职业课程"的多种尝试。

②"生技教育"阶段的课改

进入 21 世纪后，美国在延续"整合性"课改策略的同时，着眼可持续发展，"从学校到工作"的课改主题被"学校到生涯"的主题取代，"职业技术教育"更名为"生涯与技术教育"（简称"生技教育"）①。

A.社区学院的课程改革

在实施"'职业性'与'学术性'融合"策略的"生技教育"阶段，美国社区学院在"整体观"课程理念指导下，通过"学科性与职业性课程融合改革"，形成了诸多新课程模式，其中包括：

a.应用学术课程（Applied Academics Courses）

应用学术课程是指在常规学术课程中加入应用性要素，使其与诸多领域的职业项目衔接。

b.适用于转学的应用学术课程（Applied Academics Courses for Transfer）

此类课程与应用学术课程类似，其途径是在学术核心课中加入应用学术课。其中，职业主修课程可以通过学分转换，获得应用科学副学士学位认可，转学到 4 年制大学。

c.连接课程和多学科课程

连接课程（Linked）由同一学科内多种课程组成，亦称课程集群。连接课程运用现代课程编制理论和设计方法，重新规划和设计相关课程，形成整体性的有机集群。

多学科课程（Multidisciplinary Courses）是从不同学科视角开展的多学科学习，强调"职业所需的相关学术能力"。

d.基于"学习共同体"的融合课程

"学习共同体"（Learning Communities）是由一些课程集群或项目组成的课程体系。其中：建立在学术上的共同体，为学生提供连贯的、整体的综合性学习；建立在社会关系上的共同体，通过共同参与学习，在师生间形成大型学习型群体。

e.基于"学习技术"的融合课程

基于"学习技术"的融合（Integration through Learning Technologies）课程，是指通过远程教学、计算机软硬件、互联网和其他信息技术的使用，为促进"学术性"和"职业性"融合提供的一种课程设计。

f.基于"工作本位"的融合课程

基于"工作本位"的学习（Integration through Learning Work-Based Learning），是指参加与工作相关、将融合"学术性"和"职业性"作为明确目标的课程。

---

①　美国的"生技教育"或者通过社区学院实施，或者通过在普通高校附设的职业技术学院实施，修满 60 学分可获得生技教育证书或副学士学位证书。

B.部分高等院校的课程改革

从21世纪第二个10年起，美国部分两年制社区学院、四年制公立和私立大学开始或计划增设"职业学位教育"。此类教育主要为在线学习的成人提供可授予学士学位的"'学习结果'导向"项目课程。这些课程参照"欧洲资格框架"（EQF），以"知识、技能和能力"（统称"胜任力"）为"目标描述"，以"融合框架、模块化结构和综合评价"为核心构成要素。

（2）欧盟各国："学习结果"导向

①职业资格框架

2008年，欧洲议会和欧盟理事会颁布欧洲资格框架（European Qualification Framework，缩写为EQF），在职业教育与培训领域建立了一个"以就业为目标"、旨在"实现学分转换"的欧盟各国资格互认的参照标准。"框架"中的"职业教育与培训"，是指"一种与工作世界对接"的教育，即"为人们提供某一特定职业或更广泛劳动力市场所需的知识、技术、技能或能力的教育"。

2021年，欧洲议会通过《关于建立终身学习资格框架的提议》，强调"增加资格透明度"和"促进终身学习"，将"职业资格框架"拓展至继续教育和终身教育。

EQF的等级资格标准采用"学习结果"描述，各级描述对应不同层面"特定工作"的"知识、技能和能力"。其中："知识"（Knowledge）是指通过学习，对信息消化之后产生的成果，即与学习和工作相关的事实、原理、理论和实践规范集合体；技能（Skill）是指应用知识和技巧完成任务和解决问题的才能与本领；能力（Competence）是指"责任与自主性"，即在工作、学习情境中经证实的"应用'知识与技能'"的才能与本领。

②EQF5级：短期高等职业教育

按照"欧洲资格框架（EQF）"与"欧洲高等教育区资格框架（QF-EHEA，详后）"的等值关系，EQF5级职业教育资格相当于QF-EHEA中的"短期高等教育"（二年制专科）资格。

在EQF5级的"学习结果"描述中，"知识"、"技能"和"能力"要求分别如下："能掌握某一工作或学习领域内综合的、专门的事实与理论性知识，以及跨学科知识"；"能掌握创造性地解决抽象问题所需要的一系列综合性认识和实践技能"；"能在不可预测的工作或学习环境中进行管理和监督、反思和发展自身及他人的行为"。

③"整合性"特征

欧盟各国"'学习结果'导向"课程改革，相当于美国"生技教育"阶段的"'整合性'课改"，是一种"基于'工作本位'的融合课程"改革。其课程的"整合性"特征主要体现在如下三方面：

其一，这些课程都"兼顾'典型职业性因素'与'学术性因素'"；

其二，这些课程都在其"学术性因素"中整合了"专业知识、综合知识与跨学科知识""事实知识与理论知识"，在其"典型职业性因素"中整合了"专业能力"与"关键能力"（Key Competences）[①]；

---

　　① 被纳入EQF的"关键能力"（Key Competences）有八种，即"母语交流""外语交流""数学、科学和技术""数字化""学会学习""社会和公民""首创精神和企业精神""文化意识与表达"。

其三，这些课程都是"基于工作本位"、对标"工作世界"中高端层面的"'职业性-学术性'融合课程"。

2. 本科以上高校课改

1）美国大学课改

①多种课程思想竞争

二战后初期，受哈佛大学《自由社会的普通教育》报告书（1945）和美国总统高等教育委员会《美国民主社会中的高等教育》报告（1947—1948）的影响，经历了自19世纪以来第三次也是规模最大的普通教育思想运动。这次运动致力于把博雅和人文传统注入大学的教育体制，为造就共同的美国公民而传递共同的文化传统与"民主"价值观，借以挽救普通教育，纠正大学本科过度专业化的偏向。

20世纪50年代末至60年代初，美国大学课程改革受国家功利主义和科学主义课程思想左右，将重点移至加强科学基础教育，课程设置向"科学中心"的方向发展，旨在造就足够多的科学家和工程师。

20世纪60年代末到70年代中期，美国大学教育规模迅速扩张。社会动荡和反"越战""柬战"所引发的学生运动相互交织，出现了冲击"普通教育"的反主流文化运动，大学课改一度转向"以学生为中心"，更多地关注与社会问题相关的知识需求，并向市场化、多元化、专业化方向发展。

20世纪70年代后期，强调大学"普通教育"课程思想的浪潮在美国高校重现。哈佛大学提出了强化"普通教育"课程思想的"核心课程计划"（1975—1978），推动了包括"分布必修型""核心课程型""名著课程型""自由选修型"等美国大学"通识"课程体系的研发。

②"整体知识观"指导下的课改

20世纪80年代至90年代，美国大学课改从"规模速度型"向"质量效率型"转变，致力于通过整合"普通教育"与"专业教育"，解决大学规模过度扩张和多种教育思想无序竞争导致的教育质量下降问题。其总体特征是：在"整体知识观"的指导下，通过建立融"'普通教育课程'（通识课程）和'专业教育课程'（专识课程）的平衡"，"自然科学课程、社会科学课程和人文科学课程的平衡"（"三种文化的平衡"），"国际化课程的设置"，"理论与实践的统合"，"道德与伦理知识的渗透"，以及"批判思维与创新能力的培养"于一体的大学本科课程体系。

20世纪90年代以后，美国高校通过倡导自主学习、合作学习、实践学习（体验学习）和以研究为基础的学习（探究式学习），进行了与上述改革相配套的教学方法改革。

③从"研究型"向"创业型"转型

自20世纪末以来，美国一些研究型大学凭借"知识创新"优势，投入"知识生产"浪潮，从"学术型共同体"进向"创业型共同体"，向"以创新性知识生产、应用和成果转让为中心"的"创业型大学"转型。这些"创业型大学"集"知识传承"、"科学研究"和"创新创业"三大任务于一体，依托大学内部的跨学科组织（研究中心、孵化器、科技园等），通过"大学、企业和政府的'三螺旋'"结构，在培养"高等'创新-创业型'人才"的同时，为国家经济发展服务。

④为"全球胜任力"而教

"全球胜任力"观念是随着美国国际教育交流协会发表《为全球胜任力而教》（Educating for Global Competence）（1988）报告，在高等教育领域逐步传播和发展的。

21世纪初，哈佛大学率先提出了"全球性大学"的教育理念，把"适应多元文化的素养"和"全球化素养"提升为大学生最重要的教育目标之一。

2004年，美国里海大学的威廉姆·亨特（William D.Hunter）博士建构了包括"知识、技能/经历和态度"3个维度的共17个指标的"全球胜任力"指标模型。

2006年，美国《美国竞争力计划》提出通过培养具备STEM（Science，Technology，Engineering，Mathematics）素养的人才强化全球竞争力方案。

2010年，美国智库胡佛研究所《美国教育2030》报告提出了以"批判性思维"、"问题解决"、"沟通技能"、"合作技能"、"创造力和创新技能"（简称"4C"）为核心的"21世纪技能"。

2016年，经济合作与发展组织（以下简称"经合组织"）发布了《全球素养培养：为了一个更加包容的社会》报告，将"全球胜任力"解构成知识、认知技能、社会技能和态度、价值四个维度，提出"全球胜任力"是指"在尊重人性尊严的前提下，个人拥有从多元观点批判性地分析全球与跨文化议题的能力；能充分理解差异是如何影响自我及他人的观点、判断与诠释；能够开放、适宜、有效率地与不同文化背景的人沟通的能力"。

2017年12月12日，经合组织在美国哈佛大学正式发布维罗妮卡·博克森·曼斯勒（Veronica bBoixi Mansilla）教授团队提出的"PISA 2018全球胜任力评估框架"，该框架包括"体察本地、跨文化和全球议题"、"理解、欣赏他人的看法和世界观"、"与不同文化背景的人进行开放、得体和有效的互动"和"为集体福祉和可持续发展采取负责任的行动"在内的"四个维度或步骤"。

至此，"全球胜任力"被公推为21世纪美国大学生培养不可或缺的素质和能力。

⑤发展趋势

无论是《美国教育2030》（美国智库胡佛研究所，2010）关注的"21世纪核心技能（4C）"，还是"PISA 2018全球胜任力评估框架"确立的"四维度内涵"，都把"兼顾'专能'与'通能'"的能力培养纳入包括"研究-创业"型大学在内的美国教育视野。

从最初"多种课程思想竞争"，到20世纪80-90年代"'整体知识观'指导下的课改"和"从'研究型'"向"'创业型'转型"，再到本世纪第二个年的"21世纪技能"和"PISA 2018全球胜任力评估框架"，表明美国大学教育与课程建设已展现向"整合'整体知识观'与'整体能力观'"发展的雏形和趋势。

2）欧洲各国大学课改

①多样纷呈的课程改革

A.英国。二战后初期，英国高校致力于发展科技教育。1961年对原有高等教育模式进行调整，提出高等教育目的是"传授工作技能，发展一般智力，增进学问知识，传授共同文化和共同公民准则"。其后，经历了10年的再调整与收缩期，转向课程设置现代化，提高教学与科研的质量和效率，要求大学密切与企业之间的联系，并将市场机制引入高等教育。20世纪90年代，受同期美国大学课改影响，英国新型大学对课程设置进行了再调整：打破了传统单学科分系制，设置学科群，开设相关学科；避免过早专业化，强化低年级的普通教育；设置文、理、工课程交叉渗透的跨学科综合课程或学科群；扩大专业选修课程比例；强调课程与"工作世界"之间的联系，将"核心能力"融入大学专业课程中。

B.法国。20世纪60年代起，法国大学一改二战后初期对规模、数量的追求，进行了三次改革。1968年改革规定：高等教育的"基本任务是传授知识，发展研究，培养人才"，高等教育要贯彻"自治"、"参与"和"多学科"三原则。1984年颁布新《高等教育法》，致力于解决"招生与就业"的矛盾，规定了高等教育的总体目标：开放、教学改革和职业化。1986年颁布《高等教育改革法》，以"竞争、创造性和责任感"取代先前"现代化、职业化和民主化"提法。20世纪90年代，受同期美国大学课改的影响，对课程设置进行了调整：一方面，通过基础科学与技术、工程相结合，人文科学、社会科学和自然科学相互渗透，从先前注重"专业教育"转向兼顾"通才教育"；另一方面，突出课程设置的"职业性"和"应用性"，强调大学培养目标的"职业化"方向。

C.德国。二战后，由于德国大学精英严重外流，其高等教育失去了国际领跑地位。大学改革分两个阶段进行：20世纪60—70年代致力于建立新高校、扩大招生规模，满足社会日益增长的人才需要；20世纪80年代，"以提高教育质量为中心"，致力于"应用教育与学术教育并存"的高等教育多层次化。两德统一后，德国着手对东部大学进行改造，于1993年初步完成高等教育一体化进程。

② "整体能力观"指导下的"欧洲一体化"课改

A. "博洛尼亚进程"（以下简称"进程"）下的欧洲大学课程改革

1999年，欧洲29个国家在意大利博洛尼亚举行会议，签署了博洛尼亚宣言，确定到2010年建立包括"容易理解和可以比较的学位体系"、"一个以本硕连读为基础的高等教育体系"和"欧洲学分转换体系"在内的"欧洲高等教育一体化"发展目标。

"博洛尼亚进程"的主要产物，是制定了欧洲高等教育区资格框架（QF-EHEA），该框架以共同的参照标准，将欧洲各国的高等教育区资格系统联系在一起，并区别于EQF6-8级的高层次职业资格。

与侧重"学术性"的"'通识'与'专识'融合"的美国大学课改不同，"进程"及其QF-EHEA致力于通过整合"通能教育"与"专能教育"，建立"整体能力观"指导下的"模块化"课程体系。

B.以德国课改为例

德国应用科技大学先于综合大学完成了向欧洲"新体制"的转型：其专业设置面向行业；培养目标以行业需要为依据；课程设置模块化，每个模块由主题相互关联的几种课程组成；"关键能力"和"统整能力"作为"通能"被导入所有学士和硕士课程教学中；教学理念从"讲授导向"转向"自主学习导向"。

"进程"启动五年后，德国意识到"一体化"导致与美国大学的差距增大，提出"精英大学计划"，力图通过财力资助，把从全国遴选出来的五所大学打造成世界一流大学。该计划出台后，引发了德国各层面的批评，诸如"不切实际"（大学层面）、"瞒天过海"和"把视线从致命的德国财政困难上引开"（政党层面）、"拆东墙补西墙"和"有违公正"（同行层面）等。

C. "进程"的得与失

"进程"是1968年以来欧洲最重要、范围最广的一次高等教育改革。一方面，它解决了欧洲高等教育区的"高度异质性"问题，实现了欧洲各国高等教育体制的协调一致；另一方面，也存在种种弊端，如"教育均质化""急功近利""浓重的商业化倾向""学制过短""学生就业能力下降"等。

（三）理论反思

与欧美职业高校"转学教育"和"学术性课改"、本科以上高校"普通教育"思想运动和"'整体知识观'指导下的'专识'与'通识'融合"课改相对应的课程理论，是"知识本位"课程理论；与欧美职业高校"职业性课改"和"'整体能力观'指导下的'专能'与'通能'整合"课改相对应的课程理论，是"能力本位"课程理论；介于两者之间的课程理论，是"两极互渗"中的理论探索；与欧美职业高校"'学术性'与'职业性'整合课改"相对应的课程理论，是课程社会学中的"辩证课程理论"；超越"知识本位"与"能力本位"的理论尝试，是"21世纪教育基本要求"和"21世纪学习框架"。

对这些课程理论及其利弊得失进行必要反思，有助于我们在借鉴中扬长避短，为面向未来的中国高校课程与教材建设提供参照。

1. "知识本位"课程理论

1）代表性理论

"知识本位"的代表性课程理论有布鲁纳（J.S.Bruner）的"结构主义课程理论（20世纪50年代）"、皮亚杰（Jean Piaget）的"双向建构理论"（20世纪60年代）、维果斯基（Lev Vygotsky）的"最近发展区理论"（20世纪20—30年代）、冯·格拉塞斯菲尔德（Von Glasersfeld）的"概念框架理论"（20世纪80年代）、维特罗克（M.C. Wittrock）的"生成过程理论"（1983）和斯皮罗（R.J.Spiro）与乔纳生（D.H. Jonassen）的"认知灵活性理论"（1991），以及融合"专识"与"通识"的"整体知识观"（欧内斯特·博耶、克拉克·克尔、德里克·博克和小贝诺·施密德特等，20世纪90年代以来）。

2）可取之处

"知识本位"课程理论的可取之处主要有三：其一，将"学会认知"作为课程教学的宗旨，依照"学会认知"有赖"知识迁移"，"知识迁移"有赖"知识学习"，"知识学习"有赖"课程设计"的基本思路进行课程建设。这样的宗旨和思路在今天也有生命力。其二，"学科导向"所坚持的课程设计"纵向组织"原则，即要求在课程设计中依照逻辑次序循序渐进地展开知识内容。比起"工作过程"和人类知识产生的"时间次序"，这个"逻辑次序"更接近"学生认知的心理发展次序"。其三，作为"知识本位"最高存在形式的"整体知识观"反映了当代科学发展"分化与综合并行"的总趋势，实现了由"专识"到"'通识'与'专识'融合"的提升，这是二战以来美国高等教育课改中最重要的指导性理念。

3）主要局限性

"知识本位"课程理论的主要局限性涉及五个层面：其一，"知识本位"教育是人类历史上"体力劳动"与"脑力劳动"分工加剧时代的产物，反映了工业时代和后工业时代职业结构的特定需求，其课程适用于该时段的基础教育、美国社区学院的转学教育和大学的"精英"教育，服务于少数高端学术人才培养。这是它的历史局限性。其二，"知识本位"侧重于"学会认知"，相对忽视"学会做事"和"学会做人"。如果用于造就今日高等人才，不仅存在"行为自律"欠缺问题，其多数还将面临结构性失业。这是它的现实局限性。其三，"知识本位"诉诸的"学科导向"，在某些倡导者（如美国伍兹霍尔会议代表，即以布鲁纳为首的约35位美国科学家、学者和教育家）那里，主张依照学科的"基本结构"展开教学内容，这个"基本结构"与"发生学"意义上的"学生认知心理发展次序"是有区别的。这是它的课程理论局限性①。其四，在"知识本位"课程理论的建构主义早期代表（如皮亚杰和布鲁纳）那里，未能完全摆脱经验主义、行为主义和认知主义的影响。这是它的哲学和心理学基础局限性。其五，"整体知识观"轻视"整体能力观"。这是它最新存在形式的局限性。

2. "能力本位"课程理论

1）代表性理论

北美早期CBE课程理论以"学会在企业特定职业岗位做事"为宗旨，其"教学计划开发"着眼于"特殊技能培训与迁移"；美英德中期"能力本位"课程理论以"学会在行业职业群综合岗位做事"为宗旨，其"课程开发"着眼于"综合技能培训与迁移"；德国后期"学习领域"课程理论以"学会在行业职业群系统工作岗位做事"为宗旨，其课程设计着眼于"系统技能培训与迁移"；"进程"中的欧洲各国大学以满足欧洲"社会需要"为宗旨，其课程设置着眼于"整合'专能'与'通能'"的"整体能力"迁移。

2）可取之处

"能力本位"课程理论主要可取之处有四：其一，将"学会做事"作为课程教学宗旨，依照"学会做事"有赖"技能迁移"，"技能迁移"有赖"技能训练"，"技能训练"有赖"课程设计"的基本思路进行课程建设。在优化其课程设计原则的前提下，这样的宗旨和思路有可取之处。其二，着眼于企业对"技术技能型"人才的需求，发掘被"学科导向"课程忽视的"职业工作要素"，有助于克服传统"学科导向"课程观的片面性，历史上功不可没，现实中有借鉴价值。其三，通过导入"横向组织"原则，将"工作要素"融入课程设计是其亮点。在面向未来的高等教育课程改革中，"横向组织"是课程设计中一个不可或缺的维度，而应否"横向为主"则需研究。其四，"整体能力观"反映了新技术革命以来当代职业结构变化及其流动性加剧的发展趋势，堪称二战后欧洲职业教育课改指导性理念的最重要提升。

3）主要局限性

"能力本位"课程理论的主要局限性涉及更多层面：其一，该理论也产生于"脑力劳动"与"体力劳动"社会分工加剧的时代，在一定程度上满足了特定时期企业对"工匠"和"工程师"的规模化需求。随着世界由后工业时代进入知识经济时代，反映旧有产业结构和职业需求的"能力本位"课程观渐失根基，其历史局限性也越来

---

①　实践是检验真理的唯一标准。布鲁纳"学科结构"课程改革运动失败，证明了一个事实，即其以之为据的"任何学科都能够用在智育上是正确的方式，有效地教给任何发展阶段的任何儿童"著名假设是伪命题。该假设的提出以所谓"中心信念"为前提，就是"无论在哪里，在作为'知识高端'的科学家研究室也好，在小学生教室也好，其智力活动全都一样"。此等"信念"不足为凭。因为由小学生的"智力活动"进达科学家的"研究活动"，是一种"学术性"的跨越升级。"跨度"越大，实施教育的难度就越大，并且这种"难度"又远非依照"行为主义"、"认知主义"和"建构主义"等经验主义课程理论所能化解。

明显。其二，该理论侧重"学会做事"，忽视"学会认知"和"学会做人"，与21世纪的职业需求不符。这是它的现实局限性。其三，该理论主张学校复制企业，教学模仿工作，学生模仿工匠或工程师，反过来又向企业输送"克隆工匠"或"克隆工程师"。其所陷入的"克隆"怪圈，有导致产业结构落后和人才结构僵化之风险。这是它的模式局限性。其四，该理论倡导的"横向串行"建构原则，是将"高等职业个体发生机制"嫁接于"高等职业成体行动机制"，其做法有如生物学领域将"胚胎发育机制"嫁接于"成体生理活动机制"；而其要求学员通过"从生手到专家"的"工作情境"进行技能建构，又将"发生中的职业个体"混同于"职业成体"①。这是其理论局限性。其五，该理论早期是还原论、构造主义和行为主义的；在后期发展中，尽管立足于整体论反对CBE还原论，立足于格式塔心理学反对构造主义和行为主义心理学，但未与经验主义彻底划清界限②。这是其哲学与心理学基础局限性。其六，在该理论中，学员只扮演"工具理性"的角色，重"功利"而轻"人本"。不仅如此，将"工匠或工程师行动能力"作为目标，让学员围绕"工作过程"旋转，还会导致主体的缺失。这是其人才目标局限性。其七，"整体能力观"无视"整体知识观"的积极作用，舍弃"通识教育"，所培养的人才文化底蕴单薄，科学素养缺失，发展后劲不足。这是"能力本位"现存形式的局限性。

3. "两极互渗"中的理论探索

1) 从"学术性"向"职业性"延伸

综观当代"知识本位"课程观发展，可发现其呈现一种趋势：其"学习迁移"理论内涵经历了由E.L.桑代克的"文化共同要素"和"经验类化"、布鲁纳"学科的基本结构"和D.P.奥苏贝尔的"认知结构"等迁移，进向J.安德森"产生式迁移"和弗拉威尔"认知策略迁移"的发展；其"学习理论"指向的"知识"，经历了由概念原理知识、策略性知识和图式知识（鲁梅尔哈特，1977；威多森，1983；汤姆斯·迪瓦恩，1987）等"结构良好领域知识"，向"结构不良领域"的"情境知识"以及"从生手到专家"的业务知识（斯皮罗和乔纳森，1990）的发展；其研究重心经历了由一般性的"学术认知"向较具体的"职业认知"的发展。

这种趋势表明：传统"知识本位"课程观在发展过程中，出于"突破自身发展瓶颈"的内在需要，已通过"职业性"要素的导入而渗入另一极，即"能力本位"的世袭领域。

2) 在"职业性"中导入"学术性"

当代"能力本位"课程观发展呈现的则是相反趋势：由北美CBE模式关注的"特殊技能迁移"，经过美国"职业群课程"、英国BTEC和德国"双元制"课程关注的"综合技能迁移"，进向德国"学习领域"理论关注的"系统技能迁移"和"能力导向新制"关注的"统整能力迁移"。这种由"特殊性"到"综合性"、"系统性"和"统整性"的发展，显示了"能力一般化"的倾向。应当指出的是：在"系统"与

---

① "生手"也是职业成体，只不过是刚走上工作岗位的职业成体罢了。然而高等职业技术教育的对象不是"高等职业成体"，而是"发生中的高等职业个体"；为"发生中的高等职业个体"开设"非发生学"意义上的"职业成体"课程，总体上是一种自相矛盾。

② 格式塔理论自诩秉承了康德先验论，然而它至多接受了康德的整体论，却始终未将整体论提升到超越经验论的先验论高度。

"一般"之间尚存有质的差异，这个差异不可能在"能力本位"范围内消除。要将"系统技能"和"统整能力"提升到"一般能力"，须借助于"学术性"的"一般性认知要素"或"普通认知要素"，无论这种"一般性认知要素"或"普通认识要素"是"抽象的一般性"、"自身特殊化的一般性"还是"重建自身的一般性"。

上述趋势表明：由关注"特殊技能"进向关注"综合技能"、"系统技能"和"统整能力"的"能力本位"课程观，要"突破自身发展瓶颈"，也不得不考虑导入"学术性"或"普通性"的认知要素，从而指向另一极，即"知识本位"的世袭领域。

4.课程社会学中的"辩证课程理论"

课程社会学中"辩证课程理论"的代表是麦克·扬（MichaelYoung），他在1998年出版的专著——《未来的课程》——中，对这一理论进行了系统阐述。

该理论揭示了教育和课程模式转换与时代、社会及其经济结构变化的密切联系，剖析了二战以来美欧特别是英国职业院校课程发展中"学术课程"与"职业课程"的分离过程及相关课程理论的局限性，并着眼于后工业时代的经济变革及由此引起的职业结构变化，指明其未来课程发展的总趋势是"学术课程"与"职业课程"的整合。

麦克·扬关于课程模式转换与社会经济结构变化相关的研究，对于"学术学习与职业学习""作为事实课程与作为实践课程"等片面观点的批判，对于"以结果定义课程方式"和"模块化课程方式"利弊的分析，对于从"分化的专业化""总和的专业化"向"联系的专业化"发展趋势的描述，以及将"联系的策略"作为未来课程内容组织的新方式，特别是将"辩证形式"作为未来课程原则的主张，既是对美英职业院校"整合性"课改的理论总结，也是对其未来发展的指导性建议。

5.超越"知识本位"与"能力本位"的尝试

联合国教科文组织提出的"21世纪教育基本要求"和"美国21世纪技能联盟"制定的"21世纪学习框架"，是超越"知识本位"与"能力本位"的理论尝试。

1）"21世纪教育基本要求"

1996年，由雅克·德格尔任主席的国际21世纪教育委员会在其向联合国教科文组织提交的《教育——财富蕴藏其中》报告中，对21世纪教育提出了四个"基本要求"：使学生"学会认知、学会做事、学会共同生活、学会生存"。它们合起来构成了未来人才的四大支柱。"学会共同生活"强调的是"与人合作"、"与人交流"和"团队精神"等社会协调能力，可并入"学会做事"；"学会生存"的核心是"学会做人"。

四个"基本要求"是在总结"整合"阶段世界特别是美欧发达国家教育和课改经验的基础上提出的前瞻性要求，是对"知识本位"与"能力本位"教育观的超越。

2）"21世纪学习框架"

成立于2002年的"美国21世纪技能联盟"经过10年研究，提出了"21世纪学习框架"（以下简称"框架"）。根据该"框架"，"21世纪的学习"正在由"师本教学、直接讲解、聚集知识、覆盖内容、基本技能、事实与原理、掌握理论、设置课程、相互竞争、局限课堂、基于文本、总结性考试、为就业而学"等，加速转向由前者与"生本教学、互动交流、重视能力、落实过程、应用技能、设问与问题、重视实践、项目学习（或探究式学习）、彼此合作、放眼全球、基于网络、形成性评估、为生活而学"等携手并进的一种新平衡。

"框架"倡导的不是在诸多对立环节中做"非此即彼"的选择，而是要求这些对立环节"携手并进"、建立一系列"新的平衡"，诸如"师本教学与生本教学"的"新平衡"、"直接讲解与互动交流"的"新平衡"、"聚集知识与重视能力"的"新平衡"、"覆盖内容与落实过程"的"新平衡"、"基本技能与应用技能"的"新平衡"、"'事实与原理'同'设问与问题'"的"新平衡"、"掌握理论与重视实践"的"新平衡"、"设置课程与项目学习"的"新平衡"、"相互竞争与彼此合作"的"新平衡"、"局限课堂与放眼全球"的"新平衡"、"基于文本与基于网络"的"新平衡"、"总结性考试与形成性评估"的"新平衡"，以及"'为就业而学'与'为生活（生涯）而学'"的"新平衡"等等。

"框架"体现了美国高校课程和教学设计理论发展研究的最新成果。"新平衡"就是"新整合"。如果说在20世纪末，美国综合大学的课程改革侧重的是"通识"与"专识"的"整合"（"融合"），欧洲新制下的大学课改侧重的是"通能"与"专能"的"整合"，那么"框架"已开始关注"知识"与"能力"的全面整合，可视为超越"整体知识观"与"整体能力观"的尝试。

二、"改革开放"以来中国高校课程改革

（一）现实背景

"改革开放"以来，中国高校的课程改革是在如下"现实背景"中进行的。

1."总依据"、"总布局"和"总任务"

党的十八大强调，建设中国特色社会主义，"总依据"是社会主义初级阶段，"总布局"是经济建设、政治建设、文化建设、社会建设、生态文明建设"五位一体"，"总任务"是实现社会主义现代化和中华民族伟大复兴。

"中国特色社会主义进入了新时代，这是我国发展新的历史方位"牢牢把握"八个明确"的主要内容和"十四个坚持"的基本方略

要推进包括高等教育与课程改革在内的中国任何改革发展，都要立足于"总依据"这个当代中国最现实的国情和最大实际，都要服务于"总布局"的"五位一体"全面建设，都要聚焦于"总任务"的完成。

2."创新驱动"发展战略

中国通过"跨越式发展"，只用30多年就完成了由"世界工厂"到"境外投资"再到"创新驱动"的发展战略转变。

党的十七大报告提出"建设创新型国家"，党的十八大报告正式提出"实施创新驱动发展战略"。《国家创新指数报告2013》显示：中国的国家创新指数排名在全球40个主要国家中已位居第19位；知识创造分指数排名第18位。报告同时指出，中国创新基础仍比较薄弱，提升创新能力仍需长期持续努力。

提升国家创新能力的责任在教育，特别是高等教育。通过"教育创新"提升"国家创新能力"，是"创新驱动"发展战略向中国高校提出的新要求。

3."科学大众化时代"

以《国家中长期科学和技术发展规划纲要》（2006—2020）和《全民科学素质行动规划纲要》（2006—2010—2020）颁布为标志，中国已进入"科技大众化"时代。在这一时段，以科学知识为基础，以提高全社会科技认知和科学素养为目的，推进自

然科学和工程技术成果的普及应用，引导公众进入对科技从"知"到"用"的过程，是国家的战略选择；超越"知识本位"与"能力本位"的"两极对峙"，是高校课改的大势所趋。

4."两化融合"与"两性整合"

在经济全球化大背景下，中国产业价值链正在由中低端向中高端提升，产业结构将沿着后工业化和信息化"两化融合"的道路发展：其结构重心在由一、二次产业向三次产业转移的同时，将与信息化同步推进，各次产业结构将日趋"软化"。产业结构的这种"两化融合"将导致科学、技术与生产朝着"一体化"方向发展。"一体化"的内涵之一是"科学技术化与技术科学化"：一方面，高新技术是知识密集型技术，其发展离不开科学的突破与指导；另一方面，科学的深化需要得到各种技术的支持和保证，更离不开各种类型技术人员的合作。科学与技术相互依赖、促进与融合，导致了技术科学化和科学技术化的发展。"一体化"的内涵之二是"产业科技化与科技产业化"：产业结构升级是通过科学技术向生产的高度渗透实现的；这种渗透反过来又使现代生产日益成为科技化的生产。

与产业结构"两化融合"和科学、技术与生产"一体化"的发展趋势相伴随，中国职业结构将沿着"'职业性'和'学术性'两性整合"的道路发展：其结构重心在由农业、制造业向服务业转移的同时，将与科技化同步推进，科学技术将日趋"产业化"，各次产业的生产性职业将日趋"科技化""知识化"。

受中国产业结构"两化融合"和职业结构"两性整合"发展总趋势制约，中国高等教育的人才培养目标将沿着"'知识'与'能力'并重"的"复合型"道路发展。

5."刘易斯拐点"和"库兹涅茨拐点"

中国经济发展正处于"刘易斯拐点"和"库兹涅茨拐点"：一方面，农业富余劳动力向非农产业转移正在逐渐减少，直至达到瓶颈状态；另一方面，随着收入差距的逐步缩小，经济发展的关注点将从"注重效率"向"注重公平"转化。两个"拐点"的到来，预示着中国剩余劳动力无限供给时代结束，面临"中等收入陷阱"。

通过"创新红利"和"人才红利"，在"创新驱动"中实现产业结构升级和经济转型，是"经济新常态"下超越两个"拐点"对策的重要选项。

6.高等教育的内涵式发展

习近平同志在党的十九大报告中对高等教育发展提出了明确要求，即"加快一流大学和一流学科建设，实现高等教育内涵式发展。"

高等教育只有实现内涵式发展，才能为实现"两个一百年"奋斗目标、实现中华民族伟大复兴的中国梦源源不断培养大批德才兼备的优秀人才。

我国高校要实现内涵式发展，必须始终把提高教育教学质量作为出发点和落脚点，一切工作都要服从和服务于学生的成长成才，尤其要注重提升本科教育教学质量。为此，要切实加强师资队伍建设，建设高层次人才队伍，不断提升教学育人水平。

7."双一流"战略决策

世界一流大学和世界一流学科（First-class universities and disciplines of the world），简称"双一流"，是中共中央、国务院做出的重大战略决策，也是中国高等教育领域继"211工程""985工程"之后的又一国家战略。实施这一战略，有利于提升中国高等教育综合实力和国际竞争力，为实现"两个一百年"奋斗目标和实现中华民族伟大复兴的中国梦提供有力支撑。

对标2030年更多的大学和学科进入世界一流行列以及2035年建成教育强国、人才强国的目标，应更加突出"双一流"建设培养一流人才、服务国家战略需求、争创世界一流的导向，深化体制机制改革，统筹推进、分类建设一流大学和一流学科，在关键核心领域加快培养战略科技人才、一流科技领军人才和创新团队，为全面建成社会主义现代化强国提供有力支撑。

8."三个第一"和"三位一体"

"三个第一"是指习近平总书记在党的二十大报告中强调的：必须坚持科技是第一生产力、人才是第一资源、创新是第一动力，深入实施科教兴国战略、人才强国战略、创新驱动发展战略，开辟发展新领域新赛道，不断塑造发展新动能新优势。这一论述深刻揭示了科技进步、教育发展、经济社会前行三者之间相互推升、彼此促进的耦合关系，也为提升国家创新体系的整体效能指明了方向和路径。

"三位一体"是指习近平总书记在党的二十大报告中提出的教育、科技、人才"三位一体"，即要求"坚持教育优先发展、科技自立自强、人才引领驱动，加快建设教育强国、科技强国、人才强国，坚持为党育人、为国育才，全面提高人才自主培养质量，着力造就拔尖创新人才，聚天下英才而用之"。这一论述明确了进一步做好人才培养工作的战略思路和根本遵循。

9.其他"背景"要素

"当代美欧国家高校课程改革"之"社会背景"中的如下要素，也是今日中国高校课改不得不面对的："关注'职业流动性'"、"应对'知识流变性'"、"欧洲'一体化'与'碎片化'"、"英国脱欧"、"现代科学发展趋势"、"'全球化'与'逆全球化'"、"单边主义与多边主义"和"社会转型"等。

（二）中国高校课改历程

1.高职高专层次课改

1）作为"本科压缩"的专科

"文革"后初期，中国高职教育部分受苏联影响，部分受普通本科教育影响，"知识本位"一度占主导地位。高职院校的主要类型是"高等专科学校"，而专科学校早在"文革"前就已存在，其中有不少是借鉴20世纪50年代苏联模式建立起来的。"专科"被理解为"专门学科"，教学理论尚未完全摆脱凯洛夫"三中心"框架，开设的课程大都是"学科导向"。在这里，"专科"与"普通本科"的区别被理解为"'专科'是简化和压缩的'本科'"。

2）对"工作导向课程"的诉求

20世纪80年代中期起，中国职教界借鉴美欧模式，进入了类似20世纪60—80年代美欧高职"职业性课改"的发展阶段，由"学科导向"的"知识本位"向"工作导向"的"能力本位"转变，致力于培养"高端技能型人才"，其中包括20世纪80年代中期借鉴德国"双元制"模式，20世纪90年代借鉴北美-加拿大CBE模式和英国BTEC课程模式，20世纪90年代末借鉴德国"双元制"模式，21世纪初借鉴德国"学习领域"课程模式等。

目前，我国关于高职高专层次课改取向的较为流行主张是：建构与"'知识本位'学科体系"相对峙的"'能力本位'行动体系"。

2. 本科及以上层次的课改

1）高等教育和学位新类型的推出

近年来，在教育部"就业导向"口号的感召下，国内外职业教育课程改革的这股浪潮也波及我国普通高等教育本科及以上层次，冲击了"研究型课程"或"学术型课程"及其教学资源建设。我国本科和研究生教育正在部分地融入"高等职业教育"范畴。更受职场欢迎的区别于"研究型本科"的"应用型本科"的推出，区别于"学术型研究生"的面向应用的"专业型研究生"的出台等等，便是此种融入的证明。在这里，如何摆正"学科导向课程"与"工作导向课程"的关系，是继续搞"学科导向"的一统天下，还是应当借鉴"工作导向"的某些要素，或者在更高的框架中整合这两种课程模式，既是广大高校教育工作者不得不面对的理论热点问题，也是其亟待解决的重大课改实践难题。

2）普通高校的课改

① "从改革开放到21世纪头十年"课改

改革开放以来，中国普通高校本科及以上层次课改的总趋势是告别"文革"前的"苏联模式"，转而学习和借鉴发达国家特别是"美国模式"和"欧洲模式"。

"文革"后头几年，中国本科以上普通高校课改朝着"宽专业，窄方向"进行，拓宽了专业课程口径，细化了方向课程。

20世纪90年代以来，中国首先规划和启动了研究型重点大学建设，实施了旨在提高教学质量的一系列工程和计划（"211工程"，1995；"985工程"，1999）；随后，又将"质量工程"向1000所本科高校整体推进（2007）。

在此期间，部分中国普通高校学习和借鉴发达国家特别是美国大学20世纪90年代以来的课改模式，探讨"素质教育"框架下的"通识课程"加"专业课程"的课程体系建设。教育部发布文件对包括"人才培养"、"教学理念"、"课程体系"和"教学方法"在内的普通高校教育教学改革，提出了许多重要意见和要求，诸如："加强实践教学，注重学生创新精神和实践能力的培养"（教高〔2001〕4号）；"积极推进研究型教学、讨论式教学、案例教学等教学方法和合作式学习方式，引导大学生了解多种学术观点并开展讨论、追踪本学科领域最新进展，提高自主学习和独立研究能力"（教高〔2005〕1号）；"推进高等学校在教学内容、课程体系、实践环节等方面进行人才培养模式的综合改革，以倡导启发式教学和研究性学习为核心，探索教学理念、培养模式和管理机制的全方位创新"，"激发大学生的兴趣和潜能，培养大学生的团队协作意识、创新精神和创新能力"（教高〔2007〕1号和2号）等。

② "21世纪第二个十年"课改

在21世纪第二个十年，中国普通高校在坚持"走以质量提升为核心的内涵式发展道路"的同时，开始探索旨在"克服同质化倾向的高校分类体系"，确定"特色鲜明的办学定位和人才培养规格"，其课程建设可概括为三个"进入"：

A. "以'整体知识观'为指导"和"从'研究型'"向"'创业型'转型"

研究型大学继续实施"985工程"、"211工程"和优势学科创新平台，"探索拔尖创新人才培养模式"，启动"以人才、学科、科研三位一体的创新能力提升为核心任务，以高校、科研机构、企业协同创新中心为载体，以创新发展方式转变为主线"的"211计划"，向"创业型大学"转型。普通高校经管类本科探索 "科学基础、人文素养、创新能力和实践能力融合发展"、专业特色鲜明的"应用型""复合型"人才培养模式，其课程建设进入与美国20世纪90年代以来"以'整体知识观'为指导"和"从'研究型'"向"'创业型'转型"发展相应的阶段。

B.以"整体能力观"为指导

行业高校或与新兴产业相关专业从"学术型"向"应用技术型"转型，"探索'应用技术型'、'技术技能型'人才培养模式"（《关于全面提高高等教育质量的若干意见》（2012），《关于加快发展现代职业教育的决定》（2014）），其课程建设进入与21世纪初以来"博洛尼亚进程"下欧洲大学以"整体能力观"为指导相应的发展阶段①。

C."整合'整体知识观'与'整体能力观'"

由教育部、财政部、国家发展和改革委员会联合印发的《统筹推进世界一流大学和一流学科建设实施办法（暂行）》（2017）和《关于深入推进世界一流大学和一流学科建设的若干意见》（2022），将"培养拔尖创新人才"，即"坚持立德树人，突出人才培养的核心地位，着力培养具有历史使命感和社会责任心，富有创新精神和实践能力的各类创新型、应用型、复合型优秀人才。加强创新创业教育，大力推进个性化培养，全面提升学生的综合素质、国际视野、科学精神和创业意识、创造能力"，作为"双一流大学"建设任务。这标志中国"双一流"大学的课程建设正在进入与美国大学"向整合'整体知识观'与'整体能力观'发展"相应的阶段。

（三）思考差距，研究问题，全面推进

1.高职高专层面

与欧美职业院校20世纪90年代以来的课改主流相比，目前中国高职课程建设的主要差距是缺少"整合"环节，这个差距体现在许多层面，诸如："'专能'与'通能'的整合"仅限于个别院校探索；"'学术性课程'与'职业性课程'整合"试验正在起步；其他方面的"整合"未曾顾及；"整合性"课程理论研究相当薄弱等等。尝试第一种"整合"，将第二种"整合"作为高职课改重点，研究与落实其他层面的"整合"，全面推进"整合型"高职课程建设及其理论研究，是有待完成的任务。

2.本科以上高校层面

上文将"21世纪第二个十年"的中国本科以上高校课程建设概括为"三个进入"。从"进入"到"完成"，有许多问题需要研究和解决。

1）"类型不同各有侧重"的中国高校课改问题

目前，本科以上"类型不同各有侧重"的中国高校课程建设面临如下问题：是否需要在"专业课程"中融入"通识课程"要素？对于美国大学"'整体知识观'指导下的'通识'与'专识'融合"和"博洛尼亚进程"下欧洲大学"'整体能力观'指

---

① 《职业教育提质培优行动计划（2020—2023年）》、《国际胜任力培养专业委员会第一次全国会员代表大会暨国际胜任人才培养论坛》（2021）等文件出台，标志"整体能力观"指导下的中国高校课改开始向纵深发展。

导下的'通能'与'专能'整合"，类型不同的中国高校是应当对其各取所需，还是立足"整体课程观"，各有侧重地对其兼收并蓄[①]？

单就中国行业高校或与新兴产业相关专业课程建设来说，其面临的问题是：应当"由'学术性'向'职业性'转型"，还是应当"在'学术性'中导入'职业性'"？本科与高专课程体系的主要区别是否在于设不设置"通识课程"？"'工作过程导向'的'行动体系'课程"行得通吗？其理论误区在哪里？

2）中国各类高校课改的共性问题

中国各类高校课程建设要研究解决的共性问题主要有：

为了破解"钱学森之问"，改变"大学以'严进宽出'承接中学'应试教育'"的旧常态，课程建设层面上应采取哪些配合措施？

教育部近年文件中关于高校"人才培养"、"教学理念"、"课程体系"、"教学方法"和"考核方法"等方面的创新要求，还有哪些没有落到实处？如何落实？

在改革基本取向上，是坚持"就业导向"，还是借鉴美欧高校20世纪90年代以来的做法，将"就业导向"提升为"创业与就业并重"，将"从学校到工作"提升为"从学校到生涯"？"两种提升"向大学课程建设提出的要求是什么？

在课程类型上，如何解决好"多与一"的关系？各类高校在"克服同质化倾向"的同时，应以何种更具创新性的"课程理念"为指导？

在课程目标上，如何以更高的"学力框架"来整合"知识"、"能力"、"道德"与"价值观"等诸多内涵？

在课程方法上，是应当像传统做法那样，在"学科中心"与"工作中心"、"知识中心"与"行动中心"、"教师中心"与"学生中心"等"两极对立"之间作"非此即彼"的选择，还是以某种方式扬弃这些对立？

在课程组织上，如何扬弃"'知识本位'的'学科体系'"与"'能力本位'的'行动体系'"、"课程的'纵向组织'与'横向组织'"、"知识展开的逻辑顺序"与"大学生心理发展顺序"等"两极对立"？其理论依据是什么？

在教学方法上，同美国20世纪90年代后的"教学方法改革"和"21世纪技能联盟"倡导的"新平衡学习"相比，还存在哪些差距？

3.因势利导，全面推进

解决中国高校课程建设面临的上述问题，需要立足中国国情，在充分反思"现实背景"的基础上，取美欧"整体知识观"和"整体能力观"（特别是已显示整合两者趋势的美国大学近期课改）之所长，发掘其"两极互渗"趋势中的积极要素，吸收"辩证课程观"、"21世纪教育基本要求"和"21世纪学习框架"的合理内核，深化课程理论研究，推进有中国特色的"整体课程观"指导下的课程与教材建设。

三、深化课程理论研究，推进面向未来的中国高校课程与教材建设

习近平总书记在党的二十大报告中指出，"教育、科技、人才是全面建设社会主义现代化国家的基础性、战略性支撑。教育是国之大计、党之大计。培养什么人、怎

---

① 直至20世纪末，美国大学（职业高校除外）都视"通能教育"为"新体制"下欧洲高等教育"量化宽松政策"的产物（即档次欠佳）而弃之；与之相反，欧洲大学迄今仍不搞"通识教育"，因为它在"一体化"超短学制下无法实施。对于中国大学教育来说，两种做法都不可取。

样培养人、为谁培养人是教育的根本问题。"这是以习近平同志为核心的党中央对新时代教育事业的总体战略部署，也是新时期中国高校课程与教材建设的指导思想。贯彻落实这一战略部署，应当从以下方面入手：

（一）建构"信息层面"的课程理论

深化课程理论研究，需要探索"高等职业个体发生机制"，建构"信息层面"的课程理论。

1. 区别"两类高等职业个体"

所谓"两类高等职业个体"，是指"发生中的高等职业个体"和"高等职业成体"。前者指以"基础教育"阶段"学力结构"为"原格局"、接受高校学历教育的在校生；后者指高等职业岗位中"从生手到专家"的各级在职人员。高校学历教育的对象不是"高等职业成体"，而是"发生中的高等职业个体"。"高等教育过程"是后基础教育阶段"发生中的高等职业个体"向"高等职业成体"一系列有序的变化发展过程。就像高等动物个体的"发育过程"不同于其成体"生理活动的序化过程"一样，"发生中的高等职业个体"（高校在校生）之"教育过程"也不同于"高等职业成体"（科学家和工匠）的"工作过程"。

2. 从"文化信息"层面切入的必要性

布鲁纳的"结构课程理论"和始于皮亚杰的建构主义课程理论是在个体层面，分别将"学科知识结构"和心理发展的"结构–建构"活动置于课程中心地位，其结果同CBE课程理论一样进入误区[①]；面向未来的中国高校课程理论建设需要从"文化信息"即"觅母"层面，将"教育过程"中的"人类职业文化信息传递"置于课程中心地位。

从"文化信息"层面研究"高等职业个体发生"机制，就是研究与"课程觅母"、"觅母表达"以及"觅母突变"相关、"纵向为主、纵横交错"的"高等学力"建构规律或法则。

3. 需要导入的基本概念与原理

1）"课程觅母"

道金斯（Richard Dawkins，1941—）在其开山之作《自私的基因》中，比照生物基因，将通过教育过程传递的人类"文化编码结构"称为"觅母"（meme）。表征"高等职业个体发生"机制时，有必要使用这一术语[②]。

我们用"课程觅母"指谓以教材为载体、教师为实现课程目标在教学活动中引导学生建构"学力"的"职业文化信息编码系统"，这个编码系统凝结着人类职业活动的历史积淀与现实发展各种要素之精华。"发生中的高等职业个体"之"高等学力"建构过程，应理解为"课程觅母"逻辑结构在高级阶段的程序化表达过程。

[①] 在"错把'发生中的高等职业个体'的教育过程当作'高等职业成体'职业活动的序化过程"教学误区上，德国"学习领域"课程理论把学员当作"生手"，倡导"'教育过程'模仿'工匠'、'专家'或工程师'工作过程'"的"行动学习"；布鲁纳的"课程结构理论"把中小学生当作科研见习者，倡导"'教育过程'模仿科学家'思考过程'"的"发现学习"。两种诉求殊途同归。

[②] 在科学发展史上，不同领域（特别是层次相近领域）的学术研究相互借鉴并有所成就的例子屡见不鲜：康德借鉴比较解剖学（居维叶（1748—1795））创立了精神解剖学（参看他的代表作"三批判"（1781，1788，1790））；黑格尔借鉴比较解剖学和古生物学创立了"精神重演论"（参看他的《精神现象学》（1807）和《逻辑学》（1812—1816））；皮亚杰借鉴冯·贝尔的比较胚胎学（《动物的发育》，1828）创立了"发生认识论"（参看他的《儿童心理学》（1966）和《发生认识论原理》（1970））；道金斯借鉴摩尔根的"基因"学说（《基因论》，1926）创立了"觅母"学说（参看他的《自私的基因》，1976）；如此等等。笔者认为，在与"高等职业个体发生机制"相关的教育过程和课程理论的研究上，有必要借鉴分子生物学的"基因表达"理论。

2）"觅母表达"

在"高等职业个体发生"中，"觅母表达"起决定作用。所谓"觅母表达"，是指浓缩在高校教材的"课程觅母"中被编码的"人类高等职业文化信息"，通过教师（相当于高等职业文化"信使RNA"）备课与授课（相当于高等职业文化"激活"与"转录"）和学生的学习与训练（相当于高等职业文化"翻译"），到学生"高等职业胜任力"建构（相当于高等职业文化"蛋白"）的信息流动过程。

比照分子生物学的"中心法则"（Francis.C.Crick，1958，1970），可以把这种"觅母表达"机制称为现代教育学的"中心法则"。

3）"觅母表达"的特异性、纽带和关键

人类的"觅母表达"在儿童接受早期教育时就开始了，贯穿于从那时起到高等教育乃至终生教育的始终。在所有各阶段，"中心法则"对于文化层面的人类"个体发生"都起决定性作用。"高等职业个体"的"学力建构"发生于"觅母表达"的高级阶段，即"后基础教育"阶段。通过"觅母表达"，课程教材中关于"高等职业活动文化信息"的编码程序，一方面转化为具有时间特异性的"高等学力"结构发展，另一方面转化为具有逻辑特异性的"高等学力"结构形态。

在这一过程中：个体层面以"同化""顺应""平衡"为主要机制的"高等学力"之"结构-建构"活动，是"文化信息"层面连接"课程觅母"与"教学诱导"的纽带；教师对"人类高等职业文化信息"传递的有组织的"教学诱导"与调控，是学生"高等学力"之"结构-建构"水平发展的关键。

4）"觅母表达"与"环境要素"的关系

"觅母表达"主导的"高等学力"建构，不是在一个自我封闭的系统中进行的，而是在与高等教育环境要素相互作用的开放系统中进行的。

高等教育的环境要素包括实体环境与虚拟环境。实体环境又包括内环境与外环境：前者指由课堂、学校及其规章制度、教育技术、设备设施等构成的要素；后者指由家庭、社区、社会（特别是由国家发展战略、现实产业结构与职业结构决定的高等职业需求，以及体现于国家教育体制、方针、政策、规划与机构中的"高等教育导向"）和世界（特别是其政治、经济、科技、教育等现实发展态势）构成的要素。虚拟环境指以图书馆和互联网为载体和中介的人类科技文化信息要素。

着眼于"开放系统"，可以将"发生中的高等职业个体"之"高等学力"建构过程，更具体地表述为"以高校教学活动为中介，受制于内外高等教育环境要素并与之非线性互动的'觅母表达'过程"。这个过程决定个体"高等学力"结构的最终形态。

5）"觅母突变"

"课程觅母"在"自我复制"过程中，通过内因（课程与教材设计、师生互动、自主性选择等要素）与外因（各种教育环境要素）的交互作用，会发生结构性改变，包括组成、排序、量的变化与质的"创新"等，这种改变可称为课程的"觅母突变"。

导入"觅母突变"可以使"高等职业个体发生机制"进一步具体化：一方面承认"觅母表达"在高等教育过程中的"中心地位"，从而与过分强调"自我活动"的自然主义、过分强调"从做中学"的经验主义乃至过分强调师生"主观目的"和"行为作用"的激进建构主义划清界限；另一方面承认"创新型教学""研究性学习"和实践

（个体的与社会的）在高等教育过程中的"主动性""否定性"作用，从而同将高校课程视为一成不变的单纯"知识传承"、"社会化"和"心理转录"的保守建构主义划清界限。

从本质上看，现代课程论中的保守建构主义和激进建构主义分别立足于人类职业文化的历史积淀和每一代人对职业文化的现实创新：两种观点各有片面性，又各有合理内核；全盘否定其一，也就否定了其他。

（二）推进"整体论"课程观指导下的中国高校课程及其教材建设

面向未来的中国本科及以上高校课程及其教材建设，要以《中国教育现代化2035》和《"十四五"时期教育强国推进工程实施方案》（发改社会〔2021〕671号）等文件精神为指导，以教育部《普通高等学校教材管理办法》（教材〔2019〕3号）的"总则"为原则，以贯彻落实《办法》中的"一个坚持""五个体现""四个自信"和"第十三条"各项要求为基点，以新近修订的《普通高等学校教学质量国家标准》为既定规范，在体现党和国家意志、国家和民族的基本价值观，包括中华优秀传统文化在内的人类文化知识积累与创新成果的同时，把学习党的二十大精神作为学校思想政治教育和课堂教学的重要内容，推动党的二十大精神进教材、进课堂、进头脑，努力构建"中国特色、融通中外的概念范畴、理论范式和话语体系"，将"整体论"课程观作为中国高校课程及其教材建设的一个指导性理念来定位，其中包括课程内容、课程类型、课程目标、课程方法、课程设计、课程组织、教学途径、教学方法及训练考核等层面"具体观念"的"多元整合"取向。

1. 课程内容取向

在课程内容上，应当及时反映"知识经济""数字经济""服务经济""体验经济""共享经济"叠加背景下的国家相关产业新发展，及其与5G、人工智能、生物技术、大数据、云计算、物联网和智能移动终端App等新技术融合的新趋势，借以对接日益增长的"高素质""知识密集型"人力资源市场新需求。

2. 课程类型取向

在课程类型上，应当着眼于"从学校到生涯"，与时俱进地从人类文化信息"觅母库"中有选择地提取"人类高等职业活动的历史积淀与现实发展各种要素之精华"，扬弃传统高校课程中"整体知识观"与"整体能力观"、"学术性"与"职业性"、"人本主义"与"工具主义"、"道德主义"与"功利主义"等"两极对立"，推进以"课程觅母"建构为信息基础、以"整体论"课程观为指导、"类型不同各有侧重"的"多元整合型"高校课程及其教材建设。

扬弃传统高校课程类型中"整体知识观"与"整体能力观"的"两极对立"，就是既吸收20世纪90年代以来美国大学"'整体知识观'指导下'专识'与'通识'融合"的基本内核，也吸收"博洛尼亚进程"下欧洲大学"'整体能力观'指导下'专能'与'通能'整合"的合理内核，把整合"整体知识观"、"整体能力观"与"整体价值观[①]"的"整体论"课程观作为有中国特色高校课程与教材建设的"指导

---

① "整体价值观"是"人类共同价值观"、"国家和民族基本价值观"与"社会主义核心价值观"三者的整合，其中"人类共同价值观"作为"人类命运共同体"理念的价值观基础，是对西方宣扬的"普世价值"的批判与超越。

性理念"。

扬弃传统高校课程类型中"学术性"与"职业性"的"两极对立",就是"类型不同各有侧重"地使传统"学术性"课程"职业化",使传统"职业性"课程"学术化"。其中:"学术化"要兼顾"科学化"与"技术化"、"核心化"与"专业化";"职业化"要兼顾"类化"与"群化","全球化"与"本土化①"。

扬弃传统高校课程类型中"人本主义"与"工具主义"的"两极对立",就是使其兼具"人本属性"与"工具属性":课程的"人本属性"是指坚持"以人为本",把全面提高学生的教育水平、文化品位、价值追求和道德修养作为课程的根本;课程的"工具属性"是指把树立大学生的"服务意识"作为课程的宗旨。

扬弃传统高校课程类型中的"道德主义"与"功利主义"的"两极对立",就是使其兼具"道德属性"与"功利属性":课程的"道德属性"是指把"社会公德"和"职业道德"作为课程价值的主导取向②;课程的"功利属性"是指把"为社会、为国家、为人民谋利益"作为课程价值的基本取向,把"三个有利于"作为判断课程的最终标准。

3.课程目标取向

在课程目标上,应当借鉴人类文化信息"觅母库"中的"21世纪教育'基本要求'"和"21世纪学习框架",扬弃传统高校课程中"重认知轻做事"与"重做事轻认知"的"两极对立",推进以"健全职业人格(包括"全球胜任力")③"为"高等学力"框架、兼顾学生发展后劲、"不同类型各有侧重"的"多元整合型"高校课程体系及其教材建设。

扬弃传统课程目标中的"两极对立",就是在兼顾"整体知识"与"整体能力"目标的同时,导入体现全人类共同价值、党和国家意志、社会主义核心价值观及道德伦理行为规范等"课程思政"目标,借以克服传统高校课程目标中"重成才轻成人""重文凭轻人品"的通病,用"健全职业人格"的"高等学力"框架来整合"整体知识"、"整体能力"与"整体价值"等基本内涵,向培养"既会认知,也能做事,更懂做人",兼备"通识"与"专识"、"通能"与"专能"、"全人类共同价值观④"与"社会主义核心价值观"的"健全型高等职业人"目标转型。

兼顾大学生发展后劲,就是兼顾其"高等学力"建构中的"通层"和"专层",并用"与生涯对接"扬弃相对狭隘的"与工作对接"。

4.课程方法取向

课程方法上,应当扬弃传统课程模式"学科中心"与"工作中心"、"知识中心"与"活动中心"、"教师中心"与"学生中心"等"两极对立",推进以"觅母表达"

---

① "本土化"可具体表述为"以马克思列宁主义、毛泽东思想、邓小平理论、'三个代表'重要思想、科学发展观、习近平新时代中国特色社会主义思想(特别是党的二十大报告)为指导,有机融入中华优秀传统文化、革命传统、法治意识和国家安全、民族团结以及生态文明教育"。

② "道德属性"或"立德树人",即"扎根中国大地,站稳中国立场,充分体现社会主义核心价值观,加强爱国主义、集体主义、社会主义教育,引导学生坚定道路自信、理论自信、制度自信、文化自信,成为担当中华民族复兴大任的时代新人。"

③ "健全职业人格"作为立足于中国特色社会主义制度、物质经济关系、科学技术、道德文化、价值取向、理想情操、行为方式和全球视野等全方位"职业要求"的整合框架,是新时代中国职业人"职业胜任力"的核心和灵魂。

④ 2023年3月,在中国共产党与世界政党高层对话会上,习近平总书记提出全球文明倡议,深刻指出"和平、发展、公平、正义、民主、自由是各国人民的共同追求"。

为中心、"类型不同各有侧重"的"多元整合型"高校课程及其教材建设。

扬弃上述"两极对立"，就是将教材、教师与学生组成的"整合系统"作为高校课程主体，用"觅母表达中心"取代传统课程方法中的诸多"中心"。其中："课程觅母"是人类文化传递的信息基础；教师具有"文化信使RNA"的地位，其"备课"与"授课"相当于对"课程觅母"的"激活"与"转录"，"教学诱导"（而非"主导"）与"调控"对学生学习水平的发展起关键作用；学生的"学习活动"是连接"课程觅母"与教师"教学诱导"的纽带；"中心法则"在"觅母表达"过程中起决定作用。

5.课程设计取向

在课程设计上，应当通过借鉴"21世纪学习框架"，扬弃传统高校课程"目标模式"（Ralph Taylor）与"'实践–历程'模式"（Jeseph Schwab，Lawrence Stenhouse）的"两极对立"，推进兼顾"情境模式"（M.Skilbelk，D.Lawton）、"类型不同各有侧重"的"多元整合型"高校课程及其教材建设。

扬弃"目标模式"与"'实践–过程'模式"中的"两极对立"，就是既承认基于"觅母表达"的"传承型"课程目标的中心地位，也承认基于教师和学生"问题思维"、"研究探索"和"实践活动"（个体的与社会的）等"创新型""创业型"课程目标的"否定性"作用；兼顾"情境模式"，就是兼顾课程设计对诸多"内外情境"要素的"高等文化选择"。

6.课程组织取向

高校课程的组织取向包括"要素组织取向"与"结构组织取向"。

1）要素组织取向

在课程的"要素组织"上，应当扬弃传统高校课程中"纵向组织"与"横向组织"、"逻辑顺序"与"心理顺序"、"直线式"与"螺旋式"等"两极对立"，推进立足于"高等职业个体发生机制"、"类型不同各有侧重"的"多元整合型"高校课程及其教材建设。

扬弃"纵向组织"与"横向组织"的"两极对立"，就是用"纵向为主、横向为辅、纵横交错"的基本原则取代传统"知识本位"课程的"纵向组织"与传统"能力本位"的"横向组织"基本原则；扬弃"逻辑顺序"与"心理顺序"的"两极对立"，就是通过导入"高等职业个体发生机制"，将两者统一于"觅母表达顺序"中，借以清除传统"学科导向"与"工作导向"课程模式中的各种经验主义残余；摒弃"直线式"与"螺旋式"的"两极对立"，就是通过将"通用层面"的"道德要素"按照"顺从级、认同级和内化级"，"通用层面"的"知识要素"与"能力要素"按照"初级、中级和高级"分阶段螺旋式地融入课程中，将"专业"层面的"知识要素"与"能力要素"在课程教学中直线式展开，使其各得其所。

2）结构组织取向

"结构组织"包括"层次结构组织"与"内容结构组织"。为从容应对不断加速的"知识更新"、"技术更新"和"生产更新"挑战，应当探索使知识"层次结构合理化""内容结构无限化""类型不同各有侧重"的"多元整合型"高校课程及其教材建设，借以克服现行高校课程中知识"层次结构单一""内容结构有限"的片面性。

①层次结构合理化

使高校课程中知识"层次结构合理化",就是合理配置"深层""中层""浅层"知识,通过深层知识对中层知识、中层知识对浅层知识的"一般性"、"稳定性"和"指导性"作用,赋予课程以应对当代愈演愈烈的"知识流变"的必要弹性。

②内容结构无限化

使高校课程中知识"内容结构无限化",就是在"授之以鱼"的同时"授之以渔",通过"学会学习",导入关于"学习理论"、"学习方法"与"学习策略"等"否定性"的"自主学习"机制,赋予课程以应对"从学校到生涯"的"知识流变"(="重建自身的一般性")之无限潜力。

7.教学途径取向

在教学途径上,应当借鉴认知心理学和建构主义学习理论中的合理内核,克服传统高校课程模式中各教学环节相互脱节的弊端,推进"原理居先、实务跟进、案例同步、实践到位"、"类型不同各有侧重"的"多元整合型"高校课程及其教材建设。

借鉴认知心理学和建构主义学习理论中的合理内核,就是借鉴J.安德森"产生式迁移理论"关于"'产生式规则'的获得必须先经历一个'陈述性阶段'"、弗拉威尔"认知策略迁移理论"关于"'反省认知过程'是在新的情境下使用'认知过程'的前提"、斯皮罗(R.J.Spiro)和乔纳生(D.H.Jonassen)"认知灵活性理论"关于"'高级学习'以'初级学习'为前提"等研究成果,将各阶段"程序性知识"教学置于"陈述性知识"教学之后,将"认知策略知识"教学置于"反省认知过程"教学之后,将"结构不良领域知识"教学置于"结构良好领域知识"教学之后,将"实践教学"置于以之为据的"陈述性知识"、"程序性知识"和"结构不良知识"教学之后,将"创新型训练"置于"传承型训练"之后,围绕"觅母表达"这个"中心",进行以"整体知识"、"整体能力"和"整体道德"为基本内涵的系列阶段性建构,将"高等学力"最终打造成各类"学习迁移"由以出发的结构中心与枢纽。

8.教学方法取向

在教学方法上,应当着眼每种方法的特定适用性,推进将各种方法"兼收并蓄""类型不同各有侧重"的"多元整合型"高校课程及其教材建设。

将各种方法"兼收并蓄",就是将"学导式教学法"、"互动式教学法"、"案例式教学法"、"讨论式教学法"、"体验式教学法"、"专题式教学法"、"分众式教学法"和"项目式教学法"等诸多教学法,以及"自主学习"、"合作学习"、"实践学习"等学习方式有针对性地运用于相应教学环节,使其相辅相成、相得益彰,借以克服教学"重鱼""轻渔",教师"一言堂""满堂灌",和学生"轻交流""少体验"等传统教学方法的弊端。

9.训练、考核与评价取向

在训练、考核与评价上,应当以中共中央、国务院关于《深化新时代教育评价改革总体方案》(2020.10)为指导,扬弃传统课程模式中的各种片面性,推进"融多种训练与考核方式于一体""类型不同各有侧重"的"多元整合型"高校课程及其教材建设。

"融多种训练与考核方式于一体",就是在实施"教学途径取向"各环节的训练时，融"传承型训练与考核"和"创新型训练与考核"、"过程性训练与考核"和"成果性训练与考核"于一体；在考核评价中，改进结果评价，强化过程评价，探索增值评价，健全综合评价，完善素质评价，充分利用信息技术，提高评价的科学性、专业性和客观性，建构新时代中国特色的高等教育考核评价体系。

（三）概括性表述

一位哲人说过："把抽象的观念生硬地应用于现实，就是破坏了现实。"

在世界教育领域，历史上的"抽象观念"，部分是"分化现实"的反映，部分是"认识局限性"的反映。

就"分化现实"而言，"知识本位"与"能力本位"两种"抽象观念"，是工业时代和后工业时代早期"脑力劳动"与"体力劳动"社会分工"两极对立"的反映。在这个可以称为"分化的现实"的历史阶段，人们在"理论的态度"中一面提炼出反映"脑力劳动"的"学术性结晶"，一面提炼出反映"体力劳动"的"职业性结晶"；在"实践的态度"中分别实施了"知识本位"与"能力本位"教育。两种做法因受制于那个时代产业结构与职业结构的"分化的现实"，皆属"历史性"无奈。

就"认识局限性"而言，无论是"知识本位"与"能力本位"教育之各种理论与哲学基础局限性，还是体现于课程类型、课程目标、课程方法、课程设计、课程组织、教学途径、教学方法等诸多传统观念的对立，都带有人类认识发展的阶段性烙印，皆属"认识性"无奈。

在今日中国，随着经济全球化、产业结构"两化融合"、职业结构"两性整合"和"'科学、技术与生产'一体化"纷至沓来，"脑力劳动"与"体力劳动"已由传统的"两极对立"转化为"两极互渗"和"两极相通"；"现实"正在由"分化的现实"转化为"联系的现实"。

在今日世界，以数字化、网络化、信息化为标志的信息革命已为人类认识"从抽象上升到具体"提供了方便、及时的信息共享平台，条件性"无知"再不能被当作"充足理由"。

在这种情况下，如果在"理论的态度"中仍止步于各种"分离的观念"之"两极对立"，在"实践的态度"中仍把这些"分离的观念"生硬地应用于"联系的、具体的现实"，就是破坏了现实。

从哲学层面概括以上阐述，可以将"'整体课程观'指导下的中国高校课程及其教材建设"简要地表述为：

在"理论的态度"中，深入研究世界特别是美欧发达国家高校课程改革的当代历程、经验及其利弊得失，通过扬长避短，创造性地探索与建构"反映联系的、具体的教育现实"之中国高校课程改革各种"具体观念"；在"实践的态度"中，将这些"具体观念"能动地运用于中国特色、融通中外的高校课程与教材建设之"联系的、具体的教育现实"，借以贯彻落实国家新时代教育强国战略，服务中华民族伟大复兴。

许景行

2015 年 1 月初稿

2023 年 6 月修订

本书第二版于 2019 年出版。在过去的 3 年里，继续承蒙广大师生厚爱，第二版共计印刷 8 次，被越来越多的高校采用和认可。这些成绩既是鼓励，也是鞭策。

在过去的 3 年中，有两方面的变化需要重点关注：一方面，受新冠疫情影响，国际旅游和国内旅游都遭受重创。相应地，国内外学界涌现出一批与疫情有关的旅游消费者行为研究成果。这些业界动态和学界进展都有必要及时地反映在"旅游消费者行为学"的课程教学和教材编写中。另一方面，自 2018 年以来，教育部相继发布了《普通高等学校本科专业类教学质量国家标准》、《普通高等学校教材管理办法》（教材〔2019〕3 号）等文件，这些文件的要求与精神特别是落实《中共中央关于认真学习宣传贯彻党的二十大精神的决定》中关于"把学习党的二十大精神作为学校思想政治教育和课堂教学的重要内容，组织开展对相关教材修订工作，推动党的二十大精神进教材、进课堂、进头脑"的要求，在高等教育理念、立德树人根本任务、创新思想政治教育模式等方面，对教材建设提出了新要求。

在上述背景下，我们应东北财经大学出版社之约，于 2021 年底至 2022 年初，着手对《旅游消费者行为学》（第二版）进行了修订。第三版在坚持前两版的基本取向（即以"总序"中阐明的"整体课程观"理念为基础之课程观取向、学力建构取向、学习模式取向、训练模式取向、教学法取向）的基础上，做出了如下修订：

（1）加快推进党的二十大精神进教材、进课堂、进头脑，各章以二维码形式加入了与教学内容相关、反映党的二十大内容或拓展思政议题的"同步链接"和"课程思政"。

（2）将各章"学习目标"中"认知弹性"的"职业道德与旅游伦理"子目标、正文中的"职业道德与旅游伦理"专栏和章后"单元训练"中"案例题"的"善恶研判"等，统一提升为"课程思政"，并同步更新了其相关述项。

（3）同步反映"体验经济时代"、"互联网时代"和"共享经济时代"日新月异的旅游消费及由此引起的旅游管理理论与实践的新发展。

（4）及时反映新冠疫情在旅游消费领域引发的变化，并将它们提炼和聚焦于第三版相关章节的教学内容中。

（5）在教材原结构框架基本不变的情况下，根据本教材第二版使用中出现的问题反馈，对各章正文和"单元训练"的内容或设计进行了局部优化和调整。

（6）更换了各章案例和专栏中相对陈旧的资料。

（7）为反映本次修订重点借鉴的近3年的新文献，同步更新了各章"建议阅读"和书后"主要参考文献"。

（8）修订了与主教材配套的第二版"网络教学资源包"中的6个文件，使之与第三版主教材的修订相一致。使用本教材的师生可登录东北财经大学出版社网站，使用或下载第三版"网络教学资源包"中的教学大纲、教学日历、电子教案、PPT电子课件、单元训练参考答案与提示和试题题库。

需要特别说明的是：为方便教学，本书第三版各章的"同步案例""同步思考""延伸思考""深度思考""深度剖析""课程思政"等专栏的参考答案或提示，仍像第二版那样置于"网络教学资源包"的《电子教案》中；此外，在《电子教案》各章"教学互动"的"互动问题"项下，第三版还增补了"互动引导提示"述项。

本书正文（主教材、二维码资源和"网络教学资源包"）的修订工作由中山大学旅游学院孙九霞教授和陈钢华教授共同完成；"总序"和书后五个"附录"的修订由东北财经大学出版社许景行编审完成。

在这一轮修订中，我们继续参阅并借鉴、引用了大量国内外专家学者的相关著作、论文和国内外同行的观点或成果（详见"主要参考文献"），谨向所有相关作者表示诚挚的谢意！东北财经大学出版社许景行编审在本轮的修订中给予我们一如既往的支持和鼓励。对此，我们表示衷心的感谢！

本书可作为国家重点高校旅游管理类（含旅游管理、酒店管理、会展经济与管理专业）、工商管理类（含文化产业管理）等相关专业的本科生和硕士生教材，也可供旅游企业管理人员、旅游行政管理人员参考。

由于水平有限，本书第三版中仍难免有疏漏和不当之处，敬请广大读者不吝赐教。

编著者
2022年5月
2023年7月修订
于中山大学

第二版前言

本书第一版自2015年出版以来，已经过去了4年。承蒙广大师生的厚爱，第一版共印刷8次，被众多高校采用和认可；2018年又获得"文化和旅游部优秀研究成果奖教材类一等奖"。这些鞭策着我们砥砺前行，力求使教材与时俱进、精益求精。

此间，有两方面变化需要重点关注：一方面，不论是国际旅游发展格局，还是国内旅游发展态势，都发生了不少改变。在不断变化的经济环境和消费背景下，尤其是各行各业日渐重视创新创业、"互联网+"成为风靡全球的商业模式背景下，国内外旅游业态不断推陈出新，旅游消费者行为也相应地发生了诸多变化。国内外学界对这些新的旅游业态（例如，分享经济、体验经济、在线消费等）和旅游消费现象（例如，中国内地出境游客行为、家庭旅游等）展开了广泛研究，涌现出不少高质量的成果。这些业界动态和学界进展都有必要及时反映在《旅游消费者行为学》的课程教学和教材编写中。另一方面，2018年教育部发布了《普通高等学校本科专业类教学质量国家标准》和《教育部高教司2018年工作要点》等文件，对"教学过程规范""教育教学与信息技术深度融合"，以及"课程思政""专业思政"等提出了新要求。这些新要求应尽可能落实到教材的修订中。

在上述背景下，我们应东北财经大学出版社之约，于2018年底至2019年初，着手对《旅游消费者行为学》（第一版）进行了修订。第二版在坚持第一版基本取向（即以"总序"中阐明的"整体课程观"理念为基础之课程观取向、学力建构取向、学习模式取向、训练模式取向、教学法取向）的基础上，做出的修订如下：

（1）同步反映"体验经济""分享经济"意义上的"旅游体验"和"互联网+"在旅游消费领域引发的变革，并将它们提炼和聚焦于第二版相关章节的教学内容中。

（2）在教材原结构框架基本不变的情况下，根据本教材第一版使用中出现的问题，对各章正文和"单元训练"的内容或设计进行了局部优化和调整。

（3）更换了各章案例和专栏中相对陈旧的资料。

（4）以"学习微平台+编号"为名，在各章正文中加入了"二维码数字教学资源"（包括"思维导图"和"延伸阅读"）。

（5）通过更新各章的"建议阅读"和书后"主要参考文献"，反映本次修订重点借鉴的近3年的新文献。

（6）修订了与主教材配套的第一版"网络教学资源包"中的6个文件。使用本教材的师生可登录东北财经大学出版社网站，使用或下载第二版"网络教学资源包"中的教学大纲、教学日历、电子教案、PPT电子课件、单元训练参考答案与提示和试题题库。

需要说明的是：

（1）本书第一版和第二版各章正文中设置的"职业道德与旅游伦理"专栏，以及章后"单元训练"中设置的"善恶研判"题型，可视为落实教育部关于"要创新'课程思政''专业思政'"要求的一种探索性尝试。

（2）为强化学生独立思考训练，一版中原置于教材各章的"同步案例""同步思考""延伸思考""深度思考""职业道德与企业伦理"等的答案及提示，都从第二版教材中删除，移入第二版"网络教学资源包"的电子教案中，供使用本教材的教师参考使用。

本书正文的修订工作由中山大学旅游学院孙九霞教授和陈钢华副教授共同完成；"总序"和书后五个"附录"的修订由东北财经大学出版社许景行编审完成。

此轮修订我们继续参阅并借鉴了大量国内外专家学者的相关著作、论文和国内外同行的观点或成果（详见"主要参考文献"），谨向所有相关作者表示诚挚的谢意！东北财经大学出版社的许景行编审在本书的修订中给予我们一如既往的支持和鼓励。在此，我们对他表示衷心的感谢！

本书可作为国家重点高校旅游管理类（含旅游管理、酒店管理、会展经济与管理专业）、工商管理类相关专业的本科生和硕士生教材，也可供旅游企业管理人员、旅游行政管理人员参考。

由于水平有限，本书第二版中仍难免有疏漏和不当之处，敬请广大读者不吝赐教。

编著者
2019 年 5 月
于中山大学

在"后金融危机时期"和"后欧债危机时期",随着各国增加投资、刺激消费、加大出口等措施和积极财政政策的出台,世界经济处于恢复性和脆弱性复苏过程中。中国正在步入"十三五"发展阶段,其经济面临"刘易斯拐点"和"库兹涅茨拐点"的双重压力。通过"创新红利"和"人才红利",在"创新驱动"中实现产业结构升级和经济转型,是"经济新常态"下超越两个"拐点"对策的重要选项。

在上述背景下,世界旅游发展正呈现出全新的格局与发展态势。中国普通高等学校旅游管理类专业需要依据《国家中长期教育改革和发展规划纲要(2010—2020年)》,在借鉴美欧大学21世纪以来的课改经验的基础上,进一步落实国家教育部关于"走以质量提升为核心的内涵式发展道路","克服同质化倾向的高校分类体系",确定"特色鲜明的办学定位和人才培养规格"等项要求,探索"科学基础、人文素养、创新能力和实践能力融合发展",专业特色鲜明的高等"应用型""复合型"人才培养模式。

为满足新形势下中国产业结构升级对旅游管理高等人才的需要,研究和开发集"传承型"和"创新型"于一体的大学课程教材,我们参与了东北财经大学出版社新近启动的"21世纪新概念教材:多元整合型一体化·'传承-创新'系列"之"普通高等学校旅游管理类教材新系"的教材建设项目。

本书根据"21世纪新概念教材:多元整合型一体化·'传承-创新'系列"的最新课程理念设计,以新时期"就业-创业"、"与生涯对接"和"人才竞争"为导向,紧紧围绕"十三五"时期起我国高等教育新型人才培养目标,以旅游消费者的旅游过程为主线,全面展开旅游消费者的感知、动机、情绪情感、态度、决策、体验、满意度与忠诚度,以及社会环境因素、经济与文化因素对旅游消费者行为影响等旅游消费者行为学的诸多内涵,并专章介绍了旅游消费者行为的跨文化比较及全球消费趋势下中国特色的旅游消费行为,其主要特色如下:

1. 课程观取向。(1)借鉴当代美国大学"'整体知识观'指导下的'专识'与'通识'互相融合"课程改革的基本内核,力求"专业知识"以"通识"为基础;(2)借鉴"博洛尼亚进程"下当代欧洲大学"'整体能力观'指导下的'专能'与'通能'整合"课程改革的合理内核,将"职业核心能力"训练融入本课程"专业能力"训练中;(3)将"整体知识观"、"整体能力观"与"整体道德观"三位一体的"整体课程观",作为中国特色的普通高等院校旅游管理类教材建设的指导性"课程理念"。

2. 学力建构取向。引导学生建构以整合"专识"与"通识"的"全识"、整合"专能"与"通能"的"全能"和整合"行业道德"、"职业道德"和"做人道德"的"全德"为"三重本位"，以"健全职业人格"为最高整合框架的旅游管理类专业"高等学力"。

3. 学习模式取向。借鉴"美国21世纪技能联盟"提出的"学习框架"合理内核，引导学生体验"整合'传统学习'与'21世纪学习'的'新平衡学习'"。

4. 训练模式取向。"传承型训练"与"创新型训练"并重；"学术型训练"与"职业型训练"并重；"认知性训练"与"实践性训练"并重。

5. 教学法取向。整合"学导教学法""互动教学法""案例教学法"　"实践教学法""探究教学法"等教学方法，使其在教学设计中相得益彰。

应当说明的是：在本书各章"单元训练"的诸多题型中，"实践题"、"自主学习"、"拓展创新"和"决策设计"四种题型均要求做书面报告或论文。着眼学生课后训练负担的适度性，我们将这四种题型分别压缩至总章数的四分之一，亦即每章"单元训练"中只包含这四种题型之一，以确保在本课程教学课时内学生能够有质量地完成全面训练任务。

为方便教学，本书"附录"编制了"职业核心能力训练'知识准备'参照范围"等各种参照规范，书后为各章"单元训练"课业提供了"范例"，并制作了与主教材相配套的"网络教学资源包"。使用本教材的教师可登录东北财经大学出版社网站（www.dufep.cn）使用或下载"网络教学资源包"中的教学大纲、教学日历、电子教案、PPT电子课件、参考答案与提示和试题题库等全套教学资源。

编著者
2015 年 8 月
于中山大学

目录

第 1 章
旅游消费者行为概论

▶ **学习目标**

▷ **传承型学习**

通过以下目标，建构以"旅游消费者行为概论"为阶段性内涵的"传承型"专业学力：

理论知识：学习和把握旅游消费者行为的相关概念、旅游消费者行为的特点、旅游消费者行为研究的历史、旅游消费者行为的基础理论和研究旅游消费者行为学的意义等陈述性知识；用其指导"同步思考"、"深度思考"、"教学互动"和相关题型的"单元训练"；体验"旅游消费者行为概论"中"理论知识"的"传承型学习"及其迁移。

实务知识：学习和把握旅游消费者行为的定量研究方法、定性研究方法和定量与定性相结合的研究方法，以及"业务链接"等程序性知识；用其规范"深度剖析"和相关题型的"单元训练"；体验"旅游消费者行为概论"中"实务知识"的"传承型学习"及其迁移。

认知弹性：运用本章理论与实务知识研究相关案例，对"引例"、"同步案例"和章后"案例分析-I"进行多元表征，体验"旅游消费者行为概论"中"结构不良知识"的"传承型学习"及其迁移；依照相关行为规范对"课程思政1-1"、"课程思政1-2"和章后"课程思政-I"进行思政研判，激发与新时代红色文旅消费空间"意义层"、"动物伦理与野生动物旅游"和《中国公民出境旅游文明行为指南》等议题相关的涉及红色旅游、生态伦理、旅游文明行为的思考，促进健全职业人格的塑造。

▷ **创新型学习**

通过以下目标，建构以"旅游消费者行为概论"为阶段性内涵的"创新型"专业学力：

自主学习：参加"自主学习-I"训练。在实施《自主学习计划》的基础上，通过阶段性学习和应用"附录一"附表1"自主学习"（初级）"'知识准备'参照范围"所列知识，收集、整理与综合"旅游消费者行为学基础理论"前沿知识，讨论、撰写和交流《"旅游消费者行为学基础理论"最新文献综述》，撰写《"自主学习-I"训练报告》等活动，体验"旅游消费者行为概论"中的"自主学习"（初级）及其迁移。

引例：体育旅游消费——源自大数据分析的现状与趋势

背景与情境： 2021年7月16日，中国旅游研究院和马蜂窝自由行大数据联合实验室根据马蜂窝旅游交易平台数据，并结合中国旅游研究院大数据调查平台，发布了《中国体育旅游消费大数据报告（2021）》，解析了我国体育旅游消费和目的地状况，并据此提出体育旅游高质量发展的对策。该报告的数据采集时间段为2019年至2021年6月。根据这一报告，我国体育旅游消费有如下基本现状和趋势：

（1）体育旅游成为健康中国战略的示范产业，体育旅游大众化时代来临

这一现状和趋势主要体现在六个方面。第一，体育旅游处于国家战略交汇点。具体而言，近年来国家相继出台了《"健康中国2030"规划纲要》《关于大力发展体育旅游的指导意见》《进一步促进体育消费的行动计划（2019—2020年）》《关于加快发展健身休闲产业的指导意见》等。第二，体育旅游成为地方发展引擎。华北和东北地区布局了大量的冰雪旅游度假区、冰雪小镇等；中西部地区依托天然的山地丘陵以及沙漠河流等，形成了以户外运动为主导的峡谷穿越、山地自行车、荒漠探险等体育旅游项目；新疆、黔南等地作为少数民族集聚地，衍生了一批体育旅游民俗项目；东南沿海一带整体经济实力较强，体育商业发达，顶级或超大型赛事丰富。第三，体育旅游消费市场潜力巨大。城市休闲旅游步道成为基础设施建设必不可少的一环，常态化的户外运动习惯正在养成。新冠疫情暴发前，体育旅游人数每年呈现出40%的增长率。第四，学科和人才支撑。北京体育大学、上海体育学院等是体育旅游产业发展的学科和人才培养重镇。首都体育学院等高校则开设了体育旅游本科专业，数十所高校开设了休闲体育专业。第五，产业体系正逐步完善。具体而言，以参与型和观赏型为主导的体育旅游产业链条正逐步走向完整。第六，国内外文化交流平台。东京奥运会、北京冬奥会等体育赛事，以及欧洲杯等职业联赛为增进国家及民众之间的交流提供了舞台。

（2）体育旅游以参与型为主，观赏型为辅

总体而言，现阶段我国体育旅游以参与型（62.8%）为主，观赏型（37.2%）为辅。在参与型的体育旅游项目中，爬山、马拉松、骑行、冰雪运动、徒步等是大众参与较为广泛的活动；而在诸多的观赏型体育活动中，奥运会、世界杯、世锦赛等世界综合性体育赛事以及水立方、鸟巢等知名度较高的体育建筑受到了消费者的广泛关注。

（3）冲动消费是体育旅游当前的重要特征

当前，我国参与体育旅游的消费群体中，75.2%的消费者对体育运动表示喜欢；在涉及对体育运动的了解程度方面，74.9%的消费者认为自己对体育运动有一定了解，这说明当前消费者对体育运动的喜欢大于了解。同样，在消费者对体育赛事的喜欢和了解程度上也可见端倪——调查问卷显示，大众对体育赛事的喜欢程度远大于了解程度。

（4）重大体育赛事显著提升地区旅游吸引力，"双奥之城"北京的体育旅游吸引力较大

在国内，相当一部分消费者曾前往北京、天津、山西、吉林、黑龙江、重庆、内蒙古、上海、广东、江苏、浙江等地感受体育旅游；其中，前往北京的人数较多，作

为举办2008年夏季奥运会和2022年冬季奥运会的"双奥城市"，北京成为消费者较喜爱的体育旅游目的地和"打卡"地；以冰立方、鸟巢为主要内容的奥运建筑遗产成为主要吸引物。

（5）体育旅游亮点多，提升城市品牌吸引力

数据显示，2019年，海南、长三角、环渤海等地区体育游热度攀升。青岛、北京、杭州、三亚、湖州等城市居于热门榜单高位。青岛依托帆船体验、出海看日落喂海鸥、海钓、快艇、参观奥运火炬等体育游乐项目荣登榜首；奥林匹克帆船中心、奥运帆船博物馆均是热门景点。北京依托滑雪、爬山、漂流等热门体育项目位列第二；杭州以夏季漂流、西湖游船、千岛湖骑行等项目排名热门城市第三位。2021年，境外体育游人群转向境内目的地，潜水、冲浪、游艇、体验浮潜、跳伞、滑翔伞等境外海岛游玩法使三亚迅速成为热门目的地。客源地北京的游客，在疫情后首个冬天选择去北京周边的张家口滑雪，而去张北草原天路骑行、草原露营看星星等玩法的热度也持续上涨。广东以绝对优势占据客源地榜首。广东人民的体育旅游意愿强烈，占了整体的15%；北京和上海分列第二、第三。北京人民运动激情高，体育出游人数占到了总体的10%。

（6）组团出游占比高，运动社交成主流

数据显示，在出游结伴类型方面，独自出游、朋友组团、同学结伴旅游的人群更青睐体育旅游，总占比达69%；和朋友及同学出行总占比达41%；独自出行占比达28%。"运动+社交"已成当下年轻人的潮流。比如，一站式社交运动娱乐场所、网红"打卡地""潮玩运动街区"，街区中包含VR、保龄球、棒球、台球、射箭、壁球、复古溜冰、密室、F1赛车模拟器、街机跳舞机、气步枪模拟射击、冰壶、攻防箭、真人镭射战场等，同时提供美食、酒水、表演、赛事直播等内容。通过运动休闲促进社交的模式，已经展现出消费潜力。"适合朋友聚会""体验没尝试过的运动很有意思""F1赛车体验感强""有专业教练现场教学"等因素是吸引年轻游客的重要原因；也是不少游客认为团队运动可以"让他们很容易交上朋友"和"增进感情"的原因。

（7）周边短途旅游更受欢迎，周末受青睐

2019年，约60%的体育旅游用户选择出行2~8天，中短途体育游是主流。到2021年上半年，3天以内的体育旅游占比约70%，成为热门的选择。用户更偏好在城市周边多频次进行户外运动，户外运动也逐渐成为人们的生活方式。比如，北京较火的跑步胜地——北京奥林匹克森林公园，是很多跑团定期举办训练活动的固定场所。很多社会组织、单位等，也会不定期在北京奥林匹克森林公园举办团建、拓展、定向越野、跑步比赛等活动。北京奥林匹克森林公园还吸引了很多到北京旅游的跑步爱好者，他们也想体验一下在城市氧吧中奔跑的感觉，"打卡"网红跑步公园。

（8）90后年轻人爱运动，女性在体育旅游决策中占主导

疫情下，户外运动花费更加理性，花费下降明显。在体育旅游人群中，女性占比66%，高于男性，说明在行前攻略、出游决策中女性占主导地位。在游客年龄方面，体育旅游年轻化特征显著，80后、90后游客占比超过七成，90后年轻人比重较高，达40%，成为出游的绝对主力。对于有一定经济基础，事业趋于稳定，或拥有自己小

家庭的80后、90后人群来说，体育旅游具有相当强的吸引力。

(9) 多元化体育旅游品牌满足游客高品质生活需要

据热门游玩地及其所属目的地数据显示，在2019年和2021年，水上运动目的地青岛帆船中心居于榜首。随着帆船、冲浪运动热度上涨，2021年，三亚帆船港跃居第二；排名前十位的目的地中，冲浪俱乐部占据四席。山东、海南、广东等省份的滨海城市一直是水上运动的热门目的地。随着潜水运动的普及，越来越多的游客被深潜、浮潜、自由潜、潜水考证、水下拍照等不同体验所吸引，三亚作为水上运动目的地首选城市，整体热度稳居第一。相比滑雪资源丰富的东北老牌区域，2021年华北、华中、华东区域的滑雪场热度上升。除滑雪之外，浙江丽水的山地骑行也受到游客欢迎。

(资料来源　中国旅游研究院. 中国旅游研究院和马蜂窝旅游联合发布《中国体育旅游消费大数据报告（2021）》[EB/OL]. [2021-07-16]. http://www.ctaweb.org.cn)

上述案例向我们展示了一幅中国体育旅游消费的图景。那么，在体验经济、互联网经济的大背景下，为什么会出现这样的情形呢？这些消费行为和消费现象是如何产生的？它背后隐含着什么样的心理及文化机制？尤其是随着经济的飞速发展及现代（旅游）消费方式的急剧变迁，旅游逐渐成为人们的一种日常消费活动后，人们的消费行为又会出现哪些不一样的特征？这些现象应该如何解释？上述问题都是本书试图回答的。本书的主要宗旨就是试图在体验经济和"互联网+"背景下对旅游消费者行为及其研究做一个全景式的展示。在讲述具体的旅游消费者行为之前，必须先了解旅游消费者行为的相关概念、特点、研究历史、基础理论、研究方法以及意义。

1.1　旅游消费者行为的概念

要了解旅游消费者行为的概念，必须对旅游消费、旅游者消费、旅游消费者行为等相关概念做出辨析与阐述。

1.1.1　旅游消费

旅游消费是伴随旅游活动而发生的，是旅游活动正常进行和旅游经济正常运行的必要条件，是旅游者最显著的特征之一。所以，考察旅游消费也一直是旅游学的传统研究领域。在我国，理论界对旅游消费概念的研究最早可追溯到20世纪80年代中期。

1) 旅游消费的几种代表性定义

旅游消费的代表性定义有：

（1）世界旅游组织将旅游消费定义为："为了旅游活动的发生发展而引致的消费，是由旅游单位（旅游者）使用或为他们而生产的商品和服务的价值"（罗明义，2008）。

（2）罗贝尔·郎加尔（1998）认为：旅游消费是以货币形式表示的关于旅游需求在一系列服务和物产方面所花费的总和。

（3）林南枝、陶汉军（1994）认为：旅游消费是指人们在游览过程中，通过购买旅游产品来满足个人享受和发展需要的行为和活动。

（4）罗明义（2008）认为：旅游消费是指人们在旅行游览过程中，为了满足其自

身发展和享受的需要而进行的各种物质资料和精神资料消费的总和。

2）对上述定义的分析

纵观以上各种定义可以发现，世界旅游组织对旅游消费的定义是基于建立一个国家或地区的国民经济核算体系的需要而做的技术性定义（李小芳，2008）。人们在旅游消费与旅游者消费这个问题上实际还存在概念上的混淆。主要表现为：其一，把旅游消费与旅游者消费混为一谈。其二，把旅游与旅游消费混为一谈，把旅游消费当作旅游本身，或者认为旅游消费是旅游活动的中心内容，从而判断旅游是一种经济现象（谢彦君，2004）。从本质上来说，上述定义（1）、（3）、（4）都有一个共同点，即认为当消费主体转换为旅游者时所产生的消费即旅游消费，强调旅游消费是旅游者在旅游过程中购买综合旅游产品所发生的各种各样的花费。定义（2）虽抽象定义了旅游消费的本质，却没有明确地说明如何去界定旅游消费（张俐俐，2009）。因此，谢彦君（2004）认为，以往对旅游消费所下的定义实质上是对旅游者消费所下的定义，即使是世界旅游组织的定义，也是将旅游消费视为在总量上与旅游收入相等的指标，最终所表述的还是旅游者消费。同时，他根据自己对旅游产品的理解指出，旅游者消费在构成上是比较复杂的，包含了旅游消费的内容，而要了解旅游消费则要先将旅游者在旅游过程中所购买的产品与服务进行分解，旅游者所购买的产品结构与类别如图1-1所示。

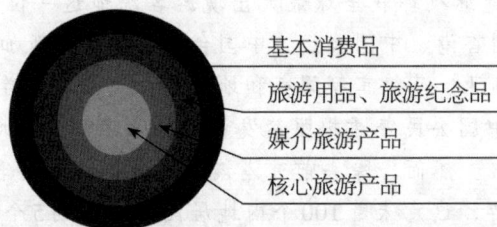

基本消费品
旅游用品、旅游纪念品
媒介旅游产品
核心旅游产品

图1-1 旅游者所购买的产品结构与类别

① 旅游者购买的是旅游产品，即旅游者在旅游过程中花钱获得的特殊经历和体验，是满足旅游者离家外出审美和寻求愉悦的核心产品。

② 旅游者购买的是与旅游相关的产品和服务，这些产品和服务有助于旅游活动的进行，能提高旅游经历和体验的质量，但这些产品和服务给予消费者的利益属于对旅游产品核心利益的追加，即通常意义上的旅游媒介型产品。

③ 旅游者购买的是非日常性的特殊商品，如旅游纪念品、艺术品、特殊的家庭生活用品等。这些商品可以满足旅游者馈赠亲友、购物、玩味欣赏等需要。

④ 旅游者购买的是作为满足旅游过程中基本需要的一般消费品，使用者可以是任何人，并可以在生活中的任何时间和空间使用。旅游者购买它们的目的是满足旅游的日常需要。例如，购买一顶旅游帐篷是因为旅游者需要有一个安身之处。

3）本书采用的定义

通过上述分解，谢彦君（2004）认为，旅游消费实际上等价于旅游者对核心旅游产品的消费，核心旅游产品是旅游产品的原始形式，具有满足旅游者审美需要和愉悦需要的效用和价值。狭义的旅游消费就是主要以购买可借以进入景区（点）进行观赏和娱乐的票证的方式消耗个人积蓄的过程。旅游者消费则是旅游者在旅游过程中购买和享用组合旅游产品的过程。从量上来看，旅游者消费意味着旅游者在旅游过程中支出的总的水平；从旅游者获得的利益来看，它包含了几乎所有的利益层次；从它的对应关系来看，它是对组合旅游产品的消费，也是形成广义旅游收入的源头。仔细观察上述定义，我们不难发现旅游消费的货币表现形式。所以，为了便于操作和体现消费的货币性及交换性，本书所采用的旅游消费定义是广义的旅游消费（亦即旅游者消费）。**旅游消费**是旅游者为了满足其发展和享受的需要，在整个旅游活动过程中，在食、住、行、游、购、娱这六方面及其他方面的花费。

◆ 同步案例1-1

2018年中国游客出境游人均消费约800美元

背景与情境： 2018年，中国出境人数为1.5亿人次，但100个内地居民中，不到5个出国旅游。日本是人气排名第一的中国游客出境购物目的地国家。

一份报告显示，2018年，中国出境旅游热进一步升温，稳居世界出境旅游的第一位。中国公民出境旅游人数达14 972万人次，比上年同期增长14.7%。

中国旅游研究院、携程旅游大数据联合实验室联合发布了《2018年中国游客出境游大数据报告》，报告基于旅游业统计数据，结合携程跟团游、自由行订单数据，对出境游市场情况和游客预订消费行为进行了全面监测。

2018年，中国内地继续蝉联全球最大出境游客源地这一位置，而且也有望继续保持泰国、日本、中国香港、中国澳门、中国台湾、越南、新加坡、印度尼西亚、俄罗斯、柬埔寨、澳大利亚、菲律宾等国家和地区第一大入境旅游客源地的地位。

2002—2017年，中国公民普通护照签发量达1.73亿本，年均签发1 080万本。持有护照的人口超过10%。然而，除去前往港澳台地区的内地游客，2018年约有7 125万人次去海外国家旅游，这意味着100个内地居民中，不到5个出国旅游，海外旅游市场的潜力依然很大。

从旅游花费来看，中国旅游研究院预计，2018年将达1 200亿美元的境外消费，人均单次境外旅游消费将达到约800美元（约5 400元人民币），通过携程旅游平台报名出境跟团游、自由行、定制游的人均花费为5 500元，与上年同期近乎持平。

2018年，出境游的主要客源地有：上海、北京、广州、成都、重庆、南京、昆明、武汉、西安、杭州、深圳、天津、郑州、长沙、贵阳、济南、南昌、南宁、合肥、青岛。

2018年，最受中国游客欢迎的20大目的地国家分别为泰国、日本、越南、新加坡、印度尼西亚、马来西亚、美国、柬埔寨、俄罗斯、菲律宾、澳大利亚、意大利、阿拉伯联合酋长国、土耳其、英国、马尔代夫、法国、德国、西班牙、斯里兰卡。游客量增长迅速的十大"黑马"目的地依次是缅甸、黑山、塞尔维亚、老挝、阿根廷、西班牙、柬埔寨、墨西哥、巴西、捷克。

年轻群体特别是90后、00后流行"说走就走"，倾向在网上选择自由行产品，喜好自由组合航班、酒店获得优惠价格，预订周期越来越短，甚至在行程中预订门票、租车、一日游。"找个当地向导带着玩"成为新潮流，2018年携程海外向导服务的订单增长超过2倍。

半自助、私家团产品因为省心省力、自由度大，也获得很多人的青睐。2018年，报名携程出境私家团的游客同比增长翻两番。此外，定制旅行、通过旅游平台预订当地向导，成为中国游客新选择。2018年，携程定制出境游需求量增长达到150%，人均花费7 800元。报名预订当地向导的游客同比增长超过200%。

中国游客在文化上的需求正不断提高，博物馆旅游开始走红。卢浮宫、大都会艺术博物馆、中途岛号航空母舰博物馆、新加坡国家博物馆、吴哥国家博物馆等备受中国游客青睐。

2018年，最受中国内地旅游者青睐的出境游TOP10购物目的地分别为：中国香港、迪拜、大阪、中国澳门、东京、巴黎、名古屋、伦敦、新加坡和京都。日本是人气排名第一的出境购物目的地国家，在TOP10购物目的地中就有东京、大阪、名古屋三大城市上榜。

游客对旅游安全的关注显著增强。2018年出境游旅游意外险投保的游客人数比例，比2017年增加近20%。

（资料来源　张雪. 我国游客出境游大数据报告：人均消费约800美元［EB/OL］.［2019-03-14］. http://www.ce.cn/xwzx/gnsz/gdxw/201903/14/t20190314_31682666.shtml）

问题：依据上文对旅游消费概念的阐述，本案例所指的旅游消费是狭义的，还是广义的？

1.1.2　旅游消费者行为

现代旅游本质上是一种消费活动。因此，毫无疑问，旅游者是消费者，可以称为旅游消费者。参照上文对旅游消费做出的定义，本书中的旅游消费、旅游者消费、旅游消费者三个概念之间有了自洽的逻辑关系。

本书中所提到的旅游消费者的行为即旅游者的消费行为，是指旅游者作为消费者的行为。总体来说，学者们对旅游者消费行为的界定基本上沿袭了消费者行为学对消费者行为的界定，认为消费者行为可以看成是由两部分构成，一是消费者的行为；二是消费者的购买决策过程。这两个过程相互渗透、互相影响，形成消费者行为的完整过程。上文已提及由于学界对旅游消费与旅游者消费概念存在混淆，致使对旅游者消费行为的界定也有类似情形。但为忠实于原作者的定义，下文中列举出来的定义并没有进行更改与区分。

1）关于旅游消费行为的几种定义

关于旅游消费行为，具有代表性的定义主要有以下几种：

曹诗图、孙静（2008）认为旅游消费行为是旅游者选择、购买、使用、享受旅游产品、旅游服务及旅游经历，以满足其需要的过程。旅游消费行为有广义和狭义之分，广义的旅游消费行为包括从旅游需要的产生、旅游计划的制订到实际旅游消费以及旅游结束回到家之后产生的感受（满意程度）的全过程。而狭义的旅游消费行为则强调行为是一种外在的表现，因此旅游消费行为仅指旅游者的购买行为以及对旅游产品的实际消费。

吴清津（2006）指出，旅游消费行为并非只是经济性的消费行为，而是受到当时的社会文化背景、消费者自身的个性以及情感等复杂因素影响的感性消费。因此，吴清津（2006）将旅游消费行为分为两部分：一是旅游者的行为，即购买决策的实践过程；二是旅游者的购买决策过程，主要指旅游者的购买实践之前的心理活动和行为倾向。

相似地，谷明（2000）也曾明确指出旅游消费行为是受到多种因素影响的，具有综合性、边缘性、超常规性特点的体验活动，而并非仅仅是简单的购买行为。它的产生、兴起、进行、结束的整个过程可以从心理、地理、社会、经济、文化等多个层次上多角度考察。在此基础上，谷明还提出了定义旅游消费行为的六个维度，即外层定义维度（空间维度、时间维度、文化维度）、内层定义维度（经济支持维度、心理体验维度、社会互动维度）。还有部分学者则侧重于从消费内容的角度来界定旅游消费行为。

陈春（2008）认为，旅游消费行为是指旅游者为了满足旅游需要，在某种动机的驱使下，用货币去实现需要并获得相关服务的活动。这里的旅游消费内容包括食、住、行、游、购、娱的全部或任一方面。

2）本书采用的定义

上述学者们对旅游消费者行为的定义虽然各有侧重，但其概念中都强调旅游消费行为是旅游者的一个购买决策过程。由于所研究的旅游消费者行为是放置于宏观的社会文化背景之下进行的，所以本书认为，**旅游消费者行为是指旅游者为了满足旅游愉悦等体验的需要，选择并购买旅游产品的过程**。这个过程包括出游前需要的产生、决策过程，在景区的消费，购后评价这几个主要环节；同时，旅游消费行为的产生、兴起、进行、结束这整个过程都受到旅游者的心理、其所处的地理、社会、经济、文化环境等多个因素的影响，是一种具有综合性、边缘性、超常规性特点的体验活动。

1.2 旅游消费者行为的特点

同样地，要了解旅游消费者行为的特点，就必须首先了解旅游消费的特点。

1.2.1 旅游消费的特点

同步链接1-1

课程思政1-1

旅游消费作为一种特殊的消费形式，是一个对多种形式的产品和服务进行消费的多层次、多环节的综合现象，它是在旅游过程中产生的，贯穿于整个旅游活动过程中。旅游消费具有以下特点（田孝蓉，2011）：

1）旅游消费的综合性

旅游消费的综合性主要体现在其消费内容、消费对象及旅游结果上。首先，从消费内容来看，旅游消费包括了对核心旅游产品、旅游媒介产品和旅游纪念品等的消费。而核心旅游产品从类型上来说又包含了观光型、休闲度假型、消遣娱乐型、文化科普型、宗教朝觐型、公务商务型及家庭个人事务型等形式。其次，从消费对象来看，为了实现旅游目的，旅游者必须凭借某种交通工具，在旅途中必须购买一定的生活必需品和旅游用品，解决吃饭、住宿等问题，是集食、住、行、游、购、娱于一体的综合性消费活动。最后，从旅游结果来看，旅游消费不仅满足了旅游者的精神享受需要，陶冶了情操，提高了身体素质，同时还使其开阔了视野、增长了知识。

2）旅游消费的体验性

旅游消费主要是为了实现旅游者的旅游体验，无论是一次赏心悦目、陶冶情操的快乐之旅，还是一次感觉糟糕、不愿再提起的不快之行，旅游者在此过程中都得到了一种不同于平常的体验。虽然旅游消费在本质上是精神消费，但旅游者在完成这种消费时的具体行为却对旅游消费的对象物本身及其存在环境有着实际的物质影响，并可直接或间接地通过货币形式体现。

3）旅游消费的时效性

一般物质产品的生产、交换和消费是三个相对独立的环节，先有生产，然后才进行交换和消费。但由于旅游消费对象在空间上是固定的，所以，旅游消费具有暂时性、异地性以及与生产的共时性。旅游者必须离开常住地，亲自到旅游目的地才能实现旅游产品的交换，而服务的提供必须以旅游者的实际购买为前提。因此，旅游消费具有强烈的时效性。

4）旅游消费的不可重复性

由于旅游产品的不可转移性和不可储存性，旅游者通常只有通过支付货币才能获得对消费对象观赏或使用的权利，而对于所购买的旅游产品，消费者并不能像对其他消费品那样获得其所有权，而只是获得暂时的使用权，一旦旅游活动结束，旅游者就失去了对该旅游产品的使用权，若想再次享受该旅游产品，就必须重新购买。对于以劳务活动的形式存在的旅游服务来说，时间性更突出，不仅其使用价值对旅游者来说是暂时的，而且随着服务的时间、场合及服务人员心情的变化，即使是同一服务人员提供的服务，其标准和质量也会相差很多，因此，旅游者对旅游产品的消费是不可重复的。

5）旅游消费的弹性

由于旅游消费是一种非基本生活消费，与旅游者的收入、职业、年龄、性别、受教育程度、宗教信仰、个人偏好，旅游产品的价格，旅游地的社会经济发展水平、风俗习惯，汇率的变动方向、国家间（尤其是客源国和目的地国之间）政治经济关系等因素有着密切的联系。这些因素的任何微妙的变化都可以直接或间接地改变人们对旅游消费的倾向和态度，从而影响旅游消费。另外，旅游产品价格的季节性变化也会对旅游消费造成影响。

◆ 课程思政 1-2

动物伦理与野生动物旅游

背景与情境： "道德就是拿火腿肠喂流浪狗喂到心碎流泪，而完全不用去顾虑猪的感受。"这是一位网友对爱狗人士拯救流浪狗的讥讽，不少人觉得这句话绝妙，觉得它点出了爱狗人士的逻辑矛盾，进而觉得爱狗人士的做法是一种荒谬的伪善。类似这样的矛盾话题，近几年引发的争议不断，硫酸泼熊、虐兔虐猫的视频、爱狗人士的激烈抗争，以及归真堂活熊取胆的争论，都涉及一个话题：动物伦理。人类究竟应该怎样对待动物？

伦理就是人与人以及人与自然的关系和处理这些关系的规则。动物伦理主要涉及人与动物的关系以及处理这些关系的规则。李铁认为，处理动物伦理问题时，逻辑的原则固然是一种很重要的维度，但我们还必须回到历史和传统中来考察。经过漫长的历史演化和反思，人类的几个主流文明体系都对动物伦理有了成熟的看法。在几个核心问题上，中西方的主流观点都比较一致。比如，都肯定人类的中心和支配地位，认为动植物可以作为人的工具而存在，但这并不意味着人可以肆意对待动物。人类如何对待动物，关乎人类的文明和尊严，关乎人类道德的培育。唯理主义者喜欢简单的二分法，不是正确就是错误，但经验主义者更强调传统的演化，认为人类文明一直都是在追寻"最不坏"的路上。人类如何对待动物，是理性反思与传统演进结合的产物，动物伦理深深植根于传统。但也应该看到，传统并非一成不变，文明的进步使得文明的标准也会随之提高，以往符合传统的方式也可能受到挑战并得以修正。日本，作为一个食谱广泛的民族，一些传统饮食习惯也被世界其他地区的人所非议。在世界越来越扁平的今天，这些习俗必然要做出调整，因为尊重传统并不等于相对主义。当然，这不是一个一蹴而就、非黑即白的问题，它只能在一个漫长的博弈和演化中找到答案。

在旅游消费者行为研究领域，野生动物旅游（wildlife tourism）是一种经常引起动物伦理争议的旅游形式。一般而言，野生动物旅游可以按照是否进行野生动物消费区分为两种形式：消费性野生动物旅游（consumptive wildlife tourism），一般以狩猎、食用野生动物、消费野生动物制品为主要内容；非消费性野生动物旅游（non-consumptive wildlife tourism），一般不涉及对野生动物的狩猎、食用，也不涉及消费野生动物制品，主要是以观看为主，例如，观鸟、观鲸、观看野生动物大迁徙等。

（资料来源　李铁．动物伦理，为了人的尊严［EB/OL］．［2012-04-13］．http：//www.infzm.com/content/74162.引文有删减）

问题：消费性野生动物旅游与非消费性野生动物旅游是否涉及动物伦理问题？如果涉及，涉及什么样的动物伦理问题？

1.2.2　旅游消费者行为的特点

与旅游消费的特点一脉相承的是，旅游消费者行为具有复杂性和受旅游动机驱使两个基本特点。

1）旅游消费者行为具有复杂性

旅游消费者行为包含着多方面的意义。首先，从过程上看，一般产品消费过程可划分为购买、消费、处置三个可明显分离、依序发生的阶段。但是，这三个阶段在旅游消费过程中并非泾渭分明，尤其是随着现代资讯的发展，网上预订、网上支付成为常见的方式后，旅游消费者的购买阶段和消费阶段并没有明显的分界线。其次，从行为上看，旅游者在消费之前、消费过程中会受到旅游者的态度、动机、认知、经历、所处的社会、经济、文化背景的影响。另外，旅游消费者往往在购买旅游产品的同时就开始评估旅游经历，并在整个消费过程中以及消费之后继续评估自己的旅游经历，而不是像有形产品消费者那样，在使用产品之后才开始评估产品。而且，旅游消费者对旅游消费的评估往往夹杂着主观性较强的情感因素。此外，与有形产品相比，在大多数旅游消费过程中都不存在处置阶段。所以，旅游消费者行为是一个复杂的过程。

2）旅游消费者行为受旅游动机驱使

正如本书第3章将要阐述的，旅游动机是引发、维持个体的旅游行为并将行为导向旅游目标的心理动力，是推动人们进行旅游活动的内在心理动因。因此，旅游消费以及旅游消费者的行为，毫无疑问地将受到旅游动机的驱动。旅游消费者行为的多样化，也是旅游动机多样化的必然结果。值得注意的是，旅游消费者行为中也包含一定量的冲动型购买，其水平有攀高的倾向。虽然目前还缺乏系统的实证分析，但从现象来看，旅游者在旅游过程中的消费，即使在开支规模上大体是预算型的，但在支出方向上也不像居家消费时那样理智。这两种情况都是可以理解的。在一个陌生的环境中旅游，见到的自然多是陌生的、新奇的东西，购买自然也就随兴而至。另外，与居家消费相比，旅游者消费有明显的攀升的倾向（谢彦君，2004）。这也是旅游消费者行为受到旅游动机驱使的典型例证。

延伸思考1-1

　　问题：结合对旅游动机的界定、同步案例1-1以及"旅游消费者行为受旅游动机驱使"这一观点，分析：中国出境游客的高消费行为受哪些动机驱使？

1.3　旅游消费者行为研究的历史

1）早期研究

考虑到旅游作为一种消费现象的本质属性，学界对旅游消费者行为的研究与旅游现象的整体研究是基本同步的。据申葆嘉（1996）的梳理，国外最早见诸记载的旅游研究是1899年意大利政府统计局的博迪奥（L.Bodio）的论文《外国人在意大利的移动及其花费的金钱》。这一论文实际上也是最早对旅游消费进行研究的文献。自此之后的很长一段时间，国际上的旅游研究，尤其是以欧洲为主导的旅游研究主要关注旅游者人数、消费能力等议题。

然而，虽然时至今日，从在英文旅游学术刊物上发表的论文数量来看，旅游消费者行为有关的研究已经位居国际旅游研究的主导地位（Ballantyne et al.，2009；Sharpley，2011），但自1899年至20世纪60年代末，旅游消费者行为的系统研究并未取得重要进展。这种情况的出现，一方面与旅游研究的整体发展历程与趋势有关（申葆嘉，1996），另一方面也由于相关学科的学者，例如，营销学者、心理学家，并没有意识到旅游消费与其他有形产品的消费的差异。

自20世纪70年代开始，随着全球旅游消费的强劲发展，营销学者、心理学家等逐渐意识到传统的营销理论、消费者行为理论，并不能完全解释旅游消费者的行为。因此，一系列从心理学、营销学的理论和方法论视角介入旅游消费者行为研究的经典著作得以诞生，这也是旅游消费者行为研究蓬勃发展的开端。当时主要的理论进展集中在态度与感知（见本书第2章）、旅游动机（见本书第3章）和旅游者决策模型（见本书第8章）等方面。

2）20世纪研究的发展趋势

至20世纪末，旅游消费者行为研究已经发展成为旅游学界一个新兴的、活跃的领域。研究者们采用心理学、社会学、人类学、营销学、计量经济学等理论和方法探究旅游消费者行为的全过程，剖析旅游消费者的感知、动机、期望、满意度、忠诚度等。吴清津（2006）总结了旅游消费者行为研究的三个发展趋势，分别是：（1）研究范围越来越广。例如，与旅游消费者行为相关的生态问题、信息处理问题、心理问题、目的地文化问题、权益保护问题，均纳入学者们的研究视野中。（2）跨学科发展。涉猎旅游消费者行为研究的学者，不仅有最早介入的心理学者、营销学者、旅游学者，还有管理学、经济学、社会学、人类学、法学等学科的学者。（3）跨国界研究。考虑到旅游消费所具备的强烈的文化背景，近年来不少研究开始致力于探究不同文化背景下的旅游消费者行为的异同。因而，跨国界的研究，尤其是国际合作的研究，也成为一种新兴的趋势。例如，随着中国、印度、韩国等亚洲国家经济的发展、消费水平的提升、旅游消费的兴起，越来越多的国际合作研究开始关注非西方背景下的旅游消费者行为。

3）21世纪的研究

21世纪以来，全球旅游消费者行为研究开始出现了一些新的变化。科恩等（Cohen et al.，2014）对2000—2012年发表在三本国际顶级旅游刊物（Annals of Tourism Research，Tourism Management和Journal of Travel Research）上的论文进行分析后发现：（1）从研究的主要概念来看，旅游者满意度、信任度和忠诚度（satisfaction，trust and loyalty）最受关注，其后依次是动机、感知、决策、态度与期望、自我概念与个性、价值等。（2）从研究语境来看，新兴市场的跨文化议题（cross-cultural issues in emerging markets）、较少研究的细分市场（under-researched segments）、旅游消费者的情绪（emotions）最受关注，其后依次是消费者的不当行为（misbehaviour）和群体及其共同决策（group and joint decision-making）。例如，关注中国旅游消费者行为及中外比较的研究与日俱增（Chen，Huang & Hu，2019；Zhang，Pearce & Chen，2019）。

此外，英文世界的旅游消费者行为研究，目前还存在以下四个方面的问题（Cohen et al.，2014）：（1）依然有不少的研究只是把其他研究领域的理论或模型简单地套用到旅游消费者行为研究领域。（2）虽然许多研究都探索同样的问题，例如，满意度对忠诚度的影响，但由于研究的语境、旅游消费者类型和目的地类型的差异，这一研究领域的研究结果并不具备可比性，因而研究的理论进展缓慢。（3）虽然定量研究占据旅游消费者行为研究的主导，但由于实验研究（能够量化独立的刺激对行为响应的效应）尚处起步阶段，目前不少因果关系研究的结论错漏百出。（4）很少有研究采用纵向比较、历时跟踪的研究设计来探究旅游消费者行为的历时变化过程及其原因。

上述英文世界的旅游消费者行为研究进展与存在的问题，在中国内地的相关研究实践中同样遇到。例如，黄松山和陈钢华（Huang & Chen，2015）对国内四本旅游相关的学术刊物（《旅游学刊》《旅游科学》《经济地理》和《人文地理》）在2006年至2013年之间所发表的旅游消费者行为研究的文献进行分析发现，虽然这一领域的研究在这8年中取得了不少进展，例如，发表文献数量不断增加、研究视野不断拓宽、研究方法不断多元化等，但理论贡献十分罕见。大部分的研究都在重复英文学界已经开展的研究，或套用已发表论文中的理论和模型，或只是简单地对旅游消费者行为和现象进行描述，缺乏高质量的理论检验和理论建构，因而理论贡献的进展十分缓慢。

类似的情况还反映在与新冠疫情有关的旅游消费者行为研究中（具体见延伸阅读1-3）。据检索，截至2021年8月31日，在10本英文SSCI旅游类期刊发表的83篇论文中（第一作者单位、通讯作者单位为中国内地高校或科研机构的论文分别有13篇、11篇），最受关注的主题是"风险感知与出游意向"（46篇/55.4%），其次是"旅游购买决策"（28篇/33.7%）、"实际旅游中的行为与体验"（13篇/15.7%）和"对技术的态度"（9篇/10.8%）。这些研究大部分或"只是验证了变量之间的关系，并未对现有框架、概念做出重大改变"（59.0%），或"单纯应用现有理论，力图用现有理论解释新现象"（16.7%），或"只是引入/改变某个变量，并未对现有框架、概念做出重大改变"（12.8%）。总体上而言，大部分关注新冠肺炎疫情影响下的旅游者行为的研究，都是在描述、分析某些看似新兴的现象，却在理论层面贡献甚微。毫无疑问，在新冠疫情背景或影响下，描述、分析旅游消费者行为和旅游消费领域的新现象，解决新的实际问题，是尤为重要的。但从长远来看，理论创新才是旅游研究（包括旅游消费者行为研究），甚至整个旅游学科实现长足发展的必经之路。

◆ **业务链接 1-1**

如何检索旅游消费者行为研究的期刊论文？

目前，几乎所有的旅游学术研究期刊，都会刊载与旅游消费者行为研究有关的学术研究成果。但整体而言，主要发表在以下一些期刊上。为方便这一领域的期刊论文检索，将主要的SSCI刊物、国内CSSCI刊物以及其他中文刊物的信息整理如下。

英文的SSCI刊物有：

① 《旅行研究杂志》（Journal of Travel Research），创刊于1968年，现为一年8期，是美国旅行与旅游学会（Travel and Tourism Research Association）的正式出版物。现任联合主编是美国弗吉尼亚理工学院暨州立大学（Virginia Tech，USA）的Nancy G.McGehee教授和美国得克萨斯农工大学（Texas A&M University，USA）的James F.Petrick教授。该刊发表的论文主要涉及旅行与旅游行为、旅游发展与管理等领域。这一刊物是Sage旗下的出版物，官方网站是：https：//journals.sagepub.com/home/jtr。

② 《旅游管理》（Tourism Management），双月刊，创刊于1980年。现任主编为香港理工大学（Hong Kong Polytechnic University，Hong Kong SAR，China）的徐惠群（Cathy Hsu）教授。该刊侧重于发表旅游经济、旅游管理（含旅游消费者行为、旅游市场营销）以及旅游规划等方面的研究成果。这一刊物是Elsevier旗下的出版物，官方网站是：https：//www.sciencedirect.com/journal/tourism-management。

③ 《旅游研究纪事》（Annals of Tourism Research），创刊于1974年，原为季刊（1年4期），自2014年起改为双月刊。现任联合主编为澳大利亚昆士兰大学（University of Queensland，Australia）的Sara Dolnicar教授和英国诺丁汉大学（Nottingham University，UK）的Scott McCabe教授。该刊主要侧重于旅游社会科学（tourism social sciences）的多学科研究。覆盖旅游社会学、旅游人类学、旅游消费者行为学、旅游心理学、旅游经济与管理、休闲与游憩等领域，在"以英语为母语"的国际旅游学术

界具有主导性的影响。这一刊物是 Elsevier 旗下的出版物，官方网站是：https://www.sciencedirect.com/journal/annals-of-tourism-research。

④《可持续旅游杂志》（Journal of Sustainable Tourism），创刊于 1993 年，现为一年 12 期。现任主编是英国萨里大学（University of Surrey，UK）的 Xavier Font 教授。该刊致力于促进对旅游与可持续发展关系的批判性理解，因而也发表与可持续旅游相关的消费者行为研究。这一刊物是 Taylor & Francis 旗下的出版物，官方网站是：https://www.tandfonline.com/toc/rsus20/current。

⑤《酒店与旅游研究学报》（Journal of Hospitality & Tourism Research），创刊于 1976 年，现为一年 8 期。现任联合主编是新西兰奥克兰理工大学（Auckland University of Technology，New Zealand）的 Peter B.Kim 教授、澳门大学（University of Macau，China）的苗莉（Li Miao）教授和荷兰莱顿大学（Leiden University，Netherlands）的 Jean-Pierre van der Rest 教授。2022 年重新定位之后，该刊致力于发表"有影响的"（IMPACT）研究，即创新的（innovative）、有意义的（meaningful）、与实践相关的（practically relevant）、学术严谨的（academically rigorous）、跨学科的（cross-disciplinary）、聚焦理论的（theory-focused）研究。

⑥《旅行与旅游营销杂志》（Journal of Travel and Tourism Marketing），创刊于 1992 年，现为一年 9 期，现任主编为香港理工大学（Hong Kong Polytechnic University，Hong Kong SAR，China）的田桂成（Kaye Chon）教授。该期刊定位于应用研究，其主旨是为旅行和旅游领域（尤其是旅游消费者行为、旅游营销等领域）的研究者和管理者提供一个思想交流媒介，以使其保持与最新研究成果的齐头并进。这一刊物也是 Taylor & Francis 旗下的出版物，官方网站是：https://www.tandfonline.com/toc/wttm20/current。

⑦《国际旅游研究杂志》（International Journal of Tourism Research），创刊于 1999 年，双月刊，现任主编为英国伯恩茅斯大学（Bournemouth University，UK）的 John Fletcher 教授。该刊主要侧重于包括旅游消费者行为研究在内的旅游社会科学的多学科研究。这一刊物是 Wiley 旗下的出版物，官方网站是：https://onlinelibrary.wiley.com/journal/15221970。

⑧《目的地营销与管理杂志》（Journal of Destination Marketing & Management），创刊于 2012 年，现为一年 4 期，主编为美国中佛罗里达大学（University of Central Florida，USA）的 Alan Fyall 教授、Youcheng Wang（王有成）教授和英国斯望西大学（Swansea University，UK）的 Brian Garrod 教授。该刊致力于促进对目的地营销与管理各个方面的批判性理解，因而也发表与旅游消费者行为密切相关的研究。该刊是 Elsevier 旗下的出版物，官方网站是：https://www.sciencedirect.com/journal/journal-of-destination-marketing-and-management。

⑨《当代旅游议题》（Current Issues in Tourism），创刊于 1998 年，现为一年 20 期，主编为新西兰坎特伯雷大学（University of Canterbury，New Zealand）的 C. Michael Hall 教授和英国利兹贝克特大学（Leeds Beckett University，UK）的 Chris Cooper 教授。该刊鼓励对旅游领域内各种问题的深度讨论和批判，因而也发表与旅游消费者行为密切相关的研究。该刊是 Taylor & Francis 旗下的出版物，官方网站是：

https：//www.tandfonline.com/toc/rcit20/current。

⑩《旅游评论》（Tourism Review），创刊于1946年，是当今旅游学界历史最悠久的学术刊物，现为一年6期。现任主编是英国伯恩茅斯大学（Bournemouth University, UK）的Dimitrios Buhalis教授。该刊致力于发表能提升我们对旅游的理解以及能够提升旅游学术研究的影响和行业适切性的学术成果。该刊是Emerald旗下的出版物，官方网站是：https：//www.emerald.com/insight/publication/issn/1660-5373。

中文的CSSCI刊物有：

①《旅游学刊》，月刊，由北京联合大学旅游学院主办，现任主编为北京联合大学旅游学院严旭阳教授，执行主编为张凌云教授。自1986年创刊以来，一直秉承前沿、理性、责任的办刊宗旨，立足于中国旅游发展实践，力图及时反映我国旅游学术研究的最新成果和旅游业实践的新问题。近年来，随着旅游研究的深入以及与国外旅游研究接轨，在旅游市场及旅游消费者行为日趋复杂、多样的现实背景下，旅游消费者行为研究逐渐成为《旅游学刊》的热点和焦点之一。官方网站是：http：//www.lyxk.cbpt.cnki.net/WKD/WebPublication/index.aspx？mid=lyxk。

②《旅游科学》，双月刊，是国内外公开发行的旅游学术研究专业期刊，由上海师范大学旅游学院主办。该刊注重旅游理论与应用研究，由国内旅游资深学者和海外华裔教授担任编委。自创刊以来，发表了大量的旅游消费者行为研究成果。官方网站是：http：//lykx.sitsh.edu.cn/。

其他中文刊物有：

①《旅游论坛》，双月刊，由桂林旅游学院主办，创刊于1998年。学术支持单位为中山大学旅游发展与规划研究中心、现代旅游业发展协同创新中心。目前执行主编为中山大学保继刚教授。官方网站是：http：//glgz.chinajournal.net.cn/wkg/WebPublication/index.aspx？mid=glgz。

②《旅游导刊》，双月刊，由上海世纪出版股份有限公司和北京第二外国语学院共同主办，于2017年1月正式出刊。《旅游导刊》的宗旨是为中国的旅游学术共同体打造3个平台：立足中国、面向世界的原创性理论成果的发表平台，联系并促进政、产、学、研间理解与认识的交流与交锋平台，推进学术共同体学习与进步的平台。现任主编为齐书深，执行主编为周峥、秦宇。官方网站是：http：//lydk.bisu.edu.cn/。

以上旅游类中文刊物，均可在中国知网（http：//www.cnki.net）检索到。

◆ **教学互动1-1**

主题：理论发展是社会科学研究的终极目标。然而，长期以来，中国的旅游学术研究，尤其是旅游消费者行为领域的研究主要侧重于国外现有理论和模型在中国的应用、描述中国的旅游消费者行为，在理论的检验和理论的建构方面进展缓慢，在较大程度上阻碍了中国旅游消费者行为的理论研究和学术发展。

问题：怎样处理好理论研究与描述、应用之间的关系，推动中国旅游消费者行为研究的理论贡献？

要求：

①教师不直接提供上述问题的答案，而引导学生结合相关教学内容就问题进行独

立思考、自由发表见解，组织课堂讨论。

②教师把握好讨论节奏，对学生提出的典型见解进行点评。

1.4 旅游消费者行为的基础理论

旅游消费者行为学是一个新兴的研究领域，还未形成自身完善的理论研究体系。在其发展过程中，受到不同学科的关注，研究者们从不同的学科借鉴概念。许多与消费者行为学有关的早期理论是以经济学为基础的。此外，构成旅游消费者行为研究的主要理论来源和基础还包括心理学（普通心理学、社会心理学）、社会学、人类学、行为科学等相关领域的成果。

1.4.1 经济学

在各学科中，最早介入消费领域研究的当属经济学。对消费行为的研究也一直是西方经济学研究的主流。早在1936年，凯恩斯就在其《就业、利息和货币通论》中，基于三大心理定律提出有效需求不足理论，同时也提出了"消费者的实际消费支出取决于现期可支配收入"的绝对收入假说。之后，杜森贝利和弗里德曼分别提出的"相对收入假说"和"生命周期假说"，霍尔提出的"随机游走假说"及后来的过度敏感性、过度平滑性、流动性约束假说、预防性储蓄等假说都试图用消费函数来解释消费者的行为。1988年，行为经济学家理查德·塞勒等人用"行为生命周期假说"把消费定义为收入与心理意愿的函数，并由此把消费者行为研究由收入假说的"物质层面"上升到"心理层面"，开辟了消费函数理论研究的新视域（尹清非，2004）。但实际上，自从凯恩斯提出三大定律以来，虽然消费者的行为是用消费的函数来解释的，但经济学家对心理因素的考虑却从未间断过。

微观经济学的研究对象是单个经济单位的经济行为，宏观经济学研究的是经济总量。微观经济学是涉足消费者行为学研究最早的学科。在微观经济学中对消费者行为的分析是运用效用理论来进行的，因此，消费者行为理论也称效用论。研究消费者行为必须先认识效用和边际效用。效用（utility）是指一个人从消费某种物品中得到满足。消费者得到的满足越大，这种物品的效用就越大，反之亦然。首先，效用存在于物品自身的物质属性中，并由于其物质属性的不同而不同。例如，旅游景区中出售的旅游纪念品和食品，因为客观物质属性的不同，可以满足旅游者的不同需要。其次，效用依存于消费者的主观感受。消费者的主观感受不同，对同一物品的效用评价就不同。边际效用（marginal utility，MU）指消费者在一定时间内每增加一个单位商品或劳务的消费所得到的新增加的效用。

边际效用=总效用的变动量/商品或劳务消费量的变动量，即：

$$MU=\Delta TU/\Delta Q$$

式中：$\Delta TU=TU_2-TU_1$；$\Delta Q=Q_2-Q_1$。

总效用和边际效用是两个不同的概念。总效用是指连续消费某一类商品或劳务得到的全部效用总和，而边际效用是指连续消费某一类商品或劳务时，最后增加的那个单位的消费所带来的效用。或者说，增加一个单位消费所带来的总效用的增量。

消费者在消费中所面临的基本问题是，消费者追求效用的最大化的欲望是无限的，但满足欲望的手段即消费者的收入是有限的，同时消费者也不能无偿获得商品。如何将有限货币收入与可买到的商品做合理分配，以求效用的最大化，其解决途径被称为消费者均衡（consumer equilibrium）。消费者均衡需要满足消费者收入固定、物品的价格不变、消费者偏好固定三个前提。在此基础上研究消费者效用最大化问题可以采用两种分析方法：边际效用分析法和无差异曲线分析法。与之相对应，产生了两种理论：基数效用论和序数效用论。

在旅游消费者行为研究领域，尹少华（1997）从理论上探讨了旅游消费者行为的最大化的决策过程。他指出，人们进行旅游活动的目的，无一不是希望通过旅游消费获得自身精神与物质上的最大满足，亦即实现旅游消费行为的效用最大。由于每个旅游者的性别、年龄、职业、经历、习俗、心理等诸多因素的差异，因此，同一种旅游活动带给不同旅游者的满足或效用是不同的。这就要根据每个旅游者通过旅游活动所获得的主观感受进行评价，也就是将旅游者在旅游消费活动中的感受与其主观愿望相比较。如果两者的差距小，则旅游消费的效用就大。反之，则效用就小。旅游消费的效用最大，表现在旅游之前对旅游地选择的最大满足和在旅游消费过程中实际所得与主观愿望的最大相符。杨勇在对自主权与消费者旅游方式选择研究中指出，旅游消费者不同的效用价值取向决定了其旅游方式的选择。对旅游消费者群体进行细分，是旅游中间商以及其他旅游经营者着眼于不同旅游者的效用价值取向设计相关产品时需要关注的一个问题。另外，旅游消费者通过旅游行为享受到旅游带来的效用，而当其已不满足现有的旅游方式产生的效用时，旅游需求会发生变化，为了实现旅游消费者新的需求，旅游业经营者就需要做出新的调适（杨勇，2007）。

1.4.2 心理学

心理学学科的发展历经了一百多年，已经形成了相应的不同分支。心理学对个体的研究包括人的动机、知觉、态度、个性、情绪、学习过程等。心理学对消费者行为的研究把消费者购买行为中的心理现象作为其研究的侧重点，并认为消费者是一个心理、意识和行为融为一体的个体，消费者行为是消费者消费心理和消费需求不断满足的过程。因此，心理学的理论和研究方法为我们更好地理解旅游消费者行为提供了帮助，有助于我们理解旅游者的需要、对各种旅游产品的特点和产品信息的反应，以及人们的个性特点、以往的经历对人们做出各种选择及各种决策的影响方式。下文将简要介绍与旅游消费者行为研究息息相关的普通心理学和社会心理学，以及它们在旅游消费者行为研究中的应用。

1）普通心理学

普通心理学是心理学的主干分支学科，研究对象是一般人的心理现象及其基本规律。研究的具体内容包括心理动力系统、心理过程、心理状态和个性心理四个方面。心理过程及其机制、个性心理特征的形成过程及其机制、心理过程和个性心理特征相互关系的规律性是普通心理学研究的核心内容。普通心理学的具体内容如表1-1所示（杜炜，2009）。

表1-1   **普通心理学的具体内容**

项目	具体内容
心理动力系统	心理动力系统决定着个体对现实世界的认知态度和对活动对象的选择与偏好
心理过程	心理过程是指人的心理活动发生、发展的过程,即客观事物作用于人脑并在一定时间内大脑反映客观现实的过程,包括认知过程、情感过程和意志过程,三者合在一起简称"知情意"
心理状态	心理状态是介于心理过程与个性心理之间的既有暂时性又有稳固性的一种心理现象,是心理过程与个性心理统一的表现
个性心理	个性心理是显示人们个别差异的心理现象。由于每个人先天因素、生活条件、教育影响、从事实践活动等不同,心理过程在每个人身上产生时又带有个人特征,这样就形成个人的兴趣、能力、气质、性格的不同。人的心理现象中的兴趣、能力、气质和性格,称为个性的心理特征

例如,加拿大政府旅游局在揭示不同个性品质与旅游行为之间的关系中发现,两者在交通工具、旅游目的地、旅游活动内容以及季节等选择上存在高度相关,表明个性品质会影响旅游者消费行为。也有研究表明,旅游者的个性特征会影响其对网络信息的搜索和利用程度,进而会影响到旅游者决策(Fodness,1997)。

2)社会心理学

社会心理学从一开始就比较关注具体的个人行为和心理问题如何受到社会的影响。它是一门系统地研究处于社会环境中的个人和群体的社会行为及社会心理的本质和原因,并预测其发展和变化的科学。社会心理学的具体研究对象主要包括四个方面:个体的心理及行为(人的社会化、自我与同一性、社会动机、社会感觉和认知、态度改变)、社会交往和互动的心理及行为(人际关系、社会影响、社会结构和互动)、群体心理及行为、社会心理学的应用研究。社会心理学形成之后,一直存在两种不同的研究取向。其一是心理学取向的社会心理学,在研究方法上以实验法为主,侧重对个体心理现象的研究,主要流派有精神分析流派、行为主义流派和认知流派等。其二是社会学取向的社会心理学,在研究方法上借鉴社会学的研究方法,使用调查法、观察法和访谈法等多种研究方法,产生了符号互动论和社会交换理论等学派。这两个学派虽然存在分歧,但也逐渐表现出整合的趋势。其中,心理动力学理论、社会学习理论、社会认知理论、符号互动理论、社会交换理论与后现代社会心理学理论是社会心理学研究中的重要理论。具体如表1-2所示(乐国安,2003)。

社会心理学大师勒温认为,任何社会行为的产生都取决于两种因素,一是个体的内在因素,二是社会环境因素,并由此提出了个体行为公式,即$B=f(P\cdot E)$。同样,旅游者的旅游决策作为一种社会行为,也受这两种因素的作用和影响,其中个体因素主要表现在旅游动机、旅游态度、人格等方面,社会环境因素则表现在家庭、社会阶层和社会文化方面(乐国安,2003)。

表1-2　　　　　　　　　　　社会心理学研究中的重要理论

重要理论	代表人物	理论要点
心理动力学理论	弗洛伊德 R.P.库佐尔特 阿德勒 霍妮 弗洛姆	弗洛伊德的经典精神分析学说中不乏有关社会心理学的重要思想。其中尤以"本能"、"超我"、"人格发展"和以俄狄浦斯情结为核心的群体心理学学说最为明显。之后的社会文化学派更将社会的研究视角作为发展心理动力学派的必然立足点，例如，阿德勒的社会兴趣学说、霍妮的基本焦虑学说、弗洛姆的社会潜意识学说等
社会学习理论	J.B.华生 赫尔与斯金纳 班杜拉	发端于行为主义的社会学习理论认为，外部环境比内在心理机制更能影响人的行为。人类的社会行为主要通过社会学习习得和改变。社会学习理论的代表人物班杜拉曾指出，学习行为的获得与学习行为的表现是两个相对独立的过程。就行为而言，强化是必要因素；就行为获得而言，强化只是促进因素之一
社会认知理论	勒温 海德 费斯汀格 琼斯和戴维斯 凯利 马库斯	社会认知理论学家重视人内在的心理活动与结构，重点研究个体的认知结构，认为人类的行为受其内在认知过程的支配。社会认知的一致性理论与社会认知的归因理论是社会认知理论两大传统亚理论范畴，而马库斯等人提出的"自我图示"——信息加工的认知心理学则从另一个维度发展了社会认知理论体系
符号互动理论	乔治·米德	米德的符号互动理论注重人的主体性与能动性，从复杂群体活动的社会整体出发分析个体行为，方法论上纠正了还原论，为更广阔的研究视野提供可能。米德之后，很多研究者从自己的角度对符号互动进行了改造和发展，其中包括角色理论、戏剧理论、参照群体理论等
社会交换理论	霍曼斯 彼得·M.布劳	霍曼斯将古典经济学与行为主义学说融为一体，建立了一系列有关社会交换过程的基本命题，而布劳则从交换关系的建立和权力结构的形成两个问题出发，发展了社会交换理论。社会交换理论试图探索人们在社会交换中出现的基本心理过程及其与交换行为之间的关系，较成功地解释了人类利己主义理性层面的行为
后现代社会心理学理论	米歇尔·福柯	发轫于20世纪八九十年代，作为主流社会心理学的反叛者，质疑实证的、还原的"科学心理学"研究范式，主张探讨人的社会性，重视人的语言研究，强调多元化的研究方法等。为社会学界反思传统提供有力的批判视角

◆　**同步思考1-1**

　　问题：如上文所述，心理学是旅游消费者行为学重要的理论源泉之一，也存在一门旅游消费者心理学的分支学科（至少有不少冠以旅游消费者心理学、旅游心理学的著作和教材）。那么，应该如何理解旅游消费者心理学与旅游消费者行为学的关系？

1.4.3　消费者行为学

　　1）消费者行为学的研究范式

　　消费者行为学是一门综合经济学、心理学、社会学、人类学、统计学以及其他学科的应用科学。自20世纪七八十年代以来，对于消费者行为的研究有了长足的发展，主要形成信息处理、经验主义、行为主义三种研究范式。

（1）信息处理范式

信息处理范式是目前消费者行为研究领域的主流。这一研究范式将消费者看作合理解决问题的人或合理的购买决策者。研究的前提是消费者是为了评价产品的特性或技能性的利益而搜寻或利用信息的。它将消费者的购买决策过程划分为认识问题、搜寻信息、评价方案、购买行为、购买后行为五个阶段。该研究范式以认知心理学、实验心理学和部分经济学原理为理论基础，主要采用实证主义研究方法。

（2）经验主义范式

经验主义范式聚焦于消费者行为的主观性和象征性。把研究重点放在产品提供的情感性的利益上，认为消费者有时不一定经过合理的购买决策过程而购买产品，而是为了获得情绪或情感上的快乐感、兴奋感来购买产品，包括寻求多样性的购买。消费者为消除厌恶或者得到新鲜感而改换品牌的时候就会寻求多样性的购买决策。该研究范式认为以休闲产品为代表的购买行为具有浓厚的体验色彩，其购买目的在于获得情感性的快乐。这一研究范式的理论基础来自动机心理学、社会学以及文化人类学，主要采用阐释主义方法论。

（3）行为主义范式

行为主义范式是一个崭新的研究范式。它的前提是，消费者购买产品的时候不但受到情感或信念方面因素的影响，还受环境方面的影响。消费者在环境影响下购买产品的时候就不一定经过合理的决策过程或者一定以情感来购买产品，这时消费者的购买行为直接受文化、社会群体、经济等环境因素的影响。这一研究范式主要采用实证主义研究方法。

以上三种消费者行为研究范式侧重点不同，各有特点。通过整合三种研究范式的优点，针对旅游消费行为特点展开更为具体、深入的研究是必需的也是切实可行的。

2）消费者行为学的研究模式

旅游消费行为的研究可以从多个角度展开。不同学者研究的焦点也不尽相同。最有代表性的研究模式有两个：一个是以格尔伯特为代表的"需要-动机-行为"模式；另一个是以密德尔敦为代表的"刺激-反应"模式。

（1）"需要-动机-行为"模式

如图1-2所示（林南枝、李天元，1994）。该模式以旅游需要、旅游购买动机以及旅游购买行为构成旅游消费行为的周期。当旅游者产生旅游需要而未得到满足时，就会引起一定程度的心理紧张。当出现满足需要的目标时，需要就会转化为动机，动机推动旅游者进行旅游购买。当旅游者的需要通过旅游消费活动得到满足时，心理紧张感就会消失。购买及消费结果又会影响到新的需要的产生，于是开始一个新的循环过程。研究认为旅游者的旅游需要受社会因素（社会阶层、相关群体、家庭、地位和角色）、文化因素（文化、亚文化）、经济因素（经济周期、通货膨胀率、利率）等外部宏观因素，以及个人的人口统计因素（年龄、健康状况、常住位置、性别、职业）和个人心理因素（动机、知觉、学习、态度及人格）的影响；在从旅游动机到行为产生的过程中，旅游者会主动搜寻信息，同时接收来自旅游目的地及企业的信息，以供决策使用。这时，行为的产生受到旅游营销活动的影响。旅游者的心理因素也限制着外界信息的输入与加工，最终影响旅游购买行为。最后，旅游购买行为会对旅游营销活动以及旅游者新的旅游需要发生作用，影响下一次旅游购买活动。

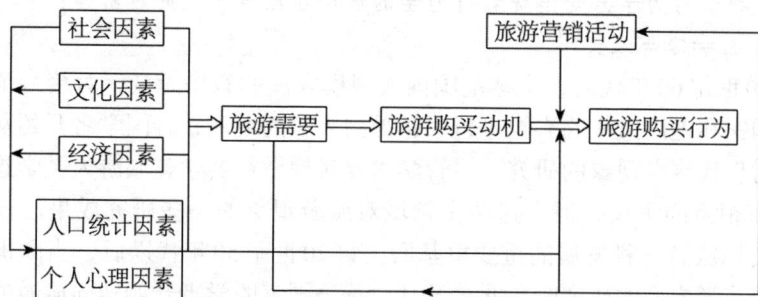

图1-2　"需要-动机-行为"模式

（2）"刺激-反应"模式

如图1-3所示（密德尔敦，2001）。该模式是建立在行为主义心理学关于人的行为是外部刺激作用的结果这一基本理论的基础上的。该理论认为，行为是刺激的反应。当某行为的结果能满足人们需要时，在这样的刺激下，行为就倾向于重复；反之，行为则趋向于消退。因此，从一定意义上说，本次行为是上次行为得到强化的结果。研究者认为，经过对个体决策及影响决策的各种要素的考察，就可以得到一个解释旅游购买行为的修正的"刺激-反应"模式。在该模式中，市场上的各种产品通过广告、个人推销等手段成为影响旅游者购买的刺激因素。另外，诸如朋友、家庭等相关群体也以自身的看法和评价影响旅游者的购买决策。旅游者通过个体的学习、知觉以及经验对所接收的信息进行吸收和加工。经过加工的外部刺激通过旅游者个体的态度等心理因素以及人口统计、经济和社会因素等共同影响旅游需要及动机，并最终促成购买行为的产生。购买者购买后的满意程度则直接形成购买消费经验，购买经验又对新一轮购买行为产生影响。

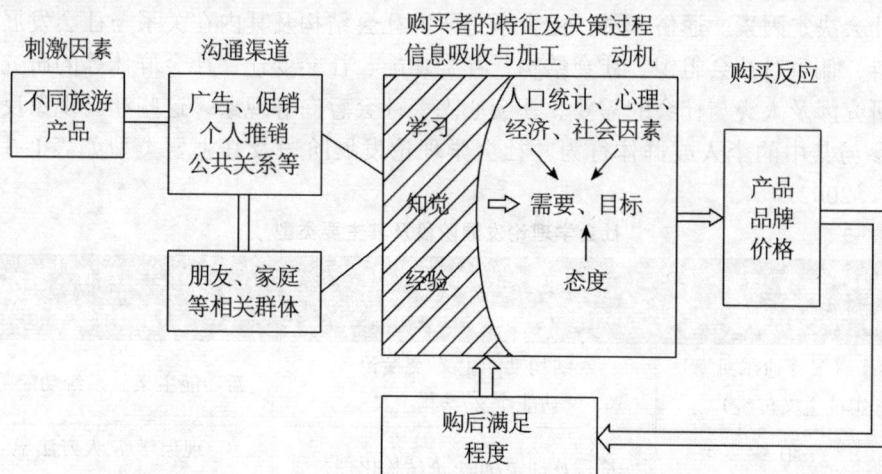

图1-3　"刺激-反应"模式

以上两个模式虽然研究的切入点和焦点有所不同，但互有交融，所涉及的影响旅游消费行为的要素基本是一致的。

问题：如上文所述，消费者行为学是旅游消费者行为学重要的理论源泉之一。那么，旅游消费者行为学只是消费者行为学的理论在旅游领域的运用吗？

1.4.4 社会学与人类学

进入20世纪60年代后，全球范围内大规模客流的有增无减，对接待地社会尤其是欠发达国家和地区造成的影响也越来越受到人们的关注，各国学者开始从多个专业领域展开对现代旅游现象的研究。尽管学术界对旅游社会学、旅游人类学这两个分支学科还存在相当的争议，但在这两个领域对旅游现象的一些研究成果已得到广泛认可，成为支撑旅游学科发展的重要奠基石。自20世纪50年代以后，当欧洲学者仍然关注旅游经济学方面的研究时，北美及其他英语国家的学者开始转向旅游的社会学研究，将旅游者作为研究的重点。在20世纪70年代，伴随着社会学和其他学科的交叉结合，学者们从社会学的角度对旅游者消费行为的研究主要是从旅游者与目的地居民关系、目的地伦理与道德、文化入侵、社会习俗等方面进行的。其中，旅游者–居民的影响关系是最具代表性的研究领域（Milman & Pizam，1988）。旅游人类学对旅游业的关注尽管是从20世纪70年代才开始的，但旅游对目的地社会及文化的影响、旅游动机等很快就成了旅游人类学研究的主流，并从文化的角度研究旅游者行为。目前，我国旅游社会学、人类学的研究重点仍然在于学科基础建设，并在社区旅游、旅游与目的地社会文化变迁等方面有所突破。社会学和人类学的基本情况及其在旅游消费者行为研究中的运用，如下所述。

1）社会学

美国经济学家詹姆斯·杜森贝里（James Stemble Duesenberry）在一个著名的公式中提出了关于社会学的定义。他假定经济学教人行动的方法，社会的行动主体依据行动方法行动并竭力实现他为自己设定的目标；社会学则告诉人各种原因，它们怎样妨碍其行动及目标的实现，即：认为社会学的基本目的是去发现约束个人自主行动的各种社会决定因素。通俗来讲，社会学是研究社会结构及其内在关系与社会发展规律的学科，侧重对社会组织、社会结构、社会功能、社会变迁、社会群体等的研究。社会学研究涉及人类与社会的需要、社会心态、社会意向等现象，这些社会现象反过来影响参与其中的个人或群体行为。社会学理论发展阶段及其主要类型如表1-3所示（文军，2002）。

表1-3　　　　　　　　　　　社会学理论发展阶段及其主要类型

古典社会学理论阶段 （1830—1920年）	现代社会学理论阶段 （1930—1970年）	当代社会学理论阶段 （1980年至今）
涂尔干（又译迪尔凯姆） （实证主义传统）	结构功能主义/交换论 功能主义/结构主义	新功能主义、系统功能主义
韦伯 （人文主义传统）	符号互动论/冲突论结构化理论	现象学/常人方法学 理性选择理论
马克思 （批判主义传统）	批判理论、结构主义马克思主义	沟通理论、后结构主义

社会学的一些理论和原理，对于考察、分析旅游消费者行为具有一定的借鉴价值。例如，不同社会阶层的消费差异、社会阶层等参照群体对旅游消费者个体的影响、文化和亚文化对消费者的影响等（参见本书其他章节的内容）。此外，对社会角色的研究也是社会学研究的一项重要内容，例如，妇女角色、男性角色、儿童角色等。在针对旅游消费者的研究中，也需要从分析角色入手，分析社会角色对旅游消费者行为的影响。社会学中将旅游消费者行为的研究置于更为广阔的社会文化背景中，更贴近现实空间，有助于更好地开展研究。

2）人类学

人类学对旅游消费行为研究的价值主要体现在两个方面：一是研究方法，二是关于神话、宗教、民间传说、民俗等方面的研究。人类学的跨文化研究为旅游活动的跨文化现象的研究提供了很好的借鉴。人类学的田野调查方法有助于更好地了解人类真实、自然的事件和活动，在旅游消费者行为的研究中具有重要意义。人类学关于神话、宗教、民间传说、民俗等方面的研究对分析旅游消费者的行为有直接的运用价值，特别是不同族群信仰、禁忌在旅游者的消费行为中会直接表现出来。例如，对饮食、旅游纪念品图案、房间号码、出行日期的选择等，都可以看出这些因素对旅游消费决策的直接影响。要了解影响旅游消费决策的真正因素，必须首先有针对性地了解不同文化群体的核心信仰、价值观念、风俗习惯，乃至其产生的背景和传承状况。人类在发展过程中不断形成的新的信仰、价值观、理念也是人类学所考察的重要内容。例如，环保、绿色理念、人文价值等会对旅游消费者行为和购买决策产生直接影响。

1.5　旅游消费者行为的研究方法

划分研究的通用方法是以研究者对于"研究什么、如何研究"的基本假设为分类标准的。这一套理念被称为范式。旅游消费者行为研究中存在实证主义和阐释主义两种范式。实证主义强调人类理性的至高无上，认为存在单一的客观真理，可以用科学来发现。实证主义鼓励强调客体的功能，拥护技术，把世界看成理性的、有序的场所，具有可明晰界定的过去、现在和未来。阐释主义则认为我们社会中科学和技术被过度强调了，而且对旅游者的这种有秩序、有理智的看法否定了我们生活的社会和文化的复杂性。阐释主义强调象征性的主观经验的重要性，强调含义存在于一个人的意识中。旅游消费者行为研究中的实证主义和阐释主义范式比较如表1-4所示。进行旅游消费者行为研究的学者来自不同的学科，研究者的"工具箱"也装满了各种不同的方法和技术。对于方法的选择取决于研究者的理论方向和问题的性质。研究方法的选择不是范式问题，而是研究的功能问题。在决定"调查什么"之后，研究者需要选择合适的方法来开展调查。主要有定性和定量两种研究方法。

深度剖析1-1

问题：实证主义和阐释主义范式有何不同？

表1-4　　　　　　　　　旅游消费者行为研究中的实证主义和阐释主义范式比较

项目	实证主义范式	阐释主义范式
现实的性质	客观、明确、单一	构造的社会性、多重性
目标	预测	理解
产生的知识	永恒的、独立的	局限于时间、环境
对因果关系的看法	存在真正的动因	多重、同时发生的具有形成条件的事件
研究关系	研究者与被研究者相互分离	研究者与被研究者相互影响、相互协作

1.5.1　定量研究方法

定量研究（又称量的研究、量化研究）是一种对事物可以量化的部分进行测量和分析，以检验研究者自己关于该事物的某些理论假设的研究方法。量的研究有一套完备的操作技术，包括抽样方法、资料收集方法、数字统计方法等。其基本步骤是：研究者事先建立假设并确定具有因果关系的各种变量，通过概率抽样的方式选择样本，使用经过检测的标准化工具和程序采集数据，对数据进行分析，建立不同变量之间的相关关系，必要时使用实验干预手段对控制组和实验组进行对比，进而检验研究者自己的理论假设。这种方法主要用于对社会现象中各种相关因素的分析，如年龄与离婚率的关系、性别与职业的关系等。当然，定量研究也存在一些缺点，需要在研究中尽量避免。定量研究方法的优缺点如表1-5所示（陈向明，2010）。

表1-5　　　　　　　　　　　定量研究方法的优缺点

优点	缺点
（1）适用于在宏观层面大面积地对社会现象进行统计调查 （2）可以通过一定的研究工具和手段对研究者事先设置的理论假设进行检验 （3）可以使用实验干预的手段对控制组和实验组进行对比研究 （4）通过随机抽样可以获得有代表性的数据和研究结果 （5）研究工具和资料收集标准化，研究的效度和信度可以进行相对准确的测量 （6）适用于对事件的因果关系以及相关变量之间的关系进行研究	（1）只能对事物的一些比较表层的、可以量化的部分进行测量，不能获得具体的细节内容 （2）测量的时间往往只是一个或几个凝固的点，无法追踪事件发生的过程 （3）只能对研究者事先预定的一些理论假设进行证实，很难了解当事人自己的视角和想法 （4）研究结果只能代表抽样立体中的平均情况，不能兼顾特殊情况 （5）对变量的控制比较大，很难在自然情境下收集资料

在旅游消费者行为研究领域，定量研究的方法得到了广泛的应用。例如，代姗姗、唐周媛、徐红罡（2011）在对中国入境旅游者购物消费的省际差异及影响因素的研究中，采用面板数据模型，对1999—2008年的中国内地各省区经济发展水平、旅游业发展水平、资源丰度、群体参照、口岸等因素对入境旅游者购物消费的影响进行了实证分析。她们以入境旅游者人均购物消费为因变量，以区域经济发展、区域零售业发展、区域住宿业发展及旅游资源丰度、旅游者参照群体、口岸资源为区域入境旅

游者购物消费的自变量来建立模型。结果表明，入境旅游者购物消费水平主要受以旅游住宿业的发达程度为代表的区域内经济及旅游发展水平和上年接待入境旅游者人数为代表的群体参照的影响，而口岸资源丰度对入境旅游者购物消费水平的影响呈现出两极化态势，资源丰度与入境旅游者购物消费之间存在空间错位。陈钢华、黄松山和胡宪洋（Chen，Huang & Hu，2019）的研究则通过问卷调查获取数据，以中国背包客和西方背包客为样本，分析了背包客个人发展与自尊、自我效能感之间的关系，并进行了中西跨文化比较。

1.5.2　定性研究方法

定性研究是以研究者本人作为研究工具，在自然情境下采用多种资料收集方法对社会现象进行整体性探究，使用归纳法分析资料和形成理论，通过与研究对象互动对其行为和意义建构获得解释性理解的一种活动。定性研究方法的优缺点如表1-6所示（陈向明，2010）。

表1-6　　　　　　　　　　　　　　定性研究方法的优缺点

优点	缺点
（1）在微观层面对社会现象进行比较深入细致的描述和分析，对小样本进行个案调查，研究比较深入，便于了解事物的复杂性 （2）注意从当事人的角度找到某一社会现象的问题所在，用开放的方式收集资料，了解当事人看问题的方式和观点 （3）对研究者不熟悉的现象进行探索性研究 （4）注意事件发生的自然情境，在自然情境下研究生活事件 （5）注重了解事件发展的动态过程 （6）通过归纳的手段自下而上建立理论，可以对理论有所创新 （7）分析资料时注意保存资料的文本性质，叙事的方式更加接近一般人的生活，研究结果容易起到迁移的作用	（1）不适用于在宏观层面对规模较大的人群或社会机构进行研究 （2）不擅长对事情的因果关系或相关关系进行直接的辨别 （3）不能像定量研究那样对研究结果的效度和信度进行准确的测量 （4）研究的结果不具备量的研究意义上的代表性，不能推广到其他地点和人群 （5）资料庞杂，没有统一的标准进行整理，给整理和分析资料的工作带来很大困难 （6）研究没有统一的程序，很难建立公认的质量衡量标准 （7）既费时又费工

例如，刘丹萍、保继刚（2006）在对旅游者"符号性消费"行为的研究中，通过云南元阳梯田的案例，证明这一现象在旅游消费行为中也客观存在。某些旅游者认为，旅游是一种时尚追求，选择到哪里旅游、怎样旅游，都能体现出人们对自己社会角色扮演的定位和评价，以及对自己地位区隔的认可和接受。这种"符号性消费"行为对旅游地的社会建构意义应该引起关注。在研究方法上，主要是应用了参与式观察法、非参与式观察法和深度访谈法等定性的研究方法。另外，由于到访元阳梯田的旅游者大多数是互联网的经常使用者，他们常通过网上的旅游论坛、摄影论坛表述自己的旅游动机与体验。因此，研究还利用功能强大的搜索引擎，收集所有中文网页上关于元阳梯田的帖子和旅行游记，并选择当时国内自助旅行和户外活动网站中最有影响力的网站"磨房"作为调查对象，收集并分析其中关于元阳梯田旅游者消费行为的所

有材料。近年来，定性研究方法在旅游研究中越来越多地得以应用。例如，张晓玥、皮尔斯和陈钢华（Zhang，Pearce & Chen，2019）通过对中国出境游客以及有过出境旅游经历的中国居民展开访谈来收集资料，并通过建构主义扎根理论来分析资料，对中国出境游客如何理解不文明行为以及这种理解如何受到中国人的脸面观和社会认同的影响展开了研究。他们发现：中国人独有的脸面观与西方学界的社会认同理论可以"联姻"，以更好地解释中国出境游客对不文明行为的感知。实际上，中国人的脸面观深刻地影响了他们与不文明行为相联系的自我归类、群体评价和群体承诺（更多内容参见本章延伸阅读1-4）。

业务链接1-2

发表定性研究成果的七大策略

如今，在国际顶级的学术刊物发表科研成果已经成为中国社会科学界参与全球学术对话的重要方式。尤其是，随着越来越多的研究者开始使用定性研究的方法，如何在国际顶级的学术刊物发表这些定性研究的成果呢？以下七大策略可以为感兴趣的读者提供具体的指南（Reay，2014）。

策略一：确保研究拥有充足的高质量的数据（Ensure you have sufficient high-quality data）。

策略二：提出合适的研究问题以指导论文的开展（Set up an appropriate research question to guide your article）。

策略三：将研究放置在相关文献的背景与情境之下（Ground your study in the relevant literature）。

策略四：解释研究方法并展现研究过程（Explain your methods and show your work）。

策略五：讲述一个引人入胜的经验性的故事（Tell an intriguing empirical story）。

策略六：讲述一个令人信服的理论性的故事（Tell a convincing theoretical story）。

策略七：阐述研究对所在领域的明确的贡献（Show a clear contribution to the family business literature）。

1.5.3 定量与定性相结合的研究方法

人们习惯于将定量分析与定性分析的二分法同实证论与解释论的对立联系在一起。关于旅游者消费行为的研究，不少研究信奉实证主义，采用定量统计的方法。其实，实证论和解释论都是科学的一般哲学，其区别在于本体论（事实的本性）、认识论（知识的状态）和方法论（获得知识的方式）上。换言之，研究范式之间的区别并不是定性与定量之间的对立，而是实证论与解释论之间的对立。与实证论注重揭示事物的"总体性、一般性和代表性"有所不同，解释论的兴趣焦点是理解事物的"具体性、独特性和反常性"（刘丹萍、保继刚，2006）。从上述讨论中我们可以看出，定量研究的长处恰恰是定性研究的短处，而定性研究的长处恰恰可以用来填补定量研究的短处。因此，将这两种方法结合起来使用，有很多单独使用其中一种方法所没有的好处。首先，在同一个研究项目中使用这两种不同的方法，可以同时在不同层面和角度对同一研究问题进行探讨。其次，如果研究的问题中包含了一些不同的、多侧面的子

问题，研究者可以根据需要，选择不同的方法对这些问题进行探讨。同一研究中使用不同的研究方法还可以为研究设计和解决实际问题提供更大的灵活性。使用不同的方法还可以对有关结果进行相关检验而提高研究结论的可靠性。总之，在习惯使用定量和定性相结合的研究方法的学者看来，任何一种资料、方法或研究者都有各自的偏差，只有联合起来才能"取长补短"。

近年来，在旅游消费者行为研究领域，定量和定性相结合的研究方法已经开始得到广泛的关注和运用（Chen & Xiao，2013；Chen et al.，2020，2022）。例如，在以厦门这一典型的旅游城市为例展开的一项关于城市旅游地旅游者重游动机的实证研究中，在文献回顾、网络文本分析和深度访谈等定性研究的基础上，陈钢华和肖洪根（Chen & Xiao，2013）基于纵向比较的视角，通过实地的问卷调研和深度访谈，对城市旅游地旅游者的重游动机进行了实证研究。基本的步骤是：通过因子分析将厦门城市旅游地旅游者的重游动机归纳为7项动机因子，然后通过聚类分析基于动机的差异将重游旅游者划分为外界驱动型、怀旧型、猎奇补缺型和特殊兴趣型4种类型。具体而言，从研究方法上看，这一研究，在研究之初和实地研究中分别针对重游过厦门和正在厦门重游的旅游者展开了深度访谈。首先，在实地研究中，针对当地居民进行了访谈，以了解其对旅游开发和吸引旅游者重游的态度及建议。其次，对网络虚拟社区中有关旅游地旅游者重游动机的信息进行收集、整理，进而解读其中的本质内容，为后续研究中的问卷设计等提供依据。最后，对正在厦门重游的旅游者展开问卷调研，分别采用李克特7点态度量表以及非量表的问卷题目来了解受访旅游者的社会人口统计学特征。类似的流程也被陈钢华等（Chen et al.，2020，2022）用于蜜月旅游的相关研究中。在定性研究（文献回顾、网络文本分析、深度访谈等）的基础上，开发并设计量表（问卷），再经过定量研究（对经由问卷调查收集的数据进行数理统计分析）来验证或进一步回答相关的研究问题。

◆ **同步案例1-2**

旅游目的地形象修复方式量表开发与验证：混合方法的运用

背景与情境： 胡宪洋、白凯（2013）的《旅游目的地形象修复方式量表探讨：中外旅游者整合对比的视角》一文，旨在开发与验证旅游目的地形象修复方式量表。在文献分析、深度访谈（定性研究）和预试研究的基础上编制了旅游目的地形象修复问卷，通过对入境旅游者和内地旅游者的正式调查，采用探索性因子分析和3次验证性因子分析（定量研究），探讨并验证了旅游目的地形象修复策略的结构和内容。这一研究是近年来旅游消费者行为研究领域采用混合研究方法的典型案例。具体的研究过程与方法摘录整理如下（陈向明，2010）：

首先，测项开发。研究的重点在于开发旅游目的地形象修复策略的量表并对其进行信度和效度检验。为此，作者遵照丘吉尔和拉克伯奇的量表开发程序，对国内外涉及形象修复的文献进行全面的扫描，尽可能多地形成适用测项。由于博努瓦和库姆斯的形象修复理论最具系统性且得到广泛认同，本研究调查问卷的测项，大多源自此二位学者的研究成果，同时鉴于旅游目的地的特殊性，适当添加了若干测项。然后对形成的基本测项进行旅游者访谈，用以检测测项的适用程度。通过对54位旅游者（入境旅游者22人，内地旅游者32人）的访谈，作者剔除存在歧义与受到质疑的测项，在此基础上编制初始问卷。之后，将初始问卷交由旅游管理专业的一位硕士生导师和两位博士研究生对问卷的合理性进行评定，得到预试问卷，共计32项测项。最后，用该问卷预调查了107名旅游者，回收有效问卷97份。用因子分析的方法对测项的有效性和问卷结构进行分析。分析中，筛选参照以下标准：（1）变量在某一因子上的负荷量大于0.4；（2）变量之间的交叉负荷很低；（3）同一测度因子中测项的内涵保持一致。满足以上3条，则测项被保留。结果剔除掉7项测项，形成了保留25项测项的正式问卷。

其次，数据的收集与样本构成。研究正式实测是在2011年6月，调查地点为新疆天池景区和拉萨八廓街。入境旅游者方面，在新疆、西藏各发放问卷260份，其中，新疆回收有效问卷227份，西藏回收有效问卷214份，共计441份，有效率达84.81%。内地旅游者方面，共发放问卷520份，回收有效问卷417份，有效率达80.19%。

最后，量表开发与验证。依次采用探索性的因子分析、验证性因子分析以及中外样本的比较等定量研究过程，对新开发的旅游目的地形象修复方式量表的信度与效度进行统计检验，揭示了旅游目的地形象修复策略的内容和基本结构；同时，从中外整合对比的视角关联分析了其对旅游者后续行为意图的影响。

问题：试分析，为什么在这一次量表的开发中需要采用定性与定量相结合的研究方法？定性与定量研究各包含哪些具体的方法和过程？

◆ **深度剖析1-2**

问题：在国内外旅游消费者行为研究中，越来越多的作者选择混合研究方法。虽然结合使用不同的研究方法可以有很多好处，但是否也存在一些问题呢？

1.6　研究旅游消费者行为学的意义

在过去的20年里，旅游业作为全世界最大的产业已经发生了深刻而广泛的变化。随着全球经济的发展、人们生活水平的提高、可支配收入的增加、休闲参与方式的多样化及人们商业活动范围的扩大，旅游和旅行已经成为商业（商务）活动的重要形式，人们会如何消费旅游产品成了旅游业研究的热门话题。旅游者对旅游目的地和旅游产品的信息接收、感知、选择和决策过程是旅游者消费行为的主要表现。努力探寻旅游消费形成的决定因素既是学术研究也是行业关注的焦点（匹赞姆、曼斯菲尔德，2005）。所以，对旅游消费者行为的研究具有重要意义，主要表现在以下方面：

1）有助于旅游企业提高服务质量

旅游业以旅游者的存在和消费为主要前提，没有旅游者和消费，旅游业就无法存在。从现实意义上讲，一个旅游企业能否赢得旅游者和旅游者消费，是衡量该企业是否兴旺发达的重要标志。当今，大多数学者和从业者都在讨论，现在的消费者变得越来越挑剔和苛刻了，品位发生了变化，正在不断提高，并且变化的速度比以往要快（斯沃布鲁克、霍纳，2004）。如何赢得旅游者，如何让企业在这种变化中寻求进步，旅游消费者行为学正是研究旅游者心理和行为规律的学科，它能为招徕更多的旅游者、旅游企业和目的地的发展提供重要的科学依据。

2）为旅游企业、旅游目的地改善营销策略提供依据

消费者是市场的主体，是一切经济活动的起点和终点。然而，消费心理和行为是一个变化极快的领域，"大众"市场已被细分为多个利基市场，特别是在价值创造的今天，要留住顾客、为顾客创造价值、让顾客忠诚、提高顾客的满意度，旅游企业和目的地的营销者必须能够识别这些市场，消费者无疑是一切市场营销研究的关键点。在现行的以消费者为导向或市场为导向的市场营销观念影响下，旅游消费作为一种特殊消费，既是物质商品消费和服务商品消费的集合，也是体验消费的普遍存在形式。旅游企业、旅游目的地只有通过满足消费者的需求才能在市场上生存与立足，那么理解消费者的行为就显得尤为重要。

◆ **深度剖析1-3** ◆

问题： 以旅游者满意度研究为例，剖析旅游消费者行为如何为目的地营销提供参考。

3）有益于我国旅游业的转型与健康发展

进入21世纪后，伴随计算机和网络成长的一代开始步入社会。父辈创造的财富基础将造就我国庞大的旅游休闲消费群；新一代借助于信息技术所产生的旅游向往、消费观念、消费经验和消费知识等都将超越其父辈。时尚、休闲、旅游、探险、追求个性价值和多元文化融合，将造就新一代旅游消费者。在环境变化、技术革新、竞争激烈的情形下，世界旅游业也在发展，为了生存与发展，旅游市场正在日新月异地创造出许许多多的新产品。一个国家或地区的旅游业要想在激烈变化的市场竞争中占优势地位，就要对变化的环境进行科学的预测和决策，然后在此基础上调整经营方针，改善经营措施，制定经营策略，这样才能吸引更多的旅游者，保持充足的客源。因此，不断探索、研究旅游消费心理和行为不仅有利于为旅游消费者创造价值、有利于旅游企业改进营销策略，更有利于促进我国旅游业的持续发展和兴旺。

◆ **教学互动1-2** ◆

主题： 旅游消费者行为研究有着非常积极的意义。但从目前国内的研究实践来看，旅游消费者行为研究依然处于较为滞后的状态。

问题： 联系实际谈谈导致旅游消费者行为研究滞后的因素有哪些，如何进一步推进中国旅游消费者行为研究。

要求： 同"教学互动1-1"的"要求"。

✦ **本章概要**

❀ 主要概念

旅游消费　旅游消费者行为　定量研究　定性研究

❀ 内容提要

• 消费者行为是一个非常有趣而又难以研究的课题。尤其是在旅游业中，有关旅

游产品的消费与购买总是夹杂着感情色彩。所以，对于旅游消费、旅游者消费及旅游消费者行为的辨析就显得很重要。

·旅游消费者行为是复杂的，并受到动机的驱使。

·旅游消费者行为研究是跨学科的，研究的理论、概念和方法主要源于心理学、社会学、社会心理学、文化人类学和经济学等。

·虽然定量研究依然是国内外旅游消费者行为研究的主流，但定性研究、定量和定性相结合的研究方法已经开始越来越受到研究者的重视。

内容结构

本章内容结构如图1-4所示：

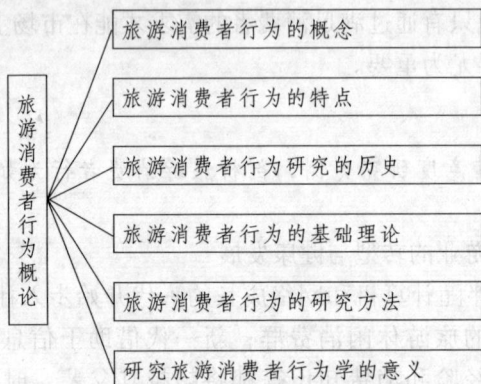

图1-4　本章内容结构

重要观点

观点1-1：旅游消费是旅游者为了满足其发展和享受的需要，在整个旅游活动过程中，对食、住、行、游、购、娱这六方面及其他方面所作的花费。

常见置疑：旅游消费就是主要以购买可借以进入景区（点）进行观赏和娱乐的票证的方式消耗个人积蓄的过程。

释疑：旅游消费与旅游者消费在不同的文献中，通常被误用或混用。实际上，旅游消费有狭义和广义之分。广义的旅游消费，即旅游者消费，包含了旅游者在整个旅游活动过程中所进行的各项消费。狭义的旅游消费则仅指为了审美和愉悦需要而进行的消费。本书采用广义的旅游消费的概念，即旅游消费等同于旅游者消费，包括旅游者在整个旅游活动过程中，为了满足其发展和享受的需要，对食、住、行、游、购、娱这六方面及其他方面所作的花费。

观点1-2：研究范式之间的区别并不是定性与定量之间的对立，而是实证论与解释论之间的对立。

常见置疑：研究范式之间的区别是定性与定量之间的对立。

释疑：研究范式之间的区别并不是定性与定量之间的对立。原因是：首先，划分研究的通用方法是以研究者对于"研究什么、如何研究"的基本假设为分类标准的。这一套信念被称为范式。在包括旅游消费者行为研究在内的社会科学研究中，存在实证主义和阐释主义两种范式。其次，定量研究（又称量的研究、量化研究）是一种对事物可以量化的部分进行测量和分析，以检验研究者自己关于该事物的某些理论假设的研究方法；定性研究是以研究者本人作为研究工具，在自然情境下采用多种资料收集方法对社会现象进行整体性探究，使用归纳法分析资料和形成理论，通过与研究对象互动对其行为和意义建构获得解释性理解的一种活动。最后，实证论和解释论都是科学的一般哲学，其区别在于本体论（事实的本性）、认识论（知识的状态）和方法论（获得知识的方式）上。换言之，研究范式之间的区别并不是定性与定量之间的对立，而是实证论与解释论之间的对立。与实证论注重揭示事物的"总体性、一般性和代表性"有所不同，解释论的兴趣焦点是理解事物的"具体性、独特性和反常性"。

✳ 单元训练

☆ 传承型训练

▲ 理论题

△ 简答题

1）简述旅游消费者行为的相关概念与特点。

2）简述旅游消费者行为研究的历史。

3）旅游消费者行为的基础理论有哪些？

4）简述研究消费者行为学的意义。

△ 讨论题

1）如何理解旅游（消费）者心理学与旅游（消费）者行为学的关系？

2）旅游消费者行为学只是消费者行为学理论在旅游领域的运用吗？

3）目前，英文世界旅游消费者行为研究存在哪些问题？

▲ 实务题

△ 规则复习

1）简述旅游消费者行为的定量研究方法。

2）简述旅游消费者行为的定性研究方法。

3）简述旅游消费者行为的定量与定性相结合的研究方法。

△ 业务解析

1）研究范式之间的区别是定性与定量之间的对立吗？为什么？

2）混合研究方法可能存在哪些问题？

▲ 案例题

△ 案例分析

【训练项目】

案例分析—Ⅰ。

【训练目的】

见本章"学习目标"中"传承型学习"的"认知弹性"目标。

【教学方法】

采用"案例教学法"。

【训练任务】

1）体验本章理论与实务知识的具体运用。

2）体验对"附录二"附表2中各项"参照指标""训练考核点"的遵循。

3）体验对"附录三"附表3中"解决问题"能力"初级"的"基本要求"和各技能点"参照规范与标准"的遵循。

4）体验在"相关案例"的"背景与情境"中分析与解决问题的"结构不良知识学习"过程。

5）撰写、讨论和交流《案例分析报告》。

【相关案例】

基于出行动机的中国背包客市场细分

背景与情境：陈钢华、保继刚和黄松山（Chen，Bao & Huang，2014）的论文《基于出行动机的中国背包客市场细分》（Segmenting Chinese Backpackers by Travel Motivations）对中国背包客的出行动机和市场细分进行了研究。论文的主要内容和研究过程如下：作者基于网络文本分析和深度访谈等定性研究方法，调查了中国背包客的旅游动机，为后续的定量研究（问卷设计和统计分析）奠定坚实的实践基础。在上述定性研究的基础上，通过统计分析对中国背包客的出行动机和社会人口统计学特征进行定量研究。具体的统计分析过程和结论是：首先，利用探索性因子分析，将中国背包客的出行动机归纳为以下四个因素：社会交往、自我实现、目的地体验、逃避和放松；其次，通过聚类分析和判别分析将基于不同旅游动机的中国背包客划分为以下三个类别：自我实现者、目的地体验者和社交探求者；最后，通过方差分析的方法，对不同社会人口统计学特征是否影响中国背包客的出行动机进行了统计检验。

（资料来源　CHEN G,BAO J,HUANG S. Segmenting Chinese backpackers by travel motivations［J］. International Journal of Tourism Research，2014，16（4）：355-367）

问题：

1）本案例主要涉及了本章的哪些知识点？

2）本案例所展示的研究运用了哪些研究方法？

3）利用本章所学知识，试分析：旅游目的地和旅游企业如何开展营销来吸引中国背包客？

【训练要求】

1）了解本教材"附录二"的附表2中"形成性训练与考核"的"参照指标"与"训练考核点"。

2）学生分析案例提出的问题，拟出《案例分析提纲》。

3）小组讨论，撰写小组《案例分析报告》。

4）班级交流、相互点评和修订各组的《案例分析报告》。

【成果形式】

1）训练课业：《"基于出行动机的中国背包客市场细分"案例分析报告》。

2）课业要求：

（1）将《案例分析提纲》作为《"基于出行动机的中国背包客市场细分"案例分析报告》的附件。

（2）规范要求：本教材"附录二"的附表2中"成果性训练与考核"的"参照指标"与"训练考核点"。

（3）结构与体例要求：参照本教材"课业范例"的范例–1。

（4）在校园网的本课程平台上展示经过教师点评的班级优秀《案例分析报告》，并将其纳入本课程的教学资源库。

△ 课程思政

【训练项目】

课程思政—I。

【训练目的】

见本章"学习目标"中"传承型学习"的"认知弹性"目标。

【教学方法】

采用"案例教学法"。

【训练准备】

1）了解本教材"附录二"的附表2中"形成性训练与考核"的"参照指标"与"训练考核点"。

2）了解本教材"附录四"的附表4中各"道德范畴"及其"参照规范与标准"。

3）了解与本案例"问题1）"相关的思政行为规范。

【相关案例】

中国公民出境旅游文明行为指南

背景与情境： 2006年10月2日，中央文明办和国家旅游局联合发布了《中国公民出境旅游文明行为指南》（以下简称《行为指南》），旨在对中国公民在境外旅游时的行为进行指导。指南的具体内容如下：

中国公民，出境旅游，注重礼仪，保持尊严。

讲究卫生，爱护环境；衣着得体，请勿喧哗。

尊老爱幼，助人为乐；女士优先，礼貌谦让。

出行办事，遵守时间；排队有序，不越黄线。

文明住宿，不损用品；安静用餐，请勿浪费。

健康娱乐，有益身心；赌博色情，坚决拒绝。

参观游览，遵守规定；习俗禁忌，切勿冒犯。

遇有疑难，咨询领馆；文明出行，一路平安。

问题：

1）本案例中的《行为指南》暗示着中国公民出境旅游存在哪些方面的伦理、道德问题？

2）试对上述问题做出你的思政研判。

3）说明你所做研判的依据。

4）请从旅游消费的特点、旅游消费者行为的特点与思政研判的角度对上述不文明行为的产生原因进行说明分析。

【训练要求】

1）学生分析案例提出的问题，拟出《思政研判提纲》。

2）小组讨论，撰写小组《思政研判报告》。

3）班级交流、相互点评和修订各组的《思政研判报告》。

4）小组总结本次训练，形成《思政研判报告》。

【成果形式】

1）训练课业：《〈行为指南〉思政研判报告》。

2）课业要求：

（1）将《思政研判提纲》作为《〈行为指南〉思政研判报告》的附件。

（2）规范要求：本教材"附录二"的附表2中"成果性训练与考核"的"参照指标"与"训练考核点"。

（3）结构与体例要求：参照本教材"课业范例"的范例-2。

（4）在校园网的本课程平台上展示班级优秀《〈行为指南〉思政研判报告》，并将其纳入本课程的教学资源库。

✿ 创新型训练

▲ 自主学习

【训练项目】

自主学习-I。

【训练目的】

见本章"学习目标"中"创新型学习"的"自主学习"目标。

【教学方法】

采用"学导教学法"和"研究教学法"。

【训练要求】

1）以班级小组为单位组建学生训练团队，各团队依照本教材"附录三"的附表3"自我学习"（初级）的"基本要求"和各技能点的"参照规范与标准"，制订《团队自主学习计划》。

2）各团队实施《团队自主学习计划》，自主学习本教材"附录一"的附表1"自我学习"（初级）各技能点的"'知识准备'参照规范"所列知识。

3）各团队以自主学习获得的"学习原理"、"学习策略"与"学习方法"知识为指导，通过校图书馆、院资料室和互联网，查阅和整理近两年以"旅游消费者行为学基础理论"为主题的国内外学术文献资料。

4）各团队以整理后的文献资料为基础，依照相关规范要求，讨论、撰写和交流《"旅游消费者行为学基础理论"最新文献综述》。

5）撰写作为"成果形式"的训练课业，总结自主学习和应用"学习原理"、"学习策略"与"学习方法"知识（初级），依照相关规范，准备、讨论、撰写和交流《"旅游消费者行为学基础理论"最新文献综述》的体验过程。

【成果形式】

训练课业：《"自主学习-I"训练报告》。

课业要求：

1）内容包括：训练团队的成员与分工；训练过程；训练总结（包括对各项操作的成功与不足的简要分析说明）；附件。

2）将《团队自主学习计划》和《"旅游消费者行为学基础理论"最新文献综

述》作为《"自主学习-I"训练报告》的附件。

3）《"旅游消费者行为学基础理论"最新文献综述》应符合"文献综述"规范要求，做到事实清楚，论据充分，逻辑清晰。

4）结构与体例参照本教材"课业范例"的"范例-4"。

5）在校园网的本课程平台上展示班级优秀训练课业，并将其纳入本课程的教学资源库。

✳ **建议阅读**

［1］白凯. 旅游者行为学［M］. 北京：科学出版社，2013：1-27.

［2］所罗门，卢泰宏，杨晓燕. 消费者行为学［M］. 8版. 北京：电子工业出版社，2009：3-36.

［3］吴清津. 旅游消费者行为学［M］. 北京：旅游教育出版社，2006：24-52.

［4］CHEN G，BAO J，HUANG S. Segmenting Chinese backpackers by travel motivations［J］. International Journal of Tourism Research，2014，16（4）：355-367.

［5］CHEN G，HUANG S，HU X. Backpacker personal development，generalized self-efficacy，and self-esteem：testing a structural model［J］. Journal of Travel Research，2019，58（4）：680-694.

［6］CHEN G，SO K K F，POOMCHAISUWAN M，et al. Examining affection-based travel：development and validation of a measurement scale for honeymooners' motivation［J］. Journal of Destination Marketing & Management，2020，17：100452.

［7］CHEN G，SO K K F，HU X，et al. Travel for affection：A Stimulus-Organism-Response Model of honeymoon tourism experiences［J］. Journal of Hospitality & Tourism Research，46（6）：1187-1219.

［8］PEARCE P L. Tourist behavior：Themes and conceptual schemes［M］. Clevedon：Channel View Publications，2005：1-17.

［9］ZHANG C，PEARCE P，CHEN G. Not losing our collective face：Social identity and Chinese tourists' reflections on uncivilised behaviour［J］. Tourism Management，2019，73：71-82.

第 2 章
旅游消费者感知

▶ 学习目标

▷ 传承型学习

通过以下目标，建构以"旅游消费者感知"为阶段性内涵的"传承型"专业学力：

理论知识：学习和把握旅游消费者感觉的含义、类别与特性，旅游消费者知觉的含义与特性，旅游消费者感知的影响因素，旅游消费者目的地感知等陈述性知识；用其指导"同步思考"、"深度思考"、"延伸思考"、"教学互动"和相关题型的"单元训练"；体验"旅游消费者感知"中"理论知识"的"传承型学习"及其迁移。

实务知识：学习和把握品牌升级策略和广告策略等基于旅游消费者感知的营销策略，以及"业务链接"等程序性知识；用其规范相关题型的"单元训练"；体验"旅游消费者感知"中"实务知识"的"传承型学习"及其迁移。

认知弹性：运用本章理论与实务知识研究相关案例，对"引例"、"同步案例"和章后"案例分析—II"进行多元表征，体验"旅游消费者感知"中"结构不良知识"的"传承型学习"及其迁移；依照相关行为规范对"课程思政2-1"、"课程思政2-2"和章后"课程思政—II"进行思政研判，激发与交旅融合发展、"故里之争"等议题相关的思考，促进健全职业人格的塑造。

▷ 创新型学习

通过以下目标，建构以"旅游消费者感知"为阶段性内涵的"创新型"专业学力：

拓展创新：参加"拓展创新-I"训练。通过学习和应用其"知识准备"所列知识，系列技能操作的实施，《感知距离与旅游消费者行为研究》论文的准备、讨论、撰写、交流与修订，《"拓展创新-I"训练报告》的撰写等活动，体验关于"旅游消费者感知"中的"创新学习"（初级）及其迁移。

学习微平台

思维导图2-1

引例：印象桂林

背景与情境： 素闻"桂林山水甲天下"，于是我便怀着对美丽的桂林长久的倾慕和心仪之情，踏上了前往桂林的旅途。

到桂林，不能不去游漓江。"漓江的水真静啊，静得让你感觉不到它在流动；漓江的水真清啊，清得可以看见江底的沙石；漓江的水真绿啊，绿得仿佛那是一块无瑕的翡翠。船桨激起的微波扩散出一道道水纹，才让你感觉到船在前进，岸在后移。桂林的山真奇啊，一座座拔地而起，各不相连，像老人，像巨象，像骆驼，奇峰罗列，形态万千；桂林的山真秀啊，像翠绿的屏障，像新生的竹笋，色彩明丽，倒映水中；桂林的山真险啊，危峰兀立，怪石嶙峋，好像一不小心就会栽倒下来。"小学时便深深记下了漓江的水不同一般的清、静、绿，桂林的山不同一般的奇、秀、险，这是我童年便有的梦啊！今日我终于乘一叶竹筏，在漓江水上泛舟，体会那"舟行碧波上，人在画中游"的感觉。小舟欢快地穿行在漓江碧波上，两岸奇山异石，绿树葱茏，在身后渐渐远去。光着一双脚，探进漓江清清的水里，惬意，舒爽；看见对面划来的小舟，挥手与他们互打着招呼。偶尔闭一阵眼睛，那船头扬起的浪花扑在脸上，是那么亲切，那么让人迷醉。深深地呼吸山水中的清新空气，贪婪地饱览山水的俊美。

（资料来源　漓江鲤鱼. 桂林游记［EB/OL］.［2009-12-02］. http://guilin.cncn.com/article/131883/）

碧绿清凉的江水、奇特俊美的山石、清新愉悦的空气、令人迷醉的浪花……旅游过程中，我们通过自己的视、听、嗅、触等感觉来感知旅游地的一切，这些感觉是我们建立美好旅游体验的基础，也是我们用以构建旅游目的地形象的基础。研究表明，旅游活动中的感知过程十分重要，游客的感觉、知觉水平直接影响到旅游活动的效果，也影响到游客的行为决策。

2.1　旅游消费者感觉

2.1.1　旅游消费者感觉的含义与类别

1）旅游消费者感觉的含义

每天都有无数外在的刺激冲击着我们的身体。早上起床，拉开窗帘照进来明媚的阳光、洗漱间传来哗哗的水流声、厨房里飘来香喷喷的饭味……这些刺激作用于我们感觉器官上所产生的即是感觉。心理学家认为，感觉是指人身体感受器——眼睛、耳朵、鼻子等器官中的结构——所产生的表示身体内外经验的神经冲动过程。感觉可以是人脑对直接作用于外在感觉器官的刺激的反映，它反映了产生这一刺激的客观事物的个别属性，比如发生在每天清晨的这一场景中，"明媚""哗哗""香喷喷"就是分别作用于我们的眼睛、耳朵、鼻子等器官，产生的反映阳光、流水、饭的客观属性的感觉。感觉除了可以反映客观事物的各种属性之外，还可以反映自身体内的变化，了解身体各部分的状态，比如一个发高烧的人，往往会感觉到身体发热、口舌干燥、四肢酸痛等。因此，**旅游消费者的感觉是指旅游者的身体感受器在旅游消费全过程中所产生的表示身体内外经验的神经冲动过程。**

2）旅游消费者感觉的类别

根据感觉产生的刺激来源，可以将感觉分为两大类：内部感觉和外部感觉。内部感觉接受体内刺激，反映身体的位置、运动和内脏器官的不同状态。外部感觉接受外部刺激，反映外界事物的属性。德国著名心理学家冯特曾提出，感觉和情感是负责经验建立的基本过程。在旅游消费与体验过程中，感觉是游客构建快乐的旅游体验的重要基础，这些感觉主要来自游客在旅游过程中接触到的外界事物的刺激。因此，本节对感觉的阐述也集中在外部感觉。

按照刺激作用的感觉器官的不同，外部感觉分为视、听、嗅、味和触觉五类。其中，以视觉为主导，当其他感觉与视觉同时存在时，人们往往注意到的是视觉刺激，这种现象被称为"视觉捕捉"（Visual Capture），因此通过视觉所感受到的事物往往令人印象最为深刻；而气味则能够唤醒记忆以及与之相联系的情感。有实验证明，芬芳的气味能够唤起愉快的记忆。曾有一英国旅游代理商为了唤起游客关于海边阳光的记忆，特将椰子防晒油的香味用管道输送到各家店铺里。当然，游客在旅游过程中总是通过这其中的多个感觉共同发挥作用来构建一个完整的旅游体验的。

2.1.2　旅游消费者感觉的特性

1）感受性

动物往往比人类更有预见地震的能力，鱼类、鸟类可以感觉到地震前的一些先兆现象如地声、地光等，而人类却不能。这说明了人类与其他动物对外在刺激的感受能力是不同的，这种能力就是感觉的感受性。感受性受到主体的机体状态影响，不是所有的外在刺激都能引起主体的反应，只有在一定的强度范围内的刺激，才能产生感觉，这就涉及感觉的绝对阈限和差别阈限两个概念。绝对阈限，是指人们感受到某一个特点刺激的最小刺激量，低于绝对阈限的刺激，是无法被感受到的。比如，地震前产生的低于20赫兹的次声波因为低于人类的绝对阈限，所以人类无法感觉到。差别阈限，也称最小可觉差（Just Noticeable Difference，JND），是能使个体觉察出的两个刺激强度之间的最小差别。差别阈限，会随着刺激量的增加而增加，比如在200赫兹的声音刺激上只要再增加20赫兹就可以感觉到差别，但是在2 000赫兹的刺激上却可能要增加200赫兹才能听出差别。因此，在高级西餐厅和游乐园中，服务人员的声音强度是完全不同的。

2）适应性

古语道："如入芝兰之室，久而不闻其香""如入鲍鱼之肆，久而不闻其臭"。这句话正验证了感觉的适应性。人的感觉器官长期处于一种没有变化的刺激下，其敏感度会逐渐降低，这也是为什么城市的居民刚到乡村旅游时会觉得当地的空气格外清新，而当地的居民却没有这个意识。所以，游客在追求新奇的旅游体验时往往选择区别于自己常住环境的目的地，这样的目的地能够使游客产生更兴奋的感觉，会有更深刻的印象。

3）交互作用性

同一事物并不仅产生作用于单一感觉器官的刺激，往往会作用于多个感觉器官；而不同感觉器官产生的感觉也并不是相互独立的，它们通常是交互作用的。宋词人陆游有诗句云："初游唐安饭薏米，炊成不减雕胡美。大如芡实白如玉，滑欲流匙香满屋。"在品尝薏米的同时，充分地刻画了对薏米的视、味、嗅等感觉。科学家也证实了嗅觉对味觉具有很大的作用，香味诱人的食物能提高品尝者的味觉体验；相反，嗅觉失灵的人在面对美味的食物时也会味同嚼蜡。因此，现在的餐饮业为吸引更多的顾客，越来越注重食物的色香味俱全。

4）群体差异性

对同一刺激的感觉，会因为个体的差异而不同，但总的来看，感觉还是呈现出了群体性的差异，不同的年龄阶段、性别等都存在不同的感觉差异。比如，老年人有很好的低频听觉但是会遭受高频失聪的苦恼；而女性相比男性嗅觉灵敏度更高，对气味更为敏感。所以，相比于男性游客，女性游客会更偏好于清新、带有芬芳气息的消费环境。

2.2　旅游消费者知觉

2.2.1　旅游消费者知觉的含义

宋代著名词人辛弃疾在《西江月》中有词句："明月别枝惊鹊，清风半夜鸣蝉。稻花香里说丰年，听取蛙声一片"，这从视、听、触、嗅等多个感觉角度刻画了一幅美好的田园夜景图。然而，如果词人仅仅停留在对外界刺激的感觉层面的话，那他感觉到的将只是一些杂乱的刺激：光线、气味、夹杂不同音调的声音等，如何将这些无序刺激变成词人笔下一个意义完整的田园风光映像，这就需要大脑的知觉加工。

知觉是人脑对直接作用于感觉器官的事物整体的反映。依此类推，**旅游消费者的知觉**是旅游者大脑在旅游消费的全过程中对直接作用于感觉器官的事物整体的反映。大脑通过选择、组织和解释刺激，使原本杂乱的感觉变成大脑中连贯、有意义的整体映像。知觉与感觉属于认知过程的感性阶段，是对事物的直接反映。但两者不同的是，感觉反映的是事物的个别属性，知觉则是一种综合反映；感觉由身体感觉系统生理因素所决定，而知觉则很大程度上受到个体的期望、知识经验和动机等多方面的影响。应该说，知觉是在感觉基础上更高级的认知过程。如图 2-1 所示（格里格、津巴多，2003），知觉加工过程包括三个阶段：感觉、知觉组织、辨识与识别客体。当知觉表达来自感觉输入中的信息时，就发生自下而上的加工；当知觉表达受个体的先验知识、动机、期望以及其他高级精神活动的影响时，就发生自上而下的加工。

学习微平台

同步链接 2-1

2.2.2　旅游消费者知觉的特性

1）选择性

同一时间作用于知觉者的客观事物是纷繁多样的，但是知觉者不可能在瞬间全部清楚地知觉到。知觉者会根据自己的需要与兴趣，有目的地选择少数事物作为清晰的知觉对象，而周边的事物则被模糊成背景，这就是知觉的选择性。知觉选择性的关键在于选择哪些事物作为知觉对象，哪些作为知觉背景。图 2-2 是网络上常见的双关图。该图到底是两个人脸，还是一个花瓶，取决于知觉者对知觉对象的选择。

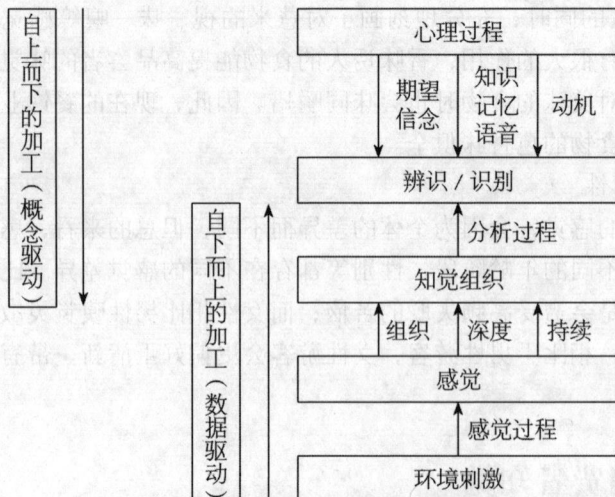

图2-1　知觉组织信息加工过程

图2-2　双关图

知觉的选择性一方面受到知觉对象客观特点的影响，特点鲜明、突出，形象完整、相对稳定的事物往往能最先引起知觉者的注意。比如，游客在游览长城时，普遍深刻知觉到的是气势宏伟的城墙建筑，长城周边的植被、天空等环境因素则自动变成了知觉对象的背景。另一方面，选择性也受到本人主观因素的影响，如兴趣、动机、期望、知识经验等的影响。明显的例子就是对黄山奇石的知觉，中国游客要比西方游客更容易将这些自然的石头知觉成具有浓厚的东方人文主义色彩的形象。而在旅游活动中，不同类型的游客总是有意识地、主动地选择部分旅游目的地或景点作为自己的知觉对象，或无意识地被某一旅游景色所吸引，这也说明了为什么有人乐山，有人好水。在同一旅游景物的刺激下，不同的人可以产生不同的知觉体验。

2）整体性

如前所述，知觉是对当前事物的各种属性和各个部分的整体反映。知觉者如果在过去的经验中对某一事物很熟悉，就能根据经验和当前事物的某部分属性去完整地知觉它，这种情况也是图2-1中提到的自上而下的知觉加工过程。但是，当知觉对象是一个初次接触的事物时，知觉就会以当前知觉对象的特点为目标，将它转移成具有一定结构的整体，这是一种自下而上的知觉加工过程，也叫知觉的组织化。

知觉在组织整合的过程中，一般遵循以下几个原则：

（1）邻近原则

知觉者容易将时空上相互接近的刺激物知觉为一组，视为一个知觉整体。观察图 2-3 中的平行线，我们普遍会按距离的远近将它们知觉为四组，而不是简单的八条平行线。邻近原则也经常体现在游客对目的地的知觉上，游客往往会把时空上比较接近的一些旅游目的地知觉为一个整体。在小的方面，同一个城市的单个旅游景点会在意识上被捆绑为一组。例如，北京的故宫、长城、圆明园，通常会被游客安排为同一北京旅游线路上的景点。在大的方面，一些邻近的地区被知觉为一个大旅游目的地区域。例如，提到马来西亚、泰国、印度尼西亚时，人们通常把它们划在东南亚旅游区域中。邻近原则强调的不仅是空间距离的接近，也包括时间距离的接近。因此，旅游交通的发展也使得邻近原则的运用在游客对目的地的知觉中越来越普遍。例如，武汉至广州高铁的开通，使得更多的游客把鄂、湘、粤"四小时旅游圈"视作统一的旅游区域。

图2-3　知觉的邻近原则示意图

（2）相似原则

在面对各种刺激物的时候，知觉者更容易将在形状、颜色、性能、大小等方面属性相似的刺激物组合在一起，成为知觉的对象。在图 2-4 中，人们偏向于知觉为三角形和椭圆分别组成的两个组。在旅游过程中，消费者对目的地的知觉同样体现出了相似原则。游客通常会将一些特征相似的目的地知觉为一类。例如，蜜月旅游市场上非常红火的浪漫型海岛度假地，如马尔代夫、普吉岛、巴厘岛等在消费者的心目中是同一组的。消费者在考虑相应的旅游时，一旦从其中选择某一个作为目的地，一般就不会再考虑其他相似的旅游地了。在这种知觉的相似原则下，具有同类旅游资源的目的地会形成竞争型旅游地。因此，旅游资源同质性更高的目的地，在旅游宣传时更要注重挖掘自身的独特性。

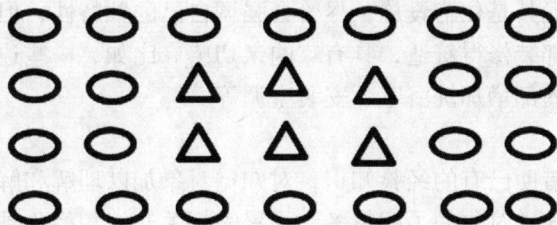

图2-4　知觉的相似原则示意图

（3）封闭原则

当有多个刺激共同包围一个空间，但又存在不完整部分时，感知者倾向填补缺失的元素，并形成一个统一的知觉形态。图 2-5 虽然并不完整，但我们仍然将其知觉为一个矩形。在封闭原则下，游客都有完成一个完整图画的渴望。因此，通过旅游目的地的宣传广告，游客往往能从其中一些模糊的元素中构建起一个完整的目的地印象。

（4）连续原则

知觉的连续原则是指知觉者在知觉某刺激物时，更容易将该刺激物与前导刺激物组合在一起成为知觉的对象。如图2-6，我们不会将其知觉为多个半圆组成的图，而是知觉为一条连续的正弦曲线。连续原则在旅游景观的设计中经常会被运用到，运用单个元素的重复，为观光旅游者创造了有趣的视觉景观。

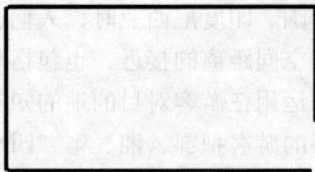

图2-5　知觉的封闭原则示意图

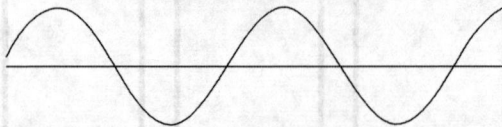

图2-6　知觉的连续原则示意图

3）恒常性

现实中我们感觉到的刺激物的状态在不断改变，但是对于熟悉的环境、事物，我们始终能根据以往的知识经验，知觉到一个比较稳定的、不变的世界，这就是心理学家所指出的知觉的恒常性。具体来说，就是由于角度、距离、运动等问题，当外界刺激物输入刺激信息发生变化时，我们仍然能够按照事物的实际面目反映事物。知觉的恒常性包括对刺激物大小、形状、明度、方向等方面知觉的稳定性。常见的情况有：家养的一只白猫在光线阴影中虽然看起来是灰黑色的，但是我们仍能意识到这是白猫；或者远处的一栋高楼可能看起来仅有近处一人高，但我们也能知觉到其实际高度。知觉的恒常性使我们能够在一个熟悉的环境中游刃有余地对各种外在事物做出合适的反应。但是对于游客而言，到了一个陌生的目的地、接触陌生的事物，知觉的恒常性发挥不了作用，就容易陷入一种对陌生事物无所适从的紧张甚至恐慌感。因此，现在一些旅游设施尤其是住宿设施，尽管会强调自己的独特性，但是也会尽量按照游客的生活习惯将内部装修得舒适，具有家的亲切感。比如，一些边远地区的家庭旅馆也开始注重在客房内部增加洗浴室、安装空调等。

4）理解性

知觉者总是会借助已有的经验知识，对知觉对象加以理解和解释，这就是知觉的理解性。知觉者对知觉对象的了解越多，积累的相关知识和经验越丰富，对该对象的知觉也就越完整、越深刻。由于理解性的存在，具有不同经验背景的游客会对同一旅游景物产生不同的认识，历史文化学者在参观故宫时会比一般游客有更深刻的感悟。现在越来越多的旅游景点注重导游词、展示厅的完善，目的就在于通过提升游客对当地的知识经验，来丰富游客对景点的知觉认识。

2.3 旅游消费者感知的影响因素

旅游消费者的感知（感觉与知觉的合称），对于旅游消费者的出游决策、旅游体验满意度与后续行为有着深远的影响，对旅游目的地的营销和发展意义重大。因此，在制定旅游营销策略之前，必须深入了解影响旅游消费者感知的因素。根据前文可知，感觉和知觉是对外界刺激物进行认知的主观过程，并不是单纯地对外在事物的真实反映，并且感知是受到了多方面因素的影响。要了解旅游消费者感知的结果，必须先了解影响旅游消费者感知的因素。

2.3.1 客观因素

影响旅游消费者感知的客观因素主要有以下三个：

1）感知对象的刺激强度

根据知觉的选择性可以知道，现实世界中的刺激物虽多，但是并不能都被感知到。在旅游过程中，游客更是处在一个错综复杂的感知环境中，哪些事物能更容易地突显出来，成功被游客感知到呢？有关研究显示，旅游刺激物的刺激强度越大时，就越容易引起游客的感知。外在事物的刺激强度由两方面决定：一是事物与背景对比的突出性，事物与所处背景的差异性越大，在大环境中越突出，就越容易被感知到。如果在空旷平坦的草原上出现一栋水泥建筑会非常惹眼，而同样的建筑放在大城市的背景中，就会被淹没在楼丛之间。二是刺激物本身的新奇独特性，像具有世界建筑奇迹之称的万里长城、埃及金字塔、巴黎埃菲尔铁塔、比萨斜塔这些著名的景点，拥有独特的外观设计和恢宏的气势，不管置于何种背景下都格外引人注意。

2）感知对象的出现频率

感知对象出现的频率也会影响到游客对事物的感知，刺激物出现的频率越高，越容易在游客头脑中留下印象，形成相应的感知。去过桂林阳朔的游客大多熟知那里的一道招牌菜——啤酒鱼，事实上，该菜能在游客心中留下清晰印象的一个重要原因就是出现频率极高，桂林阳朔满大街都挂着啤酒鱼的招牌，当地导游也在不断向游客宣传，自然而然啤酒鱼就在游客心中留下了印象。这也是为什么总有那么多的旅游企业在不厌其烦地拍宣传广告、向旅游者发宣传单。

3）感知对象的变化性

在相对静止的背景上，运动变化的事物更能引起游客的知觉。山石间倾泻的瀑布、草原上飞奔的马群等，都因为其运动的特性更容易成为游客知觉的对象。

2.3.2 主观因素

即使在客观条件相同的情况下，不同的个体仍然会产生不同的感知结果。这是因为感知也受到个体主观因素的影响。这些主观因素如下：

1）兴趣

当个体对某一事物有较浓厚的兴趣时，会更加积极主动地去了解它，表现出更敏锐的观察力和更强的关注。因此，在文化遗产旅游地面前，对历史文化感兴趣的游客会比其他的游客有更强烈的感知。

2）需要和动机

研究表明，知觉在很大程度上受到需要和动机的影响，能够满足个体需要的事物往往更容易成为知觉对象。

3）情绪

情绪是个体对客观事物的态度的一种反映，对人的心理活动有较大的影响，知觉也不例外。游客在情绪高昂时，对游览对象的知觉会更广泛；而在情绪低落时，则知觉水平也会随之下降。

4）其他的个体因素

同样影响着游客知觉的个体因素还有游客的个性、知识经验、价值观等。

◆ **同步案例2-1**

北京在中外旅游者心目中的形象是一样的吗？

背景与情境：北京旅游业发展的总体目标是把北京建设成为国内外旅游者首选之地，国际一流旅游名城。北京力推的形象是多元化的旅游目的地形象，开发的重点是努力形成满足多元化消费需求的旅游产品体系，即巩固提升传统观光旅游，大力发展都市、乡村旅游，积极推进会议奖励、商务旅游。由此可见，北京正在针对重点客源市场，推出适合不同需求的特色产品和服务，以便提高来京旅游者的体验质量。那么，在中国和国外游客心目中，北京所呈现的形象是一样的吗？

一项利用中外游客的博客作为资料来源的研究表明，西方游客更加看重民俗文化，强调保护纯粹的传统文化，对生态环境的期待也更高。他们喜爱本土特色交通工具带来的独特体验，赞扬北京食物价廉物美且富有本土特色，认为旅游从业人员虽然服务到位但是有些热情过度，出租车司机不能使用英语导致交流失败。此外，还有西方游客对北京所蕴含的丰富政治文化内涵存在偏见。相反，中国游客更多地对北京的现代化进程表示赞赏，对北京的政治文化表现出浓厚的兴趣和敬仰之情，主要强调公共交通的便宜和便捷，但对北京食物的负面评价较多，并对旅游从业人员的地方主义优越感提出了批评。

（资料来源　冯捷蕴. 北京旅游目的地形象的感知——中西方旅游者博客的多维话语分析［J］. 旅游学刊，2011，26（9）：19-28）

问题：依据上文有关旅游消费者感知的影响因素的介绍，分析为什么北京在中外游客心目中的形象会不一样。

◆ **深度思考2-1**

问题：旅游消费者的感知是否会存在偏差？如果存在，这些偏差或误区是如何形成的？

2.4　旅游消费者目的地感知

旅游消费者对目的地形象的感知、对目的地要素的感知以及对旅游条件的感知（旅游距离、旅游安全与风险）对于旅游目的地开展有针对性、实效性的旅游营销意义重大。因此，有必要对上述三个方面的知识进行简要阐述。

2.4.1 旅游消费者对目的地形象的感知

旅游目的地形象是指人们对一个目的地的信任、意见、印象以及期望的总和。游客对目的地整体的感知，实际上是对目的地总体形象的感知。旅游目的地的形象是消费者评估旅游地的"引力"的重要依据之一，直接影响了消费者对目的地的态度以及最终的购买决策行为。游客对目的地形象的感知是一个动态的变化过程，根据消费者感知到的关于目的地不同的信息刺激，一般而言，可以将消费者对目的地形象的感知过程划分为以下三个主体阶段：

1）产生旅游需求前阶段

游客在产生旅游需求前，对目的地形象的感知主要是通过个人生活经验对某一地点所形成的累积于内心的关于目的地的原始意象。这种感知意象的形成来自日常生活中非旅游性的信息交流与获取，主要是通过平日里接触到的报纸、广播、电视等媒体媒介，以及通过参与过目的地旅游的亲朋好友的经历描述等途径来获取信息，并经过多年累积形成的。这个阶段消费者对旅游目的地形象的感知结果通常具有两个明显的特点。其一，固化的特点。这是消费者在长年生活中潜移默化地形成的，是消费者在脑海中关于某个旅游地最直接、最简单的主观判断，往往带有大众媒体视角下的一些共同的看法，比如从小到大，我们对桂林的最初印象感知基本来自教科书、新闻媒体灌输的"桂林山水甲天下"的说法。这种固化的感知能帮助消费者在旅游决策前建立起对一个目的地的基本印象，但是也容易让消费者陷入刻板印象带来的感知误区。其二，符号象征性的特点。作家李普曼曾说过："在我们观察世界以前，已有人告诉我们世界是什么样的了。对于大多数事物，我们是先想象它们，然后经历它们。"事实上，消费者对某个旅游目的地最原始的感知集中在目的地最突出的旅游资源上，以这种资源为核心，根据自身的个性特点，消费者会将目的地的旅游吸引物进行简单的人文提炼，并在自己的头脑中进行想象延伸、综合评价，建构成具有某种象征意义的符号。比如，巴黎在多数消费者的心目中就是时尚的符号，香格里拉则是神圣净土的象征。

2）制定旅游决策阶段

这个阶段是在游客对目的地的旅游需求被激发后，主动地收集目的地相关的信息，并对信息进行选择、加工，制定旅游决策的阶段。该阶段消费者感知到的目的地形象是一种诱发意象，主要是通过一系列的旅游产品宣传广告（旅行社促销、网络媒介宣传、明信片、旅游杂志广告等）、目的地节事活动宣传、游客评价等的感知形成的，受目的地的营销手段影响较大。对比上一阶段，该阶段游客对目的地的感知结果要更加具体。但是受自身的需求动机影响，消费者在信息收集过程中会选择性地偏向自己感兴趣方面的信息，感知的结果存在片面性和个体差异性。该阶段的感知结果也将对消费者的购买行为产生重要的影响。王家骏（1997）的研究认为，旅游目的地感知形象和游客的期望与偏好之间差异性越大，选择的可能性越小；而同一性越大，则中选概率会越大。

3）实地旅游阶段

消费者离开常居住地到达旅游目的地后，正式进入了对目的地的实地感知阶段。由于旅游资源具有不可转移性、旅游产品具有生产与消费同时性的特点，现场感知成为游客最终感知的目的地形象的决定性阶段。在活动阶段，游客会不时把前期感知到的旅游地形象与现实中的实体相比较，不断修正，最终形成了一个比较具体、全面的关于目的地的复合意象。这个复合意象的正负面性将影响到消费者的重游意愿。实地旅游阶段中，消费者对目的地形象的感知在很大程度上也受到游客旅游方式的影响。以自由行和组团游为例，组团游的消费者受旅行社行程安排的限定，在旅游过程中常表现出走马观花式的游览方式，对目的地的社会文化的了解也多是蜻蜓点水；相比之下，自由行游客有更自由的时间和空间，能够对感兴趣的方面进行深入的了解，与当地居民也有相对多的接触交往，他们对目的地形象感知将比团队游客更深刻、更全面。

◆ **深度思考2-2**

　　问题： 旅游消费者对旅游目的地形象的感知过程是否仅局限于上述三个主要阶段（产生旅游需求前阶段、制定旅游决策阶段、实地旅游阶段）？

◆ **延伸思考2-1**

　　问题： 结合上文所述相关内容，分析旅游消费者的目的地形象感知会对他们的后续行为有哪些影响。

2.4.2　旅游消费者对目的地要素的感知

　　具体来讲，旅游消费者对目的地形象的感知是通过对目的地各要素的感知所形成的整体认知。大多数的旅游目的地包括旅游吸引物，进入通道（当地交通、交通站点），接待设施与服务（住宿、餐饮、娱乐、零售等设施），辅助性服务（各种类型的地方组织机构）和文化因子五方面的要素。

　　1）旅游吸引物

　　旅游吸引物，是旅游地开展旅游活动的最重要资源，为游客提供了从一地到另一地的动机和吸引力。旅游离开了吸引物就不能存在。它具有两个功能：一是刺激游客产生到目的地旅游的兴趣，二是提供让游客满意的服务。旅游吸引物分为自然界的吸引物、历史的吸引物、文化的吸引物以及人造的吸引物。在城市旅游中，旅游者往往会对历史和文化的吸引物更加感兴趣。在一项研究中，有学者探索了中国国内旅游者对粤语的感知（Lu et al.，2019）。他们发现，国内旅游者在广州旅游时，对粤语的感知主要体现在以下四个方面：地方性（local characteristics）、魅力性（captivation）、功能性（functionality）和知识性（dialect understanding）。消费者对旅游吸引物的感知主要体现在对吸引物的品质、价格及配套服务上。在对吸引物品质的感知上，以自然景观资源为例，绝大多数游客喜欢具有独特性、观赏性、复杂性、完整性、生动性的景观，同一观光资源特性在相似的资源中排名越高，游客越容易感知到并做出正面的评价；如果能在旅游资源中加入一些参与性强的活动，像动物园中与野生动物的互动活动等，能够使消费者的感知更加清晰、深刻。在对与吸引物有关的价格的感知上，消费者往往感知到的不是精确的价格，而是对吸引物是否物有所值的感知（Lawson，Juergen & Kerry，1995）。近几年的研究中，也有学者陆续关注到了旅游者对于度假区环境恢复性作为吸引力的感知。例如，陈钢华等学者（Chen，Huang & Zhang，2017；陈钢华、奚望，2018）发现，中国旅游者对度假区环境恢复性的感知主要体现在以下五个方面：兼容（compatibility）、程度（extent）、心理逃离（mentally away）、物理远离（physically away）和迷恋（fascination）（更详细的内容参见本章"延伸阅读2-1"）。

学习微平台

延伸阅读2-1

2）进入通道

目的地的进入通道包括连接客源地与目的地的交通，也包括目的地内部提供短途循环服务的交通系统。游客对交通要素的感知主要表现在对交通的安全、舒适、快捷和灵活性方面的感知。交通工具的安全性是消费者对交通的首要感知要点，一个安全、可靠的交通过程才能保障旅程的愉快，一些关于交通安全问题的报道往往会引起消费者对某种交通工具的风险感知。例如，美国"9·11"事件后，许多人害怕乘坐飞机出行。另外，游客对交通的舒适便捷感知也影响到游客对目的地的评价，最好是在游客的住宿点到其他旅游点之间都有快速直达的交通工具。一些酒店专车在这方面得到了游客的好评。最后，在目的地内部的一些灵活性、创新性的交通模式如游览风景的索道、野生动物园里的穿梭巴士、游乐园里的骑乘项目等，都有利于提高游客感知的旅游质量。

学习微平台

延伸阅读2-2

3）接待设施与服务

目的地的接待设施是指一系列满足游客需要的服务设施，包括住宿、餐饮、娱乐、购物设施等。这些接待设施通常是由于能产生利润而由私营部门投资兴建。消费者对旅游接待设施的感知集中在其服务质量、安全性、特色性以及价值与价格比几个方面。其中，影响消费者感知高低的最重要因素是服务质量。消费者一方面会关注服务人员的仪表、服务技能、服务态度、服务素质，比如服务员的仪容仪表是否得体，掌握的知识能否解答游客的问题，态度是否礼貌诚恳，是否会主动为游客着想等；另一方面会关注整个服务流程的质量，对顾客的要求能否快速反应，同时，不少消费者对于能够提供个性化服务的企业也会有相当高的好感度。另外，特色也是影响游客感知的重要方面，以餐饮为例，具有地方特色、在装修风格上别出心裁的餐饮店更能成为消费者感知的对象。

学习微平台

课程思政2-1

4）辅助性服务

辅助性服务是指目的地中各种类型的地方组织机构提供的服务。在旅游活动中，这些服务主要是指当地的旅游管理机构为消费者和旅游业提供的辅助性服务，包括市场营销、开发，为消费者和行业提供信息和预订服务，协调和监督旅游企业行为等。对于游客而言，这些政府部门提供的辅助性服务虽然不是旅游活动中的重点，但是却能在很大程度上影响消费者对目的地整体形象的感知。比如旅游城市中的旅游标识系统、游客投诉处理、天气交通信息提供等，这些辅助性服务的完善、高效率将大大地提高游客对目的地的感知。

5）文化因子

文化因子是指目的地整体的社会文化环境，包括旅游地居民的好客程度、与游客的主客交往方式、居民的文化素养、当地的习俗等。目的地的文化因子在游客对于目的地形象的感知方面的作用越来越凸显。对于消费者而言，一个有着热情的待客氛围、民风淳朴、带有独特的风土习俗和人文氛围的目的地，通常更具有感知性和吸引力。游客对目的地文化因子的感知强度受游客的旅游动机、居住地文化环境与目的地之间差异度的影响。以少数民族旅游地区为例，追求不同文化体验的游客要比纯粹的休闲游客对地方文化的感知更强烈，印象更深刻；而从没有接触过乡村传统习俗的城市游客对乡村文化活动的感知也比其他乡村游客要强烈。

◆ **同步思考2-1**

问题：如前所述，大多数的旅游目的地包括旅游吸引物、进入通道、接待设施与服务、辅助性服务、文化因子五方面的要素。那么，应该如何来理解旅游消费者与这五个要素感知之间的关系？

2.4.3　旅游消费者对旅游条件的感知

旅游消费者是否采取旅游行为，除了受到自身对旅游目的地感知结果的影响外，还离不开其对相关旅游条件的感知，主要有距离和旅游风险两方面。

1）对旅游距离的感知

距离感知是指人们从主观意识出发，凭借已获得的信息和自己的知识、经验对两地之间实际距离所做出的估计。游客感知到的旅游距离是以克服客观距离所消耗的时间、费用和精力来衡量的（卢昆，2003）。与实际距离相比，游客感知到的距离对旅游决策行为的影响力更强。已有的研究表明，消费者对旅游距离的感知对其旅游行为存在两方面的作用。

（1）阻碍作用

消费者对距离的感知也是对旅行在交通上所要付出时间、费用和精力的衡量，如果距离太远，付出就要更大，这对消费者的出游阻碍力也就越大。另外，已有研究显示，游客对目的地形象的感知符合距离衰减规律，即距离越远，感知越低。有学者提出，距离远的游客对目的地的认知水平较低，甚至会出现认知扭曲，而距离近的游客认知水平较高、较全面（李蕾蕾，2000）。因此，一般来说，感知距离越远，游客的选择机会就越小，反之则越大。因此，目前短途旅游所占比例远远大于长途旅游，在中国国内旅游市场上始终占据着主导地位。

（2）促进作用

正所谓"身边无风景""距离产生美"，很多时候，远距离的目的地对游客有着特殊的吸引力。距离遥远意味着神秘和陌生，遥远的距离产生了更多的不确定性因素，给人更大的想象空间，带来更大的精神刺激。同时，也有研究表明，远距离更容易让游客产生美的想象。有研究通过对不同距离的游客对周庄的印象感知表明，距离越远，游客对周庄的美誉度认知越高（张宏梅、陆林、章锦河，2006）。这种由神秘、刺激、美感所产生的吸引力，一旦超过了阻力作用，会吸引人们到远距离的目的地去旅游。例如，太平洋夏威夷群岛和法属塔希提岛具有相似的人文风情和海岛景观，但是在条件许可的情况下，美国的游客更乐意选择后者度假，正是距离远所产生的神秘感使得塔希提岛对美国游客更具有吸引力。消费者感知的距离对旅游行为既有可能产生促进作用，又有可能产生阻碍作用。这两种作用的相对强度在很大程度上取决于游客的旅游目的。假日休闲，游客一般会选择距离近的目的地，而对于偶尔探索性的、纪念性的旅游活动，游客更愿意选择远距离的目的地。

主题：旅游距离感知是影响潜在游客出游动机与决策的重要因素之一。例如，地处祖国西北边陲的新疆喀纳斯，一直被认为是一个非常遥远的旅游目的地；2006年青藏铁路开通前，西藏在很多游客的心目中，也是一个遥不可及的地方；现如今，祖国大地依然有许多看上去很遥远的旅游景区"身在闺中"。

问题：如何消除距离感知在游客出游决策上的阻碍作用？

要求：同"教学互动 1-1"的"要求"。

2）对旅游风险的感知

旅游风险就是游客在其旅游行为中所感知到的可能产生的负面结果。消费者对旅游风险的感知与其购买行为紧密相关。研究显示，顾客的感知风险越高、感知价值越低、购买意愿越低、满意度越低，则顾客的重复购买行为越少。了解游客对旅游风险的感知，对预测消费者的购买行为有着重要意义。消费者的风险感知是一个多维的概念。根据杰克比和开普兰（Jacoby & Kaplan, 1972）提出的消费者感知风险类型的划分，消费者感知到的购买风险主要包括：①财务风险。这是指决策行为的失误导致自身财务方面的损失，主要是购买产品的价值不如付出的费用带来的风险。②绩效风险。这是指购买的产品没有达到预期而带来的风险。③心理风险。这是指由于购买的产品与自身的社会地位、形象不符而造成损失的风险。④实体风险。这是指产品本身给消费者带来的人身方面损害的风险。⑤社会风险。这是指因购买决策而遭到身边亲友等的嘲笑、反对以及疏远的风险。⑥时间风险。这是罗斯尼尔斯（Roselius, 1971）提出的风险类型，即消费者在购买决策过程中面临耗费大量时间收集信息的风险。

旅游具有其自身的独特性，因而游客感知到的风险要比一般的购买行为的风险更高。第一，旅游产品具有无形性。旅游产品以服务为主，在购买之前是看不到、摸不着、无法品尝和无法嗅到的，消费者在选择产品时面临着更多不确定的因素，尤其是对于产品能否满足自身期望的不确定性，也更容易感知到决策失误带来的风险。第二，旅游产品具有不可转移性，即生产与消费的同时性。游客必须到达目的地现场才可以体验到旅游产品，这也意味着消费者必须离开自己熟悉的环境，到一个比较陌生的地方去，这种情况下，消费者会感知到更多关于人身安全方面的风险。比如，当前很受媒体、学界关注的旅游中的自然灾害风险（例如印度尼西亚海啸、中国汶川地震）、不确定性的社会动乱（如美国的突发性恐怖袭击、泰国的政治事件等）以及公共健康危机事件（如2013年的SARS疫情以及席卷全球的新冠疫情），都会让游客在决策前感知到人身安全的风险。其中，女性游客还会面临更多关于暴力和性骚扰的威胁；老人和小孩以及其他更脆弱人群更容易受到公共健康危机事件的威胁。第三，旅游产品是一个复杂型的产品。旅游产品涉及消费者在吃、住、行、游、购、娱多个方面的决策，收集信息和购买的过程更加复杂，费时费力，消费者更容易感知到时间方面的风险。

旅游目的地的游客安全感是如何形成的？

背景与情境："心安即是家"，安全感是游客在旅游目的地的最基本需求，是选择

学习微平台

延伸阅读 2-3

旅游目的地的重要决定因素，也是旅游目的地安全状况的"晴雨表"。游客在旅游目的地逗留，参与旅游目的地的各种活动，接触当地的人、物、风情，游后对旅游目的地的安全状况产生综合认知和整体评价，形成了安全感知。然而，在新时期、新形势下，由于国内外各种复杂因素，旅游安全的不确定性愈发凸显，旅游目的地各种安全事故频发。近年来境内外相继发生的如"6·29深圳华侨城游乐项目安全事故""7·13上海游客苍山坠谷事件""10·23台湾苏花公路坍塌事件""3·11日本大地震"等，给游客人身、财物安全造成了损失，游客安全感受到影响。那么，哪些因素会影响游客对旅游目的地的安全感知呢？旅游目的地游客安全感是如何形成的呢？

（资料来源　邹永广，郑向敏. 旅游目的地游客安全感的影响因素实证研究——以福建泉州为例［J］. 旅游学刊，2012，27（1）：49-57. 引文有删减）

　　问题：依据上文有关旅游消费者对旅游条件（尤其是旅游风险）的感知的介绍，分析游客对旅游目的地的安全感是如何形成的。

教学互动2-2

　　主题：旅游风险感知是影响潜在游客出游动机与决策的重要因素。例如，近几年来在国内外一些地方发生的暴力事件，使得不少游客越来越关注这些地方的安全问题。即便这些暴力事件只是在极小地理范围内发生，且得到政府的妥善处理，但是不少潜在的出游者还是对这些地方的安全问题颇为担心，甚至不敢去这些地方旅游。

　　问题：怎样恢复旅游目的地在潜在游客心目中的安全的形象？

　　要求：同"教学互动1-1"的"要求"。

2.5　基于旅游消费者感知的营销策略

　　正如本书第1章所展示的，旅游消费者行为是一个动态过程，涉及旅游消费者出游前、中、后三个阶段。因此，任何一种营销策略的目标和效果不会只停留在某一个阶段或某一种行为上，而是可能环环相扣地贯穿消费的全过程。例如，广告策略的开展，首先会影响潜在旅游消费者对目的地的感知，从而激发他们的出游动机，影响出游决策，甚至影响他们在目的地的实地体验、满意度乃至忠诚度。基于如前所述的旅游消费者感知的影响因素、旅游消费者对目的地感知的过程与特点等，下文主要介绍时下热门且时效性较强的两种营销策略。需要指出的是，由于旅游营销是一项综合性和复杂性极强的业务，这些营销策略不是截然分离的，而是被旅游企业和旅游目的地的行政主管部门综合交叉使用。

2.5.1　品牌升级策略

　　品牌升级策略是品牌策略的一种。旅游目的地品牌的升级有利于潜在消费者对目的地产生不同于以往印象的感知，甚至改变大众心目中的刻板印象、心理定式，从而可能进一步影响他们的出游决策以及后续行为。随着国内外旅游目的地之间的竞争日趋激烈，如何塑造、保持特色鲜明且具有市场号召力的目的地形象与品牌，成为旅游目的地管理部门关注的焦点。目的地的品牌升级，通常与目的地形象更新紧密联系在一起；而目的地的形象更新，则主要是通过形象口号这一简洁且易于传播的方式的更新来实现的。

　　例如，新加坡旅游品牌的升级工程就是一个比较典型的例子。2010年年初，新加坡旅游局在北京发布了旅游品牌升级策略——从"非常新加坡"旅游概念升级为"Your Singapore（我行由我新加坡）"，着重强调以游客为中心的非凡个性之旅，彰显了新加坡旅游品牌对全球游客的吸引力，同时重点推出"www.yoursingapore.com"电子商务旅游预订平台，强调定制化旅行体验。其核心是全方位的数字化体验系统，包括一个全新的网站、搜索引擎、博客（微博）、手机媒体、社交媒体以及旅游电子商务，宣告着旅游产品定制和旅游体验定制管理时代的到来。这一形象更新策略抓住了游客一直以来所向往和追求的个性化旅行体验，让游客可以为自己的行程注入更多个性色彩，使他们可以根据个人需要、偏好和兴趣定制旅行，所谓"一千个人心中就有一千个不同的新加坡"，你能够感受到属于自己的独特体验，这是专属于"我的旅行"。

◆ **业务链接2-1**

旅游目的地品牌升级的三种驱动逻辑

　　旅游目的地的品牌升级，从本质上而言是目的地品牌策略的具体实施。从现有的实践来看，目前存在三种动因与路径模式，或曰三种驱动逻辑，分别是：

　　① 消费驱动逻辑

　　消费驱动逻辑意味着，在目标消费人群的消费需求特征或偏好发生改变的背景下，为改变或提升不同消费者（已有消费者或潜在消费者、不同区域的消费者）的目的地认知与印象，旅游目的地的营销部门需要对目的地的形象进行一系列更新的工作，以便不断升级目的地的品牌。由于消费人群在时间与空间两个维度上存在显著的不同，旅游目的地的营销部门可以通过针对不同的目的地客源市场在不同的时间阶段展开形象更新与品牌升级的传播工作，改变和提升自己的形象，提升品牌价值，以此来吸引游客。

　　② 资源驱动逻辑

　　旅游目的地形象、品牌的背后，实际上是由一系列的资源支撑的。这些资源包括自然山水、历史人文、社会文化、建筑与景观设施等各种人工兴造的资源以及各类服务设施。旅游消费的需求，在很大程度上是基于这样的资源吸引力而激发的。因此，通过资源的整合、配置、改造、兴造，能够提升旅游目的地的形象，丰富目的地品牌的内涵和价值，吸引更多的游客来游玩，包括初次游玩和重复游玩。这就是旅游目的地品牌升级的资源驱动逻辑。当然，由于市场信息的不对称性，以及信息传播的成本与障碍，客源地的消费者可能不了解旅游景区的资源改造与投入的变化，他们可能还停留在过去对景区的印象当中。因此，针对不同的客源地区，发起旅游形象更新与品牌升级活动，就是理所当然之事了。

　　③ 竞争驱动逻辑

　　旅游目的地品牌之间，既是异质化与差异化的，同时也具有一定的同质化。因此，旅游目的地品牌之间其实仍然存在很大程度的竞争。比如，选择去三亚看海，可能就没必要去威海或者青岛看海。当然，反过来也是如此。为了应对这样的竞争，旅游目的地品牌有必要在目标消费人群中塑造自己的差异化特征和不同的体验价值，以此来提高自己对目标客源的吸引力。这就是旅游目的地品牌升级的竞争驱动逻辑。

　　（资料来源　刘东. 旅游目的地品牌升级的三种驱动逻辑与案例直解［J］. 广告大观（综合版）. 2010（12）. 引文有删减）

2.5.2　广告策略

　　广告是一种促销策略，但与其他促销策略有显著不同。AMA（American Marketing Association，美国营销协会）曾给广告下过如下定义："广告是由明确的发起者以公开支付费用的做法，以非人员的任何形式，对产品、服务或某项行动的意见和想法等的介绍。"随着旅游营销的发展，旅游广告也日渐成为一种流行的且受认可的营销策略。旅游广告是指由旅游目的地政府部门、企业出资，通过各种媒介进行有关旅游产品、旅游服务和旅游信息的有偿的、有组织的、综合的、非人员的信息传播活动。按传播媒体划分，旅游广告有如下类别：报刊广告、电视广告、广播广告、橱窗广告、户外广告、网络广告。按旅游企业类型划分，旅游广告有如下类别：旅行社广告、酒店广告、旅游城市及景区广告、旅游节日庆典广告、会展广告。

◆◆ **业务链接2-2** ◆◆

旅游广告设计的注意事项——基于旅游消费者的感知

　　一项针对旅游广告实际效果的研究，对旅游消费者的感知进行了调查，并对旅游广告的设计与传播提供了许多意见。总结起来，旅游广告设计的注意事项有：

　　①旅游企业应树立正确的广告理念

　　调查研究表明，旅游广告在激发旅游动机、促进旅游消费等方面具有重要作用，80%以上的旅游消费者对旅游广告感兴趣，78%的旅游消费者认为广告能激发其旅游动机，89%的旅游消费者出游前看广告，76%的旅游消费者认为广告对自己有很大的帮助，85%的旅游消费者认为广告能够提供自己所需要的信息。因此，旅游企业必须增强广告意识，明确广告目的，并树立做广告是一种必要投资和长期投资的理念。调查研究表明，消费者对旅游广告的意见多集中于"旅游广告有误导隐瞒倾向""旅游广告与旅游实际服务之间的差异""旅游广告虚假承诺"等方面。因此，旅游企业绝对不能因为短期的经济利益，就以误导、隐瞒、欺骗的形式来做广告。正确的旅游广告理念，应具备实事求是的精神，避免夸大宣传，注重品牌建设，体现服务理念。这样，旅游广告作为一种长期的投资，才能真正赢得消费者的信赖，让消费者放心。

　　②旅游广告设计应追求精品意识，做到内容与形式的完美统一

　　旅游体验的异地性决定了旅游消费者广告诉求的丰富多面性。调查研究也证实了这一点，旅游消费者最关心的广告内容，排在第一位的是旅游天数（占82%），第二位是旅游目的地的民俗风情（71%），旅游价格排在第三位（70%）；另外，50%以上的消费者对交通方式、旅游线路安排、服务质量、娱乐和目的地的气候也十分关注。但是，目前旅游企业大部分广告诉求以价格为中心，广告内容仅简单标出价格、线路或旅游设施，这说明目前旅游企业仍然缺乏市场分析，没有充分了解消费者的需求。现代消费者总体上趋于理性化，他们关心的内容不仅仅是产品的价

格，更包括产品的实际功能，即是否能满足其在旅游过程中吃、住、行、游、购、娱等全方位的物质需求和精神需求，帮助旅游者消除出行的疑虑。因此，旅游企业应充实和丰富广告内容，突出反映旅游者最关心的问题，例如，目的地的民俗风情、气候、娱乐等。此外，调查显示，消费者对广告不感兴趣的原因中，"旅游广告形式单一、雷同，没有特色"排在首位，占63%。因此，广告设计应改变一成不变的说明式的文字广告形式，追求精品意识，注重艺术性，形成独特的宣传风格。在以产品的功能为中心的基础上，通过生动活泼的语言文字、色彩、图画、留白、广告代言人等多方面因素，制作能诱发旅游者旅游欲望的情感广告，全面刺激消费者的各种感观，充分满足消费者求美求奇的心理，做到内容与形式的完美统一，以达到较为显著的广告效果。

（资料来源　马明. 基于消费者感知的旅游广告效果实证研究 [J]. 消费经济，2008（1）：54-57，61.引文有删减）

◆◆ 课程思政 2-2 ◆◆

"故里之争"多不胜数

背景与情境： 2009年8月中旬，湖北安陆在中央电视台国际频道以"李白故里、银杏之乡、湖北安陆欢迎您"为内容的宣传片播出后，引起四川江油市民的极大不满，江油网友开始在网上声讨湖北安陆的侵权行为。但就在9月15日，国家工商行政管理总局商标局给湖北省工商局发文批复，安陆使用"李白故里"并不侵权。此事经媒体披露后，再次引起广泛争议。湖北安陆市委宣传部分管外宣的副部长仰正林说："江油的城市商标根本不成立，我们没用在商品上，旅游宣传使用'李白故里'是合理的。"对此，江油市委宣传部副部长蒲永见表示要维护"李白故里"，不惜走上法律途径。他同时否认了网络上传言"状告国家工商行政管理总局"的说法。对此，记者采访了四川省工商局商标局局长李伟。他表示，李白故里属于服务商标，和普通商标不一样。普通商标在认定是否侵权方面很容易识别，而此类商标在判断侵权方面非常困难。四川省商标事务所负责人徐民也表达了同样的观点，如果是普通商标就很好辨别，但此类商标之争历来都很难断定。

随着各地旅游经济的发展，名人、名胜之争已经不止李白一例。百度一下"故里纷争"，就有74 400个查询结果，从开华夏文明史的炎帝、尧帝、舜帝到姜子牙、老子、庄子，再到诸葛亮、曹雪芹、杜甫，甚至民间传说中的人物牛郎、织女。江苏赣榆和山东龙口两地为徐福故里争论，山西长子县和临汾两地又为尧帝故里闹得不可开交，而山东的菏泽、定陶、曲阜，河北的顺平、唐县，浙江的兰溪，湖南的桃源、常德也加入到这场声势浩大的"故里争夺大战"。无论是名人故里还是香格里拉等名胜之争，最终还是资源的竞争和较量，当然，其背后来自旅游、文化产业产生的巨大收益不言而喻。

（资料来源　佚名. 李白故乡之争续：江油致函央视要求停播宣传片 [EB/OL].（2009-09-25）.[2019-04-18]. http://www.lqy14xxx.com/travel/46573.html）

问题： 为何会出现"名人故里之争"？它背后所蕴含的依据是什么？这些争论涉及哪些伦理与道德的议题，又给旅游从业人员以哪些告诫？

✳ **本章概要**

✿ **主要概念**

旅游消费者的感觉　旅游消费者的知觉　旅游广告

✿ **内容提要**

•旅游消费者的感觉与知觉是建立美好旅游体验的基础，也是用以构建旅游目的地形象的基础。旅游活动中旅游消费者的感知过程十分重要，游客的感觉、知觉水平直接影响到旅游消费者的出游动机、决策、体验质量与后续行为。

•影响旅游消费者感知的客观因素主要有感知对象的刺激强度、感知对象的出现频率和感知对象的变化性。

•影响旅游消费者感知的主观因素主要有兴趣、需要和动机、情绪、个性、知识经验、价值观等。

•旅游消费者对目的地形象的感知过程，除产生旅游需求前阶段、制定旅游决策阶段和实地旅游阶段外，还存在回程和后续的回忆阶段。

•旅游消费者对目的地要素的感知主要集中在旅游吸引物、进入通道、接待设施与服务、辅助性服务和文化因子五个方面。

✿ **内容结构**

本章内容结构如图2-7所示：

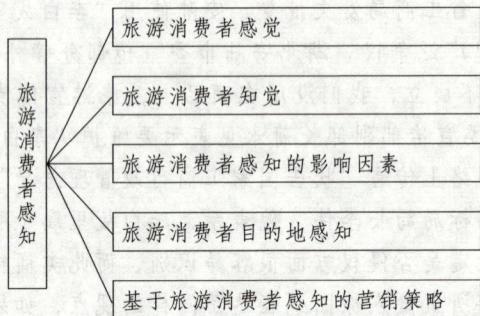

图2-7　本章内容结构

✿ **重要观点**

观点2-1： 知觉与感觉属于认知过程的感性阶段，是对事物的直接反映。

常见置疑： 知觉与感觉是认知过程的截然不同的阶段。

释疑： 知觉与感觉属于认知过程的感性阶段。但两者不同的是，感觉反映的是事物的个别属性，知觉则是一种综合反映；感觉由身体感觉系统生理因素所决定，而知觉还在很大程度上受到个体的期望、知识经验和动机等多方面的影响。应该说，知觉是在感觉基础上的更高级的感性认知过程。

观点2-2： 与实际距离相比，感知距离对旅游消费者的决策行为影响更大。

常见置疑： 与游客感知到的距离相比，实际距离对旅游消费者的决策行为影响更大。

释疑： 感知距离是指人们从主观意识出发，凭借已获得的信息和自己的知识、经验对两地之间实际距离所做出的估计。游客感知到的旅游距离是以克服客观距离所消耗的时间、费用和精力来衡量的。与实际距离相比，游客感知到的距离对旅游决策行为的影响力更大。举例而言，以上海市居民为例，从实际距离来看，新疆喀纳斯景区远比云南泸沽湖景区远。但是，如果从所耗费的时间和精力来看，从上海直飞乌鲁木齐（约 5.5 小时），然后再转机飞喀纳斯机场（约 1 小时），再转大巴（约 1 小时）即可到达喀纳斯景区的游客中心——贾登峪；而如果前往泸沽湖，则需要直飞丽江（约3.5 小时），然后再转汽车，路况不是很理想，经常发生山体塌方事故，且大约需要 8小时车程。因此，对于看重旅途时间和舒适度的游客而言，泸沽湖的感知距离要远于喀纳斯，于是可能会更加偏好选择喀纳斯。

✦ 单元训练

✿ 传承型训练

▲ 理论题

△ 简答题

1）简述旅游消费者感觉的含义、类别与特性。

2）简述旅游消费者知觉的含义与特性。

3）简述旅游消费者感知的影响因素。

4）简述旅游消费者目的地形象感知过程的阶段。

5）简述旅游消费者目的地要素感知五方面要素。

6）简述旅游消费者对旅游距离与风险条件的感知。

△ 讨论题

1）旅游消费者对目的地的形象感知会影响他们的后续行为吗？

2）如何理解旅游消费者对目的地各要素感知之间的关系？

▲ 实务题

△ 规则复习

1）简述基于旅游消费者感知的品牌升级策略。

2）简述基于旅游消费者感知的广告策略。

△ 业务解析

1）旅游目的地品牌升级有哪三种驱动逻辑？

2）旅游广告设计有哪些注意事项？

▲ 案例题

△ 案例分析

【训练项目】

案例分析-II。

【训练目的】

见本章"学习目标"中"传承型学习"的"认知弹性"目标。

【教学方法】

同第 1 章本题型的"教学方法"。

【训练任务】

同第 1 章本题型的"训练任务"。

【相关案例】

中华恐龙园的品牌升级故事

背景与情境：中华恐龙园位于江苏省常州市，它最早建立的形态是恐龙科普博物馆并定位于科普旅游。然而，随着时间的推移，这种以恐龙为主题的单纯科普旅游逐步失去了对游客的吸引力。因此，基于消费者偏好变迁的驱动，中华恐龙园开始转向"以娱乐时尚为主，科普博物为辅"的主题乐园模式，并通过资源建设投入来推动其品牌的升级进程，先后兴建了鲁布拉水世界与水公园以及2010年开业的库克苏克大峡谷，并以不菲的投资在园内推出了大型的演艺项目和花车大巡游项目，以丰富其神秘、时尚、动感、快乐的主题内涵。随着时间的推移，常州周边地区先后出现了多家主题乐园，如芜湖的方特欢乐世界、上海的欢乐谷、常州本地的太湖湾环球动漫嬉戏谷主题乐园，这无疑形成了对中华恐龙园的包围竞争态势。在此情况下，中华恐龙园又投资兴建了恐龙谷温泉、恐龙城大剧场，并纳入了常州的新北公园、体育公园、三河三园水上之旅等多样化的旅游项目与资源，并结合常州动漫产业基地兴建迪诺水镇，由此进一步升级为集主题公园、文化演艺、温泉休闲、游憩型商业及动漫创意于一体的配套完善、个性鲜明的旅居结合的大型旅游休闲社区，并更名为环球恐龙城。

（资料来源　刘东. 旅游目的地品牌升级的三种驱动逻辑与案例直解［J］. 广告大观（综合版），2010（12））

问题：

1）本案例主要涉及本章的哪些知识点？

2）本案例中，中华恐龙园在品牌升级过程中，存在哪种或哪几种驱动逻辑？

【训练要求】

同第1章本题型的"训练要求"。

【成果形式】

1）训练课业：《"中华恐龙园的品牌升级故事"案例分析报告》。

2）课业要求：同第1章本题型的"课业要求"。

△ 课程思政

【训练项目】

课程思政—Ⅱ。

【训练目的】

见本章"学习目标"中"传承型学习"的"认知弹性"目标。

【教学方法】

同第1章本题型的"教学方法"。

【训练准备】

同第1章本题型的"训练准备"。

【相关案例】

西门庆故里之争背后的旅游伦理学

背景与情境：围绕名著《金瓶梅》引发的两省三地的"西门庆故里之争"愈演愈烈，具体涉及山东阳谷县、临清市和安徽的黄山市。近10年来，三地都举起"西门庆故里"的招牌，竞争不息，西门庆也被一改在传统文学名著中"大淫贼"的艺术形象，成为当地政府追捧的文化产业"英雄"。

阳谷：复原西门庆潘金莲幽会地点

《中共阳谷县委、阳谷县人民政府关于进一步加快全县服务业发展的意见》（2006年8月13日）中明确规定，"注重挖掘《水浒传》《金瓶梅》等历史名著的文化内涵，进一步打响水浒、古运河两条旅游线和阳谷古城的品牌，实施全方位发展旅游业"。其背后的项目支撑是"水浒传·金瓶梅文化旅游区建设项目"：该项目占地25亩，主要包括三大景区——水浒文化游览区、宋代民风民俗商业游览区、《金瓶梅》文化游览区（内有"西门庆故居"等）。复原西门庆和潘金莲初次幽会地点——王婆茶坊，通过雕塑再现西门庆和潘金莲的幽会场景；西门庆经营的产业一应俱全。

临清：重修王婆茶馆、武大郎炊饼铺

比阳谷县有过之而无不及的是，山东临清《临清市文化产业发展规划（2009—2015年）》中提出，"（打造）以《水浒传》、《金瓶梅》、《老残游记》、"三言二拍"等为代表的名著文化"，将自身的城市文化旅游品牌定位于"《金瓶梅》故乡和运河名城"。而且，临清的"西门庆项目"亦力压阳谷，其"金瓶梅文化旅游区"项目，占地8公顷，包括：在福德街建设《金瓶梅》文化街区，按照《金瓶梅》中的描写，建设西门庆及其妾室潘金莲、李瓶儿、庞春梅等的宅院。另外还有王婆茶馆、武大郎炊饼铺，还上演民间艺术，如"西门庆初会潘金莲""武大捉奸"等，游客还可以自费参与表演，演出后可得到刻制的光盘。

黄山：投资2 000万元开发"西门庆故里"

安徽省黄山市徽州区下狠心挑战山东两地，主要是因其离黄山风景区太近，旅游业长年不景气。2006年，黄山市徽州区突然声称将投资2 000万元开发"西门庆故里"、《金瓶梅》遗址公园等项目，并于当年5月1日对外开放。徽州区称，据考证，西门庆不是山东人，而是安徽人，是徽商的代表。徽州区打出"西门庆故里"之后，收到了轰动效应，由此，国内外第一次把黄山市内的黄山区（黄山旅游）和徽州区（徽州文化游）区别开来。黄山脚下生生地"孵化"出全新的徽州文化游，西门庆可谓"大坏蛋"办了一件"大好事"。

（资料来源　佚名. 山东安徽争当西门庆故里［EB/OL］.［2010-05-05］. http://news.sohu.com/20100504/n271898563.shtml）

问题：

1）在本案例中，存在哪些方面的伦理与道德问题？

2）试对上述问题做出你的思政研判。

3）说明你所做思政研判的依据。

4）请从旅游消费者感知的特点、基于旅游消费者感知的营销策略以及研判的角度对上述现象产生的原因进行说明。

【训练要求】

同第1章本题型的"训练要求"。

【成果形式】

1）训练课业：《"西门庆故里之争背后的旅游伦理学"思政研判报告》。

2）课业要求：同第1章本题型的"课业要求"。

✿ 创新型训练

▲ 拓展创新

【训练项目】

拓展创新-I。

【训练目的】

见本章"学习目标"中"创新型学习"的"拓展创新"目标。

【教学方法】

采用"学导式教学法"和"创新教学法"。

【知识准备】

学生通过院资料室、校图书馆和互联网等途径，自主学习如下知识：

1）列入本教材"附录一"附表1"能力领域"中"与人交流"、"与人合作"和"革新创新"能力"初级"各技能点"'知识准备'参照范围"的知识。

2）本教材"附录三"附表3"能力领域"中"与人交流"、"与人合作"和"革新创新"能力"初级"各技能点的"基本要求"和"参照规范与标准"。

【训练任务】

1）自主学习"知识准备"所列知识。

2）查阅关于"感知距离与旅游消费者行为"的各种观点信息。

3）应用"知识准备"所列知识，依照相关要求和"参照规范与标准"，进行"知识创新"强化训练。

4）撰写、讨论和交流训练课业。

【训练要求】

1）体验对"知识准备"所列知识的自主学习过程。

2）体验对"知识准备"所列知识的应用，以及相关"要求"和"参照规范与标准"的遵循。

3）体验将关于"感知距离与旅游消费者行为"的各种观点信息中的诸多拓展性观念要素整合为一个内在一致、功能统一的新整体，形成一个带有原创性成分的《感知距离与旅游消费者行为研究》的"知识创新"（初级）过程。

【训练时间】

本章课堂教学内容结束后的课余时间，为期一周。

【训练步骤】

1）将班级同学组成若干"知识创新"项目团队，每队确定一人负责。

2）各团队根据训练项目需要进行角色分工。

3）各团队自主学习"知识准备"所列知识。

4）各团队应用"知识准备"所列知识，并遵循相关"要求"和"参照规范与标准"，系统体验关于本项目的如下技能操作：

（1）通过队内分工与合作，收集和处理本训练项目中存有争议的关于"感知距离与旅游消费者行为"的各种观点信息，分析研究、讨论与交流其各自所长与不足。

（2）将关于"感知距离与旅游消费者行为"的各种观点信息中诸多拓展性观念要素整合为一个内在一致、功能统一的新整体，撰写带有原创性成分的《感知距离与旅游消费者行为研究》论文。

（3）以相互置疑和答疑的方式，在班级讨论、交流、相互点评其《感知距离与旅游消费者行为研究》论文。

（4）根据班级讨论交流结果，各团队修订和完善其《感知距离与旅游消费者行为研究》论文。

5）各团队总结本次"创新理论与方法知识应用"训练中的各项技能操作体验，形成作为最终成形的训练课业。

6）在校园网的本课程平台上展出经过修订和任课教师点评的优秀训练课业，供相互借鉴。

【成果形式】

训练课业：撰写《"拓展创新-Ⅰ"训练报告》。

课业要求：

1）内容包括：训练团队成员与分工；训练过程；训练总结（对三项"训练要求"操作体验中成功与不足的分析说明）；附件。

2）将《感知距离与旅游消费者行为研究》论文作为《"拓展创新-Ⅰ"训练报告》的附件。

3）《感知距离与旅游消费者行为研究》应符合科学论文写作规范要求，做到创新方法运用正确，观点独到新颖，论据确凿合理，文字简洁准确。

4）结构与体例参照本教材"课业范例"的"范例-6"。

5）在校园网的本课程平台上展示经过教师点评的班级优秀《"拓展创新-Ⅰ"训练报告》，并将其纳入本课程的教学资源库。

✦ 建议阅读

[1] 白凯. 旅游者行为学 [M]. 北京：科学出版社，2013：134-144.

[2] 陈钢华，吴望. 旅游度假区游客环境恢复性感知对满意度与游后行为意向的影响——以广东南昆山为例 [J]. 旅游科学，2018，32（3）：69-82.

[3] 郭国庆. 市场营销学通论 [M]. 北京：中国人民大学出版社，2014：193-272.

[4] 吴清津. 旅游消费者行为学 [M]. 北京：旅游教育出版社，2006：98-121.

[5] CHEN G, HUANG S, ZHANG D. Understanding Chinese vacationers' perceived destination restorative qualities：Cross-cultural validation of the perceived destination restorative qualities scale [J]. Journal of Travel & Tourism Marketing，2017，34（8）：1115-1127.

[6] COHEN S A, PRAYAG G, MOITAL M. Consumer behavior in tourism：concepts，influences and opportunities [J]. Current Issues in Tourism，2013，17（10）：872-909.

[7] LU Y, CHEN G, HUANG S, et al. Understanding Chinese tourists' perceptions of Cantonese as a regional dialect [J]. Tourism Management, 2019, 71: 127–136.

[8] PEARCE P L. Tourist behavior: Themes and conceptual schemes [M]. Clevedon: Channel View Publications, 2005: 86–103.

第 3 章
旅游消费者动机

▶ 学习目标

▷ 传承型学习

通过以下目标，建构以"旅游消费者动机"为阶段性内涵的"传承型"专业学力：

理论知识：学习和把握旅游消费者需要的相关概念，旅游消费者动机及产生，旅游消费者动机的特点，旅游消费者动机的经典理论，影响旅游消费者动机的因素等陈述性知识，能用其指导"同步思考"、"延伸思考"、"深度思考"、"教学互动"和相关题型的"单元训练"；体验"旅游消费者动机"中"理论知识"的"传承型学习"及其迁移。

实务知识：学习和把握基于外部因素的旅游动机激发，基于内部因素的旅游动机激发，激发旅游动机的营销方式，以及"业务链接"等程序性知识；能用其规范"深度剖析"和相关题型的"单元训练"；体验"旅游消费者动机"中"实务知识"的"传承型学习"及其迁移。

认知弹性：运用本章理论与实务知识研究相关案例，对"引例"、"同步案例"和章后"案例分析－Ⅲ"进行多元表征，体验"旅游消费者动机"中"结构不良知识"的"传承型学习"及其迁移；依照相关行为规范对"课程思政3-1"、"课程思政3-2"和章后"课程思政－Ⅲ"进行思政研判，激发与新时代红色文旅体验"感受信仰的力量""红色旅游令年轻人心动"等议题相关的思考，促进健全职业人格的塑造。

▷ 创新型学习

通过以下目标，建构以"旅游消费者动机"为阶段性内涵的"创新型"专业学力：

决策设计：参加"决策设计-Ⅰ"训练。通过阶段性学习和应用其"知识准备"所列知识，对"选择哪一种植入式营销模式"案例的多元表征，《决策方案》的撰写、讨论与交流，《决策设计-Ⅰ训练报告》的撰写等活动，体验"旅游消费者的动机"中"结构不良知识"的"决策学习"（初级）及其迁移。

学习微平台

思维导图3-1

引例：那些年，被影视剧带火的旅游目的地

背景与情境： 影视旅游（film-induced tourism）在神州大地的兴起主要源自"韩流"，特别是韩国电视剧《大长今》《蓝色生死恋》等曾在中国风靡一时，吸引了众多影迷、粉丝前往韩国，主要是去影视剧取景地或者与影视剧、明星有关的地方。在国内，风靡一时的电影和火爆的票房，也给相关的目的地带来了可喜的收益。2012年，小成本喜剧片《人再囧途之泰囧》（以下简称《泰囧》）带来的惊喜，看来远不止12.6亿元的票房。时任泰国总理英拉在总理府接见了徐峥和《泰囧》摄制组工作人员，感谢《泰囧》对泰国旅游的宣传，表示欢迎更多的中国导演到泰国取景拍片。一部电影的导演，因影片拉动拍摄地旅游业而受到该国政府最高领导人的接见，《泰囧》可谓开了历史先河。泰国旅游业到底因《泰囧》受益多大？从中可见一斑。有统计数据显示，2012年前往泰国的中国游客超过250万人次，春节期间参加泰国团队游、自由行的国内游客比上年同期增加了3倍，泰国游的价格也水涨船高。

在狂收票房的同时，还能产生意料之外的"旅游效益"，用电影带动拍摄地旅游业，在《泰囧》之前，国内外成功的案例数不胜数：《指环王》《霍比特人》等电影让有"魔法风景"资源的新西兰成为全球热门的旅游胜地；一部《阿凡达》让中国的张家界声名远扬；电影《庐山恋》更是让庐山成了浪漫爱情的代名词；2008年年底，冯小刚的贺岁片《非诚勿扰》一夜之间让日本的北海道红遍中国，而杭州西溪湿地的房价也因此如日中天。

2012年，除了横空出世的《泰囧》，其他几部国内外大片的上映也给取景地带来了不同程度的连锁热效应：《谍中谍4》的热映带动了迪拜旅游，有旅行社及旅游网站更是迅速推出了"'谍中谍'主题团队游"；《2012》电影中出现过的美国黄石公园、夏威夷，中国西藏自治区，以及墨西哥玛雅文明核心区等成了部分游客最想去的地方；随着《一九四二》的上映，片中多次出现的两江国际影视城民国街也火了，民国街一天涌入游客近2万人，主动联系入驻的商家络绎不绝；就在《泰囧》之前，李安导演的一部《少年派的奇幻漂流》造就高票房、勇夺奥斯卡的同时，也带火了原本冷清的印度游……

时至今日，影视旅游早已不是什么新鲜事。也就是说，不论是消费者还是目的地，大家都已经习以为常地认为，影视剧的拍摄地、取景地，甚至与影视剧或影视明星有关的目的地，都可以成为游客争先恐后前来造访的地方。打卡影视剧取景地似乎成了新一代年轻群体的出游标记。例如，2017年播出的《三生三世十里桃花》带火了云南的普者黑；2021年春节热播的电影《你好，李焕英》带火了湖北襄阳的取景地；有"宝藏剧"之称的《隐秘的角落》火遍全网，与其一同被发掘的，除了剧中一众具有教科书级别演技的好演员外，剧中拍摄取景地——（广东）湛江也成为新晋网红旅游景点。

（资料来源　吴晓东.《泰囧》为何"不小心"带火泰国旅游［EB/OL］.［2013-03-24］. http://news.hexun.com/2013-03-24/152422374.html；经改写、补充）

在这个广告无孔不入的时代，人们很容易排斥刻意为之的广告。影视能否带动旅游、旅游热度能持续多久？电影做的是形象宣传，激发了人们旅游动机的同时，也解

决了"到哪儿去"的问题，接下来当地还要通过满意的旅游服务吸引更多的人，进而解决"要不要再去"的问题。要更好地理解上述问题，首先必须了解旅游消费者的需要、动机以及动机的影响因素。

旅游活动作为个体的外部行为，是在旅游者自身旅游动机的支配下产生的。旅游动机是引发、维持个体的旅游行为并将行为导向旅游目标的心理动力，是推动人们进行旅游活动的内在心理动因。旅游动机的产生与社会、经济、文化、生理、心理等多种因素有关。旅游动机的形成需要具备如下基本条件：旅游消费者的需要、旅游消费者对旅游对象的感知、符合消费者需要的旅游对象，以及必要的经济条件和闲暇的时间。下面我们首先来了解旅游消费者的需要，因为它是旅游动机产生的第一先决条件。

3.1　旅游消费者需要

3.1.1　需要与旅游需要

1）需要

（1）需要的概念

需要是指人对某种目标的渴求或欲望。需要是人行为的动力基础和源泉。需要可分为两类，即自然性需要和社会性需要：前者指有机体为维持生命和种族延续所必需的那些需要，此类需要是与生俱有的；后者指个体在成长过程中通过各种经验积累所获得的特有需要，是后天形成的人的高级需要。

（2）马斯洛的需要层次理论

20世纪50年代，美国心理学家马斯洛提出著名的需要层次理论。它的两个基本前提：一是人类行为是由动机引起的，动机起源于人的需要；二是人的需要是以层次的形式出现的。马斯洛认为，人的价值体系中存在五种基本需要，即"生理的需要"、"安全的需要"、"社会的需要"、"尊重的需要"和"自我实现的需要"。马斯洛关于人的需要的五个层次的具体阐述如下：

① 生理的需要，即衣、食、住等人类生存最基本的需要。这是最低层次的需要。

② 安全的需要，即希望未来生活有保障，如免于受伤害、免于受剥夺、免于失业等。

③ 社会的需要，即感情的需要、爱的需要、归属感的需要。

④ 尊重的需要，即需要有自尊心以及受到别人的尊重。

⑤ 自我实现的需要，即出于对人生的看法，需要实现自己的理想。这是最高层次的需要。

马斯洛认为上述需要的五个层次是逐个上升的，当较低一级的需要获得相对满足以后，追求高一级的需要就成为继续奋进的动力。在某一个时刻，可能存在好几类需要，但各类需要的强度并不是均等的。1954年之后，马斯洛又在"尊重的需要"和"自我实现的需要"之间加上"求知的需要"和"审美的需要"（如图3-1所示）。

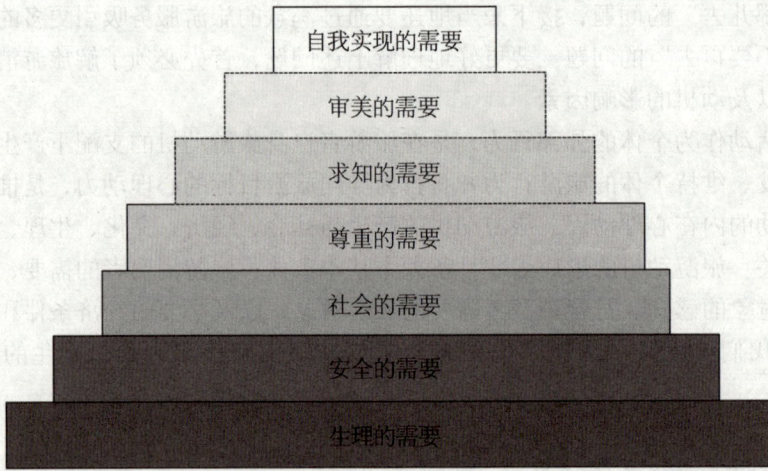

图3-1　马斯洛需要层次示意图

后来，这一理论被广泛地运用到旅游需要的研究中。

2）旅游需要

旅游需要是指人们可以通过旅游行为而获得满足的一些基本需要，尤其是精神性和社会性的需要。以马斯洛的需要层次理论为基础，皮尔斯（Pearce，2005）提出了旅游需求模式（Travel Needs Model），强调只有在满足低级阶段的需要之后才能向高级阶段移动，并利用动态和多动机方法来解释旅游行为。马斯洛的需要层次理论是将人们的需要视为具有层次性结构关系的需要，而旅游需要又是需要中的一个特殊的方面，在需要层次中属于较高层次的需要（王敬武，2004）。因此，旅游需要理论必然涉及两部分群体的需要：一是潜在旅游消费者的需要，二是旅游消费者的需要。前者是指具有旅游消费倾向的旅游消费者的需要；后者是指现实旅游消费者在旅游过程中的需要。本节对旅游消费者需要的阐述集中在潜在旅游者层面。

3.1.2　旅游消费者需要对旅游动机的决定作用

1）旅游消费者需要的强弱程度决定了旅游动机的强弱程度

旅游消费者需要是产生旅游动机的先决条件。旅游消费者需要的强度决定了旅游动机的强度。在对旅游有迫切需要的情况下，旅游动机才会十分强烈；在旅游需要较为一般的情况下，旅游动机就相对较弱；如果没有旅游需要，旅游动机便无从产生。例如，一个公务员，平时从事的是很有规律和比较稳定的工作，随着时间的推移，他或许会感觉到日常生活的乏味，在这种强烈的乏味和单调感的驱动下，他便会产生变换环境、调剂生活的愿望，外出旅游就成了他的一种需求。如果他对这种稳定的生活和工作比较偏爱，很可能就不会产生这种认识。

2）旅游消费者需要的类型决定了旅游动机的类型

人们旅游需求的产生，是在享有自由时间下产生的某种物质性或非物质性需要，在各种动机的驱动下，以旅游活动来满足需要。旅游需要来自不同的人群，不同人群的人口学特征决定了旅游需要的指向性。按照年龄段或生命周期划分，儿童、青年、中年和老年人的旅游需要存在一定的差异，这些差异性产生了不同类型的旅游动机（杜炜，2009）。例如，儿童天性活泼好动，对周围的事物充满好奇心，他们具有满足好奇心的动机和娱乐的动机；老年人，尤其是退休享有养老金人士，他们属于有钱有闲的群体，具有较多的可自由支配的收入和时间，他们倾向于社会交往动机、健康动机等。

同步思考 3-1

问题：如图 3-1 所示，马斯洛的需要层次理论表明，人的需要存在层次。例如，最为基础的是生理的需要，其次是安全的需要，最顶端的是自我实现的需要。那么，人的需要的产生，必然是呈阶梯状向上发展的吗？举例来说，是否一定得在产生或满足了尊重的需要之后，才能产生或满足自我实现的需要？

3.2　旅游消费者动机产生、特点及经典理论

3.2.1　旅游消费者动机的产生

旅游动机是引发、维持个体的旅游行为并将行为导向旅游目标的心理动力，是推动人们进行旅游活动的内在心理动因。除了旅游需要之外，促使或影响人们产生旅游动机的因素和条件还有：旅游消费者对旅游对象（旅游吸引物）的感知、符合消费者需要的旅游对象（旅游吸引物）、必要的经济条件和闲暇时间。

1）旅游消费者对旅游对象的感知

人的感知包括感觉和知觉两个方面。心理学家认为，感觉是指人身体感受器——眼睛、耳朵、鼻子等器官中所产生的表示身体内外经验的神经冲动过程。根据感觉产生的刺激来源，可以将感觉分为两大类：内部感觉和外部感觉。内部感觉是接受体内刺激，反映身体的位置、运动和内脏器官的不同状态。外部感觉是接受外部刺激，反映外界事物的属性。因此，本节对感觉的阐述集中于外部感觉。知觉是人脑对直接作用于感觉器官的事物整体的反映，它通过选择、组织和解释刺激，使原本杂乱的感觉变成大脑中连贯、有意义的整体印象。知觉与感觉共同构成了人的感知，属于认知过程的感性阶段，是对事物的直接反映。知觉是在感觉基础上更高级的认知过程。

旅游感知是对旅游吸引物进行认知的感性阶段。在潜在旅游消费者的感知下，符合旅游需要的旅游对象，提供了旅游动机产生的可能性，而要把这种可能性转化为现实性，人们还必须对旅游对象有一定水平的认知。只有在人们认知到旅游对象的存在，认识和了解到它的内容、方式及其特点和功能，判断它符合并能满足自己的旅游需要时，才能增强旅游动机，并把行为指向这一目标。此外，旅游感知是在人的主观因素和事物的客观因素的共同影响下形成的。

例如，人们到桂林旅游主要是冲着"桂林山水"去的。旅游感知是人们接受旅游信息的心理过程，它的产生及接受的信息内容，一方面受到潜在旅游消费者的爱好和个性的影响，另一方面受信息、传递媒介的影响。人们在去桂林旅游前，已经受到"桂林山水甲天下"的宣传标语的影响，他们通过网站或电视、广播的宣传对"桂林山水"有了一定程度的认识。这时，潜在旅游消费者的旅游感知主要是通过旅游宣传获得的间接信息，旅游宣传作为旅游需要和旅游对象的中介和桥梁，直接影响潜在旅

游消费者获得的知觉印象，从而影响旅游动机的产生。

◆ **教学互动3-1** ◆

观点： 旅游宣传作为旅游需要和旅游对象的中介和桥梁，直接影响潜在旅游消费者获得的知觉印象，从而影响旅游动机的产生。

问题： 你是否赞同在出游前应该最大限度地收集旅游目的地的吃、住、行、游、购、娱等信息，尤其是有关旅游景区方面的图片、视频等信息？

要求： 同"教学互动1-1"的"要求"。

2）符合消费者需要的旅游对象

西方国家的旅游学者所常常使用的"旅游吸引物"概念和中国旅游学教材中通常使用的"旅游资源"概念基本上是通用的。旅游资源的基本含义是"自然界和人类社会中凡是能够对旅游者产生吸引力，可以为旅游业开发利用并产生经济效益、社会效益和生态环境效益的各种事物和因素"。旅游吸引物是促进人们前往某地旅游的所有因素的综合，包括旅游资源、适宜的接待设施和优良的服务及快捷舒适的交通条件。

3）必要的经济条件和闲暇时间

旅游是在一定经济社会条件下所产生的一种社会现象。旅游是一种消费行为，需要一定的经济基础，用于支付各种费用。一个人的经济收入或是家庭经济收入、富裕程度决定了他能否实现旅游的动机。所以，旅游者具有一定的经济水平是实现旅游的前提，也是实现旅游的物质基础。当旅游者个人或家庭经济收入仅能维持基本生活必需时，该家庭就没有更多财力支付旅游开销，也就很少外出旅游。经济越发达、国民收入越高的国家或地区，外出旅游的人数就越多，反之就越少。可见，经济收入制约支付能力，不仅影响着人们能否旅游，而且影响着旅游者消费水平和消费构成以及对旅游目的地和旅行方式的选择。所以，经济收入水平影响和制约了旅游动机的产生和形成，是动机产生的客观物质条件。

学习微平台

同步链接3-1

旅游需要时间，旅游者是否有闲暇时间决定了其是否参与旅游活动。人们拥有的闲暇时间是指在日常工作、学习、生活及其他必需时间外可以自由支配、从事娱乐消遣或自己乐于从事的任何其他事情的时间。一个人没有闲暇时间和属于自己的带薪假期，就不可能参与旅游活动、实现旅游行为。我国从1995年5月开始实行每周五天工作制，1999年9月又出台了新的休假制度，公共假期延长，产生了国庆第一个"黄金周"。一些单位的"旅游假"制度，使人们自由支配的时间增多，为人们实现外出旅游创造了条件。近些年来，休假制度不断调整。2013年年初，国务院办公厅颁布的《国民旅游休闲纲要（2013—2020）》以"满足人民群众日益增长的旅游休闲需求"为出发点和落脚点，重点在提倡绿色旅游休闲理念、保障国民旅游休闲时间、鼓励国民旅游休闲消费、丰富国民旅游休闲产品、提升国民旅游休闲品质五个方面提出了明确意见；重点强化了推动落实带薪年休假制度的有关内容，首次明确提出：到2020年，职工带薪年休假制度基本得到落实，并提出多项措施，以保障国民旅游休闲时间。

3.2.2 旅游消费者动机的特点

1）内隐性

动机是一种心理过程，一般情况下，个体不会表现出来，即使表现出来也很难被他人观察到，只有根据个体所处的环境及其行为表现推测其行为背后的动机。由于这种推断难免带有主观性，以及个体动机外在表现的不明确性，因此很难断定个体的真正动机。由于旅游者的主观意识作用，旅游动机往往形成隐含层、过渡层、表露层等层次结构。旅游者常常将真正的旅游动机隐藏起来。旅游动机的内隐性，包括两种情况：一种情况是，旅游者主观性地认为自己的旅游动机不受社会和他人的认可，而不愿意说出自己旅游的真正动机。另外一种情况是，旅游行为受到潜意识的支配，旅游者自身也不能准确地表达自己的真正动机（杜炜，2009）。例如，在我国曾盛行一时的"公费旅游热"，就是借去某地考察、取经等之名而到旅游胜地观光游览，这就是动机的内隐性。

2）指向性

所谓指向性是指动机是具体的，是与个体的行为密切相关的，是具有一定的指向性的，针对相应目标和对象的。动机一旦形成，个体必定和一定的对象建立联系从而产生相应的行为。例如，旅游者产生了到某处旅游的动机，表现为收集各种与旅游目的地相关的旅游信息以及注意事项，制订出游计划，是具有明确指向性的。由此可见，动机在实践中指引人们的行为而达成目标。旅游动机的指向性决定个体对旅游活动内容、方式的选择，决定了个体旅游行为的方向。不同的人由于旅游动机的指向性不同，便产生了旅游行为方向上的差异。因此，旅游动机的指向性就成为旅游客源流向和客源在各个旅游区数量分布的决定因素。

3）复杂、多重性

旅游是复杂且具有高度象征性的社会行为。动机的复杂性是指影响动机产生因素的多重性及动机对行为调节的多样性。在很多情况下，个体的某一种行为是出于多种动机的，也就是说，一个动机的组合激发了一种行为。商务旅游就是一个典型的例子，它是集观光、会议等多重动机于一体的旅游活动。另外，还有一种情况是，由于不同的人所处的社会环境以及自身各项条件的差异，因此，同一种动机对于不同的个体则会引起多种不同的行为。例如，同样是出于摆脱繁杂的日常生活和工作压力的动机：有的人可能选择利用闲暇时间和家人朋友团聚；有的人会选择参加娱乐活动而暂时逃脱日常的生活、工作压力；有的人可能会选择去向往的地方旅游，达到放松身心的目的；有的人可能因为收入的限制而待在家中休息。再者，同一种动机在不同的情境下，可能会使一个人产生不同的行为。例如，由于大多数旅游景区的食品价格比正常价格要高出好几倍，很多人在景区游玩的时候会带上矿泉水、面包、方便面等食品充饥，而不选择在景区内购买食品。

旅游动机的多重性主要是指旅游者参加某项旅游活动不仅仅出于一种动机而是出于多种动机，想满足多种需要。例如，城市旅游者参加乡村旅游是为了观赏农村的自然风景，品尝农家饭，或是参与农事活动，体验在城市无法获得的经历。这一旅游活动的动机就不止一种，有逃避城市喧嚣环境、感受乡村宁静的动机，有逃避日常工作的烦琐和压力的动机，也有和家人一起感受田园生活的动机。旅游者这些旅游动机组成了一个动机系统，共同驱使人们的旅游行为。在一项研究中，苏锦峰等（So，Oh & Min，2018）发现，人们选择"爱彼迎（Airbnb）"的主要动机有价格价值（price value）、原真性、新奇、享乐、社会互动、家的便利六个方面。在这些动机中，驱动力最强的动机为主导性动机，其他动机为辅助性动机。主导性动机和辅助性动机共同影响旅游者的旅游项目选择。虽然旅游者想要选择旅游项目满足自己所有的需要，但是一般很难实现，旅游者会在主导性动机驱使下选择某些旅游产品，而那些辅助性的旅游动机则转变成潜在动机，在一定情况下可能会转化为主导性动机（杜炜，2009）。

◆ **教学互动 3-2** ◆

观点：人们出游行为是出于多种动机的，也就是说，一系列出游动机的组合激发了出游的行为。

问题：你认可这种观点吗？请举例说明。

要求：同"教学互动 1-1"的"要求"。

4）共享性

旅游者的旅游动机在大多数情况下难免会受到同伴出游动机的影响。例如，大众旅游的出游形式大多是参加旅行团或者是亲朋好友集体出游。团体旅游就意味着所有的参与者之间达成一种妥协，旅游者的旅游动机具有共享性。例如，在家庭旅游中，父母和孩子一起出行，让孩子得到最大程度的满足和快乐是他们共享的旅游动机。在与"闺蜜"一起旅游时，购物和娱乐的动机是她们共享的。在蜜月旅游中，"追求浪漫""婚姻关系""猎奇求新""声望""逃离和放松"是夫妻双方共享或至少部分共享的动机（Chen et al.，2020）。还有，中国出境游客"像抢白菜，像春运……"般一波又一波持续不断地涌入境外奢侈品卖场里，对于中国的跨境旅游者来说，追求现代、奢华的炫耀性消费已然成为这个消费群体共有的旅游动机。

5）学习性

旅游动机的学习性是指旅游动机是可以随着旅游者的学习和经验的积累不断变化而获得的。信息是学习的重要来源。一般说来，当一个人接触和处理信息时，学习就发生了。人们接触的信息越多，旅游活动的动机就可能变得越具多样性，旅游者越来越侧重文化和精神方面的需要。由此可见，随着旅游者旅游经历和生活阅历的丰富，以及旅游者学习和日常积累的增多，他们对陌生环境的恐惧感将会降低；同时，对外部世界的认知也会发生变化，从而会产生更高层次的旅游需求，激发新的旅游动机的形成，其旅游消费行为势必会发生新的变化（杜炜，2009）。人们的大多数旅游动机，如获得地位、权力，减除焦虑、恐惧，增长学识、扩大交往，取得成就、自尊、自信等动机都是后天学习得到的。比如，人们减轻焦虑的旅游动机不是生来就有的，而是经历了诸如幽静处所的度假、新异环境的刺激或别开生面的活动调节，并由此使身心获取愉悦感之后才产生的。当然，除从自身的经历中学习获得外，吸取亲朋好友的经验也是获得学习减轻焦虑动机的主要途径。一般说来，这种通过学习获得的减轻焦虑动机的需要，又会在很大程度上对他选择旅游目的地、旅游交通、旅游活动项目，以及食宿决策等产生重要影响。现在，学习新知识、完善自我已成为人们生活、工作中重要的选择。旅行社顺应了人们的这种高层次的需求，推出了"到大自然中、到不同文化地区……体验不同的感受，学习新的知识"的旅游产品，一时成为旅游者选择的目标。在旅游消费中，人们还有获取知识、开阔眼界、学习技能、陶冶情趣的愿望和需求。旅游者已不再满足于只是被动地接受服务、仅仅尝试做"上帝"的感觉，学习型、互动式的旅游动机和形式渐渐形成一种时尚。

6）动态性

动机本身就是一个高度动态的概念，作为对生活经验的反映而不断地变化。需要和目标通过对个体的实体条件、环境、与其他人的相互作用和经验来改变和产生（希夫曼、卡纽克，2007）。当个体达到他们的目标时，他们又有了新的目标。如果没有达到他们的目标，会继续原来的目标或产生新的替代目标。需要所促使的人类活动是动态的原因包括：其一，许多需要从来没有完全被满足，它们不断地驱使一些行动以达到或获得满足。其二，当需要被满足时，新的和更高层次的需要又会出现，以至于产生紧张力并且引发活动。其三，达到目标的人为自己设立新的和更高的目标（希夫曼、卡纽克，2007）。因此，一个人的旅游动机不是一成不变的，随着社会环境的变化以及个人自身状况的变化，具有动态性的特点。

3.2.3　旅游消费者动机的经典理论

在旅游学科发展的历史长河中，不少学者对"人为什么出游"这一看似简单的问题进行过长期不懈的探索。在旅游消费者动机领域，目前，有如下经典理论是广为引用的。

1）普洛格的旅游动机理论

普洛格（Plog，1974）提出的旅游动机模型是学界最广泛使用的模型之一。普洛格关于旅游动机的理论是与旅游者人格（personality，又称个性）分类结合在一起的。普洛格认为，旅游者人格是一个连续统（continuum），在连续统的两端分别是"自我中心型"（psychocentic）人格和"多中心型"（allocentric）人格，如图3-2所示（保继刚、楚义芳，2012）。

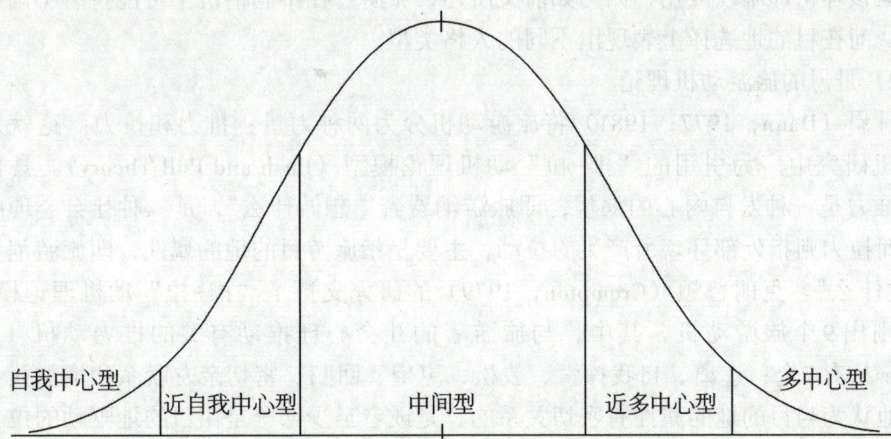

自我中心型　　近自我中心型　　中间型　　近多中心型　　多中心型

图3-2　普洛格的旅游者人格分类

自我中心型人格将思想或注意力集中于生活琐事，他们在旅行模式上更趋保守，偏爱"安全"的旅游目的地，且经常多次重游；多中心型人格则具有冒险的精神，持有游览或发现新旅游目的地的动机，很少去同一个地方旅游两次。两者的区别如表3-1（保继刚、楚义芳，2012）所示。普洛格还估计，总人口中的人格特征可能接近于正态分布，处于两个极端的自我中心型人格和多中心型人格都是少数，绝大多数人处于两者之间。这些人当中，接近自我中心型的被称为"近自我中心型"（near-psychocentic），接近多中心型的被称为"近多中心型"（near-allocentric），处于中间的被称为"中间型"（mid-centric）。

表3-1　　　　　　　自我中心型与多中心型旅游者行为特征对比

自我中心型	多中心型
偏爱熟悉的旅游地	偏爱一般旅游者没到过的区域
在旅游地喜欢从事惯常活动	喜欢"发现"的感觉，以新体验为乐，在其他人未到之前访问新区域
偏爱"阳光+欢乐"的场所及相当程度的放松	偏爱新奇而不同的目的地
低活动量	高活动量
偏爱可驾车前往的目的地	喜欢乘飞机前往目的地
偏爱大量的食宿设施，如大量的酒店、家庭旅馆和游客商店	希望食宿设施能够包含较好的酒店和饮食，但并不一定需要现代化的或连锁的酒店，基本不需要"旅游"吸引物
偏爱熟悉的氛围（熟悉的娱乐活动，没有异国情调）	喜欢与陌生或有外国文化背景的人会面、交往
偏爱把旅游活动排得满满的全包价旅游	要求有基本的旅游安排（交通工具和酒店），但允许较大的自由和弹性

必须注意的是，尽管普洛格的理论模型为理解旅游者的动机提供了一种有用的方式，但该理论却难以应用，因为如前文所述，旅游者在不同情况下可能持有不同的动机，从而在目的地选择上表现出不同的人格类型。

2）丹恩的旅游动机理论

丹恩（Dann，1977；1981）将旅游动机分为两种力量：推力和拉力。这就是旅游动机研究中广为引用的"推-拉"动机理论模型（Push and Pull Theory）。具体而言，推力是一种发自内心的渴望，即旅游消费者"想做什么"，是一种社会心理的动力；而拉力则指外部环境所产生的拉动，主要是指旅游目的地的属性，即旅游消费者"能做什么"。克朗普顿（Crompton，1979）的研究支持了"推-拉"动机理论模型。他识别出9个旅游动机，其中，与旅游者的社会心理推动有关的推力动机（push motives）有7个：逃离、自我探索、放松、声望、回归、密切亲友联系和增加社会交往；他认为与目的地的属性有密切关系的、是或者至少部分是由目的地驱动的拉力动机（pull motives）有两个：新奇和教育。需要指出的是，丹恩旅游动机理论在国内外旅游学界得到了广泛的应用。

◆ **深度思考3-1** ◆

　　问题：在网络论坛上经常会发现许多人发布的"故地重游"的帖子，讲述自己第二次或多次造访一个旅游城市或景区的经历。请结合旅游消费者动机的产生条件与特点以及丹恩的旅游动机理论，分析旅游者重游动机的产生有哪些模式。

　　3）麦金托什的旅游动机理论

　　美国学者罗伯特·麦金托什（McIntosh，1977）将旅游动机分为四类：身体健康的动机、文化动机、交际动机和地位与声望的动机。具体内容是：

　　（1）身体健康的动机

　　这包括休息、运动、游戏、治疗等动机。这一类动机的特点是以身体的活动来消除紧张和不安。

　　（2）文化动机

　　这包括了解和欣赏异地文化、艺术、风俗、语言和宗教等动机。这些动机表现出了一种求知的欲望。

　　（3）交际动机

　　这包括在异地结识新的朋友，探亲访友，摆脱日常工作、家庭事务等动机。这种动机常常表现出对熟悉的东西的厌倦和反感，逃避现实和免除压力的欲望。

　　（4）地位与声望的动机

　　这类动机包括考察、交流、会议以及从事个人的兴趣所进行的研究等。它的特点是在进行旅游活动的交往中搞好人际关系，满足其自尊、被承认、被注意、能施展其才能、取得成就和为人类做贡献的需要。

　　4）逃避与寻求二维旅游动机理论

　　与丹恩的旅游动机理论类似，艾泽欧-爱荷拉（Iso-Ahola，1982）提出的旅游动机模型包括两方面因素：逃避（escaping element）和寻求（seeking element）。逃避指离开日常环境的愿望，寻求指通过去相对照的环境旅游以获得内在的心理回报的愿望。

◆ **同步案例3-1** ◆

中国背包客的出行动机

　　背景与情境：背包旅行，对应于英文的"backpacking"，主要指背着盖过头的大背包作为行李而开展的长途跋涉的旅行。这一类旅行者也因此被称为背包客（backpackers）。国内早在20世纪就已经出现了类似国外背包客的出行群体。因他们注重较长时间的旅行体验，偏好具备灵活性的行程安排，注重旅途的社会交往，重视对目的地社会文化的深度体验，偏好经济型的住宿设施，在国内常常被冠以"驴友"（因音同"旅友"）的称谓。在中国社会转型的大背景下，背包旅行实际上可以泛指具备上述特征的诸多旅行形式。

　　那么，中国背包客的出行动机有哪些呢？陈钢华、保继刚和黄松山（Chen，Bao & Huang，2014）的一项研究表明，中国背包客的出行动机可以划分为以下四个：社会互动（social interaction），自我实现（self-actualization），目的地体验（destination experience）和逃离与放松（escape and relaxation）。

（1）社会互动的动机

社会互动也称社会相互作用或社会交往，它是人们对他人采取社会行动和对方做出反应性社会行动的过程——我们不断地意识到我们的行动对别人的效果；反过来，别人的期望影响着我们自己的大多数行为。它是发生于个人之间、群体之间、个人与群体之间的相互的社会行动的过程。社会互动是人类存在的重要方式。对于中国情境下的许多背包客而言，诸如"寻找生命中的另一半（发展一段恋情/结识异性朋友）"、"让自己与众不同"、"与其他的背包客交流、学习"和"结识新朋友"等动机显著地体现了社会互动的渴望。

（2）自我实现的动机

自我实现是指人都需要发挥自己的潜力，表现自己的才能；只有当人的潜力充分发挥并表现出来时，人们才会感到最大的满足。对于中国情境下的许多背包客而言，诸如"提升个人技能"、"认识自我"、"发展个人能力"和"检验自我"等都是显著的自我实现的动机。

（3）目的地体验的动机

猎奇、探索和求知等动机一直以来都被旅游心理学和旅游行为研究认为是游客的基本出游动机，也是人类的基本动机之一。因此，前往旅游目的地，去了解目的地的历史、文化和社会，去体验目的地的生活方式等，是游客出游的基本目的之一，因而也体现了旅游作为一种异地的休闲行为的本质特征——旅游的异地性和被吸引性。背包旅行作为旅游方式的一种也不例外，背包客的出行动机也包含了认知和体验目的地的因素。对于中国情境下的许多背包客而言，诸如"与当地人交流、互动"，"了解目的地的历史、文化和社会等信息"和"体验目的地的生活方式"等都是显著的目的地体验的动机。

（4）逃离与放松的动机

逃离与放松的动机包括"逃离"与"放松"两个相互联系的维度；诸如"逃离日常的工作和生活"、"对未来充满迷茫，出来散散心"和"实现身体和心情的放松"等都是显著的逃离与放松的动机。逃离与放松的动机，表明背包客期望通过背包旅行这样一种追求独立、个性、群体交流与互动以及参与式体验的长时间旅行方式来逃离惯常的职业与生活场景，放松身心。

问题：中国背包客的出行动机，体现了旅游消费者的动机的哪些特点？如何运用旅游消费者动机特点及经典理论知识来识别和讨论这些动机？

3.3 旅游消费者动机的影响因素

当今社会，旅游逐渐成为人们日常生活中不可或缺的一部分。人们为什么会外出旅游？为什么会选择不同的旅游目的地？是什么影响了他们的出游愿望和目的地选择？这就涉及旅游动机的影响因素问题。近年来，已有国内学者对旅游动机的影响因素进行系统的归纳和研究，如表3-2所示。

表3-2		国内旅游消费者动机的影响因素的代表性研究
邹本涛、赵恒德（2008）	客体因素	客体因素主要指旅游对象。旅游对象的性质和特性及符合或满足人们旅游需要多样性的程度，是直接影响旅游动机的强度和指向性的客观条件
	主体因素	主体因素主要包括旅游者本身的旅游需要、旅游兴趣与偏好、高级神经活动类型（即气质、性格的内向与外向特征）、身体健康状况、职业与工作生活、家庭环境、性别与年龄、受教育程度以及个体的旅游经验等
	介体因素	旅游介体因素主要指与旅游业发展成熟度相关的旅游服务、旅游设施、旅游产品价格、旅游宣传与推介等
	社会因素	社会因素主要指一个国家或地区的经济、社会、文化等方面的状况
吴必虎、宋子千（2009）	外部环境	外部环境因素包括经济、政治、社会、文化等
	内部环境	内部环境因素即个人因素，可以分为个人客观条件和个人主观特征。个人客观条件主要指性别、年龄、职业、国籍、受教育程度等人口学特征。个人主观特征包括气质、性格、兴趣、文化背景、风俗习惯等
薛群慧（2011）	旅游消费者	旅游消费者包括旅游者的旅游需要、旅游知觉，性别、年龄、教育程度、收入和闲暇时间等自身状况和旅游者兴趣爱好以及好奇心、想象力等因素
	旅游客体	旅游客体主要是指符合旅游需要的旅游对象，是具有吸引力的自然界事物或社会文化事物，以及社会、经济和科学技术发展成就等
	外部条件	外部条件即社会环境状况

此外，影响旅游动机形成的外部条件还包括"微社会"群体。所谓"微社会"群体，是指一个人在日常生活和工作中所经常接触的人际环境或人群。例如，经常接触的家人、亲友、同学、同事等。"微社会"群体对旅游动机也会产生间接影响。例如，一个原本不愿外出旅游的人，在朋友的怂恿下可能会改变主意而外出旅游。

综上所述，旅游动机在形成过程中受多种因素的影响。不仅受到旅游消费者人口学特征以及心理等内在因素的影响，还受到社会、文化、经济、政治等外部环境的影响。下面将在近年来国内外相关研究成果的基础上，对旅游动机的影响因素进行归纳和总结。

3.3.1　内在因素

内在因素即旅游消费者的个人因素，是影响旅游动机的首要和决定性因素。其主要包括人口统计因素和心理因素。人口统计因素包括性别、年龄、国籍、职业、受教育程度、家庭结构和人口收入、健康状况等人口学特征。心理因素包括个人的个性特征、态度、情感、价值观等。

1) 人口统计因素

（1）性别、年龄

从性别上看，男性与女性的差别体现在个性、行为和脑力等方面。女性普遍具有求美的心理和情感性特点，较为注重旅游产品的外在表现和情感体现，容易受到外界因素的影响，有追求时尚的心理。男性则较为注重旅游服务的整体感受，消费选择较为独立（杜炜，2009）。由于男性和女性在家庭和社会两方面所处的地位和作用不同，在旅游动机上也有一定程度的差别。例如，男性外出旅游多以公务、经商为目的，女性外出旅游很多是以购物、探亲等为目的（田应华、刘军林和陈国生，2011）。然而，旅游动机也并非一成不变。在以往的旅游消费者中，男性所占比例较大，女性所占比例较小。随着社会的进步、女性在职场中地位的提高和家务劳动的减少，女性旅游者所占的比例逐步提高。

从人的年龄段来看，儿童天性活泼好动，对事物充满好奇，他们更倾向于娱乐性的旅游动机；青年人充满活力，感觉敏锐，具有冒险精神，平时学习、生活和工作的单调、乏味，使他们成为热衷旅游的群体；中年旅游者是旅游市场的主体，他们工作稳定，有着丰厚的收入，对旅游设施的要求较高；老年人尤其是享有养老金或退休金的老年人，有较多可支配的时间和自由支配的收入，喜欢慢节奏的出行，对旅游设施的环境卫生、交通条件等较为重视。由此可见，人在不同年龄段的不同旅游需要，影响了他们对旅游动机的选择。

（2）国籍、职业、受教育程度

从旅游消费者的空间分布上看，旅游消费者来自不同的国家和地区，他们之间存在的中西差异、城乡差异等对旅游动机具有一定的影响。来自不同国家和地区的旅游消费者的职业分工也各不相同。职业的选择又与他们的受教育程度有着密切的联系。职业上的差别对旅游需求量影响更大。一般来说，由于职业不同，会形成收入水平、工作性质和工作方式等方面的不同，不同职业的人对旅游的需求也存在着较大的差别。从我国入境旅游者的职业构成可以看出，商人、行政人员、工人、专业技术人员等所占比例较大，而农民、服务人员等所占比例较小。职业声望越高，参加旅游活动的次数和种类越多。受教育程度越高的人，其兴趣领域会越广泛，所获取的信息量也会越大，其好奇心和求知欲就越强，从而助长了其希望有机会亲历观察和体验外界事物的愿望。多项研究显示，受过良好教育的人在旅游者中占大多数，其旅游消费支出也最多。另外，随着人们文化水平的提高和知识的增多，因对外部世界缺乏了解而产生的恐惧心理也会大大降低，人们热衷于到外界去体会不同的文化。

（3）家庭结构和人口收入

从家庭结构和人口上看，老年空巢家庭（子女独立后，家中只留下老人的家庭）和富裕的退休者比较容易出游；未婚单身、丁克家庭（双薪无子女家庭）产生旅游需求的可能性较大。家庭人口多，生活负担就重，可自由支配收入相对较少；反之，可自由支配收入就相对比较多。这就形成了不同家庭在旅游需求上的差别。

在家庭出游背景下，探讨他们的群体旅游动机十分必要。因为家庭游客的旅游动机可能是混合的，与家庭结构和幸福感有关而不是聚焦于个人的满足感。其旅游动机基于以下四个因素：家庭/家族历史与和睦度、直系亲属凝聚力、家庭/家族成员之间的沟通、家庭/家族的适应性（Kluin & Lehto，2012）。

人们可自由支配的收入与旅游需求也有着密切的联系，在其他因素不变的情况下，人们可自由支配的收入越多，对旅游产品的需求量就越多；人们可自由支配的收入越少，对旅游产品的需求量就越少。这种变化关系，如图3-3所示（李辉、马中华，2006）。从图3-3中可以看出，当可以自由支配的收入为A_1时，旅游需求量为D_1；当可自由支配的收入升至A_2时，旅游需求量升至D_2；当可自由支配的收入降至A_3时，旅游需求量降至D_3。两者这种正向变化关系用函数式表示为：$A_a=f（D）$。

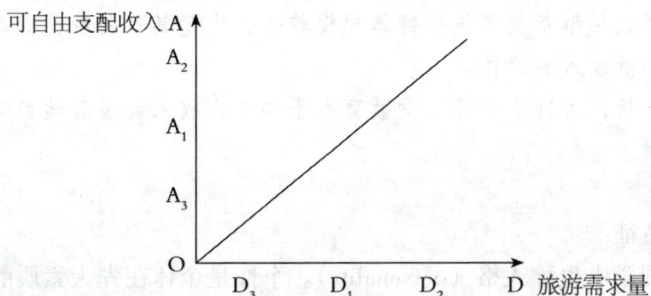

图3-3　可自由支配收入与旅游需求量的关系

（4）健康状况

身体是否健康是人们是否参加旅游最为基础的原因。旅游活动都需要耗费一定的精力和体力。旅游消费者的身体健康状况是旅游动机的直接影响因素。身患重病的人很难进行旅游活动，而健康状况不佳的人只能在能力允许的范围内选择旅程相对较短、耗时较少的旅游项目。由于健康状况的差异性，对旅游需求也就相应的存在差异。值得注意的是，随着人们生活水平的提高和医疗保健技术的迅速发展，人的平均寿命和身体健康状况都在提高和改善，老年人的出游比例将大幅度增加，由老年人构成的旅游群体在不断壮大，并成为未来的客源主体之一。以以色列的老年度假市场为例。这个细分市场的旅游动机主要由老年人的收入和健康状况所决定，但是度假时间的长短随年龄的增长而变化：在55～65岁之间，闲暇时间和家庭收入的增长使得度假时间增长；而在65岁以上，收入的下滑和健康状况的恶化导致度假时间开始缩短（Fleischer & Pizam，2002）。又如，我国台湾地区老年游客旅游的推力因素包括"提升自我""自尊""寻求知识""放松""社会化"；拉力因素包括"清洁和安全""设施，活动和成本""自然和历史景观"（Jang & Wu，2006）。推力因素中的"寻求知识"和拉力因素中的"清洁和安全"是老年游客最重要的旅游动机。回归分析发现：年龄、性别和经济地位对旅游动机的影响不大，而健康状况与老年游客的旅游动机之间的关系显著。

同步案例3-2

人口统计因素对中国背包客出行动机的影响

背景与情境：如前文所述，背包客注重较长时间的旅行体验，偏好具备灵活性的行程安排，注重旅途的社会交往，重视对目的地社会文化的深度体验，偏好经济型的住宿设施。那么，人口统计因素是否会对中国背包客的出行动机产生影响呢？也就是说，不同人口统计特征的背包客的出行动机是否会有显著差异呢？

一项研究表明，基于出行动机差异的三种不同类别的背包客：自我实现型背包客（self-actualizers）、目的地体验型背包客（destination experiencers）、社会交往型背包客（social seekers），在年龄、受教育水平和个人收入方面存在显著差异（Chen，Bao & Huang，2014）。具体而言，尽管三个不同类别的背包客的主导年龄段都是21~35周岁，但社会交往型背包客的年龄在20岁以下的比重更大。尽管在三个不同类别的背包客中，都有超过一半的背包客受教育水平为本科学历，但社会交往型背包客中大专毕业生比例更大。在个人收入方面，社会交往型背包客中收入水平较低者的比重更大。总之，社会交往型背包客虽然群体规模较小，比起其他两种类型而言，更可能是年轻、低学历和低收入的群体。

问题： 试分析，为什么年龄、受教育水平和个人收入会显著地影响中国背包客的出行动机？

2）心理因素

（1）个性特征

个性在心理学中也称人格（personality）。个性是个体在先天素质的基础上，在一定社会历史条件下，通过社会交往形成和发展起来的带有一定倾向的稳定的心理特征的综合。它包含了个人的能力、气质、性格等要素。其中，性格是核心的元素，反映了个体的精神面貌和意识倾向。影响个性特征形成的因素包括先天因素和后天因素。先天因素是指人的个性的生物属性；后天因素是个性的社会属性。例如，不同家庭成长环境、社会关系等都会影响人的个性。两种因素相互联系、相互作用，形成个性的差异性、稳定性和可塑性特点。有关个性类型的研究中，较为典型的是心理学家荣格（Carl Gustav Jung）关于个性类型的划分。他将个性的类型划分为4种：感觉思维型、感觉情感型、直觉思维型、直觉情感型，如表3-3所示（杜炜，2009）。

表3-3　　　　　　　　　　荣格的个性类型划分

感觉思维型	决策理性、观点具有逻辑性和事实根据、决策遵循"客观性"导向、价格敏感性高、大量收集与决策有关的信息、风险规避者、实用主义、决策中的短视
感觉情感型	实证观点、决策受个人价值观的影响、决策遵循"主观性"导向、考虑别人的想法、与他人共担风险、实用主义、决策中的短视
直觉思维型	视野开阔、决策时依赖想象并同时运用逻辑、想象很多选择方案、权衡各种方案、乐于承担风险、决策的长远性
直觉情感型	视野开阔、想象很多选择方案、在意旁人观点、决策遵循"主观性"导向、价格敏感性低、喜欢冒险、决策采用无限时间观

美国学者普洛格（Plog，1974）认为，人按心理类型可大体划分为依赖型、近依赖型、中间型、近冒险型和冒险型五类具有不同心理类型的旅游消费者。其中，依赖型的人表现出谨小慎微、不爱冒险、顾虑较多等特点，这类人喜欢熟悉的旅游目的地和一般性的旅游活动。而冒险型的人活跃好动，喜好猎奇冒险，兴趣广泛，这类人出游的可能性更大，在目的地选择上往往倾向于那些新奇的、不为人熟知的地方，在旅游活动方面追求自主性和灵活性。其他个性心理类型都是这两种极端类型之间的过渡

类型或中间类型。

（2）态度

态度会影响人的行为取向。态度是人们对某种对象或某种关系的相对持久的积极或消极的情绪反应；是一种带有感知成分、情感成分和行为倾向的持续系统。

态度能够使人们对相同或相似的事物产生大致相同的行为，从而避免了对每一项新事物都要以新的方式做出反应，节省了时间和精力。因此，态度具有稳定性和一致性。一般而言，态度由三种成分组成：知识成分、情感成分和行为成分。知识成分是指人对于外界事物所持有的信念或观点，情感成分则是指人对外界事物所做的情绪判断，行为成分是指人对外界事物做出赞成或反对的反应倾向。态度的知识、情感和行为三种成分具有一致性的倾向。具体到旅游领域，旅游者的态度是指旅游者针对某一特定的旅游活动对象，用赞成或不赞成的方式连续地表现出来的心理倾向。在大多数情况下，对某种旅游产品和服务持有肯定态度的人就会倾向于购买该种产品和服务。

（3）情感

从本质上说，情感是人们对客观事物是否符合自身需要所产生的主观体验。情感认识论认为，情感取决于人们对其所处情境的认知和评价，决定着人们采取的行为。情感既是一种客观表现，又是一种主观体验。从情感的适应性看，它帮助人们选择信息与环境相适应，并驾驭行为去改变环境。例如，当一个人心情愉悦时，他会表现出思想开明，情绪稳定，行为正常，表情自然，对外界感受适应，对美好的景物持观赏的态度；而当心情低落时，则表现为眉头紧锁，情绪躁动，行为异常，表情紧张，对外界的感受受阻，无心观赏美好景物，或对客观的事物抹上消极的色彩。从旅游的角度看，一个人对旅游产品的情感倾向会影响他的目的地选择和对旅游服务的客观评价。

（4）价值观

价值观是指个人对客观事物及对自己的行为结果的意义、作用、效果和重要性的总体评价。每一种文化都存在一套向其成员传递的价值观。价值观对动机的调节和控制有直接影响，决定着动机的性质、方向和强度。价值可以区分为认知导向和情感导向。认知导向价值的拉力因素基于对目标、经历、对象或情境的认识，具有外控性，要求有具体的经历、对象或情境，这种价值是特定对象所固有的，因而很难被替代。情感导向价值具有内控性，内控价值的推力因素是以驱力为基础的，不要求具体的对象存在，它要求的是一类对象、情境或过程，因而具有可替代性。价值观对游客的动机有显著的影响。例如，一项以巴西高亚斯每年举办的国际环境电影节为例的研究指出，环境价值对游客动机具有积极的影响：环境价值观越高的人，对国际环境电影节的旅游动机越高（Kim，Borges & Chon，2006）。

学习微平台

课程思政 3-1

3.3.2　外部环境

旅游动机的影响因素相当复杂，除了旅游消费者的个人因素外，还包括政治、社会文化、技术、经济等外部环境因素。

1）政治因素对旅游动机的影响

政治以各种方式影响人们的旅游需要和动机。各国政府的政治态度直接影响着旅游消费者的旅游动机。例如，支持自由贸易的国家可以为旅游业的发展创造繁荣的环境，从而极大地促成了人们的海外旅游需求和旅游动机。不稳定的政治环境（战争、恐怖主义等）可能会阻碍旅游消费者的出游愿望。由于各个国家政治环境的不同，各个国家旅游消费者的旅游动机也存在一定的差异。例如，从家庭文化和社会背景来看，以色列背包客的动机和旅游模式有着显著的特色：高度的集体取向。与日本背包客相似，以色列背包客倾向于支持家庭和集体价值观。与日本背包客所不同的是，在国家政治和军事政策影响下，以色列的年轻人会在服完军役之后，去印度或其他更远的旅游目的地旅行。他们将这种旅游经历作为迈向成熟的自我的阶段：从服从社会准则到独立和自由的自我。这种特殊的政治（军事）背景影响了以色列背包客的旅游动机。以色列背包客的旅游行为表现出挑衅行动、开放的性接触、不顾当地居民的请求、将当地居民视为仆人对待等（Maoz，2007）。印度外交部长指出，这一"失控"和"陷入困境"的现象，应当引起以色列和印度当地政府的重视。

2）社会文化因素对旅游动机的影响

随着社会文化的日益多元化，处于不同社会文化背景中的人们的价值观念、态度、信仰等有着很大程度的不同，他们的旅游动机也必定受到社会文化的影响。例如，一项对日本人赴海外旅游的动机的研究（Cha，Mccleary & Uysal，1995）指出，繁重和长时间的工作根植于日本文化环境中，使得海外旅游对他们来说不是一件容易的事情。因此，日本游客在海外旅游中特别渴望获得知识、享受和冒险。海外旅游在日本也因此成为一种地位的象征。又如，一项对北京和上海的老年人的旅游动机的研究（Hsu，Cai & Wong，2007）指出，社会和文化环境的变化对中国老年人的旅游动机产生了重要的影响。中国老年人生活水平的提高，直接影响了他们的健康和感知能力；而国家政策的变化潜移默化地促进了社会和文化环境的剧大转变。一项对边境旅游的研究（Laing & Crouch，2011）发现，游客去边境旅游，一方面是因为其年少时期受到的影响，例如，在童年时期对史诗、英雄的热爱以及年轻时所看的文学、电视、电影作品（寻求真实的体验）；另一方面，受崇拜意识的推动，许多参与者称他们希望再现英雄之旅，尤其提到是受到极地探险家——特沙克尔顿的影响。

◆ 延伸思考3-1 ◆

问题：结合上文所述的旅游消费者动机的基本知识，分析在中国当下的社会、经济与文化背景下，老年人选择外出旅游的动机是什么。

3）技术、经济因素对旅游动机的影响

经济发展水平是决定旅游需求量大小的关键性因素。经济发展水平越高，旅游需求的程度越强，出游动机也就越强。信息与通信技术（Information and Communication Technologies）的发展是实现旅游需求的重要因素。此外，信息与通信技术的迅猛发展也带动了媒体产业的发展，为旅游消费者提供了全面、周到的信息服务和沟通渠道。同时，交通技术的发展（例如，高铁、航空等）也满足了人们长期受压抑的旅游需求、激发了人们的出游动机，且提高了旅游的便利和舒适度。

3.4　旅游消费者动机的激发

学习微平台

延伸阅读 3-1

　　旅游活动是在旅游消费者自身的旅游动机的支配下产生的。旅游动机是引发、维持个体的旅游行为并将行为导向旅游目标的心理动力，是推动人们进行旅游活动的内在心理动因。旅游动机的形成需要具备旅游消费者的需要、旅游消费者对旅游对象的感知、符合消费者需要的旅游对象、必要的经济条件和闲暇时间四个基本条件。因此，激发人们的旅游消费动机也可以从以上几方面入手（由于经济条件和闲暇时间不易改变，因此外部的激发策略主要集中在前三个方面），让潜在的游客"想来"。这对于旅游目的地政府主管部门和旅游企业的开发策略、营销方式制定与执行具有十分重要的意义。下文阐述基于外部因素、内部因素的旅游动机激发以及激发旅游动机的营销方式。

3.4.1　基于外部因素的旅游动机激发：资源-市场-产品

　　自然界和人类社会凡能对旅游者产生吸引力，可以为旅游业开发利用，并可产生经济效益、社会效益和环境效益的各种事物现象和因素，均称为旅游资源。但是，旅游资源毕竟不是能直接被旅游者消费的对象。在成为旅游市场上旅游者直接消费的对象前，旅游资源需要转换成旅游产品。在这个转换过程中，至为关键的是要根据潜在客源市场和现实客源市场上旅游消费者的需要、需求来设计有市场号召力的旅游产品，需要不断强化旅游产品在潜在旅游者和现实旅游者中的市场感知。这就是旅游市场研究中广为运用的"资源-市场-产品"分析模式（RMP，即 resource，market，product；又称"昂普分析模式"；吴必虎，2001），如图 3-4 所示。

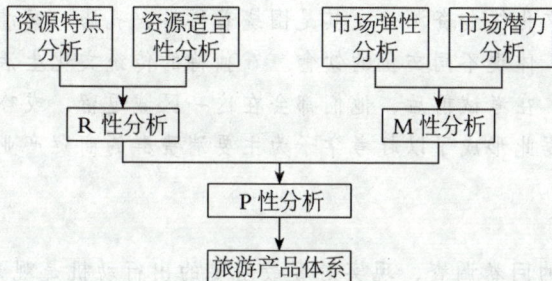

图 3-4　"资源-市场-产品"分析模式

◆ 业务链接 3-1 ◆

南京夫子庙片区的"资源-市场-产品"分析

　　中山大学旅游发展与规划研究中心编制的《南京市夫子庙-老城南旅游产业发展规划（2013—2020）》对夫子庙-老城南这一区域的旅游资源、旅游市场及旅游产品进行了"资源-市场-产品"分析，以便基于外部因素来激发潜在旅游消费者的动机。限于篇幅，仅选取夫子庙片区作为案例，展现"资源-市场-产品"分析的基本过程：

　　（1）R 性分析

　　依据国家标准《旅游资源分类、调查与评价》（GB/T 18972—2003），规划编制组在深入、细致、全面的实地调查的基础上，对夫子庙片区的主要旅游资源进行了分类和评价，核心结论如下：①独特的科举主题文化。夫子庙片区拥有全国规模最大的科举考试场所——江南贡院。明清两代，江南贡院是举行秋试的场所。清朝正式定名为江南贡院后，规模空前，形成东起姚家巷、北至建康路、西与孔庙毗邻、南抵贡院街的方形整体，占地30多万平方米，拥有考生号舍20 644间，在全国贡院中首屈一指。地方政府部门对江南贡院周边的建筑进行搬迁，规划在"西至贡院西街、南至贡院街、东至平江府路、北至建康路"的范围内打造"海内外最高等级、最高水平、最有影响的科举专题博物馆"，建设"中国科举文化保护中心、中国科举制度研究中心、中国科举文化展示中心"。②历史悠久的儒家文化。夫子庙片区拥有历史悠久的儒家文化资源。夫子庙，始建于北宋景祐元年（公元1034年），系按"前庙后学"的统一形制与学宫同时兴建，以供学子们祭祀孔子。明清期间，夫子庙规模位东南各省之冠。夫子庙布局分为内、外两部分：内部为庙宇构筑，即大成殿、廊房等设施组成的四合院。外部为附属构筑，主要包括牌坊、甬道、护栏、泮池、照壁以及聚星亭等。目前，大照壁、泮池石栏、碑刻、建筑墙体、梁架、屋面、地面等均保存较好，具有较高的文物和游览价值。③风情无限的秦淮河。秦淮河素有"十里秦淮""六朝金粉"之誉，被称为"中国第一历史文化名河"。历史上，围绕着秦淮河发生了无数"才子佳人"的故事，例如"秦淮八艳"等，令游客产生无限遐想。目前，已开通了"夜游秦淮"项目，游客可乘船沿内秦淮河观赏两岸夜景，聆听讲解员的优美讲解，体味当年"才子佳人"的故事。此外，在白鹭洲公园，已推出"夜泊秦淮"水上实景演出。④体现多元文化的历史街区。夫子庙片区是拥有众多历史悠久且体现不同传统文化的特色历史街区。例如，体现科举文化的贡院西街、体现传统园林文化的瞻园路、体现传统美食文化的东牌楼路美食街等。⑤独具特色的饮食文化资源。夫子庙片区拥有丰富的传统文化饮食资源，尤其是围绕着科举、孔庙、秦淮河等元素产生了一系列独具地方特色、体现不同文化的饮食。⑥独特的传统文化生活。由于历史上众多学子到此考取功名，在考试前后，他们都会在这一区域逗留，或吟诗作画，或夜游秦淮。江南贡院周围据此形成了以赶考学子为主要消费群的商贸产业链，形成了独特的传统文化生活。

（2）M性分析

据规划编制组的问卷调查，现实游客最主要的出行动机是观光游览、休闲度假；与游客出行动机一脉相承，人文底蕴、自然环境、地方美食是影响游客出行决策最为重要的三大要素。在游客印象最为深刻或计划前往的景点/活动中，出现频次前十的依次是夫子庙（孔庙）、夫子庙商业步行街、江南贡院、秦淮河两岸风光、秦淮河游船、秦淮灯会、瞻园、白鹭洲公园、南京古城墙、中华门瓮城。在问及夫子庙在今后应该重点关注哪些方面时，被提及最多的是"挖掘和拓展历史文化内涵"，其次是"增加新的旅游活动""完善旅游服务设施"等。此外，夫子庙-老城南的旅游市场还面临以下问题：游客停留时间短、消费额尚处较低水平。调查表明：超过50%的南京本地访客在夫子庙-老城南的停留时间在半天以内；其中，有31.1%的本地游客停留时间在1~3小时，27.0%的本地游客停留时间在3~6小时，更有9.1%的匆匆过客的停留时间在1小时以内。停留时间的相对短暂，说明在南京市本地居民的心目中，夫子庙-老城南依旧是一处供短暂的观光、休闲甚至是闲逛的去处，因而游客在旅游区内的消费额尚处较低水平。此外，游客满意度尚待进一步提升。虽然有**75.4%**的受访游客表示对夫子庙-老城南的整体印象在较好以上，但从游客期望与实际体验评价的对照来看，夫子庙-老城南的游客满意度还有待进一步提升。调查发现，游客期望和实际评价均处较高水平，但他们对所有项目的实际评价均低于他们之前的期望。同时，旅游市场统计数据显示，近年来，夫子庙-老城南的旅游客源市场进一步向长三角地区、江苏省乃至南京市递进式集中，长三角地区、江苏省内以及南京市内客源市场所占比重均有所上升。这一现象说明夫子庙-老城南的吸引半径正在不断降低，吸引力正在不断减退。

（3）P性分析与旅游产品体系建设

通过资源分析与评价，我们可以发现，夫子庙片区有着深厚的历史文化内涵，但市场分析与评价的结果却表明，虽然游客前来的主要动机是文化观光、体验人文底蕴，但整体而言，游客的停留时间较短、消费额较低且游客满意度不高。因此，今后的旅游产品开发，亟须"挖掘和拓展历史文化内涵""增加新的旅游活动""完善旅游服务设施"。

在这样的一种脉络下，夫子庙片区今后的旅游产品体系建设，首先，应该有如下的明确定位：在功能上，主要定位为传统文化旅游产品。在区域上，借助打造科举博物馆的契机，将以科举文化为主的传统文化旅游产品打造成为海内外最有影响的传统文化旅游产品，形成品牌效应，成为代表南京乃至中国的一张名片。在市场上，夫子庙片区的传统文化旅游产品，以长三角地区为一级目标市场；以环渤海经济区、珠三角地区等为二级目标市场；以广大中西部地区为三级目标市场。其次，在产品体系上，打造六大旅游产品：科举文化体验旅游产品、儒家文化观光旅游产品、秦淮夜游休闲旅游产品、传统历史街区休闲旅游产品、特色餐饮体验旅游产品和传统文化旅游纪念品，并依据资源、市场、投资方向、开发潜力和契合度等指标，进行开发等级的划分，如表3-4所示。

表3-4 　　　　　　　　　　　　夫子庙片区旅游产品体系

产品名称	资源	市场	投资方向	开发潜力	契合度	类别
科举文化体验旅游产品	★★★★★	★★★★★	★★★★★	★★★★★	★★★★★	核心
儒家文化观光旅游产品	★★★★★	★★★★★	★★★★★	★★★★★	★★★★★	核心
秦淮夜游休闲旅游产品	★★★★★	★★★★★	★★★★★	★★★★★	★★★★★	核心
传统历史街区休闲旅游产品	★★★★	★★★★	★★★★	★★★★	★★★★	重点
特色餐饮体验旅游产品	★★★★	★★★★	★★★★	★★★★	★★★★	重点
传统文化旅游纪念品	★★★★	★★★	★★★	★★★	★★★	辅助

注：通过"★"对每一项指标进行测度，最高级别为5颗"★"；根据匹配程度确定每项指标所得"★"的数量，据此确定每一项旅游产品的类别。

在后续的旅游产品营销推广中，在日趋激烈的旅游市场竞争中还亟须通过具有地域特色且游客满意度高的服务，来增加旅游产品（游客体验）的附加值，强化旅游产品（旅游目的地）属性和功能与旅游者需求与需要的有效匹配，从而最终实现基于外部条件的旅游动机的激发。总之，这样的一条利用外部因素来实现旅游动机激发的路径，可以被归纳为"资源-市场-产品"路径。

◆ 深度剖析3-1 ◆

问题： 资源分析（R性分析）与市场分析（M性分析）是彼此独立的吗？

3.4.2 基于内部因素的旅游动机激发："2W-2H"

如前文所述，旅游消费者的需要是产生旅游动机的先决条件。旅游消费者的需要的强弱程度决定了旅游动机的强度。旅游需要来自不同的人群，不同人群的人口学特征决定了旅游需要的指向性。因此，除了从外部因素激发旅游消费者的动机外，还可以从内部因素（旅游消费者的个人因素，例如，性别、年龄、国籍、职业、受教育程度、家庭结构和收入、健康状况等人口学特征，以及心理因素）的角度来激发旅游消费者的出游动机。具体而言，基于内部因素的旅游动机激发可以归纳为"2W-2H"模式，即"去哪儿玩"（Where to play，关于旅游目的地、旅游产品选择）、"玩什么"（What to play，关于旅游活动、旅游项目选择）、"怎么去"（How to plan，关于旅游信息查找、旅游线路安排）和"怎么玩"（How to play，关于在目的地的实地消费）。这几个问题包括了旅游活动的所有环节，要激发旅游消费者的动机，就必须从这几个方面入手。

（1）"去哪儿玩"

信息刺激着普通人最为本能的旅行渴望。激发潜在旅游消费者的动机，可以从信息刺激着手。比如，在某个地方曾经发生的故事、在电影中出现的某处经典场景、一曲唤起曾经梦想的背景音乐。无论是旅行社的产品售卖、景区景点的规划安排，还是旅行媒体的宣传推广，都必须利用某种信息与潜在游客接近来刺激对方"去哪儿玩"。当人一旦被信息激发出"去哪儿玩"的疑问和遐想时，也就将一个普通的自然人转化成了一个有旅游动机的潜在旅游消费者。例如，广为传播的刘三姐的故事，催生了《印象·刘三姐》等经典演艺产品，吸引了大量游客前来，带动了桂林旅游业的转型；近年来，大量电视作品所展示的明清时代的皇室纷争，带动着故宫的游览量；一部《后会无期》直接催生了浙江舟山东极岛的客流暴涨；2020年11月，《丁真的世界》走红后，越来越多的人知道并且想去造访他所生活的藏区——四川甘孜州……

（2）"玩什么"

"去哪儿玩"和"玩什么"犹如一对孪生兄弟，两者几乎是同时孕育而生的。"去哪儿玩"指明了一个空间的差异，使潜在游客产生出概念上的旅游心理。"玩什么"则刺激着旅游动机的进一步深化。不论是旅游景区、旅行社还是旅行媒体，都必须尽力向目标客户描述"玩什么"的情景，为潜在的旅游消费者绘制出一幅虚拟的梦想场景。如今的旅行社交网络服务（Social Networking Services，SNS）通过游记、风景照片、视频、音乐等来激发浏览者的旅行渴望，甚至还有专门技术打造的虚拟旅游网站，都是在满足这一客观需求。有人说，旅行就是追梦，其实也就是"去哪儿玩"和"玩什么"从心理上充分激发了旅游动机的缘故。例如，美国佛罗里达迪士尼世界度假区（Disney World Resort）的官方网站上，过山车、冲浪、滑翔伞等各种运动项目的视频、图片，激发了广大年轻群体前来体验的渴望；浪漫的晚餐、温馨的海边别墅、经典的电影和场景，这些影像也能够吸引怀旧的老年夫妇群体，激发他们重温旧梦的动机。

（3）"怎么去"

旅游动机被激发之后，收集信息、制订旅行计划就是执行的必经之路。"怎么去"刺激并维系着旅游动机进一步深化。"怎么去"是旅游者在大脑中模拟实际旅行的一个步骤。目的地有多远、交通食宿如何解决、线路怎样合理，这些都建立在时间、安全、经费的基础上。与之配套的是与普通人相关的衣、食、住、行上的全部信息需求，包括天气预报、医疗急救、服装搭配，甚至现代旅行必备的数码相机、防晒护肤品、速食品等。在这一阶段，不论是旅游景区、旅行社、旅行媒体等旅游业的核心部门，还是交通、公安、气象等旅游业的辅助部门，都必须通力合作向计划中的潜在出游者描述出一幅"怎么去"的完整情景，为他们绘制出一幅虚拟的"在途中"的场景。在这一领域，在线旅游运营商（Online Travel Agent，OTA）的兴起，如"携程""去哪儿""驴妈妈""途牛"等，为激发和维系潜在旅游消费者的动机提供了信息保障。

（4）"怎么玩"

"怎么玩"涉及旅游者在目的地的实际消费，是旅游动机促进的执行阶段，但并不是对旅游计划的机械复制，而是包含着根据客观状况而诱发的大量的行为修订。旅游者在旅行过程中，总是在不断求证自己动机中的渴望是否实现、计划中的行程是否可行，同时也会伴随产生更多的需求。例如，在贵州黔东南观看苗族歌舞的游客，往往都想知道怎样才能加入到舞蹈的队伍中、苗族的头饰是不是纯银的、米酒如何酿造而成，还想知道周边地区是不是还有更富民族特色的苗寨、能不能赶上一场姊妹节。旅游者在旅行过程中涌现出无数的新需求和新动机，往往都是先期无法预估的。如果当场得不到信息的补充和满足，就会大大削弱旅游者的渴望强度，甚至放弃原有的旅行计划。通常情况下，随行的导游以及目的地（旅游城市、旅游景区等）旅游营销与管理部门（例如，游客服务中心、旅游解说系统）应充当"即时信息补充者"的角色，应该尽量满足游客提出的需求，帮助游客处理突发事件或引导游客追加旅行预算等。

◆ **业务链接3-2** ◆

广州长隆旅游度假区是如何激发潜在旅游者的动机的？

2013年，随着湖南卫视《爸爸去哪儿》真人秀节目的热播，越来越多的小朋友和他们的父母喜欢上了节目中的五对亲子家庭。真人秀节目的热播也直接促成了同名电影《爸爸去哪儿》的火爆上映。据悉，电影全程在广州长隆野生动物园（广州长隆旅游度假区的核心景区）100万平方米的场地内进行封园拍摄，电影中有百余种、近20 000只动物出现，观众可以看到Angela抱着可爱的树袋熊、清晨有长颈鹿群经过窗户、大猩猩来叫天天起床、大象递给五组家庭任务卡、宝贝们给熊猫搭窝、Angela和大象跳舞等动人画面。

面对《爸爸去哪儿》和广州长隆旅游度假区铺天盖地的广告，很多小朋友和他们的父母都了解到原来自己深爱的《爸爸去哪儿》电影是在广州长隆旅游度假区拍摄的，这就产生了去长隆旅游度假区游玩的想法。从旅游消费者动机激发的角度来看，完成了"去哪儿玩"这一步。那么，究竟去那里能干什么呢？与"去哪儿玩"的信息刺激同步的是，电影和景区的广告、长隆旅游度假区的官网以及旅行社的宣传册中，都明确醒目地告诉他们，去长隆寻找《爸爸去哪儿》电影中出现过的画面，观看电影中出现过的动物并与它们一起愉快地玩耍。从旅游消费者动机激发的角度来看，完成了"玩什么"这一步。

毫无疑问，广告等宣传只能够完成上述的两个步骤，激发潜在旅游消费者造访长隆旅游度假区的动机。那么，究竟应该如何规划行程、去那里如何玩呢？这就涉及旅游消费者动机的进一步激发和维系。这时，对于喜欢自助出游的家庭而言，在线旅游运营商（如"去哪儿""驴妈妈""途牛""同程"等）、景区的官方网站以及App等在线平台，提供了这方面的信息与服务，使得潜在的自助出游家庭能够很容易地获取相关的交通、住宿、餐饮等信息，安排合适的旅游线路和行程。对于那些偏好包价产品的家庭而言，传统旅行社、在线旅游运营商也都能提供周到的服务，以便进一步激发潜在旅游消费者的动机。

在旅游者实地造访长隆旅游度假区时，完善的旅游信息服务（游客服务中心、旅游解说系统、旅游宣传手册）有效地实现了即时信息补给，精彩的节目安排和游程设计，又进一步刺激并维系着他们的旅游动机，使他们乐在其中，流连忘返，始终兴致勃勃。

（资料来源　作者根据相关资料编辑、整理）

◆ **深度剖析3-2** ◆

问题： 旅游动机激发的"2W-2H"模式中，2W与2H有何不同？

◆ **课程思政3-2** ◆

红色旅游为什么令年轻人心动？

背景与情境： 近年来，红色旅游越来越热，不只是嘉兴市南湖风景名胜区、武汉革命博物馆、湖南韶山、北京市顺义区焦庄户村、南宁邓颖超纪念馆等，在全国各地的红色景区、红色纪念馆、红色乡村，都有年轻人的身影。红色旅游为何如此受到年轻人的青睐，各地的红色旅游景区景点和旅行社又采取了哪些创新性的方法来激发年轻人的出游动机呢？第一，随着电视剧《觉醒年代》《建党伟业》《烈火中永生》《我的战争》等影视剧的热播，越来越多的年轻人想去这些与影视剧有关的地方接受红色文化洗礼。第二，以嘉兴市南湖风景名胜区为例，它不仅设计了符合当代新青年特点的"觉醒年代绿色骑行"新文化运动之旅主题骑行线路，还重点打造了还原演绎经典电影《建党伟业》《烈火中永生》《我的战争》中在红船中召开一大会议、江姐在狱中、抗美援朝阻击战等重要片段以及真人版的对战体验。第三，近年来，全国各地红色旅游景区都特别重视营销推广和信息服务工作。例如，不少红色景区近年来就广泛利用小红书、微博、抖音等社交平台的强大数据推送能力，积极开展推介工作，提供丰富的旅游信息。

（资料来源　作者根据相关资料整理）

问题： 结合"2W-2H"模式分析，红色旅游地还可以采取哪些措施以激发年轻人的造访动机？

3.4.3　激发旅游动机的营销方式

本小节主要介绍时下热门且适用于激发旅游消费者动机的三种营销方式。需要指出的是，这些营销方式都不是截然分离的，而是被旅游企业和旅游行政主管部门综合交叉使用。

1）事件营销

事件营销是指旅游企业或旅游行政主管部门通过策划、组织和利用具有新闻价值、社会影响以及名人效应的人物或事件，吸引媒体、社会团体和消费者的兴趣与关注，以求提高旅游企业或旅游产品的知名度、美誉度，树立良好品牌形象，并最终促成产品或服务的销售的手段和方式。事件营销能够有效地唤醒旅游消费者的需要，强化旅游消费者对旅游对象的感知，宣传符合消费者需要的旅游对象。因此，事件营销已经成为国内外旅游界比较流行的一种公关传播与市场推广手段，集新闻效应、广告效应、公共关系、形象传播、客户关系于一体，并为旅游产品推介、目的地品牌展示创造机会，建立品牌识别和品牌定位，形成一种快速提升品牌知名度与美誉度的营销手段。近年来，在全世界广为流行的"旅游文化节"等就是事件营销的典型案例。

2）植入营销

植入营销又称植入式广告（product placement），是指将产品或品牌及其代表性的视觉符号甚至服务内容策略性地融入电影、电视剧或电视节目内容之中，通过场景的再现，让观众在不知不觉中留下对产品及品牌的印象，继而达到营销产品的目的。植入营销相当于隐性广告或软广告。植入式广告不仅运用于电影、电视，还可以"植入"各种媒介，如报纸、杂志、网络游戏、手机短信甚至小说之中。相应地，旅游营销中的植入式营销是指将旅游目的地（目的地城市、景区等）品牌及其代表性的景观、景点甚至服务内容策略性地融入电影、电脑游戏、电视剧或电视节目内容中，通过场景再现，让观众留下目的地品牌印象，继而达到营销目的。同样，植入营销方式的主要作用是有效地唤醒潜在消费者的旅游需要，强化潜在消费者对旅游对象的感知，宣传符合消费者需要的旅游对象。国内旅游领域典型的植入式营销案例有：江西庐山风景区与电影《庐山恋》、2D 游戏中体验"丝绸之路"、浙江某旅游景区将场景搬进 3D 网络游戏、《非诚勿扰》系列电影与杭州西溪湿地、亚龙湾热带天堂森林公园（"鸟巢"度假区）等。

总体来看，旅游植入营销有以下三种运作模式：其一，场景式植入。这是指品牌视觉符号或商品本身作为媒体内容中故事发生的场景或场景组成的一部分出现。例如，西溪湿地在《非诚勿扰》中得到宣传后，继而开展了"赏湿地美景，观非诚勿扰，谱西溪恋曲"活动，使西溪湿地与《非诚勿扰》更紧密地结合在一起，很好地利用电影提高了自身知名度，巩固了广告效果。其二，情节式植入。这是指在电影、电视剧中，灵活地将产品的特性和诉求点融入电影中，成为推动整个故事情节的有机组成部分，达到"广告不像广告"的最佳境界。在影片《杜拉拉升职记》中，涉及了一个我们并不陌生的话题——办公室恋情，这样的事情经常发生在我们身边，本来不是一个很新颖的主题，直到一次特殊的公司奖励——泰国游。旅游无疑是发生恋情的最佳时机，唯美的景色，好得不能再好的心情，都是促使恋情展开的必备因素，而电影也是如此，美丽宜人的景色也会激发观众的观看欲。当大家沉浸在浪漫、唯美、甜蜜、期待这样的氛围中，谁还会想起这是广告商在给我们做的隐性广告呢？等看到影片最后的字幕，我们才恍然大悟，原来泰国旅游似乎也是植入式广告之一。其三，文化植入。这是旅游植入营销的最高境界，它植入的不是产品和品牌，而是一种文化，通过文化的渗透，宣传在其文化背景下的产品。影视剧情与拍摄地旅游资源的结合，会使影视剧中的文化注入旅游地场地、风景之中，由此在提高其知名度的同时，增添了文化内涵，文化的永恒魅力将形成有些旅游地的旅游品牌。这种品牌文化可以形成开发不尽的资源。韩国电视剧《大长今》就是一个典型的例子。该剧用大量篇幅介绍韩国料理的制作和针灸方法，还有韩国服饰、建筑、伦理、道德，这些韩国文化被深深植入观众心中。在《大长今》的"鼓动"下，2005 年，前往韩国的中国游客增加了 25%。近些年，大量的韩国电视剧、电影涌入中国市场，这种文化植入的经济效果是非常明显的，例如，韩国商品（服饰和化妆品）热销，大批韩国艺人进军中国文化市场，甚至学习韩语的中国人也多了起来。

3）博客营销

新媒体是利用数字技术，通过计算机网络、无线通信网、卫星等渠道，以及电脑、手机、数字电视机等终端，向用户提供信息和服务的传播形态。社交媒体（social media）则是指互联网上基于用户关系的内容生产与交换的平台。社交媒体是人们彼此之间用来分享意见、见解、经验和观点的工具和平台。在国内比较流行的社交媒体包括各种社交网站和论坛（例如知乎），以及博客、微博、微信、抖音等。

博客营销属于新媒体营销（社交媒体营销）的一种方式。**博客（blog）营销**是指通过博客网站或博客论坛来接触博客的作者和浏览者，利用博客作者个人的知识、兴趣和生活体验等传播产品信息（包括旅游产品与服务）的营销活动。作为网络营销和新媒体营销的一种新兴方式，博客营销具备以下四个方面的优势：细分程度高，广告定向准确；互动传播性强，信任程度高，口碑效应好；影响力大，引导网络舆论潮流；大大降低传播成本。

近年来，随着微博（micro-blog，weibo）的普及，微博营销已经成为博客营销中的一种新兴的和主导的方式。微博营销是指通过微博平台为商家、个人等创造价值而执行的一种营销方式，也是指商家或个人通过微博平台发现并满足用户的各类需求的商业行为。在旅游领域，微博营销方兴未艾。大部分知名旅游景区通过微博进行营销。例如，少林寺、国家博物馆、国家大剧院、圆明园等景区纷纷开微博，争抢网络营销阵地。各省区市以及旅游城市的旅游行政主管部门也纷纷开通了微博账号，进行微博营销。以旅游景区为例，旅游景区在做微博营销时，更需要做的是就旅游资源、历史文化、独特卖点、特色项目、新奇产品、民俗风情、个性服务等方面对潜在游客进行多层次、多方位、多角度、有创意的介绍，并与潜在游客进行互动与沟通，有效地唤醒潜在消费者的旅游需要，强化潜在消费者对旅游对象的感知，宣传符合消费者需要的旅游对象，以此来树立旅游形象，激发潜在消费者的旅游动机，并赢得消费者的良好口碑。

◆ 深度剖析 3-3 ◆

问题：旅行社如何进行微博营销？

✿ **本章概要**

❀ **主要概念**

旅游需要　旅游动机　植入营销　博客营销

❀ **内容提要**

• 本章主要介绍了旅游消费者动机的产生条件、特点、经典理论，以及影响旅游消费者动机的因素，并介绍了激发旅游消费者动机的策略和方式。

• 旅游动机是引发、维持个体旅游行为并将行为导向旅游目标的心理动力；是推动人们进行旅游活动的内在心理动因。

• 除了旅游需要之外，促使或影响人们产生旅游动机的因素和条件还有：旅游消费者对旅游对象（旅游吸引物）的感知、符合消费者需要的旅游对象（旅游吸引物）、必要的经济条件和闲暇时间。

• 旅游消费者动机具有如下六个特点：内隐性、指向性、复杂多重性、共享性、学习性和动态性。

• 旅游消费者动机的经典理论有普洛格的旅游动机理论（旅游者人格连续统模型）、丹恩的"推-拉"动机理论模型、麦金托什的旅游动机理论（身体健康的动机、文化动机、交际动机和地位与声望的动机）和艾泽欧-爱荷拉的逃避与寻求二维旅游动机理论。

• 作为一种有效激发旅游消费者动机的营销方式，旅游植入式营销有如下三种运作模式：场景式植入、情节式植入、文化植入。

❀ **内容结构**

本章内容结构如图3-5所示：

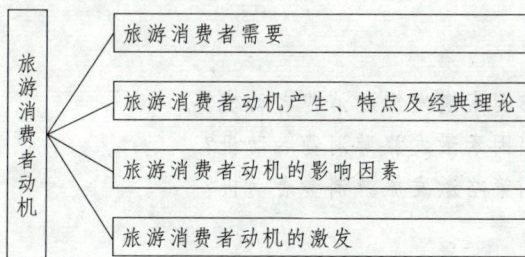

图3-5　本章内容结构

[旅游消费者动机]
- 旅游消费者需要
- 旅游消费者动机产生、特点及经典理论
- 旅游消费者动机的影响因素
- 旅游消费者动机的激发

❀ **重要观点**

观点3-1： 旅游需要是旅游动机产生的第一先决条件。

常见置疑： 旅游消费者对旅游对象的感知、符合消费者需要的旅游对象，以及必要的经济条件和闲暇时间是旅游动机产生的第一先决条件。

释疑： 需要与动机经常被误用。实际上，人类行为是由动机引起的，动机起源于人的需要。因此，需要是动机产生的第一先决条件。同样地，旅游需要是旅游动机产生的第一先决条件。只有旅游需要出现后，旅游动机才有可能产生。但是，毫无疑问，旅游需要并不是旅游动机产生的唯一条件，其他条件还包括旅游消费者对旅游对象的感知、符合消费者需要的旅游对象，以及必要的经济条件和闲暇时间。

观点3-2： 在"推-拉"动机理论中，推力是一种发自内心的渴望，即旅游消费者"想做什么";而拉力则指外部环境所产生的拉动,主要是指旅游目的地的属性,即旅游消费者去到那里"能做什么"。

常见置疑:推力是外部环境所产生的,主要是指旅游目的地的属性,即旅游消费者"能做什么";拉力则是一种发自内心的渴望,即旅游消费者"想做什么"。

释疑:恰好相反,这一点经常被混淆。在"推-拉"动机理论模型中,推力是一种发自内心的渴望,是推动旅游消费者想要出游的内部动力,即旅游消费者"想做什么";而拉力指外部环境所产生的拉动,主要是指旅游目的地的属性,是旅游目的地"能提供什么",即旅游消费者"能做什么"。

�֎ 单元训练

✿ 传承型训练

▲ 理论题

△ 简答题

1) 简述旅游消费者需要的相关概念。
2) 简述旅游消费者动机及其产生的因素和条件。
3) 简述旅游消费者动机的特点。
4) 旅游消费者动机有哪些经典理论?简述其理论要点。
5) 简述影响旅游消费者动机的因素。

△ 讨论题

1) 人的需要必然是呈阶梯状向上发展的吗?
2) 旅游者重游动机的产生有哪些模式?
3) 老年人选择外出旅游的动机是什么?

▲ 实务题

△ 规则复习

1) 如何通过外部因素激发旅游消费者动机?
2) 如何通过内部因素激发旅游消费者动机?
3) 如何通过营销策略激发旅游消费者动机?

△ 业务解析

1) 资源分析(R性分析)与市场分析(M性分析)是彼此独立的吗?
2) 旅游动机激发的"2W-2H"模式中,2W与2H有何不同?
3) 旅行社如何进行微博营销?

▲ 案例题

△ 案例分析

【训练项目】
案例分析-III。
【训练目的】
见本章"学习目标"中"传承型学习"的"认知弹性"目标。
【教学方法】
同第1章本题型的"教学方法"。

【训练任务】

同第1章本题型的"训练任务"。

【相关案例】

城市旅游地重游游客的动机

背景与情境： 一项针对厦门这一典型城市旅游地的实证研究表明，城市旅游地的重游游客最为重要的前三项重游动机依次是："分享"动机、"弥补缺憾"动机和"求新求异"动机。具体而言，城市旅游地游客重游动机被归纳为七项动机因子，分别是：无可奈何因子、弥补缺憾因子、商务公务因子、怀旧因子、猎奇求新因子、分享因子、专门层次重游因子。基于重游动机的差异，通过聚类分析，城市旅游地的重游游客被划分为4个类别：怀旧型、外界驱动型、猎奇补缺型和分享型。总体而言，影响厦门城市旅游地重游游客决策的最为关键的因素是"厦门优美的自然风光/独特的人文景观等"，其次是"陪同亲人/朋友"，再次是"之前在厦门的美好经历"和"之前在厦门的旅游经历'物有所值'"（Chen & Xiao，2013）。

问题：

1）本案例涉及本章的哪些知识点？

2）请分别从旅游消费者动机的产生条件、特点来分析城市旅游地重游游客的动机。

3）利用本章所学的关于激发旅游消费者动机的营销方式，试分析城市旅游地如何吸引重游游客。

【训练要求】

同第1章本题型的"训练要求"。

【成果形式】

1）训练课业：《"城市旅游地重游游客的动机"案例分析报告》。

2）课业要求：同第1章本题型的"课业要求"。

△ 课程思政

【训练项目】

课程思政–III。

【训练目的】

见本章"学习目标"中"传承型学习"的"认知弹性"目标。

【教学方法】

同第1章本题型的"教学方法"。

【训练准备】

同第1章本题型的"训练准备"。

【相关案例】

旅游形象口号不能打擦边球

背景与情境： 随着旅游目的地之间竞争的日趋激烈，越来越多的旅游目的地行政主管部门将旅游营销的重点集中在旅游形象口号的设计上。但近年来一些打擦边球的旅游形象口号，却有失伦理、道德方面的考虑，引发争论。例如，"邂逅一个人·艳遇一座城"（湖南凤凰），"宜春，一个叫春的城市"，"我靠重庆，凉城利川"等。

问题：

1）本案例中存在哪些思政问题？

2）试对上述问题做出你的思政研判。

3）说明你所做思政研判的依据。

4）请从旅游动机的激发与道德研判的角度对上述口号行为做出评价。

【训练要求】

同第1章本题型的"训练要求"。

【成果形式】

1）训练课业：《"旅游形象口号不能打擦边球"思政研判报告》。

2）课业要求：同第1章本题型的"课业要求"。

☆　创新型训练

▲　决策设计

【训练项目】

决策设计-I。

【训练目的】

见本章"学习目标"中"创新型学习"的"决策设计"目标。

【教学方法】

采用"学导教学法"、"案例教学法"、"项目教学法"和"创新教学法"。

【训练任务】

1）体验对"知识准备"所列知识的学习和运用。

2）体验对"附录三"附表3"解决问题"能力"初级"各技能点"基本要求"和"参照规范与标准"的遵循。

3）体验在相关案例情境中进行"决策设计"的"结构不良知识"之"创新学习"的过程。

4）撰写《"决策设计-I"训练报告》。

【训练准备】

知识准备：

学生自主学习如下知识：

1）本章理论与实务知识。

2）本教材"附录一"附表1"解决问题"（初级）各技能点的"知识准备参照范围"所列知识。

3）"决策理论"与"决策方法"基本知识。

4）本教材"附录三"附表3"解决问题"能力"初级"各技能点"基本要求"和"参照规范与标准"。

指导准备：

1）教师向学生阐明"训练目的"和"训练任务"。

2）教师指导学生结合本项目进行自主学习。

3）教师指导学生结合本项目进行决策设计。

【相关案例】

选择哪一种植入式营销模式？

背景与情境： 葡萄沟位于新疆吐鲁番市区东北11千米处，南北长约8千米、东西宽约2千米，是火焰山下的一处峡谷，沟谷狭长平缓，沟内有布依鲁克河流过。主要水源为高山融雪，因盛产葡萄而得名，是一处幽静的避暑、观光旅游胜地。2007年5月8日，吐鲁番市葡萄沟风景区经国家旅游局正式批准为国家5A级旅游景区。在葡萄沟里，您不仅能感受到大自然的神奇景观，品尝到世界上最甜的葡萄，还能观看到葡萄沟里维吾尔族小伙儿的热情舞蹈、惊险刺激的达瓦孜表演、热闹喜庆的少女采葡萄活动等，令人目不暇接。

问题：

1）本案例涉及本章哪些知识点？

2）假设您是该旅游景区的营销总监，请根据上述所列旅游景区的区位与自身条件，学习和应用"决策理论"与"决策方法"（初级）知识，就采用一种最为合适的"植入式营销模式"进行多元表征和决策设计。

3）说明如此设计的理由。

【设计要求】

1）形成性要求

（1）学生以小组为单位，研究本案例提出的问题，对案例情境进行多元表征。

（2）各组学习和应用"知识准备"中列示的"决策理论"与"决策方法"知识，拟出《决策提纲》。

（3）各组讨论并展开《决策提纲》，撰写小组《决策方案》。

（4）班级交流、相互点评和修订各组的《决策方案》。

（5）小组总结本次训练，形成《"决策设计-I"训练报告》。

2）成果性要求

（1）训练课业：撰写《"决策设计-I"训练报告》。

（2）课业要求：

①《训练报告》的内容包括：训练团队成员与分工；训练过程；训练总结（包括对各项操作的成功与不足的简要分析说明）；附件。

②将《"选择哪一种植入式营销模式"决策提纲》和《"选择哪一种植入式营销模式"决策方案》作为《"决策设计-I"训练报告》的附件。

③结构、格式与体例要求：参照本教材"课业范例"的"范例-5"。

④在校园网的本课程平台上展示班级优秀《"决策设计-I"训练报告》，并将其纳入本课程的教学资源库。

✿ 建议阅读

[1] 白凯. 旅游者行为学 [M]. 北京：科学出版社，2013：31-43.

[2] 所罗门，卢泰宏，杨晓燕. 消费者行为学 [M]. 8版. 北京：电子工业出版社，2009：3-36.

[3] CHEN G, SO K K F, POOMCHAISUWAN M, et al. Examining affection-based

travel: development and validation of a measurement scale for honeymooners' motivation [J]. Journal of Destination Marketing & Management, 2020, 17: 100452.

[4] HSU C H C, HUANG S. Travel motivation: A critical review of the concept's development [M] //WOODSIDE A, MARTIN D. Tourism management: analysis, behavior and strategy. Wallingford, Oxon: CABI Publishing, 2008: 14-27.

[5] PEARCE P L. Fundamentals of tourist motivation [M] //PEARCE D, BUTLER R. Tourism Research: Critiques and Challenges. London: Routledge and Kegan Paul, 1993: 85-105.

[6] PEARCE P L. Tourist behavior: Themes and conceptual schemes [M]. Clevedon: Channel View Publications, 2005: 50-85.

[7] WEN J, MENG F, YING T, et al. Drug tourism motivation of Chinese outbound tourists: Scale development and validation [J]. Tourism Management, 2018, 64: 233-244.

[8] YING T, WEN J. Exploring the male Chinese tourists' motivation for commercial sex when travelling overseas: Scale construction and validation [J]. Tourism Management, 2019, 70: 479-490.

第 4 章
旅游消费者情绪情感

▶ **学习目标**

▷ **传承型学习**

通过以下目标，建构以"旅游消费者情绪情感"为阶段性内涵的"传承型"专业学力：

理论知识：学习和把握情绪情感的概念、产生、类型与两极性特征，旅游消费者情绪情感的概念与特点，旅游消费者情绪类型与情绪体验，旅游消费者情感类型与体验，旅游消费者情绪情感的影响因素等陈述性知识；用其指导"同步思考"、"延伸思考"、"深度思考"、"教学互动"和相关题型的"单元训练"；体验"旅游消费者情绪情感"中"理论知识"的"传承型学习"及其迁移。

实务知识：学习和把握情感营销、旅游消费者积极情绪情感的激发途径，旅游消费者消极情绪情感的调控策略，以及"业务链接"等程序性知识；用其规范"深度剖析"和相关题型的"单元训练"；体验"旅游消费者情绪情感"中"实务知识"的"传承型学习"及其迁移。

认知弹性：运用本章理论与实务知识研究相关案例，对"引例"、"同步案例"和章后"案例分析－IV"进行多元表征，体验"旅游消费者情绪情感"中"结构不良知识"的"传承型学习"及其迁移；依照相关行为规范对"课程思政4-1"、"课程思政4-2"和章后"课程思政－IV"进行思政研判，激发与"文化禁忌"、"爱国主义"和"黑色旅游"等议题相关的思考，促进健全职业人格的塑造。

实践操练：参加"'旅游消费者情绪情感'知识应用"的实践训练。在了解和把握本操练所及"能力与道德领域"相关技能点"参照规范与标准"的基础上，通过对"知识准备"所列知识的运用，相关"参照规范与标准"的遵循，系列技能操作的实施，相应《实践报告》的准备、撰写、讨论与交流等有质量、有效率的活动，系统体验相关技能的"传承型学习"及其迁移；通过践行"职业道德"选项的行为规范，体验"职业道德"规范的"传承型学习"（顺从级）及其迁移，促进健全职业人格的塑造。

学习微平台

思维导图4-1

引例：泡汤了的"游湖赏月"

背景与情境： 按原定计划，小陈的团队应该是19：00整在G市游湖赏月，但是，在赴G市的路上遇到了交通事故，等他们赶到G市的时候，已经是20：30了，原来计划要坐的那班游湖赏月船早就开走了。小陈和地陪先把客人带到餐厅去用餐，然后把情况通知了地接社。

正当小陈一边吃饭一边等着地接社的决定时，他团里的客人就在酒店的餐厅里议论开了。

"张先生，你听说了吗？今天我们不能去游湖赏月了……"

"真的吗？这太可惜了！这么好的月光，这么凉爽的秋风……"

"我们专门选择这个时候，好不容易才来到了这里，怎么说不去就不去啦？"

"哎，刚才我听别的团的客人说，他们的船还没有坐满呢！"

"鲁太太，你怎么不说话呀？我们的游湖赏月就要没有了！"

"啊唷，真是的，怎么会搞成这个样子！"

导游小陈觉得情况发生变化，客人有些议论是正常的，也就没有在意。

客人们吃完饭，陆续来到大厅。他们在一起不停地议论，脸上的表情越来越严肃。小陈刚走出餐厅，那位鲁太太就冲着他喊："全陪，全陪，你过来一下。我们有话要正式地对你说。"

小陈走近客人，发现他们已经没有一丝笑容，只有一脸的愤愤不平，这时他感到有些"不对头"了。

鲁太太十分严肃地对小陈说："你知道，今天是中秋节，我们是来赏月的，而且是游湖赏月。月圆之夜，我们不在家待着，不远千里来到这里，为的就是游湖赏月。报名的时候，旅行社口口声声保证我们今晚一定能够游湖赏月。知道吗？你今天必须给我们安排这个节目！你答不答应？"

小陈面有难色地说："我们在路上堵车的时间太长了，原来安排的船早就开了。现在已经很晚了，最后一班游船马上就要开了……"

不等小陈说完，一位高个子男性游客就打断他的话，说："车是你们旅行社的车，走哪条路是你们旅行社定的，游船也是你们旅行社安排的，全都是你们旅行社的事，凭什么要我们来承担这个后果？"

小陈说："堵那么长时间的车，这是谁都没有想到的！我做了这么长时间的导游，在这个地方还是第一次……"

这时，又有一位游客打断小陈的话，说："不管怎么说，这都是你们旅行社的事，我们报名的时候，说好了要游湖赏月的。可能会遇到什么样的事，你们旅行社是应该事先做好准备的，难道你们收了钱，就不管了吗？"

小陈耐心地对客人解释："我理解各位的心情，现在地接社也正在想办法。我们在这里要住2个晚上，今天不能游湖赏月，明天还可以去嘛，俗话说，十五的月亮十六圆……"

"你说些什么呀！告诉你，再敢胡说八道，那就别怪我骂人了！"说话的是鲁太太，"八月十五中秋节游湖赏月，这是我们计划里安排好了的。过了十五，谁还要赏月！明天有明天的行程，今天有今天的行程，知道吗？你们旅行社觉得再包一条船费用太大，是不是？费用太大，就不让我们今天去游湖赏月，是不是？告诉你，如果今天晚上不能让我们游湖赏月，我这里有全团人的签名，我要去告你！告你们旅行社！我还要在报纸上把这件事登出来。你好好想想吧！你就把我的话告诉旅行社！"

小陈还想解释，鲁太太把手一挥，说："别说了！这是我们大家一致的意见，对不对呀？"其他客人立即附和："对——，这是我们一致的意见——！"接着，还响起了一阵掌声。

小陈艰难地向商务中心走去……

（资料来源　佚名. 泡汤了的"游湖赏月"［EB/OL］. ［2014-11-20］. http://wenku.baidu.com/view/21f12a0f7cd184254b3535e2.html）

上述案例事件中，一开始，游客的情绪还是比较稳定的，但随着失望和愤怒的情绪悄悄地在旅游团内扩散，情况变得一发不可收拾。那么，到底什么是旅游消费者的情绪情感？它们有哪些特点？影响旅游消费者的情绪与情感的因素有哪些？如何来调控、管理旅游消费者的情绪与情感？基于旅游消费者情绪情感的营销与服务策略有哪些？上述问题都是本章要试图回答和阐述的。

4.1　情绪情感概述

4.1.1　情绪情感的定义

情绪和情感是人对客观世界的一种特殊的反映形式，是人对客观事物是否符合自己需要的主观体验。这一定义包含了以下三个方面的基本信息。其一，情绪和情感是人对客观现实的一种反映形式。其二，客观现实与人的需要之间形成了不同的关系，形成了人对客观现实的态度。其三，并不是对所有的事物都可以产生情绪和情感。

需要指出的是，虽然情绪与情感通常并列，甚至交替使用，但两者还是有区别的。具体而言，情绪通常指那种由机体的天然需要是否得到满足而产生的心理体验；情感则与人在历史发展中所产生的社会需要相联系。情绪有很大的情景性、激动性和短暂性。情感则既具有情景性又具有稳定性和长期性。情绪情感的区别是相对的，人的情感有时也能以强烈、鲜明的体验表现出人的情绪，而情绪长期积累，会转化为情感。正是由于情绪与情感的关系，通常也将两者合并称为人的感情（affection），并经常一起使用。

4.1.2　情绪情感的产生与种类

1）产生原因

情绪的产生主要基于以下三方面原因。其一，身体内外的刺激。这主要是指人在所处的社会与自然环境中受到身体内外的因素的刺激。其二，主观的认识活动。作为一种心理活动与体验，人的情绪的产生还受人的主观认识活动的影响，不会自动发生，而是需要通过人的心理认知过程来完成。其三，个人的生理状态。除了受人的主观认识活动这一心理过程的影响外，人的情绪的产生还受制于个人的生理状态。例如，人的身体不适时，个人的情绪也自然会受到影响。

2）分类依据

根据上述情绪情感的定义与产生原因，可以对情绪情感进行基于三种标准的分类。

（1）依据情绪发生的强度、速度、持续时间划分

①心境。心境是一种比较微弱、平静且持续一定时间的情绪体验，具有弥散的特点，也就是人们常说的心情（mood）。心境可以分为暂时心境和主导心境两种。其一，暂时心境：由当前的情绪产生的心境。其二，主导心境：由一个人的生活道路和早期经验所造成的个人独特的、稳定的心境。②激情。激情是指个体强烈的、暴风雨般的、激动而短暂的情绪状态，如暴怒、狂喜、绝望等。激情有如下几个基本的特点。其一，激情具有激动性和冲动性。例如，在某些突如其来的外在刺激作用下，旅游消费者可能会产生勃然大怒、暴跳如雷等情绪反应。其二，激情的发作一般比较短促，冲动一过立即减弱或消失。其三，激情一般由特定的对象引起，指向性较为明显。其四，激情一般会有明显的外部表现，如怒发冲冠、咬牙切齿、眉开眼笑、哭泣、晕倒等。③应激。应激又称应激状态，是出乎意料的紧张与危险情境所引起的情绪状态，是个体的一种适应性反应。应激状态改变了机体的激活水平，生理系统会发生明显的变化，如肌肉紧张、心率加快、呼吸变快、血压升高、血糖增高等。人在应激时一般有两种表现：一种是目瞪口呆、手足无措、头脑一片混乱；另一种是急中生智、头脑清醒、判断准确、行动迅速，及时摆脱困境。当人长期处于应激状态时，会对其身心健康造成损害，导致适应性疾病的发生。④挫折。挫折是指人们在有目的的活动中，遇到无法克服或自以为无法克服的阻碍，使其需要或动机不能得到满足的情况，是个体有目的的行为受到阻碍而产生的情绪反应。挫折常常表现为失望、痛苦、沮丧、不安等。挫折可使意志薄弱者消极、妥协；也可使意志坚强者接受教训，在逆境中奋起。

（2）依据情绪表现的方向和强度划分

①消极情绪。消极情绪是指在某种具体行为中，由外因或内因影响而产生的不利于继续完成工作或者正常的思考的负面的情绪状态。消极情绪包括忧愁、悲伤、愤怒、紧张、焦虑、痛苦、恐惧、憎恨等。消极情绪的产生是因人因时因事而异的，产生的原因可能有：对"应激源"产生的反应，在工作、学习或生活中遭受了挫折，受到了他人的挖苦或讽刺，莫名其妙的情绪低落等。②积极情绪。与消极情绪刚好相反，积极情绪是指在某种具体行为中，由外因或内因影响而产生的利于继续完成工作或者正常的思考的正面的情绪状态。积极情绪包括乐观、开心、放松、喜欢、满意等。

（3）依据情感的社会内容划分

①道德感。道德感是指人们根据一定的道德标准，评价自己和别人的言行、思想、意图时产生的情感体验。②理智感。理智感是指由客观事物间的关系是否符合自己所相信的客观规律所引起的情感。③美感。美感是指对客观现实及其在艺术中的反映进行鉴赏或评价时所产生的情感体验。

4.1.3　情绪情感的两极性

上文总结了情绪情感的许多特征，其中最需要进一步阐述的是情绪情感的两极性特征。人的任何一种情绪情感体验，都有一种与它相反的情绪情感体验相对应。在每一对性质相反的情绪情感体验内，成为两极的情绪情感品质，就叫情绪情感的两极

性。其具体可分为以下几个方面：

1）肯定性和否定性的两极对立

凡是外界事物能够满足人们的需要，就会产生快乐、兴奋等肯定的情绪情感。反之，则产生不满意、悲伤、愤怒等否定的情绪情感。构成肯定或否定这种两极的情绪情感，并不绝对互相排斥。客观事物是复杂的，一件事物对人的意义也可以是多方面的，因此，处于两极的对立情感可以在同一事件中同时或相继出现。例如，为崇高事业而壮烈牺牲的烈士的亲人，既体验着对烈士为国捐躯的崇高爱国主义的荣誉感，又深深感受着失去亲人的悲伤。革命者的坚韧性正表现在亲人这样的身份体验中。

2）积极和消极的两极对立

情绪情感的两极性可以表现为积极的或增力的，和消极的或减力的。积极的、增力的情绪情感可以提高人的活动能力，如愉快的情绪驱使人积极地行动；消极的、减力的情绪情感则会降低人的活动能力，如悲伤引起的郁闷会削弱人的活动能力。在不同的情况下或不同的人身上，同一种情绪情感可能既具有积极的性质又具有消极的性质。例如，恐惧易引起行动的抑制，减弱人的精力，但也可能驱使人动员他的精力与危险情景进行斗争。

3）紧张和轻松的两极对立

情绪情感的两极性还可以表现为紧张和轻松，这样的两极性常常在人的活动的紧要关头，或人所处的情景的最有意义的关键时刻表现出来。例如，考试或比赛前的紧张情绪，和这样的处于关键时刻的活动过去以后出现的紧张的解除和轻松的体验，能代表这种两极性。紧张决定于环境情景所影响的行动、任务的性质，如客观情景所赋予的对人的需要的急迫性、重要性等；也决定于人的心理状态，如活动的准备状态，注意的集中，脑力活动的紧张性等。一般来说，紧张与活动的积极状态相联系，它引起人的应激活动，有时候过度的紧张也可能引起抑制，引起行动的瓦解和精神的疲惫。

4）激动和平静的两极对立

情绪情感的两极性还可以表现为激动和平静。激动的情绪表现为强烈的、短暂的、爆发式的体验，如激愤、狂喜、绝望。激动情绪的产生往往与人在生活中占重要地位、起重要作用的事件的出现有关，同时又出乎原来的意料，违反原来的愿望和意向，并且超出了意志的控制。与短暂而强烈的激情相对立的是平静的情绪，人在多数情景下是处在平静的情绪状态之中的，在这样的场合，人能从事持续的智力活动。

5）强与弱的两极对立

许多类别的情绪情感都可以有强－弱的等级变化，如从微弱的不安到强烈的激动，从愉快到狂喜，从微愠到暴怒，从担心到恐惧等。情绪的强度越大，整个自我被情绪卷入的趋向越大。情绪的强度决定于引起情绪的事件对人的意义以及个人的既定目的和动机是否能够实现和达到。

4.2　旅游消费者的情绪情感

4.2.1　旅游消费者情绪情感的特点

参照情绪情感的定义，**旅游消费者的情绪情感**是旅游消费者在旅游全过程中对客观世界的一种特殊的反应形式，是旅游消费者对客观事物是否符合自己需要的主观体验。结合第1章所述的旅游消费以及旅游消费者行为的特点，可以发现，除前文所述情绪情感的一般特点之外，旅游消费者的情绪情感还具有如下几个方面的特点：

1）兴奋性与感染性

旅游消费者的情绪具有兴奋性高、感染性强的特征，即旅游团队中一部分旅游者的情绪会在不经意间传染给其他游客。由于旅游者处于全新的陌生环境中时，情绪体验一般比较强烈，如果单个旅游消费者被不良情绪体验所感染，极易产生认识偏差，导致行为为情绪所控制的情绪化行为（如本章引例所示）。旅游消费者的情绪化行为就易造成不良后果。因此，对于旅游团的整体情绪氛围的调控就显得尤为重要。

2）短暂多变性

由于旅游者在旅途中（旅游世界）会看到很多日常生活（生活世界）中不容易看到的事物和人文风情，旅游者的注意焦点普遍具有短暂多变性，从而导致其情绪的多变性。旅游者的情绪情感的短暂多变性主要体现在两个方面：其一，从旅游者个体的角度来看，在整个旅游体验中，在刚到旅游目的地时，更多的是紧张不安、兴奋的情绪体验；在游览参观的途中，可能体验到轻松愉快或愤怒不满的情绪；旅游快结束的时候，重新体验到紧张和兴奋的情绪，但和初到旅游目的地时体验到的紧张和兴奋又不完全一样。与此同时，在同一个旅游团中，不同性别、年龄、收入、教育水平的旅游者，其人格特征各有差别。因此，对于同样的旅游景点或同一名旅游服务人员提供的服务，每个旅游者的情绪体验也会存在显著的差异，有些旅游者会在整个旅途中体验到兴奋和快乐，而有些旅游者却觉得这是让自己郁闷的一次旅游。例如，有学者（Kim and Fesenmaier，2015）运用情绪生理测量技术，又称皮肤电（Electrodermal Activity，EDA）测量手段并结合访谈，对2名旅游者在美国费城主城区为期4天的行程进行了情绪体验的时空差异分析。研究发现：旅游者在不同地点、不同时间段的情绪经历了显著的变化。另外，还有学者（Shoval et al.，2018）综合运用GPS与网络定位技术、实时调查技术、情绪生理测量技术和传统调查技术，对造访以色列耶路撒冷城的68名旅游者进行了时空差异分析。研究发现，旅游者在城市不同地点和景点有着不同的情绪体验。更多关于旅游者情绪情感体验复杂性、多样性和动态性的知识可以参阅《旅游学刊》微信公众号2021年12月推出的专题聚焦《游客情感体验的复杂性、多样性与动态性》一文（https：//mp. weixin. qq. com/s/6NE4HYXPGK8c8st5 dFYHMA）。

3）稳定性与波动性并重

旅游者的情绪波动主要表现为两极化，遇到自己喜欢的旅游景区、景点或者对自己胃口的旅游服务人员，会情绪高涨、欣喜若狂、激动不已；但是，如遇到道路塌方，导致游览无法继续时，往往会垂头丧气，甚至迁怒于旅游服务人员。

◆ 同步思考4-1 ◆

问题：度假旅游者的情绪会如何变动？

4）文饰性

一般情况下，个体的内心体验与外部表情保持一致，但在某些场合可能出现表里不一，即所谓的文饰性。在旅游消费者行为的情境下，一方面，由于旅游者脱离了惯常的生活环境，导致其情绪情感的表达会不同于日常生活中的体验；另一方面，旅游者处于陌生的异国他乡，需要保持个体的良好自我形象，有时虽然对旅游服务人员不满，但碍于面子或一些其他的原因，并没有表达出自己的情绪体验。甚至在一些情况下，旅游消费者会通过间接的方式来表达自己的情绪，而不是直接地表达。

◆ 同步案例4-1 ◆

客人真的只是因为一卷卫生纸而发怒吗？

背景与情境：某日傍晚，某香港旅游团结束了"G市一日游"，回到了下榻的饭店。然而；不到十分钟，旅游团中的一位中年女领队就光着脚来到了大堂，怒气冲冲地向前台投诉客房服务员。原来，早晨出发时，这位女领队要求楼层客房服务员为房间加一卷卫生纸，但这位服务员却只将这位客人的要求写在了交班记录本上，并没有与接班服务员特别强调指出。结果，下一班次的服务员看到客房卫生间内还有剩余的半卷卫生纸，就未再加。结果，这位客人回来后，勃然大怒。无论前台的几个服务员如何规劝、解释，她依旧坚持光着脚站在大堂中央大声说："你们的服务简直糟透了。"此举引来许多客人好奇的目光。值班经理和客务部经理很快赶到了现场，看到此情此景，他们一边让服务员拿来了一双舒适的拖鞋，一边安慰客人说："我们的服务是有做得不够好的地方，请您消消气，我们到会客室里面坐下来慢慢谈，好吗？"这时，客人态度渐渐缓和下来，值班经理耐心地向客人询问了整个事件的经过和解决问题的具体意见，最后值班经理代表饭店向旅游团的每个房间都派送了一卷卫生纸，并向这位客人赠送了致歉果盘。事后，经向该团导游了解，这位领队因对旅行社当天的行程等一些事情安排不满，故心情不好，亦是导致此事发生的原因之一。

学习微平台

延伸阅读4-1

问题：依据上文有关旅游消费者情绪情感的特点的知识，分析出现案例所述现象的原因何在。

4.2.2　旅游消费者情绪类型与情绪体验

1）情绪类型

人类的基本情绪可以分为喜、怒、哀、惧。旅游者在整个旅途中能全面体验到这些基本情绪。其中，以欢乐、愉悦体验为主，但如果遇到一些紧急情况或参观一些特殊旅游吸引物时，旅游者也可能体验到愤怒、悲哀和恐惧的情绪。举例来说，参观黑色旅游吸引物时，例如，汶川地震遗址、南京大屠杀遇难同胞纪念馆等，旅游者就能体会到那种悲哀、恐惧以及愤怒。

美国杜克大学的米哈里·契克森米哈里（Mihaly Csikszentmihalyi）教授提出的"福乐（flow）"概念（也译为"畅爽""心流体验"等），有助于我们描述和理解旅游者的情绪体验。

2）情绪体验

旅游消费者的情绪体验可以分为如下几种：

（1）快乐体验

快乐体验是在旅游者盼望的目的达到之后、紧张感解除时的一种情绪体验。旅游者的快乐程度取决于他们愿望的满足程度（动机与期待的实现程度）。旅游者快乐的强度，可以从满意开始，到愉快、到欢乐、到狂喜。

（2）愤怒体验

愤怒体验是旅游者体验到的一种消极情绪，往往是因为旅游产品或服务出现缺陷。例如，旅游者可能因为行程的变化而对导游产生愤怒，对旅游景区的怨恨也可能使旅游者的紧张积累起来而产生愤怒的情绪体验。对于同样的旅游产品或服务缺陷，不同的旅游者因为认知和归因方式的差异而表现出不同的情绪状态或程度有异的愤怒体验。一般而言，当旅游者把旅游产品或服务的缺陷归因于可控的内部因素时，容易体验到异常愤怒。并且，旅游者的愤怒常常会导致其攻击行为的出现。例如，一些旅游者故意破坏房间的设施或用言语挑衅旅游服务人员来发泄自己的不满，后者在机场更容易见到。旅游者愤怒的强度可以从轻微的不满，到生气、愠怒、激愤、大怒以至暴怒。

（3）悲哀体验

悲哀体验是人失去自己心爱的人或物，或者自己的愿望破灭的时候产生的一种消极的情绪体验。一般而言，旅游者会极力避免旅游体验过程中的悲哀体验，但某些特殊的旅游吸引物（黑色旅游）、旅游活动也可能让部分的旅游者体验到悲哀。在黑色旅游情境下，旅游者行为明显受到与情绪相关因素的影响，如内在限制（intrapersonal constraints）。张宏磊等（Zhang，Yang，Zheng，et al.，2016）对侵华日军南京大屠杀遇难同胞纪念馆的旅游者展开的一项研究表明，旅游者的内在限制（从内心深处限制旅游者参访黑色旅游地的因素）可以分为以下四个方面：文化、情绪、逃离和"不感兴趣"。旅游者的认知体验显著地正向影响他们的重游意向：这种影响既包括直接影响，也包括通过内在限制（如"不感兴趣"）的中介效应的影响。

（4）恐惧体验

恐惧体验是个体企图摆脱、逃避某种危险情境而又苦于无能为力时产生的情绪体验。恐惧体验产生的主要原因是缺乏处理可怕情境的能力或对付危险事物的手段。一般而言，旅游者在旅游体验过程中，很少会体验到恐惧的情绪。旅游从业人员也应该避免旅游者体验到恐惧的情绪。

◆ 课程思政 4-1 ◆

文化禁忌影响旅游消费者的情绪与情感

背景与情境："长江三峡游"历来是中国的黄金旅游线路。按照计划，导游 A 带领一个英国旅游团从重庆出发游览三峡，然后在宜昌坐飞机回北京。在船到巴东准备参观游览小三峡时，导游 A 却发现客人议论纷纷，面有难色，不愿意换小船进到小三峡参观。经过了解，原来当天正好是 13 日，而且又是星期五，是西方人非常忌讳出行的日子。

　　问题：为什么英国旅游者会面有难色？它背后所蕴含的伦理与道德依据是什么？这些伦理与道德依据给旅游行业的从业人员以哪些启示？

　　（5）福乐体验

　　福乐（flow）体验（畅爽体验、高峰体验）就是指能对个体就某一活动或事物表现出浓厚的兴趣，并能推动人们完全投入某项活动或事务的一种情绪体验。这一概念由米哈里·契克森米哈里教授提出。他所指的福乐体验是一种包含愉快、兴趣等多种情绪成分的一种综合情绪。而且，这种情绪体验是由活动本身而不是任何外在其他目的引起的。

◆ **延伸思考 4-1** ◆

　　问题：如何理解旅游消费者情绪体验五种类型之间的关系？

4.2.3　旅游消费者情感类型与情感体验

　　如前所述，心理学中的情感一般包括美感、理智感和道德感等。理智感一般是与人的智力活动相联系的情感体验。在旅游体验中，与智力活动相关联的要素较少；并且，旅游体验对旅游者的理智感影响也不太显著。因此，本节主要讨论旅游消费者的美感和道德感两类情感。

　　1）旅游消费者的情感类型

　　（1）旅游消费者的美感

　　旅游消费者的美感是指具有一定审美观点的旅游者对旅游活动中的审美对象（旅游景观、他人以及自己）的美进行评价时产生的一种肯定、满意、愉悦、爱慕的情感体验。旅游消费者的美感具有如下三个方面的基本特征：其一，美感是旅游消费者的一种主观态度，受到其个人的需要、观点、标准、能力因素的影响。其二，美感还受到审美对象属性的影响。例如，多数自然风光、人造建筑、工艺品等的形式美被全人类都认为是美的。其三，引起旅游消费者美感产生的客观刺激，不仅包括审美对象的感性特征，也包括事物的思想内容。

　　（2）旅游消费者的道德感

　　旅游消费者的道德感是指旅游消费者运用一定的道德标准评价自身或他人的思想、意图和行为时所产生的一种情感体验。如果旅游消费者自己的言行符合道德标准，他们就会产生满意、愉快、自豪的情感；若其他旅游者符合道德标准，则会对其产生赞赏、尊敬、爱慕、钦佩等情感。反之，则自己会感到不安、内疚，对其他旅游者会产生厌恶、反感、鄙视、憎恨等情感。不同的历史时代、不同的社会制度、不同的阶层，道德的标准会存在差异。

　　2）旅游消费者的情感体验

　　情感体验的对象是情感。作为旅游体验对象的情感，主要来自他人和自我。所以，旅游消费者情感体验的内容主要包括两大类：对他人情感的体验和对自我情感的体验。旅游消费者的情感体验中，也有对物的情感体验。物本无情，物的情感其实来自人的情感的投射，对物的情感体验可纳入他人或自我情感体验。

◆ **深度思考 4-1** ◆

　　问题：如何理解旅游消费者情感体验的两大类型（对他人情感的体验和对自我情

感的体验)？

◆ **教学互动 4-1**

　　主题：游客"媛媛"在福建客家土楼留言簿上这样写道："客家人独有的淳朴、热情好客，使我充满再次来到这里的渴望。再来到福裕楼，就能再次感受楼主热情的接待。"

　　问题：上述现象反映了旅游消费者的哪种情感体验？为什么？

　　要求：同"教学互动 1-1"的"要求"。

◆ **教学互动 4-2**

　　主题："我们硬拉着这位老人当领航员，他一定没有想到会得到什么报酬。当我把一大笔小费塞进他的手里时，他一直板着的面孔松弛了。我和他开玩笑，笑他脸色阴沉，他也开始笑了，双手拉着我的手，紧紧地握了又握，感动极了。多么正直的人！征服他们是多么容易啊！可恨的是某些人使用了各种鬼花招，又不深入了解，非要执行仇视土著的恶毒的政策不可，还想出各种借口，来为他们的粗暴行为、敲诈勒索与奴役虐待的种种恶行辩护，或者证明那是合理合法的！"（纪德，1983）。

　　问题：上述现象反映了旅游消费者的哪种情感体验？为什么？

　　要求：同"教学互动 1-1"的"要求"。

4.2.4　旅游消费者情绪情感的影响因素

1）旅游消费者的需要与动机

　　旅游消费者情绪情感的首要影响因素是他们的需要（动机、期待、愿望等）是否得到满足。由于需要（动机、期待、愿望等）是情绪情感产生的重要基础，旅游者的需要是否获得满足，决定着旅游者的情绪情感的性质是肯定还是否定。某种旅游产品和服务，若能满足旅游者已激起的需要或能促进这种需要得到满足，那么就引起他们肯定的情绪，如满意、愉快、喜爱、赞叹等。相反，凡是不能满足旅游者的需要或可能妨碍其需要得到满足的事件，比如飞机延误、路上堵车、景区拥挤不堪、饮食不合口味，都会引起旅游者否定的情绪，如不满意、愤怒、憎恨等。尤其需要指出的是，旅游者在旅游体验的全程中，往往有各种不同的情绪和情感，它们常常不是彼此毫无联系地发生，而是相互影响的。其中，类似旅游消费者的动机，有些情绪情感起着主导作用，有的只具有从属的性质；有的短暂，有的持续时间很长。起主导作用的情绪情感通常与其主导需要（动机、期待、愿望等）相联系。当旅游者的主导需要（动机、期待、愿望等）获得满足或没有满足时，所产生的肯定或否定情绪往往会冲淡甚至抑制与此同时发生的其他情绪。

◆ **同步案例 4-2**

到底是什么影响了旅游者的情绪？

　　背景与情境：在旅游消费者行为学课上，黄老师问学生："你们有没有想过情绪对客人行为的影响呢？"学生 A 说："前几天我带团去游湖，从杭州香格里拉饭店出发，绕湖一周，到了苏堤的一端，大家又是说笑又是拍照，非常开心。这时候有位客人突发奇想说：'怎么样？我们沿着苏堤走回酒店去吧？'我连忙说：'那要走一个小时啊，连午饭都要耽误了！'可是客人的兴致非常高，都说没有关系。就这样，全团老老少少一路说笑，一直走回杭州香格里拉饭店。"黄老师说："A 说的这些，都是客人的情绪起了很好的作用。有没有起不好作用的呢？"学生 A 说："有啊！那一天，我带团去游湖，天气非常不好，阴沉沉的，还有大雾，船到了'柳浪闻莺'，才看到一点点山的影子，客人的情绪低极了。游湖以后是丝绸表演，本来这是客人早就盼望的节目，可是上了岸，又都不想去看了。我怎么劝说都没有用，客人的情绪就是提不起来，最后只好回酒店。"

（资料来源　阎纲. 导游多维心理分析案例100［M］. 广州：广东旅游出版社，2003）

　　问题： 依据上文有关旅游消费者情绪情感的影响因素的知识，分析出现案例所述现象的原因是什么。

　　2）旅游消费者的认知

　　影响旅游者情绪情感的另一重要因素是旅游者的认知特点。由于旅游者的情绪总是伴随着一定的认知过程而产生的，同一旅游吸引物、同一旅游服务人员的行为，由于旅游者个体认知上的差异，对其评估可能不同。具体而言，旅游者如果将之判断为符合自己的需要，就产生肯定的情绪；如果将之判断为不符合自己的需要，就产生否定的情绪。同一个旅游者在不同的时间、地点和条件下对同一旅游吸引物的认知、评估可能不同，因而产生的情绪情感也存在一些差异。例如，陈钢华等（Chen et al.,2022）的一项研究表明，中国内地赴泰国的蜜月旅游者对泰国作为一个蜜月目的地的属性的感知体现在 8 个方面：娱乐、自然环境、文化资源、社会环境、旅游安全保障、购物、旅游基础设施和服务以及可达性。不同的蜜月旅游者对这些目的地属性有着不同的认知和评价，从而在"愉快""爱""积极惊喜"三个方面有着差异化的情绪体验。

　　3）归因方式

　　旅游者的情绪情感还受到旅游者的归因方式影响。旅游者不同的归因会引发不同的情绪和情感。例如，在旅游服务中由于环节过多，出现旅游服务缺陷往往无法完全避免。对于旅游服务缺陷，如果旅游者将其归因于外部不可控的原因，旅游者相对来说更容易被唤起同情和感激等类似的情感，一般不会产生不满意、不愉快和挫折感。然而，如果旅游者认为旅游服务缺陷的产生是内部可控的，将很容易导致愤怒、生气的情绪体验。

　　◆ **深度剖析 4-1**

　　问题： 着眼作为影响旅游消费者情绪和情感因素之一的"归因方式"，在出现旅游服务缺陷时应该如何安抚旅游消费者的情绪？

　　◆ **深度思考 4-2**

　　问题： 运用所学知识，分析旅游消费者的情绪情感如何影响他们的心理和行为。

　　◆ **业务链接 4-1**

如何测量度假旅游消费者的情绪情感？

　　度假旅游日渐成为我国旅游市场的新兴业态。度假旅游是人们在优美、宁静的环境下开展的休闲、娱乐、康体以及家庭团聚活动。因此，度假旅游者的情绪情感显得尤为重要。那么，如何来测量度假旅游消费者的情绪情感呢？侯赛尼和吉尔伯特（Hosany & Gilbert，2010）的一项研究开发了一份旨在测量度假旅游消费者的情绪情感的量表。具体的量表介绍如下。

①这份量表包含欢乐（joy）、爱（love）和正面惊喜（positive surprise）三个维度。

②具体而言，这一份量表的三个维度各自包含以下的测量题项（items）。欢乐（joy）：欢快的（cheerful）、愉悦（pleasure）、欢乐（joy）、热情（enthusiasm）、乐趣（delight）、享受（enjoyment）、快乐（happiness）、娱乐（entertained）、舒适（comfortable）。爱（love）：柔情（tenderness）、爱（love）、关怀（caring）、感情（affection）、暖心（warm-hearted）、多愁善感（sentimental）、浪漫（romantic）、体恤（compassionate）、充满热情（passionate）。正面惊喜（positive surprise）：惊异（amazement）、惊奇（astonishment）、令人神往（fascinated）、受鼓舞（inspired）、惊喜（surprise）。

③情绪情感是人的主观体验。因此，测量表主要是以问卷的形式邀请受访者填写，告知研究人员他们的情绪情感。

4.3　基于旅游消费者情绪情感的营销与服务策略

在熟知情绪情感的定义、特征和类型以及旅游消费者情绪情感特征的基础上，旅游目的地和旅游企业的营销与服务人员可以展开有针对性的活动，以便更好地激发、调控旅游者的情绪和情感。从市场营销的角度，基于旅游消费者情绪情感的营销策略主要有情感营销。从旅游服务的角度，基于旅游消费者情绪情感的服务策略主要有调控旅游消费者消极的情绪情感和激发旅游消费者积极的情绪情感两种。必须指出的是，情感营销策略与旅游消费者情绪情感的调控及激发策略是一脉相承、互相促进的。为行文方便，下面分别阐述。

4.3.1　情感营销

情感营销是把旅游消费者个人情感差异和需求作为旅游企业、旅游目的地品牌营销战略的核心，借助情感包装、情感促销、情感广告、情感口碑、情感设计等策略来实现旅游企业、旅游目的地的目标。在情感消费时代，消费者购买商品所看重的已不是商品数量的多少、质量的好坏以及价钱的高低，而是为了一种感情上的满足，一种心理上的认同。情感营销从消费者的情感需要出发，唤起和激起消费者的情感需求，引起消费者心灵上的共鸣，寓情感于营销之中，以有情的营销赢得无情的竞争。

◆ **业务链接4-2**

旅游目的地如何做好情感营销？

从营销的角度来看，做好旅游目的地的情感营销，主要有如下三个策略。

①以旅游者的情感为主诉求，注重旅游产品的情感属性开发

旅游产品具有无形性、生产和消费同步性的特点。这就决定了情感营销在旅游目

的地、旅游企业的整个营销过程中占有举足轻重的地位。正面的情感能促进旅游产品的销售，提升游客满意度，从而带来良好的口碑效应，有利于培养旅游者的忠诚度和树立目的地形象、企业形象。旅游产品本身无思想和情感，如何以情动人，发挥情感的影响力、心灵的感召力，使旅游者在购买产品、消费产品过程中，得到正面的情感满足并形成情感共鸣？对此，应从旅游产品的心理需求角度出发，进行深层次的产品设计，也就是产品概念的设计——对潜在的消费需求和消费心理的迎合和挖掘，以旅游者的心理特征、生活方式、生活态度和行为模式为基础去设计符合人们的精神和心理需求的旅游产品，重视产品所体现的品位、形象、情感和情调的塑造，营造出符合目标旅游者需要的求新、求异、求知等心理属性，提供情感体验舞台，将潜在的需求转化为实在的消费行为。

②激发旅游者潜在情感，体现互动性与参与性

旅游是一种情感的体验，旅游是旅游者与景区、产品的互动。在快节奏的生活压力下，人性中很多需求往往被压制，旅游对旅游者而言是一次寻求释放的过程和体验。旅游目的地可以利用他们这种心理特点，充分发挥"编剧"角色的作用，引导旅游者主动参与旅游活动，尽情表演，成为旅游活动的主角。"开心农场"为什么曾经如此受欢迎？因为它给网友提供了一个全新的角色体验，给他们提供了参与的机会。所以，即使是种菜、偷菜这种简单的体验，也会令网友有跃跃欲试的激动。北京、上海、广州等大城市郊区的一些生态农场还将网络"开心农场"搬到线下，从而使旅游者获得了丰富的情感体验，大大提高了旅游者的重游率。

③挖掘旅游产品美的魅力，迎合旅游者的审美情趣

体验旅游是观光旅游的深层次发展，强调以人们感受外界事物的五种感官——眼、耳、鼻、舌、身为主要体验渠道，而这五种感官的综合体验总离不开"美"的基础，按照美的规律去开发旅游资源，建设和利用旅游景观，配以美的主题，提供美的服务，增加美的魅力，以迎合游客的审美情趣，引发游客购买兴趣并增加产品附加值，使游客在旅游中获得美的享受，留下美好的体验。旅游体验就是一种特定的心理体验活动，它是在一个特定旅游地游览参观所形成的，它带有浓厚的旅游者个人情感色彩。这就让旅游企业很难把握住游客的需求，很难用固定的标准来衡量服务质量的高低，在这种情况下，尊重游客的情感，为他们提供人情化、个性化的服务就显得非常重要。

（资料来源　百度文库）

◆◆ **同步案例4-3**

旅游微电影：从产品营销到情感营销

背景与情境： 旅游是体验差异、身心愉悦的活动；度假是抛却烦恼、感受清净的过程。《每个人的琼海》这部旅游微电影，作为旅游网络营销的尝试，为琼海聚来极高的网络人气。7分钟的短片，记录了不同职业、不同生活阅历的3位丽人的琼海之旅。跟随着她们旅行的步伐，琼海的美景也在镜头前徐徐展开：博鳌亚洲论坛、万泉河、红色娘子军的故事等不着痕迹地展现在人们面前，唯美的画面、动人的旋律、温暖的文字让人不禁想起"过去的某段美好时光"，引起了许多人的共鸣。这部微电影

成为琼海旅游形象推介的"新卖点",打破了传统宣传片简单罗列旅游景区景点的模式。低成本、周期灵活、投放迅速、利于互动,网友乐于主动观看并转发传播,这些特点都让旅游微电影风靡网络平台,称得上是旅游网络宣传的利器。琼海旅游发展委员会主任杨奋介绍,网友对微电影接受度高,原因在于微电影并不是推荐某种产品,而是以讲故事的方式营销游客在琼海时的体验。从产品营销到情感营销,就是旅游微电影的核心竞争力。

琼海两年前的旅游微电影试水,更是拉开了海南旅游微电影的序幕。三亚的《海的记忆》、澄迈的《你在哪里》、呀诺达的《幸福天道》、女性单车题材的《艾米GO》……无论是政府主导、企业投资拍摄,还是网友自娱自拍的短片,都向广大游客传递着海南的美景与魅力。为什么微电影会在旅游界如此受欢迎?业内人士表示,这与微电影自身的特点密不可分。微电影制作成本低、周期短、投放快,在互联网平台上有等同电视广告的效果,但投入却大大减小,对讲求成本控制的广告客户而言,具有巨大吸引力。微电影的故事性和互动性,使得消费者乐于观看进而转发,引发网民好奇和探寻,最终达到让网民参与互动的目的。另外,微电影网络投放更具有选择性、针对性,更贴合不同层次的消费者,实现精准营销。

(资料来源　蔡倩. 旅游微电影:从产品营销到情感营销〔N〕. 海南日报,2014-07-09)

问题: 依据上文有关情感营销的知识,分析旅游微电影如何体现了情感营销的特征。

◢ **深度剖析4-2**

问题: 结合第4章所学知识,分析情感营销与体验营销的关系。

4.3.2　旅游消费者积极情绪情感的激发

旅游者在外出旅游前和旅游过程中总是带着某种希望。有些旅游者希望在旅游中获得日常生活中所缺少的新鲜感、亲切感和自豪感,也有些旅游者希望在旅游体验中摆脱日常生活中的精神紧张,还有旅游者希望旅游后自己的生活能发生些许变化。当然,这些希望是可以同时出现在单个旅游者身上的,因为旅游者总是对外出旅游充满了期待。因此,旅游目的地和旅游企业,在旅游者进行旅游体验的前、中、后三个阶段,都应该想方设法激发旅游者积极的情绪体验。

4.3.3　旅游消费者消极情绪情感的调控

大部分的旅游者外出旅游是为了放松身心、追求一种愉悦体验。因此,调控旅游者的消极情绪就显得非常必要。旅游从业人员要多花时间和精力去关心和了解游客的情绪状态,特别是对那些群体内的意见传播者要尤其关注,因为他们在很大程度上能决定群体内所有旅游者的消极情绪的发生和发展。心理学研究表明,尽管事实和感情性质不同,感情代替不了事实,但旅游者在旅游的过程中更容易被他人的消极情绪所感染。

由于旅游者来源复杂,不排除极少数旅游者品行不端、时时处处想占便宜的情况。这些人在观光游览中总是在寻找各种机会和借口,一旦出现些服务缺陷,他们马上就跳出来扩大事态,并且提出过分的要求和赔偿目标,不达目的誓不罢休。这不仅影响正常的旅游秩序,也会引起整个旅游团队不稳定的消极情绪状态。因此,导游人

学习微平台

延伸阅读4-3

学习微平台

课程思政4-2

员应当在带团的整个过程中，时时以敏锐的目光观察，运用管理策略掌控整个团队的各种情绪状态，化解消极情绪于萌芽状态。

一般说来，情绪不好，但积极性高的旅游者心理状态最危险，管理策略应当是提供迅速而谨慎的服务，既不要过分殷勤，也不要引导其多消费，以避免冲突为最佳选择；情绪不好，积极性也不高的旅游者管理难度最大，管理策略是首先调动其情绪，然后再调动其积极性。

◆ **同步思考 4-2**

问题： 结合第 3 章有关背包客出行动机的知识，分析背包旅游体验对他们情绪调节的作用。

✿ **本章概要**

✿ 主要概念

情绪和情感　旅游消费者的情绪情感　旅游消费者的美感　旅游消费者的道德感　情感营销

✿ 内容提要

• 本章主要介绍了旅游消费者情绪情感的定义、种类和特点，旅游消费者的情绪体验和情感体验，以及基于旅游消费者情绪情感的服务与营销策略。

• 广义上的情绪（emotion）包含了情感（feeling）。狭义上的情绪与情感通常并列，既有区别又互相联系。情绪通常指那种由机体的天然需要是否得到满足而产生的心理体验；情感则与人在历史发展中所产生的社会需要相联系。情绪有很大的情景性、激动性和短暂性。情感则既具有情景性又具有稳定性和长期性。情绪情感的区别是相对的，人的情感有时也能以强烈、鲜明的体验表现出人的情绪，而情绪长期积累，会转化为情感。

• 根据发生的强度、速度、持续时间，情绪可以分为心境（心情）、激情、应激和挫折四种类型。根据表现的方向和强度，情绪可以分为消极情绪和积极情绪两种。根据社会内容，情感可以划分为道德感、理智感和美感。

• 旅游消费者的情绪情感有以下几个方面的特点：兴奋性与感染性、短暂多变性、稳定性与波动性并重和文饰性。

• 旅游消费者的情绪体验可以分为快乐体验、愤怒体验、悲哀体验、恐惧体验、福乐体验（畅爽体验、高峰体验）。

• 影响旅游消费者情绪情感的因素有：旅游消费者的需要与动机、旅游消费者的认知和归因方式。

• 基于旅游消费者情绪情感的营销与服务策略有：情感营销、旅游消费者积极情绪情感的激发、旅游消费者消极情绪情感的调控。

✿ 内容结构

本章内容结构如图 4-1 所示：

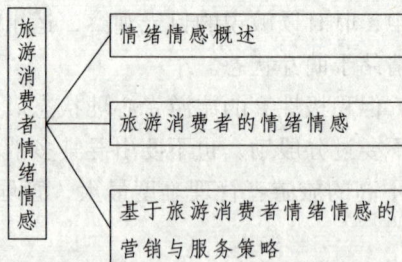

图4-1 本章内容结构

☆ 重要观点

观点4-1：虽然情绪与情感通常并列，甚至交替使用，但两者还是有区别的。

常见置疑：情绪和情感是同一个概念。

释疑：虽然情绪与情感通常并列，甚至交替使用，但两者还是有区别的。具体而言，情绪通常指那种由机体的天然需要是否得到满足而产生的心理体验；情感则与人在历史发展中所产生的社会需要相联系。情绪有很大的情景性、激动性和短暂性；情感则既具有情景性又具有稳定性和长期性。情绪情感的区别是相对的，人的情感有时也能以强烈、鲜明的体验表现出人的情绪，而情绪长期积累，会转化为情感。

观点4-2：根据发生的强度、速度、持续时间，情绪可以分为心境（心情）、激情、应激和挫折四种类型。

常见置疑：情绪就是心境、心情。

释疑：根据情绪的定义与产生原因，可以对情绪进行基于两方面标准的分类。其中，根据发生的强度、速度、持续时间，情绪可以分为心境（心情）、激情、应激和挫折四种类型。心境只是情绪的一种。心境是一种比较微弱、平静而持续一定时间的情绪体验，具有弥散的特点，也就是人们常说的心情（mood）。

✦ **单元训练**

☆ 传承型训练

▲ 理论题

△ 简答题

1）简述情绪情感的概念、产生与类型。

2）简述情绪情感的两极性特征。

3）简述旅游消费者情绪情感的概念与特点。

4）简述旅游消费者情绪的类型与情绪体验。

5）简述旅游消费者情感的类型与情感体验。

6）简述旅游消费者情绪情感的影响因素。

△ 讨论题

1）度假旅游者的情绪会如何发生变动？

2）如何理解旅游消费者情绪体验五种类型之间的关系？

3）如何理解旅游消费者情感体验的两大类型？

4）背包旅游体验对游客的情绪有哪些调节作用？

▲ 实务题

△ 规则复习

1）如何测量度假旅游消费者的情绪情感？

2）旅游目的地如何做好情感营销？

3）简述旅游消费者积极情绪情感的激发途径。

4）简述旅游消费者消极情绪的调控策略。

△ 业务解析

1）着眼作为影响旅游消费者情绪和情感因素之一的"归因方式"，在出现旅游服务缺陷时应该如何安抚旅游消费者的情绪？

2）如何理解情感营销与体验营销的关系？

▲ 案例题

△ 案例分析

【训练项目】

案例分析-Ⅳ

【训练目的】

见本章"学习目标"中"传承型学习"的"认知弹性"目标。

【教学方法】

同第1章本题型的"教学方法"。

【训练任务】

1）体验对"附录三"附表3"解决问题"能力"中级"的"基本要求"和各技能点"参照规范与标准"的遵循。

2）同第1章本题型的其他"训练任务"。

【相关案例】

入境游客的情绪体验对其忠诚度的影响

背景与情境： 一项以西安回坊社区为调查地的研究有如下发现：其一，入境游客的正面强烈情绪体验会导致他们重游意愿的产生。西安回坊内生活群体主要以回族为主。回族是我国城市化程度最高的民族之一。在城市界面下，回族文化"融而不化，和而不同"的个性特征，"依寺而居，宗教践行和日常生活相互交融"的鲜活情境无时无刻不弥漫于整个社区。这对短暂停留的入境游客来讲，会因新奇文化情境而产生"激情与兴奋"，会在一定程度上弱化"文化休克"效应，使其产生强烈的正面情绪体验，满足其最初的到访动机。其二，入境游客在回坊社区内的情绪体验会直接导致他们的推荐意愿，即正面情绪体验导致正面推荐意愿，负面情绪体验导致负面推荐意愿。

（资料来源　白凯，郭生伟. 入境游客情绪体验对其忠诚度的影响研究——以西安回坊伊斯兰传统社区为例［J］. 旅游学刊，2010，25（12）：71-78）

问题：

1）本案例主要涉及本章的哪些知识点？

2）本案例中，入境游客的情绪受到哪些因素影响？

3）利用所学知识，结合案例阐述：旅游消费者的情绪是如何影响他们的心理和行为的？

【训练要求】

同第1章本题型的"训练要求"。

【成果形式】

1）训练课业：《"入境游客的情绪体验对其忠诚度的影响"案例分析报告》。

2）课业要求：同第1章本题型的"课业要求"。

△ 课程思政

【训练项目】

课程思政-IV

【训练目的】

见本章"学习目标"中"传承型学习"的"认知弹性"目标。

【教学方法】

同第1章本题型的"教学方法"。

【训练准备】

同第1章本题型的"训练准备"。

【相关案例】

"黑色旅游"是否值得推广？

背景与情境：在2014年11月于中山大学举行的"旅游科学国际学术研讨会"上，谢彦君教授做了关于"黑色旅游"的报告，引发广泛关注。所谓黑色旅游，是指人们到死亡、灾难、痛苦、恐怖事件或悲剧发生地旅游的一种现象。黑色旅游是近年来国外特别是北美地区旅游学界新兴的热点研究领域。关于黑色旅游，外界争议不断，究竟该不该大力推广黑色旅游引发争论。

正方：黑色旅游具有教育意义（广东决策研究院旅游研究中心主任李铭建）。黑色旅游包含的内容也是旅游的一部分，旅游不仅是为了追求娱乐感，同时也要探求相关的教育意义。以南京大屠杀遇难同胞纪念馆为例，参观纪念馆更多的是让游客珍视和平，也让游客对人性进行反思，从中能学到很多东西。推广黑色旅游更多的是要挖掘其中的教育意义，同时也要注意推广的时间段，保证游客安全，注意当地相关人士的心理平复情况，可以推广。

反方：黑色旅游易引发游客不适（中国社科院旅游研究中心特约研究员刘思敏）。黑色旅游引发游客的好奇心和求知欲，构成差异，所以肯定是一种旅游资源。但是要注意坚守伦理道德底线，一些血腥、残酷、悲惨的旅游项目不仅会引起旅游者的不适，同时也会引起一些与遗址相关人士的不适，或者旅游者的态度、行为也可能让相关者感到不适，这就不适合开发推广了。应该采取尽量低调的宣传方式，尽可能不伤害相关人士。

（资料来源 佚名."黑色旅游"是否值得推广？[N].北京商报，2014-11-21）

问题：

1）在本案例中，存在哪些方面的思政问题？

2）试对上述问题做出你的思政研判，并说明你所作思政研判的依据。

3）请从思政和"旅游消费者情绪情感"角度对"黑色旅游"做出全面评价。

【训练要求】

同第1章本题型的"训练要求"。

【成果形式】

1）训练课业：《"'黑色旅游'是否值得推广？"思政研判报告》。

2）课业要求：同第 1 章本题型的"课业要求"。

▲ 实践题

【训练项目】

"基于旅游消费者情绪情感的营销与服务策略"知识应用。

【训练目的】

见本章"章名页"之"学习目标"中的"实践操练"目标。

【教学方法】

采用"项目教学法"和"实践教学法"。

【训练准备】

知识准备：

1）本章理论与实务知识。

2）表 4-1 中各技能点的"参照规范与标准"。

3）表 4-2 中各道德范畴的"参照规范与标准"。

指导准备：

1）教师向学生阐明"训练目的"和"训练内容"。

2）教师指导学生制订《实践计划》和《情感营销策划方案》（或《"旅游消费者积极情绪情感的激发"方案》，或《"旅游消费者消极情绪情感的调控"方案》。

3）教师向学生说明本次实践应该注意的问题。

【训练内容】

专业能力训练：其领域、技能点、名称和参照规范与标准见表 4-1。

表 4-1　　　　　　　专业能力训练领域、技能点、名称和参照规范与标准

领域	技能点	名称	参照规范与标准
"基于旅游消费者情绪情感的营销与服务策略"知识应用	技能 1	"情感营销"知识应用技能	1）能全面把握"情感营销"的实务知识 2）能正确应用上述知识，有质量、有效率地进行以下操作： （1）以旅游者的情感为主诉求，注重旅游产品的情感属性开发 （2）激发旅游者潜在情感，体现互动性与参与性 （3）挖掘旅游产品美的魅力，迎合旅游者的审美情趣 （4）能参照相关实践范例，为某个旅游景区设计有市场感召力和较高附加值的《情感营销策划方案》
	技能 2	"旅游消费者积极情绪情感的激发"知识应用技能	1）能全面把握"旅游消费者积极情绪情感的激发"的实务知识 2）能正确应用上述知识，有质量、有效率地进行以下操作： （1）做旅游者的一面"好镜子" （2）强化沟通技能 （3）培养幽默感 （4）能参照相关实践范例，为某个旅游消费群体制订有较强可行性的《"旅游消费者积极情绪情感的激发"方案》

续表

领域	技能点	名称	参照规范与标准
"基于旅游消费者情绪情感的营销与服务策略"知识应用	技能3	"旅游消费者消极情绪情感的调控"知识应用技能	1）能全面把握"旅游消费者消极情绪情感的调控"的实务知识 2）能正确应用上述知识，有质量、有效率地进行以下操作： （1）能正确运用各种管理策略调控旅游者的消极情绪 （2）能参照相关实践范例，为某个旅游消费群体制订有较强可行性的《"旅游消费者消极情绪情感的调控"方案》

职业道德训练：其领域、范畴、名称、等级、参照规范与标准及选项见表 4-2。

表 4-2　　　　　　　　　　　　　职业道德训练选项表

领域	范畴	名称	等级	参照规范与标准	选项
职业道德	范畴1	职业观念	顺从级	同本教材"附录四"附表4的参照规范与标准	
	范畴2	职业情感	顺从级	同本教材"附录四"附表4的参照规范与标准	√
	范畴3	职业理想	顺从级	同本教材"附录四"附表4的参照规范与标准	
	范畴4	职业态度	顺从级	同本教材"附录四"附表4的参照规范与标准	√
	范畴5	职业良心	顺从级	同本教材"附录四"附表4的参照规范与标准	
	范畴6	职业作风	顺从级	同本教材"附录四"附表4的参照规范与标准	√
	范畴7	职业守则	顺从级	同本教材"附录四"附表4的参照规范与标准	√

【组织形式】

将班级学生分成若干实践团队，根据训练内容和项目需要进行角色划分。

【训练任务】

1）对表4-1所列专业能力训练"领域"各技能点，依照其"参照规范与标准"实施阶段性基本训练。

2）对表4-2所列"职业道德"选项，依照本教材"附录四"附表4的"参照规范与标准"实施"顺从级"融入性训练。

【训练要求】

1）训练前，引导学生了解并熟记本实践的"训练目的"、"训练准备"、"训练内容"和"训练任务"，将其作为本实践的操练点和考核点来准备。

2）通过"训练步骤"，将"训练任务"所列两种训练整合到本实践的"活动过程"与"成果形式"中。

3）系统体验"专业能力训练"各技能点和"职业道德训练"所选范畴"参照规范与标准"的遵循。

【情境设计】

将学生组成若干实践团队，结合实践训练项目，在本地选择一个旅游景区，结合该景区和目标旅游消费群体的具体情况，应用"基于旅游消费者情绪情感的营销与服务策略"的实务知识，分别为该旅游景区制订《"情感营销"策划方案》（或《"旅游消费者积极情绪情感的激发"方案》，或《"旅游消费者消极情绪情感的调控"方案》），并"顺从级"融入"职业道德"选项各行为规范，分析总结此次实践活动的成功与不足，在此基础上撰写相应《实践报告》。

【训练时间】

本章课堂教学内容结束后的一周。

【训练步骤】

1）各团队在本地选择一个旅游景区，结合该景区和目标旅游消费群体的具体情况，结合"情境设计"分配任务，制订《"'基于旅游消费者情绪情感的营销与服务策略'知识应用"实践计划》。

2）各团队实施《"'基于旅游消费者情绪情感的营销与服务策略'知识应用"实践计划》，分别依照表4-1中"技能1"～"技能3"的"参照规范与标准"，应用相关知识，为该旅游景区制订《情感营销策划方案》（或《"旅游消费者积极情绪情感的激发"方案》，或《"旅游消费者消极情绪情感的调控"方案》），系统体验其各项技能操作。

3）各团队依据相关"参照规范与标准"，在上述各项技能的专业操作中"顺从级"融入表4-2中选项的各种行为规范。

4）各团队总结本次实践的操作体验，分析其成功经验和存在问题，提出改进建议。

5）各团队在此基础上撰写作为"成果形式"的实践课业。

6）在班级讨论交流、相互点评与修订各团队的实践课业。

【成果形式】

1）实践课业：《"'基于旅游消费者情绪情感的营销与服务策略'知识应用"实践报告》。

2）课业要求：

（1）《实践报告》的内容包括：实训团队成员与分工；实训过程；实训总结（包括对"专业能力"各技能点"基本训练"和"职业道德"各选项"融入性训练"的成功与不足之分析说明）。

（2）将《实践计划》和《情感营销策划方案》（或《"旅游消费者积极情绪情感的激发"方案》，或《"旅游消费者消极情绪情感的调控"方案》）以附件形式附于《实践报告》之后。

（3）《实践报告》的结构与体例参照本教材"课业范例"的"范例-3"。

（4）在校园网的本课程平台上展示班级优秀《实践报告》，并将其纳入本课程的教学资源库。

✸ 建议阅读

［1］巴宾，哈里斯．消费者行为学［M］．李晓，等译．北京：机械工业出版社，2010：51-59.

［2］陈钢华，李萌．旅游者情感研究进展：历程、主题、理论与方法［J］．旅游学刊，2019，35（7）：99-116.

［3］董昭江，高鹏斌，张为民．消费者行为学［M］．北京：清华大学出版社，2012：105-124.

［4］刘逸，保继刚，陈凯琪．中国赴澳大利亚游客的情感特征研究——基于大数据的文本分析［J］．旅游学刊，2017，32（5）：46-57.

［5］王官诚，汤晖，万宏．消费心理学［M］．2版．北京：电子工业出版社，2013：43-51.

［6］CHEN G，BAO J，HUANG S. Developing a scale to measure backpackers' personal development［J］．Journal of Travel Research，2014，53（4）：522-536.

［7］HOSANY S，GILBERT D. Measuring tourists' emotional experiences toward hedonic holiday destinations［J］．Journal of Travel Research，2010，49（4）：513-526.

［8］NAWIJN J，MITAS O，LIN Y，et al.How do we feel on vacation? A closer look at how emotions change over the course of a trip［J］．Journal of Travel Research，2013，52（2）：265-274.

第 5 章
旅游消费者态度

▶ **学习目标**

▷ **传承型学习**

通过以下目标，建构以"旅游消费者态度"为阶段性内涵的"传承型"专业学力：

理论知识：学习和把握旅游消费者态度的定义、构成与特性，旅游消费者态度形成与改变的基础理论，影响旅游消费者态度的因素等陈述性知识；用其指导"同步思考"、"延伸思考"、"深度思考"、"教学互动"和相关题型的"单元训练"；体验"旅游消费者态度"中"理论知识"的"传承型学习"及其迁移。

实务知识：学习和把握改变旅游消费者态度的策略和"业务链接"等程序性知识；用其规范"深度剖析"和相关题型的"单元训练"；体验"旅游消费者态度"中"实务知识"的"传承型学习"及其迁移。

认知弹性：运用本章理论与实务知识研究相关案例，对"引例"、"同步案例"和章后"案例分析−V"进行多元表征，体验"旅游消费者态度"中"结构不良知识"的"传承型学习"及其迁移；依照相关行为规范对"课程思政5−1"、"课程思政5−2"和章后"课程思政−V"进行思政研判，激发与"旅游抵制"、"旅游产品与服务品质提升"和"促销怪招"等议题相关的思考，促进健全职业人格的塑造。

实践操练：参加"'改变旅游消费者态度的策略'知识应用"的实践训练。在了解和把握本训练所及"能力与道德领域"相关技能点的"参照规范与标准"基础上，通过对"知识准备"所列知识的运用，相关"参照规范与标准"的遵循，系列技能操作的实施，相应《实践报告》的准备、撰写、讨论与交流等有质量、有效率的活动，系统体验相关技能的"传承型学习"及其迁移；通过践行"职业道德"选项的行为规范，体验"职业道德"规范的"传承型学习"（认同级）及其迁移，促进健全职业人格的塑造。

学习微平台

思维导图 5−1

引例：盘点旅游中的抵制行为

背景与情境：旅游本是一件快乐的事，但有时候不是目的地伤了游客的心，就是目的地让游客害怕了。"抵制"于是成为愤怒最恰如其分的表达方式。至于抵制究竟能坚持多久，抵制是否能带来想要的结果，只有待时间验证。通过梳理，近年来与旅游目的地有关的影响较大的抵制行为主要有如下几起：

（1）抵制菲律宾旅游

2011年8月，虽然距"8·23"香港游客菲律宾遇难事件已经一周年，但是对前往菲律宾旅游的负面情绪仍然继续发酵，尤其是菲律宾总统拒绝就此事道歉的讲话，使得人们更加抵制菲律宾旅游。《南方日报》商旅周刊新浪官方微博上的调查显示，87%的网友表示坚决抵制菲律宾旅游，直至完满解决劫持事件并诚恳道歉。已经时隔一年，为何菲律宾游仍遭大量网友抵制？专家指出，安全事故折射出当地社会管理存在严重的弊端，随着游客安全意识的提高，当局漠视生命的行为或是其惨遭中国游客"封杀"的根本原因。

2011年8月23日是8名香港游客在菲律宾遇难一周年的祭日，虽已过一年，但是国人尤其是香港同胞并没有淡忘此事，香港特首更在社交网站"香港特首办"专页发表文章，指出尽管事发已有一年，但香港人没有因为时间流逝而忘记此事，他祝愿伤者尽快康复，家属和幸存者早日走出阴霾。

事情发生于2010年8月23日，包括领队在内的21名香港游客在马尼拉市中心基里偌大看台附近一辆旅游客车上，遭到菲律宾前警官罗兰多·门多萨持M16式步枪劫持，在对峙11个小时后，8名香港游客无辜罹难，而在1个多小时的强攻后，劫持者才最终被击毙。由于整个劫持过程通过电视直播，不少人都在电视上看到了惨剧的发生，而菲律宾警察软弱无能的形象也饱受指责。

据香港《明报》报道，在港人悼念遇难游客之际，菲律宾总统阿基诺三世再次亲口拒绝道歉，并指事件是一名"失常枪手"造成，菲律宾不可能为事件负责；他又将人质事件与之前发生的挪威枪击案比较，认为都是难以阻止的。他又指当日事发很突然，枪手门多萨的立场亦变得很快，公众不能完全责怪菲律宾政府，但重申菲律宾已加强警察应对危机的能力。菲律宾当局对香港游客遇难事件的处理，不仅惹怒了香港人，内地众多网民尤其是喜欢到东南亚旅游度假的广东网友，也对此事表示愤慨。《南方日报》商旅周刊新浪官方微博的一项调查显示，87%的网友表示坚决抵制菲律宾旅游，直至当局完满解决劫持事件并诚恳道歉，仅有2%的受访网友表示不会抵制。"当然要抵制！人家如此不管你的死活，你还跑去他们那里旅游消费，对不对得起死去的8名香港人？"

（2）中国明星抵制马来西亚游

2014年3月25日，马航宣布失联的MH370航班坠毁，全国人民都沉浸在悲伤和愤慨之中。不少娱乐圈明星也在哀悼遇难同胞之时发声质疑，甚至呼吁抵制马来西亚的商品和旅游，表达对马来西亚政府的强烈不满。沙溢发微博询问马航退票电话，网友纷纷回复表示赞同："大家告诉我马航退票的电话是多少？"网友Isabella-Woov更表示："这辈子都不坐了。"陈坤表示看不起马来西亚政府，"对此次马来西亚政府以及马来西亚航空公司小丑式的推诿和谎言，以及你们对我同胞生命的不尊重让我仅代表我自己，从内心开始抵制关于'马来西亚'一切商品和旅游。不仅仅是此次飞机失事热点关注的短暂时间，是无限期。除非马来西亚政府拿下你们的小丑面具讲出真相（我看不起马政府）"。不少游客对马来西亚旅游心存疑虑，有部分游客因此避开马来西亚航空公司或马来西亚旅游目的地。旅行社新马游受到冲击，有旅行社 3 月新马游报名人数同比下降 4 成。

（3）"萨德事件"与抵制韩国旅游

"萨德事件"是指 2016 年韩国不顾中国反对，执意把萨德反导弹系统部署在韩国星州基地而引发的一系列事件。这些事件包括中国官方强烈反对这一部署以及内地居民对乐天集团向美韩部署"萨德"反导弹系统提供用地而发出的抵制（抵制乐天集团在华业务）和赴韩国旅游的抵制。受这一系列事件影响，当时的国家旅游局在官网发布了韩国旅游提示，提醒中国公民，清醒认识出境旅行风险，慎重选择旅游目的地。近年来，韩国已成为中国游客第二大出境目的国家。根据韩国旅游部门的数据，2016年，前往韩国的中国游客数量达到了 806.77 万人次，占韩国入境游客总量的 46.8%。2017 年 3 月 3 日，携程、途牛、同程等网站已经下架了所有韩国游的产品。同时，途牛表示，强烈抗议韩国部署"萨德"系统及韩国乐天集团为"萨德"提供部署地。受事件影响，韩国乐天集团免税店业绩严重下滑。该集团发言人表示，2017 年 3 月中旬至 4 月中旬，中国内地游客在该集团免税店的消费额较前一年大减四成，以往内地游客消费额占其总销售额高达八成。

（资料来源　菲律宾案例：蔡华锋. 九成网友抵制菲律宾游　专家称不尊重游客不值得去[N]. 南方日报，2011-08-31；马来西亚案例、韩国案例：多方来源，经整理）

学习微平台

延伸阅读 5-1

对于上述案例，每个读者都会有自己的认识、情感甚至行为倾向。那么，我们应该如何来理解广大网友以及线下民众的态度呢？这些现象又反映出了旅游消费者态度的哪些特性？旅游消费者的态度是如何产生和被改变的呢？为了改变旅游消费者的态度，目的地的营销部门和旅游企业可以或应该采取哪些措施？以上问题都是本章试图回答和阐述的。

5.1　旅游消费者态度概述

5.1.1　态度的定义

态度是社会心理学中一个非常重要的概念，关于态度的定义学者们有不同的看法。目前，学术界普遍认可的是由弗里德曼（J. L. Freedman）等学者提出的认知、情感、行为倾向三成分组织系统（侯玉波，2002），即：**态度是指个体对某一特定事物、观念或他人稳定、持久的由认知、情感和行为倾向三个成分组成的心理倾向。** 由此，可以在旅游消费者行为的具体领域，对旅游消费者态度做出如下界定：**旅游消费者态度是指旅游消费者在了解、接触、享受旅游产品和旅游服务的过程中，对旅游体验本身、旅游产品和旅游服务、旅游企业以及旅游目的地较为稳定和持久的心理反应与倾向。**

5.1.2 态度的构成

1）态度的三个成分

根据态度的定义，其包含了认知、情感和行为倾向三个成分或构成要素。旅游消费者态度作为态度概念的一种具体化，也包含上述成分。下文一并阐述并举例。

（1）认知成分

认知成分是指个体对外界对象的心理印象，包括对态度对象的所有事实、知觉和信念等。当某潜在旅游消费者通过身边亲朋好友的介绍、自己上网查询信息了解到某个旅游产品的基本情况时，就形成了对该旅游产品的认知。比如，潜在的旅游消费者可能通过信息认知到海南岛是一个环境优美、海水资源丰富的地方。

（2）情感成分

情感成分是个体对态度对象肯定或否定的评价以及由此引发的情绪情感，是个体对态度对象的一种内心体验。消费者在对产品认知的基础上，根据自身的需要和价值判断，形成了对产品的情感。例如，如果潜在旅游消费者是一名海域运动爱好者，在对海南岛的海水资源有了一定认知后，就可能形成对海南岛的喜爱的情感。

（3）行为倾向成分

行为倾向是个体对某事物具有特定反应的倾向。行为倾向不是行为而是一种行为的准备状态，即准备对态度对象做出什么反应。消费者在对产品有了情感后，就有产生某些行为的倾向，这种倾向在合适的时机下有可能变成实际行为。当潜在旅游消费者对海南岛产生喜爱的情感后，就可能产生去当地旅游潜水的行为倾向。在外在条件许可的情况下，这种态度最终会促成消费者前往海南岛旅游的行为。

2）各成分的关系

态度的三个成分或构成要素是相互联系、协调一致的。其中，认知是态度的基础，情感是态度的核心，行为倾向是态度的最终表现形式并影响了最终外显的行为。三者的关系可以用图5-1（侯玉波，2002）来表示。

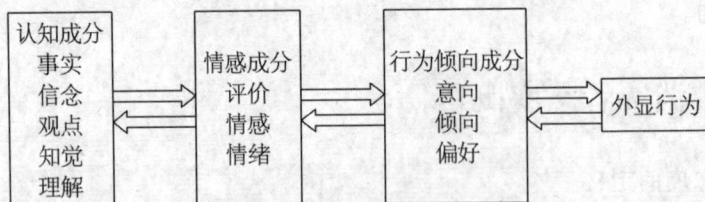

图5-1 旅游消费者态度的成分及其关系

◆◆ **同步案例5-1** ◆◆

旅游消费者态度构成要素的一致性

背景与情境：假设这样一个场景：课后，班上的A和B两位同学在讨论国庆假期去哪里旅游。同学A认为北京是个好地方，名胜古迹很多，去北京旅游会使人增长见识。同学B虽然也认为北京是个好地方，游览名胜古迹会使人增长见识，但他无法忍受北京拥堵的交通和熙熙攘攘的人群。于是同学A在国庆假期非常高兴地赴北京旅游；而同学B没有利用国庆假期去北京旅游。

问题：依据上文有关旅游消费者态度的构成的知识，分析出现案例所述现象的原因何在。

5.1.3　态度的特性

从态度的定义中，可以看出态度具有对象性、抗变性、内隐性等基本特性。同理，作为态度概念一种具体化的旅游消费者态度，也具有同样的基本特性。

1）对象性

态度必须有特定的对象，这种对象可以是人、物、目的地、团体组织，也可以是一种现象、观念等，这些被称为态度客体/对象。任何一种态度都是针对一定的态度客体/对象发生的。在旅游活动中，旅游活动对象引发旅游消费者的态度，是旅游消费者态度的客体。

2）抗变性

态度的抗变性，也叫态度的稳定性和持久性。个体一旦对某一对象形成某种态度，常常是持久不变的，成为自身人格的一部分。态度的抗变性让个体在前后对同一对象表现出一致、自然的习惯性反应，从而在行为方式上表现出一定的规律性，有助于消费者对外在事物进行适应，快速做出决策。例如，当旅游者在一次购买飞机票过程中对某家旅游电子商务公司的服务形成了正面、积极的态度，在以后的旅游票务预订决策中，会倾向于选择同一家旅游电子商务公司。当然，态度的抗变性只是说明态度具有一定的稳定性和持久性，在一定的条件下，态度也是可能发生变化的。

3）内隐性

态度是一种内在的心理状态，一种行为倾向，不是行为本身，不能直接被人所察觉。因此，只能通过人的行为间接地推断态度。态度的内隐性使得对旅游消费者真实态度的了解存在一定的难度，对旅游消费者态度的测量往往要通过比较精细的量表法或透射法来进行。

◆ **同步案例 5-2**

旅游者的重游意向能有效预测目的地的实际重游率吗？

背景与情境： 旅游者重游意向在国内外旅游学术界已经有了汗牛充栋的研究文献。目的地形象、出游动机、感知价值和满意度对旅游者重游意向的影响一直以来都是国内外旅游消费者行为研究的热点。这一主题的研究的基本假设或前提都是，旅游者的重游意向必然会带来旅游者的实际参访以及目的地实际的重游率（重游游客量在目的地游客总量中的比重）。因而，这些研究都是具有营销意义的。然而，McKercher和 Tse（2012）利用多个国家旅游组织（National Tourism Organizations，NTO）提供的数据对旅游者重游意向与目的地实际重游率的关系所进行的实证检验却对此提出了挑战。他们开展了两轮检验，数据分别是：其一，中国香港地区、新西兰的30个客源市场的纵向数据；其二，16个目的地的152个客源市场的横向比较数据。通过统计分析，两位研究者发现，在旅游者的重游意向与目的地实际的重游率之间并不存在显著的统计学意义上的相关性。因此，可以确定的是，旅游者的重游意向并不能有效地预测目的地实际的重游率。

问题： 依据上文有关旅游消费者态度特性的知识，分析出现案例所述现象的原因。

5.2　旅游消费者态度形成与改变的基础理论

了解旅游消费者的态度对旅游经营者有着重要的意义：其一，旅游经营者可以通过掌握旅游消费者态度的形成及改变过程，以及影响旅游消费者态度的因素，采取合适的措施，为自己的旅游产品赢得一个正面、积极的旅游消费者态度。其二，旅游经营者了解旅游消费者态度与行为的关系，通过旅游消费者的态度来预测旅游消费者的行为决策。因此，下文将介绍有关旅游消费者态度的形成与改变的基础理论。

5.2.1　旅游消费者态度的形成

1）学习理论

关于态度的形成，学界提出了不少理论假说，其中最为著名的为20世纪50年代由卡尔·霍夫兰及其同事提出的学习理论（Hovland，Janis & Kelley，1953）。卡尔·霍夫兰及其同事指出，学习理论认为态度的获得与其他习惯的形成是一样的，人们通过了解对象的有关信息和实施，学习与这些事实相关的感受与价值观，形成态度。该理论把人描绘成为被动的受体，在外在刺激下，通过"联结"、"强化"和"模仿"来习得态度。学习理论也强调了态度形成的两种主要方法：信息学习和情感迁移。其一，信息学习。当个体获得某种信息时，会对其态度产生重要影响。比如游客在预订酒店客房时，某一酒店营销人员展现客房多舒适、设施多齐全、安保设施多到位等信息，可能会让消费者对该酒店形成肯定的态度。但是，现在也有不少研究表明，获得某种有相当说服力的信息，对态度的影响实际上比我们预期的要小很多。其二，情感迁移。当个体对某个态度对象的情感迁移到另一个与之相联的对象上时，会有说服的效果产生。相比于信息学习，情感迁移的说服效果更加显著。以酒店宣传的例子来说，当宣传图片中出现了可爱的小孩、温馨甜蜜的夫妻时，消费者会把这些吸引人的特征与酒店联系起来，就会增强他们对酒店的好感，因为他们把对幸福家庭生活的正面情感迁移到了酒店上。

2）期望-效价理论

在学习理论之外，期望-效价理论是另一种比较受关注的关于态度形成的假说（Vroom，1964）。该理论假定，个体采取某种态度，取决于它对这种态度结果利弊的仔细衡量，它认为，人们总是倾向于采取最有可能带来好结果的立场，而拒绝最有可能造成负面影响的立场。当消费者对某特定消费行为进行态度选择时，会考虑两个因素：其一，某个特定结果的价值 V；其二，预期该结果出现的概率 P。主观效用 U=V×P，当 U 足够高时，消费者对该消费行为产生肯定态度；反之，则持否定态度。

态度的学习理论说明了个体态度的形成是在外界信息、群体等的影响下被动接受形成的；而期望-效价理论则强调人是一个主动、精打细算的理性的经济人。这两种理论在一定情境下都能解释态度形成的原因及过程，而大部分情况态度的形成涉及很多复杂的因素，不能单纯地用被动学习或主动衡量来解释。

如何测量中国国内旅游者纪念品购买态度的影响因素？

购买纪念品是人们在旅行中经常发生的行为。有些人渴望在异国他乡购买点具有特色的东西，或留给自己使用或做纪念，或送给亲朋好友。但是也有些人对旅行购物不怎么感兴趣。那么，我们如何得知究竟哪些因素影响了旅游者对购买纪念品的态度呢？李咪咪和蔡立平（Li & Cai，2008）开发并验证了一份中国国内旅游者对纪念品购买态度的影响因素的量表，包含以下五个维度（及其测量题项）：

①可收集性（collectability）。这一维度包含了以下4个测量题项：纪念品的文化意义、代表目的地的特性、总体质量、旅途回忆（memory of the trip）。

②功能性（functionality）。这一维度包含了以下2个测量题项：实用性（utility）、时尚性（fashionability）。

③价值性（value）。这一维度包含了以下3个测量题项：独特性（uniqueness）、外形（figuration）、作为礼物的适宜性（applicability as gift）。

④展示特性（display characteristics）。这一维度包含了以下3个测量题项：包装、工艺、价格。

⑤购物店属性（store attributes）。这一维度包含了以下3个测量题项：店内服务、购物店区位、购物氛围。

问题：态度的形成是否具有阶段性的特征？

5.2.2　旅游消费者态度的改变

针对个体态度的改变，有以下几种比较有名的理论假说：

1）平衡理论

海德在1958年提出的平衡理论，论述了个体在人际关系和事物态度中通过改变自身最少的情感关系来获得认知上的平衡（Heider，1958）。这种理论通常用一个人（主体P），另一个人（主体认识的另一个体O）以及态度对象（X）之间的关系来说明。这三者之间有以下六种关系模型，如图5-2所示。其中（a）（b）（c）（d）为平衡状态，即当P对O持正面态度时，二者对X的态度一致；而当P对O持否定态度时，二者对X的态度不一致，这种情况下，主体P是处于平衡状态的。相反的情况下，主体将处于不平衡状态，如（e）（f）（g）（h），这时主体为了使结构向平衡状态变化，必须改变对O或者X中任一方的态度。现实中，个体对人的态度形成较为复杂，一旦形成就会比较稳定，所以多数情况下，主体会选择改变对事物对象的态度。平衡理论运用在游客态度上，可以发现消费者身边的人际交往群体对其态度的改变具有很大的作用，消费者对某一旅游产品的态度很有可能与其身边关系亲密的亲友态度相一致。

2）认知失调理论

认知失调理论是另一关于态度改变的重要理论，由费斯汀格提出（Festinger，1962）。该理论认为个体有许多认知因素，如关于自我、自己行为、周围环境等的信念和看法，当这些认知因素存在相互冲突矛盾的情况，就会出现认知"失调"状态，

平衡状态的情形

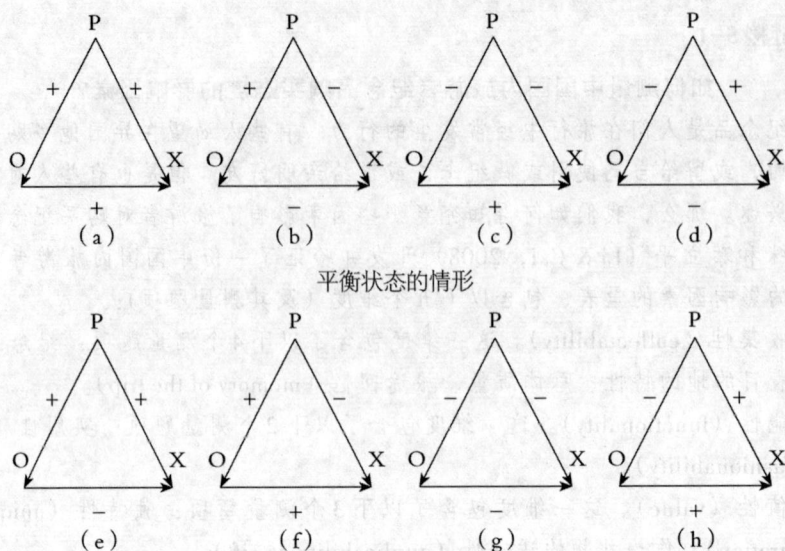

图5-2 平衡模型

这种状态是令人不愉快的。为此,个体为了减少或消除这种失调,就必须采取一些方法使认知相一致。举个例子,一个想要减肥的人告诉自己要节制饮食,但当朋友请吃饭时却又忍不住吃了很多食物,这时候他的要减肥的态度跟他的行为就产生了矛盾,引起了认知失调。为减少这种失调的状态,他可能采取这样一些方法:①改变态度。改变自己对减肥一事的态度,使其与以前行为认知一致(我喜欢美食,我不想减肥)。②增加认知。两个认知不一致,可以通过增加新的认知来减少失调(品尝美食能令人身心愉快,有助于身体健康)。③改变认知的重要性。增加其中一个认知的重要性,让另一个认知变得不重要(从美食中获得身心愉悦要比保持身形更重要)。④改变行为。使自己的行为不再与态度有冲突(再也不能无节制地吃喝了,以后一定拒绝别人的邀请)。

◆ **延伸思考5-1**

问题: 结合上文所述认知失调理论,分析如何将之运用于分析旅游消费者态度的改变。

3)自我知觉理论

自我知觉理论由比姆(D. J. Bem)于1972年提出,是对失调理论的一个挑战。这一理论认为,通常我们并不真正了解自己的态度到底是什么,只是从我们的行为和行为发生的环境来推断自己的态度。这里需要指出的是,当人们对某个态度上的经历很少,或态度涉及对象模糊、与切身利益无关,或遇到微小或新异的事情时,他们才倾向于按照自己的行为推断自己的态度。

◆ **教学互动5-1**

主题: 一个旅游者在面对多个度假地的选择时,他选择了乡村型度假地,而不是海滨型或者城市型度假地。那么,这名消费者的心理是:无其他外界因素的影响,我选择了乡村度假,那我应该是比较喜欢乡村旅游地的。

问题：上述现象符合旅游消费者态度改变的自我知觉理论吗？为什么？

要求：同"教学互动1-1"的"要求"。

4）说服与态度改变模式

态度的改变包含态度的强度变化以及态度的方向改变，那么如何通过外在的沟通去说服个体改变自我的态度呢？弗里德曼提出了说服与态度改变模式，如图5-3所示。说服他人是消费生活中的普遍现象，企业广告商总是试图让消费者相信它们的产品更值得购买。图5-3中的说服与态度改变模式显示，说服他人改变原有的态度是一个比较复杂的过程，外在的刺激即沟通者、沟通过程及沟通情境都将作用到主体身上，主体再根据自身的需求、价值观、情绪等有选择性地进行认知、判断等，最后才决定是否改变态度。

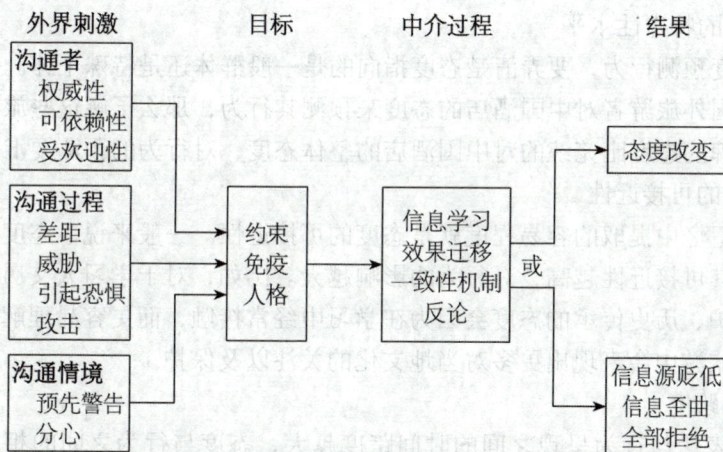

图5-3 弗里德曼的说服与态度改变模式

5.3 旅游消费者态度的影响因素

根据认知失调理论或自我知觉理论，我们认为个体的态度与其行为有着相一致的关系，可以通过旅游消费者的态度去预测他们的购买行为，或者是从其行为中去推测旅游消费者的态度。但是，态度只是一种行为的倾向，并不意味着必然导致某种行为的产生。行为的产生也同样受到态度以外很多因素的影响。有研究通过对某旅游目的国接待过中国人的餐馆、旅店进行调查，发现很多店主表示不愿意接待中国人，但是实际上不少店主都接待过中国人。这个研究很有力地说明了，行为与态度之间是存在着重要的差异性的。

教学互动5-2

主题：旅游地游客的忠诚意向主要包括游客的重游意向（意愿、倾向）和向亲朋好友推荐的意向（意愿、倾向）。其中，国内外旅游学术界对于游客的重游意向已经有了诸多研究文献。有非常多的研究投入到探讨游客重游意向（意愿、倾向）的影响因素中，诸如目的地形象、出游动机、感知价值和满意度等对游客重游意向的影响一直都是国内外旅游消费者行为研究的热点。

问题： 游客的重游意向必然导致重游行为吗？为什么？

要求： 同"教学互动1-1"的"要求"。

5.3.1　旅游消费者态度-行为关系的影响因素

事实上，不少研究表明，消费者的态度与其行为之间的关系受到不少因素的影响。以下是比较突出的几个因素：

1）态度的强度

越强烈的态度对行为的决定性作用越大。一个有着强烈的环境保护态度的生态旅游者要比一般的旅游者，在旅游过程中更容易表现出环境保护行为。如果要增强一般旅游者的环保态度，可以向其提供态度对象的信息，比如环境的脆弱程度，生态保护的急迫性等信息；还可以提供情境参与，让旅游者切身参与到旅游的环保活动中。

2）态度的特殊性水平

通过态度预测行为，要弄清楚态度指向的是一般群体还是特殊个体。比如，如果想通过了解国外旅游者对中国酒店的态度来预测其行为，那么了解这些旅游者对一个特定酒店品牌的态度比笼统的对中国酒店的整体态度，对行为的预测要准确些。

3）态度的可接近性

态度从记忆中提取的容易程度就是态度的可接近性。一般来说，态度越容易被我们意识到，其可接近性越高，对行为的影响越大。比如，对于学习人文历史的游客而言，文化保护、历史传承的态度会因为在学习中经常接触，而更容易理解。因此，这类旅游者在旅游中会表现出更多对当地文化的关注以及保护。

4）时间跨度

态度的表达与行为呈现之间的时间跨度越大，态度与行为之间的相关性就会越弱。研究表明，个体的态度会随着时间推进而淡化，或者在外界环境的变迁中而改变。如果要了解中国旅游者对西方购物旅游的态度，三年前的研究数据自然远不如三个月前的准确。因此，定期地对消费者态度进行调查研究是相关企业部门预测消费者行为的重要途径。

5）自我意识

内在自我意识高的人较为关注自身的行为标准，追求外在行为与内心意识的一致，用其态度预测行为会有较高的效度；而公众自我意识高的人比较关注外在的行为标准，面临较大的情境压力，会根据不同情境中公众的期望去选择不同行为，较难用其态度去预测行为。这种自我意识在跨文化交往活动中表现得十分突出，以往的研究也指出，受到社会价值体系的影响，相比于西方的高内在自我意识，东方人有更高的公众自我意识。

深度思考5-1

问题： 可持续旅游中的态度-行为差距的表现形式及原因有哪些？

5.3.2　旅游消费者对目的地态度的影响因素

1）旅游消费者对目的地态度的类型

尽管态度与行为不一定一致，但是通过旅游者的态度，仍然可以在一定程度上预测消费者的购买意向。在对旅游目的地的态度方面，旅游消费者比较常见的几种态度有：

（1）向往

向往通常是对目的地有狂热的感情，有比较坚定的信念，较常见的有宗教教徒对宗教圣地、购物狂对购物天堂的态度。带有这种态度的旅游者，只要外在条件许可，就会积极地采取行动奔赴目的地。

（2）期待

期待的态度在一般的旅游者身上都比较常见，对一个旅游目的地，人们总是希望从中得到一些日常生活中所没有的体验，或者得到身心方面的放松。比如，老年人的养生之旅期待旅游目的地能改善身体状况；学生的游学旅行期待旅游目的地能带来知识与精神的提升。

（3）好奇

一个陌生且带有神秘色彩的旅游目的地，总是能对一些好奇的旅游者产生足够的吸引力。这种好奇的态度是旅游活动的一大推动力。当年中国正式对外开放旅游活动后，不少西方的游客到中国旅游，正是基于对中国这个封闭多年的社会主义国家面貌的好奇。

（4）回避

回避的态度往往是基于消费者对目的地厌恶甚至是恐惧的情感产生的，这种态度在很大程度上受到目的地环境的影响。有些回避态度是长期的。比如，常年处于战乱状态的中东地区；一直以来社会治安极差、危险系数高的印度等。由于内部的政治社会文化环境的原因，游客对这些地区长期抱有一种负面的评价状态。有些回避态度是暂时性的。例如，"非典"期间，许多外国旅游者对中国的疫情蔓延产生恐惧，纷纷回避到中国旅游，但是在"非典"结束后，中国的入境旅游又开始恢复正常。

（5）抵制

抵制态度是指旅游者对目的地往往带有不满、反对情绪。这种态度的产生通常与一些地区之间的突发事件、政治冲突相关。典型的一个例子是 2010 年中国香港游客在菲律宾遭劫持事件（见本章的引例）。由于菲律宾政府无所作为的处理方式，导致香港游客伤亡，最终引爆了香港市民对菲律宾政府的不满。在事件之后的一段时间内，许多香港市民纷纷发起游行，抵制到菲律宾旅游。其他的例子还包括 2017 年前后中国内地游客抵制赴韩旅游、赴日旅游等。

◆ 课程思政 5-1 ◆

保障旅游者的生命与尊严

背景与情境： 广东决策研究院旅游产品研究中心副主任劳毅波认为，九成网友拒访菲律宾的背后，是一种兔死狐悲的情感（更多关于本案例的内容，请参见本章的引例）。不尊重游客安全的菲律宾，是不值得一去的目的地。这是共识达成的体现，是当今国人迈向理性出游的一步，是文明的象征。一直以来，菲律宾旅游在中国市场处于东南亚及南亚第五的地位，紧随新马泰和马尔代夫之后。由于历史形成的殖民地风情和出游价格低廉，菲律宾获得游客垂青。但这样的优势并不足以让菲律宾成为独一无二的必到景点，所以在人质事件之后，它在中国市场的地位岌岌可危。另外，这样

的安全事故并非如表面那样只是出于偶然，而是折射出这个国家社会管理长期存在的弊病。这样不稳定的社会对当地居民和游客来说都是很大的威胁，对旅游业发展有负面影响。"有命去，无命回"是网友们的调侃，但也不失为一种评价和思考。

如何解读香港一年菲律宾"零出团"现象呢？劳毅波认为，菲律宾人质事件引发的不仅仅是国人对国家尊严的维护，最重要的是游客选择出行目的地时，对自身安全的认识问题。"可以说，致使菲律宾遭中国游客'封杀'的根本原因，在于菲律宾整个国家对生命的漠视。"

（资料来源　蔡华锋. 九成网友抵制菲律宾游　专家称不尊重游客不值得去［N］. 南方日报，2011-08-31）

问题：为什么会出现对赴菲律宾旅游的抵制？它背后所蕴含的伦理与道德依据是什么？这些伦理与道德依据给旅游行业的从业人员以哪些启示？

2）影响旅游消费者对目的地态度的因素

旅游消费者对目的地的态度类型多种多样，对于不同的目的地或者不同的消费者，态度的类型是不一样的。综合前文关于态度的特点及相关的案例，可以将影响旅游消费者对目的地态度的因素大致分为三大方面：①旅游者个体因素，主要包括自身的经验认知、经历、个性、需求、价值观等。②外部环境因素，包括旅游消费者对目的地的态度，受到参照群体态度、社会规范以及情境压力的影响。③目的地因素，包括目的地的客观属性、功能（能满足旅游者哪方面的需求）、各方面的环境等。这三方面的具体的关系可参考图5-4。

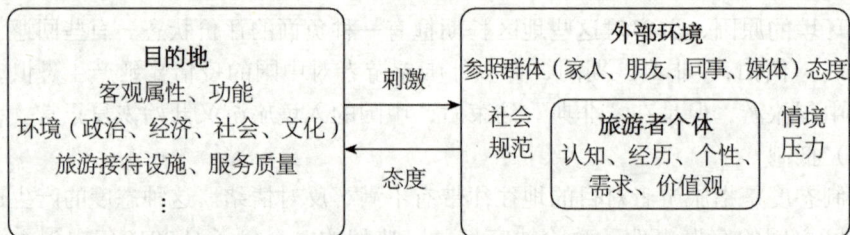

图5-4　旅游消费者对目的地态度的影响因素

同步思考5-2

问题：在旅游消费者对目的地态度的影响因素模型中，旅游消费者所处外部环境的三个方面是什么样的关系？

5.4　改变旅游消费者态度的策略

上文结合具体的实例阐述了旅游消费者态度的构成、特征，以及形成及改变的基础理论，也介绍了影响旅游消费者态度-行为关系的因素，以及影响旅游消费者对目的地态度的因素。这为我们认识旅游消费者的态度及其改变奠定了很好的理论基础。下文将基于旅游消费者态度构成的三个核心成分（认知成分、情感成分和行为倾向成分），从具体的策略出发，阐述如何进一步运用上述理论来改变旅游消费者的态度。

1）更新旅游产品与服务、提升旅游产品与服务质量

如前几章所述，改变旅游消费者态度的认知成分，可以从改变旅游消费者的感知

（第 2 章）以及激发旅游消费者的动机（第 3 章）出发。例如，为改变、强化旅游消费者的感知，可以采取目的地品牌更新策略（品牌策略）和旅游广告策略（沟通与促销策略）。更进一步，根据市场营销学的基本策略，为了改变旅游消费者态度的认知成分，旅游目的地和企业必须更新旅游产品与服务、提升旅游产品与服务质量。尤其是对于那些传统的旅游目的地和旅游企业而言，例如，桂林、张家界、九寨沟、黄山等传统观光旅游目的地以及深圳的锦绣中华、中国民俗文化村等传统的主题公园，旅游产品与服务的更新以及质量的提升，是走出旅游目的地发展生命周期的停滞阶段，继续保持吸引力和生命力的主要举措。在旅游产品与服务质量提升中，质量管理是重中之重。当然，在旅游产品与服务的更新、旅游产品与服务质量的提升工作进行中或完成之后，需要借助价格策略、分销策略、沟通与促销策略等，将这些信息传达至潜在和现实的旅游消费者。

　　2）采取灵活的价格策略

　　价格是市场营销组合因素中十分敏感又难以控制的因素。想要改变旅游消费者态度的认知成分，旅游目的地和旅游企业必须采取灵活的价格策略。主要的策略有：

　　（1）折扣与折让定价策略

　　折扣定价策略是指旅游企业为鼓励顾客大量购买、淡季购买等，通过对基本价格做出一定让步，酌情降低旅游产品的价格，借以争取顾客，扩大销量的价格调整。例如，针对淡旺季采取不同的门票价格、服务价格（例如，索道、观光车等），针对家庭、团队等不同的游客组合采取不同的门票价格、服务价格。这些定价策略，都能够强化潜在的、现实的旅游消费者对旅游目的地、旅游景区、旅游企业的认知，从而可能改变他们的态度。

　　（2）地区定价策略

　　地区定价策略是指旅游企业对于出售给不同地区（包括当地和外地不同地区）顾客的某种旅游产品，分别制定不同价格的策略。例如，针对旅游景区所在地和外地游客、针对本国居民和外国居民，采取不一样的门票价格。

　　（3）心理定价策略

　　心理定价策略是指旅游企业针对消费者求声望、求廉价、求划算等心理进行的价格调整策略。在旅游营销的定价方案中，较流行的有在线旅行商（携程、途牛、同程等）的超低价格方案，如"去哪儿网"曾经推出的"一元门票天天抢"等。

学习微平台

课程思政 5-2

◆◆ 业务链接 5-2 ◆◆

新开发旅游景区的定价策略

　　新开发的旅游景区最大的特点就是在旅游市场上，在潜在旅游消费者心目中并没有太大的知名度。因此，改变旅游消费者的态度主要是改变其认知维度。从定价策略来说，主要有以下两种：

　　①撇脂定价。它是指新开发的景区在开门迎客的初期就把门票价格、旅游服务价格定得很高，以获取最大利润，收回投资成本。采取这一定价策略且能成功的重要的认知性前提是：定价很高会使潜在消费者认为这是高档产品或服务。这种定价策略主要适用于具备以下条件的旅游景区：其一，有足够多的潜在需求者，并且他们对价格

学习微平台

延伸阅读 5-3

缺乏敏感性，即使门票再高，市场需求也不会大量减少。其二，市场竞争不激烈，甚至是区域内的独家经营者。这类旅游景区主要是主题公园。

②渗透定价。它是指旅游景区将门票价格、旅游服务价格定得相对较低，以大量吸引顾客，从而提升市场占有率。采取这一定价策略且能成功的重要的认知性前提是：低门票、低消费的景区，才是老百姓消费得起的，才能实现旅游作为生活必需品的宗旨。这种定价策略也有其适用条件：其一，市场需求者对价格很敏感。其二，旅游景区的边际成本较低，即每增加一个旅游者，景区新增的成本较低，远远低于新增旅游者的收益。

3）提升旅游消费者的活动参与度

从心理学的角度来看，个体所从事的社会活动的性质能决定个体的态度，也能改变个体的态度。因此，通过有意识地引导旅游消费者参加旅游活动，可以有力地促使旅游消费者对旅游产生积极的态度。其中，体验营销是提升旅游消费者的活动参与度的有效营销策略。在旅游消费者行为研究以及旅游营销实践中，体验营销的主要手段就是提升旅游消费者对旅游活动的参与度以及满意度。例如，近年来在海南许多滨海旅游度假区兴起的海上/海洋运动项目，就是很好的案例。潜水、香蕉船、摩托艇、半潜观光船、拖伞、帆船等项目都是不错的运动项目，能够丰富旅游消费者的体验。参与这些体验项目，能够给旅游消费者留下深刻的印象，从而不断地影响其自身的认知、情感和行为倾向，也能通过口碑推荐影响其他人的认知。有关体验营销的更多内容，详见第9章。

◆ 深度剖析5-1

问题：在微博营销中，影响旅游消费者态度的因子有哪些？其间存在什么差别？如何根据这种影响做好微博营销的内容？

✦ 本章概要

✿ 主要概念

态　度　旅游消费者态度　行为倾向

✿ 内容提要

•本章主要介绍了旅游消费者态度的理论基础，包括旅游消费者态度的定义与构成、特性，旅游消费者态度形成与改变的基础理论，影响旅游消费者态度的营销，以及改变旅游消费者态度的策略。

•旅游消费者的态度形成与改变具有一定的规律。旅游目的地和旅游企业要使旅游消费者对其产品和服务产生较好的态度，应从相应的态度理论入手。

•旅游消费者的态度在一定程度上可以用于预测他们的购买意向。了解旅游消费者对旅游产品的态度有助于预测旅游消费者的行为。

•旅游消费者对目的地的态度受到旅游消费者的个体因素、所处的外部环境以及目的地属性三方面的影响。

✿ 内容结构

本章内容结构如图5-5所示：

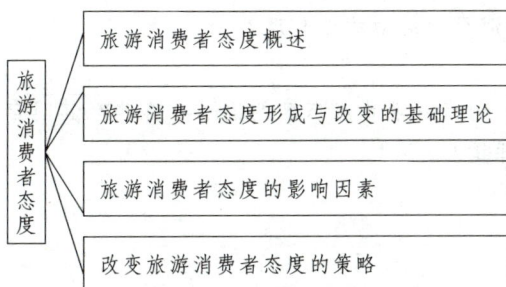

图5-5 本章内容结构

☆ 重要观点

观点5-1：态度是个体对某一特定事物、观念或他人稳定、持久的，由认知、情感和行为倾向三个成分组成的心理倾向。

常见置疑：态度是个体对某一特定事物、观念或他人的行为倾向。

释疑：态度是个体的心理倾向，由认知、情感和行为倾向三个成分组成。态度构成的三个成分缺一不可，且层层递进。例如，一般而言，认知是情感的基础，而认知和情感均是行为倾向的基础。态度构成的三个成分的内在一致性对个体的行为有重要的影响。

观点5-2：影响旅游消费者对目的地态度的三大因素（参照群体态度、社会规范、情境压力）是互相关联、互相影响的。

常见置疑：为什么这三个因素是互相关联、互相影响的？应该如何理解？

释疑：以中国香港公民对赴菲律宾旅游的愤怒态度为例。中国香港公民的愤怒，一方面是因为他们处在旅游消费者的人权必须得到有效的保护的社会规范认知中；另一方面，身边的所有亲朋好友、同事，甚至不熟悉的路人（以及网民）都在表达对这件事的不满，处在这种情境压力下的任何一个中国香港公民都可能会对赴菲律宾旅游产生负面的态度。

✦ **单元训练**

☆ 传承型训练

▲ 理论题

△ 简答题

1）简述旅游消费者态度的定义与构成。

2）简述旅游消费者态度的特性。

3）简述旅游消费者态度形成与改变的基础理论。

4）简述影响旅游消费者对目的地态度的因素。

△ 讨论题

1）如何将认知失调理论运用于分析旅游消费者态度的改变？

2）参照群体态度、社会规范、情境压力三者是什么样的关系？

3）可持续旅游中的态度–行为差距的表现形式及原因有哪些？

▲ 实务题

△ 规则复习

1）如何测量中国国内旅游者纪念品购买态度的影响因素？

2）旨在改变旅游消费者态度认知成分的定价策略有哪些？

3）如何提升旅游消费者活动的参与度？

△ 业务解析

在微博营销中，影响旅游消费者态度的因子有哪些？其间存在什么差别？如何根据这种影响做好微博营销？

▲ 案例题

△ 案例分析

【训练项目】

案例分析-Ⅴ。

【训练目的】

见本章"学习目标"中"传承型学习"的"认知弹性"目标。

【教学方法】

采用"案例教学法"。

【训练任务】

同第4章本题型的其他"训练任务"。

【相关案例】

台湾旅游团态度的转变

背景与情境： 某旅行社接待了一个来自中国台湾地区的旅游团，旅游团一路上误机、误餐，客人怨声载道。于是，旅行社派了一名经验丰富的导游接待了这个团。这名导游看到客人们一个个怒气冲冲，就想办法寻找话题，给客人一点心理上的安慰。他走到一名中年妇女面前，和气地说："太太，您是从台湾什么地方来的？"女士说："小地方，说了你也不知道。""你说说是哪里，也许我知道呢。"女士说出了她的家乡，果然是小地方。但是导游却十分了解这个地方，还能背诵当地一个著名亭子上的对联。于是客人们纷纷与这位导游攀谈起来，主客之间的关系融洽了。在整个游览期间，这位导游尽职尽责，努力满足客人们的各种要求，不仅化解了客人们的不满，还赢得了他们的赞赏。

问题：

1）本案例主要涉及本章的哪些知识点？

2）本案例中，台湾旅游团的态度为什么会转变？

3）怎样转变旅游消费者的态度？

【训练要求】

同第1章本题型的"训练要求"。

【成果形式】

1）训练课业：《"台湾旅游团态度的转变"案例分析报告》。

2）课业要求：同第1章本题型的"课业要求"。

△ 课程思政

【训练项目】

课程思政-Ⅴ。

【训练目的】

见本章"学习目标"中"传承型学习"的"认知弹性"目标。

【教学方法】

同第1章本题型的"教学方法"。

【训练准备】

同第1章本题型的"训练准备"。

【相关案例】

旅游景区促销"怪招"频出

背景与情境： 据中国之声《新闻纵横》报道，2013年"五一"假期刚刚过去，记者在调查中发现，就在部分景区铆足了劲涨价之时，一些景点却为招揽游客亮出了奇招，在门票销售上花样百出。有在景区门口背诗就能免票的，有按姓氏、生肖免门票的，最离奇的是，在景区门口喊一声妈，景区就免门票。

记者调查发现，景区在门票上的促销大体有以下方式：第一种，特定的姓氏就可免票。在河南，汤阴岳飞庙出新规：4月29日至5月1日，全国各地岳姓游客参观岳飞庙景区，凭身份证可免费。对于这样的免票政策，景区管理方解释称：岳姓和岳飞的渊源不言而喻。第二种，背诗、背古文免票。"五一"假期，被称为"江南三大名楼"的江西滕王阁景区推出"背诗免票游"活动，游客只要能背出700多字的名篇《滕王阁序》，就可以免费在景区游玩。和前两类相比，第三种门票促销方式则颇受争议。河南济源黄河三峡景区推出"叫妈免费活动"：4月23日起至5月12日"母亲节"当天，凡带母亲游览，并在景区门口当场叫妈且对方答应者，则两人均可免门票。

对于这些促销方式，有人认为"新规"毕竟让一部分游客得到了实惠，在习惯了景区"涨价潮"的当下，这种举措值得赞赏。而也有人表示，景区促销怪招频出，主要是因为旅游市场竞争日益激烈，许多景区为吸引游客不得不采取一些另类促销手段。

中国社科院旅游研究中心特约研究员刘思敏指出，在大家认为门票的绝对价格比较高的情况下，有一些景区特别是一些不太知名的景区，在做营销的时候就必然会利用大家这种希望门票降价、免票的心理，采取一些营销的噱头。

（资料来源　季苏平. 景区假期促销怪招频出现闹剧专家批噱头 [EB/OL]. [2013-05-03]. http：//politics.people.com.cn/n/2013/0503/c70731-21352427.html）

问题：

1）在本案例中，存在哪些方面的思政问题？

2）试对上述问题做出你的思政研判。

3）说明你所做思政研判的依据。

4）请从旅游消费者态度的构成、特点、形成与改变的策略出发，从道德研判的角度对上述现象产生的原因进行说明。

【训练要求】

同第1章本题型的"训练要求"。

【成果形式】

1）训练课业：《"旅游景区促销'怪招'频出"思政研判报告》。

2）课业要求：同第1章本题型的"课业要求"。

▲ 实践题

【训练项目】

"改变旅游消费者态度的策略"知识应用。

【训练目的】

见本章"章名页"之"学习目标"中的"实践操练"目标。

【教学方法】

同第4章本题型的"教学方法"。

【训练准备】

知识准备：

1）本章理论与实务知识。

2）表5-1中各技能点的"参照规范与标准"。

3）表5-2中各道德范畴的"参照规范与标准"。

指导准备：

1）教师向学生阐明"训练目的"和"训练内容"。

2）教师指导学生制订《实践计划》和《旅游产品与服务更新规划》（或《"采取灵活价格策略"方案》，或《"提升旅游消费者活动参与度"方案》）。

3）教师向学生说明本次实践应该注意的问题。

【训练内容】

专业能力训练：其领域、技能点、名称和参照规范与标准见表5-1。

【训练内容】

表5-1　　　　　专业能力训练领域、技能点、名称和参照规范与标准

能力领域	技能点	名称	参照规范与标准
"改变旅游消费者态度的策略"知识应用	技能1	"更新旅游产品与服务、提升旅游产品与服务质量"知识应用技能	1）能全面把握"更新旅游产品与服务、提升旅游产品与服务质量"的理论与实务知识 2）能正确应用上述知识，有质量、有效率地进行以下操作： （1）更新旅游产品与服务、提升旅游产品与服务质量 （2）能参照相关实践范例，为某个旅游景区设计有市场感召力和较高附加值的《旅游产品与服务更新规划》
	技能2	"采取灵活的价格策略"知识应用技能	1）能全面把握"采取灵活的价格策略"的理论与实务知识 2）能正确应用上述知识，有质量、有效率地进行以下操作： （1）针对淡旺季采取不同的门票价格、服务价格 （2）针对旅游景区所在地和外地游客、针对本国居民和外国居民，采取不一样的门票价格 （3）利用消费者求声望、求廉价、求划算的心理制定价格 （4）能参照相关实践范例，为某个旅游消费群体制订有较强可行性的《"采取灵活价格策略"方案》
	技能3	"提升旅游消费者的活动参与度"知识应用技能	1）能全面把握"提升旅游消费者的活动参与度"的理论与实务知识 2）能正确应用上述知识，有质量、有效率地进行以下操作： （1）有意识地引导旅游消费者参加旅游活动 （2）能参照相关实践范例，为某个旅游消费群体制订有较强可行性的《"提升旅游消费者活动参与度"方案》

职业道德训练：其范畴、名称、等级、参照规范与标准及选项见表 5-2。

表 5-2　　　　　　　　　　　　　　　**职业道德训练选项表**

道德领域	道德范畴	名称	等级	参照规范与标准	选项
职业道德	范畴 1	职业观念	认同级	同本教材"附录四"附表 4 的参照规范与标准	√
	范畴 2	职业情感	认同级	同本教材"附录四"附表 4 的参照规范与标准	
	范畴 3	职业理想	认同级	同本教材"附录四"附表 4 的参照规范与标准	√
	范畴 4	职业态度	认同级	同本教材"附录四"附表 4 的参照规范与标准	√
	范畴 5	职业良心	认同级	同本教材"附录四"附表 4 的参照规范与标准	√
	范畴 6	职业作风	认同级	同本教材"附录四"附表 4 的参照规范与标准	
	范畴 7	职业守则	认同级	同本教材"附录四"附表 4 的参照规范与标准	√

【组织形式】

同第 4 章本题型的"组织形式"。

【训练任务】

1）对表 5-1 所列"专业能力领域"各技能点，依照其"参照规范与标准"实施阶段性基本训练。

2）对表 5-2 所列"职业道德"选项，依照本教材"附录四"附表 4 的"参照规范与标准"实施"认同级"融入性训练。

【训练要求】

同第 4 章本题型的"训练要求"。

【情境设计】

将学生组成若干实践团队，结合实践训练项目，在本地选择一个旅游景区，结合该景区和目标旅游消费群体的具体情况，应用"改变旅游消费者态度的策略"的实务知识，为该景区制定《旅游产品与服务更新规划》（或《"采取灵活价格策略"方案》，或《"提升旅游消费者活动参与度"方案》），并"认同级"融入"职业道德"选项各行为规范，分析总结此次实践活动的成功与不足，在此基础上撰写相应《实践报告》。

【训练时间】

本章课堂教学内容结束后的一周。

【训练步骤】

1）各团队结合实践操练项目，在本地选择一个旅游景区，结合该景区和目标旅游消费群体的具体情况，制订《"'改变旅游消费者态度的策略'知识应用"实践计划》。

2）各团队实施《"'改变旅游消费者态度的策略'知识应用"实践计划》，分别依照表 5-1 中"技能 1"~"技能 3"的"参照规范与标准"，应用相关知识，为该景区制订《旅游产品与服务更新规划》（或《"采取灵活价格策略"方案》，或《"提升旅游消费者活动参与度"方案》），系统体验其各项技能操作。

3）各团队依据相关"参照规范与标准"，在上述各项技能的专业操作中"认同级"融入表5-2中选项的各种行为规范。

4）各团队总结本次实践的操作体验，分析其成功经验和存在问题，提出改进建议。

5）各团队在此基础上撰写作为"成果形式"的实践课业。

6）在班级讨论交流、相互点评与修订各团队的实践课业。

【成果形式】

1）实践课业：《"'改变旅游消费者态度的策略'知识应用"实践报告》。

2）课业要求：

（1）将《实践计划》和《旅游产品与服务更新规划》（或《"采取灵活价格策略"方案》，或《"提升旅游消费者活动参与度"方案》）以"附件"形式附于《实践报告》之后。

（2）同第4章本题型的其他"课业要求"。

✳ 建议阅读

［1］白凯. 旅游者行为学［M］. 北京：科学出版社，2013：163-180.

［2］郭国庆. 市场营销学通论［M］. 北京：中国人民大学出版社，2014：209-226.

［3］乐国安. 应用社会心理学［M］. 天津：南开大学出版社，2003：187-225.

［4］所罗门，卢泰宏，杨晓燕. 消费者行为学［M］. 8版.北京：电子工业出版社，2009.

［5］吴清津. 旅游消费者行为学［M］. 北京：旅游教育出版社，2006：122-125.

［6］HUANG S，VAN DER VEEN R.The moderation of gender and generation in the effects of perceived destination image on tourist attitude and visit intention：a study of potential Chinese visitors to Australia［J］. Journal of Vacation Marketing，2019，25（3）：375-389.

［7］JUVAN E，DOLNICAR S.The attitude-behavior gap in sustainable tourism［J］. Annals of Tourism Research，2014，48：76-95.

［8］LI M，CAI L. Souvenir shopping attitudes and behavior among Chinese domestic tourists：an exploratory study［J］. Journal of China Tourism Research，2008，4（2）：189-204.

［9］MCKERCHER B，TSE T S M.Is intention to return a valid proxy for actual repeat visitation?［J］. Journal of Travel Research，2012，51（6）：671-686.

第 6 章
社会环境因素与旅游消费者行为

▶ **学习目标**

▷ **传承型学习**

通过以下目标，建构以"社会环境因素与旅游消费者行为"为阶段性内涵的"传承型"专业学力：

理论知识：学习和把握参照群体的概念、分类和对旅游消费者行为的影响，社会阶层的概念与特征，不同社会群体的旅游消费行为特征，旅游消费者社会交往的特点与层次，旅游体验中的主客交往，旅游者之间的社会交往，家庭的概念、类型与生命周期，家庭成员在消费过程中的角色，家庭旅游消费者的影响因素等陈述性知识；用其指导"同步思考"、"延伸思考"、"深度思考"、"教学互动"和相关题型的"单元训练"；体验"社会环境因素与旅游消费者行为"中"理论知识"的"传承型学习"及其迁移。

实务知识：学习和把握基于参照群体的旅游营销，基于社会阶层的旅游营销，基于社会交往的旅游营销，基于家庭的旅游营销，以及"业务链接"等程序性知识；用其规范相关题型的"单元训练"；体验"社会环境因素与旅游消费者行为"中"实务知识"的"传承型学习"及其迁移。

认知弹性：运用本章理论与实务知识研究相关案例，对"引例"、"同步案例"和章后"案例分析－Ⅵ"进行多元表征，体验"社会环境因素与旅游消费者行为"中"结构不良知识"的"传承型学习"及其迁移；依照相关行为规范对"课程思政6-1"、"课程思政6-2"和章后"课程思政－Ⅵ"进行思政研判，激发与"直播推广"、"形象代言"和"走婚"等议题相关的法律和价值观思考，促进健全职业人格的塑造。

实践操练：参加"'基于社会环境因素的旅游营销'知识应用"的实践训练。在了解和把握本训练所及"能力与道德领域"相关技能点的"参照规范与标准"基础上，通过对"知识准备"所列知识的运用，相关"参照规范与标准"的遵循，系列技能操作的实施，相应《实践报告》的准备、撰写、讨论与交流等有质量、有效率的活动，系统体验其诸多技能的"传承型学习"及其迁移；通过践行"职业道德"选项的行为规范，体验"职业道德"规范的"传承型学习"（内化级）及其迁移，促进健全职业人格的塑造。

学习微平台

思维导图6-1

引例：参照群体对内地赴港旅游者的影响

背景与情境： 在出境旅游过程中，人们的出游决策总是受到其他人和群体的影响。有研究（Hsu，Kang & Lam，2006）针对中国内地居民赴港旅游的决策展开了调查。从"对参照群体意见的感知"（perception of reference groups）以及"实际决策时听取参照群体意见的可能性"（likelihood to comply with reference groups）两个维度展开聚类分析时发现，受访的中国内地赴港旅游者可以被分为以下三类：其一，"家庭影响型旅游者"（family-influenced visitors）。他们对家庭成员的意见有更加正面的感知且更可能听从其他家庭成员的意见或受他们影响。其二，"亲朋好友影响型旅游者"（friends/relatives-influenced visitors）。他们对亲朋好友的意见有更加正面的感知且更可能听从亲朋好友的意见或受他们影响。其三，"独立思考型旅游者"（independent thinking visitors）。这种类型的内地赴港旅游者有着自己独立的思考和决策过程，受家庭成员或亲朋好友意见的影响较小。

（资料来源　HSU C H C，KANG S K，LAM T.Reference group influences among Chinese travelers[J].Journal of Travel Research，2006，44（3）：474-484）

上述案例所展现的情形，是旅游消费者出游时经常面对的。旅游者的出游，总是会受到诸多其他社会成员和因素的影响。那么，除了家庭、亲朋好友外，影响旅游消费者行为的群体还有哪些？他们是如何影响旅游消费者行为的？如何基于不同的旅游消费者社会环境展开旅游营销活动？上述问题都是本章试图回答和阐述的。

6.1　参照群体与旅游消费者行为

6.1.1　参照群体概述

1）群体

社会心理学认为，群体是指那些成员间互相依赖、彼此间存在互动的集合体。在群体中，人们常常以一定的社会阶层的纽带相联结，以共同的文化相联系。群体具备的基本特征：其一，群体成员需以一定纽带联系起来。例如，以血缘为纽带组成氏族和家庭，以地缘为纽带组成邻里群体。其二，成员之间有共同目标，并保持持续的相互交往。其三，群体成员之间有共同的群体意识和规范。

学习微平台

同步链接6-1

1942年，美国社会学家海曼（H.Hyman）提出了参照群体这一概念，用以描述个人心目中想要加入的或理想中的群体。人们通过与参照群体的对比确定自己的地位，并把参照群体的价值和规范体系视为个人的目标或标准。因此，严格来说，参照群体是（旅游）消费者在某种特定情境下，作为行为标准和指南并加以模仿的群体。因此，在消费者行为领域，可以对参照群体进行如下界定：**参照群体（reference group）是指一群与消费者紧密相关，同时能对消费者的评估、期望和行为产生影响的个体。**换言之，参照群体实际上是个体在形成购买或消费决策时，用以作为参照、比较的个人或群体。参照群体在三个方面对消费者的行为产生影响：信息、功利和价值表达。

2）群体的分类

参照群体根据不同的标准，可分为以下四类：

（1）依照组成形式划分

依照组成形式划分，群体可分为正式参照群体与非正式参照群体。参照群体可以是有明确的结构、完备的章程、要举行例会的大规模正式群体，也可以是几个朋友或同事等组成的非正式的小型群体。一般来说，小的、非正式的群体对个人消费者更具影响力。这些群体与消费者的日常生活关系密切，因而这些群体所确立的行为标准往往对个体消费者的行为具有更强的规范作用。举例来说，子女受父母的影响，往往会在食品的营养标准、衣着打扮、购物等方面形成特定的观念和态度。大规模的正式群体则容易成为个体消费者评价自己或别人的比较标准和出发点。

（2）依照接触特性划分

依照接触特性划分，群体可分为成员群体和渴望群体。当消费者积极参加某一群体的活动时，该群体通常会作为他的参照群体。这种由消费者相识的人组成的参照群体称为成员群体。有些消费者认为自己所隶属的群体不符合其理想标准，因而以其他群体作为参照群体。这种由消费者羡慕、钦佩的人组成的参照群体称为渴望群体，如成功的商人、著名的运动员、影视明星等。

（3）依照影响性质划分

依照影响性质划分，群体可分为正面的参照群体和负面的参照群体。参照群体对消费者既可施加正面的影响，也可施加负面的影响。在大多数情况下，消费者按照参照群体的行为模式来塑造自己的行为。但在一些情况下，消费者会努力疏远心目中的"回避群体"（avoidance groups）。

（4）依照隶属关系和影响划分

依照隶属关系和影响划分，群体可分为接触群体、渴望群体、否认群体和回避群体。接触群体，是消费者具有成员资格，且认同、接受其态度、价值观和行为标准的群体。渴望群体，是消费者不具有成员资格，但希望加入的群体。否认群体是消费者具有成员资格，但对其行为标准、态度和价值观持否定或反对态度的群体。回避群体，是消费者尽力避免加入或对其持否定态度的群体。对于接触群体和渴望群体，消费者会模仿该群体成员的行为举止；对于否认群体和回避群体，消费者对该群体行为方式和价值观会持厌恶和否定态度。

6.1.2　参照群体对旅游消费者行为的影响

如前所述，参照群体在信息、功利和价值表达这三个方面对消费者的行为产生影响。参照群体对旅游消费者行为的影响亦然。具体如下：

1）在信息方面影响旅游消费者

在信息方面影响消费者是指参照群体成员的行为、观念、意见被个体作为有用的信息予以参考和仿效。当消费者对所购产品缺乏了解，凭眼看手摸又难以对产品品质做出判断时，别人的使用和推荐将被视为非常有用的证据。在旅游消费者的决策（详见第 8 章有关旅游产品的购买决策的内容）中，他们通常会通过各种渠道向他人（旅游专家、在线论坛评论员、旅游企业员工、亲朋好友等）咨询关于旅游目的地和旅游企业的信息。参照群体在信息方面对个体旅游消费者的影响，取决于被影响者与群体成员的相似性，以及施加影响的群体成员的专长性，甚至信息的语言风格也会影响信息受众对信息的反应。例如，吴洛容等（Wu, Shen, Fan & Mattila, 2017）的研究发现，当某条评论是由一个低专业水平的评论者发布时，如果这条评论是以一种文饰性的（figurative）语言，而不是平实的（literal）语言写成的，消费者实际上会表现出更低的态度水平和预定意向。当评论是由高专业水平的评论者发布时，语言风格的影响则会减弱。

2）在功利方面影响旅游消费者

参照群体在功利方面对旅游消费者的影响，实际上也通常理解为在规范方面对旅游消费者的影响。所谓规范，就是指在一定社会背景下，群体对其所属成员行为的合理期待，它是群体为其成员确定的行为标准。规范往往与一定的奖励和惩罚关联。为了获得参照群体的赞赏或避免惩罚，个体消费者会按参照群体的期望行事。例如，为了迎合同事的期望，个人会购买同事偏好的某一特定品牌；为了满足他人对自己的期待，个人的品牌选择会受到影响。在旅游消费者行为领域，参加旅行团的旅游者通常都会自我约束，在旅途中增强时间意识，以免耽误整个团队的行程。在出境旅游时，大部分中国游客往往会顾及自己作为中国人的身份，注重脸面，从而小心行事并以其他中国游客和国外游客的行为作为参照以约束自己的行为，以避免不文明旅游行为（Zhang，Peace & Chen，2019）。

3）在价值表达方面影响旅游消费者

在价值表达方面影响旅游消费者，是指个体自觉遵循或内化参照群体所具有的信念和价值观，从而在行为上与之保持一致。例如，某位旅游者感到那些有艺术气质和素养的人通常是留长发、蓄络腮胡、不修边幅的，于是他也留起了长发，穿着打扮也不拘一格，以模仿他所理解的那种艺术家的形象。此时，这位旅游者就是在价值表达方面受到参照群体的影响。

◆ **同步思考 6-1**

问题： 参照群体的影响力是否存在差异？

6.2 社会阶层与旅游消费者行为

6.2.1 社会阶层概述

社会阶层是指全体社会成员按照一定的等级标准划分为在地位上彼此相互区别的社会集团。近年来，随着我国社会的快速发展，主流意识形态也发生了相应的迅速变化，"社会阶层"一词逐渐取代"阶级"，成为描述社会结构的核心词汇。与阶级相比，社会阶层侧重的是经济层面而非政治层面的。社会阶层的概念源于西方，阶层理论认为理想的社会结构应为两头尖、中间宽的橄榄形，而非金字塔或哑铃形；其中，产生了中产阶层这一概念，这是近几年在国内被广泛探讨和使用的，虽然仍没有一个确切的边界，但这一概念已深入人心，成为社会结构研究中的一个有效角度。

◆ **同步思考 6-2**

问题： 中国内地的中产阶层规模有多大？

◆ **同步案例6-1**

中国的社会阶层

背景与情境：陆学艺（2002）主编的《当代中国社会阶层研究报告》将当代中国社会阶层划分为以下十类。

①国家与社会管理者阶层：指在党政、事业和社会团体机关单位中行使实际的行政管理职权的领导干部。具体包括：中央政府各部委和直辖市中具有实际行政管理职权的处级及以上行政级别的干部；各省、市、地区中具有实际行政管理职权的乡科级及以上行政级别的干部。

②经理人员阶层：指大中型企业中非业主身份的中高层管理人员。这一阶层同国家与社会管理者（干部）阶层和私营企业主阶层之间的区分界线还没有完全明晰化，其阶层内部的不同来源的成员，在社会政治态度和利益认同方面还有明显差异。这一阶层的社会来源主要是三部分人：第一部分是原来的国有和集体企业干部。第二部分是来自较大规模的私营企业或高新科技产业领域中的民营企业管理人员。第三部分是"三资"企业的中高层管理人员。

③私营企业主阶层：指拥有一定数量的私人资本或固定资产并进行投资以获取利润的人，按照现行政策规定，即包括所有雇工在8人以上的私营企业的业主。

④专业技术人员阶层：指在各种经济成分的机构（包括国家机关、党群组织、全民企事业单位、集体企事业单位和各类非公有制经济企业）中专门从事各种专业性工作和科学技术工作的人员。

⑤办事人员阶层：指协助部门负责人处理日常行政事务的专职办公人员，主要由党政机关中的中低层公务员、各种所有制单位中的基层管理人员和非专业性的办事人员等组成。

⑥个体工商户阶层：指拥有较少量私人资本（包括不动产）并投入生产、流通、服务业等经营活动或金融债券市场而且以此为生的人。

⑦商业服务业员工阶层：指在商业和服务行业中从事非专业性的、非体力的和体力的工作人员。

⑧产业工人阶层：指在第二产业中从事体力、半体力劳动的生产工人、建筑业工人及相关人员。

⑨农业劳动者阶层：该阶层是指承包集体所有的耕地，以农（林、牧、渔）业为唯一或主要的职业，并以农（林、牧、渔）业为唯一收入来源或主要收入来源的人员。这是目前中国规模最大的一个阶层。

⑩城乡无业、失业、半失业者阶层：指无固定职业的劳动年龄人群（排除在校学生）。体制转轨和产业结构调整导致一批工人和商业服务业人员处于失业、半失业状态。

问题：依据上文有关社会阶层定义的知识，结合案例内容，分析中国的社会阶层具有哪些特征。

◆ **深度思考6-1**

问题：社会阶层之下，是否还存在更小的社会单元？

6.2.2　不同社会阶层群体的旅游消费行为特征

由于社会阶层是指全体社会成员按照一定的等级标准划分为在地位上彼此相互区

别的社会集团，因此，不同的社会阶层必然在职业、收入、教育水平、权力和声望等方面存在差异。毫无疑问，这些标准也是影响旅游消费者行为的重要因素。因此，不同社会阶层的旅游消费行为有着不同的特征，具体如下：

1）高阶层群体的旅游消费行为特征

高阶层是社会上最富有、最有权力、最具声望的阶层。因而，他们的旅游消费结构中，享受服务占据很大的比重。他们更多地追求高品位、维持高品质。保继刚等（Bao et al.，2019）的研究指出，精英阶层（elite group）已经成为中国内地出境旅游消费的主导力量并正促成中国内地出境旅游的"第三波浪潮"（the 3rd wave）。

2）中等阶层群体的旅游消费行为特征

中等阶层者是各自事业上的成功者。他们的旅游消费活动指向是社会接受性。他们对自己的形象倍加关注，重视"体验"。

3）低阶层群体的旅游消费行为特征

低阶层者是普通劳动者。他们虽然在经济上并不富有，但是大部分人热爱生活。他们一旦外出旅游，常常表现出一种立即获得和立即满足。例如，近年来日渐受到关注的农民旅游，就体现出较低阶层民众旅游消费的上述特点。

◆ **延伸思考6-1**

问题：不同社会阶层群体的旅游消费行为是否截然不同？

◆ **同步案例6-2**

社会阶层视野下的中国出境旅游消费

背景与情境：2010年9月，"网易旅游频道"与中山大学旅游学院联合发布了《中国网民旅游休闲生活及出境旅游消费状况调查报告》。社会阶层视野下的出境旅游消费状况的基本信息摘录如下：

①职业

企业/公司员工与政府机关/事业单位普通职工是出境游的主要群体（如图6-1所示）。出境旅游需要相对较高的经济实力和较多的空闲时间，公司员工与事业单位职工对此都能满足。同时，这两类群体还很可能因公出差从而获得出境旅游的机会。

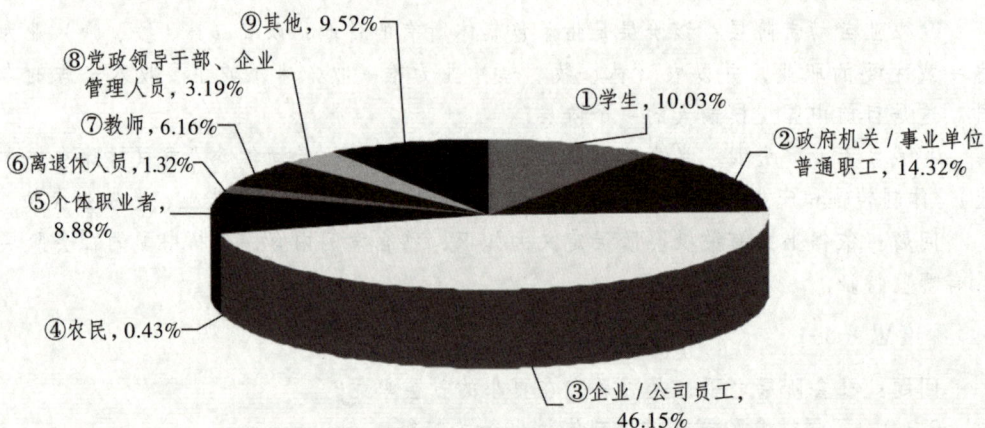

图6-1　出境旅游网民职业结构分布图

②教育背景与收入

出境旅游网民群体呈现出高学历与中等收入特征。大专/大学及以上学历的达到85.36%；月收入2 000～5 000元的网民占52%，5 000元以上的超过20%。

另外，中国旅游研究院发布的《中国出境旅游发展年度报告2014》显示，在市场规模不断扩大的过程中，出境旅游的市场需求和现实消费迅速平民化与多元化。出境客源地正在从一线城市与沿海地区向二三线城市群和中西部地区转移。约70%的游客选择自助出行，中等价位的星级酒店最受青睐，购物项目已经从奢侈品转向更为实用、大众化的货品。

但必须要指出的是，相比2012年（25%左右），2013年月收入在10 000元以上的出境旅游者的比例接近60%；月收入在1 001～2 000元、2 001～3 000元、3 001～5 000元、5 001～10 000元这几个区间的出境旅游者的比重均比2012年有明显下降。而2013年，选择豪华酒店（四星级酒店及以上）的出境旅游者的比重，较2012年上升了至少7个百分点。此外，2013年，出境旅游者消费总额中，购物的比重（52%左右）比2012年（34%左右）上升了18%左右。也就是说，对于中国的出境旅游者而言，购物越来越成为主要的消费项目。

近年来，上述情况得以延续。中国旅游研究院发布的《中国出境旅游发展年度报告2019》显示，2018年，受访中国内地出境游客中，学历为专科的占35.03%，大学本科占21.95%，硕士及以上占4.35%，三者共计61.33%；税前月收入为5 001~8 000元的超过30%，3 001~5 000元的为20%；购物依旧是占比最高的消费项目。

问题：依据上文有关社会阶层与旅游消费者行为的知识，分析上述案例展示的核心现象及其原因。

6.3　社会交往与旅游消费者行为

6.3.1　社会交往概述

社会交往对于人类来说如同布帛菽粟，不可或缺。对于个体的人而言，也是如此。马克思主义认为社会交往的三大功能之一就是"促进人的全面发展"，交往行为服务于文化知识的传递和更新，服务于社会统一和联合的形成，服务于个人社会化。"交互和规范理论"学派认为，交往是社会的黏合剂，是社会生活的重要驱动力。在实际的社会群体中，社会交往既是习俗的基础，也是变革的源泉。所以，人类在其发展过程中总是自觉或不自觉地寻找着交往的机会，发展着交往的能力。在现代社会中，旅游成为一种十分重要的交往方式。所谓**社会交往**，是一种暂时性的个人之间的非正式平行交往，是人类社会重要的一种交往方式。

6.3.2　旅游消费者社会交往的特点与层次

旅游消费者的社会交往，在时间上起始于体验过程的开始，终止于体验过程的结束。在旅游消费者的社会交往期间，由于交往对象一般是脱离了原社会系统职能约束的平等的旅伴（其他旅游者）、旅游目的地居民或旅游业的从业人员，所以彼此的沟通多为平行的方式，并以感情上的沟通或物品交易为主要内容。

1）旅游消费者社会交往的特点

旅游者的社会交往具有异于日常交往的三个特点：第一，超越功利性。日常生活交往或多或少地带有一些功利的目的，旅游者的社会交往则是出于情感的需要而发生的，鲜有功利目的。第二，交往关系的单一性。旅游者的社会交往本质上只有两种：其一，买卖关系的交往。买卖双方的地位并不平等，是一种服务与被服务的关系，而且经常导致两者的不和与冲突，是导致消极体验的主要人际互动形式。其二，旅游者角色之间的交往。这是一种主体处于平等地位的交往关系，交往的发生、发展几乎完全依照交往主体的意愿来决定，因此这种交往主要带来积极的情感体验。第三，交往的暂时性。旅游者的社会交往的上述特点，是理解旅游者的社会交往的关键，同时也是预测、指导旅游者行为的主要依据。

2）旅游消费者社会交往的层次

旅游者的社会交往的层次指的是交往的距离和交往的密切程度。交往的距离并不是指参与交往的人相处的空间距离远近，而是指人际交往的深度和密切程度。交往质量的高低反映了交往者之间心理上的吸引力和满足程度，即取决于交往的人而不是交往本身。因此，交往是有层次差异的，旅游者的社会交往也一样。交往的层次反映着旅游者与他人相互作用的强弱程度，谢彦君（1999）将其分为六个等级，即隔离、潜交、示意、互动、互助和竞争，依次具体阐述如下：

（1）隔离交往

隔离属于否定性的交往，是交往处于零水平的状态。处于严格隔离状态下的人不仅人身活动自由受到制约，而且也可能失去与他人进行交流、联络的权利，甚至个人的成员归属资格也被剥夺。由于旅游活动是以旅游者个人的人身自由为前提条件，因此在旅游者身上一般不会发生隔离性的交往（旅游者在旅游体验的过程中所发生的非自愿性的隔离则不在此列）。但是我们也确实能够发现个别的旅游者在旅游过程中极力避开与人接触，独来独往，如有些特定文化背景下的背包客在目的地就喜欢独来独往。这种情况可以说仅仅是部分内容上的隔离，因为旅游者总要与他人（其他旅游者、旅游业从业人员、旅游目的地居民）发生交换及信息沟通。在现代社会，旅游者要想"不食人间烟火"而周游天下是不太可能的。

（2）潜在性交往（潜交）

这种交往虽然没有发生现实的接触，但已经是一种存在。旅游者在动身之前，已经"身未动、心已远"，凭借旅游目的地营销部门发布的广告宣传或耳闻目睹的其他社会媒介材料，已经在揣摩旅游接待行业的经营者的服务特征和旅游目的地居民的接待态度了。只要一个人想外出到某地旅游，他/她与该旅游目的地的居民、旅游企业的经营者以及其他的旅游者便已经产生一种潜在的交往关系了。潜交是形成旅游期望时的一个重要因素。在潜交阶段，旅游者要充分了解交往对象的文化特点，了解其社会经济方面的背景，这样才能使潜交成为协调旅游期望与旅游偏差的积极先导因子。

（3）示意性交往

示意是以向交往的伙伴做出某种姿态而不介入对方的活动为特征。旅游者的示意比较集中地表现在两个方面。一方面，对于意欲结伴出游的人而言，示意意味着向可能同行的人进行的启发、鼓吹或探讨。这种示意的特点是向交往对象传达先行经验，但不介入对方的活动。另一方面，示意也发生在旅游者向旅游经营者提出的各种旅游信息咨询上，这种咨询尽管还不是旅游决策，但极有可能转化为旅游决策。因此，聪明的旅游经营商不会对这种示意淡然处之。示意与隔离和潜交相比，其特点是已经有了现实的交往对象。但是，示意只能是现实的交往–互动的前奏，示意对象的被动性质决定了示意还不构成真正意义上的交往。

（4）互动性交往

互动是人与人之间的直接的社会交往活动，主要体现为人的心理交感和行为交往过程。典型的互动方式就是我们平时所说的交际，它在旅游者的旅游过程中占据着重要的地位，具有不可忽视的意义。从联合国世界旅游组织（UNWTO）每年提出的旅游主题中可以看出，从社会交往的角度理解旅游和发展旅游是十分重要的主题。例如，1980年的旅游主题是"旅游为保存文化遗产、为和平及相互了解做贡献"，1984年是"旅游为国际谅解、和平与合作服务"，1986年是"旅游——世界和平的促进力量"等。这说明通过社会交往，可以沟通不同地区、不同国家、不同民族、不同文化背景下的人们的思想感情，增进相互理解，促进世界和平。对旅游者个人而言，愉快有效地交往也是获得期望的旅游体验的前提。

（5）互助性交往

互助是集体当中的一种常见现象。旅游过程是需要互助的，尤其是现代社会的旅游。这种互助不仅体现为旅游者的很多活动要依赖于他人提供的以物质设施或设备的形式存在的产品，而且体现为旅游过程中很多直接的旅游者与旅游者之间、旅游者与目的地居民之间、旅游者与旅游服务企业员工之间的相互理解、支持和帮助。在同行的旅游者之间，他们是共同目标的追逐者，因此常常需要同舟共济；旅游者与旅游接待业的经营者之间由于经济利益而拴在了一起，没有互助，旅游过程可能在任何环节中断；旅游者与目的地居民对目的地的资源越来越负有相同的责任，因此相互的理解与支持是不可少的。

（6）竞争性交往

竞争是最高水平的交往。与互助一样，它也广泛见诸各种生物个体或种群之间，它是生物进化的普遍规律。就人类社会而言，人为了生存、繁衍和发展，不仅要与其他生物竞争，还要与同类竞争。这看似残酷的事实在现代社会里得到了淋漓尽致的发挥。在旅游过程中，竞争现象大量存在。旅游者之间对于某种旅游产品的竞争会最终影响到该产品的可得性及为之付出的代价，也会影响到旅游体验的质量；旅游群体内部对于利益或权利的竞争可能导致群体结构的变化；旅游者与旅游目的地居民之间的竞争最终有可能引发暴力、冲突事件；而旅游者与旅游经营者之间的竞争可能断送彼此进一步交往的基础。然而，竞争在旅游过程当中是一种伴生现象，甚至可以说是一种必然现象。

6.3.3　旅游体验中的主客交往

1）旅游体验中主客交往的行为

（1）交往的行为特征

从行为上看，旅游消费者的社会交往具有双向性和互动性的基本特征。在旅游消费者的社会交往期间，由于对象一般是脱离了原社会系统职能约束的平等的旅伴、交易者，所以彼此的沟通多为平行的方式，并以感情上的沟通或物品交易为主要内容，当然也就没有组织规范的严格约束。从东道主的角度可以归纳出主客交往存在四个方面的特征：第一，主客之间的关系是短暂的。客人在接待地停留时间很短，任何主客之间的交往都只能是偶然的和表面的。第二，主客交往存在着时间上和空间上的限制。客人的到来通常都有季节性，而且大多数人不会再来。第三，随着大众旅游的发展，旅游消费者个人缺乏与当地主人会面的自发性。通过包价旅游，大部分游客与居民的接触是事先安排好的，甚至一些聚会也是事前计划好的，这种聚会是旅游活动的组成部分，且常常成为一种商业性的安排。第四，主客之间的接触通常是一种不对称和不平衡的过程。在与外来旅游者接触时，与旅游消费者们的阔绰富裕相比，当地人显得寒酸。另外，旅游消费者是在度假休息，享受新奇的经历，对当地居民来说，这种活动和接触、会见已经成为他们的日常工作，因此容易缺乏兴趣。但随着深度旅游的发展，旅游体验中的主客交往特征也会发生一些变化。

（2）良好交往的条件

所谓有效的交际，是指能达到愉悦而有益效果的交往。"交往能力"和"有效交际"是密切相关的两个概念，"交往能力"是"有效交际"的前提或保证，"有效交际"则是在"交往能力"的基础上才能达到。要达到一种良好的社会交往效果，参与者必须达到四个条件：第一，参与者具有平等地位；第二，交往发生于多数群体的成员与少数群体中具有较高地位的成员之间；第三，接触双方是自愿的；第四，在合作、亲密的关系下追求共同目标，并有一定制度保障。也就是说，良好的主客交往应当是在互动、有利的社会氛围下，在合作而不是竞争的背景下，交往双方地位基本相同，而且有着相同的哲学观点，才能实现。交往参与者享有高度的共同活动、兴趣和目标，才会产生亲密、深入而不是随意、表面的交往效果。国外许多学者通过实证研究证实上述四个条件对一次良好的社会交往过程缺一不可。

2）旅游体验中主客交往的过程

（1）宏观过程

生命周期理论、主客关系演变理论、旅游消费者类型和旅游影响程度理论在旅游地理学中影响较大。对这四个经典理论的叠加可以帮助我们从宏观上了解一般意义上的主客关系演变过程，如图6-2所示。

从图6-2中可以看出，在开发初期，旅游地的旅游者以少量的探险者为主，外来者对当地基本没有影响，主客关系融洽，当地社会文化并未发生变化；随着旅游开发力度的加大，大量的散客（个体大众旅游者）自发来到旅游地，当地人有机会同旅游者大量接触，旅游者的行为和文化对当地人产生了较大影响，当地人对旅游者的到来习以为常；到了旅游的发展的巩固阶段，大量有组织的旅游者的到来，使旅游发展的负面效应开始显现，当地居民从旅游业中获得收益小于付出，于是将旅游业的愤怒转移到旅游者身上，产生恼怒情绪；当矛盾激化到一定阶段，特别是旅游地进入衰退期，当地人收益不足以抵消其愤怒，对抗的主客关系应运而生，当地社会文化系统逐渐走向崩溃。

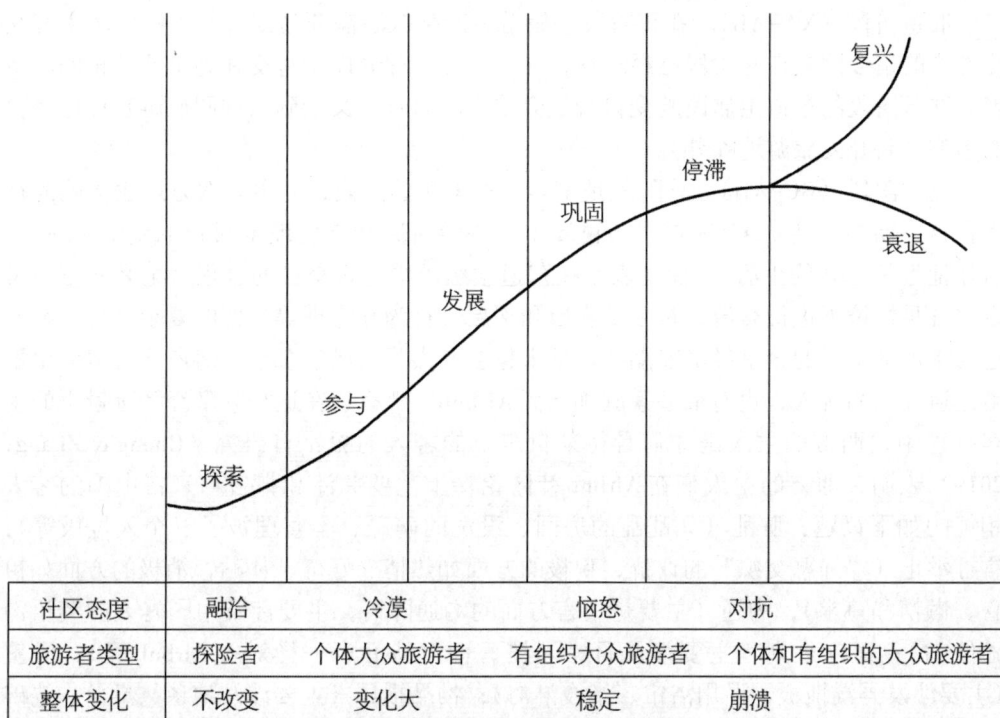

社区态度	融洽	冷漠	恼怒	对抗
旅游者类型	探险者	个体大众旅游者	有组织大众旅游者	个体和有组织的大众旅游者
整体变化	不改变	变化大	稳定	崩溃

图6-2　主客交往的宏观过程

（资料来源　Konstantinos，2006）

（2）微观过程

国际著名旅游学者贾法瑞从社会文化的角度推导出旅游者旅游经历及其模式，认为旅游者一次完整的旅游经历包含六个阶段（如图6-3所示）（Jafari，1987）。旅游需要的产生并为之准备的阶段（XA），离开常住地进入旅游世界的旅途阶段（AB），在一个时间和空间都区别于日常生活的旅游地的畅游阶段（BC），不可避免的回归阶段（CD），重新汇入主流生活并受到旅游活动影响的阶段（DY），以及旅游者离开常住地到回归主流生活期间，居住地继续运转的生活（AD）。

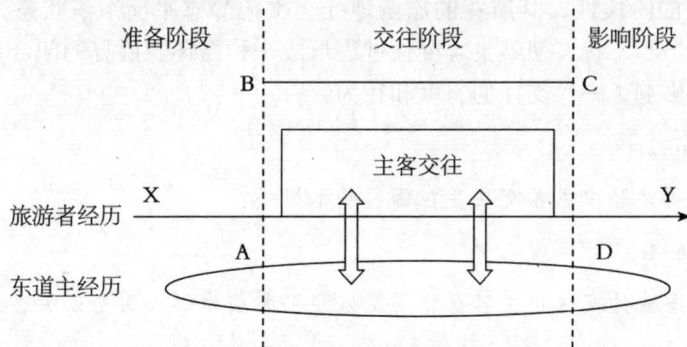

图6-3　主客交往的微观过程

在贾法瑞的旅游经历模型的基础上加入东道主经历的过程，从主客交往的角度审视主客交往的微观过程。旅游体验中的主客交往可以划分为三个阶段：准备阶段、交往阶段、影响阶段。

准备阶段（XA-AB）。在该阶段，旅游者产生旅游需要与期望，影响旅游主客交往态度的诸多因素在此阶段已经存在，并且存在一部分以主客交往为主要动机的旅游者。准备阶段的东道主居民既受自身社会文化的影响，又受到以往同旅游者接触经验的影响（新开发旅游地除外）。

交往阶段（BC-AD）。该阶段是主客交往发生的阶段，对主客双方产生影响的行为在这一阶段发生。AD在这里不再表示"旅游者离开常住地至回归主流生活期间，居住地继续运转的生活"，而是表示在东道主经历中主客交往的过程。主客双方在设定的各种情境下进行交流，是涉及表层和深层、行为和心理等方面的复杂过程。在最近几年风靡全球的分享经济浪潮中，越来越多的人将自己家多余的房屋或者房间出租给远道而来的客人，也有很多家庭加入到Airbnb。那么，在这种分享经济背景下的主客互动中，西方的主人是如何看待来自东方的客人的呢？有研究（Cheng & Zhang, 2019）表明，西方的主人们在Airbnb社区论坛上主要关注和报告与来自中国的客人相关的如下议题：脏乱（如乱乱的房间、没洗的碗碟、不整理被子、个人垃圾等）；言行举止（"好恶交织"的评价，积极的方面如热情、好奇、体贴，消极的方面如粗鲁、懒惰和苛求）；沟通（主要是语言方面的沟通障碍，主要涉及中国客人的英语沟通能力）；房内规则（主要涉及日常习惯、像对待酒店一样对待Airbnb等）；浴室（主要涉及弄湿地板、误用浴帘、半夜淋浴）；物品损坏（主要涉及地毯、桌子、洗碗机等）；厨房（如频繁使用厨房、占用冰箱空间、厨房不整洁等）；其他（不看入住指南、要求提供拖鞋、频繁洗衣服等）。

影响阶段（CD-DY）。该阶段产生主客交往对旅游者和东道主及其关系和文化的影响。旅游者离开旅游地，他们会把在旅游地的经历同游前的期望相比较，得出满意或不满意的评价。旅游地的经历会对旅游者产生不同程度的影响。对于东道主而言，这种影响是旅游者影响又一次量的积累，也是另一次循环的开始。当这种影响达到一定程度，实现了质的改变，就会对下一次的主客交往行为产生影响。

从图6-3中可以看出，在一次完整的旅游主客交往过程中，主客交往发生在旅游者的交往阶段（BC），旅游者的经历大多是单向的、非重复的。东道主的主客交往经历并没有明显的阶段性，其所在的旅游地社会文化静态平衡系统状态，受到"游客流"持续的冲击和干扰，使其主客交往过程形成一种循环、反复的闭合系统，上一轮主客交往经验影响下一次交往的态度和行为。

◆ **深度思考6-2** ◆

问题：旅游体验中主客交往存在哪些基本模式？

◆ **教学互动6-1** ◆

观点：荣誉式的交往指主客双方不是以经济利益为诉求而是以荣誉或声望为追求的社会交往。

问题：举例说明旅游者的这一类社会交往模式的特点。

要求：同"教学互动1-1"的"要求"。

6.3.4 旅游者之间的社会交往：以背包旅游者为例

旅游中的社会交往不仅仅是旅游者与东道主之间的主客交往，也包括旅游者与旅游者之间的交往。如果交往是在同行的团队或伙伴之间进行的，那么这种交往关系就属于"游伴"的性质；如果交往发生在两个素昧平生的散客旅游者或在目的地遇到的任何其他旅游者之间，那么这种交往也自然属于"邂逅"的性质。

近年来，旅游者与旅游者间的交往逐渐受到关注，尤其是背包旅游者之间、自助旅游者之间的互动与往来。本节以背包旅游者为例，介绍旅游者之间的社会交往行为。总结起来，现代背包旅游者具有这样几个特征：首先，该群体与参团性质的旅游者之间有着本质的区别。他们不购买旅行社或旅游中间商打包的线路产品，而是自主制订具有一定弹性的旅行计划。其次，这个群体一般在路上停留较长的时间，比较注重旅游预算，偏爱选择廉价的膳宿设施。再次，他们重视与他人交流，喜欢与旅游途中遇到的志同道合的同类者搭讪，喜欢深入当地社区，与当地居民交流。最后，这个群体不像参团旅游者那样走马观花式地观赏风景，他们更愿意沉浸于旅游目的地文化环境中进行深度体验。

◆ **延伸思考 6-2** ◆

问题：中国有真正意义上的背包旅游者吗？

6.4　家庭与旅游消费者行为

6.4.1　家庭概述

家庭是指以婚姻关系、血缘关系和收养关系为纽带而结成的有共同生活活动的群体。

1）家庭分类

家庭可以分为四种类型，这些不同的类型意味着不同的消费模式。

（1）核心家庭

它是指由一对夫妇（含一方去世或离婚）与他们的未成年子女组成的家庭（丈夫、妻子和子女），以及只由夫妇两人构成的家庭（丈夫和妻子）。

（2）主干家庭

它是指至少由两代人组成，而且每代只有一对夫妇（含一方去世或离婚）的家庭（祖父母或外祖父母、丈夫、妻子和子女）。

（3）联合家庭

它是指由父母（含一方去世或离婚）与多对已婚子女组成的家庭，或兄弟姐妹婚后仍不分家的家庭。

（4）其他类型的家庭

它是指上面三种类型以外的家庭，如由未婚兄弟姐妹组成的家庭。

2）占支配地位的家庭

在不同的文化背景下，甚至同一文化背景下的不同地区，占支配地位的家庭形式是有差别的。例如，在美国，核心家庭比较多见，而在宗族色彩比较浓的国家如泰国，则以主干家庭居多。在我国，由于计划生育政策的推行，我国是世界上独生子女最多的国家。在城市里核心家庭的比重日益增加，但是在农村则仍以祖父母、父母及

其子女三代同堂的主干家庭为主。

6.4.2　家庭生命周期

除了可以从人员的构成角度对家庭进行划分外，还可以从时间轴的角度进行阶段区分，即家庭生命周期（household life cycle 或 family life cycle）。

1）家庭生命周期的概念

家庭生命周期是反映一个家庭从形成到解体呈循环运动过程的范畴。美国学者 P. C.格里克最早于1947年从人口学角度提出比较完整的家庭生命周期概念，并对一个家庭所经历的各个阶段作了划分（陆雄文，2013）。

2）家庭生命周期的阶段划分

目前，比较理想的阶段划分是：

（1）青年单身期

它是指参加工作至结婚的时期，一般为1～5年。这时的收入比较低，消费支出大。这个时期是提高自身、投资自己的大好阶段，重点是培养未来的获得能力。财务状况是资产较少，可能还有负债（如贷款、父母借款），甚至净资产为负。

（2）家庭形成期

它是指从结婚到新生儿出生时期，一般为1～5年。这一时期是家庭的主要消费期。经济收入增加而且生活稳定，家庭已经有一定的财力和基本生活设施。为提高生活质量往往需要较大的家庭建设支出，如购买一些较高档的用品；贷款买房的家庭还有一笔大开支——月供款。

（3）家庭成长期

它是指小孩从出生直到上学前，一般为6～8年。在这一阶段，家庭成员不再增加，家庭成员的年龄都在增长，家庭的最大开支是保健医疗费、学前教育、智力开发费用。同时，随着子女的自理能力增强，父母精力充沛，又积累了一定的工作经验和投资经验，投资能力大大增强。

（4）子女教育期

它是指小孩从小学到上大学的这段时期，一般为12～16年。这一阶段里子女的教育费用和生活费用猛增，财务上的负担通常比较繁重。

（5）家庭成熟期

它是指从子女参加工作到家长退休为止这段时期，一般为8～15年左右。这一阶段家长自身的工作能力、工作经验和家庭经济状况都达到高峰状态，子女已完全自立，债务逐渐减轻，理财的重点是扩大投资。

（6）退休养老期

它是指退休以后。这一时期的主要内容是安度晚年，投资和花费通常都比较保守。

6.4.3　家庭成员在旅游消费过程中的角色

总体而言，家庭成员在旅游消费过程中扮演以下几种角色。需要指出的是，任何一个家庭成员都可能担任其中的1～5种角色。

（1）倡议者

它是指提出旅游或购买旅游产品的建议，使其他家庭成员对此产生购买兴趣的家庭成员。倡议者主要出现在家庭旅游动机的激发阶段。

（2）影响者

它是指为购买提供评价标准以及哪些产品或品牌适合这些标准之类的信息，从而影响旅游目的地和旅游方式选择的家庭成员。影响者主要出现在家庭旅游信息收集与方案比选阶段。

（3）决策者

它是指有权决定是否旅游、去哪里旅游、何时旅游以及购买什么旅游产品的家庭成员。决策者主要出现在家庭旅游决策阶段。

（4）购买者

它是指实际进行购买的家庭成员。购买者主要出现在家庭旅游的实际购买和消费阶段（体现了旅游产品体验的异地性；也包括线上、线下的预订购买）。

（5）使用者

它是指在家庭中实际消费或使用由他们自己或其他家庭成员所购产品的家庭成员。

◆▶ **业务链接6-1** ◀◆

如何测量"家庭团聚出行"（family reunion travel）的动机？

不论在西方国家，还是在儒家文化主导的东亚地区，家庭始终在我们的日常生活中扮演着极其重要的角色。因此，家庭成员的"团圆"和"在一起"也构成家庭出游的主要动机。然而，尽管家庭成员的"团圆"和"在一起"的动机十分重要，但鲜有研究对此进行细致的操作。克鲁因和游欣然（Kluin & Lehto，2012）的一项研究在这一方面做了很好的尝试。她经过严格的量表开发程序，开发并验证了一份旨在更好地测量"家庭团聚出行"的动机的量表（family reunion motivation scale）。这份量表包含15个题项、共计4个维度。

①家庭/家族历史与和睦（family history and togetherness）。这一维度包含以下6个测量题项：当面聆听家庭成员的生活故事；在家庭团聚时分享生活故事和体会；传承家族的历史；与家庭成员一起做事是家庭团聚时最有意义的事情；家庭成员共聚一堂是家庭团聚时最重要的事情；全家人聚在一起回忆家庭往事是很有意思的事情。

②直系亲属凝聚力（immediate family cohesion）。这一维度包含以下3个测量题项：参加家庭团聚之后感觉与自己的子女更加亲密；我很乐意见到我或我伴侣的大家庭的成员和朋友们；参加家庭团聚让我与我的直系亲属更亲密。

③家庭/家族成员之间的沟通（family communication）。这一维度包含以下3个测量题项：参加家庭团聚时可以向我的家人表达真实感受；家庭团聚能帮助家庭成员自由和开放地交谈；家庭团聚时家庭成员开放地讨论任何话题。

④家庭/家族的适应性（family adaptability）。这一维度包含以下3个测量题项：参加家庭团聚时家庭成员的角色能转换；家里任何事情都一起做、即便单独做更有效率；参加家庭团聚时家庭成员不拒绝尝试新事物。

6.4.4 家庭旅游消费行为的影响因素

这里所说的家庭旅游消费行为是一个非常宽泛的说法，是指有家庭成员参与旅游消费过程的消费行为。影响家庭旅游消费行为的因素有很多，主要集中在以下四个方面，且这几个方面的影响因素是互相关联的（吴清津，2006）：

1）文化和亚文化

文化或亚文化中关于性别角色的态度，很大程度上决定着家庭决策是由男性主导还是女性主导。例如，在北京、上海、广州、深圳等大城市，人们受传统家庭观念的影响相对要小，家庭成员的地位相对平等。因此，家庭决策过程中就更可能出现多样化的出游决策方式。

2）角色专门化

与文化和亚文化相关联的概念和因素是角色专门化。随着时间的推移以及社会分工的专业化，在旅游消费领域，夫妻双方会逐渐形成专门化角色分工。当然，分工除了主要取决于上述文化和亚文化外，还受专业知识、个人爱好、个人能力等的影响。例如，从事旅游管理教学工作的高校老师，就经常承担起家庭出游的信息搜寻、目的地选择以及预订工作。再如，随着美食越来越成为众多出游群体追逐的对象，女性会更加偏向于寻找目的地的美食。

3）家庭生命周期

早在20世纪70年代，研究人员就发现夫妻双方通常会共同参与旅游决策，而且夫妻一起生活的时间越长，他们共同决策的可能性就越大。由此可以推断，在不同的家庭生命周期阶段，夫妻或者其他家庭成员参与决策的程度和重要性是不一样的。举例来说，有小孩的家庭当小孩还较小时，主要的旅游消费决策是由父母做出的；当子女一辈长大成人，有了决策能力和需求时，家庭出游的决策权可能就开始掌握在他们手中。

◆ **教学互动6-2**

观点：在不同的家庭生命周期阶段，夫妻或者其他家庭成员参与决策的程度和重要性是不一样的。同时，由于各自经济能力、性格、专业知识、偏好等差异，在旅游决策时可能会产生各种冲突。

问题：以各自家庭为例说明会产生哪些冲突，这些冲突又是如何解决的？

要求：同"教学互动1-1"的"要求"。

4）个人特征

家庭成员的个人特征，对家庭旅游消费也有重要影响。如前面所指出的，夫妻双方的影响力很大程度上来自各自的经济实力、专业知识及个人偏好等。因此，拥有更多收入或更多专业知识的一方，在家庭旅游消费中更容易占据主导地位。随着越来越多的女性成为职业女性，收入日渐增加和独立，女性在家庭出游消费中的决定权也越来越大。

◆ **同步思考6-3**

问题：分析参照群体、社会阶层、家庭等概念之间的关系。

◆ **业务链接6-2**

如何开展本土化的中国家庭旅游决策研究？

白凯和符国群（2011）指出，中国社会文化背景下的家庭旅游消费决策研究，应凸显中国特有的传统文化与家庭观念，通过现象学视角来发现问题，通过社会学与心理学视角来提炼与解析问题，并通过管理学视角来解决家庭旅游决策中的各种冲突与矛盾。就此，他们认为，开展本土化的中国家庭旅游决策研究，应重点关注中国家庭结构、中国家庭意识以及具体研究内容与结构组成。摘录如下：

①关注中国家庭结构

在中国，虽然目前家庭构成更趋小型化，但当提及"家"时，人们往往会想到自己的"小家"（夫妻）还有与"小家"紧密联系的"大家"（子女与夫妻双方的父母）。这种根深蒂固的思想观念延续上千年，虽历经社会变革与更替一直没有发生改变。这是中国社会与西方社会在家庭核心观念上的根本差异。因此，对待中国家庭特有的旅游决策行为研究，研究者不仅应关注家庭旅游决策的核心——夫妻，同时也应关注家庭旅游决策的外延及溢出——决策的影响层（子女与夫妻双方的父母），以求更加全面解释家庭旅游决策的过程、影响因素及家庭成员之间的互动机制。

②关注中国家庭意识

中国文化具有超稳定性的结构特征。家族意识（家庭意识）就是核心构成内容之一。作为一套心理与行为的内涵及倾向，中国人的家族意识（家庭意识）在认知、情感和意愿方面皆有其特点。在认知方面，中国人的家族意识（家庭意识）强调五种互动关联，即家族延续、家族和谐、家族团结、家族富足及家族荣誉；在情感方面，存在六种互相关联的感觉，即一体感、归属感、荣辱感、责任感、忠诚感及安全感；在意愿方面，则包含了八种基本的行为倾向，即繁衍子孙、崇拜祖先、相互依赖、忍耐抑制、谦让顺同、为家奋斗、长幼有序及内外有别。旅游消费是一种非生活必需消费。因此，在家庭旅游决策研究过程中，应遵从家庭结构，并重点考察孝道观念（夫妻与双方父母之间）、夫权观念（夫妻之间）及亲子观念（夫妻与子女之间）对家庭旅游决策过程、互动关系、附属决策内容的影响与分析。

③具体研究内容与结构组成

系统的消费者决策过程不仅包括消费者前期对相关问题的认知与信息搜索、评价与购买，还包括消费者购后行为。以往家庭旅游决策研究中仅仅关注到家庭消费决策前期的认知、信息搜索与评价，虽有部分文献提及家庭旅游购买决策会产生相应的外延影响与溢出效应，但并未见到实证研究。在未来的中国家庭旅游决策研究中，应体现研究的系统性，重点分析个人观念与家庭观念在家庭旅游购买决策过程与决策结果之间的碰撞与影响；决策出游行为与放弃出游后家庭内部关系的变化；同时，针对两种不同决策结果，应凸显中国传统的家庭观念，重点分析其对家庭网络关系、夫妻关系及其他购买决策的延伸与溢出效应，以体现家庭旅游决策研究的系统性。

学习微平台

延伸阅读6-2

6.5　基于社会环境因素的旅游营销

本章从参照群体、社会阶层、社会交往以及家庭四个方面阐述了社会环境因素与旅游消费者行为之间的关系。同样地，基于旅游消费者社会环境差异的旅游营销，也将分别从上述四个方面展开。

6.5.1　基于参照群体的旅游营销

所谓参照群体，是指个体在形成其购买或消费决策时，可以作为参照、比较的个人或群体。

现有研究成果表明，与冰箱、空调、食物等生活必需品相比较，参照群体对消费者是否要购买特定的非必需品的影响较大；与床垫、热水器等他人可见度较低的产品相比较，在购买他人可见度较高的产品和服务时，参照群体对消费者在品牌选择上的影响较大（吴清津，2006）。大多数的旅游消费活动属于可见度较高的非必需消费。因此，旅游消费者在购买旅游产品和服务时，受参照群体的影响较大。一个可信的、有吸引力的或有权威的参照群体，能够导致旅游消费者态度和行为的改变（见本书第5章相关内容）。所以，许多旅游营销活动通过社会名流、权威人士、专家或满意的游客对旅游目的地、旅游产品的推荐，来突出旅游目的地、旅游产品所能提供给旅游消费者的切实的和与众不同的利益。

基于参照群体的旅游营销可以从以下三个方面来展开：

（1）发挥参照群体的名人效应

学习微平台

延伸阅读6-3

影视明星、歌星、体育明星等名人对公众（尤其是崇拜他们的人）具有巨大的影响力和感召力。因此，旅游目的地和旅游企业可以利用名人效应来开展营销活动。具体的营销策略多种多样，可以是名人主演的宣传视频、广告，有名人出席的公共关系活动，邀请名人担任旅游目的地形象大使、代言人等。但其中的关键是名人效应的发挥和利用潜在旅游消费者模仿名人、追求名人效应的心理需要。例如，王石代言华山景区、北京奥运会蹦床冠军何雯娜充当客家土楼宣传模特并担任永定客家土楼形象代言人等系列营销活动，都旨在发挥参照群体的名人效应。

（2）发挥参照群体的专家效应

专家一般是指在某一专业领域受过专门训练，具有专门知识、经验和特长的人。专家所具有的丰富的知识和经验，使其在介绍、推荐旅游产品与服务时较一般人更具权威性，从而产生专家所特有的公信力和影响力。例如，广东的南湖国旅·西部假期营业部曾在开发境外游市场时，成功地运用了专家效应，在推出欧洲旅游、非洲旅游等旅游线路时，均在广告上印有经验丰富的旅游专家的近照和推荐语。

（3）发挥参照群体的"普通人"效应

学习微平台

课程思政6-1

有些时候，名人、专家的代言固然有效，但近年来，越来越多的"普通人"加入到代言人的行列。原因在于，人们往往和与自己相似的人作比较，所以常常被与自己相似的人的生活方式所打动。不少旅游企业，如迪士尼，经常在各类广告中展示普通消费者如何从旅游消费活动中获得家庭团聚的欢乐等。这类旅游营销，由于贴近旅游消费者，反映了旅游消费者的现实生活，更容易产生共鸣，更容易获得认可。

◆ **课程思政 6-2** ◆

旅游景区的形象代言应避免炒作

背景与情境： 因在"小悦悦事件"中勇施援手而成为道德楷模的"陈婆婆"——陈贤妹和众多游客一起登上海拔 1 902 米的广东第一峰，受邀担任广东第一峰旅游风景区形象代言人，一时间争议四起。

支持声： 陈贤妹当代言人，不妨多些掌声

陈贤妹是个普通人，而普通人正是道德的基石，是真善美的源头活水，社会的道德高峰就是由普通人的日常善举铺垫而成的。认识到这一点，就能领悟到陈贤妹实则在为普通人的善举代言。

质疑声： "最美婆婆"获代言是否被利用

在这个娱乐至死的时代，不知若雷锋在世会不会接到商业代言通告或者参演影视作品，但陈贤妹却开始做了。商业组织开始消费她，消费她的口碑和人气，这让人不禁要问，善良的陈婆婆是被利用了吗？

网友观点：

价值观就是在这种"典型"的兴废之间不断崩溃。——翟佳芝士

是代言还是炒作呢？已经过线，1 902 米高山，让一个奶奶这样折腾呀。

——新长征人练红宁

陈贤妹本身就是最美的风景，她完全有资格为旅游风景区当形象代言人，这是道德的张力，是朴素的人性之美。——幸福 dao

道德楷模不是广告明星，被商业化后要看公众是否认可。——莹璐豆一颗

（资料来源　作者根据相关资料整理）

问题： 为什么陈贤妹为广州第一峰景区代言引来非议？它背后所蕴含的伦理与道德依据是什么？这些伦理与道德依据给旅游行业的从业人员以哪些启示？

6.5.2　基于社会阶层的旅游营销

不同的社会阶层必然在职业、收入、教育水平、权力和声望以及旅游消费行为方面存在显著差异。因此，基于社会阶层的旅游营销必须要熟知不同的目标市场（目标阶层，如中产阶层），进行明确的目标营销。具体的步骤和方法，简要介绍如下：

（1）确定据以进行市场细分的社会阶层变量

划分社会阶层的变量是非常多元的，至少涉及职业、收入、教育水平、权力和声望。因此，在进行市场营销时，首先要依据实际情况，选择特定的社会阶层变量，进行明确的目标市场细分。例如，某高尔夫球场的目标市场主要是中产阶层，那么必须要选定符合中国实际的变量来界定"中产阶层"。

（2）选择特定社会阶层的消费者作为目标市场

任何一个旅游消费者都会处于一个特定的社会阶层。那么，有针对性的旅游市场营销，必须要明确营销的市场对象是处于哪个（或哪些）社会阶层。例如，海南岛以

滨海度假旅游著称，滨海度假旅游亦有大众、中端和高端之分。那么，海南岛不同档次的旅游度假区、度假酒店，在进行市场营销时就必须明确营销的对象所处的社会阶层是哪个（或哪些），否则营销会缺乏针对性和有效性。

（3）发展旅游产品在特定目标阶层中的定位

从旅游产品的设计和定位的角度出发，有效的市场营销必须不断地发展特定旅游产品与服务在目标阶层中的定位。例如，美国希尔顿酒店集团旗下的"康拉德"定位为最高端的豪华型酒店品牌，主要面向上等阶层；法国雅高酒店集团旗下的"宜必思"则在广大中产阶层（尤其是中端的商务客人）中保持简朴、服务质量高、经济实惠的形象。

6.5.3 基于社会交往的旅游营销

旅游消费者的社会交往是一种暂时性的个人之间的非正式平行交往，是旅游者体验的重要组成部分。尤其是对于部分类型的旅游者而言，社会交往已然成为他们的主要出行动机。例如，中国背包客的主要出行动机之一就是社会交往，中国背包客中有一部分就是社会交往型背包客（social seekers）（Chen，Bao & Huang，2014）。此外，随着普通旅游者出游经历的丰富和成熟，他们也越来越渴望在旅游过程中，体会目的地城市、社区的生活方式，与当地人互动，与其他的旅游者互动。

基于社会交往的旅游营销，应该从两方面入手：

（1）基于主客交往的营销

必须大力凸显旅游目的地、旅游企业的社会交往因素。其一，展现目的地居民热情、好客的态度。这一方面经典的案例是山东省推出的旅游形象宣传口号"好客山东"。其二，强调旅游企业的社会交往元素与机会。例如，国际青年旅舍联盟（International Youth Hostels Federation）在中国的总部——中国国际青年旅舍总部（YHA China）的官方主页就一直强调："国际青年旅舍不是经济型酒店，我们提倡文化交流、社会责任，实践环保、爱护大自然，简朴而高素质生活、自助及助人。"其三，展示原真性的地方生活方式以及主客良性互动的平台。随着全球流动性的日益加快与复杂化，人们对"他者"生活的地方以及他们的生活方式愈加感兴趣且愿意身体力行、长期驻留。因此，在丽江、大理、阳朔等地，可以发现许多来自国内外的"生活方式型旅行者"（lifestyle travellers）。也正如戴斌教授所一直强调的"景观之上是生活"，越来越多的普通民众愿意走进旅游目的地居民的日常生活场景中，体验他们的生活方式。因此，旅游营销部门必须充分展示原真性的地方生活方式，展现并搭建主客良性互动的平台。

（2）基于旅游者之间交往的营销

旅游目的地和旅游企业的营销工作必须要创造、宣传旅游目的地、景区、企业良好的互动环境和氛围，为旅游者之间的良性互动提供平台和条件，有效规避负面互动的潜在可能性，并向潜在旅游者传达这些相关信息。前文所述的中国国际青年旅舍总部官方主页的宣传也是值得提倡的做法。

6.5.4 基于家庭的旅游营销

通盘考虑家庭类型与结构、家庭生命周期、家庭成员角色以及家庭旅游消费行为影响因素，可以提出一个具有两个核心的基于家庭的旅游营销流程。

（1）识别目标市场所处的家庭生命周期阶段

现有研究已经证实，处于不同家庭生命周期阶段的家庭，一方面，会有不同的家庭类型与结构（婚姻状况、子女成长阶段）。例如，在"筑巢期"（家庭形成期），家庭由夫妻二人组成，尚无子女（核心家庭）。另一方面，处于不同家庭生命周期阶段的家庭也对应着不同的旅游态度。例如，许春晓等（2012）的研究表明，随着家庭生命周期的演进，人们越发追求享受、看重设施、关注身心健康。"无巢期"（青年单身期）人群看重设施和关注身心健康的表现低于其他阶段人群，"空巢期"（家庭成熟期、退休养老期）、"鳏寡期"（离异/丧偶、子女已独立生活）人群关注身心健康的表现高于其他阶段人群，"满巢期"（家庭成长期、子女教育期）人群向往体验的表现高于其他阶段人群。因此，识别出目标市场所处的家庭生命周期阶段是进行有效市场营销的第一步。

（2）识别目标市场旅游消费行为的影响因素

在熟知目标市场所处的家庭生命周期阶段后，还应该更加具体地了解处于特定家庭生命周期阶段的目标市场的旅游消费行为影响因素。因为，在不同的家庭生命周期阶段，有着不一样的影响因素及影响因素之间的关系。例如，在"满巢期"（家庭成长期、子女教育期），子女可能正在读幼儿园、小学、中学和大学。因此，子女在家庭出游决策中的地位也不尽相同。此外"满巢期"（家庭成长期、子女教育期）也正是夫妻双方经济关系、权力关系不断变动的时期。因此，识别出家庭出游决策到底是"丈夫主导型"、"妻子主导型"还是"双方民主协商型"，对旅游营销尤其重要。

✴ **本章概要**

✿ 主要概念

参照群体 社会阶层 社会交往 家庭 家庭生命周期

✿ 内容提要

•本章主要介绍了参照群体的定义和分类，参照群体对旅游消费者行为的影响，社会阶层的定义、不同社会阶层的人的旅游消费行为特征，社会交往的定义、旅游消费者社会交往的特点与层次、旅游体验中的主客交往的行为特征与过程以及旅游者之间的社会交往，家庭和家庭生命周期的定义、家庭成员在旅游消费过程中的角色、家庭旅游消费行为的影响因素，以及基于社会环境因素的旅游营销。

•参照群体在信息、功利和价值表达三个方面对旅游消费者行为产生影响。

•社会阶层是指全体社会成员按照一定的等级标准划分为在地位上彼此相互区别的社会集团。不同的社会阶层必然在职业、收入、教育水平、权力和声望等方面存在差异。

•旅游消费者的社会交往具有异于日常交往的三个特点：超越功利性、交往关系的单一性、交往的暂时性。

•旅游消费者的社会交往可以分为六个等级：隔离、潜交、示意、互动、互助和竞争。

•旅游体验中的主客交往有以下四个特征：关系短暂性、时空限制性、事前计划性、不平衡性。

• 家庭成员在旅游消费过程中共有五个角色：倡议者、影响者、决策者、购买者和使用者。

• 影响家庭旅游消费行为的因素主要有：文化和亚文化、角色专门化、家庭生命周期和个人特征。

• 基于旅游消费者社会环境差异的旅游营销，可以从参照群体、社会阶层、社会交往以及家庭四个方面展开。

☆ 内容结构

本章内容结构如图6-4所示：

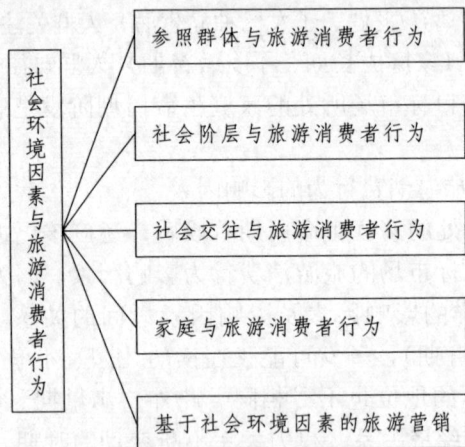

图6-4　本章内容结构

☆ 重要观点

观点6-1：社会阶层是指全体社会成员按照一定的等级标准划分为在地位上相互区别的社会集团。

常见置疑：社会阶层是最小的社会单元。

释疑：社会阶层之下还存在更小的社会单元，例如，社会群体。杨继绳教授的《中国当代社会阶层分析》将中国的社会群体进行了细致的划分，共分为24个社会群体。

观点6-2：参照群体是一个非常宽泛的概念。在旅游消费者行为领域，泛指一群与消费者紧密相关、能对旅游消费者的评估、期望和行为产生影响的个体。广义上的参照群体也包括家庭。

常见置疑：参照群体是与社会阶层、家庭等截然不同的概念。

释疑：根据参照群体的定义，旅游消费者所处社会阶层的其他群体以及其他社会阶层，旅游消费者所处家庭的其他成员，旅游消费者所造访的目的地的当地居民和其他旅游者，都有可能成为参照群体。但社会阶层、家庭、目的地居民和其他旅游者对旅游消费者行为的影响，并不局限于其作为参照群体的功能和角色。

❋　**单元训练**

✿　传承型训练

▲　理论题

△　简答题

1）简述参照群体的概念、分类和对旅游消费者行为的影响。

2）简述社会阶层的概念与特征。

3）简述不同社会群体的旅游消费行为特征。

4）简述旅游消费者社会交往的特点与层次。

5）简述旅游体验中的主客交往。

6）简述旅游者之间的社会交往。

7）简述家庭的概念、类型与生命周期。

8）简述家庭成员在消费过程中的角色。

9）简述家庭旅游消费者的影响因素。

△　讨论题

1）参照群体的影响力是否存在差异？

2）中国内地的中产阶层规模有多大？

3）不同社会阶层群体的旅游消费行为是否截然不同？

4）中国有真正意义（西方意义）上的背包旅游者吗？

5）参照群体、社会阶层、家庭等概念之间是什么关系？

▲　实务题

△　规则复习

1）简述基于参照群体的旅游营销。

2）简述基于社会阶层的旅游营销。

3）简述基于社会交往的旅游营销。

4）简述基于家庭的旅游营销。

△　业务解析

1）如何测量"家庭团聚出行"（family reunion travel）的动机？

2）如何开展本土化的中国家庭旅游决策研究？

▲　案例题

△　案例分析

【训练项目】

案例分析-Ⅵ。

【训练目的】

见本章"学习目标"中"传承型学习"的"认知弹性"目标。

【教学方法】

同第1章本题型的"教学方法"。

【训练任务】

同第4章本题型的"训练任务"。

【相关案例】

鼓浪屿的难题

背景与情境： 鼓浪屿是闻名中外的岛屿，是中国最美的城区之一。然而，在旅游开发过程中，如何协调居民和旅游者的关系，亦即如何协调主客关系，一直是鼓浪屿管委会面临的一个难题。

"鼓浪屿四周海茫茫，海水鼓起波浪。鼓浪屿遥对着台湾岛，台湾是我家乡。登上日光岩眺望，只见云海苍苍。我渴望，我渴望，快快见到你，美丽的基隆港。"一踏上鼓浪屿这座小岛，就能随处听到《鼓浪屿之波》这首红遍中国的民歌。伴随着优美的旋律，人们总会不由自主地放慢脚步，细细地品味这里自然与建筑的和谐共生之美。精美的建筑、当地望族兴衰的传奇以及岛上优美的自然环境，使这座仅有1.87平方千米的小岛每年都吸引着上千万的海内外旅游者。大量旅游者的涌入带来了富裕和繁荣，然而也给当地的居民带来了一些困扰。

"鼓浪屿的建筑艺术、鼓浪屿的园林艺术，鼓浪屿的音乐文化、鼓浪屿的文学成就和鼓浪屿的书画成就都使这个小岛成为经典艺术的重镇。例如建筑，曾经有13个国家在这里设立了领事馆，同时在南洋创富的福建商人叶落归根，在鼓浪屿也兴建了大批中西合璧的建筑，所以使得鼓浪屿的建筑既有国际性，又有本土性，而且是中西融合。"正如鼓浪屿管委会主任曹放先生提到的，岛上的建筑大多是有故事的，虽然一些建筑的主人早已远去，他们的后裔也分散在世界各地，但是这并不妨碍旅游者们带着一种朝圣的心情朝院子里面张望，或者购票进入其中进行一番探究。然而在国庆长假这样的黄金旅游季节，小岛要在一周的时间内迎接80万旅游者的到访，显得有些不堪重负。

当地居民说："穿皮鞋的（有钱人）搬到厦门去（了），穿草鞋的（做小买卖的）进到鼓浪屿来。（现在）旅游者多当然会影响生活，人多了，垃圾也多。"在旅游开发的过程中，协调居民和旅游者的关系一直是一个难题。一方面，旅游带来了经济效益，很多居民通过开旅店、餐馆和商店赚到了钱，改善了生活；另一方面，旅游者的到来打破了居民们多年来的平静的生活，一些本想在故土安度晚年的老人更是难以忍受这种喧嚣。

（资料来源　付旭，谷曼. 鼓浪屿直面旅游开发难题　居民与游客关系难以协调 [EB/OL]. [2012-09-28]. http://politics.people.com.cn/n/2012/0928/c70731-19147302-1.html）

问题：

1）本案例主要涉及本章的哪些知识点？

2）利用所学知识，结合案例阐述旅游体验中主客交往有哪些特点和模式。

【训练要求】

同第1章本题型的"训练要求"。

【成果形式】

1）训练课业：《"鼓浪屿的难题"案例分析报告》。

2）课业要求：同第1章本题型的"课业要求"。

△ 课程思政

【训练项目】

课程思政—Ⅵ。

【训练目的】

见本章"学习目标"中"传承型学习"的"认知弹性"目标。

【教学方法】

同第1章本题型的"教学方法"。

【训练准备】

同第1章本题型的"训练准备"。

【相关案例】

部分旅游者到泸沽湖为走婚：摩梭女孩很反感

背景与情境： 随着泸沽湖以及其特有的"走婚"文化被越来越多外来旅游者所熟知，不少旅游者到泸沽湖就是为了"走婚"。这种对于走婚文化的误读乃至亵渎，遭到了摩梭本地女性的反感。

"许多男旅游者经常会半真半假地问我们是否愿意和他们走婚，还有些旅游者会问我们有没有父亲。"云南丽江泸沽湖边落水村的几个摩梭女孩儿对记者说，"这些话让我们很反感。"

云南丽江市宁蒗彝族自治县永宁乡居住着1 000多户摩梭人，他们存有母系、母系父系和父系3种不同的家庭组织。其中，保存完好的"男不娶，女不嫁"的古老母系制和独特的"走访婚"，深受世界各国学者的关注。这里因此被誉为"女儿国"——一个女性的王国，与摩梭人相伴的泸沽湖在人们眼里成了一个神秘而美丽的地方。

近年来，在泸沽湖旅游热潮中，研究者们发现，由于影视、文学等作品以及一些导游的夸张和不实介绍，不少旅游者带着猎奇的心理前往泸沽湖旅游，甚至有些旅游者到泸沽湖旅游就是为"走婚"而来。这一现象让一些学者和摩梭人深感不安。为此，来自丽江的人大代表杨雪梅曾在两会上呼吁："加大对泸沽湖摩梭民俗传统文化的保护力度，尽快对《泸沽湖摩梭民俗文化保护条例》予以批复；将'泸沽湖摩梭母系文化景观'申报为世界文化遗产；邀请新闻媒体、学术团体深入摩梭社区了解研究摩梭文化，纠正对摩梭文化的误读。"

（资料来源　佚名. 部分旅游者到泸沽湖为走婚：摩梭女孩很反感 [EB/OL]. [2007-05-17]. http://travel.cnr.cn/mzfq/200705/t20070511_504462326.html）

问题：

1）本案例中，部分旅游者的行为属于旅游者的浪漫愉悦式交往吗？

2）试对上述问题做出你的思政研判。

3）说明你做思政研判的规范依据。

【训练要求】

同第1章本题型的"训练要求"。

【成果形式】

1）训练课业：《"部分旅游者到泸沽湖为走婚：摩梭女孩很反感"思政研判报告》。

2）课业要求：同第1章本题型的"课业要求"。

▲ 实践题

【训练项目】

"基于社会环境因素的旅游营销"知识应用。

【训练目的】

见本章"章名页"之"学习目标"中的"实践操练"目标。

【教学方法】

同第4章本题型的"教学方法"。

【训练准备】

知识准备：

1）本章理论与实务知识。

2）表6-1中各技能点的"参照规范与标准"。

3）表6-2中各道德范畴的"参照规范与标准"。

指导准备：

1）教师指导学生设计《实践计划》和《基于参照群体的旅游营销策划方案》（或《基于社会阶层的旅游营销策划方案》，或《基于社会交往的旅游营销策划方案》，或《基于家庭的旅游营销策划方案》）。

2）同第4章本题型的其他"指导准备"。

【训练内容】

专业能力训练：其领域、技能点、名称和参照规范与标准见表6-1。

表6-1　　　　　　　专业能力训练领域、技能点、名称和参照规范与标准

能力领域	技能点	名称	参照规范与标准
"基于社会环境因素的旅游营销"知识应用	技能1	"基于参照群体的旅游营销"知识应用技能	1）能全面把握"基于参照群体的旅游营销"的理论与实务知识 2）能正确应用上述知识，有质量、有效率地进行以下操作： （1）利用名人的"名人效应"来开展营销活动 （2）利用专家的"专家效应"来开展营销活动 （3）利用普通公众的"普通人效应"来开展营销活动 （4）能参照相关实践范例，为某个旅游景区设计有市场感召力和较高附加值的《基于参照群体的旅游营销策划方案》
	技能2	"基于社会阶层的旅游营销"知识应用技能	1）能全面把握"基于社会阶层的旅游营销"的理论与实务知识 2）能正确应用上述知识，有质量、有效率地进行以下操作： （1）确定据以进行市场细分的社会阶层变量 （2）选择特定社会阶层的消费者作为目标市场 （3）发展旅游产品在特定目标阶层中的定位 （4）能参照相关实践范例，为某个旅游景区设计有市场感召力和较高附加值的《基于社会阶层的旅游营销策划方案》

续表

能力领域	技能点	名称	参照规范与标准
"基于社会环境因素的旅游营销"知识应用	技能3	"基于社会交往的旅游营销"知识应用技能	1）能全面把握"提升旅游消费者的活动参与度"的理论与实务知识 2）能正确应用上述知识，有质量、有效率地进行以下操作： （1）展现目的地居民热情、好客的态度 （2）强调旅游企业的社会交往元素与机会 （3）展示原真性的地方生活方式以及主客良性互动的平台 （4）为旅游者之间的良性互动提供平台、条件 （5）能参照相关实践范例，为某个旅游景区设计有市场感召力和较高附加值的《基于社会交往的旅游营销策划方案》
	技能4	"基于家庭的旅游营销"知识应用技能	1）能全面把握"提升旅游消费者的活动参与度"的理论与实务知识 2）能正确应用上述知识，有质量、有效率地进行以下操作： （1）识别目标市场所处的家庭生命周期阶段 （2）识别目标市场旅游消费行为的影响因素 （3）能参照相关实践范例，为某个旅游景区设计有市场感召力和较高附加值的《基于家庭的旅游营销策划方案》

职业道德训练：其道德领域、道德范畴、名称、等级、参照规范与标准、选项见表6-2。

表6-2 职业道德训练选项表

道德领域	道德范畴	名称	等级	参照规范与标准	选项
职业道德	范畴1	职业观念	内化级	同本教材"附录四"附表4的参照规范与标准	√
	范畴2	职业情感	内化级	同本教材"附录四"附表4的参照规范与标准	√
	范畴3	职业理想	内化级	同本教材"附录四"附表4的参照规范与标准	√
	范畴4	职业态度	内化级	同本教材"附录四"附表4的参照规范与标准	√
	范畴5	职业良心	内化级	同本教材"附录四"附表4的参照规范与标准	√
	范畴6	职业作风	内化级	同本教材"附录四"附表4的参照规范与标准	√
	范畴7	职业守则	内化级	同本教材"附录四"附表4的参照规范与标准	√

【组织形式】

同第4章本题型的"组织形式"。

【训练任务】

1）对表6-1所列"专业能力领域"各技能点，依照其"参照规范与标准"实施阶段性基本训练。

2）对表6-2所列"职业道德"选项，依照本教材"附录四"附表4的"参照规范与标准"实施"内化级"融入性训练。

【训练要求】

同第4章本题型的"训练要求"。

【情境设计】

将学生组成若干实践团队，结合实践训练项目，选择一个本地旅游景区，应用"基于社会环境因素的旅游营销"的理论与实务知识，分别为该企业进行"基于参照群体"、"基于社会阶层"、"基于社会交往"和"基于家庭"的《旅游营销策划》，并将"内化级"融入"职业道德"全选项的各种行为规范，分析总结此次实践活动的成功与不足，在此基础上撰写相应《实践报告》。

【训练时间】

本章课堂教学内容结束后的双休日。

【训练步骤】

1）各团队选择一个本地旅游景区，结合"情境设计"分配任务，制订《"'基于社会环境因素的旅游营销'知识应用"实践计划》。

2）各团队实施《"'基于社会环境因素的旅游营销'知识应用"实践计划》，分别依照表6-1中"技能1"～"技能4"的"参照规范与标准"，应用相关知识，为该景区制订《基于参照群体的旅游营销策划方案》（或《基于社会阶层的旅游营销策划方案》，或《基于社会交往的旅游营销策划方案》，或《基于家庭的旅游营销策划方案》），系统体验各项技能操作。

3）各团队依据相关"参照规范与标准"，在上述各项技能的专业操作中将"内化级"融入表6-2中选项的各种行为规范。

4）各团队总结本次实践的操作体验，分析其成功经验和存在问题，提出改进建议。

5）各团队在此基础上撰写作为"成果形式"的实践课业。

6）在班级讨论交流、相互点评与修订各团队的实践课业。

【成果形式】

1）实践课业：《"'基于社会环境因素的旅游营销'知识应用"实践报告》。

2）课业要求：

（1）将《实践计划》和《基于参照群体的旅游营销策划方案》（或《基于社会阶层的旅游营销策划方案》，或《基于社会交往的旅游营销策划方案》，或《基于家庭的旅游营销策划方案》）以"附件"形式附于《实践报告》之后。

（2）同第4章本题型的其他"课业要求"。

✿ **建议阅读**

[1] 巴宾，哈里斯. 消费者行为学［M］. 李晓，等译.北京：机械工业出版社，

2010：99-109.

[2] 董昭江，高鹏斌，张为民. 消费者行为学 [M]. 北京：清华大学出版社，2012：241-269.

[3] 陆雄文. 管理学大辞典 [M]. 上海：上海辞书出版社，2013.

[4] 吴清津. 旅游消费者行为学 [M]. 北京：旅游教育出版社，2006：222-246.

[5] BAO J，JIN X，WEAVER D.Profiling the elite middle-age Chinese outbound travellers：a 3rd wave? [J]. Current Issues in Tourism，2019，22（5）：561-574.

[6] CHEN G，BAO J，HUANG S. Developing a scale to measure backpackers' personal development [J]. Journal of Travel Research，2014，53（4）：522-536.

[7] KLUIN J Y，LEHTO XY. Measuring family reunion travel motivations [J]. Annals of Tourism Research，2012，39（2）：820-841.

[8] HSU C H C，KANG S K，LAM T.Reference group influences among Chinese travelers [J]. Journal of Travel Research，2006，44（3）：474-484.

[9] LEHTO X Y，FU X，LI H，et al. Vacation benefits and activities：Understanding Chinese family travelers [J]. Journal of Hospitality & Tourism Research，2017，41（3）：301-328.

第 7 章
文化和经济因素与旅游消费者行为

▶ **学习目标**

7.1 文化与旅游消费者行为

7.2 亚文化与旅游消费者行为

7.3 经济状况与旅游消费者行为

7.4 基于文化与经济因素的旅游营销

▶ **本章概要**

▶ **基本训练**

▶ **建议阅读**

▶ **学习目标**

▷ **传承型学习**

通过以下目标，建构以"文化和经济因素与旅游消费者行为"为阶段性内涵的"传承型"专业学力：

理论知识：学习和把握文化的概念、功能、分类和特点，文化对旅游消费者行为的影响，亚文化的概念和对消费者行为的影响，经济状况的相关概念及其内涵，不同经济状况的旅游消费者行为差异等陈述性知识；用其指导"同步思考"、"深度思考"、"教学互动"和相关题型的"单元训练"；体验"文化和经济因素与旅游消费者行为"中"理论知识"的"传承型学习"及其迁移。

实务知识：学习和把握基于文化的旅游营销，基于经济因素的旅游营销，以及"业务链接"等程序性知识；用其规范相关题型的"单元训练"；体验"文化和经济因素与旅游消费者行为"中"实务知识"的"传承型学习"及其迁移。

认知弹性：运用本章理论与实务知识研究相关案例，对"引例"、"同步案例"和章后"案例分析–Ⅶ"进行多元表征，体验"文化和经济因素与旅游消费者行为"中"结构不良知识"的"传承型学习"及其迁移；依照相关行为规范对"课程思政7–1"、"课程思政7–2"和章后"课程思政–Ⅶ"进行思政研判，激发与"境外歧视"和"中国标签"议题相关的法律及伦理思考，促进健全职业人格的塑造。

▷ **创新型学习**

通过以下目标，建构以"文化和经济因素与旅游消费者行为"为阶段性内涵的"创新型"专业学力：

自主学习：参加"自主学习–Ⅱ"训练。在制订和实施《团队自主学习计划》的基础上，通过阶段性学习和应用"附录一"附表1"自主学习"（中级）"'知识准备'参照范围"所列知识，收集、整理与综合"文化和经济因素与旅游消费者行为"前沿知识，讨论、撰写和交流《"文化和经济因素与旅游消费者行为"最新文献综述》、撰写《"自主学习–Ⅱ"训练报告》等活动，体验"文化和经济因素与旅游消费者行为"中的"自主学习"（中级）及其迁移。

学习微平台

思维导图7–1

引例：追求前卫的一代——中国千禧一代不走寻常路，打破出境游界限

背景与情境： 第七期《Hotels.com™好订网中国游客境外旅游调查报告》揭示，90后的中国千禧一代在探索世界的支出上创下新高，出境游花费同比增幅高达80%。

此次调查发现，62%的中国千禧一代游客会因全球偶像文化以及电影电视的熏陶而跳脱亚洲目的地，前往更远的国家及地区游历，可见明星及全球流行文化的影响力不容小觑。

在旅途中发布朋友圈和自拍是中国千禧一代境外游不可或缺的一部分。数据显示，2017年，63%的千禧一代习惯用自拍镜头记录旅途中的点滴，从而建立自己在社交平台上的人设并获取他人的点赞。当被问及"高科技为何在旅途中具有如此大的吸引力"时，15%的受访者表示，他们评估高科技价值的方式正是通过权衡其是否能够给予他们更佳的社交形象。

Hotels.com好订网大中华、东南亚及印度区市场总监庄佩芙女士对此评论道："虽然中国的千禧一代掌舵着社交媒体的潮流和趋势，但放眼其他年龄层的游客群体，无不被社交媒体所影响和吸引。"

"就整体而言，52%的中国游客会受新闻报道的影响，而1/3的老一代中国游客则表示，年轻一代数字化的行为和偏好也正改变着他们的出游习惯和喜好。"

（1）随性而为，说走就走的千禧一代

出于对释放天性和打破束缚的渴望，超过1/3的中国游客会对纸醉金迷且富有热情的目的地诸如中国澳门地区、曼谷、阿姆斯特丹和拉斯维加斯等情有独钟。此外，"说走就走"的千禧一代也非常善于追随全球的节日，因而也掀起了一波淡季游热潮。相较过去而言，千禧一代在出境游规划上所花费的时间较短，他们时刻准备着开启说走就走的旅行和狂欢。对于中国千禧一代游客来说，惊悚和灵异题材也成了其出境游的主题之一。将近一半的游客声称他们会考察土库曼斯坦的地狱之门，超过1/3的游客希望进入巴黎的地下墓穴一探究竟。

尽管中国千禧一代对令人毛骨悚然的一切显得异常兴奋，但他们在旅途中的焦虑却出人意料地体现在了古老的迷信方面，且迷信的程度较老一辈还严重。40%的千禧一代游客称他们不希望房间里的床正对着镜子，而这一要求在他们的长辈中仅占35%；在不愿意入住走廊最末的房间方面，千禧一代的比例达41%，而年长的中国游客为35%；此外，20%的千禧一代不愿意入住楼层的第4层或第7层，而该比例在较为年长的一代中则为12%。

（2）"入乡随俗"的新一代中国游客

令人印象深刻的旅行往往离不开独具特色的住宿体验。对于过半的旅行者而言，非常规的住宿在其旅行中尤为重要。55%的受访者称，他们会跳脱常规，选择具有地方特色的单体酒店而非星级酒店；另有33%的游客会选择下榻精品酒店，23%的游客则选择环保型酒店，而21%的游客则会为采用尖端科技的酒店买单。

出于对纯正当地特色体验的追求，新一代中国游客在境外游花费的支配上更愿意将钱用于满足自己的味蕾。69%的中国游客会将旅行支出用于当地美食，43%的中国游客则用于购买目的地土特产，而仅有38%的受访者表示会将旅行花费用于奢侈品的购买。

在数字化领域，中国的千禧一代从不含糊，连接性和高效性对这些"说走就走"的年轻一代而言尤为关键。因而在住宿选择中，联合办公空间（39%）、声控技术（38%）、虚拟现实预订（38%）、机器人客服（32%）、可通过手机操控的门禁系统（31%）以及社交媒体直播间（26%）都是他们所期望得到的附加服务。

尽管中国游客的足迹逐渐遍布全球，但他们最为钟爱的仍是亚洲地区。在十大最受欢迎的旅行目的地中，亚洲目的地占据六个席位，日本则高居第一，但其中仍有值得提升的空间。

在目的地支付方面，中国千禧一代游客希望能够通过扫描微信二维码以及手机在线进行付款。与此同时，1/3的受访者坦言，预订系统仍未达到预期标准，而在当地交通安排、普通话导游和酒店工作人员服务方面均需要提升。

（资料来源　佚名. 2018中国游客境外旅游调查报告［N］. 人民日报，2018-08-01）

上述案例所展现的情形，大多数消费者可能早有耳闻或有亲身经历。中国千禧一代出境旅游者的消费行为，体现了他们什么样的文化与经济背景？再将视野放宽一点，文化与经济因素与旅游消费者行为之间，是一种什么样的关系？什么是文化？什么是亚文化？哪些经济因素可能会影响到旅游消费者的行为？如何基于文化与经济因素展开旅游营销？上述问题都是本章要回答和阐述的。

7.1　文化与旅游消费者行为

7.1.1　文化概述

1）文化的含义

文化是人类在社会历史发展过程中所创造的物质财富和精神财富的总和。不同的学科对文化有着不同的理解。例如，从哲学角度解释文化，则文化从本质上讲是哲学思想的表现形式，哲学的时代性和地域性决定了文化的不同风格。从存在主义的角度解释，文化是对一个人或一群人的存在方式的描述。功能主义学派认为，文化包括物质和精神两个方面，不论是具体的物质现象，如手杖、工具、器皿等，还是抽象的社会现象，如风俗习惯、思想意识、社会制度等，都具有满足人类实际生活需要的作用。在社会学和文化人类学中，"文化"也可以作为符号体系尤其是象征性符号体系来把握。

2）文化的分类

许多学科和学者都致力于对文化进行分类。斯坦恩（H.H.Stern）根据文化的结构和范畴，把文化分为广义和狭义两种概念。广义的文化指的是人类在社会历史发展过程中所创造的物质和精神财富的总和，包括物质文化、制度文化和精神文化三个方面。物质文化是指人类创造的种种物质文明，包括交通工具、服饰、日常用品等，是一种可见的显性文化。制度文化包括生活制度、家庭制度、社会制度等。精神文化则包括人们的社会心理、宗教信仰、价值取向、伦理观念、思维方式和审美情趣等。狭义的文化是指人们普遍的社会习惯，如衣食住行、风俗习惯、生活方式、行为规范等。

学习微平台

同步链接7-1

3）文化的功能

人类由于共同生活的需要才创造出文化。文化在它所涵盖的范围内和不同的层面发挥着主要的功能和作用。其主要功能有：

（1）整合功能

文化的整合功能是指它对于协调群体成员的行动所发挥的作用。社会群体中不同的成员都是独特的行动者，他们基于自己的需要、根据对情境的判断和理解采取行动，文化是他们之间沟通的中介。如果他们能够共享文化，那么他们就能够有效地沟通，消除隔阂、促成合作。

（2）导向功能

文化的导向功能是指文化可以为人们的行动提供方向和可供选择的方式。通过共享文化，行动者可以知道自己的何种行为在对方看来是适宜的、可以引起积极回应的，并倾向于选择有效的行动，这就是文化对行为的导向作用。

（3）秩序维持功能

文化是人们以往共同生活经验的积累，是人们通过比较和选择认为合理并被普遍接受的东西。某种文化的形成和确立，意味着某种价值观和行为规范的被认可和被遵从，也意味着某种秩序的形成。而且只要这种文化在起作用，那么由这种文化所确立的社会秩序就会被维持下去，这就是文化维持社会秩序的功能。

（4）传续功能

从世代的角度看，如果文化能向新的世代流传，即下一代也认同、共享上一代的文化，那么文化就有了传续功能。

教学互动7-1

主题： 中华文化上下五千年，源远流长，博大精深。自古以来，中华文化对中国周边地区产生了深远影响，各自形成了相对独立的汉字文化圈、儒家文化圈。这一地区（儒家文化圈）除了中国，还包括日本、朝鲜、韩国、越南、新加坡、马来西亚等地。

问题： 阐述对中华文化之功能的理解。

要求： 同"教学互动1-1"的"要求"。

4）文化的特点

（1）文化是共有的

它是一系列共有的概念、价值观和行为准则，它是使个人行为能力为集体所接受的共同标准。文化与社会是密切相关的，没有社会就不会有文化，也不存在没有文化的社会。在同一社会内部，文化具有不一致性。例如，在任何社会中，男性的文化和女性的文化都有不同之处。此外，不同的年龄、职业、阶层等之间也存在着亚文化的差异。

（2）文化是学习得来的

文化不是通过遗传而天生具有的。生理的满足方式是由文化决定的，每种文化决定这些需求如何得到满足。从这一角度看，非人的灵长目动物也有一些文化行为的能力，但是这些文化行为和人类社会中庞大复杂的文化象征体系相比较显得有些微不足道。

（3）文化的基础是象征

这些象征中，最重要的是语言和文字，也包含其他表现方式，如图像（如图腾、旗帜）、肢体动作（如握手或吐舌）、行为解读（如送礼）等。几乎可以说整个文化体系是透过庞大无比的象征体系深植在人类的思维之中的，而人们也透过这套象征符号体系解读呈现在眼前的种种事物。因此，如何解读各种象征在该文化中的实质意义便成为人类学和语言学等社会学科诠释人类心智的重要方式之一。

由于本书的研究对象是旅游消费者行为，所以我们接下来将关注点放在文化如何影响旅游消费者行为上。

◆ 教学互动7-2 ◆

主题： 中华文化亦称华夏文化，也能广义理解为中国所有地区的文化。

问题： 阐述对中华文化之特点的理解。

要求： 同"教学互动1-1"的"要求"。

7.1.2 文化对旅游消费者行为的影响

文化是一个内涵非常丰富、包罗万象的概念。不同的社会群体处于不一样的文化环境中，他们的旅游消费行为也非常多元化。因此，探究文化对旅游消费者行为的影响是一个十分大的课题，因为文化影响并渗透在旅游消费者行为的方方面面。

结合文化的功能与特点以及前6章的内容，下文仅选择其中主要的影响，进行总结式介绍。

1）文化影响旅游消费者的感知

最直观的案例是中外旅游者对黄山奇石的知觉。如第2章所表明的，中国旅游者要比西方旅游者更容易将这些自然的石头知觉成具有浓厚的东方人文主义色彩的形象。

2）文化影响旅游消费者的动机

如第3章所表明的，繁重和长时间的工作根植于日本文化环境中，使得海外旅游对他们来说不是一件容易的事情。因此，日本游客在海外旅游中特别渴望获得知识、享受和冒险。海外旅游在日本也因此成为一种地位的象征。

3）文化影响旅游消费者的情绪情感

如第4章所表明的，文化禁忌影响旅游消费者的情绪与情感。例如，"13""星期五"是西方人非常忌讳的日子。因此，如果旅游目的地或旅游企业的安排触犯到这些文化禁忌，则会影响他们的情绪情感。

4）文化影响旅游消费者的态度

态度是包含认知、情感和行为倾向三个成分的心理倾向。第5章有关香港特别行政区人民对赴菲律宾旅游的态度很好地诠释了文化对旅游消费者态度的影响。香港特别行政区人民之所以愤怒，是因为他们处在旅游消费者的人权必须得到有效保护的社会规范认知中。

5）文化影响旅游消费者的其他行为

文化还会影响旅游消费者的购买决策、体验、满意度和忠诚度等。这些方面的知识也将在有关"旅游消费者行为跨文化比较"（第12章）中得到进一步的阐述。

学习微平台

课程思政 7-1

◆ **同步思考 7-1**

问题：如何获知文化对旅游消费者行为的影响？

7.2 亚文化与旅游消费者行为

7.2.1 亚文化概述

亚文化（subculture）是指在某个较大的母文化中，拥有不同行为和信仰的较小文化，也称"次文化"。亚文化可以说是一种相对于主流文化的价值、信念，是伴随着主流文化而产生的另一种特殊的价值观念和行为。在职业、宗教信仰、教育、国家、社会阶层、性别和年龄等不同性质的层面中都会产生不同的亚文化。每个社会都会有主流文化在面对次文化时所产生的冲击和变化。这些次文化可能是对主流文化积极的改进，或是对主流文化消极的反抗。

学习微平台

延伸阅读 7-1

◆ **延伸思考 7-1**

问题：亚文化与主流文化之间是完全对立的吗？

目前，比较主流的对亚文化进行分类的方法是按民族、种族、宗教信仰、年龄、地理和性别划分亚文化类别。因此，亚文化主要有民族亚文化、宗教亚文化、地理亚文化、年龄亚文化和性别亚文化等。

7.2.2 亚文化对旅游消费者行为的影响

与文化对旅游消费者行为的影响一样，亚文化对旅游消费者行为的影响也是多方面的。下面主要按亚文化的不同类型展开亚文化对旅游消费者行为的影响的阐述。

1）族群亚文化及其对旅游消费者行为的影响

族群（ethnic group）是指：在较大的社会文化体系中，由于客观上具有共同的渊源和文化，因此主观上自我认同并被其他群体所区分的一群人。其中共同的渊源是指世系、血统、体质的相似；共同的文化是指相似的语言、宗教、习俗等。这两方面都是客观的标准，族外人对他们的区分，一般是通过这些标准确定的。主观上的自我认同意识即对我群和他群的认知，大多是集体无意识的，但有时也借助于某些客观标准加以强化和延续（孙九霞，1998）。因此，族群亚文化是某一族群在长期共同生产生活实践中产生和创造出来的能够体现本民族特点的物质和精神财富的总和。族群亚文化对旅游消费者行为的影响，可以从处于不同族群的旅游消费行为的差异来考察。例如，整体上而言，由于受其偏好长时间工作的文化传统的影响，日本出境旅游者更加偏好短假期，在旅游目的地的停留时间也相对较短。再如，受节俭、追求安稳、追求便利等传统文化价值观的影响，不少中国内地居民在选择出境旅游目的地的时候，也会倾向选择消费较低、邻近的、安全的目的地，且会选择包价旅行的方式（Hsu & Huang，2016）。另外，黄松山和陈钢华（Huang & Chen，2018）的研究也表明，中国和西方背包客对旅行所带来的个人发展裨益的理解也存在跨文化差异。有关旅游消费者行为的跨（民族）文化比较，在第12章有更加专门、深入的阐述。

◆ **深度思考7-1**

问题：与旅游消费者行为密切相关的中国文化价值有哪些？

◆ **业务链接7-1**

如何测量中国内地赴港旅游者对零售服务质量的感知？

随着中国内地居民经济实力与实际购买能力的进一步提高，购物已经成为越来越多的出境旅游者的主要旅游活动甚至是主要动机。香港特别行政区在内地旅游者心目中向来是"购物天堂"，且其与广东毗邻，两地往来便利。随着两地在经济、文化与社会领域融合的日渐深入，内地已经成为香港特别行政区第一位的入境旅游市场，且购物成为内地赴港旅游者的主要旅游活动和造访动机。因此，如何更好地测量内地赴港旅游者对零售服务的质量感知，是香港特别行政区零售业面临的重要课题。其重中之重就是了解中国传统文化对中国内地赴港旅游者关于零售服务质量感知的影响。Cheng Soo May 等（Cheng, Ng & Humborstad, 2010）的一项研究，验证了一份中国游客零售服务质量量表（Chinese retail service quality scale，CRSQS），为测量中国内地赴港旅游者对零售服务质量的感知提供了有用的工具。这一量表包含以下四个维度（及其测量题项）。

①外观（appearance）。这一维度包含以下8个测量题项：零售店有现代化的设备；零售店有便利的营业时间；零售店的货品丰富；零售店有最新的设备；零售店具有视觉上的吸引力；零售店装饰和气氛有吸引力；与零售店相关的广告具有视觉上的吸引力；零售店看起来专业。

②可靠（reliability）。这一维度包含以下6个测量题项：销售人员可靠；商品物有所值；零售店人手足够；零售店值得信赖；销售人员的行为举止令我舒服；零售店信守承诺。

③胜任力（competence）。这一维度包含以下4个测量题项：销售人员有足够丰富的知识来回答我的问题；销售人员有各种产品的深度知识；销售人员能告知我新产品；销售人员的服务迅速及时。

④礼遇（courtesy）。这一维度包含以下3个测量题项：购物中心或零售店提供交通安排；零售店提供会员卡；零售店接受人民币。

2）宗教亚文化及其对旅游消费者行为的影响

宗教是人类社会发展进程中的特殊文化现象，是人类传统文化的重要组成部分。它影响人们的思想意识、生活习俗等方面。广义上讲，宗教本身是一种以信仰为核心的文化，同时又是整个社会文化的组成部分。宗教文化对旅游消费者行为最为明显的影响体现在两个方面：动机和实地行为。在动机方面，受特定宗教文化的影响，宗教朝拜本身成为一种重要的出行/出游动机。在实地行为方面，宗教文化同样既影响信徒也影响普通的宗教文化旅游者。前者例如，印度教禁止信徒食牛肉，印度教的信徒在出游过程中，自然也应该遵守这些戒律。后者例如，即便是普通的旅游者在造访宗教场所时也必须严格遵守相关的规定，尊重特定的宗教文化。

◆ **延伸思考7-2**

问题：宗教文化场所的所有造访者都是朝拜的信徒吗？

3）地理亚文化及其对旅游消费者行为的影响

与地理亚文化密切相关的概念和学科是文化地理学。文化地理学是研究人类文化空间组合的一门人文地理分支学科。它研究地表各种文化现象的分布、空间组合及发展演化规律，以及有关文化景观、文化的起源和传播、文化与生态环境的关系、环境的文化评价等方面的内容。地理亚文化，实际上就是在特定的地理空间、地域范围内的亚文化。也就是说，某种特定的文化会因为地理空间、地域的差异而出现差异。因此，地理亚文化与族群亚文化会在一定程度上有重叠。地理亚文化对旅游消费者行为的影响，与宗教亚文化对旅游消费者行为的影响类似，也显著地体现在动机和实地行为两个方面。实地行为最典型的例子就是美食文化。例如，中国的美食文化源远流长，但地域差异明显，在长期的历史演化中，形成了八大菜系。不同地域的中国人在国内旅行时，总是难以摆脱各自地域饮食文化的影响。与此同时，中国的饮食文化又在很大程度上有别于其他国家和地区的文化。因此，中国游客在海外旅行时的饮食行为也深受他们的饮食文化以及整体的文化价值的影响。

◆ 深度思考 7-2 ◆

问题：中国人的文化价值如何影响他们在海外旅行时的饮食行为？

4）年龄亚文化及其对旅游消费者行为的影响

即便是在同一个族群内部、在同一宗教亚文化和地理亚文化熏陶下，不同年龄段的群体也会表现出文化的差异，从而影响他们的旅游消费行为。在日常生活中，年龄亚文化最为直观的表现就是不同年龄的群体对音乐、电视剧、休闲娱乐活动的不同偏好。例如，年轻人更喜欢摇滚乐、街舞和极限运动。年龄亚文化同样也会影响旅游消费者行为。例如，徐惠群等（Hsu, Cai & Wong, 2007）的研究发现，中国城市老年人出游的动机主要是提升生活质量、逃离日常烦琐事务、社交、提升知识、自豪与爱国主义、奖励自我以及怀旧。当然，上述动机并非老年群体独有，但在中国特定的文化背景与历史渊源下，老年人的"对自己国家的自豪感与爱国情怀"、"犒劳自己昔日的辛劳"以及"怀念往昔美好时光"的动机比年轻一代更加强烈和重要。

学习微平台

延伸阅读 7-2

5）性别亚文化及其对旅游消费者行为的影响

性别有生理性别和社会性别之分。在生理或生物学意义上，生物中有许多物种可以划分成两个或两个以上的种类，称之为性别（对应英文"sex"）。这些不同性别的个体互补并结合彼此的基因，以繁衍后代。社会性别（对应英文"gender"）是指个人或个性中所带有的阳刚气质（masculinity）或阴柔气质（femininity）。社会性别是相对于生物学意义中的生物性别而言的，更接近身份认同与气质，又称性别气质。因此，社会性别可以理解为一个在社会中的人，其自身和其所处的环境对性别（生理上的）的期待。这些期待将在这个人的行为（以及环境中的群体的行为）中充分体现出来。与上述亚文化类似，性别亚文化也叫性别文化，是一种独特的文化因素。不同性别的群体，会表现出文化上的差异，进而也会影响旅游消费行为。例如，谢晖和保继刚（2006）在以黄山市为样本收集地的研究中发现：第一，女性游客比男性游客收集更多类型的信息，并更倾向于收集旅行费用、食宿状况、线路安排这三种旅游信息。第二，女性游客比男性游客更倾向于通过人际交流的方式获取旅游信息。第三，对于游览民居和购买旅游纪念品两种旅游活动，女性游客比男性游客具有更强的偏好。

◆ 课程思政 7-2 ◆

中国游客为何频遭境外"歧视"？

背景与情境：是误解，是歧视，还是纠纷？当中国人越来越多地走出国门游玩世界，越来越多的问题也随之而生。一方面，外界对部分中国游客素质评价不高；而另一方面，有些中国游客遭遇侵权或者"隐形"侵权，有苦说不出，有权难维护。比如，春节前广东游客在泰国机场因通道收费问题产生纠纷，被当地海关呵斥"滚回中国去"；春节后马尔代夫北部伊鲁韦利岛海滩度假村又被曝出歧视中国游客，无端开除七名中国籍员工……

对此，专家也坦言："问题比较复杂，牵涉到很多深层次的文化问题。"那么，我们究竟有没有办法处置可能出现的类似情况？在海外旅行过程中，我们自身又该注意些什么？

主持人：中国游客在海外频频遭受歧视或不公正对待，您认为原因是什么？

刘思敏：不管是歧视还是不公正对待，取证都比较困难。很多时候，这就是别人的一种态度。真正的明目张胆的显性歧视是比较罕见的。就以广东游客在泰国机场的遭遇为例，如事实确实如此，那么既可能是一种歧视，更可能是不良海关人员的一种腐败行为。

我们要分清是敲诈还是歧视。我个人觉得泰国机场事件更像是敲诈。他们就是想让你多交 200 泰铢，类似创收，你不服，那么他们就让你"滚回中国去"嘛，类似于索贿，只不过程度稍微轻一些，交的钱不是进入个人腰包，而是给国家。中国人常说，"小不忍则乱大谋""人在屋檐下，不得不低头"，有很多中国人是配合了的，大家都这么干，你不同意，就是这种结果。

（资料来源　向杰. 中国游客为何频遭境外"歧视"[N]. 南方日报，2013-03-13）

问题：中国游客在境外遭遇"歧视"的真正原因是什么？它背后所蕴含的伦理与道德依据是什么？这一案例给旅游行业的从业人员哪些启示？

7.3　经济状况与旅游消费者行为

7.3.1　经济状况概述

1）经济状况的含义

如第 1 章所述，在各学科中，最早介入消费领域研究的当属经济学。对消费行为的研究也一直是西方经济学研究的主流。一般而言，**经济状况**是指个人、家庭劳动所得报酬或其他经济收入和生活消费支出情况。经济状况通常分为六类：极度贫穷、贫穷、温饱、小康、富有、极度富有。经济状况是了解并解释消费者行为的重要视角。经济状况影响消费者行为的方方面面，从消费意识的出现一直到购后行为的发生。

2）可支配收入与居民消费支出

在相关的研究和实践中，比起经济状况这一相对笼统的概念，可支配收入（disposable income）和居民消费支出这两个概念更加具体且运用更加广泛。

（1）可支配收入

通俗地讲，**可支配收入**是指个人收入扣除向政府缴纳的所得税、遗产税和赠予税、不动产税、汽车使用税及交给政府的非商业性费用等（统称非税支付）以后的余额。

◆ **同步案例7-1**

2018年、2020年中国城乡居民的可支配收入

背景与情境：国家统计局发布的数据显示：2020年，全国居民人均可支配收入32 189元（2018年：28 228元），比上年名义增长4.7%（2018年：8.7%），扣除价格因素，实际增长2.1%（2018年：6.5%）。其中，城镇居民人均可支配收入43 834元（2018年：39 251元），增长3.5%（以下如无特别说明，均为同比名义增长）（2018年：7.8%），扣除价格因素，实际增长5.6%；农村居民人均可支配收入14 617元，增长8.8%，扣除价格因素，实际增长1.2%（2018年：6.6%）。全年全国居民人均可支配收入中位数27 540元（2018年：24 336元），比上年增长3.8%（2018年：8.6%），中位数是平均数的85.6%（2018年：86.2%）。

（资料来源　国家统计局. 2018年居民收入和消费支出情况［EB/OL］.［2019-01-21］. http://www.gov.cn/xinwen/2019-01/21/content_5359647.htm；国家统计局. 2020年居民收入和消费支出情况［EB/OL］.［2021-01-18］. http://www.gov.cn/xinwen/2021/01/18/content_5580659.htm）

问题：依据上文有关可支配收入的知识，结合案例内容，分析中国城乡居民可支配收入状况将如何影响这两个群体的旅游消费行为。

（2）居民消费支出

居民消费支出是指城乡居民个人和家庭用于生活消费以及集体用于个人消费的全部支出。这包括购买商品支出以及享受文化服务和生活服务等非商品支出。对于农村居民来说，还包括用于生活消费的自给性产品支出。

◆ **同步案例7-2**

2018年、2020年中国城乡居民消费支出及其结构

背景与情境：国家统计局发布的数据显示：2018年，全国居民人均消费支出19 853元，比上年名义增长8.4%，扣除价格因素，实际增长6.2%。其中，城镇居民人均消费支出26 112元，增长6.8%（以下如无特别说明，均为同比名义增长），扣除价格因素，实际增长4.6%；农村居民人均消费支出12 124元，增长10.7%，扣除价格因素，实际增长8.4%。2020年，全国居民人均消费支出21 210元，同比下降1.6%。其中，城镇居民人均消费支出27 007元，同比下降3.8%；农村居民人均消费支出13 713元，同比增长2.9%。

如图7-1所示，2018年全年，全国居民人均食品烟酒消费支出5 631元，比上年增长4.8%，占人均消费支出的比重为28.4%；人均衣着消费支出1 289元，增长4.1%，占人均消费支出的比重为6.5%；人均居住消费支出4 647元，增长13.1%，占人均消费支出的比重为23.4%；人均生活用品及服务消费支出1 223元，增长9.1%，占人均消费支出的比重为6.2%；人均交通通信消费支出2 675元，增长7.1%，占人均消费支出的比重为13.5%；人均教育文化娱乐消费支出2 226元，增长6.7%，占人均

消费支出的比重为11.2%；人均医疗保健消费支出1 685元，增长16.1%，占人均消费支出的比重为8.5%；人均其他用品及服务消费支出477元，增长6.8%，占人均消费支出的比重为2.4%。

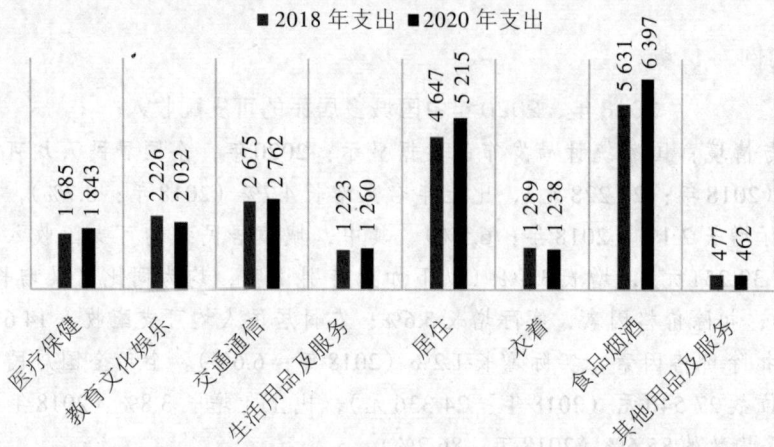

图7-1　2018年、2020年中国居民人均消费支出结构

2020年，全国居民人均食品烟酒消费支出6 397元，同比增长5.1%，占人均消费支出的比重为30.2%；人均衣着消费支出1 238元，同比下降7.5%，占人均消费支出的比重为5.8%；人均居住消费支出5 215元，同比增长3.2%，占人均消费支出的比重为24.6%；人均生活用品及服务消费支出1 260元，同比下降1.7%，占人均消费支出的比重为5.9%；人均交通通信消费支出2 762元，同比下降3.5%，占人均消费支出的比重为13.0%；人均教育文化娱乐消费支出2 032元，同比下降19.1%，占人均消费支出的比重为9.6%；人均医疗保健消费支出1 843元，同比下降3.1%，占人均消费支出的比重为8.7%；人均其他用品及服务消费支出462元，同比下降11.8%，占人均消费支出的比重为2.2%。

（资料来源　国家统计局. 2018年居民收入和消费支出情况［EB/OL］.［2019-01-21］. http://www.gov.cn/xinwen/2019-01/21/content_5359647.htm；国家统计局. 2020年居民收入和消费支出情况［EB/OL］.［2021-01-18］. http://www.gov.cn/xinwen/2021-01/18/content_5580659.htm）

问题：依据上文有关消费支出的知识，结合案例内容，分析中国城乡居民消费支出状况对于我们理解这两个群体的旅游消费行为有什么启示。

7.3.2　不同经济状况的旅游消费者行为差异

众多研究表明，不同经济状况（可支配收入和消费支出）的旅游消费者，其行为会存在差异。下文仅以动机和感知为例进行阐述。

1）不同经济状况的旅游消费者的动机差异

出游动机会因个人及家庭的经济状况（尤其是可支配收入状况）而出现显著的差异。这方面的研究已经积累了不少成果。例如，在几年前对中国背包客动机的研究表明，"社会交往型"背包客中，收入水平在"每月1 500元以下"的背包客所占比重更大（Chen，Bao & Huang，2014）。也就是说，月收入在"1 500元以下"的背包客，更可能是"社会交往型"背包客（社会交往是他们的主导动机）。再如，金在鹤和里奇（Kim & Ritchie，2012）的研究发现，在"高尔夫密集型旅游者"（golf-intensive golfers）中，高尔夫旅行支出在"5 000 001韩元以上"以及"4 000 001～5 000 000韩元"的高尔夫旅游者所占比重更大。也就是说，在这两个支出区间的旅游者，更可能是"高尔夫密集型旅游者"（他们的主导动机是追求经济价值、学习和挑战）。

2）不同经济状况的旅游消费者的感知差异

相比较而言，国内外旅游学界对不同经济状况旅游消费者的感知差异的研究并不多见。近几年来，对于旅游消费者对目的地形象感知的部分研究关注了这一领域。例如，刘欢（2014）对沈阳旅游城市形象的研究发现，工资为"2 000元及以下"的受访者的知识积累不够完善，对文化符号的理解程度较为有限，因此，在文化符号的感知方面明显低于高收入者。赵然、吕海平和马瑞（2010）的研究发现，月收入在5 000元以上的旅游者相对更关注旅游目的地旅游个性形象、旅游目的地口碑好感度、休闲设施完善度、旅游地环境舒适度、休闲资源丰厚度、周边地区休闲氛围等因素。然而，虽然有研究证实了不同收入状况的旅游消费者对目的地旅游形象感知的差异，但收入状况是如何影响旅游者的形象感知的，却鲜有研究讨论。

◆ 同步思考 7-2 ◆

问题：旅游消费者行为的差异确定是由经济状况导致的吗？

7.4　基于文化与经济因素的旅游营销

1）基于文化因素的旅游营销

文化是一个包罗万象的概念。广义的文化，包括物质文化（交通工具、服饰、日常用品等）、制度文化（生活制度、家庭制度、社会制度等）和精神文化（社会心理、宗教信仰、价值取向、伦理观念、思维方式和审美情趣等）三个方面。通常意义上的文化营销，更多地强调制度文化和精神文化，强调企业的理念、宗旨、目标、价值观、职员行为规范、经营管理制度、企业环境、组织力量、品牌个性等文化元素。文化营销的核心是理解人、尊重人、以人为本，调动人的积极性。

在旅游营销领域，关于文化营销的概念与实践存在不少误读与分歧。基于上述有关文化、亚文化及其对旅游消费者行为的影响，旅游文化营销有两点需要明确：从市场需求角度讲，旅游文化营销中的"文化"，是指文化的深层结构意识部分，即由社会心理、宗教信仰、价值取向、伦理观念、思维方式和审美情趣等所构成的旅游者的精神文化心态；从旅游产品和服务的角度讲，旅游文化营销中的"文化"指的是旅游产品和服务的文化内涵与文化特征，是旅游产品和服务的核心属性。旅游文化营销中的"文化"，通常情况下不包括作为旅游吸引物的物质文化，亦即文化的物质载体，如建筑、园林、服饰、交通工具等。因此，旅游文化营销不是对"文化"尤其是物质文化进行营销。<u>旅游文化营销是指旅游目的地和旅游企业将文化（主要是制度文化、精神文化）的因素渗透到营销的整个过程中，提升旅游产品及服务的附加值，以更好地实现市场交换的一种营销方式</u>。因此，旅游文化营销往往与体验营销、情感营销等交织在一起。

学习微平台

延伸阅读 7-3

◢ 业务链接7-2

旅游文化营销运作模式创新的策略

①文化包装与产品设计

文化包装策略是指在旅游产品原有功能的基础上，以文化为主导，使旅游目的地的包装具有较强的文化感染力，蕴涵丰富的文化观念，以满足旅游者的某种心理需求。在包装时，要把文化融入其中，给产品本身注入一种民族的、现代的、健康的文化意识，提升旅游产品的文化品位和文化含量，突出其附加价值，让旅游目的地成为文化的载体。旅游产品文化营销是文化营销的核心，具体表现在设计、造型、生产、包装、使用等方面。旅游景点的文化包装是文化营销的基础，从命名、设计到设施的选择、空间的布局等方面都应充分考虑营销文化渗透。要根据目标旅游者的文化背景和企业营销策略，使旅游产品的文化包装体现出自身的民族地域文化特色，或是异国他乡的文化风采，既要继承优秀的传统文化，又要创新发展融合时代文化风貌，巧妙地利用文化差异增添旅游产品的魅力。

②文化传播与广告促销

营销传播作为传播的一种，在经济领域有不同层次的多种表现。文化传播是营销传播在方式上的现代化体现，它是以系统整合的文化行为为手段达到营销目的的营销传播。文化传播是传播文化的系统行为，其评估标准是游客满意度。文化传播要通过文化广告和文化促销的方式来实现。文化广告制作的第一步是确定文化广告的目标，这些目标必须符合先前制定的有关目标市场、市场定位和营销组合的决策。文化广告关键要令人振奋、明确、直截了当，它应该强调旅游产品特征、旅游产品或服务及公司的名称，清楚地指出目标市场，并且能够引起足够的重视。文化促销包括各种短期性的刺激工具，用以刺激客户较迅速和大量地购买某一特定的旅游产品或服务。文化促销主要是吸引那些品牌忠诚度不高的客户，因为他们寻找的是低价或赠奖。在运用文化促销时，必须确定目标、选择工具、制订方案、实施和控制方案，并对结果进行评估。

③文化体验与旅游品牌

体验旅游是以体验为主要诉求目标的旅游活动，使旅游者通过活动和感受产生比较大、比较深、比较强烈的心理印象。不同地区、国家、民族、年龄、性别、教育程度及阅历的旅游者，其心理追求差异较大，这就需要选择不同的角度和切入点，采用不同的方式和手段，在不同层面和水准上，向不同的旅游者提供体验旅游项目。体验旅游是旅游品牌的重要组成部分。在建设旅游品牌时，文化必然渗透和充盈其中并发挥着不可替代的作用；创建旅游品牌就是一个将文化精准而充分地展示的过程；在旅游品牌的塑造过程中，文化起着凝聚和催化的作用，使旅游品牌更有内涵；旅游品牌的文化内涵是提升旅游品牌附加值、产品竞争力的原动力。因此，当旅游产品同质化程度越来越高时，旅游品牌文化提供了一种解决之道。未来的企业竞争是旅游品牌的竞争，更是旅游品牌文化之间的竞争。

（资料来源　艾华. 谈旅游文化营销运作模式创新［J］. 商业时代，2007（34）：26）

2）基于经济因素的旅游营销

经济因素对旅游消费者行为的潜在影响主要通过可支配收入和消费支出两个方面产生。对旅游消费者行为产生影响的更多是可支配收入的总额和消费支出的结构。举例来说，在某个家庭的可支配收入固定的情况下，约束其出游决策的经济因素主要是消费支出结构。当日常的必要生活开支，如图 7-1 所示的食品烟酒、居住、教育文化娱乐、医疗保健等，占据家庭总的消费支出的大部分甚至全部时，这个家庭必然没有足够的收入用于包括旅游消费在内的服务类消费。因此，针对经济因素的旅游营销，必须紧密关注潜在市场的可支配收入总额、消费支出结构以及他们对收入与支出的管理方式（理财状况、财务管理状况）。这方面可以参考近年来广为流行的俱乐部营销。

在旅游营销领域，俱乐部营销的经典案例是迪士尼度假俱乐部（Disney Vacation Club，DVC）。迪士尼度假俱乐部是由迪士尼公司（The Walt Disney Company）旗下的 "Disney Vacation Development" 运营和管理的会员制度假俱乐部。与许多酒店集团的度假俱乐部相似，它属于 "分时度假"（time-share）。为获得会员身份，消费者需要一次性支付一定费用购买 "实行会员制的迪士尼度假酒店"（DVC resorts，即 "会员制酒店"）的部分所有权（a real estate interest）。实际上，消费者是按照一定的价格购买积分（vacation points），每个积分的价格也因会员制酒店和购买时间各异。例如，2008 年 11 月 1 日，Bay Lake Towers 度假酒店的会员积分每分售价为 104 美元，至少要一次性购买 160 分，亦即最少要一次性支付 16 640 美元。而在 2009 年 1 月 1 日，这一度假酒店的会员积分每分售价涨到了 112 美元，亦即最少要一次性支付 17 920 美元。消费者（俱乐部会员）购买了其部分所有权的度假酒店，被称为 "home resort"，会员身份有效期限一般为 50 年左右（以积分方式体现），加上迪士尼帮助管理和维护酒店，会员每年还需要支付一定的管理费（annual dues）。所需支付的管理费，因会员拥有的积分数各异。积分数的多少实际上意味着会员等级的高低和礼遇的差异。会员的积分用来换取每年度假的酒店房间。这是迪士尼度假俱乐部和其他酒店的以 "分时度假" 形式购买度假产品的最大区别。迪士尼度假俱乐部使用的是积分制，拥有的积分可以自由选择在任何一家迪士尼酒店使用，还包括全世界所有的迪士尼乐园、迪士尼游轮和迪士尼以外的世界酒店。会员在 "home resort" 的预订最多可以提前 11 个月，而在其他会员制酒店的预订只能最多提前 7 个月。当然，每年拿到的积分能住多久的酒店，完全取决于一次性购买的积分数（会员等级）和不同季节、不同酒店所需的积分数。积分可以累积和储存，以用于来年之消费；会员也可以提前调用来年的积分用于当年使用。

✦　**本章概要**

✿　主要概念

文化　亚文化　经济状况　可支配收入　居民消费支出　旅游文化营销

✿　内容提要

•本章主要介绍了文化的定义、功能和分类，亚文化的定义和分类以及文化和亚文化对旅游消费者行为的影响，还介绍了经济状况、可支配收入、居民消费支出的定义及其对旅游消费者行为的影响。

·广义上的文化是指人类在社会历史发展过程中所创造的物质和精神财富的总和，包括物质文化、制度文化和精神文化三个方面。

·文化具有整合、导向、维持秩序和传续功能。

·文化具有以下三个基本特点：文化是共有的、文化是学习得来的、文化的基础是象征。

·获知文化对旅游消费者行为的影响可以经由以下两种途径：跨文化比较与聚焦特定文化。

·亚文化的主要类型有：族群亚文化、宗教亚文化、地理亚文化、年龄亚文化和性别亚文化。

·文化价值是指客观事物所具有的、能够满足一定文化需要的特殊性质或能够反映一定文化形态的属性。

·影响旅游消费者行为的经济状况概念主要有可支配收入、居民消费支出。

·旅游文化营销是指旅游目的地和旅游企业将文化（主要是制度文化、精神文化）因素渗透到营销的整个过程，提升旅游产品及服务的附加值，更好地实现市场交换的一种营销方式。

❀　内容结构

本章内容结构如图7-2所示：

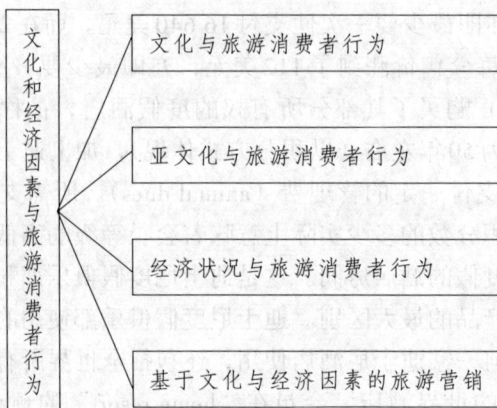

图7-2　本章内容结构

❀　重要观点

观点 7-1： 文化是人类在社会历史发展过程中创造的物质和精神财富的总和，包括物质文化、制度文化和精神文化三个方面。

常见置疑： 文化就是人们普遍的社会习惯，如衣食住行、风俗习惯、生活方式、行为规范等。

释疑： 文化是一个内涵丰富、包罗万象的概念，其有狭义和广义之分。狭义的文化主要是指精神文化，即人们普遍的社会习惯，如衣食住行、风俗习惯、生活方式、行为规范等。广义的文化则是指人类在社会历史发展过程中创造的物质和精神财富的总和，包括物质文化（交通工具、服饰、日常用品等）、制度文化（生活制度、家庭制度、社会制度等）和精神文化（衣食住行、风俗习惯、生活方式、行为规范等）三个方面。

观点 7-2： 亚文化是指在某个较大的母文化中，拥有不同行为和信仰的较小文化。亚文化也称"次文化"，是一种相对于主流文化的价值、信念，是伴随着主流文化而产生的另一种特殊的价值观念和行为。

　　常见置疑：亚文化是一种与主流文化完全对立的价值、信念。

　　释疑：亚文化或次文化概念的提出，确实是相对于主流文化而言的。但这两者并非完全对立，而是相对的。有些亚文化或次文化，可能会变成主流文化；有些主流文化，也可能衰落成亚文化。

✦ 单元训练

✿ 传承型训练

▲ 理论题

△ 简答题

1）简述文化的概念、功能、分类和特点。

2）简述文化对旅游消费者行为的影响。

3）简述亚文化的概念和对旅游消费者行为的影响。

4）简述经济状况的相关概念及其内涵。

5）简述不同经济状况的旅游消费者行为差异。

△ 讨论题

1）亚文化与主流文化是完全对立的吗？

2）与旅游消费者行为密切相关的中国文化价值有哪些？

3）宗教文化场所的所有造访者都是朝拜的信徒吗？

4）中国的文化价值如何影响他们在海外旅行时的饮食行为？

▲ 实务题

△ 规则复习

1）简述基于文化的旅游营销。

2）简述基于经济因素的旅游营销。

3）简述旅游文化营销运作模式创新策略。

△ 业务解析

如何测量中国内地赴港旅游者对零售服务质量的感知？

▲ 案例题

△ 案例分析

【训练项目】

案例分析-Ⅶ。

【训练目的】

见本章"学习目标"中"传承型学习"的"认知弹性"目标。

【教学方法】

同第 1 章本题型的"教学方法"。

【训练任务】

1）体验对"附录三"附表 3"解决问题"能力"高级"的"基本要求"和各技能点"参照规范与标准"的遵循。

2) 同第 1 章本题型的其他"训练任务"。

【相关案例】

如何理解中国出境旅游者的消费行为？

背景与情境： 2014 年在北京香山召开的世界旅游城市联合会香山峰会发布了《中国公民出境（城市）旅游消费市场调查报告》（以下简称《报告》）。报告显示，中国游客境外人均花费近 2 万元，80 后成为中国出境游主力，观光旅游仍是中国游客出境旅游的首要目的，购物是出境消费的重要构成部分。

（1）中国公民出境游的整体趋势

《报告》指出，2013 年中国游客出境旅游消费总额已达到 1 287 亿美元，同比提升 26.8%。在奢侈品采购方面，中国游客偏向境外地区的趋势愈加明显。2013 年，欧洲和美国成为中国游客境外旅游消费的重心，分别达到了 23% 和 10%。境内境外消费价差的存在，已经成为刺激大部分普通消费者选择境外消费的主要原因。

（2）中国公民出境游群体特征

①市场分布特征。《报告》指出，2013—2014 年间，中国出境游客主要来源于华南、华北和华东区域；其中，以上海、广东、北京等省市为主，其次为江苏、浙江和山东等沿海省份。此外，东北地区的辽宁、华中地区的湖北、西南地区的四川也是较大的出境游客输出省份。

②年龄结构特征。在出境游的中国公民群体中，80 后人群已经成为中国出境游客的主体。他们在中国出境游客中所占的比例高达 56.2%，超过一半；而 70 后和 90 后所占比例分别为 26.4% 和 11.3%。鉴于 80 后所处家庭生命周期的特征，以及独生子女的现状，中国家庭的重心集中在孩子身上，带领未成年子女出境旅游开阔眼界已成为中国公民出境旅游的显著特征。

③收入构成特征。中国公民出境游市场另一个特点体现在收入方面。中国出境游客大多为拥有较高收入的人群，出境游是中国中高端家庭生活的重要活动。出境游客个人平均月收入为 11 512 元，该数字是 2013 年中国主要大中城市个人平均月收入（3 798 元）的 3 倍，是中国城镇居民人均每月可支配收入（2 246 元）的 5 倍。出境游家庭的月平均收入约为 20 767 元。

（3）中国公民出境游目的

《报告》显示，目前观光旅游仍然是中国游客出境旅游的首要目的，其次为休闲度假，以购物为主要目的的游客占到了 43.94%。在吸引中国游客出境旅游的各大因素中，"美丽的风景"这一因素仍然排在首位，其次为各城市独特的文化。随着出境游的发展，中国出境旅游正逐步从观光游向深度游发展，城市的历史、文化以及特色建筑等逐步成为吸引中国游客的关键点。在人均花费方面，中国游客人均境外消费 19 871 元，其中，前往欧美城市的游客在境外的人均花费最高，选择境外自由行的游客花费也较高。

从消费构成看，购物是中国出境游客消费的主要内容。在中国游客境外消费中，用于购物的费用占 57.8%。境内外奢侈品消费差价的存在，是吸引大部分普通消费者选择境外消费的原因。境外旅游花费，在购物之外依次是住宿、交通出行、景点门票、娱乐等。

（资料来源　齐征. 2013 年中国公民出境（城市）旅游消费市场调查 [N]. 中国青年报，2014-09-12）

问题：

1）本案例主要涉及本章的哪些知识点？

2）利用所学知识，结合案例分析中国出境旅游者上述消费行为受哪些文化和经济因素的影响。

【训练要求】

同第1章本题型的"训练要求"。

【成果形式】

1）训练课业：《"如何理解中国出境旅游者的消费行为"案例分析报告》。

2）课业要求：同第1章本题型的"课业要求"。

△ 课程思政

【训练项目】

课程思政−VII。

【训练目的】

见本章"学习目标"中"传承型学习"的"认知弹性"目标。

【教学方法】

同第1章本题型的"教学方法"。

【训练准备】

同第1章本题型的"训练准备"。

【相关案例】

总贴"中国标签"实在有点冤

背景与情境： 2013年8月13日，中国旅游研究院戴斌教授就"公民出境文明旅游与国家形象提升"话题接受"人民网强国社区"专访。

戴斌认为，出境旅游中不文明行为总是被打上"中国标签"实在有点冤。网友"团团绿"问，很多旅游中的不文明行为都被打上了中国的"专属标签"，似乎这些行为只有中国人才做得出来，中国游客的不文明现象是否被过度放大了？

"肯定有放大的成分"，戴斌表示，"我觉得不文明行为不能总打'中国标签'，旅游是从自己的惯常环境到别的地方，人在自己的惯常环境中会受很多约束，一旦离开惯常环境，自我约束力会减弱，这是正常心理。国人有一些行为，如公共场合大声喧哗、插队、过马路不看红绿灯等，的的确确是不文明行为。但其他国家游客到中国旅游时，也有这样那样的不文明行为，我们也会感觉不适。"

为什么中国游客在国际上被批评得格外多？在戴斌看来，这与近几年来中国出境游迅猛发展有关，游客增多了，出问题的概率也会随之增加。

"中国的出境游处于高速发展期，十几年间，中国突然成了全球最大的出境游客源国，2012年318万人出境，消费1 020亿美元。好比一个小孩子突然长大了，自然容易引起别人关注，再加上出境游的人数增加，出问题的概率也跟着增加了。另外，一些目的地国家和地区并没有做好接待中国人的准备，在接待环境上没有充分适应中国游客的习惯和需要，所以，一些国人的不文明行为被放大了。"

（资料来源 彭心韫. 所有丢人现眼的事都是咱中国人干的？实在有点冤［N/OL］. 人民网强国论坛，2013−08−13）

问题：

1）本案例中，中国出境旅游者的哪些行为属于不文明行为？

2）请分析，部分中国出境旅游者的不文明行为是否受到中国文化（文化价值观）的影响？

3）如果是，请问是哪些因素？它们是如何影响这些不文明行为的？

【训练要求】

同第1章本题型的"训练要求"。

【成果形式】

1）训练课业：《"总贴'中国标签'实在有点冤"思政研判报告》。

2）课业要求：同第1章本题型的"课业要求"。

☆ 创新型训练

▲ 自主学习

【训练项目】

自主学习-II。

【训练目的】

见本章"学习目标"中"创新型学习"的"自主学习"目标。

【教学方法】

同第1章本题型的"教学方法"。

【训练要求】

1）以班级小组为单位组建学生训练团队，各团队依照本教材"附录三"附表3"自主学习"（中级）的"基本要求"和各技能点的"参照规范与标准"，制订《团队自主学习计划》。

2）各团队实施《团队自主学习计划》，自主学习本教材"附录一"附表1"自主学习"（中级）各技能点的"'知识准备'参照规范"所列知识。

3）各团队以自主学习获得的"学习原理"、"学习策略"与"学习方法"知识（中级）为指导，通过院资料室、校图书馆和互联网，查阅和整理近年以"文化和经济因素与旅游消费者行为"为主题的国内外学术文献资料。

4）各团队以整理后的文献资料为基础，依照相关规范要求，讨论、撰写和交流《"文化和经济因素与旅游消费者行为"最新文献综述》。

5）撰写作为"成果形式"的训练课业，总结自主学习和应用"学习原理"、"学习策略"与"学习方法"知识（中级），依照相关规范，准备、讨论、撰写、交流和修订《"文化和经济因素与旅游消费者行为"最新文献综述》的体验过程。

【成果形式】

训练课业：《"自主学习-II"训练报告》

课业要求：

1）将《团队自主学习计划》和《"文化和经济因素与旅游消费者行为"最新文献综述》作为《"自主学习-II"训练报告》的"附件"。

2）《"文化和经济因素与旅游消费者行为"最新文献综述》应符合"文献综述"

规范要求，做到事实清晰，论据充分，逻辑清晰，不少于3 000字。

3）同第1章本题的其他"课业要求"。

✦ **建议阅读**

［1］巴宾，哈里斯. 消费者行为学［M］. 李晓，等译.北京：机械工业出版社，2010：87-97.

［2］吴清津. 旅游消费者行为学［M］. 北京：旅游教育出版社，2006：247-272.

［3］ HUANG S S，CHEN G. Perceived personal development benefits from backpacking：A cross-cultural comparison［J］. Tourism，Culture & Communication，2018，18：275-286.

［4］CHENG S M，NG K K，HUMBORSTAD S I W.Chinese cultural dimensions in perceptions of service quality［J］. Journal of China Tourism Research，2010，6（3）：244-258.

［5］HSU C H，HUANG S S.Reconfiguring Chinese cultural values and their tourism implications［J］. Tourism Management，2016，54：230-242.

［6］HOARE R J，BUTCHER K，O'BRIEN D. Understanding Chinese diners in an overseas context：a cultural perspective［J］. Journal of Hospitality & Tourism Research，2011，35（3）：358-380.

［7］LIN I Y H，MATTILA A S. Understanding restaurant switching behavior from a cultural perspective［J］. Journal of Hospitality & Tourism Research，2006，30（1）：3-15.

［8］MOK C，DEFRANCO A L. Chinese cultural values-their implications for travel and tourism marketing［J］. Journal of Travel & Tourism Marketing，2010，8（2）：99-114.

第 8 章
旅游消费者购买决策

▶ **学习目标**

▷ **传承型学习**

通过以下目标，建构以"旅游消费者购买决策"为阶段性内涵的"传承型"专业学力：

理论知识：学习和把握旅游消费者购买决策的相关概念及过程概述，旅游消费者购买决策过程的几种模型，旅游消费者购买决策的特点及影响因素，旅游目的地选择的几种经典理论模型，旅游消费者购买决策的营销意义等陈述性知识；用其指导"同步思考"、"延伸思考"、"深度思考"、"教学互动"和相关题型的"单元训练"；体验"旅游消费者购买决策"中"理论知识"的"传承型学习"及其迁移。

实务知识：学习和把握基于旅游消费者购买决策的营销策略组合和"业务链接"等程序性知识；用其规范相关题型的"单元训练"；体验"旅游消费者购买决策"中"实务知识"的"传承型学习"及其迁移。

认知弹性：运用本章理论与实务知识研究相关案例，对"引例"、"同步案例"和章后"案例分析-VIII"进行多元表征，体验"旅游消费者购买决策"中"结构不良知识"的"传承型学习"及其迁移；依照相关行为规范对"课程思政8-1"、"课程思政8-2"和章后"课程思政-VIII"进行思政研判，激发与"说走就走"、"疫情防控取得重大决定性胜利"和"冲动型旅游"议题相关的法律及伦理思考，促进健全职业人格的塑造。

▷ **创新型学习**

通过以下目标，建构以"旅游消费者购买决策"为阶段性内涵的"创新型"专业学力：

决策设计：参加"决策设计-II"训练。通过阶段性学习和应用其"知识准备"所列知识，对"葡萄沟景区的营销策略组合"案例情境的多元表征，《决策方案》的设计、交流、点评与修订，《"决策设计-II"训练报告》的撰写等活动，体验"现代旅游投资与决策"中"结构不良知识"的"决策学习"（中级）及其迁移。

引例：三位大学生的假期旅游

背景与情境： 近年来，随着人们收入水平的提高，旅游消费人群不断扩大。大学生假期旅游已成为时尚。李晓、王明、周梁是某高校大三学生，他们平时关系很好。在李晓的动员下，三人经过与家长沟通商议，并在家长那里获取足够的旅游资金后，决定暑期在国内选择一家旅行社进行他们人生中第一次旅游消费活动。由于旅游花销较大，各个旅行社知名度、服务水准差异也大，旅游产品购买风险显而易见，因此三人分头了解、收集相关旅行社的信息。经过看广告、网上查询，与有经历、经验的同学交流，去学校附近的旅行社咨询等调研后，他们决定选择A旅行社推出的"国内某大城市经典游"项目。

A旅行社为改变旅游产品无法满足人们的多样化、个性化需求的现状，在暑假期间根据大学生的旅游需求特点，在不增加该项目费用的前提下丰富了该项目的特色。比如，在原来的旅游项目中增加郊外运动游（爬山、漂流）。在促销方面，推出有奖旅游销售，特等奖为免费的重大体育赛事门票2张（在暑假期间，该城市有国内足球甲级联赛）。但该旅行社的定价并不比其他旅行社的同类旅游产品高。三位大学生暑期随团进行了旅游，旅行社按合同约定圆满提供了相应的服务。回校后三人逢人便兴致勃勃地讲该次旅游的趣事，将该次旅游总结为一个字"爽"，俨然像该旅行社的推销员。

（资料来源 佚名. 三位大学生的假期旅游［EB/OL］.［2014-06-04］. http://www.doc88.com）

上述案例中三位大学生的假期旅游展现了旅游消费者购买决策的哪些特点？哪些因素会影响他们的购买决策？旅游消费者购买决策过程与目的地选择过程的理论模型有哪些？如何根据旅游消费者的购买决策进行旅游营销？这些问题都是有关旅游消费者购买决策的重要议题，也是本章所要试图回答和阐述的。

8.1 旅游消费者购买决策概述

8.1.1 旅游消费者购买决策过程概述

决策是指为了实现特定的目标，根据客观的可能性，在占有一定信息和经验的基础上，借助一定的工具、技巧和方法，在对影响目标实现的各种因素进行分析、计算、判断和选优之后，对未来行动做出决定。依此类推，在消费者行为领域，所谓**购买决策**是指消费者谨慎地评价某一产品、品牌或服务的属性并进行选择、购买能满足某一特定需要的产品的过程。

旅游消费者选定一个特定的旅游目的地、选定所要参访的景区景点、选定要入住的酒店和就餐的餐馆等，都是旅游消费者的购买决策。**旅游消费者购买决策**是指个人根据自己的旅游目的，收集和加工相关的旅游信息，提出并选定具体的旅游方案或出游计划，并最终把这些方案或计划付诸实施的过程（邱扶东、吴明证，2004）。由上述定义可以知道，旅游消费者的购买决策是消费者购买决策在旅游消费领域的具体化。旅游消费者的购买决策的核心，就是决定是否购买某种旅游产品、选择购买何种旅游产品。因此，旅游消费者购买决策等同于旅游产品的购买决策。

◆ **同步案例8-1** ◆

布里丹毛驴

背景与情境：布里丹是14世纪法国一位经院哲学家。在一次议论自由问题时，布里丹讲了一个故事：有一头毛驴，在主人家过得很不错，跟主人的关系也非常融洽，它全心全意为主人干活，主人则为它安排好吃的东西、睡的地方。一天，主人要出远门，把毛驴送给一位朋友照管。朋友对毛驴很热情，为毛驴准备了两捆鲜嫩可口的青草。第二天早上，朋友去看毛驴，却见两捆青草一根未动，他以为毛驴觉得青草不好，于是晚上又换上更加青嫩的两捆草。可是，一夜过去，大清早那位朋友去看毛驴，两捆草依然一根未动。朋友慌了。他骑马找到主人，说明了情况。主人也很困惑，随朋友赶回。毛驴三天不吃东西，主人赶到时它已奄奄一息。知道主人来了，它睁开眼，轻轻地向主人嘶叫了几声。主人明白了：好心的朋友给了它两捆一样的草，它不知道吃哪一捆好，东看看，西瞅瞅，拿不定主意，结果一口也没吃上。过了一会儿，毛驴饿死了。

问题：结合案例内容，分析什么是决策、购买决策、旅游消费者购买决策。

◆ **深度思考8-1** ◆

问题：旅游消费者购买决策的相关理论基于哪些不同的范式？

8.1.2　旅游消费者购买决策过程模型

1）莫提荷模型

莫提荷（Moutinho，1987）在对葡萄牙度假旅游者的行为进行调查的基础上，绘制了一个概括性的旅游消费者购买决策过程模型（如图8-1所示），具体分为三个部分：①决策前与决策过程。它涉及"从旅游者得到旅游信息到做出购买决定的一系列事件"，由偏好、决策和购买三个阶段构成。莫提荷认为整个旅游产品通常是被依次分别购买的，并非常常以"包价形式"一次性购买。对某个特定目的地的偏好是基于一系列因素而形成的，包括内在环境影响（文化规范和价值观、参照群体、社会地位）和个人因素（个性、生活方式、动机）。莫提荷认为态度和家庭对偏好结构的形成产生影响，并将偏好结果的心理分析分为三个方面：刺激过滤、注意和学习及选择标准。②购后评价。在这一模型中，购后评价区域被标明"满意/不满意"。莫提荷已经注意到认知失调机制的问题，认为旅游者的后续行为将出现三种不同的结局：积极的（接受）、消极的（拒绝）和中立的（不表态）。而后他进一步提出了"性能评价"这一观点，它产生于旅游者对付出与收益所进行的比较，而且与旅游者能感知的各个旅游产品属性的理想值相关。此处的研究已经涉及锚定效应问题。③未来决策制定。这一模型的最后一部分可以看作直接与营销决策规划实践紧密联系的。莫提荷根据旅游者返回消费的情形，认为后续行为存在着四种情况：直接重复购买、将来重复购买、经过修正的重复购买、转向购买竞争者的产品。

第一部分：决策前与决策过程

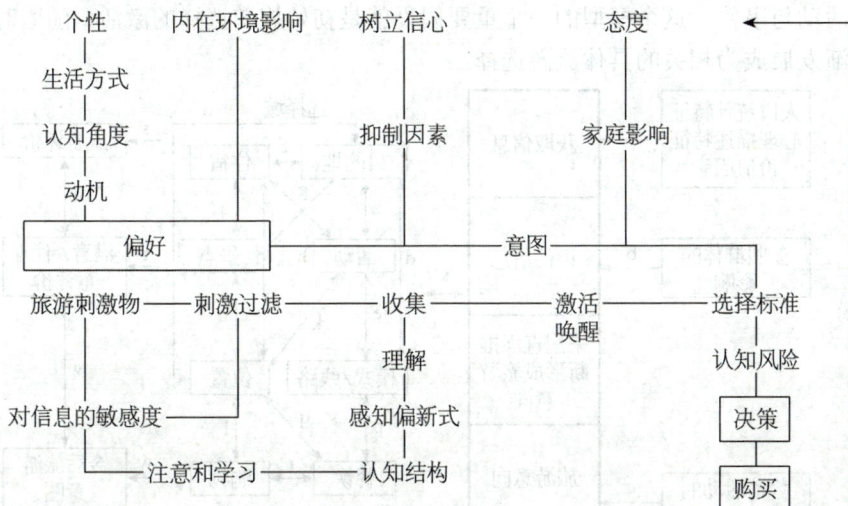

个性　　内在环境影响　　树立信心　　　　态度

生活方式

认知角度

动机

偏好　　　　　　　意图

旅游刺激物——刺激过滤——收集——激活唤醒——选择标准

理解　　　认知风险

对信息的敏感度——感知偏新式　　决策

注意和学习——认知结构　　购买

抑制因素　　家庭影响

第二部分：购后评价

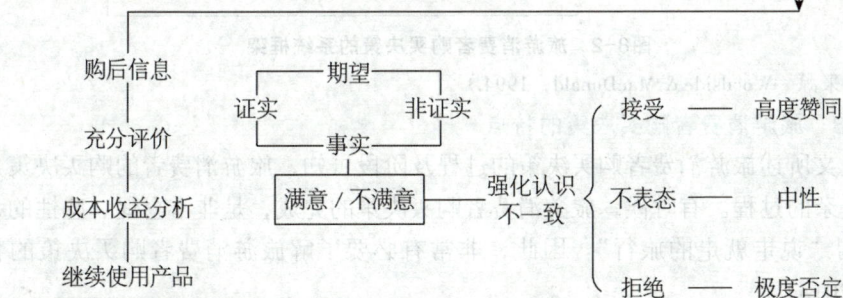

购后信息

充分评价

成本收益分析

继续使用产品

期望

证实　　非证实

事实

满意／不满意——强化认识不一致

接受——高度赞同

不表态——中性

拒绝——极度否定

第三部分：未来决策制定

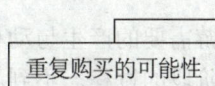

重复购买的可能性

图8-1　旅游消费者购买决策流程图

（资料来源　Moutinho，1987）

同步思考8-1

问题： 如何评价莫提荷模型？

2）伍德赛德和麦克唐纳模型

伍德赛德和麦克唐纳的模型，对旅游消费者购买决策的整个过程进行了很好的刻画。1994年，伍德赛德和麦克唐纳（Woodside & MacDonald，1994）采用定性数据，描述了休闲观光者如何决策的总体框架（如图8-2所示）。这在一定程度上填补了以往学术研究的不足。这个系统的新颖之处在于：首先，用双箭头（而不是其他模型的单箭头）说明了因果关系并不是事先存在的，而是依照每一个旅游者而定的，反映了信息主体之间的双向反馈关系，这与其他模型中的单向信息流动形成鲜明对比。其次，这一模型区分出了旅游中的8类次级的选择域，几乎覆盖了所有与旅游购买决策有关的变量。

伍德赛德和麦克唐纳的新模型为我们提供了洞察的视角，以便了解旅游者怎样决策、旅游团队成员之间在旅游途中所发生的彼此相关的活动与事件以及由此而导致的其他活动与事件。这个模型的一个重要假设就是初始旅游选择的激活，随着时间的流逝渐渐发展成为相关的具体旅游选择。

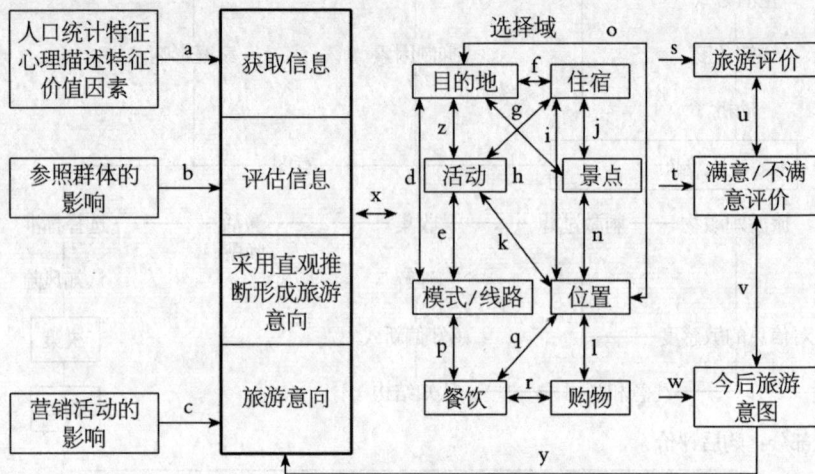

图8-2 旅游消费者购买决策的系统框架

（资料来源 Woodside & MacDonald，1994.）

8.1.3 旅游消费者购买决策的特点

从上文所述旅游消费者购买决策的过程及阶段可知，旅游消费者的购买决策是一个非常复杂的过程。有时候，旅游消费者购买决策的完成，是非常仓促、感性的，例如，所谓"说走就走的旅行"。因此，非常有必要了解旅游消费者购买决策的特点（白凯，2013）。

1）复杂性

对于常规的旅游者而言，购买决策实际上是一个包含了旅游需要的产生与动机激发、信息的收集与方案比选、方案的实施与游后评价三个基本阶段的过程。不到游后评价结束，旅游消费者购买决策的过程就不算真正完成。上述阶段中任何一个环节出错，都可能导致购买决策的提前终止。例如，在家庭集体出游的购买决策中，如果夫妻双方或掌握决策权的家庭人员之间对最终方案有不同意见且难以协调的话，可能整个家庭出游计划就要泡汤。

2）偶发性

与复杂性一脉相承的是，旅游消费者的购买决策实际上并不一定是连续的。这是由于旅游产品以及旅游消费本身的异地性造成的。"计划赶不上变化快"，旅游者在实施既定的方案时，可能会出现难以避免的情况，难以严格执行之前的方案，而不得不做出动态的调整。动态调整的过程，可能又是一场小小的决策过程。此外，旅游者在目的地的体验和消费，容易受到诸多外部因素的干扰，从而影响体验质量和满意度，进而也会影响他们的忠诚度。

◆ 教学互动8-1 ◆

主题：旅游消费者购买决策是一个复杂的动态过程，具有复杂性和偶发性。

问题：结合自身经历，阐述对旅游消费者购买决策特点的理解。

要求：同"教学互动1-1"的"要求"。

◆ 课程思政8-1 ◆

旅游兴起"说走就走"族

背景与情境：抛开一切顾虑，"说走就走"的旅行观念，近年来影响了越来越多的人。《中国青年报》社会调查中心通过民意中国网和问卷网对2 018人进行的一项调查显示：2014年，76.7%的受访者出门旅行过。虽然大多数受访者出行时间集中在法定假日和双休日，但54.1%的受访者倾向于自己安排行程，有11.8%的受访者会选择不做计划，背上包就上路。受访者中，学生、上班族、自由职业者、退休者分别占10.9%、74.7%、10.7%、2.5%。

学习微平台

延伸阅读8-1

在德国英戈尔施塔特应用技术大学做交换生的刘娱告诉记者，2014年3月初，她一个人去了奥地利和匈牙利。"这是我第一次一个人做长途旅行，一切都自己搞定，去哪里也完全随心。"刘娱说，虽然没人陪，但她感觉非常自由。

在北京某网站工作的祝佳音，每年至少会为自己安排三次长途旅行。祝佳音坦言，虽然自己是一名旅游爱好者，但每一次旅行，准备时间最短也要两三天。

中国人民大学教授、中国休闲经济研究中心主任王琪延认为，"说走就走"族通常有三个特点：年轻人居多、个性自由、收入较低。"不过，现在也有一些受过高等教育的人，有一定的物质基础和旅行经验，他们可能工作一段时间后就休假或辞职出去旅游，钱花完了再回来挣钱。旅行的收获让他们在工作中精力充沛、富有创造性。"他表示，这种旅行方式的流行，可能是经济发展到一定阶段的产物。

"经济上的支持是很重要的一方面，现在大众传媒对于这种旅行方式的宣传和旅游电子商务的发展也为'说走就走'提供了可能。"东南大学旅游学系讲师陈钢华博士指出。

东南大学毕业的陆艳芳，是无锡市的一名"大学生村官"。上大学时，她曾跟男朋友一时兴起，去徽杭古道旅行，一天之内徒步了20千米。在她看来，说走就走不但是思想上的"冲动"，更是消费上的"冲动"，经济条件对于旅行是一个客观存在的制约条件。

"从旅游学上来讲，'说走就走'有时会对旅游目的地带来一定的负面影响"，陈钢华指出，因为他们旅行的计划性不是很强，对目的地的风俗习惯、环境可能不那么熟悉，也许会出现破坏环境、冲撞当地文化习俗等状况。他提醒，出于安全考虑，旅行最好是建立在对要去的地方有一定了解、对旅行行程有一定安排的基础上。

（资料来源　周易. 旅游兴起"说走就走"族　11.8%受访者会不做计划就上路 [EB/OL]. [2014-08-12]. http://zqb.cyol.com/html/2014-08/12/nw.D110000zgqnb_20140812_4-07.htm）

问题："说走就走"族的兴起是否有悖于旅游消费者购买决策的复杂性与偶发性的特点？它背后所蕴含的思政议题有哪些？这一现象给旅游行业从业人员哪些启示？

8.1.4　旅游消费者购买决策的影响因素

1）相关研究

根据上述的旅游消费者购买决策的过程及特点可以发现，旅游消费者的购买决策过程受到许多内外部因素的影响（如图8-3所示）。

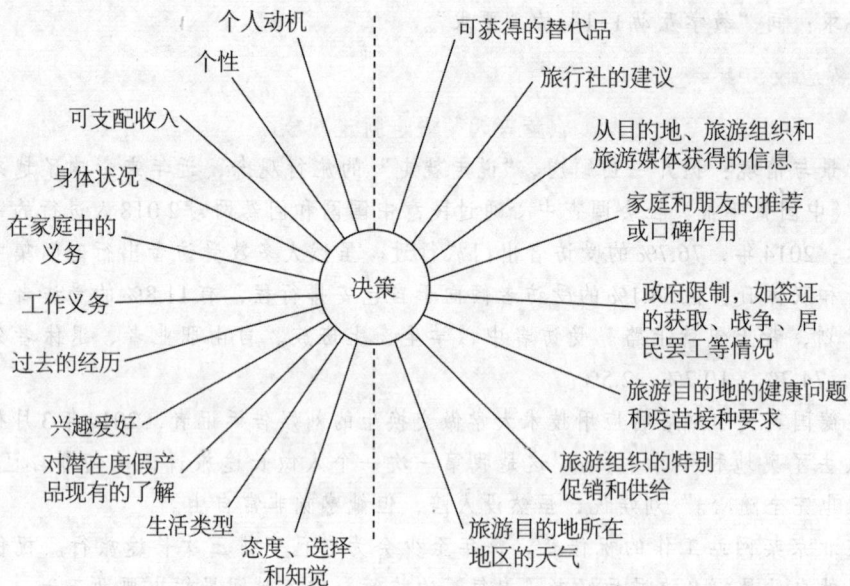

图8-3 影响旅游消费者购买决策的因素

另外，在最近的一项研究中，杨旸等（Yang，Tan & Li，2019）发现，旅游者的旅行特征（如出游目的、停留晚数、旅程花费、计划停留时间、儿童陪伴状况、出游团体规模、活动、文化兴趣、是否重游以及次数）、之前旅游经历、科技素养（tech-savviness）、社会人口统计学特征、目的地的"家庭共享"（home-sharing）供给状况、目的地犯罪率，都会影响他们是选择"家庭共享住宿设施"（即主人把自己家多余的房间以及家里其他设施、空间分享给前来住宿的客人）还是住酒店。

◆ **教学互动8-2**

主题：如图8-3所示，旅游消费者购买决策受到诸多因素的影响。

问题：结合自身经历，对照图8-3，阐述最近一次的旅游购买决策受到哪些因素的影响，这些因素又是如何影响购买决策的。

要求：同"教学互动1-1"的"要求"。

2）涉及方面

总结起来，旅游消费者购买决策的影响因素主要有以下六个方面（各个方面的具体内容，可参见第1至第7章）：

（1）旅游吸引物与服务因素

旅游吸引物主要包括目的地的旅游吸引物类型、吸引力大小、与出游动机的匹配程度等。服务因素不仅包括吃、住、行、游、购、娱等传统要素方面的旅游服务，还涉及信息咨询、安全等方面的服务和保障。

（2）社会支持因素

个人的心理和行为受社会环境的规范和制约。社会对旅游消费的宣传、倡导，提供的便利，无疑会促进旅游时尚与消费氛围的形成。同时，社会支持已经使旅游成为现代人生活方式的重要组成部分。有机会、有条件而不去旅游的人不仅会感受到外在的社会与舆论压力，而且会感受到内在的心理冲突。

（3）个人心理因素

人的行为是个人特征与环境相互作用的产物。个人心理因素会影响他们对旅游环境的认识和评价，以及持有什么样的旅游态度与购买决策标准，从而影响他们的旅游购买决策。

（4）群体支持因素

个人的心理和行为既受所属群体的影响，又受参照群体的影响。因此，家人、朋友或同事的建议都会影响个人的旅游购买决策。在旅游活动中，很多情况下参照群体比所属群体拥有更大的影响力。

（5）个人社会经济因素

日常生活的压力、金钱、名利、时间等因素都是现代旅游的基本约束条件。对于现代人来说，在拥有金钱和时间的前提下，想要缓解日常生活的压力、寻求放松与逃避、实现自我发展、追求家庭欢乐，最佳的途径就是外出旅游。

（6）其他因素

其他影响购买决策的因素包括亲朋好友的旅游推荐、在线评论、旅游广告宣传、旅游目的地距离（感知距离与实际距离）等。近年来，随着社交媒体的广泛运用，越来越多的人喜欢甚至痴迷于在诸如朋友圈、微博等平台发布自己及家人的旅游经历。那么，这些在线的旅游经历如何影响其他人的出游意向与目的地决策呢？刘宏博等（Liu, Wu & Li, 2019）针对"千禧一代"（00后）的研究发现，在低自尊消费者中，与自己类似的他者所分享的奢华的旅游体验会刺激专注型消费者前往同一目的地的意愿。此外，目的地造访意愿还受到消费者对经历分享者的善意嫉妒（benign envy）的激发。

◆ **同步思考8-2**

问题：旅游消费者购买决策的各个影响因素之间是什么关系？

◆ **同步案例8-2**

在线评论如何影响餐馆选择？

背景与情境：随着互联网与电子商务在旅游消费各个领域的渗透，在线评论已经成为众多消费者购买决策的主要信息来源和参考。尤其是在选择餐馆方面，在线评论的影响越来越大。那么，在线评论如何影响消费者的餐馆选择呢？朴尚元和尼古拉（Park & Nicolau, 2015）对伦敦和纽约的45家餐厅的5 090条在线评论的研究表明：人们认为，在帮助决策方面，极端的评论（正面的或负面的）比起中等的评论更有用。因此，人们对评论有效性的感知与实际的在线评论之间形成了一个倒U形的结构。再具体点说，负面的评价比正面的评价更有用。

问题：依据上文有关旅游消费者购买决策的影响因素的知识，结合案例内容，分析为什么会出现案例所述现象。

8.2　旅游消费者对旅游目的地的选择

8.2.1　旅游目的地选择概述

旅游目的地是指拥有旅游特定性质旅游资源，具备一定旅游吸引力，能够吸引一定规模数量的旅游者进行旅游活动的特定区域。

在整个旅游系统中，旅游目的地、旅游通道和旅游客源地是相互关联的。从旅游消费的属性和特征来看，旅游目的地是实现旅游消费的最终场所，是旅游消费得以发生的地方。旅游目的地是旅游要素（吃、住、行、游、购、娱）的集合地。从旅游消费者购买决策过程与阶段划分可以看出，旅游消费者购买决策过程中最核心的环节是出游目的地的选择，即旅游消费者选定一个或几个要造访的旅游目的地，然后才有可能再比选各种出游线路，包括住宿方案、餐饮方案、购物计划、娱乐安排等。旅游消费者对目的地选择的过程涉及诸多环节，因此也形成了不少经典的理论模型。

◆ **延伸思考8-1** ◆

问题： 与旅游目的地相对应的概念有哪些？

8.2.2 旅游目的地选择模型

1）Um & Crompton 模型

美国学者克朗普敦（John L.Crompton）早在1977年就对旅游者的目的地选择进行过相关研究，他将旅游者选择旅游目的地的过程划分为两个阶段（Crompton，1977）。首先，人们要决定是否去旅游，如果答案是肯定的，就进入第二个阶段，决定要去哪里。克朗普敦认为，目的地选择可以被定义为感知的限制因素（时间、金钱和经验技能）与目的地形象之间互动的结果。在上述理念的基础上，克朗普敦和韩国学者严收获（Um & Crompton，1990）提出了一套比较完善的目的地选择模型。这一模型基于三个变量（如图8-4所示）：

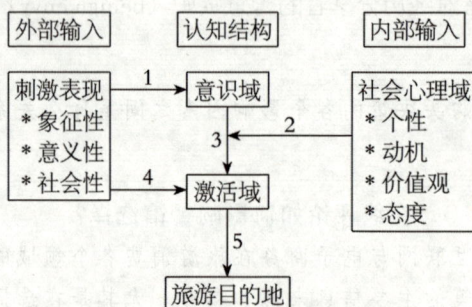

图8-4 Um & Crompton模型

（资料来源 Um & Crompton，1990）

① 外部因素（外部输入）。外部因素来自社会和市场环境双方面的影响。这些外部因素可以分为象征性（市场促销方面的信息）、意义性（目的地属性）和社会性（社会刺激）等方面。

② 内部因素（内部输入）。内部因素来源于旅游者、度假者的社会心理特征（个性、动机、价值观和态度）。

③ 认知构成（认知结构）。它代表了旅游者整合外部因素及内部因素，并形成目的地的意识域和激活域。

这一模型进一步将认知评价过程划分为以下五个阶段：

① 通过被动地获取信息或偶然的学习形成对目的地属性的认同。

② 在做出一般的旅游、度假决定之后，对目的地的选择过程正式开始（包括对

环境制约因素的考虑)。

③ 从简单地产生目的地的意识向旅游动机被激发进而积极主动地选择目的地逐步推进。

④ 通过主动的信息搜寻进而形成对令人产生欲望的目的地属性的信任。

⑤ 从令人产生欲望的目的地中挑选出一个特定的目的地。

◆ 延伸思考8-2 ◆

问题：Um & Crompton模型的后续发展与应用进展如何？

2）Woodside & Lysonski模型

伍德赛德和莱松斯基（Woodside & Lysonski，1989）提出了一个旅游者对目的地选择的模型。模型中的核心概念介绍如下（如图8-5所示）：

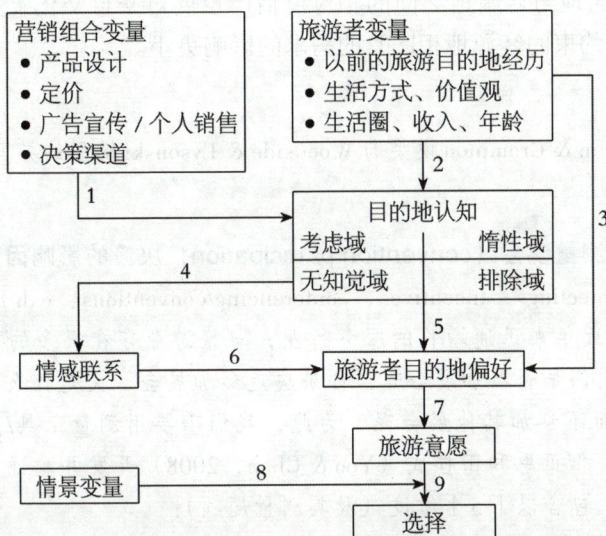

图8-5 Woodside & Lysonski模型

（资料来源 Woodside & Lysonski，1989）

① 情感联系。旅游者与某一特定目的地相关联的特殊情感。

② 旅游者目的地偏好。它受到对目的地意识的层次分类和情感联系的共同影响，最终得出一个目的地的排序。

③ 旅游意愿。在特定时间对某一特定目的地进行观光游览的感知喜好。

④ 情景变量。在某一特定的时间和地点所存在的对当前行为产生影响的所有因素。包括物质环境、社会环境、时间视角、任务因素、先前状态等。

伍德赛德和莱松斯基基于心理学对旅游者目的地认知进行的分类，被视为有关旅游目的地决策研究的一大创举。伍德赛德和莱松斯基认为，旅游者对目的地的知觉意识，尤其是"四个域"的分类受到了营销组合变量和旅游者变量（图8-5中箭头1和2）的共同影响。情感联系通常对一个已经处于激活域中的目的地有着积极意义，极有可能成为被选中的旅游目的地；而对于处于惰性域中的目的地则有着消极作用，被排除在备选旅游目的地之外或者备选序列的最后。旅游者对特定目的地的偏好取决于这一目的地处在其考虑域中的排位顺序（箭头5），而旅游者对目的地的偏好又直接

 学习微平台

延伸阅读8-3

影响到他们的旅游意图。

近年来，不少学者也开始关注目的地与客源地之间的距离（例如，文化距离，参见：Yang et al.，2022；杨旸、刘宏博、李想，2016；周玲强、毕娟，2017；地理距离、经济距离、社会距离和政治距离，参见：Yang et al.，2022）对人们选择国际目的地（对国际旅游目的地需求）的影响。例如，在新冠疫情背景下，一项最新的研究（Yang et al.，2022）表明，新冠肺炎感染病例数每上升10%将会导致全球0.0658%的双边（目的地与客源地之间）旅游需求下降。在这一影响中，地理距离、文化距离、经济距离和政治距离都起到了调节作用。具体而言，长途旅游需求受目的地疫情严重度（与旅游者客源地的疫情严重度相比）的影响更小。在文化距离中，国家文化维度中的"放任与约束"维度（详见本书第12章）的调节效应也得以验证，亦即：在新冠疫情早期，目的地与客源地之间的相对疫情严重度对来自文化上更放纵的客源地（与来自文化上更约束的客源地相比）的需求的影响更小。

◆ **深度思考 8-2**

问题：比较 Um & Crompton 模型与 Woodside & Lysonski 模型的异同。

◆ **业务链接 8-1**

如何测量参会（convention participation）决策的影响因素？

会展行业（meetings、incentives、conferencing/conventions、exhibitions/exposition/event，MICE）是近年来迅速增长的服务行业，与旅游业存在很多的交集。那么，是什么因素决定了人们是否参加展会呢？如果决定参加展会，又是什么因素决定了人们参加某些展会，而不参加其他展会呢？为此，我们需要用测量工具/量表来测量人们参会的影响因素。柳正恩和田桂成（Yoo & Chon，2008）开发并验证了一份参会决策影响因素的量表，包含以下5个维度（及其测量题项）：

① 目的地吸引力（destination stimuli）。这一维度包含3个测量题项：参访会议举办地的机会、会议举办地的其他参访机会、会议举办地的形象吸引力。

② 专业及社交网络机会（professional and social networking opportunities）。这一维度包含4个测量题项：见到我所在领域的熟人、与同事及朋友的私人交流、职业网络的拓展、参与专业协会。

③ 教育机会（educational opportunities）。这一维度包含4个测量题项：密切关注我所在行业的变化、聆听资深人士的讲话、会议主题、实现自我学习的愿望。

④ 安全与健康条件（safety and health situation）。这一维度包含3个测量题项：会议举办地的安全状况、会议举办地的卫生标准、我自身的健康状况。

⑤ 出行可达性（travelability）。这一维度包含3个测量题项：去到会议举办地所需时间、参加会议的总花费、我个人的财务状况。

学习微平台

同步链接 8-1

8.3 基于旅游消费者购买决策的营销

1）旅游消费者购买决策的营销意义

简单地说，旅游消费者的购买决策就是旅游消费者就是否购买和购买哪种旅游产品做出最终决定并付诸实施。旅游消费者的购买决策（旅游产品的购买决策）的核心是旅游目的地的选择。旅游消费者的购买决策是一个复杂且漫长的过程，涉及诸多环节，例如，旅游需要的产生与动机的激发、信息的收集与方案的比选、方案的实施与游后评价。除了方案的实施所涉及的旅游体验、游后评价所涉及的满意度与忠诚度外，前7章对旅游消费者购买决策涉及的环节和知识都已经做了较为详细的阐述（感知、动机、情绪情感、态度、社会环境因素、文化和经济因素），并介绍了各自的营销意义与营销策略、方式。这些营销策略、方式的最终目的只有一个，那就是让旅游消费者做出购买的决策并实施这些决策。

因此，旅游消费者购买决策（旅游产品的购买决策）的营销意义，并不在于提出一种新的、不同于以往章节的营销策略或方式，而是明确地告知旅游目的地和旅游企业的营销部门与营销人员，旅游消费者购买决策的达成、旅游消费者的实际到访与消费，是一个漫长、复杂的系统工程，需要系统的思考与规划。在这方面，营销策略组合是旅游目的地和旅游企业的营销部门与营销人员系统地思考旅游目的地的营销问题、进行有效营销的新视角。

2）营销策略组合

1960年，美国市场营销专家麦卡锡（E.J.Macarthy）教授在营销实践的基础上，提出了著名的"4Ps"营销策略组合理论，即产品（product）、定价（price）、渠道（place）、促销（promotion）。"4Ps"是营销策略组合的简称，奠定了营销策略组合在市场营销理论中的重要地位，它为企业实现营销目标提供了最优手段，即最佳综合性营销活动，也称整体市场营销。1986年，美国著名市场营销学家菲利浦·科特勒教授提出了大市场营销策略，在原"4Ps"组合的基础上增加两个"P"，即权力（power）和公共关系（public relations），简称"6Ps"。1986年6月，菲利浦·科特勒教授又提出了"11Ps"营销理念，即在大营销"6Ps"之外加上探查（probe）、分割（partition）、优先（priorition）、定位（position）和人（people），并将产品、定价、渠道、促销称为"战术4Ps"，将探查、分割、优先、定位称为"战略4Ps"。该理论认为，企业在"战术4Ps"和"战略4Ps"的支撑下，运用"权力"和"公共关系"这"2P"，可以排除通往目标市场的各种障碍。虽然，越来越多的因素（Ps）被整合到市场营销的策略组合中，但在旅游营销的实践中，运用最多的还是传统的"4Ps"，即产品、定价、渠道、促销。下文所述的华山景区案例以及单元训练中的吐鲁番案例均是例证。

◆ **业务链接8-2**

华山景区的营销策略组合

近年来，西岳华山的传奇突破和品牌化发展之路引发了社会的广泛关注。华山景区以成功创建国家5A级旅游景区和全国标准化示范景区为引擎，科学谋划目的地建设，强力打造"山-城-庙"一体的大华山旅游发展格局。那么，华山是如何取得这些成就的呢？总结起来，"妙用'营销组合拳'"的营销策略组合是其中的关键，具体介绍如下：

①产品策略（product）

华山景区结合华山文化特色，推出"柔情浪漫之旅""感悟道教文化、品尝道家素斋、修学养生之旅""感悟亲情宝莲灯，体验孝道文化之旅""华山论剑、英雄文化之旅"；针对华山不同时节、不同节气的不同景色，推出"春季赏花踏春、夏季清凉避暑、秋季红叶浪漫、冬季赏雪祈福"等一系列旅游主题产品。华山景区还针对不同客源群体推出豪华、经济、常规等产品服务，从接车的档次、服务的小细节、VIP绿色通道等方面满足各类旅游者。

②渠道策略（place）

这一策略主要通过事件营销和网络营销来实施。其一，事件营销。华山景区先后举办"百年华山摄影艺术国际巡展""大山回响中国摄影家书画家华山采风"等一系列活动。其二，网络营销。华山景区投资近200万元请专业旅游商务技术公司开发了华山旅游商务网站，并于2011年7月试运营。此外，微博营销也已经成为华山树立品牌形象的重要通道，截至2012年2月底，华山景区在微博上的粉丝已超过14万人，走在了全国景区的前列。"世界上最危险的道路——华山长空栈道""世界上最辛苦的职业——华山挑山工"等帖子成了网上的热点。

③促销策略（promotion）

这一策略主要通过影视营销来实施。为了更好地宣传华山形象、展示华山魅力，华山景区推出了脍炙人口的华山歌曲。为加大歌曲的传播力度，华山景区特别邀请了谭晶、雷佳、王莉、周鹏、曹芙嘉等全国一线青年歌唱家加盟演唱。在亲临华山，感受华山大美后，这些歌唱家们挥洒激情、倾情献唱，演绎出了一批唯美、气势磅礴的歌曲MV。这些华山歌曲在中央电视台等多家媒体播放，大大提升了华山旅游的影响力。

（资料来源 谢建龙，晁瑞. 妙用"营销组合拳"，打出旅游新天地［N］. 中国旅游报 .2012-03-14）

✿ 本章概要

✿ 主要概念

决策　购买决策　旅游消费者购买决策　旅游目的地

✿ 内容提要

•本章主要介绍了决策、购买决策、旅游消费者购买决策的定义以及旅游消费者购买决策的过程、特点和影响因素，介绍了经典的旅游消费者购买决策过程模型、旅游消费者目的地选择模型。

•购买决策是指消费者谨慎地评价某一产品、品牌或服务的属性并进行选择、购买能满足某一特定需要的产品的过程。旅游消费者购买决策是指个人根据自己的旅游目的，收集和加工相关的旅游信息，提出并选定具体的旅游方案或出游计划，并最终把这些方案或计划付诸实施的过程。

•旅游消费者的购买决策过程，可分为三个基本阶段：旅游需要的产生与动机的激发、信息的收集与方案的比选、方案的实施与游后评价。旅游消费者的购买决策有复杂性和偶发性两个特点。

•经典的旅游消费者购买决策过程模型有：莫提荷模型、伍德赛德和麦克唐纳模型。经典的旅游消费者目的地选择模型有：Um & Crompton 模型、Woodside &

Lysonski模型。

•旅游消费者购买决策的影响因素可以总结为以下六个方面：旅游吸引物与服务因素、社会支持因素、个人心理因素、群体支持因素、个人社会经济因素和其他因素（口碑推荐、距离）。

•旅游消费者购买决策研究的营销意义，在于明确：旅游消费者购买决策的达成、旅游消费者的实际到访与消费是一个漫长、复杂的系统工程，需要系统的思考与规划。因此，营销策略组合是旅游目的地和旅游企业的营销部门与营销人员系统地思考旅游目的地的营销问题、进行有效营销的新视角。

☼　内容结构

本章内容结构如图8-6所示：

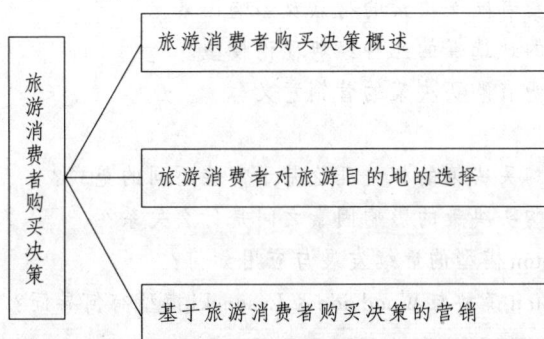

图8-6　本章内容结构

☼　重要观点

观点8-1：旅游消费者购买决策是指个人根据自己的旅游目的，收集和加工相关的旅游信息，提出并选定具体的旅游方案或出游计划，并最终把这些方案或计划付诸实施的过程。

常见置疑：旅游消费者购买决策始于旅游需要的产生与动机的激发，终于购买的实现。

释疑：旅游消费者的购买决策是一个漫长的复杂过程，的确是始于旅游需要的产生与动机的激发。但是，旅游消费者购买的完成以及消费的开展，并非决策过程的终结。当旅游消费者完成方案的实施后，他们会对整个消费过程进行回顾和评价，基本的结果就是是否满意。游后的评价对旅游消费者的后续行为影响深远，也是旅游消费者购买决策过程中极为重要的环节。

观点8-2：旅游消费者购买决策研究的营销意义在于明确：旅游消费者购买决策的达成、旅游消费者的实际到访与消费，是一个漫长、复杂的系统工程，需要系统的思考与规划。

常见置疑：旅游消费者购买决策研究的营销意义在于提出一种新的营销策略或方式。

释疑：旅游消费者的购买决策并非瞬间过程，而是涉及诸多行为和因素。例如，感知、动机、情绪情感、态度、社会环境因素、文化和经济因素。这些行为和因素都对应了不同的旅游营销策略和方式。因此，旅游消费者购买决策研究的营销意义并不在于提出一种新的、不同于以往的营销策略或方式，而是明确地告知旅游目的地和旅游企业的营销部门与营销人员，旅游消费者购买决策的达成、旅游消费者的实际到访与消费，是一个漫长、复杂的系统工程，需要系统的思考与规划。

✴ 单元训练

✿ 传承型训练

▲ 理论题

△ 简答题

1）简述旅游消费者购买决策的相关概念。

2）简述旅游消费者购买决策过程的几种模型。

3）简述旅游消费者购买决策的特点及影响因素。

4）简述旅游目的地选择的几种经典理论模型。

5）简述旅游消费者购买决策的营销意义。

△ 讨论题

1）旅游消费者购买决策的相关理论基于哪些不同的范式？

2）旅游消费者购买决策的影响因素之间是什么关系？

3）Um & Crompton 模型的后续发展与应用如何？

4）Um & Crompton 模型与 Woodside & Lysonski 模型有何异同？

▲ 实务题

△ 规则复习

1）如何测量参会决策的影响因素？

2）简述基于旅游消费者购买决策的营销策略组合。

△ 业务解析

华山景区是如何妙用"营销组合拳"的？

▲ 案例题

△ 案例分析

【训练项目】

案例分析–VIII。

【训练目的】

见本章"学习目标"中"传承型学习"的"认知弹性"目标。

【教学方法】

同第1章本题型的"教学方法"。

【训练任务】

同第7章本题型的"训练任务"。

【相关案例】

旅游决策七成女性做主

背景与情境：在2014年"三八"妇女节即将到来之际，国内知名旅游网站同程网发布了一份《女性旅游消费行为研究报告》（以下简称《报告》）。《报告》数据显示，有超过七成的旅游消费决策由女性消费者做出，而对于家庭出游决策，女性更是

"大权独揽"。

《报告》数据显示，2013 年通过互联网预订旅游产品（旅游团、门票等）的用户中女性占 65%，其中家庭旅游套餐的购买者中女性购买者的比例高达 76%。《报告》还引用一份调研报告的数据对女性在旅游购买决策中的角色进行了分析。调研数据显示，在针对同程网 1 000 个家庭用户的在线调研中，由家中女主人做最后购买决定的家庭占 70.4%。而相比之下，在一些标准化程度较高的商旅产品的购买决策者中，女性的比例低于 50%，男性则拥有较大的决策权。

（资料来源　佚名. 旅游决策七成女性做主［EB/OL］.［2014-03-07］. http://www.sootoo.com/content/483111.shtml）

问题：

1）本案例主要涉及本章的哪些知识点？

2）利用所学知识，结合案例分析：中国家庭旅游消费决策的影响因素有哪些？

【训练要求】

同第 1 章本题型的"训练要求"。

【成果形式】

1）训练课业：《"旅游决策七成女性做主"案例分析报告》。

2）课业要求：同第 1 章本题型的"课业要求"。

△ 课程思政

【训练项目】

课程思政–Ⅷ。

【训练目的】

见本章"学习目标"中"传承型学习"的"认知弹性"目标。

【教学方法】

同第 1 章本题型的"教学方法"。

【训练准备】

同第 1 章本题型的"训练准备"。

【相关案例】

手机应用正重新定义冲动型的旅行方式

背景与情境：旅行者们现在开始使用手机应用程序来预订到夏威夷这类目的地的"最后一分钟"旅行产品。很多预订"最后一分钟"旅行产品的人，是在出发前一个星期，甚至是几天前预订。Tim Lamar 确实也在这样做。事实上，在他最近到芝加哥旅行时，当他将车停在酒店门外时才预订了房间。

Lamar 用手机预订了房间，他在折扣网站得到的价格比酒店提供给他的价格低 50%。这位电影制作人说，他曾经对于最后一刻的预订非常担心（他说："你知道他们可能会给你很贵的价格。"），但是当他开始使用手机应用程序以后，已经在行程中进行了很多次预订。"奖励远远超过了风险"，Lamar 说。

有些人，就像 Lamar，在所乘坐的航班起飞时，只有一部分的旅程事先进行了计划，他们会在行程中修改计划，例如，升级到一个更好的酒店或者在行程中加入一个新的停留点。当然还有一些"最后一分钟牛仔"，他们踏上飞机时，除了一部装载了应用程序的手机外，几乎两手空空，对于晚上将在哪里睡觉也只有一个非常模糊的想法。

确实，只有一部分度假者在以这种"book-and-go"的方式旅行，但他们不仅仅是使用青年旅舍的客户群体。事实上，其中的很多人是有经验的旅行者，经济衰退所催生的一些"最后一分钟"产品蜂拥而来，这些旅行者已经习惯了把握时机，抓住这种"最后一分钟"的产品。

Cindy Gapinski不喜欢这种灵感突发的旅行方式，她是一位在芝加哥的创业公司老板。事实上，她最近花了4个星期计划到夏威夷的一次度假，其中4天入住在一个很有魅力的酒店。但是有一件事情Gapinski没有考虑到：连续不停地下雨，更糟糕的是，岛上其他地方的天气非常好。"知道山的另外一边阳光明媚是非常痛苦的一件事情"，她说。为了避免在雨中进行远足，她用手机找到了在岛的另外一端的一家万豪酒店的有折扣价格的房间。这种最后一刻的赌博不仅挽救了她的假期，而且舒缓了她平时在假期前的紧张压力："现在我感觉我可以随时改变计划，这不是什么大事。"

当然，这样做有很多不利的因素。对于Rita Moreno来说，预订不是问题。这位在洛杉矶工作的财务分析师并不介意到新奥尔良度假时没有预订她最后一段行程的酒店，她很习惯在入住前24小时内预订一个实惠的房间。但现在，Moreno放弃了她平时的习惯，开始仔细阅读其他旅行者的在线评论。这一切发生在她被安排到一间"灰暗的"和"发出恶臭的"房间之后，她花了一些时间来阅读用户评论，发现其他旅行者已经警告了这个酒店的地毯非常的脏，床看起来也怪怪的。"我在半夜爬了起来，因为我担心有臭虫！"Moreno说。

但是，这种经历并不足以阻止那些出门前才计划行程的旅行者。甚至Moreno都说，她可能以后还会尝试这种最后一刻的预订。"这好像是在拉斯维加斯"，她说，"我愿意去冒险。"

（资料来源　佚名. 手机应用正重新定义冲动型的旅行方式［EB/OL］.［2011-03-07］. http://m.hkxyedu.com/minhang/404/3166.html?ivk_sa=1024320u）

问题：

1）本案例中，冲动型的旅行方式有哪些特点？

2）对本案例涉及伦理与道德议题的行为做出思政研判。

3）说明你所作思政研判的伦理与道德规范依据。

4）这种冲动型的旅行方式，是否也存在安全、文化冲突等方面的隐患？旅游行业的从业人员应该如何规避这些潜在的伦理隐患与风险？

【训练要求】

同第1章本题型的"训练要求"。

【成果形式】

1）训练课业：《"手机应用正重新定义冲动型的旅行方式"课程思政研判报告》。

2）课业要求：同第1章本题型的"课业要求"。

☆　创新型训练

▲ 决策设计

【训练项目】

决策设计-Ⅱ。

【训练目的】

见本章"学习目标"中"创新型学习"的"决策设计"目标。

【教学方法】

同第3章本题型的"教学方法"。

【训练任务】

1）体验对"附录三"附表3"解决问题"能力"中级"各技能点"基本要求"和"参照规范与标准"的遵循。

2）体验对"知识准备"所列知识的学习和运用。

3）体验对"附录三"附表3"解决问题"能力"中级"各技能点"基本要求"和"参照规范与标准"的遵循。

4）体验在"相关案例"情境中"结构不良知识"的"创新学习"及其迁移。

5）撰写《"决策设计-Ⅱ"训练报告》。

【训练准备】

知识准备：

学生自主学习如下知识：

1）本章理论与实务知识。

2）本教材"附录一"附表1"解决问题"（中级）各技能点的"知识准备参照范围"所列知识。

3）"决策理论"与"决策方法"基本知识（中级）。

4）本教材"附录三"附表3"解决问题"能力"中级"各技能点"基本要求"和"参照规范与标准"。

指导准备：

同第3章本题型的"指导准备"。

【相关案例】

葡萄沟景区的营销策略组合

背景与情境： 新疆吐鲁番地区的葡萄沟景区是典型的老牌景区，在旅游市场营销方面存在着诸多问题，亟待解决。杨丽等（2008）对葡萄沟景区的旅游者调查分析表明：71%的旅游者停留时间为1天以内；89.7%的旅游者是第一次到葡萄沟景区游玩；旅游者对景区的总体满意度为78%。此外，在旅游市场营销方面也存在一些问题：①对重要细分市场缺乏系统的针对性营销策略；②基础设施建设尚不够完善，景区服务有待改善；③参与性旅游项目少，旅游纪念品种类少；④营销渠道过分依赖旅行社，网站建设和信息管理较薄弱；⑤旅游整体形象有待提升。

问题：

1）根据上文所示情景，你认为首先应该关注哪些方面的知识？

2）你认为葡萄沟景区应该采取什么样的营销策略组合？

【训练要求】

1）形成性要求

（1）-（4）同第3章本题型的"形成性要求"。

（5）小组总结本次训练，形成《"决策设计-Ⅱ"训练报告》。

2）成果性要求

（1）训练课业：撰写《"决策设计-II"训练报告》。

（2）课业要求：

①《"决策设计-II"训练报告》的内容包括：训练团队成员与分工；训练过程；训练总结（包括对各项操作的成功与不足的简要分析说明）；附件。

②将《"葡萄沟景区的营销策略组合"决策提纲》和《"葡萄沟景区的营销策略组合"决策方案》作为《"决策设计-II"训练报告》的附件。

③结构、格式与体例要求：参照本教材"课业范例"的"范例-5"。

④在校园网的本课程平台上展示班级优秀《"决策设计-II"训练报告》，并将其纳入本课程的教学资源库。

✱ 建议阅读

［1］白凯. 旅游者行为学［M］. 北京：科学出版社，2013：51-67.

［2］郭国庆. 市场营销学通论［M］. 北京：中国人民大学出版社，2014：175-275.

［3］吴清津. 旅游消费者行为学［M］. 北京：旅游教育出版社，2006：146-172.

［4］杨旸，刘宏博，李想. 文化距离对旅游目的地选择的影响——以日本和中国大陆出境游为例［J］. 旅游学刊，2016，31（10）：45-55.

［5］周玲强，毕娟. 文化距离对国际旅游目的地选择行为的影响：以中国入境游市场为例［J］. 浙江大学学报（理学版），2017（4）：130-142.

［6］PARK S，NICOLAU L J. Asymmetric effects of online consumer reviews［J］. Annals of Tourism Research，2015（50）：67-83.

［7］YANG Y，ZHANG L，WU L，et al. Does distance still matter? Moderating effects of distance measures on the relationship between pandemic severity and bilateral tourism demand［J］. Journal of Travel Research，2022，https：//doi. org/10.1177/00472875221077978.

［8］YOO J J E，CHON K. Factors affecting convention participation decision-making: developing a measurement scale［J］. Journal of Travel Research，2008，47（1）：113-122.

第 9 章
旅游消费者体验

▶ **学习目标**

▷ **传承型学习**

通过以下目标，建构以"旅游消费者体验"为阶段性内涵的"传承型"专业学力：

理论知识：学习和把握旅游体验的概念、类型和对旅游者个人的重要性，影响旅游体验的因素，旅游体验对旅游者的影响等陈述性知识；用其指导"同步思考"、"延伸思考"、"深度思考"、"教学互动"和相关题型的"单元训练"；体验"旅游消费者体验"中"理论知识"的"传承型学习"及其迁移。

实务知识：学习和把握旅游体验营销的模式、旅游体验营销的基本策略，以及"业务链接"等程序性知识；用其规范相关题型的"单元训练"；体验"旅游消费者体验"中"实务知识"的"传承型学习"及其迁移。

认知弹性：运用本章理论与实务知识研究相关案例，对"引例"、"同步案例"和章后"案例分析—IX"进行多元表征，体验"旅游消费者体验"中"结构不良知识"的"传承型学习"及其迁移；依照相关行为规范对"课程思政9-1"、"课程思政9-2"和章后"课程思政—IX"进行思政研判，激发与"红色旅游提升游客对中华民族的认同感"、"恶俗营销"和"体验营销"议题相关的情感、法律及道德伦理思考，促进健全职业人格的塑造。

▷ **创新型学习**

通过以下目标，建构以"旅游消费者体验"为阶段性内涵的"创新型"专业学力：

拓展创新：参加"拓展创新-II"训练。通过学习和应用其"知识准备"所列知识，系列技能操作的实施，《度假旅游体验对旅游者主观幸福感影响的时间效应研究》论文的准备、撰写、讨论、交流与修订和《"拓展创新-II"训练报告》的撰写等活动，体验关于"旅游消费者的体验"中"创新学习"（中级）及其迁移。

学习微平台

思维导图9-1

引例：旅行真的可以改变人生

背景与情境："人为什么要旅行？""因为一辈子太短了。"去想去的地方，看想看的风景，吃想吃的美食，是对自己人生的一种奖赏。给自己一次旅行的机会，你会发现旅行的美好。

（1）一场旅行，能够让默契的灵魂发现彼此

由于身边的朋友几乎都很热衷旅行，特别是自由行，因此，经常会在群里看到大家讨论旅行计划。平时大家闲聊也没觉得谁跟谁特别要好，或者谁跟谁特别聊不来，但是在旅行计划被提出的那一刻，大家的表现却变得很有意思了。有的人很兴奋地表示自己想要参加，积极地讨论旅游的出行日期以及目的地；有的人摆出模棱两可的态度，想要看看有谁参加再做决定。有的人开始查找资料不断出谋划策，主动提出自己的想法；有的人打着随便的旗号，既不提出任何建议，却又不断否决别人的想法。有的人希望在当地能够住一些比较有特色的酒店，哪怕价格贵一点跑得远一点也不介意；有的人觉得去旅游就是换个地方走走，根本没必要花费那么多的精力。有些时候，大家就是因为意见不一致，而直接取消了旅游的计划，甚至有的人还吵起了架。一开始笔者还觉得，旅行不应该是一件开心的事情吗？为什么大家居然吵起架来了？后来才明白，这不是一个局限于旅行本身的事，这是大家价值观截然不同的体现。跟不同的人去旅行，旅行的感觉完全不一样。跟消极懒惰的人去旅行，你会感觉像背着沙袋走路；跟积极阳光的人去旅行，你会发现旅行的每一天都有惊喜在等着你。

（2）不愿离开的人，不会意识到自己错过了什么

旅行会改变一个人的心态，让你看到不一样的世界。这里说的旅行，不是在景点拍下"到此一游"，也不是拍着各种大头美照，然后把图片用修图软件修整好发到朋友圈，那只是旅游而已。旅行是用心去感受一个地方的风土人情，用心去发现身边的故事，带着满满的好奇心，用自己的方式去探索未知的世界。旅行让人拥抱未知的世界，随遇而安，而不畏惧未知的世界。当你用心去旅行，或许还能发现一种久违的感动。在旅行的时候，你将不受羁绊，远离约束。在旅行的途中，你会看到很多人，遇到很多事，品尝各种食物，欣赏各式风景，这些都会在一定程度上为你提供新的知识，甚至改变你的思维方式。你的人生，可能会因为一场旅行改变。

（3）旅行会让你更懂生活

人活到一定年龄，生活会陷入某种乏味和琐碎之中。在二十几岁的现在，笔者也偶尔会觉得生活平静得有点乏味，甚至开始迷茫生活的本质到底是什么。微博上曾有一段转发量超过百万次的话：当你盯着电脑时，阿拉斯加的鳕鱼正跃出水面；当你愁眉发呆时，梅里雪山的金丝猴刚好爬上树尖；当你挤地铁时，西藏的云鹰直入云端；当你与上司争吵时，尼泊尔的背包客已端起酒杯围在火堆旁；这个世界，有一些穿高跟鞋走不到的路，有一些喷着香水闻不到的空气，有一些在写字楼里永远遇不见的人……世界上生活的方式有千百种，但是大部分的人都只能体验其中的一二。想尝试更多的生活，想了解更广阔的世界怎么办？

（4）旅行能够让我们体验不一样的世界，重新点燃对生活的激情

单独旅行，你或许走着走着，就在下一个路口，突然重新认识了自己。幸运的话，旅行还能教会你成长，成为与以往不同的自己、一个更好的自己。结伴旅行，你

们还能收获和对方的珍贵回忆：在海边欣赏壮丽的落日，感受时间的流逝；接触来自五湖四海的游客，享受萍水相逢带来的友谊；发现很多新奇的东西，并且亲自去体验。旅行结束之后，你们就多了更多的话题、更多的回忆，让你们的感情，得到一次全新的氧化和维护，历久弥新。一次又一次的旅行经历，会慢慢塑造你的生活态度。你会慢慢发现，你想要追求的生活到底是什么。接着，你的发现会让你更有动力拥抱自己的生活，珍惜陪伴在自己身边的人，更好地经营每一天。

"天气那么好，我们一起去旅行吧！"

（资料来源 佚名. 旅行真的可以改变人生 ［EB/OL］. ［2017-05-25］. https://www.sohu.com/a/143468350_806151）

从上文的描述，我们可以切身地体会到，旅行经历或旅游体验能给我们带来心灵上的震撼、洗涤，更多的人生思考，以及更多的生活感悟……这个引例值得我们引申思考的是，旅游体验作为一种人地（旅游者与自然）互动、社会互动的过程，有哪些特征？有哪些类型？哪些因素会影响旅游者的体验？这种人地互动与人际互动的过程，会给旅游者带来哪些方面的影响？本章将就这些话题展开详细的阐述。

9.1 旅游消费者体验概述

9.1.1 旅游体验的内涵

体验，对应英文的"experience"，亦可以理解为经历。《现代汉语词典》对经历的解释为：其一，作为动词：亲身见过、做过或遭受过，如一生经历过两次世界大战；其二，作为名词：亲身见过、做过或遭受过的事，如生活经历。类似地，体验可谓"亲身经历、实地领会"，亦可谓"通过亲身实践所获得的经验"。在旅游研究中，**旅游体验**是指旅游消费者前往一个特定的旅游目的地花费时间来游览、参观、娱乐、学习、感受的过程以及所形成的身心一体的个人体会。自20世纪70年代以来，旅游体验研究逐渐成为国外旅游学界的热点课题。自20世纪90年代以来，国内旅游学界对旅游体验的研究也有所增加。目前，国内旅游学界的研究主要表现在两个方面：其一，从体验经济的角度，从心理学、经济学、管理学等学科视角探索旅游体验，进一步了解旅游消费者、设计体验旅游产品。其二，从"旅游的本质"出发，研究旅游体验的基本理论框架。

9.1.2 旅游体验的类型

1）相关研究

B. 约瑟夫·派恩（B. Joseph Pine II）和詹姆斯·H. 吉尔摩（James H. Gilmore）在《体验经济》（Pine & Gilmore，2012）一书中，把体验（经历）分为4种：娱乐（entertainment）、教育（education）、逃避（escape）、审美（estheticism），简称"4E"。对于旅游体验而言，有学者认为，还应该增加一种类型——移情（empathy）（邹统钎、吴丽云，2003）。

2）旅游体验的基本类型

综合起来，旅游体验有5种基本类型。

（1）娱乐

娱乐、消遣是人们最早使用的愉悦身心的方法，也是最主要的旅游体验之一。旅游者通过观看各类演出或参与各种娱乐活动使自己在工作中造成的紧张神经得以松弛，让会心的微笑或开怀大笑抚慰心灵，从而达到愉悦身心、放松自我的目的。

（2）教育

旅游也是学习的一种方式，尤其是人文类景点，如博物馆、历史遗迹、古建筑等，其深厚的文化底蕴、悠久的历史传统、高超的建筑技术都会令旅游者有耳目一新之感，学习也因此而融入旅游的全过程。

（3）逃避

现代都市环境下，人们的工作压力与日俱增、职场上的竞争日趋激烈、生活环境日趋恶劣。在这种情况下大多数都市白领或中产阶层处于亚健康状态。他们渴望暂时逃离日常生活，拥有一段完全不同于都市生活的经历，或者到名山大川游览或者到海滨休闲度假，以此达到暂时逃避压力、恢复身心健康的目的。

（4）审美

对美的体验贯穿于旅游者的整个活动中。旅游者首先通过感觉和知觉捕捉美好景物的声、色、形，获得感观的愉悦；继而通过理性思维和丰富的想象深入领会景物的精粹，身心俱沉醉其中，心驰神往，从而获得由外及内的舒畅感觉。自然景物中的繁花、绿地、溪水、瀑布、林木、动物、蓝天等，人文景物中的雕塑、建筑、岩绘、石刻等都是旅游者获得美感体验的源泉。

（5）移情

旅游中的移情，指旅游者将自己置身于他者的位置之上，将自己幻变为意想中的对象，从而实现情感的转移和短暂的自我逃离。这对于旅游者体验异域民俗风情、尊重当地的民风民俗具有非常重要的作用，从而使得人们通过一段寻常的旅游经历，达到尊重和理解当地传统文化进而提升旅游者本身人文素养的重要效果。

3）各种旅游体验的相互关系

以上5种体验绝对不是割裂开来的，而是联系在一起的。旅游者在一次或多次旅游体验中会经历如上的几种或多种体验类型。例如，在分享经济背景下，越来越多的旅游者出门在外时会选择 Airbnb（见第3章及第6章），他们的动机也是多种多样的（So，Oh & Min，2018）。那么，他们如何以及从哪些方面将"别人的家""创造"出来一种"自己的家"的感觉呢？或者说，哪些方面会让他们觉得"别人的家"会有"家"的感觉？有研究（Zhu et al.，2019）表明，Airbnb的入住者会从物理与空间维度（场所、氛围、空间、安全）、社会维度（主人、主客互动、邻里、狗）、情感维度（爱、感恩、娱乐）等方面将一般意义上的家（别人的家）建构得有家（自己的家）的感觉。

◆ 同步思考9-1 ◆

问题： 旅游体验中的移情与其他场合所说的移情有何异同？

9.1.3　旅游体验对旅游者个人的重要性

1）体验的重要性

体验对一个人的发展具有非常重要的作用。这种重要性可从以下方面进行考察。

（1）丰富的经历有助于个人形成正确的世界观、人生观、价值观（简称"三观"）。人们的世界观、人生观、价值观绝非凭空产生，是人们在认识世界和改造世界（即经历）的过程中逐渐形成的，正确的世界观、人生观、价值观，对于一个人的发展至关重要，即所谓的"认识的高度决定发展的高度"。

（2）丰富的经历有助于提升一个人的自信心、毅力等情商（即EQ）。据目前的相关研究，我们知道一个人能否成功，除了智力因素（IQ）之外，情商高低将起到决定作用，而情商的高低与一个人的经历高度正相关，所以经历的丰富程度将直接决定一个人成功与否。

（3）从智力教育的角度上来讲，经历对于一个人的教育起到非常重要的作用。经历（经验）教育首先由约翰·杜威提出并进行详细阐释，后来经过皮亚杰、柯尔伯格等有突出影响力的思想家的完善，基本形成了经历教育的重要思想。例如，杜威认为，创造充分的条件让学习者去"经历"是教育的关键："所谓经历，本来是一件'主动而又被动的'事情，本来不是'认识的'事情。"杜威"把经历当作主体和对象、有机体和环境之间的相互作用"。他主张以这种进步的教育方法使学习者从活动中学习，经历本身就是学习主体与被认识的客体间互动的过程。他指出："经历的价值怎样，全视我们能否知觉经历所引出的关系，或前因后果的关联。"并不是每一种经历都是有教育的价值的，对经历（经验）过程逐渐形成的主体的诠释是关键所在（庞维国，2011）。

2）旅游体验的价值与意义

旅游这种特殊的个人体验（人生经历）无疑具有重要的教育价值和意义。对于人们形成正确的世界观、人生观、价值观，提升个人的情商和智商均具有重要的作用。这些方面已经有相关学者进行了深入研究，下文将进行详细叙述。

◆ **教学互动9-1**

主题： 如上文所述，旅游体验对旅游者个人是十分重要的。

问题： 结合自身经历，阐述自己的旅游经历对自己的成长产生了什么影响。

要求： 同"教学互动1-1"的"要求"。

9.1.4　旅游体验的影响因素

1）主要影响因素

影响旅游体验的主要因素有以下六种：

（1）目的地文化

诸多研究表明，旅游者的旅行、度假所经历的社会–文化影响程度，受到主客观双方社会–文化特征的不同程度的影响。也就是说，双方的社会文化差距越大，对旅游者而言，其旅行度假经历的影响就越大，两者呈现正相关关系，这也符合旅游者的出行动机。旅游者之所以选择某个与日常生活环境大相径庭的目的地就是为了求新、求异。亚历山大等（Alexander et al.，2010）在对受访者的目的地选择进行分析后发现，英国米尔顿·凯恩斯地区附近的居民最喜欢去的旅游目的地，除西欧之外（因为便利选择），其他跨区域的目的地分别为北非和亚洲，去的最少的目的地是加勒比海和南美。出现这一情况的根本原因在于主客双方社会–文化的差异程度，这一点得到了受访者的证实。例如，有受访者指出："绝大多数南美洲人是欧洲人的后裔，双方之间的文化差异较小；从风景文化的角度来看，南美与欧洲类似。加勒比海的阳光、沙滩和海洋，尽管比西班牙更充满异域风情，但在旅行度假体验上加勒比海地区没有比北非和亚洲更为新奇、惊喜。北非或亚洲的旅行目的地再现了数千年前生命的原始状态，这些地区所拥有的不同于欧洲的文化、语言、种族、经济、宗教、建筑等还没有发生大的变化，这些不同的社会–文化因素对我们充满了诱惑和吸引。"

（2）旅行时间

在有些情况下，旅行度假所花费的时间与旅行度假对旅游者的影响程度负相关。心理学的研究成果对这一现象可以进行较好解释。关于记忆回顾的心理研究表明，我们往往对幸福及其经历保留了长期记忆，一种特殊经历记忆的可能性主要取决于连续性输入。有研究认为，在度假的持续过程中，冲突能导致人们忘记他们的经历，尤其是如果有许多类似的经历。在亚历山大等（Alexander et al.，2010）的研究中，一位受访者转述了她的经历："在旅行的前7天，任何事情都感觉新鲜。7天过后一切都熟悉了。在第三周，当墨西哥和秘鲁的玛雅文明旅行结束之后，对一切都提不起兴趣，我们把各种寺庙称为'贫民窟'……"但是对于其他的旅行方式，例如，出国交流学习，参与者所受到的影响与时间可能更多地呈现一种正相关关系。富利斯通和吉尔登斯（Freestone & Geldens，2008）对7名参加过交流学习项目的澳大利亚毕业生进行了访谈。他们发现：参与者认为他们的交流学习经历与他们曾经短暂的背包旅行或度假旅行相比，前者可以在东道主国家获得一种更为"原真"的体验。原因是其对当地文化休闲活动的分享，以及参与了当地的日常生活。

（3）目的地的活动

与休闲度假活动（如温泉SPA、阅读、场所游览、日光浴和运动）相比，体验和参与东道国生活方式的文化活动，更能对旅游者产生长期持续的影响。在亚历山大等（Alexander et al.，2010）的研究中，有受访者表示，"休闲性的活动在其他地方也可以进行，愉悦的程度取决于与其他地方的对比；而文化活动往往是这个地区独特的"，"文化活动包含与东道主的交流和互动"。从这个角度来讲，文化性的活动能够给旅游者带来更为强烈、更为深刻的体验，从而对旅游者的经历产生更为长远持久的影响。

（4）旅行伙伴

一般来讲，度假旅行主要以家庭（与妻子/丈夫或小孩、老人一起）的方式进行。然而，亚历山大等（Alexander et al.，2010）的研究表明，"独自旅行"对个体旅游者产生的影响最大，其次才是"与朋友"一起旅行。对个体旅游者影响最低的类型是与"妻子/丈夫"一起旅行，其他的包括"工作或运动的同伴"。一位受访者表示："独自旅行更有压力，因为没有人一起面对焦虑或分享责任，这一压力可能导致较高或较低的情绪。然而，独自旅行会产生更强烈的冒险意识，会取得更为强烈的成就感，将对个体旅游者产生更大的影响。"另一位受访者表示："独自旅行迫使你不得不与当地人和其他旅游者交往和互动。这使你期望和更加努力交往新人。朋友之间一起旅行也会对个人产生影响，因为他们努力与异性形成友情。而夫妻之间一般要么独自待在一起，要么与其他的夫妻交往，而不会与单身人士交往。他们往往认为陌生的单身聚会对夫妻关系是一种威胁。"

对于大多数中国旅游者而言，传统的度假旅行往往以家庭的形式进行，也有部分人选择与朋友或同事（尤其是单位组织的旅行）一起旅行，独自旅行的人较少。近年来，选择徒步或背包旅行的年轻人（即所谓的"驴友"）增多，他们独自从客源地出发，到了目的地再临时和其他"驴友"组合在一起，这种组合往往较为分散，大家随时可以分开。"驴友"的这种旅行方式越来越受到年轻人的欢迎，也给年轻人带来了深刻的体验，得到了普遍的认同。

（5）旅游前的生活满意度

有研究表明，在旅游度假前对生活满意的人更不可能受到旅行度假经历的影响。受到旅游经历影响的可能是出游前对生活不太满意的群体，对生活不满意的人更容易寻求心理状态的平衡（Holden，2006）。最佳觉醒理论和驱动还原理论为上述现象提供了理论解释的框架。最佳觉醒理论建立在人们寻求与环境保持一定程度的互动这一假设之上，这一环境维持了人们的心理平衡。采纳驱动还原理论，福德尼斯（Fodness，1994）的研究发现，可感知的心理需求和由此引起的紧张，鼓励个人采取行动（例如，通过旅行的方式）释放焦虑的心理状态。也有旅游者表示："旅行度假是为了逃避现实；逃离是为了使现实变得更好。度假是一个梦想……（当不满意时）一个人更可能积极地寻求某些东西或者在潜意识中更加努力地进行改变，以扭转目前的生活境况。"（Alexander et al.，2010）

（6）现代信息（通信）技术

现代信息（通信）技术一方面会影响旅游者行前对目的地的感知，激发他们的动机，并影响他们的出游决策；另一方面也会形塑旅游者在目的地的体验和行为意向。近年来，旅游学界广泛关注到虚拟现实（virtual reality，VR）、增强现实（augmented reality，AR）、智能手机（smartphones）等新兴技术和工具的采用对旅游者体验的影响。例如，贺泽亚等（He，Wu & Li，2018）的研究发现，在博物馆旅游情境下，与动态视觉提示（dynamic visual cues）相比，动态语言提示（dynamic verbal cues）会带来参访者更高的支付意愿（例如，即便门票上涨也会继续前来参观，支付比附近其他博物馆更高的门票费用），并且当环境增强现实提供一种高水平的虚拟呈现的时候，这种效应会更加突出。在另外一项研究中，王丹等（Wang，Park & Fesenmaier，2012）关注到智能手机在调节旅游者体验方面的角色。研究发现：智能手机能改变旅游者行为和情绪状态。这种改变是通过强调各种信息需求引发的，尤其是智能手机对瞬时信息的支持促使旅游者可以更加有效地解决问题、分享体验、储存回忆。也有研究（Tussyadiah & Wang，2016）指出，在旅游者利用智能手机作为媒介做出主动推荐（proactive recommendations）的时候，对于主动推荐的信心主要源自感知预应性（perceived proactiveness）、自主性、社交能力以及智能手机的智能性；但是，感知反应性和控制力（perceived reactivity and control）会让旅游者担心他们会失去对自身旅游体验的控制。

2）各种影响因素的相互关系

上述影响因素并不是孤立存在的，而是联系在一起的。它们中一个或几个一起共同影响旅游者的体验。在分享经济背景下，人们的旅游消费行为也发生了不少变化。例如，在住宿体验方面，越来越多的人青睐于选择 Airbnb 等。有研究（Cheng & Jin，2019）利用大数据进行文本挖掘和情感分析后发现，Airbnb 住户的入住体验主要受以下三个方面的影响：区位、舒适物、主人。具体而言，区位方面的影响因素主要涉及住处与主要旅游吸引物、购物店、餐厅的距离；舒适物主要指设施设备、房间舒适度等；主人方面的影响因素则主要涉及主人是否乐于帮助、主人为人处世的灵活性、主客之间的沟通以及宠物的情况。令人惊奇的是，价格并不是关键的影响因素。研究还发现，Airbnb 住户的评论中存在一种正面的"偏见"，而负面的评价则主要源自"噪声"（Cheng & Jin，2019）。

同步思考 9-2

问题：旅游体验的影响因素之间的关系如何？

9.2 旅游体验对旅游者的影响

9.2.1 旅游体验对旅游者健康的影响

身体、脑、感觉能力、动作技能以及健康方面的发展都属于人的生理（身体）发展的范畴。然而，国内外学界关于旅游体验对旅游者生理（身体）发展的研究，大多局限于对健康的影响方面。世界卫生组织（WHO）于1946年对健康的定义是："健康不仅为疾病或虚弱之消除，而是体格、精神与社会之完全健康状态。"因此，健康包括生理（身体）健康和心理健康两个方面。国外学界关于旅游经历对旅游者健康的影响的实证研究是在20世纪90年代末期才兴起的。有学者对旅游体验与旅游者健康的关系进行了深入探讨，认为旅行度假能提升旅游者的身体健康（Chen & Petrick，2013）。冈普和马修斯（Gump & Matthews，2000）很早就提出过类似观点。他们通过实证研究得出结论：经常旅行的个人很少会得非致命性心血管疾病和冠心病。

此外，学界也开始致力于探索旅游体验是否以及如何能够提升个人对生活质量和幸福的感知，减少压力，有助于个人保持积极的心态和形成健康的生活方式。这些研究主要集中于探讨三类群体（公司雇员、老年人、较少参与旅游活动的群体即低收入群体等）通过旅游体验所获得的身心健康方面的益处。当然，也有些人在旅行度假结束之后可能患有暂时的"假期综合征"，具体表现为精神不振、浑身无力等。这主要是由旅行度假的"兴奋状态"转变为"日常生活"的状态所引起的，一般休息几天就会自动恢复。

虽然心理健康与身体健康密不可分，但目前的实证研究主要集中在测量心理健康方面。从研究主题来看，对旅游者主观感知的健康水平的测量研究居于主导，关于旅游经历对旅游者健康水平的影响的实证研究却依旧缺乏，仅有少数学者进行过实证研究。

问题：为何鲜见对旅游者客观健康水平的实证研究？

9.2.2 旅游体验对旅游者认知学习与教育的影响

认知（cognition）是指通过形成概念、知觉、判断或想象等心理活动来获取知识的过程，即对个体思维进行信息处理的心理功能。认知的发展主要体现在学习能力、记忆能力、解决问题的能力、语言技能、抽象思维能力等的发展方面。关于旅游体验对旅游者认知发展的影响，国外学界的研究起步较早，但尚不系统，且主要关注的是旅行体验的认知性学习与教育。这方面的研究集中在以下领域：其一，海外游学的学习。主要研究主题有海外游学的旅游动机、海外游学的裨益、短期海外游学的影响、海外游学的长期教育结果。其二，通过旅行的学习。主要研究主题是通过自助旅行的学习，例如，野生动物旅游等。巴拉泰恩等（Ballantyne，Packer & Sutherland，2011）以野生动物旅游的参与者为研究对象，讨论野生动物旅游能否对旅游者的个人行为的改变产生影响。研究结果除了对这个问题给予肯定性的回答外，还发现了旅游者行为的改变表现在家庭实践、购物实践、户外环保责任、志愿环保参与等多个方面。在国内学界，一项对大陆赴台"自由行"旅游者的地方认同与休闲效益关系的研究发现（赵宏杰、吴必虎，2013）：首先，大陆赴台"自由行"旅游者对中国台湾地区的地方认同以环境认同程度最高，依恋程度最低，其在中国台湾地区从事休闲活动所获得的休闲效益以社会效益最高，生理效益最低。其次，不同个人背景与游程规划的大陆赴台"自由行"旅游者在地方认同与休闲效益程度方面有显著差异。最后，地方认同与休闲效益间呈显著正相关且彼此间存在典型相关关系。

◆ **教学互动9-2**

主题："修学游"是旅游业界、教育界的热门，也是许多省份试点《国民休闲计划》的重要内容。

问题：基于你对旅游体验和"修学游"的理解，对"修学游"进行评价。

要求：同"教学互动1-1"的"要求"。

◆ **同步案例9-1**

中国台湾地区志愿者的个人转型

背景与情境：一项旨在调查在大陆进行志愿旅行的台湾地区学生所感知到的个人转型的研究（Pan，2017）表明，志愿旅行的经历帮助他们实现了以下方面的转变：

①内心变化（inner change）：主要是提高了沟通能力，发展了压力管理的技能，学会了倾听并尊重不同的声音，并承认个人的弱点。

②生活观与世界观的变化（change in view of life and the world）：主要是学会珍惜并感恩，控制物质欲望，欣赏慢节奏生活和放松，为弱势群体提供关怀和支持。

③学习态度和未来职业的变化（change in learning attitude and future careers）：主要是调整个人学习态度，变得更加谦卑，拥有更加开放的观点和心态，在学习和处理事情方面更加积极。

④未来旅游活动选择的变化（change in the choice of future tourism activities）：主

要是旅游活动的偏好更加多元化。

问题： 结合案例内容，分析中国台湾地区志愿旅行者感知的个人转型，分别属于本书所述的旅游体验对旅游者影响的哪些方面？

9.2.3 旅游体验对旅游者心理社会性发展的影响

心理社会性发展包括情绪、人格及社会关系的发展变化，主要包括自我意识、独立性、自尊、人格特征、友谊、道德、爱情、家庭关系等具体方面。国外旅游学界较早关注到了旅游体验对家庭的影响。旅行作为一种利用家庭时间的方式，可以有助于强化沟通、减少离婚可能性、加强毕业生的家庭联系、增加成年人和儿童的幸福感等（Durko & Petrick，2013）。与旅游体验对旅游者认知发展的影响的研究进展类似，国内学界有学者开始进行探索。例如，黄向（2014）认为，旅游体验是旅游研究的核心问题，从心理学的角度看，旅游体验是旅游情境中的主体幸福感。旅游体验存在孤独体验、成就体验和高峰体验三因子的"榄核形"结构。孤独体验是旅游者对旅游在外、离开熟悉的环境产生的安全感和孤独感的综合体验，处于模型的基础位置。高峰体验是旅游者在进入自我实现和超越自我的状态时感受或体验到的最完美心理境界，处于模型的高层次。处于中间部分的成就体验是旅游者在行程中所获得的宁静、愉悦、满足之感，以及在旅程结束之后对行程的怀念、向往等各种一般感受。旅游体验对旅游者心理社会性发展的某些方面的影响，例如，对家庭、对友谊等，将在后文中专门阐述。

◆ **延伸思考 9-2** ◆

问题： 旅游体验如何影响家庭成员的主观幸福感？

◆ **深度思考 9-1** ◆

问题： 旅游体验如何影响婚姻稳定性？

9.2.4 旅游体验对旅游者人际关系的影响

旅游体验对旅游者人际关系的影响主要有以下两方面：

1）旅游体验对家庭关系的影响

一般来说，家庭关系是个体人际关系中最为亲密和重要的组成部分，对每一个体的生活与发展来说都具有重要的意义。然而，在现代社会生活中，随着经济诉求的增大和工作压力的增加，人们越来越容易忽视与家人的相处，从而影响到了家庭关系的维护。2012年，美国咨询机构埃森哲（Accenture）通过互联网对全球31个国家的中型到大型企业组织高管进行研究，调查显示有一半的受访者不满意他们的工作。42%的人认为他们因为事业牺牲了与家人共处的时间。同时，58%的人认为工作要求已经对其家庭生活、与家人的关系产生了负面的影响。相关研究也表明，长时间的工作和休闲时间的减少，会增加在工作和家庭生活中的压力，降低家庭幸福感。可见工作压力的增大、家人间相处时间的减少、生活满意度的降低这些都是直接导致现代生活中家庭关系恶化的因素。如何避免家庭关系恶化，维持一个和睦亲密的家庭氛围，值得每个人关注。越来越多的研究表明，家庭的休闲娱乐尤其是度假活动，能够创造家庭回忆，增加家庭成员的联系，建立良好的家庭关系（Kozak & Duman，2012）。

深度思考9-2

问题：旅游体验如何影响家庭凝聚力？

2）旅游体验对其他社会关系的影响

旅游体验对旅游者其他社会关系产生的影响包括：旅游者原有人际关系的改变和新的社会关系的建立。

（1）原有人际关系的改变

旅游者在旅游过程中往往会结伴而行，除家庭成员外，这些游伴可能是身边的同事、同学、朋友，也可能是了解不太深入的一般熟人。与家庭旅游一样，旅游者与熟人在一起出游的过程中，很有可能因为旅途中的朝夕相处而促进感情的提升，特别是自助旅游者，在旅游中常需要共同讨论制定决策，彼此关系因为互动的强化以及对旅游愉悦时光中的共同记忆而得到升华。近年来，在我国不少电视媒介上热播的"真人秀"旅游节目中，不难发现这样一个规律：原本不怎么熟悉的几个人，经过一段时间共同的出游与互动，感情逐渐深厚，在节目结束后俨然成为亲密好友。当然，双方关系在旅游过程中也可能没变甚至是恶化，因为在旅游过程中彼此之间距离很近，为双方提供了重新审视自己与对方关系的机会，有可能因为发现对方的一些缺点，感到不能容忍，从而影响到原有的社会关系质量。正如上文所提到的，旅游体验对旅游者的心理状态有着较大的影响。大部分情况下，旅游有助于旅游者释放日常工作的压力和调剂单调乏味的生活，调节出行前消极低落的情绪，而旅游后愉悦的心情也有助于改善与他人的社会关系。

一项对教学机构职员进行的调查显示，旅游经历可以使这些受试者的工作效率和表现提高，有利于与同事关系的改善。同时，旅游过程中旅游者接触到的"他者"以及对自我的反思，有可能改变旅游者对原有社会关系的态度。背包旅行作为一种生命拓展的方式，可以有助于改变背包客的自我意识（自我认知、自我情感、自我意向），改变固有的世界观（人生观、价值观）（Chen，Bao & Huang，2014）。这些自我意识的改变，有可能使旅游者重新审视自己原本的社会关系，产生态度的变化。有研究表明，旅游结束后，一些旅游者常常会感觉对某些社会准则和文化的不适应；也有旅游者提到经历极端自由的体验后难以适应那种有规律的生活，并且很难再与朋友建立亲密关系。在丽江、阳朔这样的旅游目的地，经常可以发现一些来自大都市的年轻人，他们辞去了原本的工作，留在当地开一间小店融入当地生活。这些人很多都是在当地旅游回去后发现不适应大城市的生活节奏和复杂的人际关系，最终选择放弃原本生活状态。

（2）新的社会关系的建立

旅游者在旅游过程中会构建出许多新的社会关系，其中旅游者与目的地居民的交往关系是学界研究的重点。这方面的研究可参见旅游人类学家瓦伦·史密斯1977年所著的《东道主与游客：旅游人类学研究》等。旅游者与旅游者之间可以分为旅游之前不认识与旅游之前认识（即上文所提到的熟人关系）两类。在旅游之前不认识的情况下，旅游者与旅游者的关系又大致可分为三种：冷漠的陌生人、旅游世界中产生一般互动的人，以及旅游世界中结识的新朋友。更多关于社会互动的阐述，详见本书第

6章有关旅游消费者社会交往的内容。

◆ 业务链接9-1 ◆

如何测量背包客的个人发展？

背包旅行是一种特殊的旅行方式。背包客向往经济的住宿、更长的假期、灵活的行程以及同其他背包客见面、社交、互动。背包客丰富多彩的旅游经历是其他旅游者尤其是大众旅游者难以企及的，而这些旅游经历又恰恰为其后期的个人变化提供了充分的条件和资本。在背包客个人发展的领域，仅有少数学者进行过研究。例如，皮尔斯和福斯特（Pearce & Foster，2007）对背包客感知的通用技能变化进行了实证研究。他们开发了42个项目来测量背包客通用技能的发展。42个项目被分为以下8类：解决问题的能力和思维能力、人际关系和社会技能、信息素质和管理实践、学习、适应性和灵活性、社会和文化意识、资源管理及个人属性。

为了更好地对背包客感知的个人发展进行测量，陈钢华、保继刚和黄松山（Chen，Bao & Huang，2014）对背包客感知的个人发展维度进行了实证研究和量表的开发与验证。他们编制的量表包含5个维度（能力、情绪、技能、世界观和自我意识）和16个测量题项。

①能力（capability）。这一维度包含3个测量题项：环境适应能力、识别问题与解决问题的能力、沟通能力。

②情绪（emotion）。这一维度包含3个测量题项：负面情绪得到调适、焦虑与压力得到释放、出行前的挫折得以应对。

③技能（skills）。这一维度包含3个测量题项：时间管理技能、财务管理技能、物资管理技能。

④世界观（worldview）。这一维度包含3个测量题项：世界观发生了改变、人生观发生了改变、价值观发生了改变。

⑤自我意识（self consciousness）。这一维度包含4个测量题项：自己感到与众不同、身边的人对我的态度发生了改变、自信心得到了提升、自律和自控得到了强化。

学习微平台

同步链接9-1

9.3 旅游体验营销

旅游体验营销是指旅游企业（旅游目的地、旅游景区）从旅游消费者的感官、情感、思想、行动和关联诸方面设计营销理念，以产品或服务为支点，激发并满足旅游消费者的体验需求的一种营销模式。

9.3.1 旅游体验营销的模式

根据旅游自然环境的不同以及从事旅游发展的企业特色的不同，需要因地制宜运用体验营销创建旅游品牌策略，实施不同的体验营销模式。总结起来，主要有以下5种旅游体验营销模式。

1）娱乐营销模式

娱乐营销以满足旅游者的娱乐体验作为营销的侧重点。娱乐营销模式要求旅游企业巧妙地寓销售和经营于娱乐之中，通过为潜在旅游者创造独一无二的娱乐体验来吸

学习微平台

课程思政9-1

引他们，达到促使其购买和消费的目的。旅游企业应将娱乐营销的思想贯穿于旅游营销过程，在游客旅游的整个经历中时时加入娱乐体验，使整个旅游过程变得有趣而愉快，从而提升游客的满意度。

2）美学营销模式

美学营销以满足人们的审美体验为重点，提供给旅游者以美的愉悦、兴奋与享受。运用美学原理和美学手段，按照美的规律去开发旅游资源、建设和利用旅游景观，配以美的主题，提供美的服务，以迎合消费者的审美情趣，引发消费者的购买兴趣并增加产品的附加值，使客人在旅游审美活动中心情愉快、精神舒畅，获取丰富的美的享受，留下美好的体验。

3）情感营销模式

情感营销是以旅游者内在的情感为诉求，致力于满足旅游者的情感需要。旅游者对于符合心意、满足其心理诉求的产品和服务会产生积极的情绪和情感，它能提升旅游者对企业的满意度和忠诚度。旅游企业需结合旅游产品特征探究旅游者的情感反应模式，努力为他们创造正面的情感体验，避免和消除其负面感受。

4）主题体验营销模式

主题体验就是设计能打动游客情感、激发其欲望的主题。体验主题必须是空间、时间和事物相互协调的现实整体，能够与旅游目的地本身拥有的自然、人文、历史资源相吻合，才能够强化旅游者的体验。旅游者的体验是完整的，包含空间、时间和事物的整合，因此要做到让旅游者在合适的地方、合适的时间做合适的事。

学习微平台

延伸阅读9-3

5）文化体验营销模式

文化体验营销以游客的文化体验为诉求，针对旅游产品服务和游客的消费心理，利用传统或现代文化，有效地影响游客的消费观念，促进消费行为的发生。

◆ 业务链接9-2 ◆

南湖国旅城的体验营销

南湖国旅城是国内第一个也是唯一的一个将"博览会"与"大卖场"相结合的、融入现代高科技的综合性旅游服务和体验中心，囊括了旅游博览会的全新功能，是全国首家集世界各地旅游供应商发布、咨询、报名、购物、形象展示、休闲、游客互动于一体的旅游体验城。它融合了卓越的创意、前瞻和技术，树立了一个杰出的榜样。南湖国旅城把"世博会"多元化表达手法应用在感官、情感、思考、行动、关联营销之中。

①感官营销。感官营销是指企业经营者在市场营销中让消费者参与其中并有效调动消费者的购买欲望的一种营销模式。南湖国旅城设置了三个旅游目的地主题展区：境外及我国台湾旅游展区、大陆旅游展区、我国港澳旅游展区。在每一个展馆中，都配置了LED屏幕，旅游者在展馆前可静静欣赏广告展示，更可以动态触摸体验模式，随意观看旅游地的地理位置、景观照片、活动视频等资料。这些感官体验，能激发参与者旅游的兴趣，让更多的旅游者将意愿转化为行动。

②情感营销。个人的境遇和所处环境不同，其对同一事件的体验是不同的，因此，在南湖国旅城里，设置了常规游服务区、半自助游服务区、高端品牌服务区，提

供团队包价旅游、自助游+旅行社代办业务、定制化服务三种服务。南湖国旅城应不同旅游者的消费需求与习惯，划分了不同的主题服务区，提供不同旅游咨询服务，体现了以人为本的营销模式，实现了个性化、互动式、全方位的沟通渠道，这与世博会所诠释的"人类、科技、沟通"主题如出一辙。

③思考营销。世博会运用参与展示和高科技交互技术把设计者的意图表现得淋漓尽致，而南湖国旅城也从中受到启发并应用到旅游者的体验设计中去。世博会绝大多数展馆的展示设计都"以人为主"，强调人在参观时的参与精神和主动性。旅游者在参观南湖国旅城的时候，逼真的展陈让旅游者仿佛身临其境，在日本、韩国、东南亚海岛、美洲等热门区域更有身穿民族特色服饰的表演者与旅游者进行互动，让旅游者亲身体验"未出发先兴奋"的独特感受。

④行动营销。主题体验活动的策划成为南湖国旅城行动营销的首选。例如，上海"2010世博会"主题秀"城市之窗"以艺术手法再现中国城市的历史演变，呈现多元城市元素、演绎多彩城市生活、倡导城市人文生活理念。南湖国旅城旅游推介会注重消费者感官与情绪的刺激，使消费者自然地受情景与氛围感染，并融入旅游推介的情境中。

⑤关联营销。在体验经济下，旅行社产品具备了表达旅游者自我价值、传达消费者社会地位、共享人生体验的关联功能。旅游者参与了旅行社产品的售前营销、售中体验、售后反馈的整个过程。旅游者体验的记忆就是品牌消费的印象，让旅游者感觉自己是属于高消费族群，或者感觉自己与流行时尚有关，或者有一种高品位的认同感。这些不仅拉近了南湖国旅城与公众的距离，实现和公众的良好交流，而且对于南湖国旅品牌内涵的丰富、品牌价值的提升有着积极的意义。

（资料来源　张海燕. 世博会对旅行社体验营销的启发——以南湖国旅城为例［J］. 江苏商论，2014（8））

9.3.2　旅游体验营销的基本策略

旅游企业/旅游目的地应在深刻把握旅游者需求的基础上，制定相应的体验营销策略，并通过多种途径向旅游者提供体验。主要有以下几个策略：

1）设计一个鲜明而独特的主题

体验营销是从一个主题出发并且所有服务都围绕这个主题，所以体验要先设定一个明确而独特的主题，如果缺乏明确而独特的主题，旅游者就抓不到主轴，就不能整合所有感觉到的体验，也就无法留下长久的记忆。

2）通过体验广告传播旅游体验

体验广告可以把体验符号化，利用符号并通过大众媒介的放大而传播开来，从而实现体验营销效应最大化。在广告设计方面要根据旅游目的地的自然景观、风土人情等设计广告主题，提炼形象生动的广告语，广告画面突出旅游主题并配以旅游目的地的景观，使受众有身临其境的感觉，产生旅游的欲望。

3）营销手段应当突出旅游者参与，加强与旅游者的互动

通过互动拉近了彼此的距离，增强了双方的感情联系，使旅游者对旅游企业的产品保持很高的忠诚度。互动不仅是企业和客户的互动，更是客户与客户的互动。要让事实说话，让"美好的感觉"口碑相传。

◆ **同步案例9-2** ◆

体验田趣　你会租地种菜吗？——创新农业旅游

背景与情境： 5月1日一大早，张大明一家三口就从温州市区向大若岩埭头村赶来，在游览了古村风景后，就一头扎进刚租种的菜地里忙活开了：妈妈教儿子怎么除草，爸爸教儿子怎么松土、播种等，一家人忙得不亦乐乎。据埭头村党支部书记陈福林介绍，自该村在"楠风楼"后面划出30亩"百菜园"，推出"认领一分地，当回农庄主"旅游项目后，已经有10多家公司或个人共认领了2亩多菜地，种植了花生、玉米、马铃薯等，每逢休息日，他们就来体验田园的乐趣。

近年来，农家乐从最初的一些农民创办农民餐馆，提供吃农家菜、住农家屋等简单服务起步，逐步向利用田园景观和农业资源，提供观赏、采摘、垂钓、游乐等体验休闲活动拓展，逐步形成了一定的规模。"认领一分地，当回农庄主"旅游项目的推出，更是创新了农业旅游模式。

（资料来源　谭小风．散客时代的旅游体验营销［EB/OL］．［2011-01-02］．https://www.docin.com/p-908375047.html）

问题： 结合案例内容，分析大若岩埭头村采用了旅游体验营销的哪些基本策略。

◆ **课程思政9-2** ◆

别让体验营销变成"恶俗营销"

背景与情境： "邂逅一个人，艳遇一座城"，这是湖南凤凰县"7·20偶遇节"的广告语。然而，活动尚未举行就已引来外界争议。有网友直斥：凤凰"偶遇节"变成了"艳遇节"。在凤凰众多的传统节日中，"偶遇节"只是湘西的一种求爱民俗——"边边场"，青年男女在节庆活动中，小伙子只要看上了心上人，就可以拉一下她的衣袖或在行走中假装无意地轻轻撞她一下，女子如果回眸一笑，就表示没有拒绝……

本来，在凤凰古城的管理者挖空心思把能打出的"旅游名片"都打过一遍或数遍之后，拿"偶遇节"这个略带浪漫色彩的民俗做点营销文章，借以吸引游客的目光，未尝不可。问题是，"偶遇节"毕竟只是湘西的一种恋爱民俗，只局限于当地人之中，宣传这种民俗是可以的；把它编成舞蹈、拍成电视，用艺术的手段加以再现，同样可以；甚至在景点内增设互动游戏，让旅客亲身"体验"一把，也完全可行。但表面上说是推介"偶遇节"，实际上却是借"一夜情"式的"艳遇"来吸引眼球，激发某些人内心深处的猎奇心理，从而引来客流，最终从旅游者口袋中掏钱，这就很恶俗了。

（资料来源　吴应海．恶俗营销让凤凰古城传奇不再［EB/OL］．［2014-07-15］．http://www.sxsm.com.cn/travel/tpxw/201407/t20140715_63010.html）

问题： 这些营销实践及其引发的争议背后所蕴含的伦理与道德议题有哪些？这一案例给旅游从业人员带来哪些启示？

✦ **本章概要**

☆ **主要概念**

旅游体验　认知　旅游体验营销

🌸 内容提要

•本章主要介绍了体验、旅游体验、旅游体验营销等的定义，以及旅游体验的类型、重要性和影响因素，介绍了旅游体验对旅游者4个方面的潜在影响。

•旅游体验是指旅游消费者前往一个特定的旅游目的地花费时间来游览、参观、娱乐、学习、感受的过程以及所形成的身心一体的个人体会。

•旅游体验有5种基本类型：娱乐、教育、逃避、审美和移情。

•影响旅游体验的因素有6个：目的地文化、旅行时间、目的地的活动、旅行伙伴、旅游前的生活满意度和现代信息（通信）技术。

•旅游体验对旅游者的影响主要体现在4个相互关联的方面：健康、认知学习与教育、心理社会性发展、人际关系。

•认知是指通过形成概念、知觉、判断或想象等心理活动来获取知识的过程，亦即个体对思维进行信息处理的心理功能。

•心理社会性发展包含情绪、人格及社会关系的发展变化，主要包含自我意识、独立性、自尊、人格特征、友谊、道德、爱情、家庭关系等具体方面。

•旅游体验对家庭的影响主要体现在3个方面：家庭成员的主观幸福感、婚姻稳定性和家庭凝聚力。

•旅游体验营销是指旅游企业（旅游目的地、旅游景区）从旅游消费者的感官、情感、思想、行动和关联诸方面设计营销理念，以产品或服务为支点，激发并满足旅游消费者体验需求的一种营销模式。

🌸 内容结构

本章内容结构如图9-1所示：

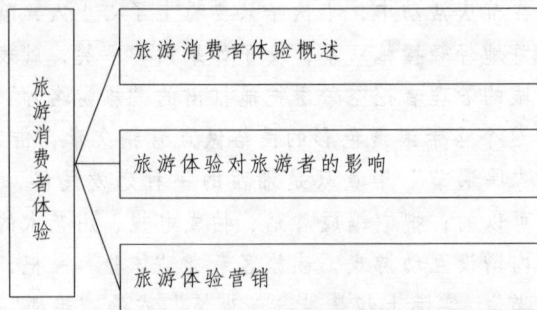

图9-1　本章内容结构

🌸 重要观点

观点9-1：旅游体验对旅游者4个方面的影响是相互关联的。

常见置疑：旅游体验对旅游者4个方面的影响是相互独立的。

释疑：旅游体验是一个复杂的过程，涉及诸多影响因素。因而，旅游体验对旅游者个人、家庭以及旅游者与其他个体关系的影响也是一个复杂的过程。在这一过程中，诸多的影响方面不是相互独立的，而是互相关联甚至互相影响的。例如，"修学游"的开展，有助于青少年的认知学习与教育，同时也有助于家庭凝聚力的增加。再例如，家庭度假体验能够缓解旅游者个体的压力，提升健康水平，也有助于一家人的共同休闲，增加父母与小孩之间、夫妻之间以及成年夫妇与老年人之间的接触机会，从而增加认同感和家庭凝聚力。这些度假体验对小孩的认知学习与教育也有所裨益。因此，健康、家庭与教育方面的影响互相联系且互相影响。

观点9-2：旅游体验对旅游者人际关系的影响主要体现在对现有家庭关系、现有其他人际关系的改变与调适以及新的社会关系的建立方面。

常见置疑：旅游体验对旅游者人际关系的影响仅体现在对现有关系的改变与调适上。

释疑：旅游体验对旅游者人际关系的影响不仅体现在现有关系的维系与改变上，还体现在新的社会关系的建立方面。旅游者在旅游过程中会构建许多新的社会关系。这些关系主要可以总结为3种：冷漠的陌生人、旅游世界中产生一般互动的人以及旅游过程中结识的新朋友。

✳ **单元训练**

✿ 传承型训练

▲ 理论题

△ 简答题

1）简述旅游体验的概念与类型。

2）简述旅游体验对旅游者个人的重要性。

3）简述影响旅游体验的因素。

4）简述旅游体验对旅游者的影响。

△ 讨论题

1）旅游体验中的移情与其他场合的移情有何异同？

2）旅游体验的影响因素之间的关系如何？

3）为何鲜见对旅游者客观健康水平的实证研究？

4）旅游体验如何影响家庭成员的主观幸福感？

▲ 实务题

△ 规则复习

1）简述旅游体验营销的模式。

2）简述旅游体验营销的基本策略。

△ 业务解析

1）如何测量背包客的个人发展？

2）南湖国旅城是如何进行体验营销的？

▲ 案例题

△ 案例分析

【训练项目】

案例分析-IX。

【训练目的】

见本章"学习目标"中"传承型学习"的"认知弹性"目标。

【教学方法】

同第1章本题型的"教学方法"。

【训练任务】

同第7章本题型的"训练任务"。

【相关案例】

旅行改变人生

背景与情境：《旅行改变人生：你应该看到的世界》一书中收录了10位对生命有思考的人的10段不同的旅行故事。其中一段是有关王菁锳的西藏之行的，摘录如下：

去西藏之前，王菁锳的性格比较执着，愿意较劲，原则性很强，爱恨分明。但西藏之行令王菁锳思考这样一个问题：如果有一天她突然离开这个世界，能带走什么？2006年10月，王菁锳接到去西藏拍《纵横中国》专题片的任务，这与她上一个拍摄任务之间，几乎没有休整的间隙。众所周知，西藏含氧量低。王菁锳本来是语速、动作都快的急性子，在西藏时却连话也说不清楚，脑子也转不动，再加上每天行程非常紧凑，考验着所有人的体力与耐力。在连续拍摄几天后，到海拔5 000米的纳木错取景时，王菁锳身体便很难支撑下去了，但还是要背一大堆串词并忙着采访，她边拍边讲，突然昏倒在地。摄影师、编导及其他人都傻眼了。行程的最后两天，走在拉萨的街头，王菁锳看见藏民们的生活状态，突然觉得，人其实可以用另外一种方式活着：没有那么多欲念，只是很单纯、很本色地活着，也许该看看自己内心的本我是什么样子。在职场上王菁锳觉得自己"心态很拧也很压抑，总是和有形或无形的假想敌在较劲，希望得到所有人的认可"，西藏之旅似乎改变了她这样的人生观，与其不快乐地压抑自我，不如简单地知足常乐，她由此萌生了离开"凤凰"的想法。

（资料来源　毛译敏. 旅行改变人生:你应该看到的世界［M］. 广州：广东教育出版社，2009）

问题：

1）本案例主要涉及本章哪些知识点？

2）依据有关旅游体验对旅游者影响的知识，结合案例内容，分析旅游体验对主人公的哪些方面产生了影响。

【训练要求】

同第1章本题型的"训练要求"。

【成果形式】

1）训练课业：撰写《"旅行改变人生"案例分析报告》。

2）课业要求：同第1章本题型的"课业要求"。

△ 课程思政

【训练项目】

课程思政—Ⅸ。

【训练目的】

见本章"学习目标"中"传承型学习"的"认知弹性"目标。

【教学方法】

同第1章本题型的"教学方法"。

【训练准备】

同第1章本题型的"训练准备"。

【相关案例】

旅游体验营销应伦理先行

背景与情境： 假借"体验营销"之名行"恶俗营销"之实的案例，近年来层出不穷，也不断引发争议。例如，2011年夏天，安徽黄山谭家桥镇一个旅游景区出现过这样一幕——丛林深处冒出一队"日本兵"，以三轮军用摩托车为首，队伍中有被押解着的中国"花姑娘"，"日本兵"脸上还露出魔鬼般的笑容……据称这是该景区推出的一个娱乐项目，供旅游者体验。此项目一经推出，就遭到大批网友谴责，谭家桥镇政府相关主管部门接到群众举报后，很快勒令景区停止这一项目。再例如，2007年，武汉黄陂区木兰天池风景区推出"消暑夜游"活动，其中，户外帐篷野营有一条不成文的规定：同一个帐篷里，均要男女搭配。

（资料来源　百度文库）

问题：

1）本案例所涉及的现象是否涉及伦理与道德议题？如有，具体有哪些？

2）对本案例涉及伦理与道德议题的行为做出思政研判。

3）说明所做思政研判的伦理与道德规范依据。

4）旅游行业的从业人员应该如何规避这些潜在的伦理与道德问题？

【训练要求】

同第1章本题型的"训练要求"。

【成果形式】

1）训练课业：撰写《"旅游体验营销应伦理先行"思政研判报告》。

2）课业要求：同第1章本题型的"课业要求"。

☆ 创新型训练

▲ 拓展创新

【训练项目】

拓展创新-II。

【训练目的】

见本章"学习目标"中"创新型学习"的"拓展创新"目标。

【教学方法】

同第2章本题型的"教学方法"。

【知识准备】

学生通过学校资料室、图书馆和互联网等途径，自主学习如下知识：

1）列入本教材"附录一"附表1"能力领域"中"与人交流"、"与人合作"和"革新创新"能力"中级"各技能点"'知识准备'参照范围"的知识。

2）列入本教材"附录三"附表3"能力领域"中"与人交流"、"与人合作"和"革新创新"能力"中级"各技能点的"基本要求"和"参照规范与标准"的知识。

【训练任务】

1）查阅关于"度假旅游体验对旅游者主观幸福感影响的时间效应"的各种观点信息。

2）同第2章本题型的其他"训练任务"。

【训练要求】

1）体验将关于"度假旅游体验对旅游者主观幸福感影响的时间效应"的各种观点信息中的诸多拓展性观念要素整合为一个内在一致、功能统一的新整体，形成一个带有原创性成分的《度假旅游体验对旅游者主观幸福感影响的时间效应研究》的"知识创新"（中级）过程。

2）同第2章本题型的其他"训练要求"。

【训练时间】

本章课堂教学内容结束后的课余时间，为期一周。

【训练步骤】

1）各团队应用"知识准备"所列知识，并遵循相关"要求"和"参照规范与标准"，系统体验关于本项目的如下技能操作：

（1）通过队内分工与合作，收集和处理本训练项目中存有争议的关于"度假旅游体验对旅游者主观幸福感影响的时间效应"的各种观点信息，分析研究、讨论与交流其各自所长与不足。

（2）将关于"度假旅游体验对旅游者主观幸福感影响的时间效应"的各种观点信息中诸多拓展性观念要素整合为一个内在一致、功能统一的新整体，撰写带有原创性成分的《度假旅游体验对旅游者主观幸福感影响的时间效应研究》论文。

（3）以相互质疑和答疑的方式，在班级讨论、交流、相互点评其《度假旅游体验对旅游者主观幸福感影响的时间效应研究》论文。

（4）根据班级讨论交流结果，各团队修订和完善其《度假旅游体验对旅游者主观幸福感影响的时间效应研究》论文。

2）同第2章本题型的其他"训练步骤"。

【成果形式】

训练课业：撰写《"拓展创新-II"训练报告》。

课业要求：参照第2章本题型的"课业要求"。

✿ 建议阅读

［1］派恩，吉尔摩. 体验经济［M］. 毕崇毅，译.北京：机械工业出版社，2012.

［2］ALEXANDER Z，BAKIR A，WICKENS E. An investigation into the impact of vacation travel on the tourist［J］. International Journal of Tourism Research，2010，12（5）：574-590.

［3］CHEN C，PETRICK J F. Health and wellness benefits of travel experiences：a literature review［J］. Journal of Travel Research，2013，52（6）：709-719.

［4］DURKO A M，PETRICK J F. Family and relationship benefits of travel experiences：a literature review［J］. Journal of Travel Research，2013，52（6）：720-730.

［5］FREESTONE P，GELDENS P. For more than just the postcard：student exchange as a tourist experience?［J］. Annals of Leisure Research，2008，11（1-2）：41-56.

［6］LEHTO X Y，CHOI S，LIN Y C，MACDERMID S M. Vacation and family functioning ［J］. Annals of Tourism Research，2009，36（3）：459-479.

［7］PAN T J. Personal transformation through volunteer tourism：the evidence of Asian students ［J］. Journal of Hospitality & Tourism Research，2017，41（5）：609-634.

［8］PEARCE P L，FOSTER F A. "University of travel"：backpacker learning ［J］. Tourism Management，2007，28（5）：1285-1298.

[6] LEHTO X J, CHOI S, ... MACDONALD S M. Vacation and family ... ism Hospitality ... Annals of Tourism Research, 2009, 36(3): 459-479.

[7] ... PAN L T J. Perceived ... tourism ... the evidence of ... Asian student[J]. Journal of Hospitality & Tourism Research, 2014, 41 ...

[8] PEARCE P L, FOSTER F A. Dimension of travel ... backpacker learning ... Tourism Management, 2007, 28, ... 1285-1298.

第 10 章
旅游消费者满意度

▶ **学习目标**

10.1　旅游消费者满意度概述

10.2　旅游者满意度的影响因素

10.3　旅游者满意度测量与旅游服务管理

▶ **本章概要**

▶ **基本训练**

▶ **建议阅读**

▶ **学习目标**

▷ **传承型学习**

通过以下目标，建构以"旅游消费者满意度"为阶段性内涵的"传承型"专业学力：

理论知识：学习和把握顾客满意度的基础理论、旅游者满意度的理论基础和特点、旅游者满意度的影响因素等陈述性知识；用其指导"同步思考"、"延伸思考"、"深度思考"、"教学互动"和相关题型的"单元训练"；体验"旅游消费者满意度"中"理论知识"的"传承型学习"及其迁移。

实务知识：学习和把握旅游者满意度测量模型、旅游者满意度指数、基于旅游者满意度的服务管理以及"业务链接"等程序性知识，用其规范"深度剖析"和相关题型的"单元训练"；体验"旅游消费者满意度"中"实务知识"的"传承型学习"及其迁移。

认知弹性：运用本章理论与实务知识研究相关案例，对"引例"、"同步案例"和章后"案例分析－X"进行多元表征，体验"旅游消费者满意度"中"结构不良知识"的"传承型学习"及其迁移；依照相关行为规范对"课程思政 10-1"、"课程思政 10-2"和章后"课程思政-X"进行思政研判，激发与"遭遇歧视"、"旅游满意度提升人民旅游幸福感和获得感"和"降低员工成本"议题相关的道德伦理思考，促进健全职业人格的塑造。

▷ **创新型学习**

通过以下目标，建构以"旅游消费者满意度"为阶段性内涵的"创新型"专业学力：

自主学习：参加"自主学习-III"训练。在制订和实施《团队自主学习计划》的基础上，通过阶段性学习，应用其"知识准备"所列知识、"附录一"附表 1"自主学习"（高级）及"'知识准备'参照范围"所列知识，收集、整理与综合"旅游消费者满意度"的前沿知识，讨论、撰写和交流《"旅游消费者满意度"最新文献综述》、撰写《"自主学习-III"训练报告》等活动，体验"旅游消费者满意度"中的"自主学习"（高级）及其迁移。

引例：《广东省旅游景区游客满意度大数据调查报告（2018年第二季度）》出炉

背景与情境： 由广东省景区行业协会、中山大学城市化研究院、知景大数据工作室（技术支持）联合推出的《广东省旅游景区游客满意度大数据调查报告（2018年第二季度）》出炉，番禺区有4个景区入围前10名，宝墨园、长隆旅游度假区和广东科学中心包揽前3名，岭南印象园位列第8名。这是继2018年3月长隆旅游度假区、宝墨园、岭南印象园三个景区成功入围广东省省区行业协会组织评选的2017广东省"十佳综合好评景区"后，番禺区景区再获佳绩。

旅游景区游客满意度具体是指游客对旅游景区的安全、厕所、导游、风景、服务、购物、环境、交通、住宿、设施、餐饮、娱乐和指示牌13个指标满足其旅游活动需求程度的综合心理评价。2018年第二季度全省满意度最高的景区是番禺区宝墨园，之后依次为长隆旅游度假区、广东科学中心、广州白云山、深圳野生动物园、佛山梦里水乡百花园、清远故乡里主题公园、岭南印象园、清远聚龙湾、潮州绿太阳生态旅游区。

近年来，景区旅游安全、厕所革命等工作在全国范围内如火如荼地开展起来，番禺区委区政府高度重视区内旅游景区建设及旅游行业发展，尤其自2016年10月番禺区获批成为广州市唯一的"国家全域旅游示范区"创建单位以来，十分重视旅游产业发展、着力改善旅游环境、加大旅游设施建设、努力提高服务质量、树立文明旅游新风尚。经过一年多的创建，番禺区全域旅游建设成果已初步显现：旅游环境进一步优化、旅游服务进一步提高、旅游产品进一步丰富、旅游品质进一步提升，为广大市民和游客营造了一个安全、文明、和谐、美好的旅游环境。

从宝墨园获悉，园区能有如此傲人成绩全赖于多年来的努力建设，尤其是自从番禺区开展"国家全域旅游示范区"创建工作以来，景区软、硬件设施有了全方位的提升。以景区设施建设为例，宝墨园积极投身厕所革命工作并获得游客的高度评价，园区内厕所数量充足、布局合理、整洁卫生、设施齐全、舒适宜人，充分体现岭南文化元素，其中，舒心阁和荷香馆更入选为广州旅游厕所示范点。此外，"智慧旅游"在宝墨园各项现代化旅游项目和设施建设中成效显著，如全园免费Wi-Fi、自助无人售货商店、闸机智能系统、自助语音导览等服务为游客提供了更加方便快捷、舒适的旅游体验。

（资料来源　佚名. 番禺宝墨园成全省景区冠军！前10名中番禺4景区入围 [N]. 番禺日报，2018-08-13）

从上文的描述，结合自己的感受，我们可以切身地体会到旅游者满意度的重要性。然而，什么是旅游者的满意度？它有哪些特征？哪些因素会影响到旅游者的满意度？既然旅游者满意度那么重要，如何来测量满意度呢？在了解到旅游者满意程度的高低之后，可以通过哪些途径来管理和提升旅游服务？本章将对这些问题进行翔实的探讨，并就相关问题展开论述。

10.1　旅游消费者满意度概述

旅游消费者满意度的研究是基于消费者行为学、消费者心理学和服务营销学的顾客满意度理论。为此，应首先对顾客满意度的基础理论及其演化，以及旅游者满意度的理论基础和研究进展进行概述。

10.1.1 顾客满意度的基础理论

1965 年，美国学者 Richard N. Cardozo 首次将"满意度"概念引入营销领域并指出，顾客满意可以带动顾客行为（Cardozo，1965）。20 世纪 80 年代以来，顾客满意一直是营销领域和消费者行为领域的研究热点之一。随着旅游市场竞争越来越激烈，"以游客为中心"的管理理念和趋势逐渐受到重视。由此，旅游者满意度研究也受到越来越多的旅游学者和从业人员的关注，并取得了较为丰硕的成果。

在顾客满意度研究文献中，美国学者奥立佛（Oliver，1980）提出的期望不一致模型（expectation-disconfirmation）、伍德洛夫等（Woodruff et al.，1987）提出的"顾客消费经历比较模型"、韦斯特卜洛克和雷利（Westbrook & Reilly，1983）提出的"顾客需要满足程度模型"，是最著名的三个理论模型。

（1）"期望不一致"模型（"期望-实绩"模型）。这一模型由美国学者奥立佛（Oliver，1980）提出。该模型认为，顾客在购买产品或服务之前先通过过去的经历、广告宣传等途径，形成对产品或服务特征的期望，然后在购买和使用中感受产品和服务的绩效水平，最后将感知到的产品或服务绩效与期望进行比较。当感知绩效符合顾客期望时，顾客既不会满意也不会不满意；当感知绩效超过顾客的期望（积极的不一致）时，顾客就会满意；当感知绩效低于顾客的期望（消极的不一致）时，顾客就会不满意。可见，顾客满意度依赖于顾客对企业服务质量的感知，而顾客满意是服务性企业质量管理的最终目标，只有满意的顾客才能重复购买企业的产品和服务，才能对企业产生良好的宣传作用，这也会对顾客忠诚感的培育产生积极的影响。

（2）顾客消费经历比较模型。20 世纪 80 年代至 90 年代，伍德洛夫等学者从心理学、管理学的角度进行研究，提出了需求也是顾客满意度的基本决定因素，进一步扩展和补充了"期望不一致"模型。1987 年，卡杜塔、伍德洛夫和简金思（Cadotte，Woodruff & Jenkins，1987）首次提出了以顾客消费经历作为标准的顾客满意形成模型。他们认为，顾客对某产品或其他同类产品的消费经历会影响顾客的满意形成过程。顾客会根据以往消费经历，逐渐形成三类标准：①以最佳的同类产品或服务绩效为标准；②以一般的同类产品或服务绩效为标准；③以某企业产品或服务的正常绩效为标准，即顾客根据自己对于某企业产品或服务的一般消费经历来评估产品或服务的绩效。

（3）顾客需要满足程度模型。韦斯特卜洛克和雷利于 1983 年提出了"顾客需要满足程度模型"（Westbrook & Reilly，1983）。他们认为顾客满意度是一种喜悦的心理状态，这种心理状态源于顾客消费某一产品或服务获得的满足感。相反，顾客不满意是一种不愉快的心理状态，这种心理状态源于顾客没有从产品或服务的消费行为中得到满足。市场营销的一个基本理念就是满足顾客需要。除此之外，顾客需要的变化也可以解释为什么顾客对某一产品的评价可能随着时间而变化。

此外，美国市场营销学家帕拉休拉曼等（Parasuraman, Zeithaml & Berry，1985）提出了期望差距模型。这个模型以奥立佛（Oliver，1980）的"期望不一致"模型为基础，从服务提供和服务传递两个角度解释了顾客满意的影响因素，并由此建立了一种新的服务质量评价模型，即 SERVQUAL（service quality）模型。总的来说，服务业顾客满意度是在顾客满意度研究的基础上发展起来的，并在顾客满意度的基础之上建立服务业顾客满意度理论。SERVQUAL 模型在服务业中受到了广泛的应用。模型从有形性、可靠性、响应性、保证性及移情性五个维度对服务业顾客满意度进行测评。有形性指的是服务企业有形的设施、设备以及服务人员的仪表等；可靠性是指服务人员可靠并且准确提供所承诺服务的能力；响应性是指乐意帮助顾客并且提供及时的服务；保证性是指服务人员的知识和礼貌以及让顾客信任的能力；移情性是指关心顾客，为顾客提供个性化服务。

国内服务业研究大多是以上述三个经典的顾客满意度模型和 SERVQUAL 模型为分析框架，对顾客满意度进行测量。SERVQUAL 模型主要在银行、餐饮、医院和旅游等服务行业进行过实证运用。国内服务业顾客满意度的研究，更多的是在验证国外服务业顾客满意度的理论在中国情境下的适用性。在国外顾客满意度研究的基础上，对服务业顾客满意度的具体测评指标进行适当的修改，但理论框架还是国外的。但在不同的服务行业，具体应用 SERVQUAL 模型的五个维度进行验证时，产生了不一致的结论。其中，银行、餐饮、医院和航空服务业等被验证五维度是适用的，但在旅游业的研究中却得出让人质疑的结论。范秀成和杜建刚（2006）在分析服务质量五维度在服务业企业的应用时发现，在旅游业和餐饮业中，对服务满意度方面影响最大的是保证性，其次是移情性和可靠性，响应性的影响比较弱，有形性却没有影响。

10.1.2　旅游者满意度的理论基础

旅游者满意度是指旅游者对一项旅游产品或旅游服务可以感知的体验效果（或结果）与期望值相比较之后所形成的正差异（满意）或负差异（不满意）的心理状态。

1）国外研究成果

国外对旅游者满意度的理论研究主要涉及内涵、形成机理、影响、测评等方面。

（1）旅游者满意度的内涵

国外旅游业大都是在奥立佛的"期望不一致"理论模型的基础上，对旅游者满意度进行界定，即旅游者在旅游之前会根据过往旅游经验、旅游目的地广告、宣传册、大众传媒以及亲朋好友的介绍等途径，形成对某旅游产品的期望，接着在旅游过程中感受该产品的实绩水平，并在感受到的实绩水平与期望的比较过程中进行满意度的判断，如果实绩符合期望，那么旅游者是满意的，反之则是不满意的。例如，皮赞姆（Pizam，1978）的研究指出，旅游者满意度是旅游者期望与体验相比较的结果。这是对旅游者满意度的最早定义。目前，大多数研究者采取了这一内涵界定。例如，贝尔德和拉格赫伯（Beard & Ragheb，1980）强调旅游者满意度是建立在旅游者期望和实际体验进行比较的正效应基础上的。休吉斯（Hughes，1991）认为满意度有相对性，即使旅游者的实际体验没有实现其期望，但旅游者仍然可以是满意的。从以上文献可以看出，旅游者满意度是旅游者期望同实地旅游感知相比较的结果，它强调的是旅游者的心理比较过程及结果。

（2）旅游者满意度的形成机理

不同学者从不同角度提出了多种理解和认识。大多数旅游者满意度形成机理的研

学习微平台

同步链接 10-1

究是围绕旅游者期望、期望差异、感知质量、感知价值等因素对于旅游者满意度的影响作用来展开的。奥利佛（Oliver，1980）指出，顾客对于产品和服务的期望对顾客满意度有着直接的影响，顾客期望是顾客满意度评价的标准。米勒（Miller，1977）认为，期望有理想的（ideal）、想要的（deserved）、期待的（expected）和最低容忍的（lowest tolerable）四种类型，不同类型的期望对顾客满意具有不同的影响。有学者总结了旅游者满意度研究的四种方法（Kozak，2001），分别是期望差异模型、差异绩效模型、重要性-绩效分析和绩效方法。感知质量是指在消费体验之后，顾客对产品质量的主观评价。早期对顾客满意度的研究认为，期望差异是顾客满意的直接前因。后来的研究发现，除了期望差异对顾客具有直接影响外，感知质量和顾客满意度也具有直接的关系。安德森和萨利维安（Anderson & Sullivan，1993）认为感知质量是影响旅游者满意度最重要的因素。感知价值是指顾客在购买和消费产品或者服务的过程中，相对于所支付的费用，对其所获得的实际收益的总体评价。在旅游者满意度早期研究中，关于旅游者期望、感知质量和旅游者满意度之间关系的研究文献较多，但是，近年来感知价值对于旅游者满意度的影响也渐渐引起了学者的关注。有研究（Lee，Yoon & Lee，2007）发现，感知价值包括功能价值（functional value）、总体价值（overall value）和情感价值（emotional value）三个维度，且感知价值对于旅游者满意度有着显著影响。

（3）旅游者满意度的影响

很多学者从行为学的角度探查了满意度对旅游者消费行为的影响。这包括以下两个方面：其一，满意度与旅游者忠诚的关系。大量的研究文献表明，顾客满意度与顾客忠诚之间存在正相关关系。但是，对于顾客忠诚的内涵的理解，却有以下三种不同观点：①行为忠诚（behavioral loyalty），主要从高频率的重复购买行为的视角来理解忠诚。②情感忠诚（attitudinal loyalty），认为顾客忠诚应该是情感态度的忠诚，态度取向代表了顾客对产品和服务的积极倾向程度。③行为和情感结合忠诚（integration of the behavioral and attitudinal loyalty），认为真正的顾客忠诚应该是伴随着较高的态度取向的重复购买行为。在旅游领域，在研究满意度和旅游者忠诚的关系时，应该将旅游者忠诚理解为行为忠诚和情感忠诚的统一。其二，旅游者不满意的后果。当顾客不满意时，就会抱怨或者投诉。当顾客对产品或者服务不满意时会产生抱怨（voice）、离开（exit）、负面口碑（word-of-mouth）三种后果。

（4）旅游者满意度的测评

这一领域主要涉及测评指标和方法两个方面。测评指标一直是旅游者满意度研究中一个探讨热点。由于旅游地的多样性、旅游研究对象的复杂性，旅游者满意度测评具有多维度、动态性和难以测量等特点。旅游学者对不同类型的旅游地、不同种类的旅游者的满意度测评进行了细致的研究。例如，皮赞姆（Pizam，1978）在研究美国麻省 Cape Cod 海滨旅游地旅游者满意度时，首次提出了海滩、游憩机会、成本、好客度、餐饮设施、住宿设施、环境、商业化程度8个测评因子。罗斯和爱索-阿荷拉（Ross & Iso-Ahola，1991）以观光旅游者为对象，研究了旅游动机和满意度的测量因子。但总体而言，旅游者满意度的测评目前尚处于初级的探索阶段，由于研究对象的多样性，旅游者满意度测评尚未形成较为一致的测评指标体系（汪侠、刘泽华、张洪，2010）。目前，旅游者满意度测评使用的方法主要有服务质量模型（SERVQUAL模型）、重要性–绩效分析（Importance-Performance Analysis）等方法，并在此基础上构建了一系列修正模型。

2）国内研究历程

我国的旅游研究起步于旅游地理学，早期研究基本上没有涉及旅游市场的需求方面。但众多旅游地的开发，给旅游者提供了越来越多的选择机会，如何提高重游率和市场吸引力成为旅游地持续发展的关键所在。为了提升旅游竞争力，到了 20 世纪 80 年代后期，旅游活动的主体——旅游者开始受到学术界的关注，对旅游市场需求方面的研究取得了较大进展，并在 20 世纪 90 年代中后期开始把顾客满意度的理论运用到对旅游者的研究中。国内旅游者满意度研究的发展过程如图 10-1 所示（陈丽荣、苏勤，2007）。

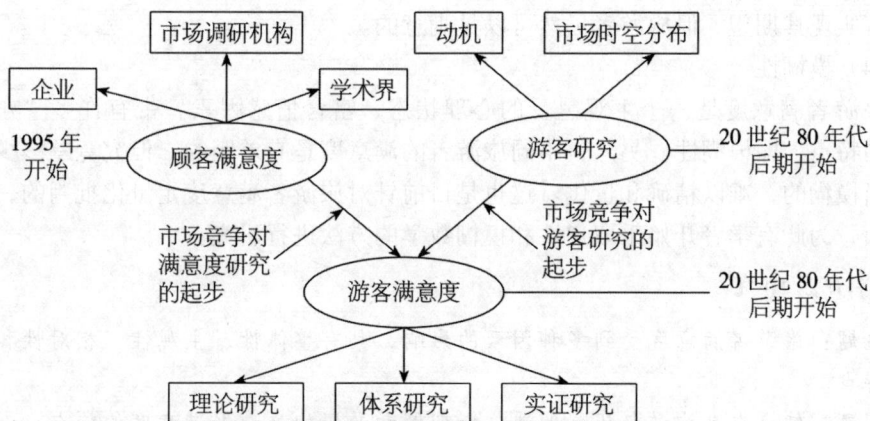

图10-1　国内旅游者满意度研究的发展过程

10.1.3　旅游者满意度的特点

1）总体满意度和单项满意度

根据旅游者产生心理感知对象的不同层次，旅游者满意度可以分为总体满意度和单项满意度。

总体满意度由旅游者对目的地的实际综合心理感知决定，涉及旅游活动的各个环节，并最终归结为旅游者对整个旅游目的地产生的满意或不满意的心理状态。例如，旅游者在某景区游览后，基于对景区的整体感知而表现出的心理感受，或者旅游者对某个旅游城市的总体心理感受，都可以视为旅游者的总体满意度。

单项满意度指的是旅游者对旅游活动中某一方面的满意程度，具有指向性更为具体明确的特点。例如，每年的全国旅游者满意度调查中会区分总体满意度和分项满意度（吃、住、行、游、购、娱等环节）两大方面，以便于对满意度较低的单项进行改进。总体满意度和单项满意度是相互影响、相互制约的。

2）旅游者满意度的特点

旅游者满意度受到多种因素的影响，具有以下特点：

（1）整体性

现代旅游活动是一种综合性的社会、经济、文化和生态等多方面的活动。旅游者希望通过旅游活动，获得物质、精神、文化和交往等多方面的收获，旅游者满意度是针对旅游中各个环节的，任何一个环节出现问题都会导致旅游者的不满意。

（2）主观性

旅游者满意度归根结底是旅游者的一种主观心理感受，具有强烈的主观色彩。因此对旅游者来说，满意与否以及满意程度，首先受主观因素的影响，如经济地位、文化背景、期望和游览时的情绪等因素。不同旅游者对同一旅游地的满意度差别巨大。例如，面对同一个幽美宁静的古镇，性格内向、喜欢安静的旅游者，会因其静谧幽远的氛围而产生较高的满意度；而那些性格外向、喜欢热闹的旅游者，则可能感到压抑，从而产生较低的满意度。

（3）相对性

正如休吉斯（Hughes，1991）所指出的，满意度有相对性，即使旅游者的实际体验没有实现其期望，但旅游者仍然可以是满意的。

（4）模糊性

旅游者满意度是一个主观感受的心理状态，富含情感因素，带有许多"亦此亦彼"的特点，即模糊性。另外，不同旅游者的满意度是有差距的，但究竟差多少，也是相当模糊的，难以精确和量化。这也是目前针对旅游者满意度定量化批判的一个重要原因，为此有学者开始采取定性和模糊数学的方法进行研究。

◆ 教学互动 10-1

主题：旅游者满意度受到多种因素的影响，具有整体性、主观性、相对性和模糊性的特点。

问题：结合自身旅游经历，阐述你所理解和亲历的旅游者满意度的特点。

要求：同"教学互动 1-1"的"要求"。

◆ 同步思考 10-1

问题：在旅游体验的不同阶段，旅游消费者的满意度有差异吗？

10.2　旅游者满意度的影响因素

10.2.1　旅游者自身因素

1）旅游者的认知因素

认知是指通过形成概念、知觉、判断或想象等心理活动来获取知识的过程。认知因素影响旅游者的满意度，是因为满意度在很大程度上与旅游需求、目的和期望相关。因此，旅游者的动机、期望、感知、参照群体以及自身专业水准等均影响旅游者的满意度。

首先，从旅游者的动机来看。对于同一个旅游目的地，旅游者的动机和需求存在差异。目的地的产品和服务可能满足具有某种动机和需求的旅游者，而不能满足具有另一种动机和需求的旅游者。由于需求得不到满足，旅游者就会产生不满。具有不同动机的旅游者，其满意度就可能存在差异。张宏梅、陆林（2010）的研究发现，旅游动机正向影响旅游者涉入，旅游者涉入正向影响旅游者满意度，旅游者涉入对旅游动机和旅游者满意度之间的关系起中介作用。

◆ 延伸思考 10-1

　　问题：什么是中介效应？中介效应和调节效应有什么区别？

　　其次，从旅游者的期望来看。根据奥利佛的"期望-实绩"模型，旅游者的满意度直接受到两个因素的影响：旅游者的预期与旅游者的实绩感知。如果旅游者的预期过高，而实绩感知又过低则将直接降低旅游者的满意度。所以，旅游目的地和旅游企业在营销宣传时要把握好度，不要任意夸大，否则会造成旅游者预期过高而实际感知又太低的后果，不利于旅游目的地和旅游企业的长期发展。

　　再次，从旅游者的感知看。旅游者的感知，既指的是旅游者在旅游目的地游览和接受服务的具体感知，也包括出行前对距离、形象（映像）的感知。旅游者感知的内容与形式，取决于对距离本身的感知。行为地理学认为存在环境意象，且其与实际行为之间存在着密切的联系，对于旅游目的地的吸引力真正起影响作用的是感知距离而不是客观距离。旅游者的满意度是一种情感行为，其高低直接受到旅游者的心情和情绪的影响。形象（映像）感知不仅在目的地选择阶段发挥着重要作用，同样也影响到其他阶段的旅游者行为，包括旅行过程中的评估行为及未来的行为意向。

　　最后，从参照群体以及自身专业水准看。参照群体的意见、做法以及自身专业水平的变化也会影响旅游者对某个特定产品或服务的评价以及满意度。例如，张紫琼等（Zhang，Zhang & Yang，2016）的一项研究表明，在旅行者给某个特定酒店的在线评分中，"专家评价"的数量越多，旅行者给出的星评也就越高；随着某个旅行者"评分专业水平"的上升，他的星评也就开始越来越低。

◆ 教学互动 10-2

　　主题：旅游者的认知包含许多具体的过程，例如期望、感知、判断、想象等。因此，旅游者的认知因素影响他们的满意度时，这些具体的认知过程也参与其中。

　　问题：结合自身出游经历，阐述期望、感知、判断和想象等认知过程在影响满意度的过程中的相互关系。

　　要求：同"教学互动 1-1"的"要求"。

2）旅游者的信息搜寻行为

　　旅游者的信息搜寻行为对旅游者的满意度产生直接或间接的影响。刘春济、刘民英（2012）的研究认为，"信息搜索的媒体导向"、"深入性信息"、"信息搜索的经验与中介导向"和"保健性信息"等国内旅游者行前信息搜索因了与目的地旅游者满意度评价因子存在正相关关系，但旅游者对"深入性信息""信息搜索的媒体导向"的关注程度较为有限。

3）旅游者的忠诚度

　　旅游者的忠诚度就是基于高水平满意度的前提下，具有的重游和推荐给其他潜在旅游者的意愿。一般来讲，旅游者满意度高，会提升旅游者忠诚度，而旅游者忠诚度会导致旅游者重游或者向其亲朋好友进行推荐，从而继续提升旅游者的满意度，最终形成一个良性循环。例如，有研究证实了旅游者满意度和重游率、忠诚度之间存在着显著的相关关系（Anderson & Sullivan，1993）。史春云、刘泽华（2009）以自然遗产庐山和九寨沟为例，认为这两地旅游者总体满意度与忠诚度之间都存在着显著的相关关系，但旅游者的推荐行为比重游行为对旅游地有着更为重要的意义。

◆ **教学互动10-3**

主题： 旅游者的忠诚度可能会导致旅游者重游或者向其亲朋好友进行推荐，从而继续提升旅游者的满意度，最终形成一个良性循环。

问题： 结合自身出游经历，阐述旅游者忠诚度如何影响他们的满意度。

要求： 同"教学互动1-1"的"要求"。

10.2.2 旅游目的地因素

由于旅游是一个整体性的活动，旅游者满意度的形成也是一个整体性的心理感知过程。旅游者满意度主要是通过他们在旅游目的地接触到的软环境及旅游活动中的要素"吃、住、行、游、购、娱"等而形成。所以，我们首先要从系统思维的角度来探讨旅游目的地旅游者满意度的影响因素。例如，李瑛（2008）采用层次分析法设计了国内旅游者在旅游目的地的期望与实际感知的测评指标体系，包括以下八个评价项目：旅游景观、目的地环境气氛、餐饮、旅游商品、住宿、娱乐、交通与通信、旅游服务与管理。

不同类型景区的旅游者满意度的影响因素是不同的。史春云、刘泽华（2009）以庐山和九寨沟为例，探讨了自然遗产旅游目的地旅游者满意度的影响因素。九寨沟旅游者在饮食、住宿、消费价格、购物与娱乐等方面的感知较低，反映出服务质量管理是影响九寨沟旅游者满意度的主要不利因素；资源品质、经营者的服务态度与政府管理是影响旅游者总体满意度最重要的三大要素，之后是住宿和娱乐因素。也就是说，旅游者到自然类型的旅游目的地旅游，影响其满意度最重要的因素是景观质量和服务、管理等软环境。陈钢华、奚望（2018）发现，旅游者对度假区环境恢复性感知的迷恋维度和兼容维度直接正向影响他们的满意度。

对于文化型或者文化创意型的旅游地而言，旅游者满意度的影响因素又有所差异。例如，王凯、唐承财、刘家明（2011）的研究发现，文化创意型旅游地的旅游者满意度主要因素为：内部驱动因素（独特的文化创意景观、文化创意体验环境、科学有效的开发与管理等）和外部驱动因素（区域社会文化和经济发展水平、旅游地文化创意形象、创意旅游口碑、外部交通等）。余向洋等（2008）的研究发现，屯溪老街的核心吸引力表现为旅游购物和历史文化要素，从旅游者行为方面来看，屯溪老街旅游者满意度以团体旅游者为最高，并且总体上随着游览时间的延长和旅游花费的增加，满意度有所增加。在最近的一项研究中，卢昱帆等（Lu et al.，2019）发现，在广州的中国国内旅游者对粤语感知的三个维度（功能性、知识性、地方性）会显著影响他们在广州旅游的总体满意度。

需要指出的是，不同类型的旅游者对同一旅游目的地的满意度的影响因素也可能不同。例如，马秋芳、杨新军、康俊香（2006）以西安的欧美旅游者为例，探讨了入境旅游者和内地旅游者对同一旅游目的地（西安）满意度的影响因素，认为内地旅游者和欧美旅游者对饮食评价均较高，而内地旅游者对住宿的评价高于欧美旅游者；在购物方面欧美旅游者有相对高的满意度，交通和娱乐方面内地旅游者和欧美旅游者相差不大。欧美旅游者对人文旅游景点和自然旅游景点有不同的满意度，对历史古迹、人文风情等人文因素评价较高。西安的欧美旅游者抱怨的方面包括：环境的污染和大气污染、公共设施的非清洁度、住宿设施的质量有待提高、外语的帮助不力、旅游信息相对缺少、旅游景区摊主和小贩的强拉强卖。

为了有针对性地把握和提升旅游者的满意度，除了从系统思维的角度把握旅游者满意度的影响因素外，还可以从特定的单向因素入手。例如，"声景观"（soundscape）便是很好的例子。旅游"声景观"是景区景观系统和环境的重要组成部分。旅游者对"声景观"的满意度取决于对旅游"声景观"属性的感知。仇梦嫄等（2013）将旅游"声景观"属性划分为生理层面感知的物理属性和心理层面体验的环境属性，并选取夫子庙-秦淮风光带的五个具有代表性的景点作为研究案例地，对物理属性的感知采用声学测量结合旅游者评价的方法进行研究；对环境属性的体验则在"声景观"要素分类的基础上，利用问卷调查数据进行了实证分析。其研究指出，旅游者对夫子庙-秦淮风光带各景点的旅游"声景观"基本满意；旅游者对旅游"声景观"环境属性的体验以物理属性的感知为前提，当"声景观"的物理属性处于一定阈值内，其环境属性直接影响旅游者对旅游"声景观"的满意度。

此外，近年来随着蜜月旅行的兴起，越来越多的新婚夫妇选择通过旅行来度蜜月。陈钢华等（Chen et al.，2022）的研究发现，赴泰国度蜜月的中国游客对泰国作为一个蜜月旅游目的地的属性（娱乐、自然环境、文化资源、社会环境、旅游安全保障、购物、旅游基础设施和服务以及可达性）的感知与评价会正向影响他们的总体满意度。

通过以上阐述可以发现，在影响旅游者满意度的目的地因素中，最为核心的因素有两个：服务因素（服务质量与服务管理）和吸引物因素（旅游景观价值与吸引物管理）。基于本书的主题和篇幅，下文对旅游者满意度的管理与营销实践的阐述主要从旅游服务管理展开。

10.3　旅游者满意度测量与旅游服务管理

10.3.1　旅游者满意度测量模型

1）"期望-实绩"模型

奥立佛的"期望-实绩"模型（如图10-2所示）认为，顾客在购买之前，会依据自己以往的消费经历、他人的介绍或企业的宣传，对企业的产品和服务形成某种期望；在购买或消费之后，会根据这种期望，评估产品和服务的实绩。如果实绩符合或超过期望，顾客就会满意；相反，他们就会感到不满。奥立佛认为，顾客的期望也会直接影响他们的满意度。"期望-实绩"模型得到许多学者的支持，尤其在旅游研究领域。但是，也有不少学者提出异议。例如，丘吉尔和苏普利南特（Churchill & Surprenant，1982）的实证研究表明，期望与实绩之差对顾客满意度并没有显著的影响。因此，"期望-实绩"模型还有待更多的实证检验。

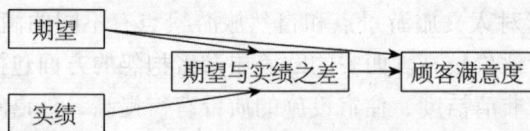

图10-2 "期望-实绩"模型

同步案例10-1

"期望-实绩"模型在实际调查中的运用

背景与情境： 近年来，越来越多的旅游目的地的政府主管部门开始对旅游者满意度进行调查和监测。例如，夏威夷旅游局（Hawaii Tourism Authority）开展的旅游者满意度及活动报告（Visitor Satisfaction and Activity Report，VSAT）已经连续发布了数年。这一调查直接采用"超过预期""达到预期""未达到预期"三个选项各自所占百分比来表征旅游者的总体满意度。2017年的调查结果如图10-3所示。

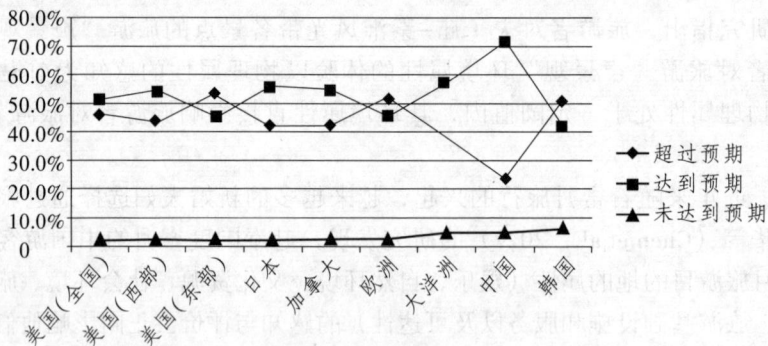

图10-3 夏威夷旅游者满意度调查（2017）

自2020年年初以来，受新冠肺炎疫情影响，上述主要客源市场，除美国本土外，都减少甚至暂停了前往夏威夷的航班。因此，夏威夷最新发布的《旅游者满意度研究》（Visitor Satisfaction Study）只纳入了美国本土游客的数据。在《旅游者满意度研究（2021年第三季度）》（Visitor Satisfaction Study Q3 2021）中，夏威夷旅游局依旧直接采用"超过预期""达到预期""未达到预期"三个选项各自所占百分比来表征旅游者的总体满意度。根据这一报告，美国西部受访者选择"超过预期"的占比为44.5%，而美国东部受访者选择"超过预期"的占比为55.4%。

（资料来源 Hawaii Tourism Authority. 2017 VSAT Companion Tables［EB/OL］.［2019-03-14］. https://www. hawaiitourismauthority. org/media/2980/2017-vsat-companion-tables. xlsx; Hawaii Tourism Authority. Visitor Satisfaction Study Q3 2021［EB/OL］.［2022-02-17］. https://www. hawaiitourismauthority.org/media/8457/vsat_qtr3_2021-final.pdf)

问题： 结合案例内容，请问夏威夷旅游局的旅游者满意度调查是基于"期望-实绩"模型吗？从案例内容可以得知旅游者满意度受哪些因素影响？

2）SERVQUAL模型（服务质量模型）

SERVQUAL为英文"service quality"（服务质量）的缩写。SERVQUAL模型是20世纪80年代末，由美国市场营销学家帕拉休拉曼等学者依据全面质量管理理论（total quality management）在服务行业中提出的一种新的服务质量评价体系，其理论核心是"服务质量差距模型"，即：服务质量取决于用户所感知的服务水平与用户所期望的服务水平之间的差别程度（因此，又称“期望-感知”模型），用户的期望是开展优质服务的先决条件，提供优质服务的关键就是要超过用户的期望值。SERVQUAL不仅是一个有效测量满意度的模型，也是一个测量和管理服务质量的有效工具。SERVQUAL模型已经在英、美等十多个国家和地区得到广泛应用，普遍用于各类旅游产品、旅游企业服务质量的研究与实践。例如，阿卡玛和科蒂（Akama & Kieti，2003）运用SERVQUAL模型对肯尼亚Tsavo West国家公园的旅游者满意度进行了测量和服务质量分析，并在服务质量五维度的基础上增加了价格和感知价值两个维度，形成了旅游者满意度的七要素结构。可汗（Khan，2003）在SERVQUAL模型的基础上，建立了ECOSERV（ecotourism service quality）模型。ECOSERV模型在服务质量五维度的基础上将有形性拆分为生态有形性和有形性两个维度。其中，生态有形性指的是对环境破坏小且与环境相协调的设施设备。许德勤等（Hui，Wan & Ho，2007）采用Oliver的“期望不一致”模型对新加坡入境旅游者进行了满意度测量，并根据PZB服务质量分析框架（Parasuraman，Zeithaml & Berry提出的SERVQUAL模型的另一简称）选取了人、便利性、价格、住宿餐饮、商品、景点、文化、气候以及形象九个属性对旅游者满意度进行了测评。关于SERVQUAL模型的更多内容，见本章“基于旅游者满意度的服务管理”部分。

3）IPA（importance-performance analysis）模型（“重要性-绩效”模型）

IPA模型的前提是把消费者的满意度看成是产品期待（重要性）和产品表现（感知）的函数。IPA模型要求受访者对指定调查对象的各项衡量指标从重要性和绩效表现两个方面来评价。具体有三个步骤：第一，通过文献研究、访问客人或管理者，决定某产品（服务）的特征。第二，受访者将被问到两个问题：该特征的重要性怎样？该特征的表现性如何？第三，每个特征的重要性和表现性平均得分将在二维坐标轴中体现出来。其中，横轴表示表现程度，纵轴表示重要程度（如图10-4所示）。

重要程度		
	B象限 威胁 （重要性大，表现性差）	A象限 机会 （重要性大，表现性好）
	C象限 劣势 （重要性小，表现性差）	D象限 改进 （重要性小，表现性好）
	表现程度	

图10-4 IPA分析图

同步案例10-2

西部某市的旅游者满意度调查结果

背景与情境：在区域旅游规划的实践中，往往需要对旅游者的满意度进行调查，以便了解他们的实际体验感受，为后续的规划设计提供参考。图10-5是中山大学旅游发展与规划研究中心对西部某著名旅游城市的旅游者满意度进行调查的结果。

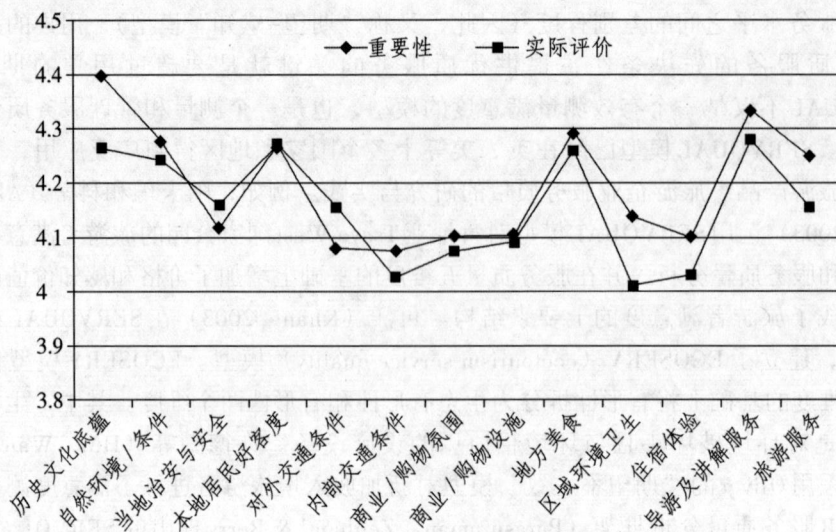

图10-5　旅游者满意度调查结果

问题：结合案例内容，对旅游者满意度测评的各个方面进行分类。

◆ 深度剖析10-1 ◆

问题：如何评价IPA模型？

4）公平性模型

鉴于学术界对"期望-实绩"模型提出的质疑，奥立佛在实证研究的基础上不断完善原有模型。他指出，满意度是比较的结果（Oliver，1997），如图10-6所示。顾客要判断自己对消费经历的满意程度，就必须对服务实绩与某一标准进行比较；服务公平性就是其中一个重要的比较标准。服务公平性指顾客对服务性企业及其员工对待自己的态度和行为的公平程度的看法。研究表明，公平性包括结果公平性、程序公平性和交往公平性。结果公平性指顾客对企业为自己提供的服务结果是否公平的看法。程序公平性指顾客对企业的服务过程和服务程序是否公平的看法。交往公平性指顾客对服务人员在双方交往过程中对待自己的态度和行为是否公平的看法。近年来，学术界对三类公平性与顾客满意程度之间的关系进行了广泛的研究。温碧燕（2006）的研究结果表明，三类公平性对顾客满意度都有显著影响，服务公平性和顾客的消费情感是旅游服务顾客满意程度的重要决定因素。

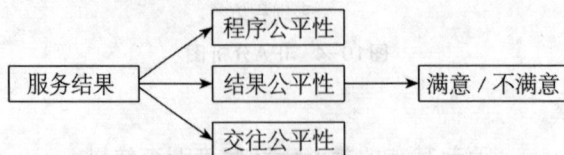

图10-6　公平性模型

10.3.2　旅游者满意度指数

指数是用于测定多个项目在不同场合综合变动的一种特殊相对数。例如，股价指数或股票指数是指运用统计学方法编制的用于反映股票市场总体价格或某类股票价格变动和走势的指标。旅游者满意度指数反映一个城市满足游客需求的程度，它是在顾客满意度指数（Customer Satisfaction Index，CSI）的基础上发展而来。

　　瑞典最先于 1989 年建立起顾客满意度指数模型。之后，德国、加拿大等 20 多个国家和地区先后建立了全国或地区性的顾客满意指数模型。我国的顾客满意度指数（China Customer Satisfaction Index，CCSI）测评体系的建立起步较晚。1997 年，在中国质量协会、全国用户委员会的推动下，我国开始着手 CCSI 的系统研究，并联合北京大学、中国人民大学、清华大学、中国社会科学院等国内顶级学术机构共同攻关，展开了适合中国国情的国家满意度指数模型的设计工作。美国密歇根大学商学院质量研究中心的科罗斯·费耐尔博士总结了前人的理论研究成果，提出把顾客期望、购买后的感知、购买的价格等方面的因素组成一个计量经济学模型，即费耐尔逻辑模型。这个模型把顾客满意度的数学运算方法和顾客购买商品或服务的心理感知结合起来，以此模型运用偏微分最小二次方求解得到的指数，就是顾客满意度指数。

◆ 同步思考 10-2 ◆

　　问题：旅游者满意度指数与旅游者满意度测量模型是什么关系？

　　目前，在中国内地及香港旅游消费者满意度研究中，出现了两个重要的旅游消费者满意度指数。下面分别介绍。

　　（1）游客满意度指数

　　中国旅游研究院"游客满意度指数"课题组（2012）编制的"游客满意度综合指数"建立在对"现场问卷调查指数"、"网络评论调查指数"和"旅游投诉与质监调查指数"这三个分指标进行综合计算的基础上。上述三个分指标的设置依据分别为：①现场问卷调查满意度指数。依据主流的结构方程模型，主要参照美国行业满意度 ASCI 指数和三项中国国家与行业标准，包括商业服务业满意度指数测评规范（SB/T 10409—2007）、顾客满意测评通则（GB/T 19039—2009）、顾客满意测评模型和方法指南（GB/T 19038—2009）。②网络评论调查满意度指数。主要依据当前管理学科较前沿的以案例研究法为基础的扎根理论，以归纳法为基础，从旅游者网络评论中抽象出涉及城市旅游软环境评价的核心概念范畴，可对以演绎法为基础的主流结构方程模型进行有效补充和充分验证。③旅游投诉与质监调查满意度指数。主要依据旅游产业是关联性广的综合性服务产业，旅游服务涉及"吃、住、行、游、购、娱"等产业和城市整体服务质量，旅游者不确定的主观评价使得旅游服务投诉难以避免，旅游投诉与质量监督机制的监测可成为提升旅游服务质量的有效工作手段。三个分指标的权重系数根据"德尔菲专家评分"和"层次分析法"综合确定。中国旅游研究院（文化和旅游部数据中心）2022 年 1 月发布的报告显示，2021 年国内游客满意度为 82.47，同比增长 1.88%，达到历史最高水平，成为疫情常态化防控形势下旅游经济高质量发展的最大亮点。

学习微平台

延伸阅读 10-1

　　（2）理大旅客满意度指数（PolyU tourist satisfaction index）

　　理大旅客满意度指数，是由香港理工大学酒店与旅游管理学院开发的"理大旅客满意指数体系"评估所得。这一评估体系采用由六大旅游相关部门（景点、出入境服务、酒店、餐饮、零售、交通）所组成的综合指数对入境香港的旅客的满意水平进行测量。2009年，理大旅客满意度指数报告首次发布。这一满意度指数的编制主要分为两个步骤：其一，依据"旅游者满意度的部门模型"（sectoral-level model of tourist satisfaction index）计算入境旅游者对香港旅游行业六大部门的满意度指数。其二，依据"旅游者满意度的聚合模型"（aggregation model of tourist satisfaction index），按照各行业旅游者满意度对整体满意度的贡献比重，计算综合的旅游者满意度指数（overall tourist satisfaction index）。需要指出的是，各行业旅游者满意度对整体满意度的贡献比重每年是不一样的，因为是依据受访旅游者的"打分"计算出来的。例如，2012年和2013年对整体满意度的贡献比重最大的都是景点满意度，而2011年对整体满意度的贡献比重最大的则是交通满意度。而2016年赴港旅游者中，美洲地区的旅游者满意度最高，为80.64（100分制），欧洲、非洲及中东的旅游者满意度次之，为78.04，日本与韩国的旅游者满意度最低，仅为66.84。

◆ 延伸思考10-2 ◆

学习微平台

延伸阅读10-2

问题： 不同旅游体验阶段的旅游者满意度有什么特点？

10.3.3 基于旅游者满意度的服务管理

如前文所述，影响旅游者满意度的因素主要有旅游者的个人因素（认知、行为与忠诚等）以及目的地因素。从目的地营销与管理的实践角度来看，目的地的因素，尤其是目的地的服务质量与管理因素，是作为供给方的旅游目的地和旅游企业所能也是所需重点关注的。同时，考虑到基于旅游者个人因素的营销与管理实践业已在之前章节论及，下文基于旅游者满意度的服务管理主要从旅游服务质量测评和旅游服务质量提升策略展开。

服务质量（service quality）是指服务能够满足规定和潜在需求的特征和特性的总和，是服务工作能够满足被服务者需求的程度。这一定义中，特性是用以区分不同类别的产品或服务的概念，例如，旅游有陶冶人的性情、给人愉悦的特性；酒店有给人提供休息、睡觉的特性。特征则是用以区分同类服务中不同规格、档次、品位的概念。依照服务质量的定义，我们可以做出如下界定：**旅游服务质量是指旅游服务能够满足规定和潜在需求的特征和特性的总和，是旅游服务工作能够满足旅游者需求的程度。**

在主流的服务质量管理以及旅游服务质量管理领域，SERVQUAL模型作为一个服务质量评价体系和管理体系被广为运用。其理论核心是"服务质量差距模型"，即：服务质量取决于用户所感知的服务水平与用户所期望的服务水平之间的差别程度（因此，又称为"期望-感知"模型）。其模型为：SERVQUAL模型分数=实际感受分数-期望分数。SERVQUAL模型将服务质量分为5个维度：有形性、可靠性、响应性、保障性、移情性，每一维度又被细分为若干个问题。通过调查问卷的方式，让用户对每个问题的期望值、实际感受值及最低可接受值进行评分，并由其确立相关的22项具体指标来说明。然后，通过问卷调查、顾客打分和综合计算得出服务质量的分数。具体过程参见"业务链接10-1"和"业务链接10-2"。

因此，基于SERVQUAL模型的5个维度（有形性、可靠性、响应性、保障性、移情性），相应的旅游服务提升策略在于以下5个方面：旅游服务的有形展示、提升旅游服务的可靠性、提升旅游服务的响应性、提升旅游服务的保障性、增加旅游企业及旅游服务人员的情感投入。

◆◆ **业务链接 10-1** ◆◆

SERVQUAL 模型的测量题项

如前所述，SERVQUAL 模型包含 5 个维度，每一维度又被细分为若干个问题（题项、项目）。通过调查问卷的方式，让受访者对每个问题的期望值、实际感受值进行评分。为更好地对受访者进行施测，有必要详细了解 SERVQUAL 模型所包含的 5 个维度之下的 22 个具体题项。

① 有形性。包含以下 4 个测量题项：有现代化的服务设施、服务设施具有吸引力、员工的服装和外表整洁、公司的设施与它们所提供的服务相匹配。

② 可靠性。包含以下 5 个测量题项：公司对顾客所承诺的事情都能及时完成、顾客遇到困难时能表现出关心并提供帮助、公司是可靠的、能准时地提供所承诺的服务、正确记录相关的服务。

③ 响应性。包含以下 4 个测量题项（负方向）：不能指望他们告诉为顾客提供服务的准确时间、期望他们提供及时的服务是不现实的、员工并不总是愿意帮助顾客、员工因为太忙以至于无法立即提供服务满足顾客的需求。

④ 保障性。包含以下 4 个测量题项：员工是值得信赖的、在从事交易时顾客感到放心、员工是有礼貌的、员工可以从公司得到适当的支持以提供更好的服务。

⑤ 移情性。包含以下 5 个测量题项（负方向）：员工不会针对不同的顾客提供个别的服务、员工不会给予顾客个别的关怀、不能期望员工了解顾客的需求、公司没有优先照顾顾客的利益、公司提供的服务时间不能符合所有顾客的需求。

◆◆ **业务链接 10-2** ◆◆

运用 SERVQUAL 模型时服务质量值的计算

运用 SERVQUAL 模型测评服务质量时，最为核心的是计算服务质量值。SERVQUAL 模型计算公式如下：

$$SQ = \sum_{i=1}^{22} (P_i - E_i)$$

式中：SQ 为感知服务质量；P_i 为第 i 个因素在顾客感受方面的分数；E_i 为第 i 个因素在顾客期望方面的分数（i=1，2，3，…，n；n=22）。

由以上公式获得的 SQ，是在五大属性同等重要条件下的单个顾客的总感知质量。但是在现实生活中，顾客对决定服务质量的每个属性的重要性的看法是不同的。因此，通过顾客调查，应确定每个服务质量属性的权重，然后加权平均就得出了更为合理的 SERVQUAL 模型分数。公式为：

$$SQ = \sum_{j=1}^{5} W_j \sum_{i=1}^{22} (P_i - E_i) \quad (i = 1，2，3，…，22；j = 2，3，4，5)$$

式中：W_j 为第 j 个属性的权重。

将此时的 SQ 分数再除以因素数 n（n=22），就得到单个因素平均的 SERVQUAL 模型分数。

最后将调查中所有顾客的SERVQUAL模型分数加总再除以顾客数目m就得到某企业该项服务产品平均的SERVQUAL模型分数，即：

$$SERVQUAL = (\sum_{i=1}^{m} SQ_i)/m$$

◆课程思政10-1◆

旅游服务过程中应避免歧视

背景与情境：出门旅游，最担心的莫过于高高兴兴前往，却在异国他乡遭遇"歧视"。当然，"歧视"可能只是主观感受，也可能是客观事实。但只要在网上一搜，就能看到大量关于出境旅游中"遭遇歧视"的案例。在大部分的案例中，遭遇"歧视"的主人公们，都不断地倾诉着自己的不满，表示自己再也不愿意去那些地方，也号召大家不要去那些地方。由此可见，"遭遇歧视"是旅游者不满的重要原因，因而也是降低忠诚度的重要因素。"歧视"已经成为旅游目的地服务中的重要伦理议题。

问题：出境旅游者"遭遇歧视"的现象背后所蕴含的伦理与道德议题有哪些？这些现象和伦理议题给旅游行业从业人员哪些启示？

学习微平台

课程思政10-2

❋　本章概要

✿　**主要概念**

旅游者满意度　服务质量　旅游服务质量

✿　**内容提要**

• 本章主要介绍了顾客满意度，旅游者满意度的理论基础与经典理论，旅游者满意度的定义、特点和影响因素，旅游者满意度的测量模型，旅游者满意度指数，以及基于旅游者满意度的旅游服务质量管理。

• 旅游者满意度是指旅游者对一项旅游产品或旅游服务可以感知的体验效果（或结果）与期望值相比较之后所形成的正差异（满意）或负差异（不满意）的心理状态。

• 顾客满意度研究中最著名的三个理论模型是："期望不一致"模型、顾客消费经历比较模型、顾客需要满足程度模型。

• 旅游者满意度的四个特点是：整体性、主观性、相对性、模糊性。

• 旅游者满意度的影响因素主要有旅游者自身因素和旅游目的地因素。旅游者自身因素包括动机、期望、感知、信息搜寻和忠诚度等；旅游目的地因素主要有服务因素（服务质量与服务管理）和吸引物因素（旅游景观价值与吸引物管理）。

• 目前，常用的旅游者满意度测量模型有："期望-实绩"模型、SERVQUAL模型（服务质量模型）、IPA模型（"重要性-绩效"模型）、公平性模型。

• 我国内地及香港目前成熟的旅游者满意度指数有：游客满意度指数、理大旅客满意度指数。

• 在主流的服务质量管理以及旅游服务质量管理领域，SERVQUAL模型作为一个服务质量评价体系和管理体系被广为运用。SERVQUAL模型将服务质量分为5个维度：有形性、可靠性、响应性、保障性、移情性。

• 基于SERVQUAL模型，旅游服务的提升策略主要有5个方面：旅游服务的有形

展示、提升旅游服务的可靠性、提升旅游服务的响应性、提升旅游服务的保障性、增加旅游企业及旅游服务人员的情感投入。

✿　内容结构

本章内容结构如图 10-7 所示：

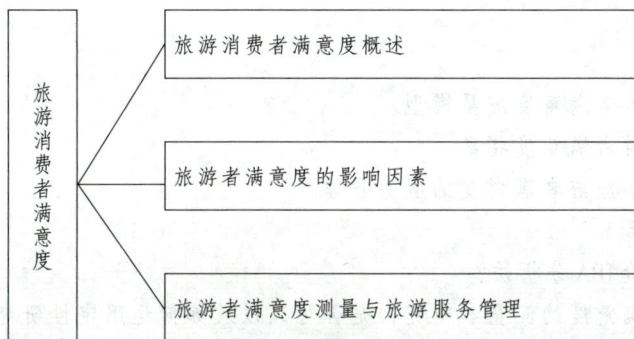

图10-7　本章内容结构

✿　重要观点

观点 10-1：影响旅游者满意度的因素可分为旅游者自身因素和目的地因素。

常见置疑：旅游者的满意度是一种心理状态，仅取决于旅游者自身因素。

释疑：根据旅游者满意度的定义，旅游者满意度是指旅游者对一项旅游产品或旅游服务可以感知的体验效果（或结果）与期望值相比较之后所形成的正差异（满意）或负差异（不满意）的心理状态。因此，除了认知、行为等旅游者自身因素外，另一个影响旅游者满意度的因素是目的地因素（影响旅游者的体验效果及其感知），包括服务质量与管理、目的地吸引物价值和管理。

观点 10-2：旅游者满意度研究目前的主导方法是定量研究，但定性研究也开始受到重视。

常见置疑：因为旅游者满意度是旅游者个人的心理状态，所以对它的研究只能经由定量的方法。

释疑：旅游者满意度的主流研究还是定量的实证研究。这一类型的研究，有一个重要前提：研究者基于既有理论或旅游现象设立一套评价体系，因而很容易因研究者的主观认识使得研究方案设计、数据分析乃至导出结论出现偏差，也很难通过分析鲜活的旅游现象发现和提出新的理论问题。在这种情况下，部分旅游研究者开始探讨通过访谈、观察、解释等定性的研究方法来研究复杂的旅游者满意度这一问题。目前，关注较多的两种定性研究方法有扎根理论和关键事件技术/典型事例法。

✦　**单元训练**

✿　传承型训练

▲ 理论题

△ 简答题

1）简述顾客满意度的基础理论。

2）简述旅游者满意度的理论基础和特点。

3）简述旅游者满意度的影响因素。

△ 讨论题

1）在旅游体验的不同阶段，旅游消费者的满意度有差异吗？

2）不同旅游体验阶段的旅游者满意度有什么特点？

3）中介效应和调节效应有什么区别？

▲ 实务题

△ 规则复习

1）简述旅游者满意度测量模型。

2）简述旅游者满意度指数。

3）简述基于旅游者满意度的服务管理。

△ 业务解析

1）如何评价 IPA 分析法？

2）旅游者满意度的测量和研究，是否可以以及如何运用定性研究方法？

3）如何展开基于 SERVQUAL 模型的测量？

4）运用 SERVQUAL 模型时，如何计算服务质量值？

▲ 案例题

△ 案例分析

【训练项目】

案例分析-X。

【训练目的】

同第 1 章本题型的"训练目的"。

【教学方法】

同第 1 章本题型的"教学方法"。

【训练任务】

同第 7 章本题型的"训练任务"。

【相关案例】

中国一线主题乐园游客满意度报告（2017—2018 年）出炉

背景与情境：2018 年 9 月，环球网大数据和海鳗数据公司联合发布了《中国一线主题乐园游客满意度报告（2017—2018 年）》。报告显示，主题乐园在景观、体验维度得分较高，主要集中在环境好、好玩、刺激、项目多等方面；而在安全维度、消费维度得分较低，主要集中在游乐设施老旧、缺失护栏、餐饮贵、难吃等方面。

报告由环球网大数据和海鳗数据公司联合发布，通过大数据平台抓取了十家主题乐园（上海迪士尼乐园、北京欢乐谷、广州长隆欢乐世界、常州中华恐龙园、大连老虎滩海洋公园、深圳东部华侨城等）在各主流 OTA 最近一年的超过 20 万条文本数据，所有数据均为游客真实的旅游评论。海鳗云应用自然语言处理技术、文本分析技术从这 20 万条文本数据中获取 46 万个评价标签，平均一条文本数据获取 2.4 个评价标签。之后，应用满意度评价算法，对数据进行量化计算。研究设定了安全、服务、交通、景观、配套、体验、卫生、消费 8 个大指标，在这 8 个大指标下又设置了共计 400 余项游客满意度评价小指标。

（1）满意度总体分析。分析满意度的八大指标可以发现，十家主题乐园中，景观满意度均值最高、安全满意度均值最低。

（2）满意度具体分析。其一，消费维度主要问题：门票贵、餐饮贵、停车场贵。其二，安全维度主要问题：设施老旧差、安保措施不到位、秩序混乱。其三，体验维度主要因素：值得游玩、有趣、好玩、项目多。其四，景观维度主要因素：景色美、环境棒、烟花美。

（资料来源　佚名. 中国一线主题乐园游客满意度报告(2017—2018年)首次发布［N］. 生命时报，2018-09-30）

问题：

1）本案例主要涉及本章的哪些知识点？

2）依据有关旅游者满意度测评与提升的知识，结合案例内容分析：旅游者满意度指数的计算主要涉及哪些维度？主要有哪些方法？彼此之间是什么关系？应如何提升旅游者满意度？

【训练要求】

同第1章本题型的"训练要求"。

【成果形式】

1）训练课业：撰写《"中国一线主题乐园游客满意度报告（2017—2018年）"案例分析报告》。

2）课业要求：同第1章本题型的"课业要求"。

△ 课程思政

【训练项目】

课程思政—X。

【训练目的】

同第1章本题型的"训练目的"。

【教学方法】

同第1章本题型的"教学方法"。

【训练准备】

同第1章本题型的"训练准备"。

【相关案例】

没有满意的员工，就不可能有满意的顾客

背景与情境：长期以来，餐饮业作为劳动密集型行业，进入门槛低，市场竞争也异常激烈。餐饮业一方面为本地居民提供餐饮及服务，另一方面也是外地旅游者来访时重要的服务供应商。在餐饮业中，目前，不少企业的做法是，尽量通过降低员工待遇来降低成本。这种策略的逻辑基础是：市场竞争异常激烈，因此顾客变得重要了，为了让顾客满意，必须将员工的利益适当转让给消费者。当然，这种降低成本的策略，也可能体现在其他方面，例如，休假制度、培训制度等。

问题：

1）本案例所涉及的现象是否涉及伦理与道德议题？如有，具体有哪些？

2）对本案例涉及伦理与道德议题的行为做出思政研判。

3）说明所做思政研判的伦理与道德规范依据。

4）没有满意的员工，可能有满意的顾客吗？请结合餐饮业及服务行业的特征，说明原因。

【训练要求】

同第1章本题型的"训练要求"。

【成果形式】

1）训练课业：撰写《"没有满意的员工，就不可能有满意的顾客"思政研判报告》。

2）课业要求：同第1章本题型的"课业要求"。

☆　创新型训练

▲　拓展创新

【训练项目】

自主学习-III。

【训练目的】

见本章"学习目标"中"创新型学习"的"自主学习"目标。

【教学方法】

同第1章本题型的"教学方法"。

【训练要求】

1）以班级小组为单位组建学生训练团队，各团队依照本教材"附录三"附表3"自主学习"（高级）的"基本要求"和各技能点的"参照规范与标准"，制订《团队自主学习计划》。

2）各团队自主学习本教材"附录一"附表1"自主学习"（高级）各技能点的"知识准备参照规范"所列知识。

3）各团队以自主学习获得的学习原理、学习策略与学习方法知识（高级）为指导，通过学校资料室、图书馆和互联网，查阅和整理近年来以"旅游消费者满意度"为主题的国内外学术文献资料。

4）各团队以整理后的文献资料为基础，依照相关规范要求，讨论、撰写和交流《"旅游消费者满意度"最新文献综述》。

5）撰写作为"成果形式"的训练课业，总结自主学习和应用"学习原理"、"学习策略"与"学习方法"知识（高级），依照相关规范，准备、讨论、撰写和交流《"旅游消费者满意度"最新文献综述》的体验过程。

【成果形式】

训练课业：《"自主学习-III"训练报告》。

课业要求：

1）将《团队自主学习计划》和《"旅游消费者满意度"最新文献综述》作为《"自主学习-III"训练报告》的"附件"。

2）《"旅游消费者满意度"最新文献综述》应符合"文献综述"规范要求，做到事实清晰，论据充分，逻辑清晰，不少于3 000字。

3）同第1章本题型的其他"课业要求"。

✿ **建议阅读**

［1］陈钢华，奚望. 旅游度假区游客环境恢复性感知对满意度与游后行为意向的影响——以广东南昆山为例［J］. 旅游科学，2018，32（3）：69-82.

［2］范秀成，杜建刚.服务质量五维度对服务满意及服务忠诚的影响［J］. 管理世界，2006，6：111-119.

［3］郭国庆. 服务营销管理［M］. 2版. 北京：中国人民大学出版社，2009：328-347.

［4］费雷尔，费雷尔. 商业伦理［M］. 杨欣，译. 北京：世界图书出版公司，2011：22-43.

［5］泽丝曼尔，比特纳，格兰姆勒. 服务营销［M］. 7版. 张金成，白长虹，杜建刚，等译. 北京：机械工业出版社，2018.

［6］"游客满意度指数"课题组. 游客满意度测评体系的构建及实证研究［J］. 旅游学刊，2012，7：74-80.

［7］LU Y，CHEN G，HUANG S，et al. Understanding Chinese tourists' perceptions of Cantonese as a regional dialect［J］. Tourism Management，2019，71：127-136.

［8］SONG H，VAN DER VEEN R，LI G，et al. The Hong Kong tourist satisfaction index［J］. Annals of Tourism Research，2012，39（1）：459-479.

第 11 章
旅游消费者忠诚度

▶ **学习目标**

11.1　旅游消费者忠诚度概述

11.2　旅游消费者忠诚度测量

11.3　旅游消费者忠诚度的影响因素

11.4　基于旅游消费者忠诚度的旅游营销

▶ **本章概要**

▶ **基本训练**

▶ **建议阅读**

▶ **学习目标**

▷ **传承型学习**

通过以下目标，建构以"旅游消费者忠诚度"为阶段性内涵的"传承型"专业学力：

理论知识：学习和把握顾客忠诚度的含义与分类，旅游消费者忠诚度的概念及其认识的理论派别，旅游消费者忠诚度的影响因素等陈述性知识；用其指导"同步思考"、"延伸思考"和相关题型的"单元训练"；体验"旅游消费者忠诚度"中"理论知识"的"传承型学习"及其迁移。

实务知识：学习和把握旅游消费者忠诚度测量的指标与模型，基于旅游消费者忠诚度的旅游营销，以及"业务链接"等程序性知识；用其规范"深度剖析"和相关题型的"单元训练"；体验"旅游消费者忠诚度"中"实务知识"的"传承型学习"及其迁移。

认知弹性：运用本章理论与实务知识研究相关案例，对"引例"、"同步案例"和章后"案例分析—XI"进行多元表征，体验"旅游消费者忠诚度"中"结构不良知识"的"传承型学习"及其迁移；依照相关行为规范对"课程思政 11-1"、"课程思政 11-2"和章后"课程思政-XI"进行思政研判，激发与"万豪免费 Wi-Fi 计划"、"吸引回头客"和"旅游微信营销"议题相关的法律和道德伦理思考，促进健全职业人格的塑造。

▷ **创新型学习**

通过以下目标，建构以"旅游消费者忠诚度"为阶段性内涵的"创新型"专业学力：

决策设计：参加"决策设计-III"训练。通过阶段性学习和应用其"知识准备"所列知识，对"关系营销的途径选择"案例情境的多元表征，《决策方案》的设计、交流、点评与修订，《"决策设计-III"训练报告》的撰写等活动，体验"旅游消费者忠诚度"中"结构不良知识"的"决策学习"（高级）及其迁移。

学习微平台

思维导图 11-1

引例：万豪的"活动礼赏"计划

背景与情境：万豪国际集团是世界上著名的酒店管理公司和全球 500 强企业，创建于 1927 年，总部位于美国华盛顿。其拥有 18 个著名的酒店品牌（包括万豪、丽思·卡尔顿、万丽、万怡、Horizons、Ritz-Carlton Club 等），在全球经营的酒店超过 2 700 家，多次被世界著名商界杂志和媒体评选为酒店业内最杰出的公司。万豪"活动礼赏"是万豪国际酒店集团针对会议或大型活动客户推出的一种优惠返还计划，凡是在万豪酒店举办大型活动，符合酒店相关资格的客户，均可赚取高达 50 000 点的"礼赏积分"（每 1 美元 3 点积分）、15 000 英里里程（每 1 美元 1 英里里程）或 150 000 点的"携程积分"（每 1 美元 10 点积分）。此外，无论住宿费用是客人自己支付还是由别人代替支付，客人均可享受每晚住宿的积分；预订超过 10 间客房的话，还可以获得 10 晚尊贵级别的住宿；如果客人是跟同事一起并且两人都是"礼赏积分"会员的话，他们可以拆分所赚取的"礼赏积分"。得到这些积分之后，"礼赏积分"会员可以享受超过 250 种的积分使用方法，其中包括：到普吉岛、巴厘岛等全球多个令人向往的目的地享受免费假期，享用高尔夫球套餐和水疗服务，兑换 30 多家航空公司飞行常客计划的里程，享受 Hertz 租车或者"机票+汽车"服务，搜购名牌商品，支付下次会议或活动消费等。那么，万豪国际酒店集团为什么要实行这种"活动礼赏"计划呢？这种"活动礼赏"计划的实质又是什么呢？它能给酒店带来什么好处？

（资料来源　作者根据相关资料整理）

与万豪"活动礼赏"计划类似的"顾客忠诚度"计划及活动对广大消费者而言并不陌生。然而，如何理解顾客忠诚度？什么是旅游者的忠诚度？旅游者忠诚度有哪些特征？哪些因素会影响旅游者的满意度？既然旅游者忠诚度那么重要，如何来测量忠诚度呢？在了解到旅游者忠诚度的高低与有无之后，应通过哪些途径来开展相应的营销活动以提升和维护旅游者的忠诚度呢？本章将对这些问题进行探讨，并就相关议题展开论述。

11.1　旅游消费者忠诚度概述

与旅游消费者满意度类似，旅游消费者忠诚度的概念（"忠诚度"与"忠诚"均对应英文的"loyalty"，两者无差异，本书交互使用）也是基于消费者行为学、消费者心理学和服务营销学的相关研究。更具体一点，是基于顾客忠诚（度）的研究。为此，应首先对顾客忠诚（度）的含义和分类进行基本的背景阐述。

11.1.1　顾客忠诚度概述

1）顾客忠诚度的含义

顾客忠诚度是消费者行为领域的一个研究重点，对于顾客忠诚的定义，学界目前并未达成统一的认识。但从现有研究成果来看，对于顾客忠诚的理解大致存在三种类型的理论，即行为论、态度论和复合论。

（1）行为论

行为论的学者将顾客忠诚的研究重点放在重复性的购买行为上，认为高重复性的购买行为即是顾客忠诚的表现。代表性的观点有：朱兰德（Jeuland，1979）认为，顾客忠诚是指顾客长期选择某种品牌产品或服务的可能性。类似地，纽曼和沃贝尔（Newman & Werbel，1973）认为，顾客忠诚是指顾客不需要收集其他品牌信息，直接选择重复购买某一产品或服务的行为。关于重复购买的次数，学者也有不同的观点。例如，塔克（Tucker，1993）明确指出，对某一产品或服务连续购买3次即为顾客忠诚。另外，有学者认为，顾客对某种品牌的产品或服务具有较高的推荐率即可称为顾客忠诚（Boulding et al.，1993）。顾客忠诚是由顾客心理或态度导致的一种行为偏好（Jacoby，1971）。然而，随着研究和实践的不断深入，许多学者发现行为论对于解释顾客忠诚存在不少缺陷和不足。于是，在行为论研究的基础上，学者们提出应该把态度因素也纳入顾客忠诚的考虑范围之中。因此，出现了一些新的观点，即下文所要阐述的态度论和复合论。

（2）态度论

对于行为论存在的不足，斯多把卡、斯特兰维克和格朗鲁斯（Storbacka，Strandvik & Gronroos，1994）曾明确提出了它的片面性，并指出，经常性的重复购买行为并非完全缘于对品牌的偏好，而是因为转换障碍的存在；低频率的重复购买也未必没有较高的品牌偏好。戴（Day，1969）在研究品牌忠诚时也强调了态度的重要性。他认为，只有充分考虑品牌态度，才能将真正的品牌忠诚和虚假的品牌忠诚区分开来。琼斯、塞萨（Jones & Sasser，1995）进一步指出，顾客忠诚更多地表现为一种情感上的认同反应，它是顾客购买产品或服务之后产生的一种对企业、产品或服务的归属感和认同感。虽然态度论在一定程度上弥补了行为论的一些缺陷，但是片面强调态度在顾客忠诚研究中的重要性也是不合适的。因此，学者们开始从行为和态度两个角度来考察顾客忠诚，随之出现了我们称之为复合论的观点。

（3）复合论

支持复合论观点的学者认为，单一的行为忠诚和态度忠诚都不足以表现顾客忠诚的全貌，真正的顾客忠诚是包含行为忠诚和态度忠诚这两方面在内的综合性的忠诚。复合论的代表观点有以下几种：艾米恩（Amine，1998）认为，顾客对某种品牌产品或服务的重复购买只是顾客忠诚的表现形式，而顾客对该品牌产品或服务的积极态度是确保此种购买行为持续的前提。奥利佛（Oliver，1997）将顾客忠诚表述为，顾客对在未来一贯地重复性购买某种产品或服务的承诺，并由此承诺所产生的对该产品或服务的购买行为，不会因为市场的变化和竞争对手影响行为的吸引而发生转移。国内也有学者认同复合论的观点，并从该角度来定义顾客忠诚。例如，田涌泉、沈蕾（2000）认为，顾客忠诚是一种态度，其行为表现是顾客不断地重复购买某种产品或服务；或者，只要存在购买需求，顾客就会首先选择该品牌的产品或服务。王月兴、冯绍津（2002）认为，顾客忠诚是顾客内在的积极态度、情感、偏爱和外在的重复惠顾行为的统一。项保华（2003）则对顾客忠诚进行了更加深刻和具体的论述，认为忠诚涉及对某企业的尽心尽力，这就相当于是一种无形的承诺，会使各方在道义、情感、利益等方面产生互相依赖，从而在降低交易成本的同时，给各方的个性独立与自由带来限制。作为一种心理或社会契约，忠诚的存在会增加双方对于共同事或物的投入，并造成退出障碍或机会成本。

◆ **同步思考11-1**

问题：理解顾客忠诚的行为论、态度论和复合论是什么关系？

2）顾客忠诚的分类

随着对顾客忠诚内涵研究的深入，学者们从不同的角度划分了顾客忠诚的类型，以此加深对顾客忠诚的理解。具有代表性的观点有以下几种：

（1）基于"行为-态度"组合的分类

蒂克和巴苏（Dick & Basu，1994）从重复购买意愿和重复购买行为两个角度出发，将顾客忠诚分为不忠诚、虚假忠诚、潜在忠诚和持续忠诚四个类型。具体的分类模型如图11-1所示，分别是：其一，不忠诚类型。这种类型的顾客不管是重复购买意向还是重复购买行为，其忠诚度都不高，企业很难从他们身上获利。其二，虚假忠诚类型。这种类型的顾客虽然具有较高的重复购买行为，但是其重复购买意愿却比较低，也即其态度上并不忠诚。这说明此种类型的顾客并不是因为情感依赖而产生行为忠诚，很可能是因为其他因素，比如便利性或者较高的转换成本等。其三，潜在忠诚类型。此类顾客的特点是：虽然在行为上暂时没有表现出重复购买的行动，但在心里却对该产品或服务具有很深的感情，只要机会成熟，他们便会转为行动上的忠诚。造成这种现象的原因可能是企业的店铺较少导致购买不便或者产品、服务目前供不应求。这种类型的顾客是企业需要挖掘的对象，因为他们具有向持续忠诚类型转变的很大的可能性和潜力。其四，持续忠诚类型。这种类型的顾客兼具态度忠诚和行为忠诚，属于"内外一致"型，不仅对产品或服务具有情感依赖，而且会经常性地付诸行动，重复购买。他们是企业利润的主要来源，也是企业需要持续关注并维持关系的顾客。

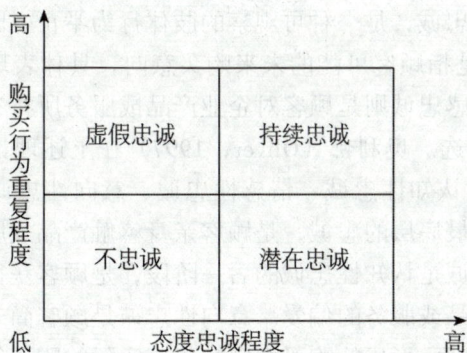

图11-1　蒂克和巴苏（Dick & Basu，1994）的顾客忠诚分类模型

◆ **教学互动11-1**

主题：基于"行为-态度"组合，可以将顾客忠诚分为不忠诚、虚假忠诚、潜在忠诚和持续忠诚四个类型。

问题：结合自身对某特定产品的购买经历，阐述自己属于以上哪一种类型。

要求：同"教学互动1-1"的"要求"。

（2）基于"满意-忠诚"组合的分类

琼斯和塞萨（Jones &Sasser，1995）从顾客满意和顾客忠诚两个维度，将顾客忠诚分为四种类型，即忠诚者（或传道者）、背叛者、唯利是图者和人质顾客。分类模型如图11-2所示，分别是：其一，背叛者。这种类型的顾客满意度低，忠诚度也低，因此，很容易流失，也难以给企业创造价值。其二，唯利是图者。这种类型的顾客十分理性，哪种产品对自己更有利就选择哪种产品，因此，他们往往满意度很高，但忠诚度却不高。比如，当市场上某种替代品降价，这类顾客为了达到自己的满意就会转向购买替代品。其三，人质顾客。这种类型的顾客满意度低，但是忠诚度较高。导致其不满意的原因可能是转换成本高、购买不便或者替代品不存在等。其四，忠诚者。这种类型的顾客满意度高，顾客忠诚度也高，是为企业创造价值最多的群体，也是企业费尽心思想要保持的顾客。

图11-2 琼斯和塞萨（Jones & Sasser，1995）的顾客忠诚分类模型

（3）基于顾客忠诚程度差异的分类

格雷姆乐和布朗（Gremler & Brown，1996）按照顾客忠诚程度的差异，将顾客忠诚划分为三种类型：行为忠诚、意向忠诚和情感忠诚。行为忠诚是指顾客通过实际行动表现出来的对卖家的忠诚，是一种可观察的肢体行为举止。比如，重复购买。意向忠诚属于"将来时"，是指顾客可能的未来购买意向，具体表现在向别人推荐的可能性和价格容忍度上。情感忠诚则是顾客对企业产品或服务所持有的一种态度，表现为口碑宣传、购买决策首选。奥利佛（Oliver，1997）在上述理论的基础上，进一步将顾客忠诚按照先后分为认知性忠诚、情感性忠诚、意向性忠诚和行为性忠诚四个阶段。认知性忠诚是处于最底层的忠诚，是顾客亲身感触产品或服务的各方面品质信息后所形成的。情感性忠诚是认知性忠诚的后一阶段，是顾客获得持续性的满意后而形成的对企业所提供的产品或服务的偏爱。意向性忠诚是顾客尚未付诸行动的再购买意向。行为性忠诚是顾客把已形成的购买意向转化成实际的购买行为。

同步思考11-2

问题：为什么认知性忠诚、情感性忠诚、意向性忠诚又被合称为态度性忠诚？

（4）基于顾客忠诚情感来源的分类

凯瑟琳·辛德尔（2001）认为，除了顾客的行为和态度之外，企业与顾客间的情感联系也对顾客忠诚的维持起着至关重要的作用，良好的情感互动可以为企业带来真实的顾客忠诚。而根据情感来源的不同，可以将顾客忠诚划分成以下七种类型：垄断忠诚、惰性忠诚、潜在忠诚、方便忠诚、价格忠诚、激励忠诚和超值忠诚。①垄断忠诚对应垄断市场，是指由于市场被唯一的供应商垄断，导致顾客的选择约束，尽管顾客的情感依赖不高，但因为别无选择，在行为上仍旧表现出重复购买。②惰性忠诚是指顾客因为惰性而懒于花费时间和精力去寻找新的供应商。这类顾客属于自己给自己设定选择约束，同样表现出低依赖度和高重复购买的行为。③潜在忠诚是指顾客本身希望重复购买，然而一些制约因素的存在限制了他们的购买行为，这类顾客属于低依赖、低重复购买的顾客。④方便忠诚也是指低依赖、高重复的购买者，但与惰性忠诚的差别在于这类忠诚在情感上乐于接受。⑤价格忠诚是指消费者出于对价格的敏感而偏爱能提供最低价的供应商，他们属于低依赖度、高重复率购买者。⑥激励忠诚是指顾客在经常惠顾的条件下，由于享受到企业特别提供的积分回馈或奖励而表现出的忠诚。这类顾客同价格忠诚顾客类似，也属于低依赖、高重复的购买者。⑦超值忠诚是指购买者具有典型的情感或品牌忠诚，是高依赖、高重复的，这类顾客是企业产品的传道者。

11.1.2　旅游者忠诚度概述

在消费者行为领域，关于品牌忠诚和消费者忠诚的研究可以追溯到20世纪20年代。然而，忠诚度的概念引起休闲和旅游学者的注意只是最近20多年的事情。作为品牌忠诚在休闲和旅游领域中的应用和延伸，忠诚度最初被运用到游憩设施使用、休闲活动参与以及航空、酒店等旅游相关服务性产品的购买行为上。虽然重复性的度假旅游现象很早便引起了旅游学者的关注，但是直接针对旅游目的地旅游者忠诚概念的研究却直到20世纪90年代才出现，并且这些研究大多建立在品牌忠诚理论的基础之上。因此，对于旅游者忠诚的认识也出现了与顾客忠诚相对应的三种不同的理论派别。行为论的学者认为旅游业中的态度忠诚很难测量，实际行动就能代表积极的态度。例如，贝克曼和凡尔德卡姆普（Backman & Veldkamp，1995）就认为，旅游者忠诚是指旅游者显著性地参与特定的游憩活动的坚持行为。欧普曼（Oppermann，2000）也近似地认为，多次购买并且在目的地停留时间较长的旅游者是旅游目的地的忠诚客户。持态度论的代表性学者则认为，旅游者忠诚度是旅游者对于某一旅游目的地能否作为可推荐之处的感知程度（Chen & Gursoy，2001）。复合论的学者认为，真正的旅游者忠诚应该是购买旅游产品的同时对该产品有一个积极的态度。国内学者对旅游者忠诚的定义也多采用复合论的观点。例如，邹益民、黄晶晶（2004）是国内较早研究旅游目的地旅游者忠诚的学者。他们指出，旅游者忠诚不仅是重复购买行为，更是一种高品质的心理倾向，是心理连同重复购买行为在内的有机结合。借鉴国内外对顾客忠诚以及旅游者忠诚的相关研究成果，本书认为，**旅游者忠诚度**（tourist loyalty）是指旅游者对某一旅游目的地或旅游产品所具有的高度认同感和归属感，以及重复购买、正面推荐和将之作为首选的行为。

11.2　旅游消费者忠诚度测量

了解了旅游者忠诚度的内涵之后，如何对忠诚度进行测量、区分出不同程度的忠诚度成了摆在我们面前的问题。我们要想测量旅游者忠诚度的高低，首先需要明白有哪些测量指标。确定了测量指标之后再根据不同的方法或模型进行测量。

11.2.1 测量指标

1) 行为忠诚度的测量指标

（1）游览次数

游览次数是指旅游者在某一特定时间段内到达某一旅游目的地的总次数。虽然该指标被证实在某些情况下并不能完全代表旅游者具有完全的真实忠诚性，但是作为旅游者忠诚度最直接和最易观察到的行为体现，该指标一直是衡量旅游者对某一旅游目的地的行为忠诚度的重要参考依据。

（2）游览次序

游览次序是指某一特定旅游目的地在旅游者某段时间内或者某次的旅游决策和旅游过程中所占的位次和顺序。这种位次和顺序反映的是旅游者对这些旅游目的地的重要程度、偏爱程度的一种排序，因此从某种程度上也可以看作忠诚度的一种表现，因为忠诚度越高，这一旅游目的地在旅游者心中的重要性就越高。

（3）正面宣传的次数

旅游者忠诚度的外在行为表现除了游览次数和游览次序外，可以观察到的另一个指标是其对旅游目的地的正面宣传次数。如上文所述，游览次数这个指标并不能完全代表旅游者的所有忠诚行为，有的旅游者基于某些客观或主观原因，暂时并不具备亲自重游故地的机会，但他们对于这个地方却有着很深的感情，表现出了很浓的依恋，可以看出他们对旅游目的地拥有很大的忠诚度，但这种忠诚度是通过其他的行为表现出来的，比如：向周围人推荐这个目的地，在网上发布一些目的地的正面介绍，甚至向陌生人讲述自己的旅游经历等。这些行为无疑都是对旅游目的地高度忠诚的表现，因此可被当作衡量旅游者行为忠诚度的指标。

▸**教学互动 11-2**

主题：旅游消费者忠诚度的测量是一个复杂的过程，涉及诸多指标，指标选取的差异，可能会导致对是否忠诚的判断的差异。

问题：结合自身的出游经历，从行为忠诚度出发衡量自己是否是某一个旅游目的地的忠诚旅游者。

要求：同"教学互动 1-1"的"要求"。

2) 态度忠诚度的测量指标

（1）重游意愿

旅游产品作为一种需求弹性较大的服务性产品，不像生活必需品那样是经常接触和购买的，另外，旅游者普遍具有求新求异的心理，他们并不局限于只游览一个或者少数几个旅游目的地，而是希望可以尽可能多地接触其他旅游目的地，以此来增加他们的旅游体验；再加上旅游产品的消费需要付出比一般产品更多的时间、金钱和精力，所以，在短时间内实现旅游产品的重复购买对旅游者来说并不是一件轻而易举的事。因此，即便是真正忠诚的旅游者，由于一些因素的限制也很有可能无法顺利实现重复游览的愿望。但他们在内心中又极度渴望再次前往自己钟情的那个旅游目的地，这种渴望的心情就是他们对这个旅游目的地忠诚的一个体现，并且是发自内心的真实的表现。因此，把重游意愿作为旅游者态度忠诚的测量指标具有普遍的实践意义。

（2）推荐意愿

前文提到旅游者行为忠诚度的一个重要体现是其对特定旅游目的地的正面宣传次数，这种正面宣传包括口碑宣传、向他人推荐、公开场合的其他正面介绍等，其中向他人推荐是这种正面宣传中最有效、最可能产生影响并最可能为旅游目的地带来效益的一种形式。一个对旅游目的地绝对忠诚的旅游者，对这个旅游目的地具有一种强烈的归属感和责任感，在内心中会将自己看作目的地的一分子，因此他们热衷于充当目的地的"免费宣传员"，向他人介绍和推荐这个目的地，这是他们与目的地之间深厚情感联系的一种体现。因此，调查旅游者的这种推荐意愿，是了解其对旅游目的地态度忠诚的一个重要角度。

（3）未来首选意愿

未来首选意愿这个指标揭示的是在未来各种实施条件具备的情况下，旅游者将某一特定旅游目的地作为自己游览时的首选的态度。"首选"一词体现的是旅游目的地在旅游者心中的重要程度，首选目标表明了其在旅游者心中具有很高的地位，是旅游者迫不及待想要在未来实现的愿望。这种渴望的心情正是旅游者对目的地忠诚的一种体现，因此可以作为衡量旅游者态度忠诚的指标。

◆ 深度剖析 11-1

问题：价格容忍度能否作为旅游者忠诚度的指标？

◆ 深度剖析 11-2

问题：风险容忍度能否作为旅游者忠诚度的指标？

◆ 同步案例 11-1

夏威夷旅游局如何测量旅游者的忠诚度？

背景与情境：夏威夷州（Hawaii State）是美国唯一的群岛州，由太平洋中部的132个岛屿组成（通常我们所说的夏威夷即指夏威夷州或夏威夷群岛），是国际一流的滨海、海岛度假目的地。但是，随着全世界范围内其他滨海和海岛度假旅游地的崛起，如马尔代夫、加勒比海地区、墨西哥坎昆及中国的三亚等，国际度假旅游市场的竞争日趋激烈。因此，旅游者的忠诚度也成为目的地政府部门和企业关心的议题。那么，夏威夷旅游局（Hawaii Tourism Authority）是如何来了解和测量旅游者的忠诚度的呢？夏威夷旅游局每年都会开展旅游研究课题，且发布年度的《旅游者研究年度报告》（Annual Visitor Research Report）以及《旅游者满意度研究》（Visitor Satisfaction Study）。2018年第三季度的调查结果见表11-1。

如第10章所述，自2020年年初以来，受新冠肺炎疫情影响，除美国本土外，夏威夷的主要客源市场（中国、日本、韩国、加拿大等）都减少甚至暂停了前往夏威夷的航班。因此，夏威夷最新发布的《旅游者满意度研究》（Visitor Satisfaction Study）只纳入了美国本土游客（分东部、西部）的数据。在《旅游者满意度研究（2021年第三季度）》（Visitor Satisfaction Study Q3 2021）中，夏威夷旅游局依旧直接采用"非常可能"（量表中的7~8分）、"有点可能"（量表中的5~6分）、"不太可能"（量表中的3~4分）、"完全不可能"（量表中的1~2分）四个等级各自所占百分比来表征旅游

表 11-1　　　夏威夷旅游局旅游者忠诚度调查结果（2018年第三季度）

项目	美国（西部）	美国（东部）	加拿大	日本	欧洲	大洋洲	中国	韩国
非常可能（推荐*）（%）	90.6	90.2	89.3	79.0	83.3	80.7	75.0	67.1
有点可能（推荐）（%）	7.9	8.2	8.8	18.6	15.1	15.3	21.2	28.5
不太可能（推荐）（%）	1.1	1.3	1.2	1.5	1.3	3.3	2.8	3.1
完全不可能（推荐）（%）	0.1	0.1	0.2	0.4	0.3	0.3	0.6	0.6
非常可能（重访**）（%）	79.4	60.3	61.5	63.2	45.2	60.2	46.6	59.6
有点可能（重访）（%）	15.1	23.8	25.2	23.9	29.0	25.3	41.2	32.1
不太可能（重访）（%）	2.9	9.3	7.3	3.0	13.1	7.8	6.1	5.9
完全不可能（重访）（%）	1.0	1.9	2.4	8.8	3.5	1.6	1.8	1.1

注：*将夏威夷作为一个度假目的地推荐给亲朋好友；**未来五年内再次造访夏威夷。

者的忠诚度（重游意向）。根据这一报告，美国西部受访者选择"非常可能"的占比为78.6%，而美国东部受访者选择"非常可能"的占比为62.9%。

（资料来源　Hawaii Tourism Authority. Visitor Satisfaction Study Q3 2018［EB/OL］.［2019-03-13］. https://www. hawaiitourismauthority. org/media/2989/2018-vsat-report-3rd-quarter. pdf; Hawaii Tourism Authority. Visitor Satisfaction Study Q3 2021［EB/OL］.［2022-02-17］. https://www. hawaiitourismauthority.org/media/8457/vsat_qtr3_2021-final.pdf）

问题：结合案例内容，请问夏威夷旅游局所测量的旅游者忠诚度是上文所述的哪种类型？

11.2.2　测量模型

欧普曼（Oppermann，2000）认为，旅游者忠诚研究应从纵向的角度了解旅游者的旅游行为，而非仅从横截面角度完全忽视旅游者的旅游经历。他认为现有的忠诚研究无法测量旅游者的态度，因此提出通过行为单一指标途径来识别旅游目的地旅游者忠诚以及忠诚的旅游者。他认为，虚假忠诚出现在低度参与决策的产品和服务的购买中，对于要求高度参与决策的旅游目的地产品的购买来说，虚假忠诚出现的可能性很小。因此，旅游者的行为能够用于目的地旅游者忠诚的测量，重游次数可以作为忠诚度测量依据，即：重游次数越多，旅游者的忠诚度越高。该模型是行为论观点的主要代表理论，仅仅从行为忠诚的角度将重游行为作为旅游者忠诚度的测量指标。虽然这个指标是最容易观察到的忠诚行为的表现，但却不足以反映旅游者忠诚行为的全貌。

约瑟夫·陈和谷索义（Chen & Gursoy，2001）认为，在旅游行业，重复购买行为可能出现在航空、旅馆等产品中；但对于旅游目的地来说，由于受到旅游经历与求异心理的影响，重复购买行为很难出现。他们同意"顾客忠诚几乎是不可能测量的"的观点。因此，他们提出旅游研究者应当根据不同的旅游产品类型选择合适的忠诚测量变量，以免获取的忠诚测量信息无效。他们认为"向其他旅游者推荐旅游产品的意愿"是个恰当的目的地忠诚测量指标，并据此将旅游目的地旅游者忠诚定义为"旅游者对一个目的地作为可推荐之处的感知程度"。这个理论是态度论学者的重要代表理论之一，仅仅强调了推荐意愿在旅游者忠诚度测量中的作用，忽视了对旅游者忠诚行为的测量。根据周梅华（2004）的观点，顾客忠诚度的大小是由很多因素共同决定的，而且这些因素的重要性和影响程度也都不一样。所以，衡量顾客忠诚度的大小必须考虑各种因素指标。通过分析和总结，她认为顾客重复购买的次数、购买挑选的时间、向他人推荐的次数、对价格的敏感程度、对竞争品的态度、对事故的承受能力这六个因素是普遍存在的因素。在周梅华（2004）看来，忠诚度测量的因素必须包括上述六个普遍的因素，另外需要根据实际情况添加一些其他的因素。在这个理论中，态度和行为成了忠诚度测量的共同衡量指标，它所涵盖的忠诚度测量的角度和方面相对于前两种而言更加完整。

在上文介绍的测量模型中，行为论和态度论的理论都比较片面。虽然作为复合论的代表理论之一，周梅华（2004）的理论相比较前两种理论更加全面，但它代表的是一般产品或者传统行业的状况，而旅游业作为一种特殊的服务性产业，其忠诚度测量的侧重点与一般产品是有所差异的。此外，上述理论只是简单地介绍了忠诚度测量的角度和方面，对于如何具体地操作并没有详细地介绍，其只是提供了忠诚度测量的一种思路，而没有给出具体的可操作的方法。因此，本书在前人理论的基础上，筛选出了对旅游者忠诚度比较重要的几个因素，分别从行为和态度两个方面对它们进行综合性的测量，并给出了具体的测量方法，以期对旅游者忠诚度有一个定量化的测算结果和比较（如图11-3所示）。

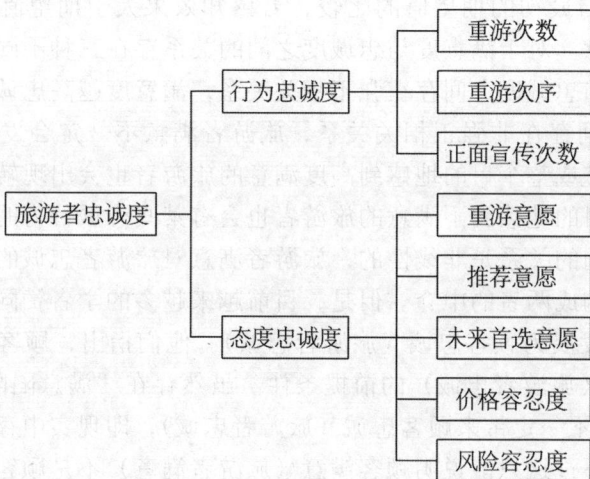

图11-3 旅游者忠诚度的测量模型

本模型采用的是行为-态度综合测量法，旅游者的忠诚度是其行为忠诚度和态度忠诚度的总和。对行为忠诚度和态度忠诚度可以借助李克特量表，对每一个测量指标设置相应的问题进行测量，再结合各自的权重比例，最后计算出量化的结果。在此需要指出的是，由于旅游目的地的类型或者测量目的的不同，在实际操作中，上述指标的权重会存在差异，因此，借助此模型进行旅游者忠诚度的测量时，需要注意每个因素权重大小的改变。若用L（loyalty）代表旅游者的忠诚度，B（behavior）代表其行为忠诚度，bi代表行为忠诚度的测量指标i，A（attitude）代表态度忠诚度，ai代表态度忠诚度的测量指标i，ri代表测量指标i的权重，则L可以表示为：

$$L = B + A = \sum_{i=1}^{3} bi \times ri + \sum_{i=1}^{5} ai \times ri$$

11.3　旅游消费者忠诚度的影响因素

　　作为旅游者忠诚度研究的一个重要方面，其影响因素一直以来都是学者们研究的重点，他们从不同的角度、不同的层面，通过各种各样的实证研究，对影响旅游者忠诚度的因素做了有益的探索，并得出了很多具有启发性的结论。虽然迄今为止，学者们对于影响旅游者忠诚度的因素还没有形成统一的观点，但是现有研究成果还是为我们提供了有益的借鉴。综合前人的研究成果（有关旅游者重游意愿的影响因素的研究进展的更多内容，参见本书"延伸阅读11-1"），结合旅游业发展的实际，可以对影响旅游者忠诚度的因素做出以下总结。需要说明的是，旅游者层面与目的地层面的因素绝非截然不同的划分，而是可能重叠、相通的。

学习微平台

延伸阅读 11-1

11.3.1　旅游者层面

1）旅游者满意度

　　根据奥利佛（Oliver，1980）的定义，顾客满意是顾客的需要得到满足之后的一种心理上的反应，是顾客对产品和服务的特征或本身满足顾客需要的程度的一种判断。根据本书10章所阐述的，旅游者满意产生于他们对某产品或服务或整个目的地的可感知效果与最初的期望值的比较，若感知效果大于期望值则产生旅游者满意，反之则不满意。对于满意度与忠诚度之间的关系存在三种不同的观点：第一种观点认为满意度与忠诚度之间存在强正相关关系，满意度越高忠诚度越高。第二种观点认为两者之间存在非强正相关关系，旅游者满意不一定会发展成为旅游者忠诚，对产品或服务或整个目的地感到高度满意的旅游者也会出现转换行为，而对产品或服务或整个目的地感到不满意的旅游者也会有某些忠诚行为的表现。第三种观点认为，两者之间的关系是非线性的，旅游者满意对旅游者忠诚的作用并非是直接的，有许多因素构成两者的中介。但是，目前越来越多的学者赞同顾客满意（旅游者满意）最终会发展为顾客忠诚（旅游者忠诚）。他们指出，顾客满意（旅游者满意）是顾客忠诚（旅游者忠诚）的前提条件。虽然存在"满意陷阱"，即顾客满意（旅游者满意）并不一定带来顾客忠诚（旅游者忠诚），即现实中存在高满意度、低忠诚度的现象，不过这只能说明顾客满意（旅游者满意）不是顾客忠诚（旅游者忠诚）的充分条件。例如，在蜜月旅游情境下，陈钢华等（Chen et al.，2022）的研究就发现，中国蜜月游客的总体满意度显著地正向影响他们的忠诚意向（重游意向和口碑推荐意向）。

◀ 延伸思考 11-1

　　问题：旅游者满意度是旅游者忠诚度的必要条件吗？

2）旅游者特性

旅游者特性指的是旅游者自身所具有的不同个性，这些个性包括旅游者的各项人口统计要素、旅游者的生活态度、重视时间的态度、风险厌恶的程度等。这些因素会影响到旅游者对于旅游目的地的总体评价，进而影响其满意度，并最终作用于忠诚度。比如，一个极度重视相关群体意见的旅游者，他在选择旅游目的地时更多的是参考周围人的意见和建议，而很少根据自己之前的旅游经验进行选择，这样的话，由于过多地受他人意见的支配而忽视了自己的经验和感受，他对于曾经游览过的旅游目的地就很难形成忠诚度。再比如，风险爱好者和风险厌恶者对于相同情境下旅游体验的感觉也是截然不同的。假如旅游过程中出现了某些意外的情况，风险爱好者可能会觉得这是额外的刺激因素，因此增加了他旅游的乐趣；而风险厌恶者会觉得这种意外破坏了他原本完整的旅游体验。发展到最后，风险爱好者会因为意外情况的出现增加了对旅游目的地的好感，对其整体印象和满意度也随之增加；而风险厌恶者很有可能会因此而产生不满意的情绪。所以说，旅游者的个人特性会直接或间接地作用于满意度而影响到忠诚度，也会作为独立的因素直接影响到忠诚度。

3）地方依恋

旅游者初到某个旅游地时通常会注意该地所提供的游憩功能，当体验后发现该地具有他地无可替代的功能时，便会有想要持续接近该地的需求，接触一段时间后就会对这个地方产生感情，这种现象称为地方依恋（place attachment）。简单地说，地方依恋是一种情感归属，是使用者感觉到的自身与场所结合的程度。地方依恋通常由经典的二维结构——地方依赖（place dependence）和地方认同（place identity）来描述（Williams et al.，1992）。地方依赖是指场所的实质功能，包括环境景观、公共设施、特殊的资源、可及性等；地方认同则是人们在情感层面上对地方产生的依附与归属感，是个人对地方的情感依附。当某一地方能够满足个人的某些特定心理需求时，这个地方便会对人有一种象征性的意义，人们便会对这个地方产生情感上的联系。对于旅游者来说，由于某些特殊因素的存在，这些因素可能是旅游目的地本身所具有的独特吸引力，也可能是旅游者本身所具有的某些心理或情感上的倾向，他可能会对某个旅游目的地或者某种类型的旅游目的地具有很深的心理认同和情感依赖，这样的话，他在内心深处就对这个目的地产生了共鸣感和归属感，而这些感觉正是旅游者忠诚的体现，同时也是旅游者忠诚产生的一个原因。

学习微平台

延伸阅读 11-2

11.3.2 旅游目的地层面

1）目的地形象

目的地形象是指旅游目的地的各个方面在旅游者心中所形成的整体印象，这些方面包括该地的社会发展水平、经济发展水平、旅游业发展水平、人文环境状况、旅游景观特色和形象等。目的地形象是旅游者评价某一旅游目的地时的一个重要因素，其好坏直接影响着旅游者对于该旅游目的地的感知质量，也会影响旅游者的满意度，而满意度又是一个影响忠诚度的前因变量，所以它也就影响了旅游者对该旅游目的地的忠诚度。

◆ 延伸思考 11-2 ◆

问题：影响旅游消费者忠诚度的旅游者因素与目的地因素之间的关系如何？

同步案例11-2

国内旅游者忠诚度的影响因素

背景与情境：孙晓霞等（Sun et al., 2013）进行了一项研究，选择赴海南的国内旅游者作为研究对象，探讨了中国国内旅游者忠诚度的影响因素。该研究发现，旅游者对目的地的熟悉度、目的地形象、感知价值、满意度四个因素都会影响他们对海南作为一个旅游目的地的忠诚度。如图11-4所示，实线表示经检验证实的影响路径，表示存在影响（箭头表示方向）；相反，虚线则表示不存在影响。其中的γ、β及其正负系数表示影响的方向和影响大小。

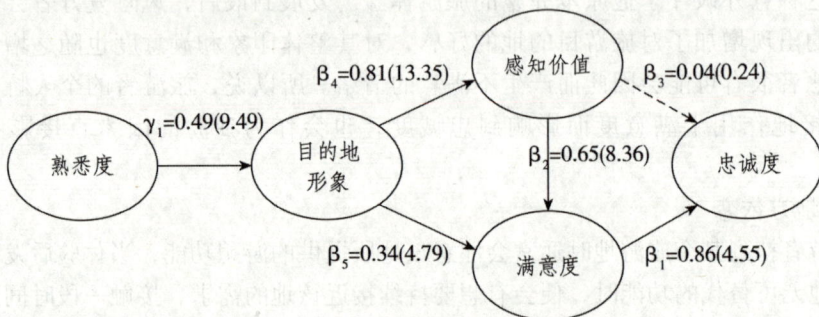

图11-4　国内旅游者忠诚度的影响因素

（资料来源　Sun et al., 2013）

问题：结合案例内容，回答：（1）中国国内旅游者忠诚度的影响因素中，哪些属于旅游者层面？哪些属于目的地层面？（2）结合第10章"延伸思考10-1"的内容，分析上述影响因素中哪些是中介变量？

2）服务质量

服务质量是旅游者在目的地体验到的实实在在的旅游服务的好坏，它是影响旅游者感知质量的根源，也是影响旅游者感知价值和满意度的因素。在很多实证研究中，服务质量被证明是满意度的前因变量，并通过满意度的中介作用影响旅游者的行为意向，或者通过其他中介变量，如感知公平、感知价值等间接影响忠诚。有研究发现，旅游者对目的地服务质量的肯定是其产生重游意愿的直接驱动因素；同时，它也可通过满意度这一中介变量对"向他人推荐"意愿产生间接影响（Bigne, Sanchez & Sanchez, 2001）。

3）感知价值

感知价值是指消费者在对某产品或服务的获得（得到的利益，包括心理、情感等）与付出（在消费时的牺牲，包括时间、精力、金钱等）进行比较之后得到的一种心理上的价值判断。如果顾客觉得在消费时所获得的价值超过了他的付出（不论是金钱或是其他方面），他便会感到满意并再次光顾。伯尔丁等（Boulding et al., 1993）的研究发现顾客感知价值与顾客的推荐意愿、重复购买呈正相关关系。也有学者（Zeithaml, 1988）指出，顾客感知价值与高价容忍度之间存在正相关关系，即可以容忍价格上涨而继续保持忠诚。帕拉休拉曼等（Parasuraman, Zeithaml & Berry, 1985）也提出顾客感知价值是顾客忠诚的主要驱动因素之一，消费者在购买中总是期望以有

学习微平台

同步链接11-1

限的资源获取最大的交换价值。白长虹、廖伟（2001）认为，顾客感知价值对顾客忠诚有直接或间接的影响，间接影响通过推动顾客满意来达成。对于旅游者来说，如果某次旅游经历让他觉得不虚此行或者有很多超出想象的额外收获，那么他对此次经历的印象就会加深，对该旅游目的地的满意度也会随之增加，进而对忠诚度产生影响。此外，这种正面的强化还会直接促使旅游者产生对目的地的忠诚感，对旅游者未来的选择行为产生影响。

4）感知质量

感知质量是指消费者在使用或体验过某产品或服务之后对其质量的主观感受与评价，这种主观的评价与产品或服务的实际质量可能会存在某种程度的差距，但它却是影响消费者购后评价和满意度的重要因素。也就是说，消费者的感知质量越高，他对该产品或服务的满意度就越高，而满意度又是影响忠诚度的重要条件，所以感知质量也就成为消费者忠诚度的影响因素之一。不少旅游学者的研究也证实了旅游者对旅游目的地的感知质量不仅对其忠诚度有着直接的正向影响，还通过旅游者满意这一变量间接地对旅游者忠诚产生影响。

11.3.3 其他层面

1）转换成本

转换成本是指当消费者从一个产品或服务的提供者转向另一个提供者时所产生的一次性成本。这种成本不仅仅是经济上的，也包括时间、精力和情感上的。如果顾客从一个企业转向另一个企业，可能会损失大量的时间、精力、金钱和关系，那么即使他们对企业的产品或服务不是完全满意，也会三思而行。顾客的转换成本对顾客转移视线起阻碍作用，因此有利于维持与顾客的既有关系，从而提高顾客忠诚。但是，也应该看到，转换成本是一种带有某种强制性的因素，虽然这种产品或服务不是最好的，但是由于某种原因，消费者不得不继续使用该产品或服务，在这种情况下消费者会有一种被绑架的感觉，其对该产品或服务并不是真正的认可，这种忠诚是一种短期的忠诚，并且存在很大的转移风险，一旦消费者找到更加满意的产品或服务，转换成本降低或消失，消费者的忠诚也会随之消失。

2）其他因素

以上介绍的旅游者忠诚度的影响因素是被大多数学者们证实并得到普遍认同的因素。除了这些具有普遍意义的因素之外，对于一些其他因素学者们也进行了不同程度的探索。这些因素包括旅游动机、感知距离、感知价格、感知风险、旅游地个性等（这些因素或可以归入目的地层面因素中，或可以归入旅游者层面因素中）。可以看出，对于旅游者忠诚度影响因素的探索一直处于不断发展之中。相信经过不断探索和实践，会有更多的因素被证实。

11.4 基于旅游消费者忠诚度的旅游营销

1）宣传和树立良好的形象，建立顾客信任

对于旅游目的地来说，一个独特鲜明的形象可以给旅游者留下好的印象，从而培育出其对目的地的情感，进而刺激其游览欲望，激发游览动机，产生游览行为，获得愉悦体验，进而重复游览，重复愉悦体验，最终形成旅游者忠诚。另外，个性鲜明的形象还可以使旅游者获得一种超出旅游产品和服务之外的社会和心理利益。同时，良好的形象有助于降低旅游者的购买风险，增强其购买信心，而这种信心是旅游者对目的地信任情感产生的最初来源，也是旅游者忠诚产生的基本前提。旅游目的地对其形象的塑造应该有个性、有特色、有内涵，应该是内在价值和外在气质的统一，只有这样它才能对旅游者产生独特的吸引力，使自己的形象和精神内涵与旅游者产生共鸣，进而将与自己个性相符的旅游者吸引过来。对旅游目的地形象的宣传，应该是一个持续性的行为，贯穿到旅游者消费前、消费中、消费后的过程中。对于其宣传途径，可以有多种方式，比如在旅游者消费前这一阶段，可以通过网络虚拟社区对目的地的主要产品、主要特色、主要文化和理念进行展示和介绍，增加旅游者的游前认知；在旅游者消费过程中，可以借助一些有形的实物产品来宣传目的地的形象，也可以通过目的地的服务人员来展现当地的特色；而在旅游者消费后的阶段中，可以通过建立旅游目的地信誉评价体系的方式，邀请旅游者对其进行评价，这样做既向旅游者展示了目的地注重质量、以旅游者为中心的理念，也为其他旅游者进行旅游决策提供了某些参考和借鉴。

2）提供高质量的旅游服务产品

旅游产品是一种服务性产品，旅游者购买的是一种经历和体验。因此，在这种无形的产品的提供过程中，服务是最主要和关键的因素。目的地提供的旅游服务越周到、越贴心，旅游者对其整体感知质量就越高，而感知质量的高低决定了旅游者对此目的地满意度的大小，满意度又是忠诚度产生的前提，所以为了培养忠诚的旅游者，旅游目的地必须要提高其供应的旅游产品和服务的质量。为了保证旅游者能够体验到高水准的服务质量，旅游目的地需要提前了解哪些因素会在旅游者的消费过程中对其产生影响，找到了这些因素之后，有针对性地进行改进。在这个过程中，尤其需要重视的是那些旅游者与服务人员的接触点，比如在一个特定的景区之内，旅游者购票、旅游者咨询、导游讲解，就是最需要注意的服务接触点，景区服务质量的提升重点也在这些接触点上。服务质量的好坏与服务的提供者有着密切的联系，服务人员的态度、语言、行为举止、精神状态等都会直接影响到旅游者的感知质量。一个好的旅游服务者可以让原本平淡无奇的旅游消费过程变得精彩纷呈；相反，一个不称职的旅游服务者可能会使得原本美好的旅游体验过程变得一团糟。因此，对旅游服务人员的培训和管理是保证旅游服务质量的一个重要环节，旅游目的地应该给予服务人员更多的关怀，为他们创造一个和谐的文化氛围，同时增加必要的技术培训，让他们变为忠诚的服务人员，为旅游者提供完美的服务。除了上述两方面外，良好的旅游服务质量还有赖于目的地各个部门之间的合作和协调，不管是酒店、餐馆、景区、旅游交通部门、旅游管理部门，还是邮电、银行等其他支持部门，只要是有可能涉及旅游者活动的地方，都需要旅游目的地进行统一协调和保障，为旅游者提供一次高质量的服务体验。

3）重视顾客价值，提高旅游者满意度

为了增强忠诚度，必须提高每个顾客的满意度水平，并长期保持这种水平。为此，需要增加提供给顾客的价值。对于旅游目的地来说也是这个道理，为了培养忠诚的旅游者，旅游目的地必须要重视顾客价值，并想办法提高，让旅游者感觉到他所收获的价值远远超过他应得到的，并且这些额外的价值并没有造成他消费成本的增加。提高顾客价值最基本的途径是通过提高旅游者的旅游感知质量来体现，而这种感知质量的提升有赖于良好的服务和产品。旅游目的地应该从保证旅游硬件服务设施的质量、服务本身的质量、整体环境的营造几个方面做起，为旅游者打造高质量的旅游服务产品。除此之外，旅游目的地可以通过提升本身形象的方法塑造自己的品牌，使旅游者感受到自己消费的旅游产品是具有品牌价值的，这可以提高他们对于旅游产品社会价值和心理价值的评价。另外，旅游目的地还可以将其与旅游者之间关系的塑造发展成为一种独特的关系价值，使旅游者对目的地产生情感上的偏好和依赖。

◆ 课程思政11-1 ◆

万豪免费Wi-Fi计划排除TMC客人遭质疑

背景与情境：对所有万豪酒店"忠诚度计划"的成员提供免费Wi-Fi是一件值得庆贺的事情，对吗？2014年11月，万豪酒店宣布将对4 700万"Marriott Rewards"的成员提供免费Wi-Fi。这说明全球有许多酒店没有为客人提供免费Wi-Fi，万豪的此项计划也对美国国际旅游营销公司（Institute of Travel & Meetings，ITM，是一个为商务旅行和会议的买家、卖家及管理人员提供服务的专业机构，主要服务于英国和爱尔兰）有一些负面影响。万豪酒店的计划只适用于在万豪酒店的官方网站和移动应用、呼叫中心或通过酒店直接预订的"忠诚度计划"成员。也就是说，通过TMC（Travel Management Companies，差旅管理公司）等分销商预订的客人无法享受这项服务。万豪酒店的执行副总裁兼首席营销和商务官Stephanie Linnartz表示："免费Wi-Fi对回馈忠诚度客户非常有意义，并且将吸引下一代旅行者。"ITM称这项"反企业用户的创意"意在从企业认可的差旅服务渠道中争夺商务旅行者。ITM行业事务部主席Mark Cuschieri表示："我们承认通过免费服务或设施回馈忠诚客户的重要性。对于酒店来说，这些客户通常来自于商务旅行群体。但如果是从企业认可的差旅服务渠道争夺商务旅行者，那么问题就很严重了。"有些人可能会说万豪酒店是希望获得更多直接预订，但争论的核心是围绕着集中差旅管理与非集中差旅管理的政策。为"不遵守企业差旅政策"的忠诚客户提供如免费Wi-Fi等奖励触及了是否遵守集中差旅管理政策的边界。ITM对集中差旅管理的正式定义如下："（这是）一种为散客和团体旅行支出提供流程、供应商和数据的严格方法，目的在于提供有关成本节约、服务提供和风险控制的可测量的结果。"ITM表示已发文给万豪酒店，要求其重新考虑这项计划。Mark Cuschieri指出："从我们的成员角度考虑，我们要求万豪酒店重新考虑其市场地位，纯粹回馈忠诚客户，而不是利用他们降低分销成本，并且破坏协商的酒店协议。"

（资料来源 环球旅讯. 万豪免费Wi-Fi计划排除TMC客人遭质疑［EB/OL］.［2014-11-11］. http://www.traveldaily.cn/article/86147）

问题：万豪免费Wi-Fi计划背后涉及哪些伦理与道德议题？这些议题给旅游行业从业人员什么启示？

4）注重沟通，建立情感联系

忠诚度衡量的一个重要层面是态度，这种态度上的忠诚建立在旅游者发自内心地对旅游目的地的情感认同之上，而情感联系的建立必须依赖目的地与旅游者之间的沟通。这种沟通是持续不断的，发生在旅游者与目的地接触的每一个环节之中。在旅游者对目的地进行信息咨询的阶段，目的地应该尽可能地掌握旅游者的需求，并为其提供专业的合适的建议；在游览过程中，目的地更应该加强与旅游者的交流和沟通，这个阶段的沟通主要依靠服务人员来实现，应该让服务人员细心地观察旅游者的行为，与旅游者进行及时的沟通，了解旅游者游览过程中的不满和期待，并适时进行改进；而在游览结束后，目的地可以对旅游者进行回访，了解其在目的地的体验感觉，对旅游者的意见进行及时反馈。在这一系列的沟通过程中，旅游者能体会到目的地对旅游者价值的重视、对旅游者体验的关注，由此便会产生一种被重视的感觉，而这种感觉会在无形之中加强其与目的地之间的情感联系，进而影响到其对目的地的整体评价和满意度，最终作用于忠诚度。

5）重视关系营销，加强顾客关系管理

根据马斯洛需求层次理论，人的需求分为生理、安全、社交、受尊重、自我实现这五个层次。一般的旅游者对于旅游目的地的需求停留在前三个层次，而忠诚的旅游者对于旅游目的地的需求则更多地表现为后两种。因此，对于这些忠诚的旅游者，旅游目的地应该致力于维系和提升他们与目的地之间的情感，增加旅游者的受尊重感和自我实现感。在这个方面，关系营销显得尤其重要。**关系营销是把营销活动看成一个企业与消费者、供应商、分销商、竞争者、政府机构及其他公众发生互动作用的营销理念和实践。**关系营销的核心是建立和发展与这些公众的良好关系。

◀▶**业务链接11-1**

关系营销的基本原则及旅游关系营销的主要途径

关系营销的实质是在市场营销中与各关系方建立长期稳定的相互依存的营销关系，以求彼此协调发展，因而必须遵循以下原则：

①主动沟通原则。在关系营销中，各关系方都应主动与其他关系方联系，相互沟通信息，了解情况，形成制度，或以合同形式定期或不定期碰头，相互交流各关系方的需求变化情况，主动为关系方提供服务或为关系方解决困难和问题，增强伙伴合作关系。

②承诺信任原则。在关系营销中各关系方相互之间都应做出一系列书面或口头承诺，并以自己的行为履行诺言，才能赢得关系方的信任。承诺的实质是一种自信的表现，履行承诺就是将誓言变为行动，这是维护和尊重关系方利益的体现，也是获得关系方信任的关键，是公司（企业）与关系方保持融洽伙伴关系的基础。

③互惠原则。在与关系方交往过程中必须做到满足各方的经济利益，通过在公平、公正、公开的条件下进行成熟、高质量的产品或价值交换使关系方都能得到实惠。

在旅游营销中，关系营销的途径有很多种，最常见的一种方式是建立客户档案，进行客户信息的管理。这种方式旨在了解旅游者的基本信息、日常生活习惯、行为习惯、消费偏好等，以便对客户进行日常的关心和祝福，或者在其下次旅游时提前做好相关准备。可以经常性地向旅游者邮寄或发送目的地的最新旅游信息或活动促销信息，还可以成立忠实旅游者俱乐部，定期或不定期举办一些联谊活动或者交流会。这样的话，就可以增加旅游者与目的地之间的情感联系，体现了旅游者在目的地的重要性，增强其归属感，进而维持和加强其对旅游目的地的忠诚度。

（资料来源 作者根据相关资料整理）

6）把握需求变化，进行精准营销

由于外界市场环境、流行趋势或者旅游者自身偏好转移的影响，旅游者的需求也会发生变化。对于旅游目的地来说，及时、准确地把握这些变化对其成功具有重要的意义。由于忠诚的旅游者是旅游目的地最稳定、最可靠、最有经济价值的客源，因此，旅游目的地对于这些忠诚顾客的需求变化更需要给予足够的重视。对于顾客需求变化的准确把握需要平时的不断关注和沟通，只有在不断的交流沟通过程中才能及时发现旅游者需求的变化趋势，从而及时做出应对。尤其对于一些高端旅游产品，更需要及时掌握这些忠诚的旅游者的需求变化，并针对这些变化做到一对一的精准营销，最大限度地维系与这些忠诚旅游者的关系。**精准营销是指在精准定位的基础上，依托现代信息技术手段建立个性化的顾客沟通服务体系以实现企业可度量的低成本扩张之路的一种营销理念和实践。**

学习微平台

延伸阅读11-3

业务链接11-2

国航用什么让客户忠诚于自己？

国航在客户关系和客户忠诚度的建设方面具有前瞻性。国航的实践表明，市场在变化，客户也在不断变化，企业只有了解客户的变化，才能为客户提供真正满意的服务，也才能让客户对自己越来越忠诚。那么，国航用什么让客户忠诚于自己呢？

①客户忠诚度是心与心的沟通。靳英杰花了十几年时间，一手组织建立了国航的"常旅客"计划。今天，国航的"常旅客"已经超过了2 700万人，可以说这是国航的一笔宝贵的财富。在一个开放的市场环境下，靳英杰认为客户忠诚的核心问题，就是如何让客户与企业产生黏性。通过全面开展CRM项目的建设，靳英杰也亲身经历了企业对客户认知的不断变化。而对于客户忠诚度的建立，通过长期的观察，靳英杰认为主要在于与客户的沟通，也只有沟通才能建立与客户的内心交流。靳英杰认为需要将客户忠诚度和客户关系联系起来，其核心就是管理客户的沟通渠道，通过对沟通渠道的管理，获得客户对企业的认同。

②管理客户沟通的渠道。事实上，航空业开始重视客户也是市场竞争和发展的结果。航空公司也从原来的坐商，发展到今天的行商。原来在航空公司和客户之间存在一大批代理人，70%～80%的销售渠道都在航空代理人手中，客户的真实情况对航空公司来说是个谜。"常旅客"计划让航空公司开始掌握客户购票、行程等方面的数据，这些数据对于未来航空公司深入了解客户是非常有价值的，而且也不会影响代理人的商业行为。在靳英杰看来，"微信""微博"等社会化媒体的出现，为企业和客户的沟通创建了新的渠道，而这种比较私人性的沟通能真正建立起客户和企业之间的信任感，能引发客户心灵的感受，进而提高客户的黏性。靳英杰更愿意把客户忠诚度看成是基于客户黏性的客户关系管理。

③客户关系是一场企业革命。国航商务部门还确定了两个中心和三个基础，两个

中心分别是收益最大化、客户价值最大化；三个基础则是产品创新、服务创新和管理创新。因此，国航面临着客户关系的全面升级，为此，国航开始了全面的 CRM 项目建设。为了保证 CRM 项目的顺利实施和获得成功，国航同时也在进行全面的组织变革的管理流程再造。在 IT 部门工作过 8 年的靳英杰深知 IT 系统只是将好的管理流程固化下来，如果没有组织变革，IT 系统再好，也无法落实到应用层面，就不能真正产生效益。

④涉足海外社会化媒体。既然社会化媒体可以增加企业和客户的沟通渠道，国航不仅在国内尝试社会化媒体的运营，还把目标放在了海外，并陆续开通了海外 Facebook 账号、Twitter 账号等，已经在海外有几十个分支机构的国航，踏出了勇敢创新的一步。

⑤发现和理解客户需求。靳英杰谈到国航如何对待那些高质量的抱怨客户时指出："我们有一批对国航抱怨最大的白金卡、金卡的客人。我们经常会请这些既特别喜欢骂国航、又喜欢给国航提意见的人坐在一起，让他们评论国航从机场到地面的所有服务。这些客户由于天天飞，了解航空公司的每一个细节，会告诉你哪些地方有问题。即便言语和态度都很激烈，但他们是与国航走得最近的。"这样的客户恳谈会，常有国航的董事长、总裁、服务总监参与其中，去了解和发现他们平时看不到的问题，找到企业在运营中需要解决的共性问题。

⑥选择你而非你的对手。其实，客户忠诚度的一个重要表现是客户愿意选择你，更胜于选择你的竞争对手。靳英杰认为要解决这个问题，就需要企业在服务上不断创新。但现在不容忽视的问题是同行间的同质化竞争越来越激烈。走在别人前面是艰苦的，但是唯有创新才能给客户带来真正的吸引，而创新的关键是有竞争者不易模仿的产品。靳英杰表示国航永远不会停止创新的脚步，国航也在不断向国外先进的航空公司学习，以获得创新的源泉。国航作为国际化的航空公司，同时又是星空联盟的成员，国航的员工有很多机会参与各种各样的国际航空业会议、乘坐外航航班，这些都大大扩展了国航的视野，也能促使其不断超越自己。

（资料来源　周安利. 国航用什么让客户忠诚于自己？访中国国际航空公司市场部副总经理靳英杰［EB/OL］.（2013-06-13）. http://www.cnr.cn/）

学习微平台

课程思政 11-2

✿ 本章概要

✿ 主要概念

旅游者忠诚度　关系营销　精准营销

✿ 内容提要

• 本章主要介绍了顾客忠诚度的基础理论、分类，旅游者忠诚度的定义、测量指标、测量模型和影响因素以及基于旅游者忠诚度的旅游营销。

• 学界和业界对顾客忠诚（度）的理解大致存在三种类型的理论：行为论、态度论和复合论。

• 对顾客忠诚（度）的分类主要有以下四种方案：基于"行为-态度"组合的分类、基于"满意-忠诚"组合的分类、基于顾客忠诚程度差异的分类、基于顾客忠诚情感来源的分类。

•旅游者忠诚度是旅游者对某一旅游目的地或旅游产品所具有的高度认同感和归属感，以及重复购买、正面推荐和将之作为首选的行为。

•旅游消费者忠诚度的测量指标主要分为行为忠诚度的测量指标和态度忠诚度的测量指标两类。其中，行为忠诚度的测量指标有：游览次数、游览次序和正面宣传的次数；态度忠诚度的测量指标有：重游意愿、推荐意愿、未来首选意愿。一些研究也将价格容忍度、风险容忍度作为态度忠诚度的测量指标。

•本章构建了一个采用行为–态度综合法的旅游消费者忠诚度测量模型。用 L（loyalty）代表旅游者的忠诚度，B（behavior）代表其行为忠诚度，bi 代表行为忠诚度的测量指标 i，A（attitude）代表态度忠诚度，ai 代表态度忠诚度的测量指标 i，ri 代表测量指标 i 的权重，则 L 可以表示为：

$$L = B + A = \sum_{i=1}^{3} bi \times ri + \sum_{i=1}^{5} ai \times ri$$

•旅游消费者忠诚度的影响因素可以从旅游者层面、旅游目的地层面以及其他层面三方面来理解，但不是截然对立的区分。总结起来，影响因素有：旅游者满意度、感知价值、感知质量、旅游者特性、地方依恋、目的地形象、服务质量、转换成本等。

•基于旅游者忠诚度的旅游营销可从以下六个相互联系的方面进行：宣传和树立良好的形象，建立顾客信任；提供高质量的旅游服务产品；重视顾客价值，提高旅游者满意度；注重沟通，建立情感联系；重视关系营销，加强顾客关系管理；把握需求变化，进行精准营销。

❀ 内容结构

本章内容结构如图11-5所示：

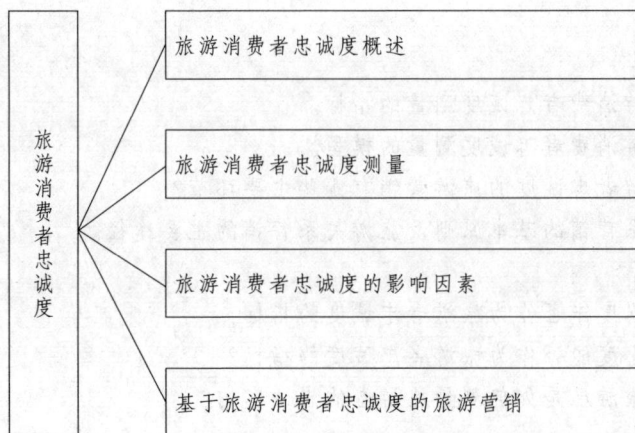

图11-5　本章内容结构

❀ 重要观点

观点 11-1：影响旅游消费者忠诚度的旅游者个人因素与旅游目的地因素是相互关联且彼此影响的。

常见置疑：影响旅游消费者忠诚度的旅游者个人因素与旅游目的地因素是彼此独立的。

释疑：旅游者个人因素与旅游目的地因素是互相联系、互相影响的。例如，旅游目的地层面的目的地形象因素会影响旅游者层面的动机因素、目的地层面的服务质量会显著影响旅游者层面的感知价值、感知质量以及场所依恋等。

观点 11-2： 旅游者满意度并不是旅游者忠诚度的充分条件。

常见置疑： 旅游者满意度是旅游者忠诚度的充分必要条件。

释疑： 旅游者满意度与旅游者忠诚度之间的关系错综复杂，不同的研究因为研究对象和研究过程的差异，往往得出不完全一致的结论。但是，基本的共识是：旅游者满意度并不是旅游者忠诚度的充分条件，也就是说旅游者满意度并不一定会导致旅游者的忠诚度。同时，展现出"忠诚"的现实旅游者，并非必然是因为之前旅游经历的满意度，也有可能是他们不得已而为之的"故地重游"。

✲ **单元训练**

✵ **传承型训练**

▲ **理论题**

△ **简答题**

1）简述顾客忠诚度的含义与分类。

2）简述旅游者忠诚度的概念及其认识的理论派别。

3）简述旅游消费者忠诚度的影响因素。

△ **讨论题**

1）对顾客忠诚理解的行为论、态度论和复合论是什么关系？

2）为什么认知性忠诚、情感性忠诚、意向性忠诚又被合称为态度性忠诚？

3）旅游者满意度是旅游者忠诚度的必要条件吗？

▲ **实务题**

△ **规则复习**

1）简述旅游消费者忠诚度测量的指标。

2）简述旅游消费者忠诚度测量的模型。

3）基于旅游者忠诚度的旅游营销有哪些主要环节？

4）简述关系营销的基本原则及旅游关系营销的主要途径。

△ **业务解析**

1）价格容忍度能否作为旅游者忠诚度的指标？

2）风险容忍度能否作为旅游者忠诚度的指标？

3）夏威夷旅游局是如何测量旅游者的忠诚度的？

▲ **案例题**

△ **案例分析**

【训练项目】

案例分析-XI。

【训练目的】

同第1章本题型的"训练目的"。

【教学方法】

同第1章本题型的"教学方法"。

【训练任务】

同第7章本题型的"训练任务"。

【相关案例】

一定要住东方酒店

背景与情境：于先生因公务经常出差泰国，并下榻在东方酒店，第一次入住时，良好的酒店环境和服务就给他留下了深刻的印象，当他第二次入住时，几个细节更使他对酒店的好感迅速升级。

那天早上，当他走出房门准备去餐厅时，楼层服务生恭敬地问道："于先生是要用早餐吗？"于先生很奇怪，反问"你怎么知道我姓于？"服务生说："我们酒店规定，晚上要背熟所有客人的姓名。"这令于先生大吃一惊，因为他频繁往返于世界各地，入住过无数高级酒店，但这种情况还是第一次碰到。

于先生高兴地乘电梯下到餐厅所在的楼层，刚刚走出电梯门，餐厅的服务生就说："于先生，里面请。"于先生更加疑惑，因为服务生并没有看到他的房卡，就问："你知道我姓于？"服务生答："上面刚打电话，说您已经下楼了。"如此高的效率让于先生再次大吃一惊。

于先生刚走进餐厅，服务小姐微笑着问："于先生还要老位子吗？"于先生的惊讶再次升级，心想"尽管我不是第一次在这里吃饭，但距上一次也有一年多了，难道这里的服务小姐记忆力那么好？"看到于先生惊讶的目光，服务小姐主动解释说："我刚刚查过电脑记录，您在去年的6月8日在靠近第二个窗口的位子上用过早餐。"于先生听后兴奋地说："老位子！老位子！"服务小姐接着问："老菜单？一个三明治，一杯咖啡，一个鸡蛋？"现在于先生已经不再惊讶了，他已经兴奋到了极点："老菜单，就要老菜单！"

上餐时餐厅赠送了于先生一碟小菜，由于这种小菜于先生第一次看到，就问："这是什么？"服务生后退两步说："这是我们特有的××小菜。"服务生为什么要先后退两步呢？他是怕自己说话时口水不小心落在客人的食品上，这种细致的服务不要说在一般的酒店，就是在美国最好的酒店里于先生都没有见过。这一顿早餐给于先生留下了终生难忘的印象。

后来，由于业务调整，于先生有三年的时间没有再到泰国去。在于先生生日时突然收到了一封东方酒店发来的生日贺卡，里面还附了一封短信，内容是：亲爱的于先生，您已经有三年没来我们这里了，我们全体人员都非常想念您，希望能再次见到您。今天是您的生日，祝您生日快乐。于先生当时热泪盈眶，发誓如果再去泰国，绝对不会到任何其他的酒店，一定要住在东方酒店，而且要说服所有的朋友都要做出和他一样的选择。

（资料来源　作者根据相关资料整理）

问题：

1）该案例涉及本章的哪些知识点？

2）本案例中的主人公于先生，算是东方酒店的忠诚客户吗？

3）依据有关旅游者忠诚度影响因素及营销策略的知识，结合案例内容，分析东方酒店采取了哪些营销措施，这些措施对应了哪些影响因素？

【训练要求】

同第1章本题型的"训练要求"。

【成果形式】

1）训练课业：撰写《"一定要住东方酒店"案例分析报告》。

2）课业要求：同第1章本题型的"课业要求"。

△ 课程思政

【训练项目】

课程思政-XI。

【训练目的】

同第1章本题型的"训练目的"。

【教学方法】

同第1章本题型的"教学方法"。

【训练准备】

同第1章本题型的"训练准备"。

【相关案例】

应重视旅游微信营销的道德建设

背景与情境：如今，打开手机的微信朋友圈，不仅能看到朋友们发布的动态信息，还能看到关于旅游、餐饮、服饰、代购等商品与服务信息。事实上，基于微信平台的旅游营销已经开展得如火如荼。微信营销是建立在大数据基础上、基于个人信息收集和应用的互联网精准营销模式。因此传播主体的真实性非常重要。目前，微信官方要求用户进行实名认证。如果打虚假广告或者发布虚假产品信息，那么受众上当受骗后可追究其法律责任。

问题：

1）本案例所述的现象是否涉及伦理与道德议题？如有，具体有哪些？

2）对本案例涉及伦理与道德议题的行为做出思政研判。

3）说明所做思政研判的伦理与道德规范依据。

4）微信的管理团队以及政府管理部门，应该如何加强微信营销过程中的道德建设？

【训练要求】

同第1章本题型的"训练要求"。

【成果形式】

1）训练课业：撰写《"应重视旅游微信营销的道德建设"思政研判报告》。

2）课业要求：同第1章本题型的"课业要求"。

✿ 创新型训练

▲ 拓展创新

【训练项目】

决策设计-III。

【训练目的】

见本章"学习目标"中"创新型学习"的"决策设计"目标。

【教学方法】

同第3章本题型的"教学方法"。

【训练任务】

1）体验对"附录三"附表3"解决问题"能力"高级"各技能点"基本要求"和"参照规范与标准"的遵循。

2）体验对"知识准备"所列知识的学习和运用。

3）体验在"相关案例"情境中"结构不良知识"的"创新学习"及其迁移。

4）撰写《"决策设计-III"训练报告》。

【训练准备】

知识准备：

学生自主学习如下知识：

1）本章理论与实务知识。

2）本教材"附录一"附表1"解决问题"（高级）各技能点的"知识准备参照范围"所列知识。

3）"决策理论"与"决策方法"基本知识（高级）。

4）本教材"附录三"附表3"解决问题"能力"高级"各技能点"基本要求"和"参照规范与标准"。

指导准备：

同第3章本题型的"指导准备"。

【相关案例】

关系营销的途径选择

背景与情境：小刘是广州某大学旅游管理专业毕业不久的大学生。由于喜欢背包出游、住青年旅舍，他和几个同样喜欢背包游的公司白领，投资开了一间青年旅舍。营业一年多以来，他发现入住的客人绝大部分是初次入住，回头客很少。小刘了解到，吸引新客人的成本不低，仅广告费就是一笔不小的开支，他认为旅舍的发展需要有大量的回头客，因此，他决定在不断吸引新客户的同时，保持一定规模的回头客，实现市场结构的均衡。他首先想到的是关系营销，以实现良好的客户关系管理。目前的基本状况是，尚未整理出旅舍已经入住过的客户的资料。旅舍有给每位入住者一张空白明信片，入住者可以寄给自己或其他人，明信片上有旅舍的联系方式。尽管已经经营一年多了，但由于经验有限，对于选择一种什么样的关系营销途径，小刘和合作者们陷入了沉思。

问题：

1）根据案例所示情景，假如你是小刘，你认为旅舍可以采取什么样的关系营销途径？

2）请具体阐述你的方案及缘由。

【训练要求】

（1）-（4）同第3章本题型的"形成性要求"。

（5）小组总结本次训练，形成《"决策设计-III"训练报告》。

【成果形式】

训练课业：撰写《"决策设计-III"训练报告》。

课业要求：

1）《"决策设计-III"训练报告》重点总结对"知识准备"所列知识学习和运用的体验，以及对"附录三"附表3"解决问题"能力"高级"各技能点"基本要求"和"参照规范与标准"遵循的体验。

2）将《"关系营销的途径选择"决策提纲》和《"关系营销的途径选择"决策方案》作为《"决策设计-III"训练报告》的附件。

3）结构、格式与体例要求：参照本教材"课业范例"的"范例-5"。

4）在校园网的本课程平台上展示班级优秀《"决策设计-III"训练报告》，并将其纳入本课程的教学资源库。

❋ 建议阅读

［1］白长虹，刘炽. 服务企业的顾客忠诚及其决定因素研究［J］. 南开管理评论，2002，6：64-69.

［2］郭国庆. 营销伦理［M］. 北京：中国人民大学出版社，2012：4-23.

［3］郭国庆. 服务营销管理［M］. 2版. 北京：中国人民大学出版社，2009：104-110.

［4］费雷尔，费雷尔. 商业伦理［M］. 杨欣，译. 北京：世界图书出版公司，2011：22-43.

［5］泽丝曼尔，比特纳，格兰姆勒.服务营销［M］. 7版. 张金成，白长虹，杜建刚，等译. 北京：机械工业出版社，2018.

［6］朱竑，刘博. 地方感、地方依恋与地方认同等概念的辨析及研究启示［J］. 华南师范大学学报（自然科学版），2011，1：1-8.

［7］SUN X，CHI C G Q，XU H. Developing destination loyalty：the case of Hainan Island［J］. Annals of Tourism Research，2013（43）：547-577.

［8］WILLIAMS D R，PATTERSON M E，ROGGENBUCK J W. Beyond the commodity metaphor：examining emotional and symbolic attachment to place［J］. Leisure Studies，1992，14（1）：29-46.

第 12 章
旅游消费者行为跨文化比较

▶ **学习目标**

12.1 跨文化比较概述

12.2 旅游消费者行为的跨文化比较

12.3 跨文化旅游营销

▶ **本章概要**

▶ **基本训练**

▶ **建议阅读**

▶ **学习目标**

▷ **传承型学习**

通过以下目标，建构以"旅游消费者行为跨文化比较"为阶段性内涵的"传承型"专业学力：

理论知识：学习和把握跨文化比较研究的主要取向，霍夫斯塔德的文化维度理论，旅游消费者动机与感知的跨文比较，旅游消费者决策行为的跨文化比较，服务质量评价与行为倾向的跨文化比较等陈述性知识；用其指导"同步思考"、"深度思考"、"教学互动"和相关题型的"单元训练"；体验"旅游消费者行为跨文化比较"中"理论知识"的"传承型学习"及其迁移。

实务知识：学习和把握跨文化旅游营销的相关概念与主要策略，以及"业务链接"等程序性知识；用其规范"深度剖析"和相关题型的"单元训练"；体验"旅游消费者行为跨文化比较"中"实务知识"的"传承型学习"及其迁移。

认知弹性：运用本章理论与实务知识研究相关案例，对"引例"、"同步案例"和章后"案例分析—XII"进行多元表征，体验"旅游消费者行为跨文化比较"中"结构不良知识"的"传承型学习"及其迁移；依照相关行为规范对"课程思政 12-1"、"课程思政 12-2"和章后"课程思政—XII"进行思政研判，激发与"尊重中国游客"、"迪士尼受挫"和"逆向歧视"等"文化冲突"议题相关的全球伦理思考，促进健全职业人格的塑造。

▷ **创新型学习**

通过以下目标，建构以"旅游消费者行为跨文化比较"为阶段性内涵的"创新型"专业学力：

拓展创新：参加"拓展创新-III"训练。通过学习和应用其"知识准备"所列知识，系列技能操作的实施，《中国国家旅游形象的跨文化比较研究》论文的准备、撰写、讨论与交流和《"拓展创新-III"训练报告》的撰写等活动，体验"旅游消费者行为跨文化比较"中"创新学习"（高级）及其迁移。

学习微平台

思维导图 12-1

引例：霍夫斯塔德文化维度与旅游者满意度的关系

背景与情境： 来自不同文化的旅游者在同一个目的地的满意度是否会出现显著的差异？如果会的话，是不是因为不同的文化导致了满意度的差异？如果是的话，是文化的哪些方面的差异导致了满意度的差异？最近的一项研究（Huang & Crotts，2019）对这一系列问题进行了回答。

这一研究运用两个数据库（对两个数据库的研究结果展开交叉验证）：其一，澳大利亚旅游研究（Tourism Research Australia）的"2017年国际访客调查数据库"（2017 International Visitor Survey Dataset）；其二，香港理工大学的"2016年香港旅客满意度指数项目数据库"（2016 Hong Kong Tourist Satisfaction Index Project Dataset）。这两份数据分别包含了澳大利亚和中国香港地区作为旅游目的地所接待的旅游者的满意度情况以及旅游者的客源地（所处文化背景）。因此，结合霍夫斯塔德对全球主要国家和地区在六个文化维度（权力距离、个人主义与集体主义、阳刚性与阴柔性、不确定性回避、长期与短期时间价值观、放任与约束）上的评分数据，两位研究者分析了在澳大利亚和中国香港地区的旅游者（样本）的满意度与其文化维度之间的关系。为什么选择澳大利亚和中国香港地区？原因主要有两个：其一，中国香港地区和澳大利亚分别代表了东方和西方两种不同的文化，两者之间文化差异显著（如表12-1所示）。其二，数据的可得性。研究者发现：个人主义和放任与旅游者满意度正面显著相关；权力距离和长期时间价值观与旅游者满意度负面显著相关。

表12-1　　**中国香港地区和澳大利亚在霍夫斯塔德文化维度上的得分差异**

地区/国家	权力距离	个人主义与集体主义	阳刚性与阴柔性	不确定性回避	长期与短期时间价值观	放任与约束
中国香港地区	68	25	57	29	61	17
澳大利亚	36	90	61	51	21	71
绝对差额	32	65	4	22	40	54

注：权力距离采用"权力距离指数"（power distance index，PDI）测度，指数越大，说明这一文化中，社会成员更期待权力或更能够接受社会权力分配不平等这一现象，下级对上级的依赖性呈现出强依赖和反依赖两种极端，上下级间存在很大的情感距离，不大可能存在通过协商解决问题的情形。个人主义与集体主义采用"个人主义指数"测度，个人主义指数得分高表示该国属个人主义社会，得分低则表示该国属于集体主义社会。阳刚性与阴柔性采用"阳刚气质指数"测度，指数越高说明这个国家/社会越阳刚。具有阳刚气质文化的社会认为，男女性别角色具有显著差异，男性应该果断、坚韧、重视物质成就、具有进取心和竞争性、在家庭中负责处理客观事务；女性应该谦虚、温柔、重视生活质量、注重人际关系、在家庭中负责处理感情事务。不确定性回避采用"不确定性回避指数"测度，在高不确定性回避文化中的人呈现出匆忙、不沉着、情绪化、富于攻击性的特征。长期与短期时间价值观采用"长期导向水平"测度，得分越高，说明这个社会的长期导向越强。在长期导向的文化价值观的社会，人们注重节俭，愿意为长远回报而付出努力，坚韧而知廉耻。放任与约束采用"放任程度"测度，得分越高，说明这个社会越放任，亦即越允许人们满足基本需求和自然欲望以获得生活的享乐。

（资料来源　HUANG S S,CROTTS J. Relationships between Hofstede's cultural dimensions and tourist satisfaction:A cross-country cross-sample examination［J］. Tourism Management，2019（72）：232-241）

如上所述，赴中国香港地区/澳大利亚旅游的不同国家和地区的旅游者的满意度是有差异的，且这些差异与文化差异有关。如第7章所强调的，文化对旅游消费者行为有显著的影响。那么，什么是霍夫斯塔德文化维度？如何进行旅游消费者行为的跨文化比较？在本章中，我们将继续对不同文化背景下的旅游消费者行为（如动机、决策行为与实地行为）展开更加深入的比较，并阐述跨文化背景下的旅游营销。

12.1　跨文化比较概述

12.1.1　跨文化比较的主要取向

1）跨文化研究的必要性

跨文化研究对于旅游研究和旅游消费者行为研究十分必要。其主要原因体现在两方面：一方面，由于全球流动性的增强，资金、人、技术和信息都在全球范围内流动。在这一背景下，旅游业作为一个流动性很强的国际化产业近年来更凸显全球化特征。产业中心逐渐开始从西方主导转向全球多中心化。因此，不同文化背景的人的交流频率逐渐提高，交往的深度不断增加。另一方面，旅游业的不同利益相关者都急需这种跨文化的基础知识和理论来支持实际服务质量的提升。因为，旅游作为一项国际性的服务行业，服务产品和服务质量的评价主要依靠旅游者和旅游从业人员的互动。旅游者和旅游从业人员可能来自两个迥然不同的文化背景，他们对同样的事物会有不同的行为习惯。这些事物包括客观的，如酒店、旅游目的地，或者主观的信念、态度等。因此，目前对国际旅游发展具有重大挑战的命题之一就是跨文化管理，包括有效识别旅游消费者文化的多样性及其结构性，并根据不同的消费者目标细分来进行有效的市场营销。

2）跨文化研究的主要取向

目前，国内外学界对跨文化行为的研究尚处于起步阶段。在该领域中还有很多概念和研究方法尚未成熟。有学者曾对21世纪之前关于跨文化的研究进行了归纳总结，认为跨文化研究的取向主要有四种（Lenartowicz & Roth，1999）：人种学描述（ethnological description）、代理使用（use of proxies）、直接价值判断（direct values inference）和间接价值判断（indirect values inference）。

（1）人种学描述

人种学描述是一种偏向于定性研究的方法，其主要是识别和比较不同的文化。人种学描述方法坚持文化是一个复杂而难以分割的综合体。通过对多种文化的观察和描述，人种学描述能够为文化研究提供丰富的材料，并以此材料进行研究假设等。在霍尔（Hall，1969）的文化维度体系中，高语境和低语境的区分是基于人种学描述的例子。此外，著名的"Gannon文化比喻"也是使用人种学描述方法的经典案例。然而，目前旅游研究中较少采取人种学描述的研究取向。

（2）代理使用

代理使用理论（地区划分）认为，文化是可以通过某些特性来反映的。这些特性可被归纳为一个国家或地区共有的文化特质。因为偏好"代理使用"这种研究取向的学者认为，地理环境及其国家共享的历史文化和管理系统都会影响文化群体的行为和现象。代理（proxies）被应用在不同层次的研究中，即文化可以被定义在不同层次中被研究。例如，从群体层次、组织层次、国家层次，甚至到几个国家的层次（例如，欧盟）。目前，以"代理使用"为导向的研究在全球的市场营销研究中非常盛行。在旅游研究中，代理研究是一种比较重要的跨文化研究方法。在旅游消费者动机研究中，文化差异可能会造成出游目的地选择的差异。游欣然等（Lehto，O'Leary，Morrison & Hong，2000）使用二手数据，对日本和英国的出国旅游者进行了统计分析。这项研究以"推-拉理论"作为研究框架，采用1995年"日本出国旅游者市场调研"和1996年"英国出国旅游者市场调研"的数据，对两个国家出国旅游者的出行动机和对目的地的感知进行了比较，并进行了跨文化的解释。

语言也是文化代理中的一个元素。在一些跨文化消费者行为研究中，语言被作为一种文化代理；这些研究对持有不同母语的个体进行比较。例如，一项在澳大利亚墨尔本展开的旅游者调查发现（Reisinger & Turner，1998），对于同样的服务，讲英语的旅游者（English-speaking，例如，美国和加拿大旅游者）、日本旅游者和讲中文的旅游者（Chinese-speaking，例如，我国大陆和台湾地区旅游者）对服务质量的感知和满意度是不一致的。对于美国和加拿大旅游者来说，个人服务、设施质量、通用知识、尊重、员工仪表、礼貌和友好是评价服务（满意度）最重要的方面。对于日本旅游者来说，对日本文化的肯定、语言、通用知识、文化知识和尊重是评价服务（满意度）最重要的方面。对于讲中文的旅游者来说，尊重是最重要的，其次是设施质量、通用知识、员工仪表、礼貌和友好、准时性等。研究认为，文化的多样性会影响旅游服务的满意度。因此，旅游行业应该根据不同文化背景为旅游者提供差异化的服务。

◆ **延伸思考 12-1**

问题：除了语言外，还有哪些指标可以作为文化的代理？

◆ **教学互动 12-1**

主题：代理使用理论认为文化是可以通过某些特性来反映的，例如，语言，即不同语言的旅游者可能会存在不同的旅游消费者行为。

问题：结合自身经历，举例阐述上述观点。

要求：同"教学互动 1-1"的"要求"。

（3）直接价值判断

直接价值判断是一种对价值观直接进行测量的研究取向，主要采取定量研究方法，对一些价值观表现的维度进行问卷调查和数据分析。例如，著名的霍夫斯塔德的文化维度测量。在直接价值测量技术中，各种跨文化研究的价值观测量量表各有不同，以下为几种重要的测量技术：

①Allport-Vernon 价值量表；②Allport-Vernon-Lindzey 价值量表；③生活方式测试；④人际价值观调查；⑤价值取向的描述；⑥个人价值量表；⑦排序程序；⑧前项结果程序；⑨罗克奇价值观调查表（Rokeach Values Survey，RVS）；⑩表意程序。

其中，罗克奇价值观调查表（RVS；Rokeach，1967）在消费者行为和市场研究中的应用最为广泛。RVS是一种在不同文化中都能有效测量其价值观的量表工具。在RVS中，分别有18项终极性价值观（terminal values）和18项工具性价值观

（instrumental values）。受访者会根据其自身的价值观进行排序（最重要的排在第一位，最不重要的在排第十八位），并说明原因。研究者通过对这些终极性价值观和工具性价值观来了解不同文化价值观的系统性和整体性。其中，终极性价值观指的是个人价值和社会价值，用以表示存在的理想化终极状态和结果；它是一个人希望通过一生而实现的目标。工具性价值观指的是道德或能力，是达到理想化终极状态所采用的行为方式或手段。

◆ **业务链接12-1**

罗克奇价值观调查表的测量题项

罗克奇价值观调查表在消费者行为和市场研究中的应用最为广泛。因此，了解并熟练运用这一调查表，对旅游消费者行为的跨文化研究尤其重要。表12-2展示了终极性价值观和工具性价值观的测量题项，各有18个。

表12-2 　　　　　**罗克奇价值观调查表中的终极性价值观和工具性价值观**

终极性价值观	工具性价值观
舒适的生活（富足的生活）	雄心勃勃（辛勤工作、奋发向上）
振奋的生活（刺激的、积极的生活）	心胸开阔（开放）
成就感（持续的贡献）	能干（有能力、有效率）
和平的世界（没有冲突和战争）	欢乐（轻松愉快）
美丽的世界（艺术和自然的美）	清洁（卫生、整洁）
平等（兄弟情谊、机会均等）	勇敢（坚持自己的信仰）
家庭安全（照顾自己所爱的人）	宽容（谅解他人）
自由（独立、自主的选择）	助人为乐（为他人的福利工作）
幸福（满足）	正直（真挚、诚实）
内在和谐（没有内心冲突）	富于想象（大胆、有创造性）
成熟的爱（性和精神上的亲密）	独立（自力更生、自给自足）
国家的安全（免遭攻击）	智慧（有知识、善思考）
快乐（快乐的、休闲的生活）	符合逻辑（理性的）
救世（救世的、永恒的生活）	博爱（温情的、温柔的）
自尊（自重）	顺从（有责任感、尊重的）
社会承认（尊重、赞赏）	礼貌（有礼的、性情好）
真挚的友谊（亲密关系）	负责（可靠的）
睿智（对生活有成熟的理解）	自我控制（自律的、约束的）

（4）间接价值判断

间接价值判断是指使用二手数据来描述某种文化群体特质的方法。间接价值判断是在对不同文化群体的直接价值测量基础上的进一步研究。但是，这种测量方法也可能因为其二手资料的标准问题导致偏差。多文化比较是跨文化研究中一项重要的研究内容，很多人类学家、社会心理学家都尝试使用对比的方法去分析文化行为的特征。文化行为的模式是多种多样的，但在跨文化研究中有三种主要的文化模式假设备受研究者关注。第一种是霍夫斯塔德的文化维度。在这个文化维度里，霍夫斯塔德（Hofstede，2001）认为价值观可以分为六个方面，分别为个人主义与集体主义、不确定性回避、权力距离、阳刚性与阴柔性、长期与短期时间价值观、放任与约束，这些方面在不同的文化群体中都因受到文化影响而产生不同。第二种文化维度假设是由人类学家佛萝伦丝·克拉克洪和弗雷德·斯多特贝克提出的。他们认为人的本质、人和自然的关系、时间导向、活动导向和社交导向等是主要的文化维度。第三种是由霍尔（Hall，1969）提出的文化维度，主要是关注高低语境方面和多元信息系统和文化之间的关系。由于霍夫斯塔德的文化维度理论十分重要，下文将专辟一节详细介绍这一文化维度以及使用该文化维度所进行的消费者行为研究。

◁ 同步思考12-1 ▷

问题： 霍夫斯塔德的文化维度理论，既涉及直接价值判断又涉及间接价值判断取向吗？

12.1.2 霍夫斯塔德的文化维度理论

吉尔特·霍夫斯塔德是早期尝试使用定量方法来检验文化价值观的学者之一。霍夫斯塔德通过对3个地区、50多个国家的跨国企业和组织的员工进行问卷调查，通过仔细的分类和分析（每个国家在六个维度中都有相应的排序位置），对比不同国家文化在对应维度中的情况进行研究。这种对不同国家的排序，不仅能够清晰地表明某一种国家文化在某个价值维度中的个体情况，而且能够通过排序了解不同文化的对比。接下来将详细阐述每个维度的意义。

1）个人主义与集体主义（individualism-collectivism）

过去很多人类学家和社会心理学家都会将人类的行为区分为"自我导向"与"集体导向"，这是价值观对人类行为的其中一个影响指标。个体和集体的价值观趋向会影响人类在家庭、学校和工作中的交往。霍夫斯塔德和其他研究者一样，认为个人主义和集体主义影响着人们交往行为的主要价值导向。例如，许多学者都意识到个人主义和集体主义在人们交往中的重要影响，并且他们都将个人主义和集体主义独立地划分为一个测量文化价值观的维度。在理解个体主义和集体主义时必须认识到这一点：每个个体的价值观里都是存在个体导向和集体导向的，并没有一种文化群体是完全个人主义和集体主义的，只是这些文化中的个体在思考和采取行动时哪一种导向更为优先，以哪一种目标作为主要的目标，集体的还是个人的。

以个人主义为主要的价值导向的人，通常具有以下特征：①单个的个体是社会中最重要的单位；②强调独立而不是相互依存；③更注重个人的成就；④个性化和独立被认为是最高的价值观。根据霍夫斯塔德的研究，美国、澳大利亚、英国、加拿大、荷兰和新西兰是比较趋近个人主义的，这些国家的文化具有以下一些特质：人们的个人目标是首位的，高于他们所属集体的目标。这些集体包括家庭或者工作单位。个体对于集体的忠诚度非常低，他们认为自身是属于多个集体的，需要时可能会改变所属的集体，例如，更换教区或者跳槽等。倾向于个人主义的文化通常会提倡竞争多于合作，他们视个人的目标先于团队的目标。在工作场景上，他们很少将个人情感赋予团队和组织上，而且每个个体都享有拥有私人财产的权利，他们鼓励独立思考、自主决定，提倡创新性和个人成就。

分属于个人主义文化和集体主义文化的两个群体进行交涉和共同决定时，通常会产生分歧和文化冲突。在不同的情景下，个人主义和集体主义的文化群体会体现出不同的文化行为特征。在一个小团体中，个人主义的成员独立工作的动力更大。在空间使用上，个人主义者更希望自身有更大的空间，个体间的距离更大。在家庭中，个人主义者更加倾向于自主、独立和更注重个人隐私。在商务场合，个人主义者更加希望一个人进行决定。霍夫斯塔德的研究也指出，在课堂上老师鼓励一些具有个人主义倾向的学生进行一些创新性行为。

在集体主义的文化里，对群内人（in-groups）和群外人（out-groups）的区分是十分严格的。群内人包括同一个组织、家族或者具有亲戚关系的人。在群内，大家相互信任、互相照应，群内的成员对于相应的组织具有非常高的忠诚度。集体主义文化可能会强调以下价值观：①群内人的意见、需要和目标比个人的意见、需要和目标更加重要；②群内人对个人的社会规则和责任的影响较大；③群内人共同拥有的信念比个人的个性更加重要；④群内人的合作是非常必要的。

在一些集体主义文化的国家里，例如，巴基斯坦、哥伦比亚、委内瑞拉、秘鲁和一些非洲国家，人们出生在大家庭和宗族里，这些家庭和宗族内的人是相互支持和相互保护的，而且家族与家族间的界限十分清晰。在宗族和家族内，人们从小就懂得家族里的权力和地位的重要性。"我们"这个概念在集体主义中比"我"的概念更加重要。在非洲和其他集体主义的文化里，认同是基于社会系统的，个体在情感上是依赖于集体的，这些文化强调个人对集体的归属感。组织和集体的生活渗入到个人的生活里。在做决策的过程中，个人非常信任组织的决策，即使这个决策会影响到个人的利益。集体的行为是具有深远的历史原因的，如从儒家思想中透露出的集体主义哲学就是"己欲立而立人，己欲达而达人。"

概括来说，美国是被认为倾向于个人主义的国家。但是美国的一些亚文化，是被认为具有集体主义倾向的。非洲裔的美国人具有集体主义特质。此外，西班牙裔美国人、墨西哥人、古巴人、萨拉多门人、危地马拉人、波多黎各人等，其视家庭价值观为中心，会将家庭的需要放在个人需要之上。从文化的模式来看，集体主义文化在人际交往和交流方面有明显的特征。例如，在韩国文化中，婉转表达、留情面、顾忌他人感受和团队合作等都是韩国人交往中明显的特征，体现韩国人集体主义的倾向。集体主义也是情景化的，在不同的情景下集体主义的表现是多样化的。例如，在集体主义文化下的教育。在墨西哥，学校提倡学生要和谐相处和通力合作，不提倡学生相互竞争。墨西哥有一句俗语，人越多完成得越快（the more we are the faster we finish）。在医疗科学方面，个人主义和集体主义的文化模式不一致也有体现。埃及医院的病房里总是非常拥挤，因为即使生病了，埃及人也喜欢热闹，探病的亲戚和朋友会为病人带来一系列的建议。在商务情景下，集体主义文化背景下的会议通常有一群人参加，且做决定的时间比较长。

学习微平台

同步链接 12-1

◆ **教学互动 12-2**

　　主题： 霍夫斯塔德的文化维度理论中，一个国家是倾向于个人主义还是集体主义，经常引发不同的看法。

　　问题： 依照霍夫斯塔德的文化维度理论，当代的中国是一个倾向于集体主义的国家还是一个倾向于个人主义的国家？抑或两者都不是？

　　要求： 同"教学互动 1-1"的"要求"。

　　2）不确定性回避

　　美国著名剧作家 Tennessee Williams 曾经说过："未来只能被称作'可能'，因为可能发生的事呼唤着未来。"人类对于未来的未知性是回避不确定性这个文化维度的核心假设。即使人们很努力地去尝试预测未来，但是都不能十分确切和准确地预计。在霍夫斯塔德的理论中，"不确定性回避"（uncertainty avoidance）是一个非常重要的术语。**不确定性回避是指不同文化背景的人在面对不清晰、不确定和难以预计的将来时所表现出来的接受程度和舒适程度。**有些文化群体是喜爱冒险的，对不确定的将来表现出期待和接受。反之，有些文化群体则尽量避免一些不确定事情的发生，面对不确定的前景表现出焦虑和抗拒的状态。前者被霍夫斯塔德称为"低不确定性回避"（low uncertainty avoidance），后者则被称为"高不确定性回避"（high uncertainty avoidance）。

◆ **深度剖析 12-1**

　　问题： 如何区分和理解"高不确定性回避"和"低不确定性回避"？

　　3）权力距离

　　在霍夫斯塔德的研究中，第三个研究维度是权力距离。不同的文化对权力维度的重视程度是不一样的。因此，霍夫斯塔德将不同的文化分在了以"高权力距离"和"低权力距离"为两端的连续体上。权力距离是一种文化特征。**权力距离是指在社会中权力相对少的人对于将不公平情况视为常态的接受程度。**这个文化维度的前提是基于社会中存在的各种关系。例如，机构、组织和个人交往中权力分布是不均匀的。虽然每种文化在不同的情景中都对权力产生或多或少的偏好，但霍夫斯塔德认为，对权力不均的偏好在每种文化中是不一致的。在高权力距离中，那些拥有较多权力的人和被这些权力影响的人距离是比较远的，即他们关系比较疏远，上下级之间界限明显。

◆ **深度剖析 12-2**

　　问题： 如何区分和理解"低权力距离"和"高权力距离"？

　　4）阳刚性与阴柔性

　　在霍夫斯塔德的文化维度里，他认为不同文化有的偏向于阳刚有的偏向于阴柔，而且这些文化特质和相应的行为一样，都是被培养出来的。

　　阳刚性的价值观指在该文化中以男性为主导。阳刚性的文化会认为男性和女性是具有重大区别的，他们认为男性应该是坚强的，具有进取心和竞争性的，男性应该为家庭的物质生活做保证，并且尊重所有巨大、坚强和快速的事物。爱尔兰、菲律宾、希腊、委内瑞拉、奥地利、日本、意大利和墨西哥等国家的文化具有阳刚性的文化倾向。例如，在日本企业里，男性领导的数量比较多，女性则被认为是家庭的管理者和再生产者。

阴柔性的文化更加注重护养的行为。阴柔文化并不否定男性的进取性和进取心，但更加倾向于接受两性平等的观点。男性和女性可以在社会上承担一些相同的责任，这种文化鼓励独立和对等的行为。瑞典、挪威、芬兰、丹麦和荷兰都是倾向于阴柔性的国家。

阳刚性和阴柔性的文化倾向对个体和社会集体行为产生的影响是多种多样的。例如，在选择领导者时便体现出不同文化在阳刚性和阴柔性方面的文化倾向。在瑞典，女性占据了41%的立法职位，但是在日本的立法职位中，仅有5%为女性。同样，在工作场所也有相似的情况。在日本等一些亚洲国家及部分欧洲国家，女性在工作上遇到较多的困难，以及被不平等对待。例如，女性被认为只能从事一些协助男性的工作，低工资、不稳定的工作和较少的晋升机会是普遍现象。

5）长期与短期时间价值观

霍夫斯塔德的文化理论被很多人批评为对中国文化的了解并不深刻。因此，在后期，霍夫斯塔德的文化理论独立增加了一个"中国价值观调查"（Chinese Value Survey，CVS），其中一项结合了儒家思想，从而引申到人类对于时间的价值观。他认为，长期时间观点导向文化认为，活动的影响是长期的，偏好人的稳定性、一致性和对传统的尊重。在不同的情景下，个体对时间的观念会影响其行为。例如，在商业组织里，长时间观念导向文化的员工会尊重组织的文化、尊重雇主。这些组织的人员流动性低并以长期目标为主。而短时间观念导向的文化，如美国、英国、加拿大、菲律宾都认为个体现存的状态是最重要的，注重短期目标，并且不希望老年的到来。

◆ 延伸思考 12-2

　　问题：长期与短期时间价值观如何影响旅游消费者行为？

6）放任与约束

放任（indulgence）与约束（restraint）是霍夫斯塔德的文化维度理论的第六个维度，指社会成员意图控制自身欲望的程度。其中，放任是指允许人们满足基本需求和自然欲望以获得生活的享乐；约束则指享乐需求是一种罪恶，应该通过严格的社会规范加以限制。霍夫斯塔德的研究结果显示，放任指数居前五的国家和地区分别是委内瑞拉、墨西哥、波多黎各、萨尔瓦多、尼日利亚，主要集中在美洲地区；放任指数居后五位的国家和地区分别是巴基斯坦、埃及、拉脱维亚、乌克兰、阿尔巴尼亚。

12.2　旅游消费者行为的跨文化比较

鉴于霍夫斯塔德的文化维度、国籍等作为文化代理在旅游消费者行为跨文化比较研究中的普遍适用性（见表12-3），下文关于旅游消费者动机与形象感知的跨文化比较、旅游消费者信息收集与决策行为的跨文化比较、旅游消费者服务质量评价与行为倾向的跨文化比较的阐述，主要但并不限于基于采纳霍夫斯塔德的文化维度及国籍等作为文化代理的研究成果。

同步案例 12-1

国际旅游学界旅游消费者行为跨文化比较研究进展（1988—2011）

背景与情境： 香港理工大学的李咪咪博士（Li，2014）对1988年至2011年发表在国际主流的旅游学术期刊（例如，Tourism Management、International Journal of Hospitality Management、Journal of Travel & Tourism Marketing）上的有关旅游消费者行为跨文化比较研究的论文（91篇；其中79%的论文发表于2000年之后）进行了汇总分析（meta-analysis），翔实地展现了这一领域的研究历程与最新进展。其中，70篇论文（76.9%）使用了国籍、地区、居住地、族裔或语言作为文化的代理。具体情况见表12-3和表12-4。

表 12-3　　　　　　　　　　　　　各种文化评估取向的应用情况

文化评估取向	方法	论文数（篇）	比重（%）
代理使用 （validated regional affiliation，VRA）	国籍	49	53.8
	地区	7	7.7
	居住地	7	7.7
	族裔	4	4.4
	语言	3	3.3
直接价值判断 （direct values inference）	霍夫斯塔德的文化维度（Hofstede's cultural dimensions）	8	8.8
	罗克奇价值观调查表（Rokeach value survey）	3	3.3
间接价值判断 （indirect values inference）	霍夫斯塔德的文化维度（Hofstede's cultural dimensions）	8	8.8
人种学描述 （ethnological description）	—	1	1.1

表 12-4　　　　　　　　　　　　　研究主题分布情况

主题	论文数（篇）	比重（%）
服务质量（service quality）	24	26.4
出游动机（travel motivation）	9	9.9
旅游信息搜寻行为（tourist information search behavior）	9	8.8
旅游行为（travel behavior）	8	8.8
目的地/餐馆选择行为（destination/restaurant selection）	7	7.7
感知/形象（perception/image）	7	7.7
态度/行为意向（attitude/behavioral intention）	7	7.7
雇主感知到的旅游者行为（tourist behaviors as perceived by employees）	5	5.5

问题： 结合案例内容和上文所述旅游消费者行为跨文化比较研究的取向，分析这一领域研究的基本特点。

12.2.1　旅游消费者动机与感知的跨文化比较

1）旅游消费者动机的跨文化比较

个人主义和集体主义的文化倾向会影响旅游者的出游动机。一项对英裔的美国旅游者（Anglo-American）和日本旅游者进行的研究（Kim & Lee，2000），验证了霍夫斯塔德提出的个人主义和集体主义文化维度。具体而言，在出游动机方面，日本旅游者主要持有增长知识、提升名誉和家庭团聚等方面的动机。但个人主义明显的安格鲁斯后裔美国人则持有猎奇求新和逃离两方面的动机。类似地，另外一项针对参加文化博览会的高加索旅游者（Caucasian）和亚洲旅游者的比较研究发现（Lee，2000），韩国和日本旅游者的动机不存在显著差异，美国和欧洲旅游者的动机也不存在显著差异。但是，高加索（美国和欧洲）旅游者和亚洲（韩国和日本）旅游者，在动机上差异显著。具体而言，高加索（美国和欧洲）旅游者在所有动机方面（文化探索、家庭团聚、逃离、猎奇求新、外部团体社交、节庆吸引、熟人群体社交）的指数都高于亚洲（韩国和日本）旅游者，也就是说高加索旅游者在所有动机维度方面的感知重要性都高于亚洲旅游者。另外一项范围更大的跨文化研究（Kim & Prideaux，2005）指出：第一，中国内地和中国香港的旅游者更倾向于"享受各种各样的旅游资源"，而日本和欧洲旅游者的这一动机相对不那么显著。第二，令人惊奇的是，与其他各个群体（中国内地、中国香港、澳大利亚和美国）相比，日本旅游者的"历史与文化"动机更不显著。第三，中国内地和中国香港的旅游者的"逃离日常生活"动机比其他三个群体更加显著。第四，澳大利亚和美国的旅游者更可能受"社交"动机驱使，而中国内地旅游者的"社交"动机最不显著。第五，中国内地和中国香港的旅游者更可能受"社会地位"动机驱使，相比之下，美国旅游者的"社会地位"动机最不明显。

2）旅游消费者目的地形象感知的跨文化比较

国内学者陈奕滨等（2012）对张家界感知形象的研究，采用霍夫斯塔德的高/低不确定性回避文化维度，通过问卷调查将旅游者群体划分为高不确定性回避旅游者和低不确定性回避旅游者两类，并调查旅游者对张家界作为一个旅游目的地的认知、情感和总体形象的感知。研究发现，高不确定性回避旅游者和低不确定性回避旅游者对信息和交通因子的感知存在差异，对其余认知形象、情感形象和总体形象因子的感知不存在显著差异，总体而言在单一不确定性回避维度下，高/低不确定性回避旅游者对张家界目的地形象感知的差异不明显，差异程度有限。高/低不确定性回避作为文化差异的重要维度指标，可以认为文化差异会影响旅游者的目的地形象感知但程度有限。

此外，两位韩国学者（Lee & Lee，2009）对赴美国关岛的韩国休闲旅游者与日本休闲旅游者进行的有关目的地形象感知的比较研究，在旅游消费者目的地形象感知跨文化比较领域具有代表性。他们采用IPA进行分析发现，两个国家的休闲旅游者对关岛的目的地形象认知存在很大差异，如图12-1和图12-2所示。

学习微平台

延伸阅读12-1

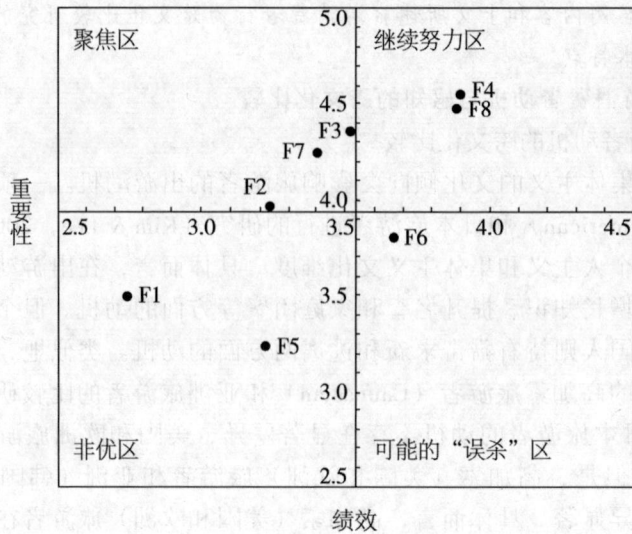

F1~F8表示8个形象感知因子，F1：文化体验；F2：低廉旅行成本/友好的当地人；F3：价值/娱乐；F4：安全/整洁；F5：运动/夜生活；F6：便利性；F7：高品质食物和住宿；F8：氛围/风景。

图12-1　韩国休闲旅游者对美国关岛形象认知的IPA分析

对韩国休闲旅游者而言，关岛在"安全/整洁"（F4）、"氛围/风景"（F8）两方面的形象最佳，且最为重要。但是，关岛的"便利性"（F6）对韩国休闲旅游者而言并非特别重要，但"表现"却"尚可"。在韩国休闲旅游者眼中，关岛的"文化体验"（F1）、"运动/夜生活"（F5）既不是特别重要，表现也平平。相对应地，虽然韩国的休闲旅游者认为"低廉旅行成本/友好的当地人"（F2）、"高品质食物和住宿"（F7）、"价值/娱乐"（F3）三个形象因素很重要（4.0分以上），但在他们眼中，关岛在上述三个领域的"表现"却有待提升，是今后需要聚焦和改善的。

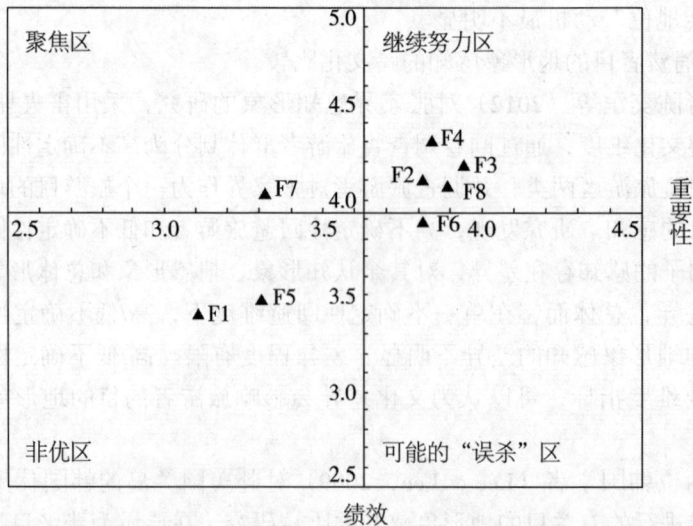

F1~F8表示8个形象感知因子，F1：文化体验；F2：低廉旅行成本/友好的当地人；F3：价值/娱乐；F4：安全/整洁；F5：运动/夜生活；F6：便利性；F7：高品质食物和住宿；F8：氛围/风景。

图12-2　日本休闲旅游者对美国关岛形象认知的IPA分析

相比之下，对日本的休闲旅游者而言，第一，关岛的"低廉旅行成本/友好的当地人"（F2）、"价值/娱乐"（F3）、"安全/整洁"（F4）、"氛围/风景"（F8）是最重要的形象认知要素，也是他们眼中认为"表现很好"的形象因素（得分为4.0以上，但尚未突破4.5）。这一点与韩国的休闲旅游者差异很大。第二，在日本的休闲旅游者看来，只有"高品质食物和住宿"（F7）是他们认为比较重要但表现平平的领域。第三，日韩两国的休闲旅游者对关岛的形象认知也有一些共同点：都认为关岛的"文化体验"（F1）、"运动/夜生活"（F5）既不是特别重要，表现也平平；虽然得分稍有差异也都认为关岛的"便利性"（F6）对他们而言并非特别重要，但"表现"却"尚可"。

◆ **同步思考12-2**

问题：霍夫斯塔德的文化维度理论能否解释日本与韩国赴美国关岛休闲旅游者的形象感知差异？

12.2.2　旅游消费者决策行为的跨文化比较

1）旅游消费者信息收集渠道与行为的跨文化比较

苏斯曼和拉什卡夫斯基（Sussmann & Rashcovsky，1997）针对加拿大的英语居民和法语居民进行的旅游行为的研究是有关旅游者信息收集行为跨文化比较的经典案例。研究表明，虽然他们获取旅游信息的主要渠道都是来自家人和朋友，但在媒体渠道方面有明显区别（见表12-5）。例如，说英语的加拿大人会首先从旅行社了解旅游产品信息，然后依次从宣传册、书籍、杂志/报纸、旅游办公室/大使馆和电视/电台了解。说法语的加拿大人则首先从宣传册了解，然后依次从旅行社、杂志/报纸、书籍、旅游办公室/大使馆和电视/电台了解。值得关注的是，说英语的加拿大人通常只阅读和收看（收听）以英语为语言的杂志/报纸、电视/电台；但说法语的加拿大人则多数阅读和收看（收听）英法双语的杂志/报纸、电视/电台。

表12-5　　　　　　　**使用英语和使用法语的加拿大人收集旅游信息渠道的排名**

排名	说英语的加拿大人	说法语的加拿大人
1	亲朋好友	亲朋好友
2	过去的经历	宣传册
3	旅行社	旅行社
4	宣传册	过去的经历
5	书籍	杂志/报纸
6	杂志/报纸	书籍
7	旅游办公室/大使馆	旅游办公室/大使馆
8	电视/电台	电视/电台

一项对前往美国的德国、英国和法国旅游者进行的关于旅游信息搜索行为的研究（Chen &Gursoy，2001）发现，文化背景会影响旅游者出行前对信息的搜索。与英国和法国旅游者对比，德国的商务旅游者和休闲度假旅游者出行前更加依赖在网络上搜索相关的旅游信息，他们主要通过国家或者城市官方的旅游网站了解。德国的商务旅游者和休闲度假旅游者也存在区别，商务旅游者更多是将公司的出游部门作为外部信息的来源，而休闲度假和探亲访友的旅游者更多是通过导游来了解外部信息。英国和法国的商务旅游者主要通过航空公司来了解目的地信息，而这两个国家的度假和探亲访友旅游者则是通过旅行社、报纸、杂志和亲友来获取外部信息。

类似地，采用霍夫斯塔德的文化维度中的不确定性回避维度对旅游者出游前信息收集与行为倾向的跨文化研究发现（Money & Crotts，2003），在一些"高不确定回避"的文化中，人们更加倾向于在出行前制订出行计划，而且在出行前的较长时间内就已经做好旅游产品的预订（平均来说，日本人预订机票时间是出发前的54.8天），并会通过多渠道来收集旅游信息。但是，在"中等不确定回避"文化中，人们更容易从朋友和亲戚处获得旅游信息。在"高不确定回避"文化中，人们避免独自出行，他们结伴的规模比中或低不确定回避文化的规模要大。

自从《孤独星球》旅游指南书成为一种旅游文化后，使用旅游指南书似乎成为许多自由行旅游者的选择。但文化的差异导致自由行散客在使用旅游指南书时的行为偏好有所不同。有学者（Osti，Turner & King，2009）对日本、韩国、中国和北美四个国家和地区出境旅游者进行了调研。问卷调查地分别为澳大利亚和泰国（有效样本分别为：北美242个、日本305个、韩国282个、中国267个）。在这些使用旅游指南书的旅游者中，文化差异十分明显。东亚三个国家（日本、韩国和中国）的旅游者，很少在之前的旅行中使用旅游指南书，但75%的北美旅游者在之前的旅行中已经使用。另外，"在目的地是否使用旅游指南书"方面的行为差异也比较大，三个亚洲国家中，中国旅游者比较多在目的地使用旅游指南书。但相对于北美旅游者，亚洲国家的旅游者还是较少在目的地使用旅游指南书。

2）旅游消费者出游决策行为的跨文化比较

针对美国文化背景（根据霍夫斯塔德的研究，美国文化是个人主义、低不确定性回避和短期时间导向的）和我国香港地区文化背景（我国香港地区文化是集体主义、高不确定性回避和长期时间导向的）旅游者的旅游决策与期望的研究表明（Lord，Putrevu & Shi，2008），美国文化背景的旅游者希望旅程是经济的、有质量的，是基于个人的经历，他们会在乎当前的汇率、价格、服务质量、税费等，也比较看重目的地的吸引力。相对而言，香港地区文化背景的旅游者，则比较注重朋友和家人的意见。研究也表明，对不确定的回避也会影响人们的重游率和服务满意度。美国短时间导向的文化会导致他们更加看重这次旅程在路途上花费的时间，而香港地区长时间导向的文化则不会看重这些。针对中国、日本和韩国赴澳大利亚旅游者的跨文化研究（Quintal，Lee & Soutar，2010），印证了霍夫斯塔德的文化维度中不确定性回避的论点。在旅游情境中，韩国人和日本人更偏向于认为旅途可能会出现大量的不确定性，因此要多加回避；而中国人则不太注重不确定回避。这个情况和霍夫斯塔德的观点一致。由于日本人和韩国人更注重风险回避和不确定性回避，他们在出行前会制订相对完备的出行计划，并且，在高不确定性回避的文化中，若他们认为前往的目的地存在高风险和高不确定性，那么他们前往的意愿就会降低。但是，对于一些不确定性回避不高的国家，人们选择的目的地即使存在风险，他们也会继续前往。

12.2.3　服务质量评价与行为倾向的跨文化比较

文化差异会影响旅游者对服务产品的评价。在承认文化背景会影响人们对酒店服务感知的基础上，有研究（Mattila，2000）分析了在新加坡入住豪华酒店的亚洲商务旅游者和西方商务旅游者的感知差异。研究发现，相对于西方的商务客人，亚洲的客人对同样的服务（结账离店和高级餐饮服务）的满意度较低。根据高低语境（high-context/low-context）理论，亚洲客人属于高语境文化。他们更注重一些非实物的服务和一些非书面语句的交流，如眼神交流。这些都被亚洲客人认为是服务中非常重要的一部分。另外，在霍夫斯塔德的跨文化维度中，亚洲客人属于权力距离较长的文化群体，即他们都比较相信权威、崇拜权威。因此，在入住豪华酒店时，亚洲客人更期待一种尊贵的接待，因为他们自认为与酒店员工是具有上下级之分的。以日本旅游者为例，日本旅游者期望在豪华酒店里受到膜拜式的接待（ritualistic behaviors）。但是，因为新加坡的豪华酒店接受的是西方酒店管理的模式，所以他们的服务方式在西方商务客人中获得的评价更高。可见，在酒店管理和酒店员工训练的过程中必须考虑到不同文化背景的顾客需求。

另外，也有研究表明（Crotts & Erdmann，2000），相对于来自阴柔性文化的旅游者，来自阳刚性文化的旅游者对旅游服务更容易产生负面评价。对于什么文化因素会影响人们的口碑传播，研究结果显示：高阳刚性文化（如日本）的旅游者对美国机场的服务设施要求更为严格，容易产生负面评价；中或低阳刚性文化的旅游者则对同样的服务设施给予了较为正面的评价。在口碑传播和顾客忠诚度方面，出生于阴柔性文化国家的旅游者更容易产生品牌忠诚度和进行口碑传播；出生于阳刚性文化国家的旅游者则相对难产生忠诚度和进行口碑传播。类似地，我国台湾地区学者曹胜雄等（Tsaur，Lin & Wu，2005）对不同的文化群体进行的一项关于酒店服务质量与行为倾向的研究表明，从服务质量的角度来说，不同的文化背景对服务质量的期待有所不同。例如，英国旅游者对可见服务、信任、保障和移情等方面的服务质量的期待高于亚洲国家和欧洲大陆国家的旅游者。在酒店服务的响应性方面，三个文化群体并没有太多的区别。英国和欧洲大陆的旅游者在酒店选择的品牌忠诚度方面更高，而来自亚洲的旅游者的忠诚度低。相对于欧洲大陆国家和亚洲国家，英国的旅游者更愿意消费高质量的服务。亚洲旅游者容易受到外部因素的影响。总之，他们的研究表明，阴柔性偏好的国家有更强的品牌忠诚度。

跨文化背景下旅游服务质量感知与满意度的经典研究，见表12-6。

表12-6　　　　　　　　跨文化背景下旅游服务质量感知与满意度的经典研究

年份	对比的文化群体	结论
1998	英国、美国、澳大利亚、我国台湾地区和日本旅游者	在我国香港地区的酒店进行的调研发现，英国、美国和澳大利亚的旅游者对酒店服务的期待高于日本和我国台湾地区旅游者。对酒店服务的期待与文化距离无关，更主要是受旅游者行为的影响
1999	我国香港地区和美国旅游者	在酒店的餐饮服务中，相对于餐前等位时间，我国香港旅游者认为餐后结账服务所等待的时间可以长一点。但美国人则更愿意花时间在餐前等位置而不是餐后等待结账。因此，面对我国香港地区和美国的客人，酒店可以提供相应的预订座位或者快速结账服务
1999	日本、德国和美国旅游者	这三个文化群体的商务旅游者对于酒店内发生的负面紧急事件具有不同的反应机制
2000	奥地利旅游者与其他国家的文化距离	在阿尔卑斯山度假区内进行的服务质量调查发现，来自距离奥地利文化越远国家的旅游者，他们对于阿尔卑斯山上的度假区服务越满意
2000	亚洲旅游者和西方旅游者	通过东西文化群体对比研究发现，亚洲旅游者更加注重性价比。因此，酒店从业者可以在保持基本服务的基础上，增加一些经济型的旅游产品。西方旅游者更加注重客房的质量，针对西方旅游者市场的酒店，则应该更加注重客房的状态，例如，客房的迎宾服务、卫生情况和温度控制情况。但无论亚洲旅游者还是西方旅游者，员工的服务质量都是影响顾客满意度的重要因素
2005	亚洲、英国、欧洲大陆旅游者	在酒店服务中，英国旅游者对酒店服务中关于可见服务、信任、保障和移情这几方面的服务质量比亚洲和欧洲大陆旅游者具有更高的期待。英国和欧洲大陆旅游者更忠诚于酒店品牌，对国际连锁酒店的服务更加信任。在酒店付费方面，英国旅游者比欧洲大陆和亚洲旅游者更加愿意为优质服务付高价钱
2008	美国和我国香港地区旅游者	在酒店服务中，我国香港地区旅游者和美国旅游者对服务质量中的不同方面的侧重点有所不同。例如，我国香港地区旅游者比较重视住宿服务以及服务员是否经常关注客人额外的需求；同时，也关注酒店餐饮服务的卫生要求，例如，要求服务人员尽量避免触碰到餐具表面等。美国旅游者对酒店服务质量则更看重服务人员本身具有的专业知识

（资料来源　作者根据相关资料整理）

◆ 同步案例12-2 ◆

日本、韩国、中国和北美旅游者行为的跨文化比较

背景与情境： 日本、韩国、中国和北美的旅游者在海外旅行时（澳大利亚和泰国），在旅游消费行为方面存在不少差异，见表12-7。

表12-7 日本、韩国、中国和北美旅游者行为差异

项目		日本（%）	韩国（%）	中国（%）	北美（%）
旅游类型	自由行	76	79	68	88
	团队游	24	21	31	12
旅游目的	度假	71	77	74	79
	工作	2	4	14	12
	探亲访友	6	4	8	4
	其他	21	15	4	5
旅伴	独自	33	42	20	23
	和伴侣	16	16	19	32
	和家庭	3	9	1	7
	和朋友	41	29	54	35
	其他	7	4	6	3
旅行长度（日）	1~5	20	20	37	1
	6~10	29	22	34	10
	11~15	8	11	16	13
	16~20	3	5	3	6
	21~30	18	13	4	26
	31~90	12	12	5	21
	91~120	2	2	-	6
	121及以上	8	15	1	17
到旅游目的地的次数（次）	1	60	64	36	77
	2~3	27	23	37	16
	4~5	6	9	13	1
	6及以上	7	4	14	6
是否使用旅游指南书	是	67	51	43	64
	否	33	49	57	36
使用旅游指南书的时间	之前的旅行	10	9	10	7
	计划此次旅行	54	67	30	55
	正准备出发	28	13	37	27
	在目的地	3	9	22	8
	其他时候	5	2	1	3
年龄（岁）	25及以下	61	33	20	30
	26~35	32	49	51	31
	36~45	5	15	18	13
	46~55	1	2	7	10
	56及以上	1	1	4	16

（资料来源 Osti, Turner & King, 2009）

问题：结合案例内容，分析日本、韩国、中国和北美旅游者的旅游消费行为存在哪些差异，试从霍夫斯塔德的文化维度理论出发，分析出现上述差异的原因。

12.2.4 旅游体验影响的跨文化比较

在近两年的旅游消费者行为研究中，如本书第9章所述，越来越多的学者关注到旅游体验对旅游者个人发展的影响。在这些研究中，也有不少关注到这些影响的跨文化差异。例如，黄松山和陈钢华（Huang &Chen，2018）的研究发现，中国背包客和西方背包客在个人发展的能力、技能、世界观和自我意识四个方面均存在显著差异。具体而言，西方背包客要比中国背包客经历更多的能力提升、世界观改变和自我意识改变，但是在情绪调节方面，中国背包客和西方背包客没有显著的差异。此外，陈钢华、黄松山和胡宪洋（Chen，Huang & Hu，2019）发现，在中国背包客群体中，能力提升积极影响他们的一般自我效能感，而世界观的改变则负向影响他们的自尊。与之对应的是，在西方背包客群体中，能力提升和情绪调节正向影响他们的一般自我效能感。在这两个群体中，一般自我效能感都正向影响自尊。

12.3 跨文化旅游营销

跨文化营销（cross-cultural marketing）是指企业在两种以上的不同文化环境下进行的营销活动，这种营销活动强调达成交易的双方（企业与顾客、分销商、供应商等）文化背景的差异管理。结合旅游消费者行为的实际情况，我们认为，**跨文化旅游营销**是指旅游企业、旅游目的地在两种以上不同文化环境下进行的营销活动，这种营销活动强调实现旅游消费的双方（旅游目的地与旅游者、分销商等）的文化背景差异管理。那么，如何切入跨文化旅游营销呢？其主要策略有如下四个（贾云峰，2014）：

1）文化价值切入，寻求适应感

文化价值是指客观事物所具有的、能够满足一定文化需要的特殊性质或者能够反映一定文化形态的属性。旅游者在旅游过程中，不仅要满足眼睛的愉悦（观光的视觉享受），身心的放松，更希望获得精神的升华和文明的发现以及审美的提升。依附于草原、高山、沙漠、湖泊、大海等不同的自然旅游资源，形成了人类不同的性格特征和心理结构。旅游的跨文化营销就是要适应不同国家和地区的文化价值，以本土化的方式融入当地文化氛围中。例如，影响中国旅游者的文化价值主要有尊重权威、相互依赖、面子、群体导向、和谐、外部归因。海外旅游目的地招徕和服务中国出境旅游者，必须深入了解他们的文化价值，这样才能创造出中国旅游者的适应感。

2）心理需求切入，寻求体验感

基于不同的心理需求进行旅游营销，能够使旅游产品和服务与跨文化的旅游消费者的心理需求高度匹配，使旅游者获得最大的满足感。不同文明的差异造就了不同的审美心理，根据这种差异挖掘旅游产品亮点，进行旅游营销，可以使旅游产品具备深度细致的体验价值。例如，日本旅游者在旅游中非常崇尚礼貌、秩序和友善，对旅游服务的质量非常挑剔。因此，针对日本游客做旅游营销时，要注重旅游服务方面的宣传，让他们感觉到强烈的亲切感和秩序感。再如，中国老年旅游者的心理需求主要有提升生活质量、逃离日常烦琐事务、社交、提升知识、自豪与爱国主义、奖励自我以及怀旧。特别是，老年人的"对自己国家的自豪感与爱国情怀"、"犒劳自己昔日的辛劳"以及"怀念往昔美好时光"动机比年轻一代更加强烈。针对中国的老年出境旅游者，海外的旅游企业必须创造条件满足上述需求，才能为他们创造出其所期待的旅游体验。

3）语境差异切入，寻求默契感

跨文化旅游营销要遵守符号学的原理。同样的符号在不同语境下会有不同的内涵。五千年的文明传承使得中国人习惯于在宏观和集体的语境中表达和思考，汉语的多义性又使得其含蓄、间接、象征的特点非常明显。要用如此复杂的汉语与不同国家的消费者进行营销沟通，就需要在营销者内心建立起国际化的语境，这样才能与各国旅游消费者建立起营销沟通的默契感。除了文字的语境外，文化语境也很重要。不同国家的旅游产品被不同的文化符号所包裹，在进行跨文化旅游营销时，需要对这些依附在旅游产品之上的文化符号进行解码，让其以清晰的面目呈现给异国的旅行者。例如，在境外发布中国旅游广告时，应该营销中国元素，中国红、中国龙、汉字、兵马俑，具有中国特色的文字、图案、符号等一系列物质文化都可以成为外国人眼中独一无二的中国元素。中国元素还可以是精神的。中国人强调天人合一、稳健内敛、和谐中庸；主张血缘网络、整体主义、谦和有礼、诚信知报等。

学习微平台

课程思政 12-1

◆ 业务链接 12-2 ◆

如何跨文化进行中国元素的营销

营销学泰斗菲利普·科特勒曾经指出：文化的因素是影响购买决策的最基本因素。中国人所具有的五千年文明积淀的独特的生活方式、民族习俗、宗教信仰等中国元素成为中国旅游广告企业跨文化营销的坚实基础。

①在营销上做足文章：创新营销模式，注重营销效度。中国境外旅游广告公司应在营销上做足文章。一方面，旅游广告公司需要创新营销模式。政府主导，广告企业跟进，避免出现在国内旅游营销上的资金少、力量小所带来的种种问题。另一方面，充分重视营销力度和效度，不仅要加强旅游市场促销，开拓国际客源市场，更应该按照市场细分的要求，把握境外旅游者的旅游动机、旅游心理需求、旅游目的地的选择标准、选择方式等环节，主题鲜明地宣传推荐独具"中国元素"的旅游产品，在境外旅游者心中植入东方文明之国的旅游形象，刺激境外旅游者的旅游行为。

②在文化产品上下功夫：打造文化品牌，开发文化精品。我国旅游研究专家魏小安认为，特色是旅游之魂，文化就是特色之基。这就要求旅游广告公司在旅游目的地的营销中打出自己的"文化牌"，必须借助于丰厚的地域和民族文化资源，开发出符合旅游市场需求的高质量的旅游文化产品。只有这样，才能为旅游者提供具有较高文化内涵的旅游对象并保持较强的吸引力。

③境外文化营销应注意的问题。随着我国境外旅游广告对中国文化的海外营销，文化作为一种产品被印上了商业化的色彩。虽然旅游文化的商业化是旅游发展的一个结果，但当旅游文化随着旅游消费而发生改变时，文化纯真的本质就会逐渐消失。所以，在旅游广告的境外营销和传播过程中，应注意对传统文化价值的积极守护和合理开发，保持中华民族文化的本真色彩。

（资料来源　樊兴博. 境外旅游广告如何营销中国元素［J］. 青年记者，2010（23）：77-78）

4）本质需求切入，寻求平衡感

所谓的跨文化营销应该是一种基于本国文化和其他国家文化之间的平衡术。这种文化的平衡术可以起到两方面的作用。一方面，有利于他国旅游者理解本国的旅游产品；另一方面，有利于保持他国旅游者对本国旅游产品的好奇心。从本质上看，旅游就是一种跨地域、跨文化的行为，旅游的审美愉悦也离不开跨地域和跨文化的过程。一个旅游产品要想激发消费者的购买冲动，就必须在陌生感和熟悉感之间实现平衡。完全熟悉和完全陌生的旅游产品，都会被消费者拒绝。因此，跨文化旅游营销实际上就是一个与消费者"做游戏"的过程。在这个"游戏"中，要让旅游产品显示出"犹抱琵琶半遮面"的美感，最终实现旅游消费。

课程思政 12-2

迪士尼为何在法国受挫？

背景与情境： 1992 年 4 月，雄心勃勃的迪士尼公司吸取日本迪士尼的经验，在法国巴黎建造了另一个海外乐园——欧洲迪士尼。然而这项投资却未能取得预期的成功。截至 1994 年年底，欧洲迪士尼共亏损 20 亿美元。为什么在美国和日本如此成功的经营模式在法国却行不通呢？其忽视欧洲与美国的文化差异，对营销策略没有做适应性的本土化调整是失败的根本原因。一方面，法国人具有极强的民族自豪感和优越感，他们为本国文化感到骄傲并且竭力维护和发扬。法国人鄙视美国文化，认为美国历史同法国的悠久历史相比，非常短暂，几乎没有什么本土文化。他们认为建造欧洲迪士尼是一种文化帝国主义，害怕美国文化从此对他们的文化产生过大的冲击甚至取而代之。另一方面，迪士尼公司采取了与日本相同的全球标准化的经营模式，即将美国文化原汁原味地移植到法国，产生了严重的文化冲突。

问题： 欧洲迪士尼在法国早期的失败蕴含了哪些伦理与道德议题？这些现象和伦理议题给旅游行业从业人员带来哪些启示？

✿ 本章概要

✿ 主要概念
不确定性回避　权力距离　跨文化营销　跨文化旅游营销

✿ 内容提要
• 本章主要介绍了旅游消费者行为跨文化比较的主要取向，旅游消费者在动机、感知、信息收集行为、出游决策、服务质量评价及行为倾向方面的跨文化差异，以及基于旅游消费者行为跨文化差异的营销策略。

• 跨文化研究的取向主要有四种：人种学描述、代理使用、直接价值判断和间接价值判断。

• 代理使用理论（地区划分）认为，文化是可以通过某些特性来反映的。这些特性可被归纳为一个国家或地区共有的文化特质。

• 直接价值判断是一种对价值观直接进行测量的研究取向，主要采取的是定量研究方法，对一些价值观表现的维度进行问卷调查和数据分析。其中，罗克奇价值观调查表（RVS）在消费者行为和市场研究中的应用最为广泛。

• 间接价值判断是指使用二手数据来描述某种文化群体特质的方法。间接价值判断是在对不同文化群体的直接价值测量基础上的进一步研究。

• 吉尔特·霍夫斯塔德是早期尝试使用定量方法来检验文化价值观的学者之一。霍夫斯塔德的文化维度理论包含以下六个维度：个人主义与集体主义、不确定性回避、权力距离、阳刚性与阴柔性、长期与短期时间价值观、放任与约束。

• 不确定性回避是指不同文化背景的人在面对不清晰、不确定和难以预计的将来时所表现出来的接受程度和舒适程度。权力距离是指在社会中权力相对少的人对于将不公平情况视为常态的接受程度。

• 旅游消费者行为跨文化比较研究中，代理使用取向的应用最为广泛，人种学描述的取向非常罕见。霍夫斯塔德的文化维度理论涉及直接价值判断和间接价值判断。在现有旅游消费者行为跨文化比较研究中，服务质量是被关注最多的领域，随后是出游动机、旅游信息搜寻行为。

• 跨文化旅游营销是指旅游企业、旅游目的地在两种以上不同文化环境下进行的营销活动，这种营销活动强调实现旅游消费的双方（旅游目的地与旅游者、分销商等）的文化背景差异管理。

☆ 内容结构

本章内容结构如图12-3所示：

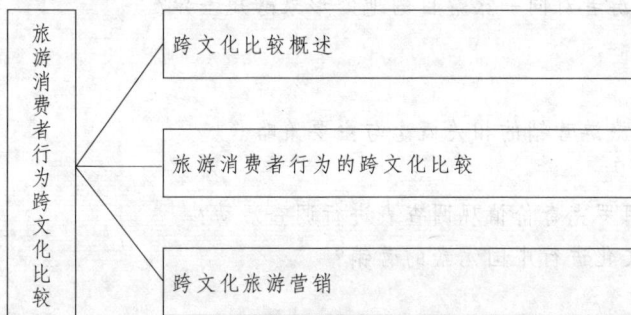

图12-3 本章内容结构

☆ 重要观点

观点12-1：霍夫斯塔德有关文化维度的理论涉及直接价值判断和间接价值判断。

常见质疑：霍夫斯塔德有关文化维度的理论是一种直接价值判断。

释疑：直接价值判断是一种对价值观直接进行测量的研究取向，主要采取的是定量研究方法，对一些价值观表现的维度进行问卷调查和数据分析。间接价值判断是指使用二手数据来描述某种文化群体特质的方法。霍夫斯塔德有关文化维度的理论包含六个维度，涉及面较广。有些维度是基于或可以采用直接价值判断的，如不确定性回避；有些则是基于间接价值判断。

观点12-2：在测量文化的代理使用取向中，能够代理文化的因素或指标，除了语言外还有族裔、居住地、国籍等。

常见质疑：在测量文化的代理使用取向中，语言是唯一的代理。

释疑：文化是一个包罗万象的复杂概念。因此，需要有一些"代理"来对其进行操作，尤其是涉及测量时。能够代理文化的因素或指标比较多，除了语言外还有族裔、居住地、国籍等。

✳ **单元训练**

✿ 传承型训练

▲ 理论题

△ 简答题

1）简述跨文化比较研究的主要取向。

2）简述霍夫斯塔德的文化维度理论。

3）简述旅游消费者动机与感知的跨文化比较。

4）简述旅游消费者决策行为的跨文化比较。

5）简述服务质量评价与行为倾向的跨文化比较。

△ 讨论题

1）除了语言外，还有哪些指标可以作为文化的代理？

2）如何理解"霍夫斯塔德的文化维度理论既涉及直接价值判断也涉及间接价值判断"？

3）长期和短期时间价值观如何影响旅游消费者行为？

4）霍夫斯塔德的文化维度理论能否解释同属东亚文化圈的不同国家（例如，日本、韩国）的旅游者对同一旅游目的地的形象感知差异？

▲ 实务题

△ 规则复习

简述跨文化旅游营销的相关概念与主要策略。

△ 业务解析

1）如何运用罗克奇价值观调查表进行调查活动？

2）如何跨文化进行中国元素的营销？

▲ 案例题

【训练项目】

案例分析-XII。

△ 案例分析

【训练目的】

见本章"学习目标"中"传承型学习"的"认知弹性"目标。

【教学方法】

同第1章本题型的"教学方法"。

【训练任务】

同第1章本题型的"训练任务"。

【相关案例】

中美旅游消费者行为的差异

背景与情境： 随着跨文化旅游对区域经济的发展产生越来越深远的影响，国内外许多学者开始研究跨文化背景下的旅游消费者行为。一项旨在对中美两国旅游者在旅游动机、旅游信息收集、旅游决策时间及偏好的旅游活动等旅游消费行为上的差异的研究，使用霍夫斯塔德的六个文化维度对中美两国的不同文化特点进行了分析，在此基础上提出了四个有关中美旅游消费者消费行为（旅游动机、旅游信息收集、旅游决策及旅游活动）差异的假设。调查结果显示，研究提出的四个假设部分被实证研究证实，即中美两国旅游者在旅游消费行为的许多方面存在差异，同时也有部分行为存在相似之处。具体如下：

（1）旅游动机方面。中国旅游者的出游更多是为了社会交往和逃离，而美国旅游者的出行更多是为了猎奇、求新。相同点是：中美旅游者都不认为社会地位是一个重要的出行动机。

（2）旅游信息收集方面。中国旅游者认为亲朋好友的建议、电脑/电子数据库，以及报纸、杂志、电视、广播上的旅游广告是主要的信息来源；而美国旅游者则较少依赖电视和广播的广告，也较少从报纸和杂志的广告中收集旅游信息。

（3）旅游决策方面。中国旅游者会比美国旅游者花更多的时间来决定前往哪个旅游目的地，也就是说，花更多时间在目的地选择上。

（4）旅游活动方面。在旅行中，比起美国旅游者来，中国旅游者更倾向于为朋友、亲戚购买纪念品，这是由文化传统造成的影响；而美国旅游者会购买更多的纪念品，购物频率比较高。但是，从统计检验的角度来看，这两个群体在旅游活动上的差异并不显著。

（资料来源 吴珊珊. 中美两国旅游消费者行为的跨文化比较研究 [D]. 上海：上海外国语大学，2012：3-25）

问题：

1）本案例主要涉及本章的哪些知识点？

2）依据霍夫斯塔德的六个文化维度，结合案例内容，分析中国和美国旅游者消费行为差异的原因。

【训练要求】

同第1章本题型的"训练要求"。

【成果形式】

1）训练课业：撰写《"中美旅游消费者行为的差异"案例分析报告》。

2）课业要求：同第1章本题型的"课业要求"。

P592

△ 课程思政

【训练项目】

课程思政—XII。

【训练目的】

见本章"学习目标"中"传承型学习"的"认知弹性"目标。

【教学方法】

同第1章本题型的"教学方法"。

【训练准备】

同第7章本题型的"训练准备"。

【相关案例】

中国背包旅馆的逆向歧视

背景与情境：背包旅游是一种文化交流和体验。在欧美，背包旅馆，尤其是青年旅舍（指加盟成为国际青年旅舍联盟会员的背包旅馆），为自助游客提供简朴、价钱相宜的住宿和交流平台，不论你来自何方，一视同仁。然而，这种"舶来品"来到中国落地生根之初，曾因国情而有些变异。在一些开发较成熟、十分受外国游客欢迎的旅游胜地如北京、上海、桂林和成都等，就有不少背包旅馆有以语言和肤色挑选客人的不成文做法。只要你讲英语，最好是白皮肤的，基本上无不受到旅舍热情的招待；若是中国游客，就会被形形色色的理由拒之门外。我曾进入桂林某个颇有名的青年旅舍，以普通话询问能否投宿时，前台的店员打量了我一下，便说10天内住宿全满了。然后，我走出旅舍，就在门外致电前台，用英语查询住宿情况，对方回答道："我们还有客房。你想要哪一类房间？"在短短一分钟之内，以不同的语言询问，答案竟有天渊之别！后来，我在路上偶尔碰到一些"驴友"，他们也有类似的际遇，而我在阳朔、成都等地调查时，也再次碰到同类事件发生，只要不讲英语，就被拒之门外。对本国人的不平等待遇并非中国独有，在亚洲其他国家也存在。如在泰国，也有旅馆贴出不招待泰国人入住的告示，理由是防止性工作者进入。这些理由表面上看是为经营考虑，但无形中却造成歧视。

（资料来源 邹颂华. 特写：背包旅馆的逆向歧视［EB/OL］.［2010-12-27］. http://www.douban.com/group/topic/8481277/）

问题：

1）本案例所涉及的现象属于跨文化旅游营销吗？

2）本案例所涉及的现象是否涉及伦理与道德议题？如有，具体有哪些？

3）对本案例涉及伦理与道德议题的行为做出思政研判。

4）说明所做思政研判的伦理与道德规范依据。

【训练要求】

同第1章本题型的"训练要求"。

【成果形式】

1）训练课业：撰写《"中国背包旅馆的逆向歧视"思政研判报告》。

2）课业要求：同第1章本题型的"课业要求"。

☆ 创新型训练

▲ 拓展创新

【训练项目】

拓展创新-III。

【训练目的】

见本章"学习目标"中"创新型学习"的"拓展创新"目标。

【教学方法】

同第2章本题型的"教学方法"。

【知识准备】

学生通过学校资料室、图书馆和互联网等途径，自主学习如下知识：

1）列入本教材"附录一"附表1"能力领域"中"与人交流"、"与人合作"和"革新创新"能力"高级"各技能点"'知识准备'参照范围"的知识。

2）本教材"附录三"附表3"能力领域"中"与人交流"、"与人合作"和"革新创新"能力"高级"各技能点的"基本要求"和"参照规范与标准"。

【训练任务】

1）查阅关于"中国国家旅游形象的跨文化比较"的各种观点信息。

2）同第2章本题型的其他"训练任务"。

【训练要求】

1）体验将关于"中国国家旅游形象的跨文化比较"的各种观点信息中的诸多拓展性观念要素整合为一个内在一致、功能统一的新整体，形成一个带有原创性成分的《中国国家旅游形象的跨文化比较研究》的"知识创新"（高级）过程。

2）同第2章本题型的其他"训练要求"。

【训练时间】

本章课堂教学内容结束后的课余时间，为期一周。

【训练步骤】

1）各团队应用"知识准备"所列知识，并遵循相关"要求"和"参照规范与标准"，系统体验关于本项目的如下技能操作：

（1）通过队内分工与合作，收集和处理本训练项目中存有争议的关于"中国国家旅游形象的跨文化比较"的各种观点信息，分析、研究、讨论与交流其各自所长与不足。

（2）将关于"中国国家旅游形象的跨文化比较"的各种观点信息中诸多拓展性观念要素整合为一个内在一致、功能统一的新整体，撰写带有原创性成分的《中国国家旅游形象的跨文化比较研究》论文。

（3）以相互质疑和答疑的方式，在班级讨论、交流、相互点评其《中国国家旅游形象的跨文化比较研究》论文。

（4）根据班级讨论交流结果，各团队修订和完善其《中国国家旅游形象的跨文化比较研究》论文。

2）同第2章本题型的其他"训练步骤"。

【成果形式】

训练课业：撰写《"拓展创新-III"训练报告》。

课业要求：参照第2章本题型的"课业要求"。

⭐ **建议阅读**

[1] 特朗皮纳斯，伍尔莱姆斯. 跨文化营销［M］. 刘永平，刘洁，郑波，译. 北京：经济管理出版社，2011：1-119.

[2] 郭国庆. 营销伦理［M］. 北京：中国人民大学出版社，2012：174-189.

[3] 费雷尔，费雷尔. 商业伦理［M］. 杨欣，译. 北京：世界图书出版公司，2011：20-21.

[4] HUANG S S, CHEN G. Perceived personal development benefits from

backpacking: a cross-cultural comparison ［J］. Tourism, Culture and Communications, 2018, 18（4）: 275-286.

［5］HUANG S S, CROTTS J. Relationships between Hofstede's cultural dimensions and tourist satisfaction: a cross-country cross-sample examination ［J］. Tourism Management, 2019, 72: 232-241.

［6］LEE G, LEE C K. Cross-cultural comparison of the image of Guam perceived by Korean and Japanese leisure travelers: importance-performance analysis ［J］. Tourism Management, 2009, 30（6）: 922-931.

［7］LI M. Cross-cultural tourist research: a meta-analysis ［J］. Journal of Hospitality & Tourism Research, 2014, 38（1）: 40-77.

第 13 章
全球消费趋势与中国特色旅游消费行为

▶ **学习目标**

▷ **传承型学习**

通过以下目标，建构以"全球消费趋势与中国特色旅游消费行为"为阶段性内涵的"传承型"专业学力：

理论知识：学习和把握全球化与国际金融危机，全球消费趋势，中国传统消费观念，社会经济背景下的中国消费转型，中国特色的消费行为，中国特色的旅游消费行为等陈述性知识；用其指导"同步思考"、"延伸思考"、"深度思考"、"教学互动"和相关题型的"单元训练"；体验"全球消费趋势与中国特色旅游消费行为"中"理论知识"的"传承型学习"及其迁移。

实务知识：学习和把握基于中国旅游消费特点的中国出境旅游营销措施以及"业务链接"等程序性知识；用其规范"深度剖析"和相关题型的"单元训练"；体验"全球消费趋势与中国特色旅游消费行为"中"实务知识"的"传承型学习"及其迁移。

认知弹性：运用本章理论与实务知识研究相关案例，对"引例"、"同步案例"和章后"案例分析—XIII"进行多元表征，体验"全球消费趋势与中国特色旅游消费行为"中"结构不良知识"的"传承型学习"及其迁移；依照相关行为规范对"课程思政13-1"、"课程思政13-2"和章后"课程思政-XIII"进行思政研判，激发与"中国重启出境游给世界带来信心"、"外国游客视频助力中国国家形象塑造"和"大闹航班"等议题相关的中国旅游者消费与行为自律的思考，促进健全职业人格的塑造。

▷ **创新型学习**

通过以下目标，建构以"全球消费趋势与中国特色旅游消费行为"为阶段性内涵的"创新型"专业学力：

自主学习：参加"自主学习-IV"训练。在制订和实施《团队自主学习计划》的基础上，通过阶段性学习和应用"附录一"附表1"自主学习"（高级）"'知识准备'参照范围"所列知识，收集、整理并综合"全球消费趋势与中国特色旅游消费行为"的前沿知识，讨论、撰写、交流和修订《"全球消费趋势与中国特色旅游消费行为"最新文献综述》，撰写《"自主学习-IV"训练报告》等活动，体验"全球消费趋势与中国特色旅游消费行为"中的"自主学习"（高级）及其迁移。

学习微平台

思维导图 13-1

引例：中国大陆旅游者出境游偏好做加法

背景与情境： 在美国休假季，名牌打折店里多见中国人，科学博物馆里不少印度人，现代艺术馆里是穿着前卫的欧洲人，美国人则在后院烧烤或在沙滩上晒太阳。这既体现了不同民族不同的旅游偏好，也是各国变化中的经济实力的直观反映。欧洲人追求放松和减压，而陷在金融危机泥淖中的美国人，则越来越向没钱但有闲的欧洲人靠拢。

中国大陆旅游者还处于刚富起来，对物质高度追求的初级阶段，他们的旅游特点是爱扎堆、喜购物、住得省。在商店里，他们操着各种方言，手里总是提着大包小包的名牌购物袋，店员会主动用汉语打招呼，然后一句话就说到他们的心坎上："现在正在打折。"

日本、韩国及中国台湾地区旅游者曾经也是这样，现在他们已到了旅游的第二个阶段，就是爱购物但更重享受。夏威夷高级餐馆里大多坐的是日本人，我国台湾地区有些旅游者一年不买新衣新鞋，但出门要住几千美元一晚的高级酒店。爱看景点的大陆旅游者可能很难理解：干嘛睡一觉要花那么多钱？其实他们的旅游目的就是体验自己享受不到的豪华生活，平时没办法住海边别墅，就在旅游的时候圆梦。

欧美旅游者在旅行中看起来比较像"苦行僧"，似乎总跟自己过不去，要么到海边冲浪或潜水，要么爬山，背着跟人差不多高的登山包宿营。他们天性喜好冒险，是因为其从小生活在地广人稀的环境中，追求和大自然的亲密接触。欧洲人休假时间长，他们热衷的休闲方式，就是在乡下幽静的地方租一个房子，在那里待上两个星期。迪士尼适合美国这种收入较高、休假时间短的生活方式，而在欧洲就行不通。

（资料来源　佚名．旅游加减法［EB/OL］．［2012-05-25］．https://www.wildhorde.com/archives/1452.html）

有过出境（国）旅游经历的人往往对在境（国）外的消费行为与现象有着切身体会。即使没有出境（国）经历的人也对近年来全球兴起的中国出境旅游热潮有所认知。然而，为什么会出现这股热潮呢？这与全球经济与消费趋势有什么联系？将问题予以延伸，把国内旅游一并考虑的话，那么到底中国的旅游消费者行为有什么特点？在全球消费趋势与中国特色旅游消费者行为的双重背景下，如何开展中国出境旅游营销？这些问题都是海内外关注的热点问题，也是本章的关注点。

13.1　全球消费趋势

13.1.1　全球化与全球金融危机

当今世界是一个全球化的世界。20世纪80年代晚期，全球化（globalization）一词在学术界和日常语言中被普遍使用。关于什么是全球化，很难给出一个统一的定义。通常意义上的**全球化是指全球联系不断增强，人类生活在全球规模的基础上发展以及全球意识崛起，国与国之间在政治、经济、贸易上互相依存。**

全球化的概念起源于美国，其概念背后的理念是多样化的，对其产生的影响也存在不同的观点。吉登斯（2001）认为，全球化是指世界范围内社会关系的强化。以这样的方式将相距甚远的地方联系起来，即此地发生的事情可能是由数英里以外的异地事件所引起的，反之亦然。罗兰·罗伯森（Roland，1992）是第一次将全球化概念系统地引入社会学中的学者。他指出，全球化是一种相关性的感受，或是把全球化定位为一种空间的压缩，是一种世界政治、经济、文化在强大压力下的压缩（compression）的过程。他从世界历史的视角将全球划分为五个阶段，即播种阶段、萌发阶段、起步阶段、争夺霸权阶段和不确定阶段。

社会学对全球化的研究有四个主要的理论视角（Athena &Mak，2012）：世界体系理论（World System Theory）、新现实主义/新自由主义制度论（Neorealism/Neoliberal Institutionalism）、世界政体理论（World Polity Theory）以及世界文化理论（World Culture Theory）。其中，从理解全球化的关键维度和影响上看，世界文化理论具有相对新颖的视角。该理论解释了全球化作为一个过程，参与者意识到并对个体存在于"混合"的世界赋予意义。世界文化理论认为全球化是同质和异质的混合式结合，两者共同存在。全球化的特点是批判性的重构和再造地方文化，并与其他文化相联系。在地方文化和世界文化的互动过程中，全球化转变了地方的性质和意义，地方化也会引起全球化的改变。

吉登斯（2001）认为，对于全球化的看法存在两种截然相反的观点。一方面，持怀疑态度的人认为："所有关于全球化的讨论只是一种谈论而已。"世界和以前一样运转，全球经济并不会因为全球化时代的到来而与以前存在的经济有什么特别的不同。全球化只是希望拆除福利体制、减少国家开支的自由市场主义者散布的一种意识形态而已。另一方面，激进论者认为全球化是真实的，被世界每个角落感受到。民族国家的时代结束了，全球市场不再受制于国家边界的影响，市场发展潜力巨大，面临着重大的发展机遇和挑战。吉登斯认同激进论者的观点，同时他也注意到无论是怀疑论者还是激进论者都只是从经济的角度看待全球化这一现象。总之，全球化是政治的、技术的、文化的以及经济的全球化。全球化是一系列复杂的过程，是世界上不同地方的地方文化认同的复兴，产生了国家范围内和国家之间的新的经济和文化区。全球化带来的整体意义上的种种变迁正在产生一种新型的社会——全球的世界性社会。与此同时，全球化正在重塑我们的生活，成为我们的生活方式。

随着全球化进程向国家的政治、经济、文化和消费生活渗透，消费需要也越来越受到全球化的影响。

自2009年全球金融危机以来，世界经济在经历缓慢复苏后，已进入一个深刻的调整转型期。经济全球化继续深化的同时，地区一体化的趋势在加强，各种自贸区在发展，各类贸易保护主义倾向也在抬头。与此同时，新兴经济体内部间贸易投资大量增加，开始挖掘新的市场潜力和经济增长点。在经济和金融转型中，国际社会面临的共同挑战是确保所有经济体都在日益紧密的全球化体系中蓬勃发展。

根据经济理论，在宏观经济的稳定性和确定性存在的情况下，家庭消费主要取决于可支配收入。然而，如果在经济不稳定和不确定性存在的情况下，消费取决于当前可支配收入和预期变化的可支配收入。因此，在金融危机的背景下，顾客期望是理解消费者行为的关键因素。通常，人们认为家庭可支配收入的减少也将意味着消费的降低。因此，奢侈品和服务，例如，旅游等支出，对金融危机更加敏感。事实上，在2009年，世界旅游人次数下降了3.8%，在欧洲和美国下降了4.9%（Eugenio-Martin &

Campos-Soria，2014）。然而，可喜的是，随着全球经济逐步回暖，世界旅游人次数也开始逐步回升，且增长速度明显高于全球经济增长速度。《世界旅游经济趋势报告（2020）》数据显示，2019年全球旅游总人次（含国内旅游人次和国际旅游人次，下同）达到123.1亿人次，增速为4.6%，增速较2018年回升0.9个百分点；全球旅游总收入达5.8万亿美元，相当于全球GDP的6.7%。

自2020年年初新冠肺炎疫情暴发以来，全球旅游业遭受重挫。《世界旅游经济趋势报告（2021）》数据显示，2020年全球旅游总人次降至72.78亿人次，同比下降40.8%。2021年全球旅游总人次达66亿人次，恢复至2019年的53.7%。

◆ **教学互动13-1** ◆

主题：经济全球化及全球金融危机离我们并不遥远，时时刻刻影响我们日常生活的方方面面。

问题：结合自身的旅游经历，阐述经济全球化及全球金融危机如何影响了你及你的家庭旅游消费行为。

要求：同"教学互动1-1"的"要求"。

13.1.2 全球消费趋势及其特点

1）消费全球化

何谓消费全球化？<u>消费全球化是指消费品、消费生活方式和消费观念在全球范围的扩散</u>。其包括消费品的全球化、消费生活方式的全球化、消费环境和工具的全球化（如超级购物中心、信用卡）以及消费观念、欲望和价值的全球化。这些内容其实是相互交织在一起的，但学者在论述消费全球化时，对这些内容有时有所侧重，但常常是不加区分的。由于消费是文化的一部分，因此，消费全球化被看作全球化的一个文化后果。在有关消费全球化的研究中，存在三种不同的命题：全球同质化命题、文化混合化命题、不均衡全球化命题。这三种不同命题的内容如下：

① 全球同质化。全球同质化，源于发达国家的消费品、消费生活方式或消费观念在全球范围内的扩散过程。在这一过程中，其他国家尤其是发展中国家模仿发达国家的消费生活方式，接受发达国家的消费观念或消费文化，引进发达国家的消费品，并因此在许多消费元素或消费模式上出现了与发达国家趋同的结果。揭示了发达国家的消费品（尤其是创新技术产品）和生活方式要素向全球范围扩散，以及随之而来的发展中国家的消费与文化的变迁过程。例如，麦当劳、肯德基、必胜客、耐克鞋、可口可乐、牛仔裤、LV手袋、名牌汽车、苹果手机、手提电脑、NBA、好莱坞电影、购物中心在全球的普及，均是消费全球同质化或趋同化的体现。

② 文化混合化。文化混合化，又称"全球本地化"。它否认一国的消费品和生活方式要素进入其他国家（尤其是发展中国家）是一个取代本地消费传统的过程。相反，外来消费品和生活方式要素在进入某一国家或地区的时候，会受到本地传统文化的影响，并以某种方式与本地文化嫁接在一起。例如，美国麦当劳在中国的本地化过程就是如此。

③ 不均衡全球化。不均衡全球化揭示了一国的产品和生活方式要素在进入其他国家或地区后所呈现出来的不均衡情况。外来产品和生活方式要素，在某些情境下，

比较容易进入，而在其他情境下，则难以进入。消费情境指的是各种产品得以在其中进行组合以完成某个任务的场合（王宁，2012）。例如，消费情境可以解释为何有些产品（如食品）是受文化制约的，有些则不是。在核心消费情境中，食品携带了重要的文化价值，在这里，所用产品以及产品消费方法有着严格的规则。与之相对，在文化含义比较弱的边缘消费情境中，消费者的消费模式则更加灵活或随意。在阿拉伯国家，午餐是核心消费情境，早餐和晚餐则是边缘消费情境。在迪拜，午餐是一家人聚会的重要时刻，吃的都是传统食物；晚餐则是边缘消费情境，人们可以外出就餐，吃全球化的食品，如麦当劳等，即使在家吃，也可以吃外来食物；早餐则是相对最边缘化、最不重要的消费情境，因此有更多的全球化或外来食物元素进入，并与阿拉伯国家的食物元素搭配。

◆ **教学互动 13-2**

主题：消费情境指的是各种产品得以在其中进行组合以完成某个任务的场合。消费情境可以解释为何有些产品（如食品、旅游、休闲）是受文化制约的，有些则不是。

问题：结合自身经历，阐述消费情境如何解释旅游消费者行为的跨文化差异。

要求：同"教学互动 1-1"的"要求"。

2）新兴市场消费者成为世界经济增长新的关注点

伴随着世界经济一体化进程的加快和国际市场的形成，消费者不再仅仅面对本国市场和产品，而是直接面对国际市场，消费者对产品的选择范围得到了极大扩展；电子信息技术的迅速发展和广泛应用，给传统的产品交换方式带来强烈冲击，从而为消费者实现购物方式和消费方式的根本变革提供了可能。例如，第三方支付电子商务平台支付宝，作为建立淘宝网卖家和买家信任的桥梁，成为网络购物必不可少的消费工具。支付宝尽管是一种免费使用的消费工具，但它的影响力是巨大的，给人们带来了新的消费观念，作为第三方支付平台，它让消费者又回归到传统交易活动中的主导地位，实现了消费工具的真正功能，优先满足了消费者所需，为网上交易提供了安全可靠的平台。有了新消费工具的支撑，淘宝网以迅雷不及掩耳之势，彻底颠覆了传统的消费市场和消费观念。而支付宝本身以第三方支付平台的开山鼻祖之态被各个领域效仿，衍生出了一些新的金融工具，如移动支付、财付通、信付通等，开创了人们便捷生活的时代。

3）新的消费模式正在改变生产经营模式

如今消费者更加注重社交网络对商品的反馈，用电子方式互相交流。他们不仅关注市场信息的透明度和商品的安全性，要求提供健康的食品，希望看到环保、绿色的标签、标识，而且更加追求个性化商品。美国的商品导引公司"Good Guide"创始人奥鲁尔克指出：电子商务正在改变企业的生产方式，使企业向柔性生产、个性化定制方向发展。

4）世界消费格局重心正向亚洲转移

新兴消费市场和消费模式的崛起，正悄然改变着世界消费市场的格局。长期以来都是东方高储蓄率，西方高消费率，全球金融危机的爆发打破了这个平衡。新兴市场的崛起带动整个世界的消费，使消费格局产生变化。中国经济是全球经济增长的主要引擎之一，人民币汇率的稳定对全球经济发展和国家货币体系稳定具有十分重要的意义。约翰·艾尔坎认为：随着消费全球化的不断扩张，中国从世界工厂走向世界市场，中国消费者的需求成为避免陷入经济萧条的重要力量，中国市场的影响力在金融危机爆发后已经逐步显现。

延伸思考13-1

问题：旅游电子商务如何影响我们的旅游消费行为？

学习微平台

课程思政13-1

课程思政13-2

"China Travel"爆火，外国游客视频助力中国国家形象塑造

背景与情境：近期，"China Travel"火遍海外社交媒体，成为不少外网博主的流量密码。这些"洋网红"，有的来自周边国家，有的来自欧美国家，还有的来自非洲和南美洲，他们都以普通游客的身份深入中国的大街小巷，用自己的镜头展示中国之美。与"特种兵式"旅游不同的是，许多来华旅游的海外博主选择的是深度游。他们镜头里的中国立体丰富、多姿多彩，不仅具有满满的安全感，充满了人间烟火气，还带点高端科技范儿。不少外国青年创作者感叹：中国的现代化程度超乎想象。一些外国旅游博主甚至直呼"被西方媒体骗了"。外网博主的视频为中国发展提供鲜活注脚，成为中国一张对外传播的亮丽名片。

（资料来源　作者根据相关资料整理）

问题：我国旅游行业的从业人员以及中国出境游客，如何更好地展现、维护中国国家形象？

13.2　中国特色的消费行为

中国人的消费行为随着社会、政治、经济环境的变化而变化。在历史的发展长河中，中国人的消费观念和意识发生了巨大的变化。

1）中国传统消费观念

消费观是中国传统经济思想的重要组成部分。其中，占主导地位的是以孔子为代表的儒家等级消费观与以老子为代表的道家无为消费观。

孔子主张礼的等级规范、仁义的道德约束、宁俭的行为准则。例如，在政治上，"故天子建国，诸侯立家，卿置侧室，大夫有贰宗，士有隶子弟，庶人工商各有分亲，皆有等衰。是以民服事其上，而下无觊觎"。在经济上，"公食贡，大夫食邑，士食田，庶人食力，工商食官，皂隶食职，官宰食加"。此外，孔子主张消费行为的"节用""宁俭"。林放问礼之本，子曰："大哉问！礼，与其奢也，宁俭！""奢则不孙，俭则固。与其不孙也，宁固。"在孔子看来，"奢"不仅是支出多少的问题，更严重的是"奢"会刺激人的消费欲望，使人对自身的消费行为失去道德约束力，从而破坏礼的等级消费规范。而"俭"虽然不免显得寒碜，但它体现了消费行为的道德约束，因而更符合礼的等级消费规范。由此，孔子一方面主张确立社会的等级占有与等级消费秩序，对个人的物质欲望和消费行为进行必要的强制性规范；另一方面又大力提倡道德约束（傅允生，2000）。

老子则提倡道的自然法则，不欲的心理约束、知足的行为准则。这种倾向的形成是与中国古代社会生产力水平低下、国计民生始终得不到保障有密切关系的。面对生活资源的长期短缺和匮乏的局面，为了维持生存，缓解社会矛盾，必然要提倡"去奢从俭"。"去奢从俭"成为中国传统消费思想的基本特点，"黜奢崇俭"体现了中国传统消费思想的主要特点。时至今日，"宁俭""成由俭，败由奢"仍是被广泛引用的古训（傅允生，2001）。

与其相反，《管子·侈靡》鼓吹奢侈消费，最早提出崇奢主张。他说："莫善于侈靡"，即实行奢侈消费是最好的国策。"富者靡之，贫者为之"，富人的奢侈消费使穷人"动肢而得食，是为穷人畜（蓄）化（货）"。《管子·侈靡》的作者主张厚葬，甚至还主张鸡蛋要绘上彩画再煮，木柴要雕上花纹再烧。这就把高消费引向了极端，但富人的高消费有利于穷人的谋生则是有道理的。此外，范仲淹将奢侈消费用于救荒，用官府和富人的奢侈消费来救荒是范仲淹的创造。"所以宴游及兴造，皆欲以发有余之财，以惠贫者。贸易、饮食、工技、服力之人，仰食于公私者，日无虑数万人。荒政之施，莫此为大。"

中国近代最早提出学习西方的魏源（1794—1857），在鸦片战争前曾著有《默觚》，其中的《治篇十四》讨论了奢俭问题。他的基本观点是："俭，美德也；禁奢崇俭，美政也。然可以励上，不可以律下；可以训贫，不可以规富。"魏源的创新之处在于明确指出崇奢只能限于富人，而统治者则应崇俭，这是很深刻的。

为戊戌变法而献身的谭嗣同（1865—1898），于光绪二十二年（1896年）作《仁学》，其中批判了"黜奢崇俭"思想。他将劝诱富人的崇奢同"兴机器"联系起来。他说要富人将自己的积蓄散给穷人，是"人情所大难"，可以动员富人投资于机器生产，发展矿、农、工业。他指出："富而能设机器厂，穷民赖以养，物产赖以盈，钱币赖以流通，己之富亦赖以扩充而愈厚。"于人于己都有利，何乐而不为？梁启超和谭嗣同一样，也从发展经济的作用方面来批评崇俭思想，其不足之处亦相同。

中国近代杰出的翻译家和思想家严复（1854—1921），将人们的消费水平同一国的经济发展水平联系起来考虑，提出了新的消费观。他虽然反对崇奢，但同时又主张人们的消费水平要随着生产发展、物产丰盈而不断提高。他说："支费（消费）非不可多也，实且以多为贵，而后其国之文物声明可以日盛，民生乐而教化行也。"这实际上是肯定了有条件的"奢"，这条件就是要以经济发展的程度为限度。他还提出消费和积累应保持合理的比例（叶世昌，2005）。

2）社会经济背景下的消费转型

改革开放以前，在计划经济体制下，中国分配型、供给型消费特征明显，居民的福利性消费的比重较大，各种福利、补贴大约占到工资总额的90%以上。整个社会没有把消费摆在应有的位置，对于消费对经济的拉动作用仍然不够重视，缺乏一定的认识。当时受经济发展战略目标及重生产、轻消费思想的影响，片面以产值增长速度为目标，居民消费受到影响。比较典型的是1958年提出的"大跃进"和"超英赶美"口号，要求一年内把钢产量翻一番。这实际上就是把以钢铁为中心的生产增长速度作为经济发展的战略目标。1966年开始的第三个五年计划，并没有真正把改善人民生活作为目标，而是以备战为中心，提出"先治坡、后治窝""先生产、后生活"的口号。这一时期，在积累与消费的关系上，注重的是高积累，实行的是低消费，经济上的宣传也是如此，如"我们每人每年如果少吃一个鸡蛋，并把鸡蛋出口，就可以换回三四十万吨化学肥料或者挽回四个半容量两万五千瓦的能供80万～120万人用电的火力发电厂的全套设备"。较长时期以来实行的是限制消费的政策，不仅限制消费品生产以及居民消费水平的提高，而且使人们对生活消费产生片面的认识，认为消费是一种被动的、消极的、单纯消耗物质财富的行为，当生产与消费发生矛盾时，往往想到的不是以刺激消费来促进生产，而是以紧缩消费来保证生产。

改革开放以来，经济开始高速发展。中国的消费在这段时期发生了很大的变革。国家采取了一系列旨在提高居民收入水平的消费倾斜政策，取得较好效果。但也走过弯路。例如，在1983年，由于某些农副产品积压，产生了片面强调鼓励消费、盲目单纯刺激消费的错误导向。由于受脱离国情的高消费思想影响，以及放权搞活时国家宏观调控手段的弱化、国外消费示范效应和国内收入增长强烈攀比欲望的驱使，居民消费需求急剧膨胀，消费需求与消费品供给之间的差距越拉越大。针对经济过热、投资规模过大、消费需求过旺、物价上涨等一系列矛盾，国家从1988年第四季度起被迫采取治理整顿，紧缩财政、信贷，控制投资、消费，加强工资基金管理，堵塞乱发奖金、滥发实物的各种渠道，使过快的收入增长出现了减缓趋势，集团购买力增长过快的势头得到抑制。与此同时，市场开始降温，供求关系开始改善，经济发展和生活消费重新转回到正常轨道。

中国的经济发展经历了由计划经济到商品经济，再到市场经济的过渡，与此相伴，消费的转型与经济的发展和转型密切相关。随着经济转型，在中国，消费兴趣点曾经几经更换，由20世纪80年代的手表、自行车、录音机"三大件"到90年代初的彩电、冰箱、洗衣机"新三大件"，之后消费兴趣点又朝汽车、电脑等高科技产品方面转变。在个别群体中和个别品种方面，甚至还出现了奢侈性消费、炫耀性消费。中国报告网发布的数据显示，2017年全年，中国本土奢侈品市场销售总额达到1 420亿元人民币，同比增长20%，为2011年以来的最快增速。全球奢侈品市场的总销售额达到2 620亿欧元（约合2万亿元人民币），其中，有32%来自中国消费者，占比为所有国家和地区最高，美国（22%）和欧洲（18%）分别排在第二和第三位。根据贝恩和天猫联合发布的一份报告，2020年，中国奢侈品市场销量增长了48%，达到528亿美元。网上销售占总购物支出的23%，而2019年这一比例为13%。海南免税市场也对奢侈品销售起到了积极的推动作用。

同步链接 13-1

◆ **同步思考 13-1**

问题：如何理解现阶段的消费转型与旅游消费者行为的变化？

3）具有中国特色的消费行为

与西方相比，中国人消费行为的一个显著差异是受群体的影响巨大。中国人的核心价值观受集体主义、从众心理的影响，在消费中更在意别人的看法和意见，关注个人消费的社会群体效应，从而具有某些独特的表现。其具体表现如下：

延伸阅读 13-2

（1）面子消费

自古至今，无论富贵或是贫困，部分中国人追求脸面，将送礼、维系体面和关系等视为基本需要。将礼尚往来作为基本的行为准则，从而形成了中国社会恒久而独特的面子消费行为。1935年，林语堂在《吾国吾民》中写道："'面子'是统治中国人的三位女神中最有力量的一个"，认为它是中国人社会交往中最细腻的标准。美国学者艾克逊、希特生和我国台湾学者许焕光等认为："面子"源于中国的耻感文化，是中国传统文化、传统价值观、人格特征、社会文化的耻感取向共同作用的综合体。

翟学伟的研究提出："脸"是人为了迎合某一社会圈认同的形象，经过印象整饰、修饰后，表现出的认同性的心理与行为，而"面子"是这一业已形成的行为在他人心目中的序列地位，也就是心理地位，并进一步提出了中国人"脸""面"四分模型（翟学伟，2001），如图13-1所示。与部分中国人面子观相关的另外三种消费行为是攀比消费、炫耀消费和象征消费，无论消费中的"攀比""炫耀"还是"象征"，都出于面子并因面子而强化。

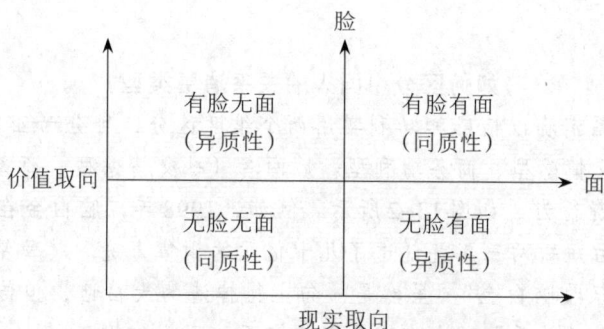

图13-1　中国人"脸""面"四分模型

攀比消费的重要前提是消费者购买某项商品并非出于物质满足的需要，它更多地来源于攀比而形成的心理落差。攀比消费是一种特殊的消费现象，它存在于世界任何一个市场。炫耀消费是指购买并突出显示奢侈品，以证明其支付昂贵商品能力的消费行为。社会学家索斯特恩·凡伯伦出版的《有闲阶级论》一书中最早论述了"炫耀消费"。**炫耀消费是指富裕阶层通过对物品的超出实用和生存所必需的浪费性、奢侈性和铺张消费，向他人炫耀和展示自己的金钱财力和社会地位，以及这种地位所带来的荣耀、声望和名誉**。例如，消费者购买高档烟酒、高档化妆品、高档服饰等奢侈品，炫耀是一个明显的因素，以表现其社会地位或成就感。象征消费指的是消费具有符号象征性，即消费不仅是物理或物质的消费，也是象征的消费。象征消费有两层意思：其一是"消费的象征"，即借助消费表达和传递某种意义和信息，包括自己的地位、身份、个性、品位、情趣和认同；消费过程不仅为满足消费者的基本需要，也是社会表现和社会交流的过程。其二是"象征的消费"，即人们不但消费商品本身，而且消费这些商品所象征或代表的某种社会文化意义，包括心情、美感、档次、身份、地位、情调或气氛等。正如名牌皮包、服饰、高档别墅和豪宅可以作为身份符号被消费。

◆ **延伸思考13-2** ◆

问题：如何从面子消费的角度理解中国旅游者的购物行为？

（2）"人情"和"关系"消费

中国人伦理本位的核心是"人情"与"关系"。人情消费在居民消费结构中占很

大的比重。"人情"和"回报"是密不可分的，在"关系"取向的社会中，可以通过"人情""关系"取得他人信任。"人情""关系"虽然是人们在社会交往中无意识产生的不成文的规范形式，却是受到社会成员的自觉遵守并不断延续的，具有"软控制"的效用。中国文化中的"人情"具有三种不同的含义：一是心理学层面上，个人遭遇各种不同生活情境时，可能产生的情绪反应。《礼记》中有言："何谓人情？喜、怒、哀、惧、爱、恶、欲，七者，非学而能。"二是社会学层面上，人情是指人与人进行社会交往时，可以用来馈赠对方的一种资源。馈赠、帮助他人，就是"做人情"给对方。对方接受的同时便欠了"人情"，人情是一种可以用来交换的"资源"。三是伦理学层面上，即社会上人与人应该如何相处的社会规范。中国人际关系的概念由人缘、人情、人伦构成，其中人情是核心。

▶ 业务链接13-1 ◀

如何区分中国人的关系消费类型？

中国人的关系消费以情感和功利实用两个维度区分，可分为四类：个人情感型、个人功利型、社交情感型、商务功利型。后两者（社交情感型、商务功利型）主要是企业或组织的消费行为，如图13-2所示。例如，1998年，脑白金在极短时间内迅速启动了市场，之后短短两三年就创造了几十亿元的销售奇迹。其营销广告语"今年过节不收礼，收礼只收脑白金"，虽然是一句土得掉渣的大白话，但传遍大江南北，销售力极强，体现了"关系"理念在广告营销方面的巨大作用。

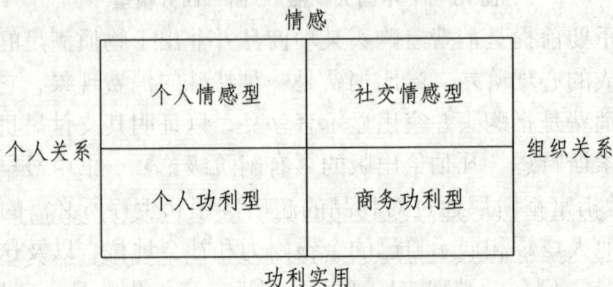

图13-2 中国人关系消费模型

▶ 同步思考13-2 ◀

问题：基于"人情"和"关系"的旅游消费有哪些？

（3）"根"文化消费

"根"文化消费在中国人日常消费中占有很大的比重，从省吃俭用、寄希望于下一代的教育消费到对上一代的祭祖消费、仪式消费等。中国"根"文化的强烈表现之一是"家"的观念。一家团圆对中国人而言永远是生活中最重要的事情。以象征团圆为意义的节日，如春节、元宵节、中秋节等受到高度重视，节日消费市场潜力巨大。祭祖也是"根"文化消费的重要主题，是中国人为表达对先人哀思的祭祀仪式。例如，清明节有祭祖的习俗，每到清明节前后，祭祀用品供不应求。唐代诗人杜牧的名句"清明时节雨纷纷，路上行人欲断魂。借问酒家何处有，牧童遥指杏花村"，真切反映了清明扫墓时的情景和氛围。

13.3　中国特色的旅游消费行为

1）出游时间的集中性

在我国，国内旅游兴起于20世纪80年代前期。当时中国旅游业基本上以国际入境旅游为主。改革开放以前，旅游对于绝大多数的国人来说，无疑是一种奢望，难以实现。20世纪90年代以来，国家经济迅速发展，国民人均收入得到大幅提高，国民消费观念发生了前所未有的巨大变化。旅游逐渐成为人们生活中的重要内容，越来越多的中国人开始体验旅游乐趣，享受美好生活。为刺激内需、拉动经济，1999年9月，国务院修订了《全国年节及纪念日放假办法》，改革出台新的法定休假制度，将每年春节、劳动节和国庆节定为法定节日，全国放假7天。从此，国民旅游有了充足的时间，出现了节假日超常消费的"假日经济"现象，也引发了全国性假日旅游热潮，使这3个长假成为全年旅游3个高峰期，促成了"旅游黄金周"。1999年10月，第一个"黄金周"期间，国内旅游的人数就达4 000万人次，创历史同期最高水平，也让旅游相关企业收获了"第一桶金"，直接旅游收入达141亿元。除2003年劳动节因"非典"而中断之外，我国每年"旅游黄金周"（自2008年开始取消了"五一"黄金周）期间均有几千万甚至上亿人次出游，他们的旅游花费大大促进了中国假日经济的发展，使得旅游经济在假日经济中占据了主导地位。根据文化和旅游部数据中心的测算数据，2018年"十一"黄金周，全国共接待国内游客7.26亿人次，同比增长9.4%；实现国内旅游收入5 990.8亿元，同比增长9.0%。2021年国庆假期，全国国内旅游人数达5.15亿人次，按可比口径恢复至新冠疫情前同期（2019年国庆假期）的70.1%；实现国内旅游收入3 890.61亿元，恢复至疫情前同期（2019年国庆假期）的59.9%。

◆ **深度剖析 13-1**

问题："旅游黄金周"会给中国旅游产业带来哪些潜在的负面影响？

2）旅游消费中的"关系""人情"与"面子"导向

中国人崇尚礼尚往来。外出旅游，必定会给亲朋好友带些礼物回来。许多去国外消费的中国人手里还紧握着亲朋好友交代的长长的购物清单，帮朋友代购、钟爱奢侈品等也都是中国旅游者的显著特点。"住便宜的酒店，吃唐人街的中国菜，在景点到此一游，整天忙于购物。"这曾经是中国人在外国人心目中的普遍印象。此外，中国人群体感强，注重规范，特别重视人与人之间的感情联系，强调良好的人际关系，反映到旅游消费行为中就是以社会上大多数人的一般旅游消费观念和旅游消费行为来规范和约束自己的消费行为。一个人购买和消费什么样的旅游产品往往首先要考虑别人的议论与评价，即使自己非常喜爱的产品，如果它不符合群体规范的要求，购买和消费这种旅游产品就会使人有一种与他人格格不入之感，那么他们会考虑放弃这种购买行为。所以，其旅游消费行为具有明显的"社会取向"和"他人取向"的特点。例如，伴随着"人有我有"、好面子、从众的消费心理，部分中国人出境旅游购物行为常常具有非理性消费的特点。

3）社会阶层的差异化消费

所有社会和文化中都存在着社会阶层。社会阶层是指由具有相同或类似社会地位的社会成员组成的相对持久的群体。也就是说，社会中相对持久和同质的部分、个体或家庭享有类似的价值观和生活方式，往往在社会地位上相接近而属于同一社会阶层。在社会生活中，每个消费者都归属于一定的社会阶层，他们的消费观念、生活方式必然要受到所属阶层的制约与影响，因而同一阶层的消费者在消费心理与行为上会有许多相似之处，而不同阶层的消费者则表现出明显的差异。社会阶层与旅游消费行为也有密切的联系，不同阶层的社会成员，由于收入水平、受教育程度、价值观念、生活习惯等方面存在着明显的差异，因此，旅游消费行为也会有较大的不同。

不同社会阶层的人其消费心理、消费行为等方面存在一定的差异。具体而言，高阶层成员是社会上最富有、地位等级最高的人，其消费心理明显的特点是显示和炫耀，愿意在他人面前突出自己的富有和地位。在消费行为上表现为奢侈和豪爽，消费倾向可以定位为"炫耀型消费"。中产阶层群体是接受过高等教育、事业有成者。在消费心理上表现为关注自身形象，不仅注重消费品的质量，更追求其格调和情趣。在消费形式上，其看重的是"经历"，关注的是能留下美好回忆的过程和品位。因此，其消费倾向可定位为"形象型消费"。低阶层群体在消费心理上常常表现出"立即获得、立即满足"，是一种"实用型消费"模式。其在消费行为中的特点是非常关注消费品的质量及价格，希望以最小的花费换取最大的使用价值，并满足其实用性要求。例如，我们经常会看到有的游客背着"干粮"，提着塑料袋，在各大景点穿梭。相对于景点中翻倍的商品价格，他们出于经济、实惠考虑而选择自己携带食品。

◆ **深度思考13-1**

问题：中国特色的旅游消费者行为的形成原因和机制有哪些？

◆ **同步案例13-1**

大黄鸭是如何变成大黄金的？

背景与情境：本案例选自《广州日报》的"专家议事会"栏目。本期嘉宾：广东省社科院旅游所所长庄伟光、东南大学人文学院旅游学系陈钢华博士。

记者：自从在香港火爆后，大黄鸭又接着在北京和高雄巡展，继续引爆"观鸭"热潮，也创造了巨大的商机。以北京为例，从9月初进驻北京园博园到"十一"期间光临颐和园，近两个月景区门票、消费以及衍生纪念品、餐饮等总收益可能超过2亿元人民币！大黄鸭虽然只在台湾省高雄市逗留一个月，也引来了近300万人次观赏，带动了10亿新台币（约2亿元人民币）的收益。比起香港，北京、高雄的大黄鸭经济效益更高，为何一个大黄鸭可以持续带来"黄金效应"？

庄伟光：大黄鸭的设计师正是透过大黄鸭创意的艺术品放大了童年的记忆，使整个世界变小，给人们带来惊喜和欢笑，而正是这种共同诉求，使得大黄鸭可以在香港大热后，继续在北京、高雄撬动一连串的好生意。

陈钢华：从节事旅游的角度看，大黄鸭在香港、北京以及高雄的巡展都算得上是节事，大黄鸭也就是所谓的"旅游吸引物"。从访客的动机来看，大黄鸭本身具备很强的艺术性及对儿童家庭群体的特别吸引力，加上媒体对之前香港大黄鸭展览以及之后铺天盖地的宣传铺垫，激发了更多人的参访动机，因此也就不难理解大黄鸭巡展的旅游收益了。

记者：大黄鸭在香港受欢迎，按道理说新鲜感已经不如之前，但继续巡展后为什么大家还是继续热捧？是本身的创意吸引，还是有其他的原因？

陈钢华：旅游消费本身是特殊的，不像日常消费品。旅游消费是一种体验性的消费，这种体验是不可被他人替代的。因此，即便大黄鸭巡展已经在香港举办过了，对于类似北京、上海或高雄等地的潜在参访者而言，依然是没有体验过的。此外，大黄鸭的设计本身就迎合了不同年龄段游客的喜爱，这是其本身的创意特色。

庄伟光：创意本身就是传播其价值，但是这一现象反映出能够打动人情感的往往是最质朴、最简单的东西，只有这样才得以让大众获得简单的快乐，借此获得人们的广泛认同和成功，继而走向世界。

记者：从大黄鸭撬动在中华大地的巨大旅游消费的案例中，业界可以得到什么启发？

庄伟光：一个国家的文化产业尤其是文化创意应以尊重版权为基础，大黄鸭撬动在中华大地的巨大旅游消费说明，模仿、跟风、抄袭、"拿来主义"、盗版、假冒、伪劣等是没有生命力与持续发展力的。只有当思想观念彻底颠覆、返璞归真时，好创意才能变成好生意。

陈钢华：首先，事件旅游、事件营销早已不是旅游业界的新鲜事，但是成功的事件旅游至少需要以下三个方面的要素：事件本身的吸引力、营销活动的成功开展以及有效的目的地组织与管理。其次，创意旅游或旅游业的创意转型也是业界和学界关注的议题，国内在促进文化创意产业与旅游业的融合发展方面已经有许多探索，比如北京的798艺术街区、《印象·刘三姐》等，其中也有不少需要总结的成功经验和失败教训。最后，事件旅游应与举办事件的目的地本身的定位和形象相匹配，例如，大黄鸭巡展在北京之所以能够成功，一方面是因为北京庞大的本地消费市场和外来进京旅游市场，另一方面对于北京作为传统的历史文化旅游目的地形象而言，大黄鸭巡展可以作为目的地产品体系的重要补充，给人带来新鲜感。

（资料来源　陈薇薇. 大黄鸭是如何变成大黄金的？［N］. 广州日报，2013-11-12）

问题：从中国特色的旅游消费行为及其成因的角度，结合案例内容分析大黄鸭热潮的出现，除了两位嘉宾的解释外，是否还有其他的原因？

13.4　基于全球消费趋势的中国出境旅游营销

如前所述，目前全球消费体现出以下四个方面的趋势：消费全球化、新兴市场消费者成为世界经济增长新的关注点、新的消费模式正在改变生产经营模式、世界消费格局重心正向亚洲转移。中国成为亚洲新兴的消费大国，特别是旅游消费大国。在全球消费趋势与中国特色旅游消费行为的大背景下，针对中国人的旅游营销议题主要有两个：其一，如何开展吸引中国出境旅游者的营销工作。其二，如何开展吸引中国国内旅游者的营销工作。关于吸引中国国内旅游者，本书各章给出的营销策略、举措均适用。例如，品牌升级策略、广告策略、事件营销、植入营销、博客营销、情感营销、体验营销、关系营销和精准营销等。关于如何吸引中国的出境旅游者，本书提出了文化营销、跨文化营销等策略或模式。考虑到全书章节安排以及全球旅游消费领域的中国出境旅游热，除了上述策略、模式、措施外，下文还将结合澳大利亚及其维多利亚州等案例，简要阐述基于中国旅游消费特点的中国出境旅游营销措施。

1）深入研究中国出境旅游者

不同的国家和地区有着不一样的历史、自然、社会与经济特征，因而对中国出境旅游者的吸引力不尽一致。中国出境旅游者对他们的目的地形象感知、出游动机、行为偏好等也都存在差异。因此，任何一个国家和地区，想要有效吸引并令中国的出境旅游者满意，都必须单独且深入、动态地研究潜在出境旅游者的特征及其对某具体目的地的感知、出游意向、旅游期待、旅游计划等。例如，澳大利亚旅游局（Tourism Australia）专门启动了"The China 2020 Strategy"（中国2020战略），其中的第1条就是"熟知中国出境旅游者"。此外，澳大利亚的维多利亚州旅游局（Tourism Victoria）启动了专门的"维多利亚州的中国旅游战略"（Victoria's China Tourism Strategy），其中的重点战略也包括深入、动态地了解中国出境旅游者的需求特点。

2）实施分区域、分阶段营销

中国幅员辽阔，各区域在经济、社会、文化等方面存在显著差异。因而，针对中国的旅游营销，绝对不可以将中国的旅游消费者当作一个整体，而是需要基于经济、社会、文化以及地理位置，实行有针对性的、差异化的分区营销（主要是基于营销策略的渠道策略）。当然，分区营销是建立在分阶段营销的基础上的，例如，近期主要针对优势市场，中远期逐渐拓展到机会市场。例如，澳大利亚旅游局的"中国2020战略"在识别现有市场（北京、天津、青岛、南京、上海、杭州、宁波、厦门、广州、深圳、东莞、佛山、重庆）的基础上，将在中国各区域的旅游营销（例如，建立分销渠道、成立旅游营销机构等）划分为三个阶段：第一阶段为2011—2013年，为"打基础"阶段，主要在现有13个城市的基础上拓展至24个城市。第二阶段为2014—2016年，为"初见成效"阶段，主要是将客源市场拓展至24个城市以外的地域。第三阶段为2017—2020年，主要是将客源市场拓展至30个以上的城市。类似地，澳大利亚的维多利亚州旅游局的营销战略也强调了分区域与分阶段营销的重要性。

3）提供高品质的旅游体验

提供高品质的旅游体验是营销策略中产品策略的重要环节。正如本书诸多章节强调的，中国的出境旅游者在收入、社会地位、受教育水平等方面多处于社会的中上层，他们对于旅游资源的品级、旅游服务质量等有着较高的期待。同时，考虑到中国人的旅游消费特点，高品质的旅游体验对他们的满意度、忠诚度以及对目的地在中国的形象至关重要。澳大利亚旅游局在2011年启动了《澳大利亚高品质体验行动计划》（Quality Australian experiences Action Plan）。正如澳大利亚旅游局所识别的，中国出境旅游者对高品质的旅游体验的主要期待集中在：体验"与家不同"的环境、自然与人文旅游资源、安全、物有所值、友好的目的地氛围、便捷的签证申请、知名的连锁饭店及中高端酒店、中文导游、中国饮食、直航、购物、奢侈品购物、赌场。澳大利亚维多利亚州旅游局还提出了"为中国旅游者创造世界一流的体验"（creating a world-class experience for Chinese visitors）的目标与口号。

◆ **业务链接13-2**

维多利亚州"为中国旅游者创造世界一流的体验"的重点措施

澳大利亚的维多利亚州，一直致力于吸引来自中国的旅游者，其营销策略之一就是"为中国旅游者创造世界一流的体验"。具体而言，其提出了以下三个方面的重点措施：

① 提升中国旅游者前往维多利亚州的可进入性（improving visitor access to Victoria）。主要计划和举措包括：提升签证申请的便利性、增加前往墨尔本/维多利亚的直航。

② 提升中国旅游者在维多利亚州的体验质量（enhancing the quality of the Chinese visitor experience in Victoria）。主要计划和举措包括：增加中文语言服务和文化理解、提供更好的产品组合。

③ 将旅游投资向中国旅游市场倾斜（aligning tourism investment to the Chinese visitor market）。主要计划和举措包括：提升在维多利亚州的体验（更新维多利亚州的旅游吸引物和服务设施）、开展新的旅游服务及基础设施投资项目。

（资料来源　作者根据相关资料整理）

4）建立营销合作网络

建立营销合作网络是出境旅游营销至关重要的措施，是旅游营销策略的渠道策略、促销策略的具体体现。例如，作为中国非常重要的出境旅游目的地国家，澳大利亚在中国旅游市场的成功很大程度上来源于其所建立的营销合作网络。合作者包括中国和澳大利亚的政府部门、企业、研究机构以及第三方机构。这些机构分布在主要的客源城市及中澳两国的主要政治与经济中心。同样地，澳大利亚维多利亚州旅游局的营销战略也非常注重建立与政府部门、企业的营销合作网络。实际上，截至2012年，维多利亚州旅游局与州内、国内以及中国的近百家旅游机构建立了营销合作关系。

◆ **同步案例13-2**

"独一无二的澳大利亚"营销活动

背景与情境： 在深入、动态了解中国出境旅游者的需求与行为的基础上，澳大利亚旅游局采取分区、分阶段的策略，在中国展开了"独一无二的澳大利亚"营销活动（There's nothing like Australia）。这一营销活动有如下特点：

① 合作营销。"独一无二的澳大利亚"活动是澳大利亚旅游局在全球营销的一部分。这一营销活动的合作方包括南澳大利亚州旅游委员会、西澳大利亚州旅游局、新南威尔士目的地旅游局、维多利亚州旅游局、中国南航、新加坡航空/胜安航空、澳洲航空和国泰航空/港龙航空。

② 新媒体营销。2011年，澳大利亚旅游局资助了一对中国夫妇前来澳大利亚旅

行，并将全程摄制成了微电影。这一电影被编辑成1分钟视频在新浪微博和土豆视频播放，即"1分钟的旅程"（Trip in a Minute）。视频吸引了3亿的观看者。此外，2012年，澳大利亚旅游局还邀请我国台湾著名艺人杨丞琳等到访澳大利亚的塔斯马尼亚、新南威尔士和维多利亚，拍摄了"发现你的澳大利亚"（Discover Your Australia）在线电视剧，共计5集，每集10分钟，在大中华地区累计观影者达8 600万人。

③将新技术手段引入旅游营销。2012年，澳大利亚旅游局在上海开展了"独一无二的澳大利亚"的营销活动，并在新天地进行了扩增实境促销（augmented reality promotions）。扩增实境是一种实时计算摄影机影像的位置及角度并加上相应图像的技术，这种技术的目标是在屏幕上把虚拟世界套在现实世界中并进行互动。澳大利亚旅游局在中国的营销活动还在北京、广州等地展开。

（资料来源　作者根据相关资料整理）

问题：结合案例内容，分析"独一无二的澳大利亚"营销活动，其体现了澳大利亚旅游局在开展中国出境旅游营销时采取了哪些策略？

❋ 本章概要

✿ 主要概念

全球化　消费全球化　炫耀消费

✿ 内容提要

• 本章主要介绍了全球化、消费全球化的定义，并在此基础上阐述了全球消费的基本趋势。介绍了中国消费的一般特点，以及旅游消费的特点，并结合全球消费趋势与中国旅游消费特点，阐述了中国出境旅游营销的主要措施。

• 全球化是指世界范围内社会关系的强化。消费全球化是指消费品、消费生活方式和消费观念在全球范围的扩散。

• 罗兰·罗伯森从世界历史的视角将全球划分为五个阶段，即播种阶段、萌发阶段、起步阶段、争夺霸权阶段和不确定阶段。

• 全球消费趋势主要有：消费全球化、新兴市场消费者成为世界经济增长新的关注点、新的消费模式正在改变生产经营模式、世界消费格局重心正向亚洲转移。

• 与西方人的消费相比，中国特色的消费行为主要有："面子"消费、"人情"和"关系"消费、"根"文化消费。

• 中国特色的旅游消费行为有：节假日制度约束下出游时间的高度集中性，传统文化影响下旅游消费的"关系""人情"与"面子"导向，以及经济、文化和政治因素共同影响下各社会阶层消费的差异化。

• 基于中国旅游消费特点的中国出境旅游营销措施主要有：深入研究中国出境旅游者，实施分区域、分阶段营销，提供高品质的旅游体验，建立营销合作网络。

✿ 内容结构

本章内容结构如图13-3所示：

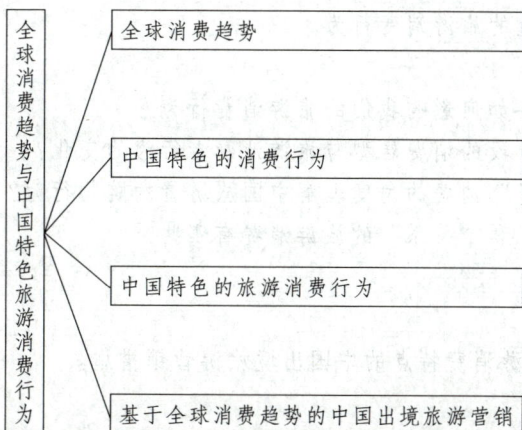

全球消费趋势与中国特色旅游消费行为

- 全球消费趋势
- 中国特色的消费行为
- 中国特色的旅游消费行为
- 基于全球消费趋势的中国出境旅游营销

☆ 重要观点

观点13-1： 中国特色的旅游消费行为有节假日制度约束下出游时间的高度集中性，传统文化影响下旅游消费的"关系""人情"与"面子"导向，以及经济、文化和政治因素共同影响下各社会阶层消费的差异化。

常见置疑： 中国特色的旅游消费行为只包括传统文化影响下旅游消费的"关系""人情"与"面子"导向。

释疑： 旅游消费行为并不单一受文化及文化价值观的影响，而是受到特定社会的制度安排、经济收入、消费习惯等共同影响。在中国传统文化影响下，中国的旅游消费体现出明显的"关系""人情"与"面子"导向。但与此同时，作为一种特殊的消费，旅游消费还体现出制度、社会阶层等因素的影响。

观点13-2： 攀比消费、炫耀消费和象征消费都属于面子消费。

常见置疑： 面子消费仅限于攀比消费和炫耀消费。

释疑： 攀比消费和炫耀消费是比较明显且容易识别的面子消费。象征消费指的是消费具有的符号象征性，即消费不仅是物理或物质的消费，也是象征的消费。"消费的象征"借助消费表达和传递某种意义和信息，包括自己的地位、身份、个性、品位、情趣和认同；"象征的消费"指人们不但消费商品本身，而且消费这些商品所象征或代表的某种社会文化意义，包括心情、美感、档次、身份、地位、情调或气氛等。因此，从中国文化价值的"面子"维度判断，象征消费也属于面子消费。

✹ 单元训练

☆ 传承型训练

△ 简答题

1）简述全球化与全球金融危机。

2）简述全球消费趋势。

3）简述中国传统消费观念。

4）简述社会经济背景下的中国消费转型。

5）简述中国特色的消费行为。

6）简述中国特色的旅游消费行为。

△ 讨论题

1）旅游电子商务如何影响我们的旅游消费行为？

2）如何理解现阶段的消费转型与旅游消费者行为的变化？

3）如何从"面子"消费的角度理解中国旅游者的购物行为？

4）基于"人情"和"关系"的旅游消费有哪些？

▲ 实务题

△ 规则复习

简述基于中国旅游消费特点的中国出境旅游营销措施。

△ 业务解析

1）"旅游黄金周"会给中国旅游产业带来哪些潜在的负面影响？

2）维多利亚州是如何吸引中国旅游者的？

▲ 案例题

△ 案例分析

【训练项目】

案例分析-XIII。

【训练目的】

见本章"学习目标"中"传承型学习"的"认知弹性"目标。

【教学方法】

同第1章本题型的"教学方法"。

【训练任务】

同第7章本题型的"训练任务"。

【相关案例】

为吸引中国游客世界各国纷纷喊话："我最懂你"

背景与情境：相对于以往只聚焦中国游客的购买行为和人口因素，如今一些西方媒体、旅游企业已开始关注并挖掘中国游客的兴趣爱好和旅游需要，如提供中文服务、手机支付，甚至连拖鞋、烧水壶等中国游客必需的旅游"标配"也成为其研究的重要细节。因为要吸引中国游客，首先必须懂中国人。对此，一些海外旅游企业也是拼了，纷纷放大招，向中国游客喊话：来我这吧，我最懂你！

（1）打造中国式"小舒适"。在外国人眼中，中国游客的行李里总有一些"中国标配"：可以喝热水、泡茶的保温杯；可以调剂口味的咸菜；一张海外亲属的紧急联系地址；一个携带方便，想拍就拍的自拍杆（对中国游客来说，不错过拍照机会，并能时刻同家人分享旅行照片非常重要）……当然，酒店有Wi-Fi也成了中国游客外出旅行的"标配"。于是，为了吸引中国游客，一些外国旅游公司和酒店纷纷通过不同的方式为中国游客提供各种"小舒适"，力求让外带的"中国标配"成为内在的"中国舒适"。美国媒体报道，你可以在巴黎的酒店享用中国饺子，在西雅图的酒店前台见到说一口流利、标准中文的工作人员，以及在房间内看到中国客人喜欢使用的一次性拖鞋等基本物品。因为他们知道拖鞋和中文电视频道对中国游客十分重要。此外，还有提供茶叶、烧水壶、中文旅游地图等物品的旅游企业，那就更不用说有多受中国游客的欢迎了。有数据显示，有1/3以上的中国游客会退掉没有烧水壶的房间，因为他们无法泡茶或方便面。在莫斯科和圣彼得堡的机场、火车站，中国游客也会惊喜地发现，中文标牌越来越多。对此，业内人士指出，为中国游客提供中国式的"小舒适"，就是希望能通过一些平时不为人关注的小细节，紧紧地抓住世界最大旅游市场游客们的心。

（2）海外劲刮"怀旧风"。德国金融中心法兰克福市第二次世界大战以来最大的建筑工程之一——老城区改造项目于2018年秋竣工。《法兰克福汇报》报道说，该项目与其他城市的老城改造项目不同，它不是建立在历史模型的基础上，而是以促进"城市旅游营销"为目的，吸引更多的中国游客来此进行一场休闲怀旧之旅。其中，华丽的巴洛克风格和木架结构的房屋很受中国游客的青睐。据《法兰克福评论报》报道，法兰克福2017年迎来近20万过夜中国游客，领先于柏林、汉堡和慕尼黑等大城市。俄罗斯也是中国游客进行休闲怀旧之旅的一个重要目的地。俄罗斯在充分考虑中国游客喜好的基础上，推出了"红色旅游"、狩猎旅游、军事旅游、极地旅游等特色产品。其中，乌里扬诺夫斯克州为中国游客量身定制的"红色之路"旅游项目，可以串起莫斯科、乌里扬诺夫斯克、喀山、圣彼得堡4座城市。此外，针对2018年世界杯足球赛，俄罗斯也积极研讨体育旅游。据统计，2018年第一季度，通过旅游团免签机制到访莫斯科和圣彼得堡的中国游客已达6.7万人，是上年同期的2倍多。

（3）争打无现金旅游牌。为了迎合中国游客的消费习惯，近年来越来越多的国家和地区开始加快无现金服务建设。世界多国和地区接入支付宝等网络支付平台，为中国游客提供无现金旅行消费服务，范围涵盖购物、餐饮、机场服务、退税、娱乐等众多项目。近年来，银联卡和支付宝在俄罗斯的覆盖范围不断扩大。2018年4月18日，圣彼得堡市政府与支付宝正式签署协议。因为价格低、时间便利，又能直接到达市中心，很多中国游客团组喜欢乘坐火车往返莫斯科与圣彼得堡之间。其中，能观赏沿途风景的"游隼号"列车很受中国游客欢迎。同时，莫斯科公交系统也是中国游客出行的主要交通工具。尤其是莫斯科地铁，其精美的建筑特色和艺术风格，成为中国旅客不容错过的"景点"之一，每天接纳旅客超过900万人。对此，俄罗斯的交通系统积极进行无现金改造。据莫斯科交通部门介绍，公交车、电车、地铁、共享自行车等，当地所有公共交通工具都开通无现金支付方式。

（4）"抱团"推介旅游资源。据法国《回声报》报道，2018年是中欧旅游年。随着近年来欧洲大陆的中国游客数量呈现猛增趋势，整个欧洲旅游界都要迎接挑战。报道称，中国游客喜欢在一次行程安排中看到多个国家，并喜欢在一个国家内赴多地旅游。因此，要吸引中国游客，就要把欧洲当作一个整体来看待，精心打造申根区内的多国观光行程，有的放矢，让中国游客在各地自由、顺畅地出行和观光。与此同时，南美各国也纷纷在华开展系列推广活动，中国游客涉足的区域越来越远。巴西、阿根廷以共有的世界新七大自然奇观之一"伊瓜苏大瀑布"为纽带，联合推介旅游资源。同时，随着智利、厄瓜多尔、苏里南等多个南美国家为中国提供便利的签证政策，中国赴南美旅游的游客数量已呈现出增长态势。在简化签证手续方面，世界各国也大有"赛跑"之势。近年来，欧洲、南美一些国家纷纷缩短签证审发时间或开放多次往返签证。签证便捷化正成为世界各国吸引中国游客的一项重要举措。

（资料来源　王一诺、吴傲雪．为吸引中国游客世界各国纷纷喊话："我最懂你"［EB/OL］.［2018-06-16］．http://baijiahao.baidu.com/s?id=1603381422924008399&wfr=spider&for=pc）

问题：

1）本案例涉及本章的哪些知识点？

2）本案例中的各个目的地都采取了哪些营销策略？

3）案例中的营销策略分别针对中国旅游消费者的哪些特点？

【训练要求】

同第1章本题型的"训练要求"。

【成果形式】

1）训练课业：撰写《"为吸引中国游客世界各国纷纷喊话：'我最懂你'"案例分析报告》。

2）课业要求：同第1章本题型的"课业要求"。

△ 课程思政

【训练项目】

课程思政—XIII。

【训练目的】

见本章"学习目标"中"传承型学习"的"认知弹性"目标。

【教学方法】

同第1章本题型的"教学方法"。

【训练准备】

同第1章本题型的"训练准备"。

【相关案例】

中国旅游者大闹亚航航班

背景与情境： 2014年12月11日晚，在一架曼谷飞往南京的航班上，两名中国乘客闹事导致飞机返航。12月13日上午，江苏省旅游局分别向国家旅游局和省政府报告南京某赴泰旅游团队个别游客11日晚在曼谷返回南京的航班飞行途中侮辱空服人员的处理情况，同时拿出了相关处理意见。

12月11日晚，由南京康辉国旅组织的由36名散客"拼团"的"泰国曼谷芭提雅6日游"团队，乘坐泰国亚洲航空公司由曼谷返回南京的FD9101航班。涉事乘客安徽阜阳籍张某、江苏南京籍王某登机后，要求空服人员将两人座位调换到一起，虽经调换，但耽搁了时间造成张、王二人不满。该航班为廉价航班，机上不提供免费餐饮，客人点餐需自费。在航班飞行途中，张某取出随身携带的方便面用餐时，要求空服人员提供热水，空服人员告知其热水需要收费，在空服人员为其提供热水后，张某仍与空服人员发生言语冲突，并将泡好的方便面泼向该空服人员。事情发生后，组团社领队熊某某在离当事人后面10排远的座位上赶到前面，与其他游客一同进行劝解，张、王仍同空服人员激烈争吵并谩骂、恐吓和威胁空服人员。因事态迅速扩大，危害航空安全，机组立即决定飞机中途返航。飞机落地后，张、王二人及另两名需要协助调查人员无锡籍游客高某、吴某某被泰国警方带走。此事件的发生，不仅造成该航班延误6个多小时，还造成后续航班延误。该航班除上述4人以外的其他客人于12日凌晨3：30抵达南京禄口机场。12月12日晚，张某4人经泰国警方调查处理后释放，其中张某向涉事空服人员口头赔礼道歉，涉事4人共缴纳罚金50 500泰铢后返回南京。国家旅游局在获悉该事件后，立即指示江苏省旅游局尽快查处此事。接到通知后，江苏省旅游局高度重视，责成南京市旅游委第一时间核实情况。12月13日上午，江苏省旅游局专门召集南京市旅游委负责人听取调查情况和处理结果汇报。

江苏省旅游局负责人向记者表示，此次事件虽然系少数素质极其低下的游客所为，但也是一起涉嫌危害航空安全的违法行为，暴露出领队处置不当、旅行社管理教育不力等问题，特别是发生在全国大力开展"文明旅游"活动的大背景下，影响更加恶劣，必须严肃查处，绝不懈怠。为吸取教训和抵制不文明出游的行为，南京市旅游委研究决定，对该事件做出三点处理意见：一是将该起事件的发生情况和处理结果，进行全行业通报；二是依据国家旅游局2002年第18号令《出境领队人员管理办法》第十三条第二款、第四款的规定，对组团社领队熊某某给予暂扣领队证一年的处罚；三是对组团社在事件中暴露出来的文明出游管理教育不到位、出现重大突发事件处置不力等问题给予全行业通报批评并责令整改。江苏省旅游局负责人告诉记者，江苏省旅游局不仅立即就此事向全行业发出通报，还将涉事4位游客的不良行为表现发至省旅游协会，要求协会将其纳入个人信用不良记录并在一定范围内告示。同时，进一步督促各地加大"文明出游"宣传教育力度，强化游客"文明出游"意识，在全省旅游企业进一步开展"文明出游"创建活动，提升旅游企业对游客"文明出游"的教育引导和管理能力。

（资料来源　作者根据相关资料整理）

问题：

1）本案例所述现象是否涉及伦理与道德议题？如有，具体有哪些？

2）这一事件对中国出境旅游者以及中国的国家形象造成哪些影响？

3）依据《中华人民共和国旅游法》，分析南京市旅游委对事件处理的合法性。

【训练要求】

同第1章本题型的"训练要求"。

【成果形式】

1）训练课业：撰写《"中国旅游者大闹亚航航班"思政研判报告》。

2）课业要求：同第1章本题型的"课业要求"。

✿　创新型训练

▲　自主学习

【训练项目】

自主学习-IV。

【训练目的】

见本章"学习目标"中"创新型学习"的"自主学习"目标。

【教学方法】

同第1章本题型的"教学方法"。

【训练要求】

1）各团队以自主学习获得的"学习原理"、"学习策略"与"学习方法"知识（高级）为指导，通过学校资料室、图书馆和互联网，查阅和整理近年以"全球消费趋势与中国特色旅游消费行为"为主题的国内外学术文献资料。

2）各团队以整理后的文献资料为基础，依照相关规范要求，讨论、撰写、交流和修订《"全球消费趋势与中国特色旅游消费行为"最新文献综述》。

3）同第10章本题型的其他"训练要求"。

【成果形式】

训练课业：撰写《"自主学习-IV"训练报告》。

课业要求：

1）将《团队自主学习计划》和《"全球消费趋势与中国特色旅游消费行为"最新文献综述》作为《"自主学习-IV"训练报告》的"附件"。

2）《"全球消费趋势与中国特色旅游消费行为"最新文献综述》应符合"文献综述"规范要求，做到事实清晰、论据充分、逻辑清晰，并且不少于3 000字。

3）同第1章本题型的其他"课业要求"。

✿ 建议阅读

[1] 郭国庆. 服务营销管理 [M]. 2版. 北京：中国人民大学出版社，2009：328-347.

[2] 费雷尔，费雷尔. 商业伦理 [M]. 杨欣，译. 北京：世界图书出版公司，2011：22-43.

[3] 王宁. 消费全球化：视野分歧与理论重构 [J]. 学术研究，2012（8）：30-42.

[4] 翟学伟. 中国人行动的逻辑 [M]. 北京：社会科学文献出版社，2001：83.

[5] 张朝枝，保继刚. 休假制度对遗产旅游地客流的影响——以武陵源为例 [J]. 地理研究，2007（6）：1295-1303.

[6] EUGENIO-MARTINJL，CAMPOS-SORIA J A. Economic crisis and tourism expenditure cutback decision [J]. Annals of Tourism Research，2014（44）：53-73.

[7] ZHANG C，PEARCE P，CHEN G. Not losing our collective face：social identity and Chinese tourists' reflections on uncivilised behaviour [J]. Tourism Management，2019，73：71-82.

范例-1

△ 案例分析

【训练项目】

案例分析-范。

【训练目的】

运用本教材第5章的理论与实务知识对"内地居民对于重游香港的态度和意向"案例进行多元表征,体验"旅游消费者态度"中"结构不良知识"的"传承型学习"及其迁移。

【教学方法】

采用"案例教学法"。

【训练任务】

1)体验第5章理论与实务知识的具体运用。

2)体验对"附录二"附表2中各项"参照指标""训练考核点"的遵循。

3)体验对"附录三"附表3"解决问题"能力"中级"的"基本要求"和各技能点"参照规范与标准"的遵循。

4)体验在本案例的"背景与情境"中分析与解决问题的"结构不良知识学习"过程。

5)撰写、讨论和交流《"内地居民对于重游香港的态度和意向"案例分析报告》。

【相关案例】

内地居民对于重游香港的态度和意向

背景与情境:一项以内地赴港旅游者为对象的研究探索了他们对重游的态度、重游意向的影响因素,以及各影响因素之间的关系。具体的研究过程与结论介绍如下:

(1)研究方法。采用电话访谈的方法,访谈了501位曾经在2000年以后造访过香港的居民。所使用问卷及量表均为经过实证研究检验过适用性的量表,并在北京、香港进行过两轮预调查和数据检验。电话调查采用修正之后的量表。

(2)研究结论。采用结构方程模型(Structural Equation Modeling),对收集回的数据进行了统计分析,对研究假设进行了检验。其中,研究区分了对待重游的态度(attitude toward revisiting Hong Kong)和重游的意向(intentions to revisit Hong Kong)。

对待重游的态度，被操作化为受访者对"重游香港"的评价，例如，"再次造访香港将是愉快的""再次造访香港将是充满欢乐的""再次造访香港将是令人满意的""再次造访香港将是值得的"。重游的意向被操作化为受访者再次造访的意愿和可能性，例如，"倾向于在未来2年重访香港""计划在未来2年重访香港""渴望在未来2年重访香港""可能会在未来2年重访香港"。

研究的结论如下：①猎奇求新、放松的动机会正面影响受访者对于再次造访香港的态度，求知、购物的动机则不存在上述影响。②购物动机对他们的重游意向有正面影响。③之前造访香港的次数，并不正面影响他们对于重游的态度，但是正面影响他们的重游意向。④之前造访香港时的满意度，正面影响他们对于重游的态度和重游意向。⑤结构性和人际性的出行限制对于重游意向没有影响，但是"不感兴趣"则对重游意向有负面影响。⑥对于重游香港的态度，显著且正面影响重游的意向。

（资料来源 HUANG S S, HSU C H C. Effects of travel motivation, past experience, perceived constraint, and attitude on revisit intention [J]. Journal of Travel Research, 2009, 48 (1), 29-44）

问题：

1）本案例主要涉及第5章的哪些知识点？

2）本案例中，内地居民对于重游香港的态度和意向受哪些因素影响？

3）本案例中关于"态度和意向"的描述，与本教材第5章的定义有何异同？

【训练要求】

1）了解本教材"附录二"的附表2中"形成性训练与考核"的"参照指标"与"训练考核点"。

2）学生分析案例提出的问题，拟出《"内地居民对于重游香港的态度和意向"案例分析提纲》。

3）小组讨论，撰写小组《"内地居民对于重游香港的态度和意向"案例分析报告》。

4）班级交流、相互点评和修订各组的《"内地居民对于重游香港的态度和意向"案例分析报告》。

【成果形式】

1）训练课业：《"内地居民对于重游香港的态度和意向"案例分析报告》。

2）课业要求：

（1）将《"内地居民对于重游香港的态度和意向"案例分析提纲》作为《"内地居民对于重游香港的态度和意向"案例分析报告》的附件。

（2）规范要求：本教材"附录二"附表2中"成果性训练与考核"的"参照指标"与"训练考核点"。

（3）在校园网的本课程平台上展示经过教师点评的班级优秀《"内地居民对于重游香港的态度和意向"案例分析报告》，并将其纳入本课程的教学资源库。

"内地居民对于重游香港的态度和意向"案例分析报告

案例分析人（_____级_____专业_____班）

指导教师　（_____大学_____学院）

1）案例综述

旅游消费者的态度对目的地的可持续发展有着重要的作用。本案例采用电话访谈的方法，研究了内地居民对于重游香港的态度和意向，并探索了哪些因素会影响内地居民对于重游香港的态度和意向，以期更好地理解内地居民的旅游消费行为，有助于香港的旅游目的地营销与管理。

2）关于本案例涉及本教材第5章"知识点"的分析

本案例主要涉及本书态度、旅游消费者的态度、旅游消费者对目的地态度的影响因素等方面的知识点。

3）关于"影响因素"分析

影响旅游消费者对目的地态度的因素大致分为三大方面：①旅游消费者个体的因素（主要包括自身的经验认知、经历、个性、需求、价值观等）。②旅游消费者所处的外部环境（旅游消费者对目的地的态度，受到参照群体态度、社会规范以及情境压力的影响）。③目的地，包括目的地的客观属性、功能（能满足游客哪方面的需求）、各方面的环境等。本案例中所涉及的动机、兴趣、之前造访香港的次数，对应旅游消费者个体本身的因素；满意度则既涉及旅游消费者个体因素也涉及目的地因素。

4）关于"本案例中'态度和意向'的描述与第5章'定义'的异同"的分析

在本书第5章中，旅游消费者的态度是指旅游消费者在了解、接触、享受旅游产品和旅游服务的过程中，对旅游体验本身、旅游产品和旅游服务、旅游企业以及旅游目的地较为稳定和持久的心理反应与倾向。旅游消费者的态度包含认知、情感和行为倾向三个成分。在本案例中，"内地居民对于重游香港的态度"涉及认知、情感两个成分，而"对于重游香港的意向"则只关注行为倾向成分。

附件范1-1

"内地居民对于重游香港的态度和意向"案例分析提纲

1）关于"知识点"分析

（1）小组成员分别分析、研究旅游消费者的态度。

（2）小组讨论各成员收集的本案例涉及的"知识点"，由组长汇总。

（3）小组讨论：本案例"背景与情境"是如何涉及知识点的。

（4）组长汇总讨论"1)"的阶段性成果。

2）关于"影响因素"分析

（1）小组成员应用本案例相关"知识点"知识，收集内地居民对于重游香港的态度和意向的影响因素资料，逐一分析"内地居民对于重游香港的态度和意向的影响因素"。

（2）小组讨论各成员分析的"内地居民对于重游香港的态度和意向的影响因素"，由组长汇总。

3）关于本案例中"态度和意向"的描述与第5章"定义"的异同

（1）从态度的构成角度分析本案例中"态度和意向"的描述与第5章"定义"的异同。

（2）小组讨论各成员设计的"本案例中'态度和意向'的描述与第5章'定义'的异同"，由组长汇总。

范例-2

△ 课程思政

【训练项目】

课程思政-范。

【训练目的】

依照相关行为规范对"大卫的丽江之旅"案例进行思政研判,促进健全职业人格的塑造。

【教学方法】

采用"案例教学法"。

【训练准备】

1)了解本教材"附录二"的附表2中"形成性训练与考核"的"参照指标"与"训练考核点"。

2)了解本教材"附录四"的附表4中各"道德范畴"及其"参照规范与标准"。

3)了解与本案例"问题1)"相关的"伦理与道德"行为规范。

【相关案例】

大卫的丽江之旅

背景与情境:一如很多年轻人一样,大卫出发前上网下载了《丽江攻略》,打印并仔细研究。到了丽江后,他简单适应了下高原生活,便迫不及待地前往拉市海茶马古道游玩。玩的方式有两种,一种是找个旅行社,一种是自助游。考虑到旅行社"强行购物""拼命赶时间"等,去过丽江的朋友特意嘱咐大卫"不要贪便宜,否则会很吃亏",于是大卫选择自助游。本想询问客栈老板如何坐车去拉市海,却被老板热心推荐乘坐客栈的包车,20元接送,太方便啦!大卫高兴地上了车,车主就是兼职导游,路上饶有兴致地介绍着,拉着大卫径直去了一家马社。店主热情接待游说,建议大卫选一个高档组合项目,经过几次砍价,最终以300元成交。虽然价格贵了点,大卫也意识到可能被车主和马社店主给"联合营销"了,但是由于第一次真正骑上马穿梭在原始森林中,还是异常兴奋和开心——既然来了,钱也已经给了,还是玩得尽兴点吧。路过"一米阳光"殉情谷,最终到达山顶的七仙湖,大卫被如此纯净的蓝天白云征服了,好美,看来还是很值得的!他忍不住多拍了几张照片,多游玩了一会儿。回来后,牵马师傅冷冷说了句"终于舍得回来了,再多玩一会儿嘛,反正我有的是时间,不急,真不着急走!"大卫愣了,没想到这个师傅这么"有性格",想着下山还得靠他,山路艰险又骑着马,加上孤身在外,忍着吧。于是赔了几句不是,又耐心等了30多分钟,最终顺利下了山,只是下山时同样的风景却很难再有上山时欢快欣赏的心情了!接下来划船去拉市海,最后一个项目是喝本地普洱茶,阿妹热情列举本地茶的好处,竭力怂恿大卫买几包,大卫自身是做服务的,肯定不会在这种特定旅游情境下买茶。阿妹一看没戏,很不友好地说道:"茶就喝到这吧,整个游玩结束了,你可以走了。"晚上回到客栈,大卫遇到几个"驴友",一起"侃大山",忍不住聊起拉市海的经历,一聊才发现"原来大家都被宰了……"

有了在拉市海的教训,大卫在客栈向"驴友"们好好打听了一下,自己到车站坐车去了泸沽湖。狮子山和女儿湖的美，彻底征服了大卫，恍如仙境！只是吃的太贵，还很难吃，每天只能一半干粮将就着！有天大卫租个电瓶车环湖看风景，奔着攻略上女神湾"赵好人饭店"的美誉去找吃的，路上电瓶车突然没电了。绝望中他看到路边一户本地人家搭的草棚，写着"免费充电喝茶水"，不管能否上当只能去问问了。主人是个25岁左右的妇女，带着2个孩子，和婆婆一起很热情地端茶倒水，为电瓶车充电。询问大卫是否要吃饭，30元/人，有半只土鸡、一条鱼和三个素菜，还有本地高原绿色苹果干和瓜子。这么便宜?! 大卫傻了，主人却乐呵呵的，因为来她这儿的游客不多，她只是零散经营着，相遇是缘，随意收点钱罢了。大卫很愉快地享受着这顿丰盛的午餐。竟有这样的奇遇，太开心了！吃完给了主人家2个孩子一些巧克力，看到主人家有蒲公英、苹果干打包零卖，便主动买了几十块钱的，也不怕重，总不能让主人太亏了。这样的钱花得值！

泸沽湖太美，一天看不够，第二天大卫又租车游湖了，途中遇到很多"驴友"，三两句闲聊着，都在抱怨实在没啥好吃的。大卫忍不住炫耀了昨天的奇遇，有4个"驴友"当时就怂恿大卫带他们也去体验下。于是一行5人再次去吃了本地农家饭，主人家很意外也很感动，很感谢大卫非亲非故却推荐游客来家里吃饭。这顿饭依然很丰盛，4个"驴友"赞不绝口，也主动买了许多苹果干之类的特产带走，对主人来说这次赚了350元！

一路玩了丽江、泸沽湖、香格里拉，景色赞，民俗有趣，体验奇特，但真的很累，大卫要回去了。为了舒服点，他买了高价票从丽江直飞广州。17：30飞机准点起飞，大卫很开心，想着20：00能顺利到达白云机场。然而19：30突然听到广播，因广州雷雨天气飞机备降桂林机场。大卫愣了，没想到在旅途最后一刻，竟来了这么一出！飞机在桂林机场从19：30一直停到21：30，机舱内开着暖气，可能是旅行疲惫的缘故，从丽江登机后闷了4个小时，大卫和几个旅客开始拉肚子了。乘客都很焦急，不知道当晚还能不能回到广州，纷纷给广州朋友打电话询问天气，通过手机软件查询到有些飞机如期飞抵广州了，从机窗看出去发现有些航空公司安排旅客下飞机休息等待了，乘客意见越来越大！乘务人员怕引起"闹机"事件，多次和机场沟通，最终勉强同意乘客下飞机休息等待。大卫和几个乘客趁机去了一趟机场医务室，刚到医务室就听到对讲机那边传来"从丽江备降前往广州的飞机马上就要起飞了，请立刻安排登机"的声音，值班医生大致问了下拉肚子的情况，潦草开了几包药收了钱就赶着大卫他们尽快上飞机。大卫有些火了，在登机检查的途中，听到工作人员说起当天很多飞机备降，其中有些飞机已安排乘客在附近酒店住宿。大卫想："为啥没给我们做这样的安排？急匆匆赶上飞机，却等了很久才安排下飞机休息，为何在医务室这么赶？医生态度这么差？"

飞机终于在凌晨到达白云机场，除了"因天气原因很抱歉给您的旅途带来不便"外，航空公司没有任何表示。大卫只能拖着疲惫的身体打车赶回附近的城市，600元"打的"费就只能自己"报销"了……

（资料来源　作者根据相关资料整理）

问题：

1）在本案例中，"大卫的丽江之旅"的自助游涉及哪些旅游服务？每种服务存在哪些思政问题？

2）试对每种服务的上述问题做出你的思政研判。

3）说明你所做研判的依据。

4）请从本教材的相关知识点与思政的角度，对上述不文明行为产生的原因进行研判。

【训练要求】

1）学生分析案例提出的问题，拟出《"大卫的丽江之旅"思政研判提纲》。

2）小组讨论，撰写小组《"大卫的丽江之旅"思政研判报告》。

3）班级交流、相互点评和修订各组的《"大卫的丽江之旅"思政研判报告》。

4）小组总结本次训练，形成《"大卫的丽江之旅"思政研判报告》。

【成果形式】

1）训练课业：《"大卫的丽江之旅"思政研判报告》。

2）课业要求：

（1）将《"大卫的丽江之旅"思政研判提纲》作为《"大卫的丽江之旅"思政研判报告》的附件。

（2）规范要求：本教材"附录二"附表2中"成果性训练与考核"的"参照指标"与"训练考核点"。

（3）在校园网的本课程平台上展示班级优秀《"大卫的丽江之旅"思政研判报告》，并将其纳入本课程的教学资源库。

"大卫的丽江之旅"思政研判报告

（项目组组长：　　　　　　　　项目组成员：　　　　　　　　　）

1）案例综述

案例反映了主人公大卫在自助旅行的过程中所遭遇的种种"欺诈"、"差服务"及由此而引发的"不快"，也记录了旅游目的地诚信经营和热情服务的当地人所提供的暖心服务以及由此带来的更多生意和利润。

2）关于"涉及旅游服务及其存在的思政问题"分析

本案例中，"大卫的丽江之旅"自助游所涉及的旅游服务有：目的地内外交通、住宿、观光游览、购物和餐饮。大卫遭遇到车主和马社店主的"合谋敲诈"，在观光游览中则受到牵马师傅的"冷嘲热讽"，在饮茶时又差点遭遇阿妹的"强迫"购物，在搭飞机返回广州时又遭遇到航空公司和机场医务室非常差劲的服务。值得庆幸的是，大卫在当地人开设的家庭饭店里得到"令人惊喜"的餐饮和购物服务。

3）关于"对上述问题的思政研判"

大卫遭遇的种种"欺诈"以及体验到的各种差劲的服务，显然严重违背了旅游目的地经营者应该诚信经营、提供优质服务的基本职业道德。尤其是在机场，医务室的医生"潦草开了几包药收了钱就赶着大卫他们尽快上飞机"，有违医生"救死扶伤"的职业道德。当地妇女及其家人开设的简易接待场所诚信经营、热情待客，是符合职业道德的，值得大力提倡。

4）关于"思政研判所依据的行业规范"的分析

旅游服务中，从业人员的职业道德与行业规范主要有：（1）一般性职业道德与行业规范。例如，医生的职业道德规范就包括"作为医生，应时刻为病人着想，千方百计为病人解除病痛；救死扶伤，实行社会主义的人道主义"等。（2）旅游业从业人员规范。例如，1996年，国家旅游局制定了《关于加强旅游行业精神文明建设的意见》，提出了旅游行业一线工作人员的职业道德规范，并于2015年印发了《关于进一步加强旅游行业文明旅游工作的指导意见》；各省市也都出台了相关的旅游从业人员规范。（3）相关法律法规。例如，《中华人民共和国消费者权益保护法》《中华人民共和国旅游法》等。

5）关于"上述不文明行为产生原因"的分析

首先，从旅游者自身的角度来看，由于旅游是一种异地的休闲体验，因此难免会因为"人生地不熟"而出现信息不对称，也会由于旅游者存在的"出来玩图的就是开心""大事化小、小事化了"心态，为旅游目的地部分不良经营者/从业人员的不道德行为提供了可乘之机。

其次，在旅游业发展过程中，法律法规建设的不完善以及法律执行力度不够、旅游行业协会发展的滞后、不良经营者/从业人员不道德行为的成本较低等，都为不良经营者/从业人员的不道德行为提供了可乘之机。

6）总结与结论

（1）旅游本质上是一种异地的休闲体验，旅游体验涉及食、住、行、游、购、娱等方方面面且互相关联。旅游经营者/从业人员的不道德行为会严重影响旅游者的体验及其满意度，因而也会影响他们的口碑推荐行为及重游意向。这些不道德的行为严重危害旅游目的地的可持续发展。

（2）职业道德和行业规范在为旅游者提供满意的服务、促进旅游目的地可持续发展过程中发挥着重要作用，我们要熟悉并努力地付诸实践；而且，要熟练地掌握相关法律法规及行业道德规范。

（3）本思政研判对我们有很好的教育和启示意义。旅游业的从业人员和企业必须严格遵守职业道德和行业规范，不要有短视行为；这些违反职业道德和行业规范的行为，可能可以获得短期的利益，但却危害了旅游目的地的可持续发展，最终损害的还是旅游业经营者/从业人员的长远利益。

附件范2-1

"大卫的丽江之旅" 思政研判提纲

（项目组组长： 项目组成员： ）

1）关于"涉及旅游服务及其存在的思政问题"分析

（1）小组成员分别分析本案例中"大卫的丽江之旅"自助游所涉及的旅游服务。

（2）小组成员分别分析研究本案例中所涉及的各种旅游服务存在的思政问题。

（3）小组讨论"（1）"和"（2）"，形成讨论纪要。

（4）组长分析综合"（3）"的讨论纪要，形成阶段性成果。

2）关于"对上述问题的思政研判"

（1）小组成员根据"讨论纪要"和组长的分析综合，对各种服务的道德伦理问题逐一进行思政研判。

（2）小组讨论各成员的思政研判，对于存在道德伦理问题的各旅游服务行为分别进行批判。

（3）组长汇总讨论"2）"的思政研判内容，形成阶段性成果。

3）关于"思政研判所依据的行业规范"分析

（1）小组成员分别通过网络及图书馆查找资料，研究"思政研判所依据的行业规范"。

（2）小组讨论各种旅游服务中的职业操守。

（3）组长汇总讨论"3）"的思政研判内容，形成阶段性成果。

4）关于"上述不文明行为产生原因"的分析

（1）小组成员分别对"上述不文明行为产生原因"进行分析。

（2）小组讨论各成员对"上述不文明行为产生原因"的分析。

（3）组长汇总讨论"（2）"的讨论内容，形成阶段性成果。

5）撰写、讨论与交流《"大卫的丽江之旅"思政研判报告》

（1）组长组织组员，综合以上阶段性成果，形成《"大卫的丽江之旅"思政研判报告》。

（2）在班级讨论、交流各组的《"大卫的丽江之旅"思政研判报告》。

（3）小组修改《"大卫的丽江之旅"思政研判报告》，提交教师点评。

范例-3

▲ 实践题

【训练项目】

"旅游消费者动机的激发"知识应用。

【训练目的】

参加"'旅游消费者动机的激发'知识应用"的实践训练。在了解和把握本训练所及能力与"道德领域相关技能点的参照规范与标准"基础上，通过对"知识准备"所列知识的运用，相关"参照规范与标准"的遵循，系列技能操作的实施，相应《实践报告》的准备、撰写、讨论与交流等有质量、有效率的活动，系统体验"基于外部因素的旅游动机激发"、"基于内部因素的旅游动机激发"和"激发旅游动机的营销方式"等"知识应用"技能的"传承型学习"及其迁移；通过践行"职业道德"选项的行为规范，体验"职业道德"规范的"传承型学习"及其迁移（顺从级），促进健全职业人格的塑造。

【教学方法】

采用"项目教学法"和"实践教学法"。

【训练准备】

知识准备：

1）本章理论与实务知识。

2）表范3-1中各技能点的"参照规范与标准"。

3）表范3-2中各道德范畴的"参照规范与标准"。

指导准备：

1）教师向学生阐明"训练目的"和"训练内容"。

2）教师指导学生设计《实践计划》、《旅游产品规划》、《营销方式策划书》和《"2W-2H"规划书》。

3）教师向学生说明本次实践应该注意的问题。

【训练内容】

专业能力训练：其能力领域、技能点、名称及参照规范与标准见表范 3-1。

表范 3-1　　**专业能力训练领域、技能点、名称及参照规范与标准**

能力领域	技能点	名称	参照规范与标准
"旅游消费者动机的激发"知识应用	技能 1	"基于外部因素的旅游动机激发"知识应用技能	1）能全面把握"基于外部因素的旅游动机激发"的理论与实务知识 2）能正确应用上述知识，有质量、有效率地进行以下操作： （1）能根据潜在客源市场和现实客源市场上旅游消费者的需要、需求来设计有市场号召力的旅游产品，并强化旅游产品在潜在旅游者和现实旅游者中的市场感知 （2）能在后续的旅游产品营销推广中，通过具有地域特色且游客满意度高的服务，增加旅游产品（游客体验）的附加值，强化旅游产品（旅游目的地）属性和功能与旅游者需求与需要的有效匹配，从而最终实现基于外部条件的旅游动机的激发 （3）能参照相关实践范例，为本市某旅游景区设计有市场感召力和较高附加值的《旅游产品规划书》
	技能 2	"基于内部因素的旅游动机激发"知识应用技能	1）能全面把握"基于内部因素的旅游动机激发"的理论与实务知识 2）能正确应用上述知识，有质量、有效率地进行以下操作： （1）结合旅游消费者的个人因素，正确采用"2W-2H"模式，有效激发不同旅游消费者群体的出游动机 （2）能参照相关实践范例，针对本市某旅游景区，为某个旅游消费群体制定有较强吸引力与可行性的《"2W-2H"规划》
	技能 3	"激发旅游动机的营销方式"知识应用技能	1）能全面把握"激发旅游动机的营销方式"的理论与实务知识 2）能正确应用上述知识，有质量、有效率地进行以下操作： （1）能正确采用事件营销、植入营销和博客营销等营销方式，有效激发旅游消费者的旅游动机 （2）能参照相关实践范例，为本市某旅游景区起草较为规范的旅游《营销方式策划书》

职业道德训练：其道德领域、道德范畴、名称、等级、参照规范与标准及选项见表范 3-2。

表范 3-2 **职业道德训练选项表**

道德领域	道德范畴	名称	等级	参照规范与标准	选项
职业道德	范畴 1	职业观念	顺从级	同本教材"附录四"附表 4 的"参照规范与标准"	
	范畴 2	职业情感	顺从级	同本教材"附录四"附表 4 的"参照规范与标准"	√
	范畴 3	职业理想	顺从级	同本教材"附录四"附表 4 的"参照规范与标准"	
	范畴 4	职业态度	顺从级	同本教材"附录四"附表 4 的"参照规范与标准"	√
	范畴 5	职业良心	顺从级	同本教材"附录四"附表 4 的"参照规范与标准"	
	范畴 6	职业作风	顺从级	同本教材"附录四"附表 4 的"参照规范与标准"	√
	范畴 7	职业守则	顺从级	同本教材"附录四"附表 4 的"参照规范与标准"	√

【组织形式】

将班级学生分成若干实践团队，根据训练内容和项目需要进行角色划分。

【训练任务】

1）对表范 3-1 所列专业能力领域各技能点，依照其"参照规范与标准"实施阶段性基本训练。

2）对表范 3-2 所列"职业道德"选项，依照本教材"附录四"附表 4 的"参照规范与标准"实施"顺从级"融入性训练。

【训练要求】

1）训练前，引导学生了解并熟记本实践的"训练目的""训练准备""训练内容""训练任务"，将其作为本实践的操练点和考核点来准备。

2）通过"训练步骤"，将"训练任务"所列两种训练整合到本实践的"活动过程"与"成果形式"中。

3）系统体验"专业能力训练"各技能点和"职业道德训练"所选范畴"参照规范与标准"的遵循。

【情境设计】

将学生组成若干实践团队，各团队结合实践训练项目，在本市共选某一旅游景区，应用"旅游消费者动机的激发"理论与实务知识，分别为所选景区制定《旅游产品规划》（或《营销方式策划书》，或针对某个旅游消费群体的《"2W-2H"规划书》），系统体验"'基于外部因素的旅游动机激发'知识应用"（或"'基于内部因素的旅游动机激发'知识应用"，或"'激发旅游动机的营销方式'知识应用"）相关技能点的操作，并"顺从级"融入"职业道德"选项各种行为规范，分析总结此次"实践操练"活动的成功与不足，在此基础上撰写相应的《实践报告》。

【训练步骤】

1）各团队结合"情境设计"分配任务，制订《"'旅游消费者动机的激发'知识应用"实践计划》。

2）各团队实施《"'旅游消费者动机的激发'知识应用"实践计划》，分别为所选本市旅游景区制定《旅游产品规划》，或制定《营销方式策划书》，或制定针对某个旅游消费群体的《"2W-2H"规划书》，并分别依照表范3-1中"技能1"~"技能3"的"参照规范与标准"，应用相关知识，系统体验其相应技能的系列操作。

3）各团队依据相关"参照规范与标准"，在上述各项技能的专业操作中"顺从级"融入表范3-2中选项的各种行为规范。

4）各团队总结本次实践操练体验，分析其成功的经验和存在的问题，提出改进建议。

5）各团队在此基础上分别撰写作为"成果形式"的实践课业。

6）在班级讨论交流、相互点评与修订各团队的实践课业。

【成果形式】

训练课业：《"'旅游消费者动机的激发'知识应用"实践报告》

课业要求：

（1）《"'旅游消费者动机的激发'知识应用"实践报告》的内容包括：实训团队成员与分工；实训过程；实训总结（包括对"专业能力"各技能点训练和职业道德训练的成功与不足之分析说明）。

（2）各团队分别将《实践计划》和《旅游产品规划》（或《"2W-2H"规划书》，或《营销方式策划书》）等阶段性成果之一的全文，以附件形式附于其《"'旅游消费者动机的激发'知识应用"实践报告》之后。

（3）在校园网的本课程平台上展示班级优秀《"'旅游消费者动机的激发'知识应用"实践报告》，并将其纳入本课程的教学资源库。

"'旅游消费者动机的激发'知识应用"实践报告

按照本"实践题"的规定与要求，我团队以"××实践训练团队"为名，以了解和熟记本实践的"训练目的""训练准备""训练内容""训练任务"作为准备，以"技能2"作为重点训练内容，通过对本市"白云山"景区进行实际调研以及制定《广州白云山旅游景区"2W-2H"规划书》，有选择地体验了"'基于内部因素的旅游动机激发'知识应用"相关技能点的各项操作和"职业道德"的"顺从级"融入性操练。现将本次实践操练报告如下：

一、实践团队成员分工

1.团队名称

本实践小组根据工作任务情况，将团队命名为"白云山"。设小组长1人，小组成员5人，共计6人。

2.角色分工

实践小组组长由陈大卫同学担任，陈大卫同学理论知识比较扎实，又是学生干部，具有较强的组织能力和沟通能力。根据分工，实践小组组长就是实践组织人，主要负责安排实践进度、组织研讨及实践报告的撰写工作。黄丽同学负责"基于外部因素的旅游动机激发"的实地调研与资料整理工作；罗娟同学主要负责"基于内部因素的旅游动机激发"部分的资料收集与整理工作；李盛同学主要负责"事件营销"资料整理工作；刘美美同学负责"植入营销"调研及资料整理工作；刘明明同学负责"博客营销"的资料整理工作。

二、实践过程

1.实地调研和资料收集

本实践团队成员根据"角色分工",分别针对广州市白云山景区"基于外部因素的旅游动机激发""基于内部因素的旅游动机激发""事件营销""植入营销""博客营销"等方面进行深入调查,为激发旅游消费者的动机提供基础资料。

（1）基于外部因素的旅游动机激发

对广州市白云山景区的旅游者展开实地问卷调查和深度访谈,通过"问卷星"等在线渠道展开针对潜在旅游者的在线问卷调查,以便了解旅游消费者的需求,从而设计有市场号召力的旅游产品。在旅游产品营销推广策划中,设计具有广州特色且旅游者满意度高的服务以增加旅游产品的附加值,强化旅游产品属性和功能与旅游者需求的有效匹配,从而最终实现基于外部条件的旅游动机的激发。

（2）基于内部因素的旅游动机激发

基于上述问卷调查、深度访谈等市场调查的结果,从旅游消费者个人因素的角度,采用"2W-2H"模式,有效激发不同旅游消费者群体的出游动机。

（3）事件营销、植入营销和博客营销

采用事件营销、植入营销和博客营销等营销方式,有效激发旅游消费者的旅游动机。

2.实施"融入性"职业道德训练

我团队在实施上述"专业操练"的过程中,按照"实践要求",依照表范3-2中列入的"道德范畴"和"参照规范与标准"全选项,进行了相关等级的融入性训练。

三、实践总结

1.关于"'旅游消费者动机的激发'知识应用"的专业能力训练

（1）通过对白云山景区的实际调研,我团队加深了对旅游消费者动机的激发知识的理解,基本掌握了激发旅游消费者的动机的一般程序。

（2）通过对"旅游消费者动机的激发"知识的综合应用,系统体验了表范3-1中的各项技能操作,提升了"理论与实践相结合"的相关专业能力。

2.关于"职业道德"选项的"融入性"操练

实践前,我实践团队重温了列入本"实践题"表范3-2"职业道德训练选项表"中"职业道德"全选项的"参照规范与标准",这对于我们实施其"融入性训练"是十分必要的,有助于克服实践过程中相关操作的盲目性。在实践过程中,我们在准备和实施"'旅游消费者动机的激发'知识应用"的全方位训练的同时,在团队分工与合作中,习惯性（"内化级"）地融入了"职业观念"、"职业情感"、"职业理想"、"职业态度"、"职业良心"、"职业作风"和"职业守则"等"职业道德"的训练,进一步强化了我们的"职业道德素质"。这对于实现本课程"健全职业人格"建构的目标来说,是必不可少的。

四、附件

附件范3-1

"'旅游消费者动机的激发'知识应用"实践计划

为了有效地激发广州白云山景区潜在旅游消费者的动机,特制订本次实践计划:

一、关于"'旅游消费者动机的激发'知识应用"的专业训练

1. 开展团队实践任务的动员，进行前期准备。在教师的指导下，明确实践内容，根据实践任务需要进行角色分工，指定相关成员按照实践要求和需要，分别对"基于外部因素的旅游动机激发""基于内部因素的旅游动机激发""事件营销""植入营销""博客营销"等方面进行实地调研和资料收集。

2. 选择广州市白云山景区。首先通过前期编制的问卷对200位旅游者进行问卷调查，了解他们造访白云山的动机、消费的时空特征以及社会人口统计学特征；对20位旅游者展开深度访谈，深入地了解他们造访白云山的频次、动机、旅游消费的空间特征与时间特征。在实地问卷调查的基础上，选择"问卷星"等在线调研平台，对潜在的旅游者（珠三角地区的居民）展开问卷调查，了解他们造访白云山的意愿、潜在的消费特征。

3. 通过在白云山景区的实地调查走访以及在线浏览广州市白云山风景名胜区的官方网站（http://www.baiyunshan.com.cn/），了解白云山景区的旅游资源类型、特征及其空间分布。

4. 走访广州市白云山风景名胜区管理局，对管理与营销人员进行深度访谈，了解白云山景区在旅游产品的营销推广中，如何通过具有地域特色且游客满意度高的服务来增加旅游产品的附加值以及强化旅游产品属性和功能与旅游者需求的有效匹配，为后续的营销推广策略优化提供基础。

5. 在上述调查的基础上，团队成员根据分工以及收集与调研到的资料，分别提出采用"2W-2H"模式有效激发旅游消费者的旅游动机的具体策略和方案；提出通过事件营销、植入营销和博客营销等方式有效激发旅游消费者动机的具体策略和方案。最后由组长总纂《实践报告》。

二、关于"职业道德"的融入性训练

组织我团队全体成员，重温表范3-2职业道德训练选项表中各选项的"参照规范与标准"，要求各成员将"职业道德"各范畴行为的"参照规范与标准"自觉地（"内化级"）融入专业训练的全部过程中。

附件范3-2

广州白云山景区"2W-2H"规划书

为了有效地从旅游者自身因素（内部因素）来激发广州白云山景区潜在旅游者的动机，特制定本"2W-2H"规划书。

1. "去哪儿玩"（Where to play）

白云山风景名胜区位于广州市的东北部，是新"羊城八景"之首、国家重点风景名胜区、全国文明风景旅游区和国家AAAAA级景区。但是，白云山的旅游客源市场主要是广州市及附近城市（如清远、佛山、东莞、深圳等）的近距离休闲市场，旅游者主要的造访目的是登山、运动、放松、休闲、社交等，且客流高峰期主要集中在周末和节假日；相比之下，中远距离市场份额较低。对于近距离市场而言，潜在旅游市场的开发潜力有限，未来的重点在于拓展中远距离市场。因此，首要的问题是要明确告知潜在旅游市场"去哪儿玩"，让他们知道广州白云山是一个好去处。因此，需要针对中远距离市场，加大白云山景区的营销推广力度，尤其是使用近年来传播效果较

好且成本较低的微信营销、微博营销手段。此外，还需要在武广高铁（武汉至广州）、贵广高铁（贵州至广州）、南广高铁（南宁至广州）上采用车厢广告（海报、广播、车载电视）的形式，加大对湖南、贵州、广西等潜在客源市场的推广力度，让他们知道广州白云山是一个有吸引力的旅游景区。

2."玩什么"（What to play）

这是明确告知潜在旅游者广州白云山有哪些引人入胜的旅游资源，可以开展哪些旅游活动，有哪些精彩的旅游线路等。"玩什么"这一步骤可以与"去哪儿玩"的步骤同时开展，也可以在"去哪儿玩"步骤之后，通过白云山景区官方网站、旅游宣传册、电视广告、微信公众号、微博等进行推广。

3."怎么去"（How to plan）

在解决了"去哪儿玩""玩什么"的问题之后，接下来就要告知旅游者"怎么去"，让他们明确知道如何抵达广州白云山景区、如何计划旅游行程、在景区内如何组织游览线路。这方面的工作，应该在潜在旅游者抵达白云山之前或抵达之后开展。在潜在旅游者抵达白云山之前，必须通过现代媒体（网络媒体、手机App等）向他们传送最新的、最准确的衣食住行信息；在他们抵达景区后，在游客服务中心分发景区地图、提供景区App二维码等。这些信息的提供对于刺激和维系潜在旅游者的动机，意义重大。

4."怎么玩"（How to play）

"怎么玩"是激发潜在旅游者动机的最后阶段，涉及旅游者在目的地的实际消费，是旅游动机促进的执行阶段。这一阶段，白云山景区依旧需要及时、充分地为旅游者提供信息，以便让旅游者知道如何才能让自己的体验最佳。因此，除采取之前所述的手机App、微信、微博等能及时、动态提供信息的手段外，景区内必须建立科学、实用的实体解说牌，配备充足的景区讲解员，开发可供旅游者随身携带的无线导游讲解器。

范例-4

▲ 自主学习

【训练项目】

自主学习-范。

【训练目的】

参加"自主学习-范"训练。制定和实施《团队长期学习目标》和《团队长期学习计划》，通过自主学习与应用其"知识准备"所列知识和"文献综述"相关规范，收集、整理与综合以"国外旅游消费者行为跨文化比较"为主题的中外文献资料，撰写、讨论与交流《"国外旅游消费者行为跨文化比较"最新文献综述》等活动，体验"自主学习"（高级）及其迁移。

【教学方法】

采用"学导教学法"和"研究教学法"。

【训练要求】

1）以班级小组为单位组建学生训练团队，各团队依照本教材"附录三"附表3

"自主学习"（高级）的"基本要求"和各技能点的"参照规范与标准"，确定《团队长期学习目标》，制订《团队长期学习计划》。

2）各团队实施《团队长期学习目标》和《团队长期学习计划》，系统体验对本教材"附录一"附表1"能力领域"中"自主学习"（高级）各技能点"'知识准备'参照范围"所列知识和"文献综述"撰写规范的"自主学习"。

3）各团队通过院资料室、校图书馆和互联网查阅和整理近年以"国外旅游消费者行为跨文化比较"为主题的国外学术文献资料，系统体验对本教材"附录一"附表1"能力领域"中"自主学习"（高级）各技能点"'知识准备'参照范围"所列知识和"文献综述"撰写规范的"自觉应用过程"。

4）各团队以整理后的以"国外旅游消费者行为跨文化比较"为主题的文献资料为基础，通过撰写《"国外旅游消费者行为跨文化比较"最新文献综述》，进一步体验对本教材"附录一"附表1"能力领域"中"自主学习"（高级）各技能点"'知识准备'参照范围"所列知识和"文献综述"撰写规范的"自觉应用过程"。

5）总结对"1）"、"2）"、"3）"和"4）"各项体验，撰写作为"成果形式"的训练课业。

【成果形式】

训练课业：《"自主学习-范"训练报告》

课业要求：

1）内容包括：训练团队成员与分工；训练过程；训练总结（包括对各项操作的成功与不足的简要分析说明）；附件。

2）将《团队长期学习目标》、《团队长期学习计划》和《"国外旅游消费者行为跨文化比较"最新文献综述》作为《"自主学习-范"训练报告》的附件。

3）《"国外旅游消费者行为跨文化比较"最新文献综述》应符合"文献综述"规范要求，做到事实清晰，论据充分，逻辑清晰，不少于3 000字。

4）在校园网的本课程平台上展示班级优秀训练课业，并将其纳入本课程的教学资源库。

"自主学习-范"训练报告

一、团队成员与分工

1.团队构成

本小组设小组长1人，小组成员5人，共计6人。

2.任务分工

小组长黄凯丽主要负责训练阶段及时间进度安排，定期小组讨论组织及主持，阶段成果汇总，文献综述成果统合、整理及汇报；艾美丽同学、陈恺同学负责国外旅游消费者行为跨文化比较相关学术文献的收集整理及汇报工作；代宁宁同学负责分析国外旅游消费者行为跨文化比较相关学术文献的分布（时间分布和期刊分布）及汇报工作；方成才同学负责分析国外旅游消费者行为跨文化比较相关文献的研究取向及汇报工作；郭可颖同学负责分析国外旅游消费者行为跨文化比较相关文献的研究方法及汇报工作。

二、训练过程

1.时间及进度安排

本训练为期三周。第一周完成"训练要求"中第"1)"和"2)"项要求规定的任务；第二周完成"训练要求"中第"3)"和"4)"项要求规定的任务；第三周完成"训练要求"中第"5)"项要求规定的任务。

2.训练实施

（1）训练第一周

在教师指导下，由组长组织团队成员自主学习本教材"附录一"附表1"自主学习"（高级）各技能点"'知识准备'参照范围"所列知识和"文献综述"相关规范知识，制定了《团队长期学习目标》和《团队长期学习计划》，完成了"训练要求"中第"1)"和"2)"项要求规定的任务。

（2）训练第二周

在教师指导下，团队成员实施《团队长期学习计划》，应用本教材"附录一"附表1"自主学习"（高级）各技能点"'知识准备'参照范围"所列知识和"文献综述"相关规范知识，完成"训练要求"中第"3)"和"4)"项要求规定的任务。

首先，我们对最近6年（2013—2018）的"国外旅游消费者行为跨文化比较"文献进行搜索。以Science Direct、Sage、Taylor & Francis数据库为基础（英文刊物主要限于旅游类刊物），分别以"cross-cultural"和"cross-cultural comparison"为"摘要、篇名和关键词"（Abstract，Title，Keywords），收集相关文献。通过总结发现，"国外旅游消费者行为跨文化比较"研究总体上呈现出以下态势：在2013—2018年间，"国外旅游消费者行为跨文化比较"研究成果主要发表在Journal of Destination Marketing & Management、Journal of Hospitality and Tourism Research、Journal of Travel Research等学术期刊上。"国外旅游消费者行为跨文化比较"研究涵盖出游动机、目的地形象感知、信息搜寻行为、出游决策、服务质量感知、实地消费行为六个主要方面。

其次，各团队成员根据各自分工的"国外旅游消费者行为跨文化比较"研究内容进行文献梳理和综述撰写工作。由团队总结得出："国外旅游消费者行为跨文化比较"研究更多采用国籍、地区、居住国、族裔或语言作为文化的代理，直接价值判断（direct values inference）和间接价值判断（indirect values inference）等研究取向的文献相对较少。在"国外旅游消费者行为跨文化比较"研究文献中，定量研究方法得到了广泛的运用。经过小组讨论，形成对各部分研究综述的修改和完善意见。

最后，团队成员修改完善相关研究内容的综述撰写工作。针对"国外旅游消费者行为跨文化比较"的研究取向、覆盖领域、研究方法等进行补充性、滚雪球式的文献搜索，并讨论各自负责方面的工作。组长就修改后的各部分综述进行统合，形成《"国外旅游消费者行为跨文化比较"最新文献综述》。本周末组长组织团队讨论，就最终综述成果进行汇报，各成员就本次训练进行经验交流和问题总结。

（3）训练第三周

组长组织团队成员，总结对落实"训练要求"中第"1)"、"2)"、"3)"和"4)"各项要求的体验，撰写作为最终成果形式的《"自主学习-范"训练报告》。

三、训练总结

1.关于文献收集

团队成员能够在较短时间内掌握运用网络平台查找国外学术文献的方法，在国外学术期刊上成功收集到"国外旅游消费者行为跨文化比较"相关学术文献。但是，由于国外文献（英文文献）缺少统一的数据库和平台，且由于语言的限制，小组成员在国外学术文献查找方面存在错查漏查、主题混淆的现象，需进一步提高针对国外学术文献的阅读能力和查找能力。

2.关于文献分类整理

团队成员能够按发表年份、期刊、研究内容、研究取向、研究方法等对海量文献进行分类整理，并从中总结相关研究的发展特征和趋势。但是，在学术期刊的等级、类别、质量的判断方面存在混淆，需进一步提升对国外学术期刊背景信息的了解程度，能够辨识在旅游学术研究中具有较大影响力的国外学术期刊。

3.关于文献综述撰写

团队成员能够在文献收集和整理的基础上，就自己所负责内容的相关研究成果进行综述撰写，并予以评述，但在对具体研究内容的归纳以及有代表性、影响力的学术成果的甄别方面存在不足，需进一步培养学术语言表达能力、归纳能力，培养对核心研究文献的甄别能力。

4.关于"自主学习"融入性训练

《"国外旅游消费者行为跨文化比较"最新文献综述》从资料收集、讨论、撰写到交流和修订，始终是在融入"自主学习"这一"通能"之"强化训练"的过程中进行的；不仅如此，本次训练还将其等级由本课程先前阶段的"初级"和"中级"提升到"高级"，从而进一步提高了我们的"自主学习"能力。

团队全体成员都认识到：在学科知识更新周期大大缩短的今天，相当多在校学习的知识毕业后已经过时。只有在"授之以鱼"的同时"授之以渔"，即通过"学会学习"，导入关于"学习理论"、"学习方法"与"学习策略"的"自主学习"机制，才能赋予自身以应对"从学校到生涯"的"知识流变"之无限潜力。

四、附件

附件范4-1

团队长期学习目标

➤掌握收集和运用信息的方法，能够熟练运用国外的学术网络平台收集"国外旅游消费者行为跨文化比较"的学术信息（学术论文）。

➤掌握学习的认知策略、元认知策略和资源管理策略，能够对"国外旅游消费者行为跨文化比较"的文献进行有效的整理和分类。

➤掌握有效资源利用的策略以及项目论证和测评的方法，能够对"国外旅游消费者行为跨文化比较"这一学术领域的研究成果进行评述和综合，并清晰表达自己的学术观点。

➤掌握编写计划和检查调控计划执行的方法，对"国外旅游消费者行为跨文化比较"的自主学习进度、关键时间节点、各阶段任务有清晰的界定和严格的执行。

➤掌握团队合作的策略和方法，在组长的组织协调下，通过前期的分工及中后期的合作，通过团队的努力一起完成"国外旅游消费者行为跨文化比较"的自主学习任务。

附件范 4-2

团队长期学习计划

➢学习时间

××年××月××日——××年××月××日，为期三周。

➢学习小组成员

艾美丽同学、陈恺同学、代宁宁同学、方成才同学、郭可颖同学、黄凯丽同学（组长），共计6人。

➢学习阶段

共分三个阶段，每阶段为期一周。第一阶段完成"训练要求"中第"1）"和"2）"项要求规定的任务；第二阶段完成"训练要求"中第"3）"和"4）"项要求规定的任务；第三阶段完成"训练要求"中第"5）"项要求规定的任务。

➢学习困难和变化预估

在学习过程中可能在如何对国外学术论文进行快速有效的阅读、如何对国外学术期刊的背景信息（刊物级别、论文质量）进行准确把握、如何对某一学术问题的研究成果进行清晰归纳、如何运用规范的学术语言对学术成果进行综述撰写等方面存在困难；在小组讨论会的时间确定上可能因小组成员的不同需要予以适时调整。

➢学习计划实施

①三个阶段学习。第一周完成"训练要求"中第"1）"和"2）"项要求规定的任务；第二周完成"训练要求"中第"3）"和"4）"项要求规定的任务，即完成应用"知识准备"所列知识，进行相关文献收集、分类整理、"文献综述"撰写和修改工作；第三周完成《"自主学习-范"训练报告》的撰写工作。

②四次小组讨论。第一次小组讨论：组长组织小组会，明确训练目标、计划及任务分工；第二次小组讨论：组长于第一周周末组织小组讨论，各成员进行成果汇报，组长统合整理各成员成果；第三次小组讨论：组长于第二周周末组织小组讨论，各成员就撰写内容进行汇报，由小组讨论后组长提出修改及完善意见；第四次小组讨论：组长在本周末组织小组成员讨论，汇报最终综述成果，各组员就本次训练进行经验交流和问题总结。

➢学习进度检查

通过每阶段末的小组会，适时检查各小组成员学习进度。通过第一阶段末的小组会，检查"训练要求"中第"1）"和"2）"项要求的落实情况；通过第二阶段末的小组会，检查"训练要求"中第"3）"和"4）"项要求的落实情况，即各成员"知识准备"所列知识的应用、文献收集与整理和《国外旅游消费者行为跨文化比较"最新文献综述》初稿撰写情况；通过第三阶段末的小组会，检查"训练要求"中第"5）"项要求的落实情况，即本次训练的问题交流和经验总结情况。

附件范 4-3

"国外旅游消费者行为跨文化比较"最新文献综述

（项目组组长： 项目组成员： ）

一、文献收集与整理

在 Science Direct、Sage、Taylor & Francis 数据库中，分别以 "cross-cultural" 和

"cross-cultural comparison"为"摘要、篇名和关键词"（Abstract，Title，Keywords）收集相关文献。在搜索时间的跨度上，设定为2013年1月1日至2018年12月31日。

二、文献资料分布

1.主题分布

经过检索和筛选（限定在2013—2018年发表的论文），纳入综述的英文刊物论文共计11篇（另有1篇为汇总分析，不纳入）。英文刊物论文的具体信息如表范4-1所示。从表中可以看出，在旅游消费者行为的跨文化比较研究中，代理使用（国籍、地区）和霍夫斯塔德的文化维度依旧是主导的研究取向。在研究主题方面，旅游者感知（感知价值、目的地感知、目的地形象感知）是讨论较多的话题。

2.时间分布

从时间分布的角度，2013年和2018年，在英文旅游刊物上各有1篇"国外旅游消费者行为跨文化比较"方面的论文发表，2014年、2016年、2017年各有3篇英文论文发表。

3.期刊分布

从刊物分布的角度看，这11篇论文中有2篇发表在国际顶级的 Journal of Travel Research 上，有2篇发表在 Journal of Hospitality and Tourism Research 上，其他7篇发表在 Journal of Travel and Tourism Marketing、Journal of China Tourism Research、Asia Pacific Journal of Tourism Research 等刊物上。

表范4-1　　　　　2013—2018年英文旅游学术刊物上
"国外旅游消费者行为跨文化比较"研究进展

作者	题目	期刊	跨文化研究取向	主题
Landauer M, Haider W & Pröbstl - Haider U（2013）	The Influence of Culture on Climate Change Adaptation Strategies: Preferences of Cross-Country Skiers in Austria and Finland	Journal of Travel Research	代理使用（国籍）	滑雪旅游者对全球气候变暖的适应策略的差异（奥地利与芬兰旅游者比较）
Kim S S, Agrusa J & Chon K（2014）	The Influence of a TV Drama on Visitors Perception: A Cross-Cultural Study	Journal of Travel and Tourism Marketing	代理使用（国籍/地区）	电视剧对旅游者目的地感知的影响（中国香港、中国台湾和泰国旅游者的比较）
Hu, F K W & Weber K（2014）	The Influence of Culture on the Perceived Attractiveness of Hotel Loyalty Programs: Chinese versus Japanese Customers	Journal of China Tourism Research	霍夫斯塔德的文化维度	商务旅游者对酒店"顾客忠诚计划"的感知差异（中国和日本商务旅游者的比较）
An D（2014）	Understanding Medical Tourists in Korea: Cross-Cultural Perceptions of Medical Tourism among Patients from the USA, Russia, Japan, and China	Asia Pacific Journal of Tourism Research	代理使用（国籍）	在韩国的医疗旅游者对医疗旅游的感知差异（中国、美国、日本和俄罗斯医疗旅游者的比较）

续表

作者	题目	期刊	跨文化研究取向	主题
Özdemir C & Yolal M（2016）	Cross-cultural Tourist Behavior: An Examination of Tourists' Behavior in Guided Tours	Tourism and Hospitality Research	代理使用（国籍）	在伊斯坦布尔有导游的国际旅行团中，不同国籍的旅游者的行为特征
Sabiote-Ortiz C M, Frías-Jamilena D M & Castañeda-García J A（2016）	Overall Perceived Value of A Tourism Service Delivered via Different Media: A Cross-Cultural Perspective	Journal of Travel Research	霍夫斯塔德的文化维度	旅游服务总体感知价值差异（西班牙与英国旅游者比较）
Kim Y G & Eves A（2016）	Measurement Equivalence of An Instrument Measuring Motivation to Consume Local Food: A Cross-Cultural Examination Across British and Korean	Journal of Hospitality and Tourism Research	代理使用（国籍）	一份测量旅游者品尝本地食物的动机的量表在韩国和英国跨文化语境下的测量对等性
Kim H & Stepchenkova S（2017）	Understanding Destination Personality Through Visitors Experience: A Cross-Cultural Perspective	Journal of Destination Marketing & Management	代理使用（国籍）	韩国济州岛目的地个性的旅游者感知（东西方旅游者比较）
Lu A C C, Chi C G Q & Lu C Y R（2017）	Sensation Seeking, Message Sensation Value, and Destinations: A Cross-Cultural Comparison	Journal of Hospitality and Tourism Research	代理使用（国籍）	感官刺激寻求、信息刺激价值与目的地形象感知及行为意向之间的关系（中国与美国旅游者比较）
Amaro S & Duarte Paulo（2017）	Social Media Use for Travel Purposes: A Cross-Cultural Comparison Between Portugal and the UK	Information Technology & Tourism	霍夫斯塔德的文化维度	旅行中的社交媒体运用（葡萄牙旅游者和英国旅游者的比较）
Jung T H, Lee H, Chung N & Dieck M C（2018）	Cross-Cultural Differences in Adopting Mobile Augmented Reality at Cultural Heritage Tourism Sites	International Journal of Contemporary Hospitality Management	霍夫斯塔德的文化维度	韩国德寿宫和爱尔兰An Post Museum文化旅游者对虚拟现实采纳行为的跨文化差异

三、文献成果综述

1. 使用国籍作为文化代理的研究

在最近6年发表的11篇旅游消费者行为跨文化比较的论文中，有7篇使用国籍作为文化代理。例如，兰德尔等（Landauer, Haider &Pröbstl-Haider, 2013）的研究对奥地利和芬兰两国的滑雪旅游者应对全球气候变化的适应策略的差异进行了比较。研究首先依据动机的差异将滑雪旅游者（skiers）划分为以下三类：运动型滑雪旅游者、社交型滑雪旅游者和自然导向型滑雪旅游者。随后，研究通过对两国滑雪旅游者的比较发现：从技术适应角度，相同点是，两个国家的滑雪者对于人工造雪（artificial snow making）的偏好都大过对滑雪隧道（ski tunnels）的偏好。两国旅游者在对人工造雪的偏好方面的差异小，在对滑雪隧道的偏好方面的差异大。在替代性方案和替换性活动方面，两国滑雪旅游者都期待滑雪目的地与雪量更有保障的区域建立合作关系，而对参与文化节庆活动的兴趣都较低。不同滑雪旅游者类型的偏好会有跨文化的差异。例如，芬兰的运动型滑雪旅游者对室内活动以及附加的四季兼宜型室内活动更感兴趣。卢承杰等（Lu，Chi & Lu，2017）使用中国和美国旅游者的比较来探索感官刺激寻求、信息刺激价值与目的地形象感知及行为意向之间的关系。研究发现，对于美国旅游者而言，匹配的信息刺激价值和感官刺激寻求（低–低），比不匹配的信息刺激价值和感官刺激寻求（低–高）对他们的目的地形象感知影响更大。对于中国旅游者而言，匹配的信息刺激价值和感官刺激寻求（高–高），比不匹配的信息刺激价值和感官刺激寻求（高–低）对他们的目的地形象感知影响更大。因此，在信息刺激价值和感官刺激寻求对目的地形象感知的影响中，文化实际上起到调节作用。金等（Kim，Agrusa & Chon，2014）的研究以中国香港地区、中国台湾地区和泰国旅游者的比较，来调查电视剧《大长今》对旅游者对目的地国家的形象感知和重游意向的影响。研究发现：香港和台湾地区的旅游者的形象感知与重游意向呈现出几乎一致的特征。然而，香港和台湾地区旅游者和泰国旅游者比较起来差异显著。对于泰国旅游者而言，独具特色的韩国饮食文化会显著增加他们重访韩国参加美食游的意向。对于3个国家和地区的旅游者而言，对韩国的国家形象感知与他们重访韩国参加美食游的意向之间均存在显著关系。同样是韩国旅游背景，安大春（An，2014）的研究对中国、美国、日本和俄罗斯赴韩医疗旅游者对韩国医疗旅游感知进行了比较。研究发现，总体而言，俄罗斯旅游者对韩国医疗旅游的态度最为正面、积极，随后是中国和日本旅游者；在俄罗斯、日本和中国旅游者中，旅行相关的风险是对他们态度最大的影响因素，美国旅游者则更受与健康相关的风险的影响。美国和日本旅游者的态度也受到成本因素的影响，但不受便利性因素的影响。但是，便利性因素则显著影响俄罗斯和中国旅游者的态度。

2.使用霍夫斯塔德的文化维度的研究

在这6年发表的11篇旅游消费者行为跨文化比较的论文中，有4篇使用霍夫斯塔德的文化维度。具体而言，萨比欧特–欧迪茨及其同事（Sabiote-Ortiz，Frías-Jamilena & Castañeda-García，2016）对西班牙和英国旅游者对旅游服务总体价值的感知进行了比较。研究的对象是在线和线下购买酒店住宿服务的西班牙和英国旅游者。300名受访者通过线下（旅行社）购买酒店住宿服务（西班牙和英国各150名旅游者），另外的300名受访者通过在线购买酒店住宿服务（西班牙和英国各150名旅游者）。鉴于两国的文化维度差异，研究发现："不确定性回避"和"个人主义与集体主义"文化维度在影响他们整体感知价值的各个因素之间起到调节作用。然而，这些差异并不是同质性的，相反，其取决于两国旅游者所选择的购买渠道。胡克伟及其同事（Hu &

Weber，2014）就中国和日本商务旅游者对酒店"顾客忠诚计划"的感知进行了比较。研究发现："预订即保证有房"，被中日两国商务旅游者均认为是最具吸引力的属性；而交通相关的属性对两国旅游者而言都不是最重要的。作者采用霍夫斯塔德的文化维度对这些差异进行了解释，认为在吸引日本商务旅游者方面，相比中国旅游者而言，文化扮演了更加重要的角色。

参考文献

［1］LANDAUER M，HAIDER W，PRÖBSTL-HAIDER U.The influence of culture on climate change adaptation strategies：preferences of cross-country skiers in Austria and Finland［J］. Journal of Travel Research，2013，53（1）：96-110.

［2］LU A C C，CHI C G Q，LU C Y R.Sensation seeking，message sensation value，and destinations：a cross-cultural comparison［J］. Journal of Hospitality and Tourism Research，2017，41（3）：357-383.

［3］KIM S S，AGRUSA J，CHON K.The influence of a TV drama on visitors' perception：a cross-cultural study［J］. Journal of Travel and Tourism Marketing，2014，31（4）：536-562.

［4］AN D.Understanding medical tourists in Korea：cross-cultural perceptions of medical tourism among patients from the USA，Russia，Japan，and China［J］. Asia Pacific Journal of Tourism Research，2014，19（10）：1141-1169.

［5］SABIOTE-ORTIZ C M，FRÍAS-JAMILENA D M，CASTAÑEDA-GARCÍA J A. Overall perceived value of a tourism service delivered via different media：a cross-cultural perspective［J］. Journal of Travel Research，2016，55（1）：34-51.

［6］HU F K W，WEBER K.The influence of culture on the perceived attractiveness of hotel loyalty programs：Chinese versus Japanese customers［J］. Journal of China Tourism Research，2014，10（2）：186-205.

范例-5

▲ 决策设计

【训练项目】

决策设计-范。

【训练目的】

参加"决策设计-范"训练。通过阶段性学习和应用其"知识准备"所列知识，对"北京环球影城主题公园的营销策略组合"案例进行多元表征，《决策方案》的撰写、讨论与交流，《"决策设计-范"训练报告》的撰写等活动，体验本教材相关知识的"决策学习"（高级）及其迁移。

【教学方法】

采用"学导教学法"、"案例教学法"、"项目教学法"和"创新教学法"。

【训练任务】

1）体验对"知识准备"所列知识的学习和运用。

2）体验对"附录三"附表3"解决问题"能力"高级"各技能点"基本要求"

和"参照规范与标准"的遵循。

3）体验对本案例情境进行多元表征和"决策学习"（高级）的过程。

4）撰写《"决策设计–范"训练报告》。

【训练准备】

知识准备：

学生预习或自主学习如下知识：

1）本教材相关理论与实务知识。

2）本教材"附录一"附表1"解决问题"（高级）各技能点的"'知识准备'参照范围"所列知识。

3）关于"决策理论与方法"的中、高级知识。

4）本教材"附录三"附表3"解决问题"能力"高级"各技能点"基本要求"和"参照规范与标准"。

指导准备：

1）教师向学生阐明"训练目的"和"训练任务"。

2）教师指导学生对"知识准备"所列知识的自主学习。

3）教师指导学生结合本项目进行"决策设计"。

【相关案例】

北京环球影城主题公园的营销策略组合

背景与情境：美国的环球影城共有两个，一个是位于佛罗里达州·奥兰多环球影城，另一个是位于加州洛杉矶的好莱坞环球影城。其中，奥兰多环球影城比好莱坞环球影城开发得晚。好莱坞环球影城位于洛杉矶市区西北郊。20世纪初，电影制片商在此发现理想的拍片自然环境，便陆续集中到此，使这一带逐渐成为世界闻名的影城。1908年，好莱坞拍出了最早的故事片之一《基督山恩仇记》。自1912年起各制片公司相继建立，到1928年已形成了以派拉蒙等"八大影片公司"为首的电影企业阵容。20世纪三四十年代是好莱坞的鼎盛时期，摄制了大量电影史上经典的影片，并使美国电影的影响遍及世界。好莱坞环球影城是一个再现电影主题的游乐园。其中，以多部大制作电影为主题的景点最受欢迎：（1）史瑞克4D影院是进入好莱坞环球影城第一个遇到的游乐项目，在此可以真正地走入电影，体验全方位立体效果的震撼感。（2）到外星人山洞和ET来一段脚踏车上的太空之旅，是孩子们最喜欢的事情。（3）环球影城的经典项目侏罗纪公园，形态生动的恐龙、危险奇异的侏罗纪丛林、游船从高空俯冲入水的刺激，都让人兴奋不已。（4）如果在侏罗纪公园还未过足水瘾，水上世界（Water World）定可满足你。各类水上特技营造不亚于电影的紧张画面，而火爆的动作场面更会让游客身临其境，给人真实的危难当头之感。（5）在以科幻取胜的"回到未来（Back to the Future）"，坐上配合影像和音响摇动的时光机，让人亲身感受回到未来旅程中的重重难关。（6）木乃伊的复仇是环球影城新建的游乐项目，游客可以进入黑暗神秘的金字塔亲历探险过程，内更设有自动拍摄系统，记录下你的惊险一刻。（7）终结者（Terminator）游乐区，以3D电影和真人结合的方式，重温魔鬼终结者的恐怖场景。（8）好莱坞环球影城的电车之旅惊险刺激，乘坐电车，一路上会遇到大地震、洪水、木桥坍塌、与金刚对峙等种种意外，还会亲身体验"摩西过红海"、《速度与激情》中的街头赛车等电影情节,至于沿途经过的好莱坞电影中时常出现的世界各国布景,更有熟悉之感。环球影城与环球嘉年华和迪士尼主题乐园并称世界三大娱乐主题乐园。

2014 年 10 月,作为北京的重点建设项目之一,北京环球影城主题公园项目正式获得了国家发展和改革委员会的批准,建设地点最终确定位于通州文化旅游区,预计2021 年建成营业……

假设你是北京环球影城主题公园的全球营销副总裁,目前正在着手主题公园的营销策略方案制订。

问题:

1) 本案例涉及本教材的哪些知识点?

2) 本案例中美国环球影城景点主题设计有哪些可圈可点之处?

3) 请根据上文所示情景,结合所学知识,对北京环球影城主题公园的营销策略组合做出决策设计,并说明做出这些决策的理由。

【设计要求】

1) 形成性要求

(1) 学生以小组为单位,研究本案例提出的问题。

(2) 各组运用"知识准备"中列示的各项知识,特别是"决策理论与方法"知识(高级),拟就《"北京环球影城主题公园的营销策略组合"决策提纲》。

(3) 各组讨论并展开《"北京环球影城主题公园的营销策略组合"决策提纲》,撰写小组《"北京环球影城主题公园的营销策略组合"决策方案》。

(4) 班级交流、相互点评和修订各组的《"北京环球影城主题公园的营销策略组合"决策方案》。

(5) 小组总结本次训练,形成《"决策设计-范"训练报告》。

2) 成果性要求

(1) 训练课业:撰写《"决策设计-范"训练报告》。

(2) 课业要求:

①《"决策设计-范"训练报告》的内容包括:团队构成与分工;训练过程;训练总结(包括对各项操作的成功与不足的简要分析说明);附件。

②将《"北京环球影城主题公园的营销策略组合"决策提纲》和《"北京环球影城主题公园的营销策略组合"决策方案》作为《"决策设计-范"训练报告》的附件。

③在校园网的本课程平台上展示班级优秀《"决策设计-范"训练报告》,并将其纳入本课程的教学资源库。

"决策设计-范"训练报告

一、团队成员与分工

1.团队构成

根据工作任务情况,本研究小组设小组长 1 人,小组成员 3 人,共计 4 人。

2.任务分工

小组长陈嘉琦同学主要负责训练阶段及时间进度安排，定期的小组讨论组织及主持，阶段成果汇总，训练报告成果的统合、整理及汇报；蒋良玉同学负责有关美国环球影城的网络资料收集与整理工作；宫彬彬同学负责主题公园开发及营销的理论梳理工作；付骁同学负责营销策略组合的整理与分析工作。

二、训练过程

1.时间及进度安排

本次训练为期三周。

第一周：在教师指导下，由组长组织小组复习本教材中有关旅游营销组合的相关知识，并自主学习如下知识或规范："决策设计-范"的"训练目的"和"训练任务"；本教材"附录一"附表1"解决问题"（高级）各技能点的"'知识准备'参照范围"所列知识；"决策理论与方法"知识（高级）；本教材"附录三"附表3"解决问题"能力（高级）各技能点"基本要求"和"参照规范与标准"。

第二周：在教师指导下，组长组织小组成员，自觉应用所学上述知识，分析研究"北京环球影城主题公园的营销策略组合"案例；拟定《"北京环球影城主题公园的营销策略组合"决策提纲》；研究、制订并在班级交流、相互点评和修订《"北京环球影城主题公园的营销策略组合"决策方案》；组长组织小组进一步自觉应用所学上述知识，撰写、讨论和交流《"北京环球影城主题公园的营销策略组合"决策方案》。

第三周：组长组织小组成员，小组总结本次训练，形成《"决策设计-范"训练报告》。

2.训练实施

在前期资料收集与理论准备的条件下，研究小组对"北京环球影城主题公园的营销策略组合"问题进行了讨论，情况如下：

（1）北京环球影城主题公园面临的主要问题

这一部分的训练实施旨在提升分析问题的技能，对应"附录一""解决问题"能力领域的"分析问题"技能点。具体而言，通过资料收集与分析整理，研究小组共同讨论，总结了北京环球影城主题公园面临的主要问题。从总体上看，首先，北京环球影城主题公园在发展上面临着一定的竞争。这种竞争一方面来自北京传统的旅游景区，它们会吸纳掉很大比例的外地来京旅游者；另一方面，也来自北京已经建成或将建成的其他主题公园，例如欢乐谷等。其次，北京环球影城主题公园将会面临城市旅游形象上的挑战。众所周知，北京在国内外潜在旅游者心目中主要是历史文化名城，现代化、高科技的主题公园是否符合潜在旅游者对北京的认知和期待，也是影响他们出游决策从而影响北京环球影城主题公园发展的关键因素。最后，北京是我国政治、文化、经济、交通中心，城市功能高度叠加，超大规模的常住人口和外来人口已经使得这座城市不堪重负。据预计，北京环球影城主题公园每年将吸纳全球 1 000 万左右的旅游者，且这些客流主要是外地来京旅游者。这一部分旅游者（外来流动人口）对原本已经不堪重负的城市将造成更加严峻的挑战。

（2）北京环球影城主题公园的营销策略组合理论基础分析

这一部分的训练实施亦旨在提升分析问题的技能，对应"附录一""解决问题"能力领域的"分析问题"技能点（分析问题的系统知识和技巧）。具体而言，研究小组根据案例地的实际情况以及目标任务，讨论了完成该项目任务所涉及的旅游消费者行为学知识点以及相关的理论知识。大家认为，这些问题涉及旅游消费者的购买决策、旅游消费者对旅游目的地的选择、基于旅游消费者购买决策的营销（旅游营销策略组合）等旅游消费者行为学知识点。研究小组对所涉及的知识点进行分析与整理并融会贯通，学以致用，来分析北京环球影城主题公园的营销策略组合。

（3）北京环球影城主题公园的营销策略组合

这一部分的训练实施旨在提升提出对策的技能，对应"附录一""解决问题"能力领域的"提出方案"技能点（关于相关问题本身的专业知识和变化规律的认识）。具体而言，为了做好决策设计，研究小组首先拟定了《"北京环球影城主题公园的营销策略组合"决策提纲》，作为小组讨论的依据（详见附件范5-1）。根据该提纲，研究小组进行了热烈的讨论，针对北京环球影城主题公园未来可能存在的问题与挑战，通过对北京环球影城主题公园所处区位条件、产品、市场前景的分析，提出了未来可行的营销策略组合（详见附件范5-2）。

三、训练总结

1.关于"北京环球影城主题公园的营销策略组合"决策设计训练

（1）通过"北京环球影城主题公园的营销策略组合"决策设计，小组成员加深了对北京环球影城主题公园营销策略的理解；掌握了旅游消费者决策过程及主题公园营销策略组合的理论与方法。

（2）通过《"北京环球影城主题公园的营销策略组合"决策提纲》与详细方案的拟订与撰写，系统体验了旅游消费者决策过程评价、主题公园选址、营销策略组合等各项技能的操作，达到了全面建构解决旅游发展中实际问题职业学力的目的。

2.关于"通能"训练

在训练过程中，研究小组成员对于"训练准备"中列入的"知识准备"的知识以及"附录三"附表3"解决问题"能力（高级）中相关技能点操作的"基本要求"和"参照规范与标准"进行了自主学习和应用。

本次"强化训练"的作用在于：通过对"解决问题"特别是"决策理论与方法"知识（高级）的自主学习与应用，不仅再次体验到"决策设计"之"自发操作"与"自觉操作"的原则区别，而且体验到"决策设计"从先前的"初级"和"中级"水平向"高级"水平的提升。

3.缺点与不足

本次训练存在两方面的不足：一方面，研究小组中有少数成员对"解决问题"能力（高级）特别是相应的"决策理论与方法"等"通能"知识的"自主学习和应用"认识不足，在训练中未真正落到实处，因而对本次"决策设计"活动的参与不够积极，并存在一定程度的自发性和被动性；另一方面，研究小组对美国环球影城公司所拥有的营销资源与全球营销网络现状了解与认识有限，一定程度上限制了决策的全面性。

四、附件

附件范 5-1

"北京环球影城主题公园的营销策略组合"决策提纲

1）决策目标

遵循"附录三"附表3"解决问题"能力"初级"的"分析问题、提出方案"技能点，即"能用几种常用的办法理解问题，确立目标，提出对策或方案"。具体而言，是通过对北京环球影城主题公园所处区位交通条件、未来竞争态势等与潜在旅游消费者的决策行为密切相关的因素进行分析，找出适合北京环球影城主题公园的营销策略组合，达到与北京城市发展、旅游发展相协调，且促进北京城市发展与旅游发展的目的。

2）依据材料

在营销策略组合决策的过程中，要充分考虑潜在旅游消费者的决策行为特征、旅游发展的国际与国内形势、开发项目的区位交通条件与未来竞争态势。

（1）潜在旅游消费者的决策行为特征

对北京以及北京环球影城主题公园未来旅游消费者决策行为特征进行分析，了解他们决策的影响因素。

（2）旅游发展的国际与国内形势

对国际旅游发展趋势以及国内入境旅游、出境旅游及国内旅游发展的态势，尤其是涉及主题公园的市场发展、投融资、政府产业政策等，进行深入分析。

（3）开发项目的区位交通条件与未来竞争态势

①开发项目的区位交通条件（项目所处城市的发展与定位、所在具体区县的交通与地理区位条件等）；

②未来竞争态势（与北京传统旅游景区的竞争、与北京现有及未来将有的主题公园的竞争、与京津冀的其他景区的竞争）。

3）决策方案设计

参见附件范 5-2"北京环球影城主题公园的营销策略组合"决策方案。

附件范 5-2

"北京环球影城主题公园的营销策略组合"决策方案

| 决策设计者 | （ | 级 | 专业 | 班） |
| 指导教师 | （ | 大学 | | 学院） |

一、潜在旅游消费者的决策行为特征

北京环球影城主题公园未来发展成功与否的关键是潜在旅游者是否会选择造访，而这一关键问题则取决于潜在旅游消费者的决策行为特征。对于北京环球影城主题公园而言，最大的挑战有以下两个方面：其一，国际一线的主题公园的客源市场主要依赖外地市场，且主要依赖重游客。因此，北京是否能够吸引到预计每年1 000万客流中占大部分的外地旅游者？这主要取决于这些外地旅游者的旅游动机（与北京旅游形象的匹配度）和造访频率。如果在外地来京旅游者心目中，北京只是一座悠久的历史文化名城，则他们主要是前来开展文化观光和体验民俗风情，北京环球影城主题公园自然不在计划之列。如果外地来京旅游者除了认同北京的悠久历史文化和丰富的民俗风情外，还认可北京作为经济、交通、娱乐中心的功能，接受"去北京玩环球影城主题公园"的观念，则北京环球影城主题公园会成为他们的造访目标。在这一过程中，造访频次也有很大影响。例如，初次造访北京的外地旅游者，一般会首先选择北京那些世界遗产级的景区和胡同等历史文化街区；在再次造访北京时，他们才会考虑北京还有哪些更好玩的景区。其二，在回答了旅游者是否想来之后，还需要回答旅游者是否能来的问题。如前所述，北京是一个超负荷运转的城市，城市功能高度叠加，环球影城主题公园落户北京后，是否能够让潜在的旅游者"进得来、出得去、散得开"？这也将对旅游者的出游决策造成关键性影响。如果旅游者在出游决策前发现，前往环球影城主题公园将会是一个"添堵"的行程，则他们一般不会再继续前往。如果他们发现，前往环球影城主题公园将会"畅通无阻"，则会强化他们的出游愿望，促进旅游决策的发生。

二、旅游发展的国际与国内形势

1.国际形势

主题公园产业是旅游产业的重要组成部分，在美国旅游业中，主题公园是最大的综合性旅游度假行业。旅游产业的蓬勃发展及国际旅游业的中心向亚太地区尤其是中国转移是有目共睹的，尤其是近年来，上海迪士尼度假区建成并人气火爆，越来越多的国际主题公园及度假区"盯上"了中国这一巨大的市场，纷纷开始谋划落户中国。

2.国内形势

中国蓬勃发展的国内旅游，为国内主题公园的发展奠定了坚实的市场基础，例如，华侨城、长隆、方特等国内品牌发展迅速。此外，中国内地近年来迅猛发展的出境旅游，在加强国际经贸往来的同时，也在一定程度上加大了外汇的消耗与国际贸易的逆差。国际品牌的主题公园落户中国内地，能在一定程度上"回流"部分出境旅游者，让他们在家门口就能参观迪士尼、环球影城等。近年来，中国入境旅游市场开始出现下滑趋势。具备国际吸引力的国际品牌主题公园，通过吸引来自全世界的客源，在一定程度上能够遏制这一下滑趋势。

三、开发项目的区位交通条件与未来竞争态势

1.区位交通条件

北京环球影城主题公园落户北京通州文化旅游区。北京通州文化旅游区位于通州新城城区南部。这一地区具备良好的区位和交通条件，素有"一京二卫三通州"之称。西距北京天安门20千米，紧邻北京中央商务区（CBD），距国贸中心13千米；西南紧邻北京市亦庄经济开发区；北距首都国际机场16千米；东距天津塘沽港100千米，处于环渤海经济圈的中心地带。通州境内拥有密集的公路网、便捷的轨道交通、重要的铁路大动脉和显著的航空优势。京津高速、京沪高速、京哈高速、通燕高速将通州与外界紧密相连；八通轻轨、亦庄线直达通州；M6线地铁东西横贯北京城区延伸至通州新城；规划中的R1、S3、S5、S6等线路将覆盖通州新城，建成后，通州新城将是北京交通路网最密集的区域。此外，还有通顺路、壁富路、六环路3条通向北京市区的快速通道，机场巴士直达通州新城。如上所述，北京环球影城主题公园具备良好的区位交通优势。

2. 未来竞争态势

一方面，北京已经拥有了故宫、天坛、颐和园、长城、明十三陵等世界遗产景区，以及天安门广场、恭王府、胡同等重要的旅游吸引物，这些都是外地来京旅游者尤其是第一次造访北京的旅游者的首选景区。这些景区会对北京环球影城主题公园构成一定程度的竞争。另一方面，北京以及周边地区已经开业及正在规划建设中的主题公园，也会对北京环球影城主题公园构成不小的竞争压力。例如，北京欢乐谷、天津欢乐谷、天津滨海航母主题公园等。

四、北京环球影城主题公园营销策略组合

结合上述有关北京环球影城主题公园的区位交通、竞争态势、国内外旅游发展态势以及旅游消费者的决策行为特征等，对北京环球影城主题公园的营销策略组合做出如下决策。

1. 产品策略（product）

如案例内容所述，环球影城最大的吸引力就在于它的产品设计：融影视娱乐和高科技体验于一体。北京环球影城主题公园的产品策略，除继续保持环球影城在将影视娱乐元素与高科技完美整合方面的优势外，还应该融入中国文化元素，尤其是中国的影视文化元素。在主题公园的产品设计中融入地方文化元素已经被证明是取得"在地化"成功的重要因素。北京有着非常丰富的中国文化元素，也有着众多的影视元素资源。在这一方面，北京环球影城主题公园既能对国内旅游者产生国外影视元素与高科技的吸引力，也能对海外旅游者产生基于中国文化元素的吸引力。融合中国文化元素的产品设计将是北京环球影城主题公园最为核心的吸引力、独特的竞争优势和首要的营销策略。

2. 渠道策略（place）

如前所述，北京环球影城主题公园主要的客源市场将是外地来京的重游者，且家庭出游的群体会占主流。因此，一方面，应该非常注重旅游者实地的体验，塑造良好的口碑营销机会和旅游者的重游意愿；另一方面，需要不断地拓展营销渠道。作为在中国内地的国际品牌的主题公园，北京环球影城主题公园对中国内地的旅游者没有签证上的限制，但是中国内地对入境旅游者的签证一直较严格。因此，北京环球影城主题公园对内地旅游者的营销渠道应以在线营销（网络营销）为主，尤其是微信、手机应用程序等新兴网络平台；针对中国内地以外的市场，还应继续强调旅行代理商的渠道功能。

3. 促销策略（promotion）

北京环球影城主题公园将依靠"环球影城"丰富的影视资源来展开促销。在中国广为人知的美国环球影城公司制作的影视作品，是宣传环球影城主题公园的最好渠道。利用这些丰富的影视资源与影视媒介，可以大力宣传北京环球影城主题公园的"可进入性"以及独特的产品卖点，形成核心的竞争优势。同时，环球影城的"主题公园"元素与环球影城的影视元素将会相得益彰、互相促进。

4. 定价策略（price）

由于北京环球影城主题公园将主要依靠重游者和家庭出游者，因此各种形式的定价策略，例如折扣、套票、"忠诚计划"等，都将极大地提高北京环球影城主题公园的知名度和促进旅游消费者的购买决策。

范例-6

▲ 拓展创新

【训练项目】

拓展创新-范。

【训练目的】

参加"拓展创新-范"训练。通过学习和应用其"知识准备"所列知识，系列技能操作的实施，《背包旅游体验对中国背包客个人发展影响研究》论文的准备、讨论、撰写、交流与修订，《"拓展创新-范"训练报告》的撰写等活动，体验"中国背包客及其旅游体验现状"中的"创新学习"（高级）及其迁移。

【教学方法】

采用"学导式教学法"、"项目教学法"和"创新教学法"。

【知识准备】

学生通过院资料室、校图书馆和互联网等途径，自主学习如下知识：

1）关于"中国背包客及其旅游体验现状"的相关知识。

2）列入本教材"附录一"附表1"能力领域"中"与人交流"、"与人合作"和"革新创新"能力（高级）各技能点"'知识准备'参照范围"的知识。

3）本教材"附录三"附表3"能力领域"中"与人交流"、"与人合作"和"革新创新"能力（高级）各技能点的"基本要求"和"参照规范与标准"。

【训练任务】

1）自主学习"知识准备"所列知识。

2）查阅关于"背包旅游体验对中国背包客个人发展影响"的各种观点信息。

3）应用"知识准备"所列知识，依照相关要求和"参照规范与标准"，进行"知识创新"强化训练。

4）撰写、讨论和交流训练课业。

【训练要求】

1）体验对"知识准备"所列知识的自主学习过程。

2）体验对"知识准备"所列知识的应用，以及相关"要求"和"参照规范与标准"的遵循。

3）体验将关于"背包旅游体验对中国背包客个人发展影响"的各种观点信息中的诸多拓展性观念要素整合为一个内在一致、功能统一的新整体，形成一个带有原创性成分的《背包旅游体验对中国背包客个人发展影响研究》的"知识创新"（高级）过程。

【训练时间】

本章课堂教学内容结束后的课余时间，为期三周。

【训练步骤】

1）将班级同学组成若干"知识创新"项目团队，每队确定一人负责。

2）各团队根据训练项目需要进行角色分工。

3）各团队自主学习"知识准备"所列知识。

4）各团队应用"知识准备"所列知识，并遵循相关"要求"和"参照规范与标准"，系统体验关于本项目的如下技能操作：

（1）通过队内分工与合作，收集和处理本训练项目中存有争议的关于"背包旅游体验对中国背包客个人发展影响"的各种观点信息，分析研究、讨论与交流其各自所长与不足。

（2）将关于"背包旅游体验对中国背包客个人发展影响"的各种观点信息中诸多拓展性观念要素整合为一个内在一致、功能统一的新整体，撰写带有原创性成分的《背包旅游体验对中国背包客个人发展影响研究》论文。

（3）以相互置疑和答疑的方式，在班级讨论、交流、相互点评其《背包旅游体验对中国背包客个人发展影响研究》论文。

（4）根据班级讨论交流结果，各团队修订和完善其《背包旅游体验对中国背包客个人发展影响研究》论文。

5）各团队总结本次"'创新理论与方法'知识应用"训练中的各项技能操作体验，形成作为最终成形的训练课业。

6）在校园网的本课程平台上展出经过修订和任课教师点评的优秀训练课业，供相互借鉴。

【成果形式】

训练课业：撰写《"拓展创新–范"训练报告》

课业要求：

1）内容包括：训练团队成员与分工；训练过程；训练总结（对三项"训练要求"操作体验中成功与不足的分析说明）；附件。

2）将《背包旅游体验对中国背包客个人发展影响研究》论文作为《"拓展创新–范"训练报告》的附件。

3）《背包旅游体验对中国背包客个人发展影响研究》应符合科学论文写作规范要求，做到创新方法运用正确，观点独到新颖，论据确凿合理，文字简洁准确。

4）在校园网的本课程平台上展示经过教师点评的班级优秀《"拓展创新–范"训练报告》，并将其纳入本课程的教学资源库。

"拓展创新–范"训练报告

一、团队成员与分工

1.团队构成

根据工作任务情况，本研究小组设小组长1人，小组成员3人，共计4人。

2.任务分工

小组长黄嘉欣同学主要负责训练阶段及时间进度安排、调查问卷的设计、定期的小组讨论组织及主持，阶段成果汇总，训练报告成果的统合、整理及汇报；陈潇同学负责有关中国背包客的收集与整理工作；范晓军同学负责背包客个人发展的理论梳理工作；付骁同学负责问卷数据的统计分析工作。所有4位小组成员均参与问卷的发放、回收与录入工作。

二、训练过程

1.时间及进度安排

本次训练为期三周。

第一周：在教师指导下，由组长组织小组成员自主学习如下知识或规范：关于中国背包客及其旅游体验现状的相关知识；列入本教材"附录一"附表1"能力领域"中"与人交流"、"与人合作"和"革新创新"能力（高级）各技能点"'知识准备'参照范围"的知识；本教材"附录三"附表3"能力领域"中"与人交流"、"与人合作"和"革新创新"能力（高级）各技能点的"基本要求"和"参照规范与标准"。

第二周：在教师指导下，组长组织小组成员，自觉应用所学上述知识，查阅关于"背包旅游体验对中国背包客个人发展影响"的各种观点信息，将其中诸多拓展性观念要素整合为一个内在一致、功能统一的新整体，形成一个带有原创性成分的"背包旅游体验对中国背包客个人发展影响研究"的"知识创新"（高级）过程。

第三周：组长组织小组成员，小组总结本次训练，形成《"拓展创新-范"训练报告》。

2.训练实施

在学习和应用"知识准备"所列知识和规范，完成前期论文信息汇总、文献资料收集整理及相关理论知识准备的情况下，研究小组对"背包旅游体验对中国背包客个人发展影响研究"的相关问题进行了讨论、交流与汇总，情况如下：

（1）有关中国背包客信息的收集与整理工作

为了深入了解中国背包客的信息，小组成员陈潇同学通过阅览大量网络论坛文本，掌握了大量一手数据，通过文本分析，总结出其中的核心关键词。

（2）背包客个人发展的理论梳理工作

为掌握背包客个人发展的理论进展，小组成员范晓军对国内外有关的文献进行了检索和梳理工作，并选择了核心的参考文献，以指导研究工作的具体开展。

（3）问卷设计、发放与数理统计工作

在上述两方面工作的基础上，小组组长组织成员进行讨论，最终选定了问卷调查需要的量表以及整个问卷的设计。通过预调查，最终确定了调查问卷的格式、测量项目等。通过讨论，确定问卷发放渠道为：在南京的国际青年旅舍实地发放及通过网络方式发放。问卷回收后，由小组成员一起合作，将之录入SPSS统计软件，供后续统计分析之用。

三、训练总结

1.关于"'背包旅游体验对中国背包客个人发展影响研究'拓展创新"的专业能力训练

（1）通过"'背包旅游体验对中国背包客个人发展影响研究'拓展创新"的训练过程，包括小组成员的交流、协作，资料梳理、解读和汇总，以及汇报材料的准备与汇报等，各小组成员加深了对背包旅游体验的影响、中国背包客感知个人发展影响等的理解；掌握了有关旅游体验影响研究的拓展创新的理论与方法。

（2）通过"'背包旅游体验对中国背包客个人发展影响研究'拓展创新"提纲与"'背包旅游体验对中国背包客个人发展影响研究'拓展探索"论文的拟定与撰写，系统体验了旅游体验影响研究进展归纳、个人发展感知测量和影响因素识别分析等各项技能的操作，团队成员在更高阶段体验了"将'背包旅游体验对中国背包客个人发展影响'的各种观点信息诸多拓展性观念要素整合为一个内在一致、功能统一的新整体，形成一个带有原创性成分的《背包旅游体验对中国背包客个人发展影响研究》的'知识创新'"过程。

但是，美中不足的是，由于对问卷调查和统计分析接触较少，在实际的问卷发放过程中，对于如何在短时间内迅速地寻找到合格的背包客受访者，还有待进一步训练；此外，对于统计分析还需要加强锻炼，以待熟能生巧。

2.关于"通能"训练

通过在准备、讨论和撰写《背包旅游体验对中国背包客个人发展影响研究》学术论文过程中融入对"知识准备"所列知识学习和运用的强化训练，以及对"附录三"附表3"解决问题"能力（高级）各技能点"基本要求"和"参照规范与标准"的遵循，不仅使"拓展创新"学术论文所要求的"拓展创新"由"自发"转变为"自觉"，而且进一步提高了团队成员"与人交流"、"与人合作"和"革新创新"能力。这对于我们今后就业和创业，乃至整个职业生涯的可持续发展都是至关重要的。

四、附件

附件范6-1

背包旅游体验对中国背包客个人发展影响研究

一、研究问题的提出

关于"背包旅游"，社会舆论有着不同说法，一部分人认为背包旅游是一种减压、放松自我的过程，这一过程能使他们变得更加积极，是能够正面地面对生活的一种方式。另一部分人认为，背包旅游是一种消极的、逃避问题的生活方式。在学术研究中，学者们对这一问题也没有定论，特别是缺乏对背包客感知个人发展的定量研究。那么，到底背包旅游的体验会对参与其中的背包客的个人发展产生什么样的影响呢？特别是，当下中国正处于经济、社会和文化的全面转型中，各种不确定因素使得年轻一代的不确定感、焦虑感剧增，因此"驴友"这一群体的规模也持续扩大。在上述现实与理论背景下，本研究旨在通过对中国背包客的问卷调查来探索、分析背包旅游体验对背包客个人发展的影响。

二、研究过程与方法

1.问卷设计。调查问卷采用陈钢华、保继刚和黄松山（Chen，Bao & Huang，2014）开发的量表。问卷分为四个部分：住宿条件与行李选择、背包旅游经历、个人基本信息、背包旅游后对个人发展产生的影响。

2.调查对象与样本概况。问卷调查的对象为有过背包旅游体验的背包客。发放途径有：在国际青年旅舍的实地发放与网络发放。实地调查地点为南京的4家国际青年旅舍，累计发放问卷40份（有效问卷32份）。网络调研主要通过成都、西安的朋友在网络上发放，收到问卷52份（有效问卷43份）。纳入分析的有效样本共计75份。样本概况如表范6-1所示。

表范6-1 **样本概况**

项目		频次	百分比（%）	项目		频次	百分比（%）
年龄	20岁及以下	2	2.7	职业	企业职工	21	28.0
	21~35岁	72	96.0		个体工商户	0	0
	36~50岁	1	1.3		学生	51	68.0
	51~65岁	0	0		政府事业单位职工	0	0
	66岁及以上	0	0		教师	3	4.0
文化程度	初中及以下	0	0		其他	0	0
	高中或中专	1	1.3	个人月收入	不足1 500元	48	64.0
	大专	14	18.7		1 500~3 000元	12	16.0
	本科	54	72.0		3 001~4 500元	9	12.0
	研究生及以上	6	8.0		4 501~6 000元	6	8.0
性别	男	41	54.7		6 001~7 500元	0	0
	女	34	45.3		7 500元以上	0	0
填问卷时的状态	刚辞职	0			0		
	刚毕业	22			29.3		
	在读学生	46			61.3		
	全职工作的带薪休假	6			8.0		
	退休状态	0			0		
	自我创业时期的休假	0			0		
	全职工作的无薪休假	0			0		
	持续的无业状态	1			1.3		

三、调查结果

1.数据可靠性分析

从表范6-2中我们可以看出，个人发展影响的16个题项的Cronbach α值（克朗巴哈值）为 0.915，该数据大于 0.7 的标准。由此，可以说明问卷中所获得的对个人发展影响的数据具有较高的可靠性。

表范 6-2 背包旅游体验对个人发展影响数据可靠性分析

测量个人发展影响的题项	
Cronbach α 值	0.915
题项数	16

2.背包旅游体验对背包客个人发展的影响

从表范 6-3 中可以看出，对于背包客来说，背包旅游体验对他们影响最深的是"背包旅游的经历提升了我对环境的适应能力"，其次是"背包旅游的经历提升了我识别和解决问题的能力"，再次是"背包旅游的经历提升了我的人际沟通的能力"，排在第四的是"背包旅游的经历提升了我对物资的管理和安排的能力"，排在第五的是"背包旅游的经历使我很好地调节了旅游前的不良情绪"。分析以上排在前五的重要性，我们可以得出如下结论：

（1）对于背包客来说，由于旅游的空间没有任何局限性，到处"漂泊"的旅游对其在适应环境的变化方面有很大的影响。在经过背包旅游之后，他们会觉得到哪都能快速适应当地的环境，不管是生活环境还是文化环境。

（2）在日常生活中，每个人都需要有各方面的能力，而受访者认为背包旅游的经历对他们自身能力的发展有很大的影响，如排在第二和第三位的影响。对于这两方面的能力提升，我们可以归因为，背包旅游通常是一个人的旅游，所以在旅游的过程中遇到的所有问题都必须要旅游者自己去解决，因此背包旅游的经历可以提升背包客的识别和解决问题的能力。另外，由于背包旅游具有高度的自主性、旅游成本低等特点，所以在旅游的过程中一般会结识许多志同道合的朋友结伴而行，或者是通过拼车等方式来降低旅游成本，但无论哪一种都不可避免地要与人打交道。因此，背包旅游的经历还可以提升背包客的人际沟通能力。

（3）分析排在前五的另外两项影响，即"背包旅游的经历提升了我对物资的管理和安排的能力"和"背包旅游的经历使我很好地调节了旅游前的不良情绪"，发现背包旅游在情绪以及日常生活管理方面对背包客有一定的影响。其原因可能是，在旅途中可能会遇到有钱买不到东西等情况，所以背包客会在物资方面做好准备，合理地安排。另外，背包旅游会见识到不一样的文化、不一样的风景等，受这些因素的影响受访者认为会在一定程度上缓解旅游前的不良情绪。

（4）综合上述分析，背包旅游在情绪、能力、"三观"等方面对背包客有着不同程度的影响，背包旅游对背包客的个人发展有着积极的影响。

表范6-3 背包旅游体验对个人发展影响的重要性排序

影响方面	N	极小值	极大值	均值	标准差	排序
背包旅游的经历提升了我对环境的适应能力	75	1	7	5.84	1.263	1
背包旅游的经历提升了我识别和解决问题的能力	75	1	7	5.57	1.347	2
背包旅游的经历提升了我的人际沟通能力	75	1	7	5.39	1.423	3
背包旅游的经历提升了我对物资的管理和安排的能力	75	1	7	5.17	1.563	4
背包旅游的经历使我很好地调节了旅游前的不良情绪	75	1	7	4.95	1.627	5
背包旅游的经历提升了我对时间的管理和安排的技能	75	1	7	4.87	1.528	6
背包旅游的经历使我很好地应对了旅游前所受的挫折	75	1	7	4.83	1.319	7
背包旅游的经历缓解了我旅游前的焦虑和压力	75	1	7	4.73	1.436	8
背包旅游的经历强化了我的自控和自律	75	1	7	4.73	1.519	9
背包旅游的经历增加了我的自信	75	1	7	4.64	1.729	10
背包旅游的经历提升了我的理财技能	75	1	7	4.57	1.425	11
背包旅游的经历改变了我对这个世界的看法	75	1	7	4.19	1.458	12
背包旅游的经历改变了我的价值观	75	1	7	4.16	1.534	13
背包旅游的经历改变了我对人生的看法	75	1	7	4.08	1.402	14
背包旅游的经历改变了周围人对我的看法	75	1	7	3.37	1.514	15
背包旅游的经历让我自己觉得与众不同	75	1	7	3.33	1.554	16

参考文献

[1] 朱璇. 背包旅游：基于中国案例的理论和实证研究 [D]. 上海：华东师范大学，2007.

[2] 黄佩，王文宏，张蓁. 网络中的背包客：从流动中寻求认同 [J]. 旅游学刊，2014，29（11）：87-94.

[3] 余志远，沈晓婉. 背包旅游体验中的自我认同建构研究 [J]. 北京第二外国语学院学报，2013，35（11）：9-14.

[4] CHEN G，BAO J，HUANG S. Developing a scale to measure backpackers' personal development [J]. Journal of Travel Research，2014，53（4）：522-536.

[5] CHEN G，BAO J，HUANG S. Segmenting Chinese backpackers by travel motivations [J]. International Journal of Tourism Research，2014，16（4）：355-367.

主要参考文献

[1] 艾华. 谈旅游文化营销运作模式创新 [J]. 商业时代，2007 (34)：26.

[2] 吉登斯. 第三条道路及其批评 [M]. 孙相东，译. 北京：中共中央党校出版社，2002.

[3] 巴宾，哈里斯. 消费者行为学 [M]. 李晓，等译. 北京：机械工业出版社，2010.

[4] 白凯，符国群. 家庭旅游决策研究的中国化理论视角与分析思路 [J]. 旅游学刊，2011，26 (12)：49-56.

[5] 白凯，郭生伟. 入境游客情绪体验对忠诚度的影响研究——以西安回坊伊斯兰传统社区为例 [J]. 旅游学刊，2010，25 (12)：71-78.

[6] 白凯. 旅游者行为学 [M]. 北京：科学出版社，2013.

[7] 白长虹，廖伟. 基于顾客感知价值的顾客满意研究 [J]. 南开大学学报，2001 (6)：4-20.

[8] 白长虹，刘炽. 服务企业的顾客忠诚及其决定因素研究 [J]. 南开管理评论，2002 (6)：64-69.

[9] 保继刚，楚义芳. 旅游地理学 [M]. 北京：高等教育出版社，2012.

[10] 派恩，吉尔摩. 体验经济 [M]. 毕崇毅，译. 北京：机械工业出版社，2012.

[11] 曹诗图，孙静. 旅游文化学概论 [M]. 北京：中国林业出版社，2008.

[12] 陈春. "80后" 旅游动机与旅游消费行为关系研究 [D]. 杭州：浙江大学，2008.

[13] 陈钢华，李萌. 旅游者情感研究进展：历程、主题、理论与方法 [J]. 旅游学刊，2019，35 (7)：99-116.

[14] 陈钢华，奚望. 旅游度假区游客环境恢复性感知对满意度与游后行为意向的影响——以广东南昆山为例 [J]. 旅游科学，2018，32 (3)：69-82.

[15] 陈丽荣，苏勤. 我国游客满意度研究述评 [J]. 资源开发与市场，2007，23 (3)：266-268.

[16] 陈向明. 质的研究方法与社会科学研究 [M]. 北京：教育科学出版社，2010.

[17] 陈奕滨，胡璟，黄畹晓. 不确定性回避对游客旅游目的地形象感知的影响

研究：以张家界为例 [J]. 旅游科学，2012，26（3）：42-53.

[18] 仇梦嫄，王芳，沙润，等. 游客对旅游景区声景观属性的感知和满意度研究：以南京夫子庙-秦淮风光带为例 [J]. 旅游学刊，2013，28（1）：54-61.

[19] 代姗姗，唐周媛，徐红罡. 中国入境旅游者购物消费的省际差异及影响因素——基于面板数据模型的分析 [J]. 地理科学，2011，31（1）：74-80.

[20] 董昭江，高鹏斌，张为民. 消费者行为学 [M]. 北京：清华大学出版社，2012.

[21] 杜炜. 旅游消费行为学 [M]. 天津：南开大学出版社，2009.

[22] 樊兴博. 境外旅游广告如何营销中国元素 [J]. 青年记者，2010（23）：77-78.

[23] 范秀成，杜建刚. 服务质量五维度对服务满意及服务忠诚的影响 [J]. 管理世界，2006（6）：111-119.

[24] 冯捷蕴. 北京旅游目的地形象的感知——中西方旅游者博客的多维话语分析 [J]. 旅游学刊，2011，26（9）：19-28.

[25] 特朗皮纳斯，伍尔莱姆斯. 跨文化营销 [M]. 刘永平，刘洁，郑波，译. 北京：经济管理出版社，2011：1-119.

[26] 傅允生. 孔子、老子消费观比较 [J]. 财经论丛，2001（3）：10-16.

[27] 傅允生. 去奢从简：中国古代消费观溯源——从孔子、老子消费思想说起 [J]. 现代财经，2000，20（10）：1-4.

[28] 谷明. 我国旅游者消费模式与行为特征分析 [J]. 桂林旅游高等专科学校学报，2000，11（4）：21-27.

[29] 郭国庆. 市场营销学通论 [M]. 北京：中国人民大学出版社，2014.

[30] 郭国庆. 服务营销管理 [M]. 2版. 北京：中国人民大学出版社，2009.

[31] 郭国庆. 营销伦理 [M]. 北京：中国人民大学出版社，2012：4-23.

[32] 侯玉波. 社会心理学 [M]. 北京：北京大学出版社，2002.

[33] 胡宪洋，白凯. 旅游目的地形象修复方式量表探讨：中外游客整合对比的视角 [J]. 旅游学刊，2013，28（9）：75-76.

[34] 黄向. 旅游体验心理结构研究——基于主观幸福感理论 [J]. 暨南大学学报，2014，36（1）：104-112.

[35] 纪德. 刚果之行 [M]. 刘煜，徐小亚，译. 长沙：湖南人民出版社，1983.

[36] 贾云峰，张栋平. 有关旅游营销及景区创新发展若干问题 [J]. 旅游研究与实践，2015，27（1）：44-47.

[37] 辛德尔. 忠诚营销 [M]. 阚澄宇，史达，刘红波，译. 北京：中国三峡出版社，2001.

[38] 乐国安. 应用社会心理学 [M]. 天津：南开大学出版社，2003.

[39] 李辉，马中华. 旅游经济学 [M]. 长春：东北师范大学出版社，2006.

[40] 李蕾蕾. 旅游目的地形象的空间认知过程与规律 [J]. 地理科学，2000，20（6）：563-568.

[41] 李小芳. 旅游消费研究评述 [J]. 旅游市场，2008（6）：56-58.

[42] 李瑛. 旅游目的地游客满意度及影响因子分析——以西安地区国内市场为例 [J]. 旅游学刊，2008，23（4）：43-48.

[43] 格里格，巴多. 心理学与生活 [M]. 王垒，王苏，译. 北京：人民邮电出版社，2003.

[44] 希夫曼，卡纽克. 消费者行为学 [M]. 江林，译. 北京：中国人民大学出版社，2007.

[45] 林南枝，李天元. 旅游市场学 [M]. 天津：南开大学出版社，1994.

[46] 林南枝，陶汉军. 旅游经济学 [M]. 天津：南开大学出版社，1994.

[47] 费雷尔，费雷尔. 商业伦理 [M]. 杨欣，译. 北京：世界图书出版公司，2011.

[48] 刘春济，刘民英. 国内游客行前信息搜索与目的地满意度评价研究——以黄山风景区为例 [J]. 人文地理，2012，27（6）：137-144.

[49] 刘丹萍，保继刚. 旅游者"符号性消费"行为之思考——由"雅虎中国"的一项调查说起 [J]. 旅游科学，2006，20（1）：28-33.

[50] 刘欢. 符号视角下沈阳市旅游形象的游客感知研究 [D]. 沈阳：沈阳师范大学，2014.

[51] 刘逸，保继刚，陈凯琪. 中国赴澳大利亚游客的情感特征研究——基于大数据的文本分析 [J]. 旅游学刊，2017，32（5）：46-57.

[52] 卢昆. 知觉距离对消费者旅游决策的影响 [J]. 桂林旅游高等专科学校学报，2003，14（4）：48-50.

[53] 陆雄文. 管理学大辞典 [M]. 上海：上海辞书出版社，2013.

[54] 陆学艺. 当代中国社会阶层研究报告 [M]. 北京：社会科学文献出版社，2002.

[55] 朗加尔. 旅游经济 [M]. 董明慧，谭秀兰，译. 北京：商务印书馆，1998.

[56] 罗明义. 现代旅游经济学 [M]. 昆明：云南大学出版社，2008.

[57] 马明. 基于消费者感知的旅游广告效果实证研究 [J]. 消费经济，2008，24（1）：54-61.

[58] 马秋芳，杨新军，康俊香. 传统旅游城市入境游客满意度评价及其期望-感知特征差异分析：以西安欧美游客为例 [J]. 旅游学刊，2006，21（2）：30-35.

[59] 毛译敏. 旅行改变人生：你应该看到的世界 [M]. 广州：广东教育出版社，2009.

[60] 庞维国. 论体验式学习 [J]. 全球教育展望，2011，40（6）：9-15.

[61] 邱扶东，吴明证. 旅游决策影响因素研究 [J]. 心理科学，2004，27（5）：1214-1217.

[62] 申葆嘉. 国外旅游研究进展（连载之一）[J]. 旅游学刊，1996（1）：62-67.

[63] 史春云，刘泽华. 基于单纯感知模型的游客满意度研究 [J]. 旅游学刊，2009，24（4）：51-55.

［64］孙九霞．试论族群与族群认同［J］．中山大学学报（社会科学版），1998（2）：23-30．

［65］田孝蓉．旅游经济学［M］．郑州：郑州大学出版社，2011．

［66］田应华，刘军林，陈国生．旅游社会学概论［M］．北京：中国物资出版社，2011．

［67］田涌泉，沈蕾．上海男性衬衫市场细分及消费行为研究［J］．东华大学学报：自然科学版，2000，26（1）：20-23．

［68］泽丝曼尔，比特纳，格兰姆勒．服务营销［M］．7版．张金成，白长虹，杜建刚，等译．北京：机械工业出版社，2018．

［69］汪侠，刘泽华，张洪．游客满意度研究综述与展望［J］．北京第二外国语学院学报，2010，32（1）：22-29．

［70］王官诚，汤晖，万宏．消费心理学［M］．2版．北京：电子工业出版社，2013．

［71］王家骏．旅游者对旅游目的地的选择——旅游决策行为研究［J］．西京论苑，1997（增刊）：49-54．

［72］王敬武．旅游需要理论的创新与发展［J］．北京工商大学学报，2004，19（2）：80-85．

［73］王凯，唐承财，刘家明．文化创意型旅游地游客满意度指数测评模型——以北京798艺术区为例［J］．旅游学刊，2011，26（9）：36-44．

［74］王宁．消费全球化：视野分歧与理论重构［J］．学术研究，2012（8）：30-42．

［75］王月兴，冯绍津．顾客忠诚度的驱动因素及其作用［J］．经济管理，2002（12）：58-62．

［76］密德尔敦．旅游市场营销［M］．向萍，等译．北京：中国旅游出版社，2001．

［77］温碧燕．旅游服务顾客满意度模型实证研究［J］．旅游科学，2006，20（3）：29-35．

［78］文军．社会学理论的发展脉络与基本规则论略［J］．论坛，2002（6）：119-122．

［79］吴必虎，宋子千．旅游学概论［M］．北京：中国人民大学出版社，2009．

［80］吴必虎．区域旅游规划原理［M］．北京：中国旅游出版社，2001．

［81］吴清津．旅游消费者行为学［M］．北京：旅游教育出版社，2006．

［82］吴珊珊．中美两国旅游消费者行为的跨文化比较研究［D］．上海：上海外国语大学，2012．

［83］项保华．忠诚是什么［J］．企业管理，2003（3）：87-88．

［84］谢晖，保继刚．旅游行为中的性别差异研究［J］．旅游学刊，2006，21（1）：44-49．

［85］谢彦君．基础旅游学［M］．2版．北京：中国旅游出版社，2004．

［86］许春晓，田媛，等．家庭生命周期与旅游态度的关联研究——以长沙市居民为例［J］．地理科学，2012，27（9）：65-72．

[87] 薛群慧. 现代旅游心理学 [M]. 北京：科学出版社，2011.

[88] 匹赞姆，曼斯菲尔德. 旅游消费者行为研究 [M]. 舒伯阳，冯玮，译. 大连：东北财经大学出版社，2005.

[89] 阎纲. 导游多维心理分析案例100 [M]. 广州：广东旅游出版社，2003.

[90] 杨继绳. 中国当代社会阶层分析 [M]. 南昌：江西高校出版社，2013.

[91] "游客满意度指数"课题组. 游客满意度测评体系的构建及实证研究 [J]. 旅游学刊，2012，27 (7)：74-80.

[92] 杨丽，陆易农，白洋，等. 新疆吐鲁番葡萄沟景区旅游市场营销组合策略 [J]. 新疆大学学报（哲学·人文社会科学版），2008，36 (1)：35-39.

[93] 杨旸，刘宏博，李想. 文化距离对旅游目的地选择的影响——以日本和中国大陆出境游为例 [J]. 旅游学刊，2016，31 (10)：45-55.

[94] 杨勇. 自主权与消费者旅游方式选择——一个基于效用的经济学分析框架 [J]. 旅游学刊，2007，22 (9)：73-81.

[95] 叶世昌. 中国传统消费观述要 [J]. 世界经济文汇，2005 (4)：57-61.

[96] 一言. 中国人出境游偏好做加法 [J]. 周末画报，2012 (6)

[97] 尹清非. 近20年来消费函数理论的新发展 [J]. 湘潭大学学报，2004，28 (1)：123-128.

[98] 尹少华. 旅游消费行为与效用最大化 [J]. 旅游研究与实践，1997 (1)：8-9.

[99] 余向洋，沙润，程岚. 旅游购物体验实证研究——以屯溪老街为例 [J]. 资源开发与市场，2008，24 (8)：734-737.

[100] 斯沃布鲁克，霍纳. 旅游消费者行为学 [M]. 俞慧君，张鸥，漆小燕，译. 北京：电子工业出版社，2004.

[101] 翟学伟. 中国人行动的逻辑 [M]. 北京：社会科学文献出版社，2001.

[102] 张朝枝，保继刚. 休假制度对遗产旅游地客流的影响——以武陵源为例 [J]. 地理研究，2007 (6)：1295-1303.

[103] 张海燕. 世博会对旅行社体验营销的启发——以南湖国旅城为例 [J]. 江苏商论，2014 (8)：32-45.

[104] 张宏梅，陆林，章锦河. 感知距离对旅游目的地之形象影响的分析——以五大旅游客源城市游客对苏州周庄旅游形象的感知为例 [J]. 人文地理，2006 (5)：25-30.

[105] 张宏梅，陆林. 游客涉入及其与旅游动机和游客满意度的结构关系——以桂林、阳朔入境游客为例 [J]. 预测，2010，29 (2)：64-69.

[106] 张俐俐. 旅游经济学原理与实务 [M]. 北京：清华大学出版社，2009.

[107] 赵宏杰，吴必虎. 大陆赴台自由行游客地方认同与休闲效益关系研究 [J]. 旅游学刊，2013，28 (12)：54-63.

[108] 赵然，吕海平，马瑞. 论不同人口学变量对休闲旅游品牌形象构成因素的认知差异：以河北环京津休闲旅游为例 [J]. 商业时代，2010 (36)：116-117.

[109] 周玲强，毕娟. 文化距离对国际旅游目的地选择行为的影响：以中国入境

游市场为例 [J]. 浙江大学学报（人文社会科学版），2017，47（4）：130-142.

[110] 周梅华. 顾客忠诚度的测量及其实证研究 [J]. 科技导报，2004（12）：48-49.

[111] 朱竑，刘博. 地方感、地方依恋与地方认同等概念的辨析及研究启示 [J]. 华南师范大学学报（自然科学版），2011，1：1-8.

[112] 邹本涛，赵恒德. 旅游心理学 [M]. 北京：中国林业出版社，2008.

[113] 邹统钎，吴丽云. 旅游体验的本质、类型与塑造原则 [J]. 旅游科学，2003（4）：7-11.

[114] 邹益民，黄晶晶. 自然旅游景区关于游客忠诚度培养的深层探讨 [J]. 技术经济与管理研究，2004（5）：111-112.

[115] 邹永广，郑向敏. 旅游目的地游客安全感的影响因素实证研究 [J]. 旅游学刊，2012，27（1）：49-57.

[116] AKAMA J S, KIETI D M. Measuring tourist satisfaction with Kenya's wildlife safari: a case study of Tsavo West National Park [J]. Tourism Management，2003，24（1）：73-81.

[117] ALEXANDER Z，BAKIR A，WICKENS E. An investigation into the impact of vacation travel on the tourist [J]. International Journal of Tourism Research，2010，12（5）：574-590.

[118] AMINE A. Consumers' true brand loyalty: the central role of commitment [J]. Journal of Strategic Marketing，1998，6（4）：305-319.

[119] ANDERSON E W，SULLIVAN M W. The antecedents and consequences of customer satisfaction for firms [J]. Marketing Science，1993，12（2）：125-143.

[120] ATHENA H N，MAK M L，ANITA E. Globalization and food consumption in tourism [J]. Annals of Tourism Research，2012，39（1）：171-196.

[121] BACKMAN S J，VELDKAMP C. Examination of the relationship between service quality and user loyalty [J]. Journal of Park and Recreation Administration，1995，13（2）：29-41.

[122] BALLANTYNE R，PACKER J，AXELSEN M. Trends in tourism research [J]. Annals of Tourism Research，2009，36（1）：149-152.

[123] BALLANTYNE R，PACKER J，SUTHERLAND L A. Visitors' memories of wildlife tourism: implications for the design of powerful interpretive experiences [J]. Tourism Management，2011，32（4）：770-779.

[124] BAO J，JIN X，WEAVER D. Profiling the elite middle-age Chinese outbound travellers: a 3rd wave? [J]. Current Issues in Tourism，2019，22（5）：561-574.

[125] BEARD J B，RAGHEB M G. Measuring leisure satisfaction [J]. Journal of Leisure Research，1980，12（1）：20-33.

[126] BIGNE J E，SANCHEZ M I，SANCHEZ J. Tourism image，evaluation variables and after purchase behavior: inter-relationship [J]. Tourism Management，2001，22（6）：607-616.

[127] BOULDING W, KALRA A, STAELIN R, et al.A dynamic model of service quality: from expectations to behavioral intentions [J]. Journal of Marketing Research, 1993, 30 (1): 7-27.

[128] CADOTTE E B, WOODRUFF R B, JENKINS R L.Expectation and norm in models of consumer satisfaction [J]. Journal of Marketing Research, 1987, 24 (3): 305-314.

[129] CHA S, KEN W M, UYSAL M.Travel motivations of Japanese overseas travelers: a factor-cluster segmentation approach [J]. Journal of Travel Research, 1995, 34 (1): 33-39.

[130] CHEN C, PETRICK J F.Health and wellness benefits of travel experiences: a literature review [J]. Journal of Travel Research, 2013, 52 (6): 709-719.

[131] CHEN G, SO K K F, HU X, et al.Travel for affection: A Stimulus-Organism-Response Model of honeymoon tourism experiences [J]. Journal of Hospitality & Tourism Research, 46 (6): 1187-1219

[132] CHEN G, SO K K F, POOMCHAISUWAN M, et al.Examining affection-based travel: development and validation of a measurement scale for honeymooners' motivation [J]. Journal of Destination Marketing & Management, 2020, 17: 100452.

[133] CHEN G, BAO J, HUANG S.Developing a scale to measure backpackers' personal development [J]. Journal of Travel Research, 2014, 53 (4): 522-536.

[134] CHEN G, BAO J, HUANG S.Segmenting Chinese backpackers by travel motivations [J]. International Journal of Tourism Research, 2014, 16 (4): 355-367.

[135] CHEN G, HUANG S, HU X.Backpacker personal development, generalized self-efficacy, and self-esteem: testing a structural model [J]. Journal of Travel Research, 2019, 58 (4): 680-694.

[136] CHEN G, HUANG S, ZHANG D.Understanding Chinese vacationers' perceived destination restorative qualities: cross-cultural validation of the perceived destination restorative qualities scale [J]. Journal of Travel & Tourism Marketing, 2017, 34 (8): 1115-1127.

[137] CHEN G, XIAO H.Motivations of repeat visits: a longitudinal study in Xiamen, China [J]. Journal of Travel and Tourism Marketing, 2013, 30 (4): 350-364.

[138] CHEN J S, GURSOY D.An investigation of tourists' destination loyalty and preferences [J]. International Journal of Contemporary Hospitality Management, 2001, 13 (2): 79-85.

[139] CHENG M, JIN X.What do Airbnb users care about? An analysis of online review comments [J]. International Journal of Hospitality Management, 2019, 76: 58-70.

[140] CHENG M, ZHANG G.When Western hosts meet Eastern guests: Airbnb hosts' experience with Chinese outbound tourists [J]. Annals of Tourism Research, 2019, 75: 288-303.

[141] CHENG S M, NG K K, HUMBORSTA S I W.Chinese cultural dimensions in

perceptions of service quality [J]. Journal of China Tourism Research, 2010, 6 (3): 244-258.

[142] CHURCHILL G A J, SURPRENANT C.An investigation into the determinants of customer satisfaction [J]. Journal of Marketing Research, 1982, 19 (4): 491-504.

[143] COHEN S A, PRAYAG G, MOITAL M. Consumer behavior in tourism: concepts, influences and opportunities [J]. Current Issues in Tourism, 2013, 17 (10): 872-909.

[144] CROMPTON J L.A systems model of the tourist's destination selection decision process with particular reference to the role of image and perceived constraints [D]. College Station, USA: Texas A & M University, 1977.

[145] CROMPTON J L.Motivations for pleasure vocation [J]. Annals of Tourism Research, 1979, 6 (4): 408-424.

[146] CROTTS J C, ERDMANN R. Does national culture influence consumers' evaluation of travel services? A test of Hofstede's model of cross-cultural differences [J]. Managing Service Quality, 2000, 10 (6): 410-419.

[147] DANN G M S.Anomie, ego-enhancement and tourism [J]. Annals of Tourism Research, 1977, 4 (4): 184-194.

[148] DANN G M S. Tourist motivation: an appraisal [J]. Annals of Tourism Research, 1981, 8 (2): 187-219.

[149] DAY G S. A two - dimensional concept of brand loyalty [J]. Journal of Advertising Research, 1969, 9 (3): 29-35.

[150] DICK A S, KUNAL B.Customer loyalty: toward an integrated conceptual framework [J]. Journal of the Academy of Marketing Science, 1994, 22 (2): 99-113.

[151] DURKO A M, PETRICK J F. Family and relationship benefits of travel experiences: a literature review [J]. Journal of Travel Research, 2013, 52 (6): 720-730.

[152] EUGENIO-MARTIN J L, CAMPOS-SORIA J A.Economic crisis and tourism expenditure cutback decision [J]. Annals of Tourism Research, 2014, 44: 53-73.

[153] FESTINGER L.A Theory of cognitive dissonance [M]. Stanford, California: Stanford University Press, 1962.

[154] FLEISCHER A, PIZAM A. Tourism constrains among Israeli seniors [J]. Annals of Tourism Research, 2002, 29 (1): 106-123.

[155] FODNESS D, MURRAY B.Tourist information search [J]. Annals of Tourism Research, 1997, 24 (3): 503-523.

[156] FODNESS D.Measuring tourist motivation [J]. Annals of Tourism Research, 1994, 21 (3): 555-581.

[157] FREESTONE P, GELDENS P. For more than just the postcard: student exchange as a tourist experience? [J]. Annals of Leisure Research, 2008, 11 (1-2): 41-56.

［158］GREMLER D D, BROWN S W.Service loyalty: its nature, importance and implications ［M］//American Marketing Association.Advancing service quality: a global perspective.Chicago: American Marketing Association, 1996: 171-180.

［159］GUMP B B, MATTHEWS K A.Are vacations good for your health? The 9-year mortality experience after the multiple risk factor intervention trial ［J］. Psychosomatic Medicine, 2000, 62 (5): 608-612.

［160］HALL E T.The hidden dimension ［M］. New York: Anchor Books, 1969.

［161］HE Z, WU L, LI X.When art meets tech: The role of augmented reality in enhancing museum experiences and purchase intentions ［J］. Tourism Management, 2018, 68: 127-139.

［162］HEIDER F.The psychology of interpersonal relations ［M］. New York: Wiley, 1958.

［163］HOARE R J, BUTCHER K, O'BRIEN D.Understanding Chinese diners in an overseas context: a cultural perspective ［J］. Journal of Hospitality & Tourism Research, 2011, 35 (3): 358-380.

［164］HOFSTEDE G H. Culture's consequences: comparing values, behaviors, institutions and organizations across nations ［M］. New York: Sage, 2001.

［165］HOLDEN A.Tourism studies and the social sciences ［M］. Oxon: Routledge, 2006.

［166］HOSANY S, GILBERT D.Measuring tourists' emotional experiences toward hedonic holiday destinations ［J］. Journal of Travel Research, 2010, 49 (4): 513-526.

［167］HOVLAND C I, JANIS I L, KELLEY H H.Communication and persuasion: psychological studies of opinion change ［M］. US: Yale University Press, 1953.

［168］HSU C H C, CAI L, WONG K K F.A model of senior tourism motivations: anecdotes from Beijing and Shanghai ［J］. Tourism Management, 2007, 28 (5): 1262-1273.

［169］HSU C H C, HUANG S. Reconfiguring Chinese cultural values and their tourism implications ［J］. Tourism Management, 2016, 54: 230-242.

［170］HSU C H C, HUANG S.Travel motivation: A critical review of the concept's development ［M］//WOODSIDE A, MARTIN D. Tourism management: analysis, behavior and strategy.Wallingford, Oxon: CABI Publishing, 2008: 14-27.

［171］HSU C H C, KANG S K, LAM T.Reference group influences among Chinese travelers ［J］. Journal of Travel Research, 2006, 44 (3): 474-484.

［172］HUANG S S, CROTTS J.Relationships between Hofstede's cultural dimensions and tourist satisfaction: a cross-country cross-sample examination ［J］. Tourism Management, 2019, 72: 232-241.

［173］HUANG S S, HSU C H C.Effects of travel motivation, past experience, perceived constraint, and attitude on revisit intention ［J］. Journal of Travel Research, 2009, 48 (1), 29-44.

［174］ HUANG S, CHEN G. Perceived personal development benefits from backpacking: A cross‐cultural comparison ［J］. Tourism, Culture & Communication, 2018, 18 (4): 275-286.

［175］ HUANG S, CHEN G.Tourism research in China: themes and issues ［M］. Bristol: Channel View Publications, 2015.

［176］ HUANG S, VAN DER VEEN R.The moderation of gender and generation in the effects of perceived destination image on tourist attitude and visit intention: a study of potential Chinese visitors to Australia ［J］. Journal of Vacation Marketing, 2019, 25 (3): 375-389.

［177］ HUGHES K. Tourist satisfaction: a guided "cultural" tour in North Queensland ［J］. Australian Psychologist, 1991, 26 (3): 166-171.

［178］ HUI T K, WAN D, HO A. Tourists' satisfaction, recommendation and revisiting Singapore ［J］. Tourism Management, 2007, 28 (4): 965-975.

［179］ ISO-AHOLA S E.Toward a social psychological theory of tourism motivation: a rejoinder ［J］. Annals of Tourism Research, 1982, 9 (2): 256-262.

［180］ JACOBY J, KAPLAN L B. The components of perceived risk ［M］ // VENKATESAN M.Proceedings of the third annual conference of the association for consumer research.Chicago: Association for Consumer Research, 1972.

［181］ JACOBY J. A model of multi‐brand loyalty ［J］. Journal of Advertising Research, 1971, 11 (3): 25-31.

［182］ JAFARI J. Tourism models: the sociocultural aspects ［J］. Tourism Management, 1987, 8 (2): 151-159.

［183］ JANG S C, WU E C M.Seniors' travel motivation and the influential factors: an examination of Taiwanese seniors ［J］. Tourism Management, 2006, 27 (2): 306-316.

［184］ JEULAND A P.Brand choice inertia as one aspect of the notion of brand loyalty ［J］. Management Science, 1979, 25 (7): 671-682.

［185］ JONES T O, SASSER W E.Why satisfaction customers defect ［J］. Harvard Business Review, 1995, 11/12: 88-99.

［186］ JUVAN E, DOLNICAR S.The attitude‐behavior gap in sustainable tourism ［J］. Annals of Tourism Research, 2014, 48: 76-95.

［187］ KHAN M.ECOSERV: Eco‐tourists' quality expectations ［J］. Annals of Tourism Research, 2003, 30 (1): 109-124.

［188］ KIM C, LEE S. Understanding the cultural differences in tourist motivation between Anglo‐American and Japanese tourists ［J］. Journal of Travel and Tourism Marketing, 2000, 9 (1-2): 153-170.

［189］ KIM H, BORGES M C, CHON J.Impacts of environmental values on tourism motivation: the case of Brazil ［J］. Tourism Management, 2006, 27 (5): 957-967.

［190］ KIM J H, RITCHIE B W.Motivation-based typology: an empirical study of golf tourists ［J］. Journal of Hospitality & Tourism Research, 2012, 36 (2): 251-280.

［191］KIM J, FESENMAIER D R.Measuring Emotions in Real Time: Implications for Tourism Design ［J］. Journal of Travel Research, 2015, 5 (4): 419-429.

［192］KIM S S, PRIDEAUX B.Marketing implications arising from a comparative study of international pleasure tourist motivations and other travel-related characteristics of visitors to Korea ［J］. Tourism Management, 2005, 26 (2): 347-357.

［193］KLUIN J Y, LEHTO X Y.Measuring family reunion travel motivations ［J］. Annals of Tourism Research, 2012, 39 (2): 820 - 841.

［194］KONSTANTINOS A.Hosts, guests and politics: coastal resorts morphological change ［J］. Annals of Tourism Research, 2006, 33 (4): 1079-1098.

［195］KOZAK M, DUMAN T.Family members and vacation satisfaction: proposal of a conceptual framework ［J］. International Journal of Tourism Research, 2012, 14 (2): 192-204.

［196］KOZAK M. Comparative assessment of tourist satisfaction with destinations across two nationalities: a cross-cultural analysis ［J］. Tourism Management, 2001, 22 (3): 391-401.

［197］LAING J H, CROUCH G I.Frontier tourism: retracing mythic journeys ［J］. Annals of Tourism Research, 2011, 38 (4): 1516-1534.

［198］LAWSON R, JUERGEN G, KERRY P.Tourist' awareness of prices for attractions and activities ［J］. Journal of Travel Research, 1995, 34 (1): 3-10.

［199］LEE C K, YOON Y S, LEE S K.Investigating the relationships among perceived value, satisfaction, and recommendations: the case of the Korean DMZ ［J］. Tourism Management, 2007, 8 (1): 204-214.

［200］LEE C K.A comparative study of Caucasian and Asian visitors to a cultural expo in an Asian setting ［J］. Tourism Management, 2000, 21 (1): 169-176.

［201］LEE G, LEE C K.Cross-cultural comparison of the image of Guam perceived by Korean and Japanese leisure travelers: importance-performance analysis ［J］. Tourism Management, 2009, 30 (6): 922-931.

［202］LEHTO X Y, CHOI S, LIN Y C, MACDERMID S M.Vacation and family functioning ［J］. Annals of Tourism Research, 2009, 36 (3): 459-479.

［203］LEHTO X Y, FU X, LI H, et al.Vacation benefits and activities: Understanding Chinese family travelers ［J］. Journal of Hospitality & Tourism Research, 2017, 41 (3): 301-328.

［204］LEHTO X Y, O'LEARY J, MORRISON A.A cross-cultural comparison of travel push and pull factors: United Kingdom vs.Japan ［J］. International Journal of Hospitality and Tourism Administration, 2000, 1 (2): 1-26.

［205］LENARTOWICZ T, ROTH K.A framework for culture assessment ［J］. Journal of International Business Studies, 1999, 30 (4): 781-798.

［206］LI M, CAI L.Souvenir shopping attitudes and behavior among Chinese domestic tourists: an exploratory study ［J］. Journal of China Tourism Research, 2008, 4 (2):

189-204.

[207] LI M，CAI L.Souvenir shopping attitudes and behavior among Chinese domestic tourists: an exploratory study [J]. Journal of China Tourism Research，2008，4 (2): 189-204.

[208] LI M.Cross - cultural tourist research: a meta - analysis [J]. Journal of Hospitality & Tourism Research，2014，38 (1): 40-77.

[209] LIN I Y H，MATTILA A S.Understanding restaurant switching behavior from a cultural perspective [J]. Journal of Hospitality & Tourism Research，2006，30 (1): 3-15.

[210] LIU H，WU L，LI X.Social Media Envy: How Experience Sharing on Social Networking Sites Drives Millennials' Aspirational Tourism Consumption [J]. Journal of Travel Research，2019，58 (3): 355 - 369.

[211] LORD K R，PUTREVU S，SHI Y Z.Cultural influences on cross - border vacationing [J]. Journal of Business Research，2008，61 (3): 183-190.

[212] LU Y，CHEN G，HUANG S，et al.Understanding Chinese tourists' perceptions of Cantonese as a regional dialect [J]. Tourism Management，2019，71: 127-136.

[213] MAOZ D.Backpacker's motivations: the role of culture and nationality [J]. Annals of Tourism Research，2007，34 (1): 122-140.

[214] MATTILA A S.The impact of culture and gender on customer evaluations of service encounters [J]. Journal of Hospitality and Tourism Research，2000，24 (2): 263-273.

[215] MCKERCHER B，TSE T S M.Is intention to return a valid proxy for actual repeat visitation? [J]. Journal of Travel Research，2012，51 (6): 671-686.

[216] MILLER J A.Study satisfaction，modifying models，eliciting expectations，posing problems and making meaningful measurements [M] // HUNT K.Conceptualization and measurement of consumer satisfaction and dissatisfaction.Cambridge MA: Marketing Science Institute，1977: 72-91.

[217] MILMAN A，PIZAM A.Social impacts of tourism on central Florida [J]. Annals of Tourism Research，1988，15 (2): 191-204.

[218] MOK C，DEFRANCO A L.Chinese cultural values-their implications for travel and tourism marketing [J]. Journal of Travel & Tourism Marketing，2010，8 (2): 99-114.

[219] MONEY R B，CROTTS J C.The effect of uncertainty avoidance on information search，planning，and purchases of international travel vacations [J]. Tourism Management，2003，24 (2): 191-202.

[220] MOUTINHO L.Consumer behavior in tourism [J]. European Journal of Marketing，1987，21 (10): 5-44.

[221] NAWIJN J，MITAS O，LIN Y，et al.How do we feel on vacation? A closer look at how emotions change over the course of a trip [J]. Journal of Travel Research，2013，52 (2): 265-274.

［222］NEWMAN J W，WERBEL R A.Multivariate analysis of brand loyalty for major household appliances ［J］．Journal of Marketing，1973，10（4）：404-409.

［223］OLIVER R L. A cognitive model of the antecedents and consequences of satisfaction decision ［J］．Journal of Marketing Research，1980，17（4）：460-469.

［224］OLIVER R L.Satisfaction：a behavioral perspective on the consumer ［M］．New York：McGraw-Hill Education，1997.

［225］OPPERMANN M.Tourism destination loyalty ［J］．Journal of Travel Research，2000，39（3）：78-84.

［226］OSTI L，TURNER L，KING B. Cultural differences in travel guidebooks information search ［J］．Journal of Vacation Marketing，2009，15（1）：63-78.

［227］PAN T J. Personal transformation through volunteer tourism：the evidence of Asian students ［J］．Journal of Hospitality & Tourism Research，2017，41（5）：609-634.

［228］PARASURAMAN A，ZEITHAML V，BERRY L L. A conceptual model of service quality and its implications for future research ［J］．Journal of Marketing，1985，49（4）：41-50.

［229］PARK S，NICOLAU L J.Asymmetric effects of online consumer reviews ［J］．Annals of Tourism Research，2015，50：67-83.

［230］PEARCE P L，FOSTER F A. "University of travel"：backpacker learning ［J］．Tourism Management，2007，28（5）：1285-1298.

［231］PEARCE P L. Fundamentals of tourist motivation ［M］//PEARCE D，BUTLER R.Tourism Research：Critiques and Challenges.London：Routledge and Kegan Paul，1993：85-105.

［232］PEARCE P L. Tourist behavior：themes and conceptual schemes ［M］．Clevedon：Channel View Publications，2005.

［233］PIZAM A.Tourism's impacts：the social costs to the destination community as perceived by its residents ［J］．Journal of Travel Research，1978，16（4）：8-12.

［234］PLOG S C.Why destination areas rise and fall in popularity ［J］．Cornell Hotel and Restaurant Administration Quarterly，1974，14（4）：55-58.

［235］QUINTAL V A，LEE J A，SOUTAR G N.Risk，uncertainty and the theory of planned behavior：a tourism example ［J］．Tourism Management，2010，31（6）：797-805.

［236］REAY T.Publishing qualitative research ［J］．Family Business Review，2014，27（2）：95-102.

［237］REISINGER Y，Turner L.Cross-cultural differences in tourism：a strategy for tourism marketers ［J］．Journal of Travel and Tourism Marketing，1998，7（4）：79-106.

［238］ROKEACH M. The Rokeach Value Survey ［M］．Sunnyvale，California：Halgren Tests，1967.

［239］ROLAND R.Globalization：social theory and global culture ［M］．Smaster：Sage，1992.

［240］ROSELIUS T.Consumer rankings of risk reduction methods ［J］．Journal of

Marketing, 1971, 35 (1): 56-61.

[241] ROSS E L, ISO-AHOLA S E.Sightseeing tourists' motivation and satisfaction [J]. Annals of Tourism Research, 1991, 18 (2): 226-237.

[242] SHARPLEY R.The study of tourism: past trends and future directions [M]. London, New York: Routledge, 2011.

[243] SHOVAL N, SCHVIMER Y, TAMIR M. Real - Time Measurement of Tourists' Objective and Subjective Emotions in Time and Space [J]. Journal of Travel Research, 2018, 57 (1): 3-16.

[244] SO K K F, OH H, MIN S.Motivations and constraints of Airbnb consumers: Findings from a mixed-methods approach [J]. Tourism Management, 2018, 67: 224-236.

[245] SONG H, VAN DER VEEN R, LI G, et al.The Hong Kong tourist satisfaction index [J]. Annals of Tourism Research, 2012, 39 (1): 459-479.

[246] STORBACKA K, STRANDVIK, T, GRONROOS C. Managing customer relationships for profit: the dynamics of relationship quality [J]. International Journal of Service Industry Management, 1994, 5 (5): 21-38.

[247] SUN X, CHI C G Q, XU H. Developing destination loyalty: the case of Hainan island [J]. Annals of Tourism Research, 2013, 43: 547-577.

[248] SUSSMANN S, RASHCOVSKY C. A cross - cultural analysis of English and French Canadian's vacation travel patterns [J]. International Journal of Hospitality Management, 1997, 16 (2): 191-208.

[249] TSAUR S H, LIN C T, WU C S.Cultural differences of service quality and behavioral intention in tourist hotels [J]. Journal of Hospitality & Leisure Marketing, 2005, 13 (1): 41-63.

[250] TUCKER A. The growing importance of Linear Algebra in undergraduate mathematics [J]. The College Mathematics Journal, 1993, 24 (1): 3-9.

[251] TUSSYADIAH I P, WANG D.Tourists' Proactive Smartphone Systems [J]. Journal of Travel Research, 2016, 55 (4): 493-508.

[252] UM S, CROMPTON J L. Attitude determinants in tourism destination choice [J]. Annals of Tourism Research, 1990, 17 (3): 432-448.

[253] VROOM V H.Work and motivation [M]. New York: Wiley, 1964.

[254] WANG D, PARK S, FESENMAIER D R. The Role of Smartphones in Mediating the Touristic Experience [J]. Journal of Travel Research, 2012, 51 (4): 371-387.

[255] WEN J, MENG F, YING T, et al. Drug tourism motivation of Chinese outbound tourists: Scale development and validation [J]. Tourism Management, 2018, 64: 233-244.

[256] WESTBROOK R A, REILLY M D.Value percept disparity: an alternative to disconfirmation of expectations theory of consumer satisfaction [M] // BAGOZZI R, TYBOUT A M.Advances in consumer research.Ann Arber, MI: Association for Consumer

Research，1983：256-261.

［257］ WILLIAMS D R， PATTERSON M E， ROGGENBUCK J W. Beyond the commodity metaphor：Examining emotional and symbolic attachment to place ［J］. Leisure Studies，1992，14（1）：29-46.

［258］ WOODSIDE A G，LYSONSKI S.A general model of traveler destination choice ［J］. Journal of Travel Research，1989，27（4）：8-14.

［259］ WOODSIDE A G， MACDONALD R.General system framework of customer choice processes of tourism services ［M］// GASSER R V， WEIERMAIR K.Spoilt for choice.Thaur，Germany：Kulturverl，1994：30-59.

［260］ WU L，SHEN H， FAN A，et al.The impact of language style on consumers' reactions to online reviews ［J］. Tourism Management，2017，59：590-596.

［261］ YANG Y，ZHANG L，WU L，et al.Does distance still matter？ Moderating effects of distance measures on the relationship between pandemic severity and bilateral tourism demand ［J］. Journal of Travel Research，2022，https：//doi.org/10.1177/00472875221077978.

［262］ YANG Y， TAN K P S， LI X.Antecedents and consequences of home-sharing stays：evidence from a nationwide household tourism survey ［J］. Tourism Management，2019，70：15-28.

［263］ YING T， WEN J. Exploring the male Chinese tourists' motivation for commercial sex when travelling overseas：Scale construction and validation ［J］. Tourism Management，2019，70：479-490.

［264］ YOO J J E， CHON K.Factors affecting convention participation decision-making：developing a measurement scale ［J］. Journal of Travel Research， 2008， 47（1）：113-122.

［265］ ZEITHAML V A.Consumer perceptions of price， quality and value：a means-end model and synthesis of evidence ［J］. Journal of Marketing，1988，52（3）：2-22.

［266］ ZHANG C， PEARCE P， CHEN G.Not losing our collective face：social identity and Chinese tourists' reflections on uncivilised behaviour ［J］. Tourism Management，2019，73：71-82.

［267］ ZHANG H， YANG Y ， ZHENG C ，et al.Too dark to revisit？ The role of past experiences and intrapersonal constraints ［J］. Tourism Management，2016，54：452-464.

［268］ ZHANG Z， ZHANG Z， YANG Y.The power of expert identity：how website-recognized expert reviews influence travelers' online rating behavior ［J］. Tourism Management，2016，55：15-24.

［269］ ZHU Y， CHENG M， WANG J，et al.The construction of home feeling by Airbnb guests in the sharing economy：a semantics perspective ［J］. Annals of Tourism Research，2019，75：308-321.

附录一　职业核心能力训练"知识准备"参照范围

附表1　　　　　　　　　　　职业核心能力训练"知识准备"参照表

能力领域	等级	技能点	"知识准备"参照范围
自主学习	初级	确定短期学习目标	激发学习动力的方法；学习的基本原理；学习的认知策略；确定目标的原则和方法；编写学习计划的基本规则；取得他人帮助和支持的方法与技巧
		实施短期学习计划	学习的基本原理；学习的方法和技巧；学习的认知策略；计划落实、控制和调整的方法和技巧；节约时间的诀窍
		检查学习进度	学习方法与学习效果的关系；学习认知策略与学习效果的关系；检查目标进度的方法和技巧（总结、归纳、测量）；成功学的基本要求
	中级	确定中期学习目标	学习的基本原理；学习的认知策略和元认知策略；确定目标的原则和方法；编写学习计划的基本规则；取得他人帮助和支持的方法或技巧
		实施中期学习计划	学习基本原理的知识；学习方法与技巧的知识；学习的认知策略和元认知策略知识；计划落实、控制和调整的方法和技巧的知识；关于方法的知识；时间管理诀窍知识
		检查学习进度	成功学的基本要点；学习的认知策略和元认知策略与应用知识；项目目标检查、总结、归纳的方法；学习迁移的原理与应用知识；学习的观察、认知记忆及提高效率的规律；养成良好学习习惯的方法
	高级	确定长期学习目标	收集和运用的信息方法；学习的认知策略、元认知策略和资源管理策略；有效资源利用的策略；项目论证和测评的方法；编写计划和检查调控计划执行的方法；团队合作的策略和方法
		实施长期学习计划	学习的方法和技巧的知识；学习的认知策略、元认知策略和资源管理策略知识；有关学习与实践关系原理知识；计划落实、控制和调整的方法和技巧知识；思维方法知识；目标管理诀窍的知识
		检查学习进度	成功学的基本要点；项目目标检查、总结、归纳的方法；学习迁移的原理与应用知识；学习的观察、认知记忆及提高效率的规律；养成良好学习习惯的方法

续表

能力领域	等级	技能点	"知识准备"参照范围
信息处理	初级	获取信息	信息的含义、特征与种类；信息收集的原则、渠道和方式；文献和网络索引法；一般阅读法；计算机和网络相关知识
		整理信息	信息的分类方法与原则；信息筛选方法与要求；信息资料手工存储方法；计算机信息存贮方法；计算机其他相关知识
		传递信息	信息传递的种类与形式；口语和文字符号的信息传递技巧；现代办公自动化技术；计算机和网络相关技术
	中级	获取信息	信息的特征与种类；信息收集的范围、渠道与原则；信息收集方法（观察法、询访法）；计算机相关知识；网络相关知识
		开发信息	信息筛选、存储的方法与原则；信息资料的分析、加工的方法；新信息生成或信息预测的方法
		展示信息	口语和文字符号信息展示的技巧；多媒体制作与使用技术；计算机相关应用技术
	高级	获取信息	调查研究的方法和原理；信息收集的范围、方法（问卷法、检索法、购买法、交换法）和原则；信息收集方案选择；计算机和网络相关技术
		开发信息	信息资料鉴别方法；信息资料核校方法；信息资料分析方法；信息资料编写方法（主题提炼、标题选择、结构安排、语言组织）；信息资料加工方法；计算机信息生成知识
		展示信息	口语和文字符号的信息表达技巧；多媒体制作技术；科学决策知识；信息反馈方式与要求；网页设计与网络使用知识；知识产权知识
数字应用	初级	采集、解读数据信息	获取数据的方法（测量法、调查法、读取法）；数的意义（整数、小数、分数及百分数）；常用测量器具的功能与使用方法，常用单位，单位的换算；近似的概念与精度；图表（数表、扇形统计图、条形统计图、示意图）知识
		进行数字计算	计算方法（笔算、口算、珠算、计算器计算）；整数、分数四则运算；近似计算法；验算（逆算法、估算法、奇偶对应法）
		展示和使用数据信息	评价指标；最大值，最小值；平均值；精度
	中级	解读数据信息	获取数据信息的渠道与方法（测量法、调查法、读取法）；数的意义（整数、分数、正数、负数）；总量与分量，比例；误差、精度、估计；复合单位（如速度、速率等）；图表（数表、扇形统计图、条形统计图、折线图、示意图）知识
		进行数据计算	计算方法（笔算、计算器计算、查表、Excel等软件）；整式、分式四则运算、乘方、开方；近似计算（误差估计）；验算（逆算法、估算法、奇偶对应法）
		展示和使用数据信息	评价指标；最大值，最小值；平均值，期值，方差；绝对误差，相对误差；图表的制作
	高级	解读数据信息	数据信息源的筛选原则（多样性、代表性、可靠性）；数据的采集方案；图表（数表、坐标、比例尺）；频率、频率稳定性；平均、加权平均；误差分析、估算
		进行数据计算	计算方法（笔算、计算器计算、查表、编程计算、Excel等软件）；整式、分式四则计算；乘方、开方；函数（幂函数、指数函数、对数函数、三角函数、反三角函数、复合函数）近似计算（误差分析）；验算（逆算法、估算法）
		展示和使用数据信息	评价指标；最大值，最小值；平均值，期值，方差；绝对误差，相对误差；图表的制作

能力领域	等级	技能点	"知识准备"参照范围
与人交流	初级	交谈讨论	与人交谈主题相关的信息和知识；正确使用规范语言的基本知识；口语交谈方式和技巧；身体语言运用技巧
		阅读和获取资料	资料查询和搜索的方法；一般阅读的方法；文件资料归类的方法；词典类工具书的功能和使用方法；各种图表的功能；网上阅读的方法
		书面表达	与工作任务相关的知识；实用文体的应用；图表的功能和应用；素材选用的基本方法；写作的基本技法；逻辑和修辞初步技法
	中级	交谈讨论	与交谈主题相关的知识和信息；正确使用规范语言的基本知识；口语交谈的技巧；身体语言运用技巧；掌握交谈心理的方法；交谈的辅助手段或多媒体演示技术；会谈和会议准备基本要点
		简短发言	与发言主题相关的知识和信息；当众讲话的技巧（包括运用身体语言的技巧）；简短发言的辅助手段或多媒体演示技术
		阅读和获取资料	资料查询和搜索方法；快速阅读的原理与方法；文件归类的方法；各种图表的功能
		书面表达	与工作任务相关的知识；实用文体的应用；图表的功能和应用；素材选用的基本方法；文稿排版和编辑的技法；写作的基本技法；逻辑和修辞常用技法
	高级	交谈讨论	与会谈主题相关的知识和信息；语言交流的艺术和技巧；交谈的辅助手段或多媒体演示技术；总结性话语运用的技巧；谈判的心理和技巧；会议准备的基本要点；主持会议的相关程序
		当众讲演	与发言主题相关的知识和信息；演讲的技巧和艺术；演讲辅助手段或多媒体演示技术
		阅读和获取资料	资料查询和搜索方法；快速阅读的技巧；各种图表的功能
		书面表达	与工作任务相关的知识；实用文体的应用；图表的功能和应用；素材选用的基本方法；文稿排版和编辑的技法；写作的基本技法；逻辑和修辞技法
与人合作	初级	理解合作目标	活动要素的群体性与分工合作的关系；职业团队的概念、特征与种类；组织的使命、目标、任务；自身的职业价值，个人在组织中的作用
		执行合作计划	服从的基本概念，指令、命令的含义；求助的意义，人的求助意识；职业生活的互助性，帮助他人的价值
		检查合作效果	工作进度的概念，影响工作进度的因素；工作进程的检查，调整工作程序；工作汇报的程序和要领
	中级	制订合作计划	聚合型团队、松散型团队和内耗型团队的特征；组织内部的冲突情况，剖析内耗型团队的心理根源；合作双方的利益需求和社会心理需求
		完成合作任务	民族、学历、地域、年龄等差异；人的工作和生活习惯、办事规律；宽容的心态，容忍的方法
		改善合作效果	使他人接受自己意见、改变态度的策略；在会议上提出意见和建议的规则；改变自己的态度，接受他人批评指责的心理准备
	高级	调整合作目标	领导科学与管理方法；组织文化的形成与发展；目标管理与时间管理
		控制合作进程	人际交往与沟通的知识和相关能力；有效激励的方法与技巧；批评的途径、方法和注意事项
		达到合作目标	信息的采集与整理，组织经济效益的统计学知识；员工绩效测评的基本方法和程序；合作过程的风险控制意识和防范

能力领域	等级	技能点	"知识准备"参照范围
解决问题	初级	分析问题提出方案	分析问题的方法；归纳问题的方法；对比选择的方法；判断的方法；决策理论与方法；关于相关问题本身的专业知识和发展规律的认识
		实施计划解决问题	撰写工作计划的相关知识；信息检索、文献查询的有关方法；逻辑判断、推理的相关知识；解决问题的技巧
		验证方案改进方式	分析和检查问题的方法；跟踪调查的方法；工作总结的规则和写作方法
	中级	分析问题提出方案	分析问题的方法；归纳问题的方法；对比选择的方法；判断的方法；决策理论与方法；关于相关问题本身的专业知识和变化规律的认识
		实施计划解决问题	应用写作学中关于撰写工作计划的相关知识；信息检索、文献查询的有关方法；逻辑判断、推理的相关知识；解决问题的技巧；与他人合作的知识和方法
		验证方案改进计划	分析和检查问题的方法；跟踪调查的方法；工作总结的规则和写作方法
	高级	分析问题提出对策	决策科学的系统知识；形式逻辑、辩证逻辑思维的系统知识和方法；分析问题的系统知识和技巧；群体创新技法的系统知识；数学建模方法；关于相关问题本身的专业知识和变化规律的认识
		实施方案解决问题	关于撰写工作计划的系统知识；信息检索、文献查询的系统知识和方法；有关价值工程、现场分析和形态分析的知识；解决问题的技巧；有关进度评估的知识；与人合作的系统知识和方法
		验证方案改进计划	分析和检查问题的方法；跟踪调查的方法；工作总结的规则和写作方法；创新技法
革新创新	初级	揭示不足提出改进	关于思维和创造思维的一般知识；关于思维定式和突破思维障碍的知识；关于相关事物本身的专业知识和发展规律的认识
		做出创新方案	列举类技法和设问类技法的原理、特点、适用范围和具体操作的知识；有关分解类技法、组合类技法、分解组合类技法的原理、特点、适用范围和具体操作方法的知识；收集信息、案例的知识和方法
		评估创新方案	有关创新成果价值评定的知识；可行性分析的知识；撰写可行性报告的知识
	中级	揭示不足提出改进	有关思维障碍形成的知识；横向、逆向、灵感思维的知识；换向、换位思维的知识；逻辑判断和推理知识；关于相关事物本身的专业知识和发展规律的认识
		做出并实施创新方案	有关类比类技法和移植类技法的知识；有关德尔斐法和综摄法的知识；有关还原法、换向思考类技法的知识
		评估创新方案	有关项目可行性测评的技术；有关最佳方案评估的知识；撰写评估报告的知识
	高级	揭示不足提出改进	创新能力构成和提升的知识；有关事物运动、变化和发展的知识；灵活运用各种思维形式的知识；关于相关事物本身的专业知识和发展规律的认识
		做出并实施创新方案	有关价值工程、现场分析和形态分析的知识；针对不同事物运用不同创新方法的知识；综合运用各种创新方法的知识
		评估创新方案	可持续创新的知识；有关创新原理的知识；有关知识产权的知识；技术预测和市场预测知识

（资料来源　劳动和社会保障部职业技能鉴定中心．职业核心能力培训测评标准（试行）[M]．北京：人民出版社，2007.本表参照"资料来源"所列文献相关内容提炼、编制与同步修订）

附录二　案例分析训练考核参照指标

附表2　　　　　　　　　　　　案例分析训练与考核指标和规范参照表

参照指标		训练考核点	分项成绩
形成性训练与考核 $\sum 50$	个人准备 $\sum 20$	案例概况；讨论主题；问题理解；揭示不足；创新意见；决策标准；可行性方案	
	小组讨论 $\sum 15$	上课出席情况；讨论发言的参与度；言语表达能力；说服力大小；思维是否敏捷	
	班级交流 $\sum 15$	团队协作；与人交流；课堂互动等方面的满意度；讨论参与的深度与广度	
成果性训练与考核 $\sum 50$	分析依据 $\sum 8$	分析依据的客观性与充分性	
	分析步骤 $\sum 8$	分析步骤的恰当性与条理性	
	理论思考 $\sum 8$	理论思考的正确性、深刻性与全面性	
	解决问题 $\sum 8$	理解问题与解决问题能力的达标性	
	革新创新 $\sum 10$	揭示不足与提出改进能力的达标性	
	文字表达 $\sum 8$	文字表达能力的强弱性	
总成绩 $\sum 100$			
教师评语		签名： 20　年　月　日	
学生意见		签名： 20　年　月　日	

附录三　职业核心能力训练考核参照规范与标准

附表3　　　　　　　　　　　　**职业核心能力训练考核规范与标准参照表**

能力领域	等级	基本要求	技能点	参照规范与标准
自主学习	初级	具备学习的基本能力，在常规条件下能运用这些能力适应工作和学习要求	确定短期学习目标	能明确学习动机和目标，并计划时间、寻求指导
			实施短期学习计划	能按照行动要点开展工作、按时完成任务，使用不同方式、选择和运用不同的学习方法实现目标，并能对计划及时做出调整
			检查学习进度	能对学习情况提出看法、改进意见和提高学习能力的设想
	中级	主要用理解式接受法，对有兴趣的任务可以用发现法掌握知识信息；在更广泛的工作范围内灵活运用这些能力以适应工作岗位各方面需要	确定中期学习目标	能明确提出多个学习目标，列出实现各目标的行动要点，确定实现目标的计划，并运筹时间
			实施中期学习计划	能开展学习和活动，通过简单的课程和技能训练，提高工作能力
			检查学习进度	能证明取得的学习成果，并能将学到的东西用于新的工作任务
	高级	能较熟练灵活地运用各种学习法在最短时间内掌握急需知识信息；能广泛地收集、整理、开发和运用信息，善于学习、接受新的事物，以适应复杂工作和终身发展的要求	确定长期学习目标	能根据各种信息和资源确定要实现的多个目标及途径，明确可能影响计划实现的因素，确认实现目标的时限，制定行动要点和时间表，预计困难和变化
			实施长期学习计划	能保证重点、调整落实、处理困难、选择方法，通过复杂的课程和技能训练提高工作能力
			检查学习进度	能汇总学习成果、成功经验和已实现的目标，证明新学到的东西能有效运用于新选择的职业或工作任务
信息处理	初级	具备进入工作岗位最基本的信息处理能力，在常规条件下能收集、整理并传递适应既定工作需要的信息	获取信息	能通过阅读、计算机或网络获取信息
			整理信息	能使用不同方法，从多个资源中选择、收集和综合信息，并通过计算机编辑、生成和保存信息
			传递信息	能通过口语、书面形式，用合适的版面编排、规范的方式展示、电子手段传输信息
	中级	在更广泛的工作范围内获取需要的信息，进行信息开发处理，并根据工作岗位各方面的需要展示组合信息	获取信息	能定义复杂信息任务，确定搜寻范围，列出资源优先顺序，通过询访法和观察法搜寻信息
			开发信息	能对信息进行分类、定量筛选、运算分析、加工整理，用计算机扩展信息
			展示信息	能通过演说传递信息，用文字图表、计算机排版展示组合信息，用多媒体辅助信息传达
	高级	广泛地收集、深入地整理开发，多样地传递、灵活地运用信息，以适应复杂的工作需要；具备信息处理工作的设计与评估能力，并表现出较强的组织与管理能力	获取信息	能分析复杂信息任务，比较不同信息来源的优势和限制条件，选择适当技术、使用各种电子方法发现和搜寻信息
			开发信息	能辨别信息真伪，定性核校、分析综合、解读与验证资料，建立较大规模的数据库，用计算机生成新的信息
			展示信息	能用新闻方式发布、平面方式展示、网络技术传递，利用信息预测趋势、创新设计，收集信息反馈，评估使用效果

续表

能力领域	等级	基本要求	技能点	参照规范与标准
数字应用	初级	具备进入工作岗位最基本的数字应用能力，在常规条件下能运用这些能力适应既定工作的需要	采集、解读数据信息	能按要求测量并记录结果，准确统计数目，解读简单图表，读懂各种数字，并汇总数据
			进行数字计算	能进行简单计算并验算结果
			展示和使用数据信息	能正确使用单位，根据计算结果说明工作任务
	中级	在更广泛的工作范围内，灵活地运用数字应用能力以适应工作岗位各方面的需要	解读数据信息	能从不同信息源获取信息，读懂、归纳、汇总数据，编制图表
			进行数据计算	能从事多步骤、较复杂的计算，使用公式计算结果
			展示和使用数据信息	能使用适当方法展示数据信息和计算结果，设计并使用图表，根据结果准确说明工作任务
	高级	具备熟练把握数字和通过数字运算来解决实际工作中的问题的能力，适应更复杂的工作需要	解读数据信息	能组织大型数据采集活动，通过调查和实验获取、整理与加工数据
			进行数据计算	能从事多步骤的复杂计算，并统计与分析数据
			展示和使用数据信息	能选择合适的方法阐明和比较计算结果，检查并论证其合理性，设计并绘制图表，根据结果做出推论，说明和指导工作
与人交流	初级	具备进入工作岗位最基本的与人交流能力，在常规条件下能运用这些能力适应既定工作的需要	交谈讨论	能围绕主题，把握讲话的时机、内容与长短，倾听他人讲话，多种形式回应；使用规范易懂的语言、恰当的语调和连贯的语句清楚地表达意思
			阅读和获取资料	能通过有效途径找到所需资料，识别有效信息，归纳内容要点，整理确认内容，会做简单笔记
			书面表达	能选择基本文体，利用图表、资料撰写简单文稿，并掌握基本写作技巧
	中级	在更广泛的工作范围内，灵活运用这些能力以适应工作岗位各方面的需要	交谈讨论	能始终围绕主题参与，主动把握讲话时机、方式和内容，理解对方谈话内容，推动讨论进行，全面准确传达一个信息或观点
			简短发言	能为发言作准备，当众讲话并把握讲话内容、方式，借助各种手段说明主题
			阅读和获取资料	能根据工作要求从多种资料中筛选有用信息，看懂资料的观点、思路和要点，并整理汇总资料
			书面表达	能掌握应用文体，注意行文格式；组织利用材料，充实内容要点；掌握写作技巧，清楚表达主题；注意文章风格，提高说服力
	高级	在工作岗位上表现出更强的组织和管理能力，通过运用与人交流的能力适应更复杂的工作需要	交谈讨论	始终把握会议主题，听懂他人讲话内容并做出反应，主持会议或会谈，全面准确表述复杂事件或观点
			当众讲演	能为讲演作准备，把握讲演的内容、方式，借助各种手段强化主题
			阅读和获取资料	能为一个问题或课题找到相关资料，看懂资料的思路、要点、价值和问题，分析、筛选和利用资料表达主题
			书面表达	能熟悉专业文书，把握基本要求；有机利用素材，说明内容要点；掌握写作技巧，清楚恰当表达主题；采用适当风格，增强说服力

能力领域	等级	基本要求	技能点	参照规范与标准
与人合作	初级	理解个人与他人、群体的合作目标，有效地接受上级指令；准确、顺利地执行合作计划；调整工作进度，改进工作方式；检查工作效果	理解合作目标	能确定合作的基础和利益共同点，掌握合作目标要点和本单位人事组织结构，明确个人在团队中的职责和任务
			执行合作计划	能接受上级指令，准确、顺利地执行合作计划
			检查合作效果	能通过检查工作进展情况，改进工作方式，促进合作目标实现
	中级	与本部门同事、内部横向部门、外部相关部门共同制订合作计划；协调合作过程中的矛盾关系，按照计划完成任务；在合作过程中遇到障碍时提出改进意见，推进合作进程	制订合作计划	能与本部门同事、组织内部横向部门、组织外部相关部门共同制订合作计划
			完成合作任务	能与他人协同工作，处理合作过程中的矛盾
			改善合作效果	能判断合作障碍，表达不同意见，接受批评建议，弥补双方失误
	高级	根据情况变化和合作各方的需要，调整合作目标；在变动的工作环境中，控制合作进程；预测和评价合作效果，达成合作目的	调整合作目标	能发现各方问题，协调利益关系，进行有效沟通，调整合作计划与工作顺序
			控制合作进程	能整合协调各方资源，妥善处理矛盾，排除消极因素，激发工作热情
			达到合作目标	能及时全面检查工作成效，不断改善合作方式
解决问题	初级	具备进入工作岗位最基本的解决问题能力，在常规条件下能根据工作的需要，解决一般简单和熟悉的问题	分析问题提出方案	能用几种常用的办法理解问题，确立目标，提出对策或方案
			实施计划解决问题	能准备、制订和实施被人认可并具有一定可行性的计划
			验证方案改进方式	能寻找方法，实施检查，鉴定结果，提出改进方式
	中级	在有限的资源条件下，根据工作岗位的需要，解决较复杂的问题	分析问题提出方案	能描述问题，确定目标，提出并选择较佳方案
			实施计划解决问题	能准备、制订和实施获得支持的较具体计划，并充分利用相关资源
			验证方案改进计划	能确定方法，实施检查，说明结果，利用经验解决新问题
	高级	在工作岗位上表现出更强的解决问题能力，在多种资源条件下，根据工作需要解决复杂和综合性问题	分析问题提出对策	在提出解决问题的对策时，能分析探讨问题的实质，提出解决问题的最优方案，并证明这种方案的合理性
			实施方案解决问题	在制订计划、实施解决办法时，能制订并实施获得认可的详细计划与方案，并能在实施中寻求信息反馈，评估进度
			验证方案改进计划	在检查问题、分析结果时，能优选方法，分析总结，提出解决同类问题的建议与方案

续表

能力领域	等级	基本要求	技能点	参照规范与标准
革新创新	初级	在常规工作条件下，能根据工作需要，初步揭示事物的不足，运用创新思维和创新技法进行创新活动	揭示不足提出改进	能揭示事物不足，提出改进意见
			做出创新方案	能在采纳各方意见的基础上，确定创新方案的目标、方法、步骤、难点和对策，指出创新方案需要的资源和条件
			评估创新方案	能进行自我检查，正确地对待反馈信息和他人意见，对创新方案及实施做出客观评估，并根据实际条件加以调整
	中级	根据工作发展需要，在更广泛的工作范围内揭示事物的不足，较熟练地运用创新思维和创新技法进行创新活动，并对创新成果进行分析总结	揭示不足提出改进	能在新需求条件下揭示事物的不足，提出改进事物的创新点和具体方案
			做出并实施创新方案	能从多种选择中确认最佳方案，并利用外界信息、资源和条件实施创新活动
			评估创新方案	能按常规方式和专业要求，对创新改进方法和结果的价值进行评估，根据实际条件进行调整，并指导他人的创新活动
	高级	在工作岗位上表现出更强的创新能力，在复杂的工作领域，能根据工作需要揭示事物的不足，熟练运用创新思维和创新技法进行创新活动，对创新成果进行理论分析、论证、总结和评估，并指导他人的创新活动	揭示不足提出改进	能通过客观分析事物发展与需求之间的矛盾揭示事物的不足，提出首创性的改进意见和方法
			做出并实施创新方案	能根据实际需要，设计并实施创新工作方案，并在条件变化时坚持创新活动
			评估创新方案	能按常规方式和专业要求，对创新方法和结果进行检测和预测风险；针对问题调整工作方案，总结经验，指导他人，提出进一步创新改进的方法

（资料来源　劳动和社会保障部职业技能鉴定中心. 职业核心能力培训测评标准（试行）[M]. 北京：人民出版社，2007. 本表参照"资料来源"所列文献相关内容提炼与编制）

附录四　职业道德训练考核参照规范与标准

附表4 　　　　　　　　　**职业道德训练考核规范与标准参照表**

道德领域	道德范畴	参照规范与标准
职业道德	职业观念	对职业、职业选择、职业工作、营销人员职业道德和企业营销伦理等问题具有正确的看法
	职业情感	对职业或职业模拟有愉快的主观体验、稳定的情绪表现、健康的心态、良好的心境，具有强烈的职业认同感、职业荣誉感和职业敬业感
	职业理想	对将要从事的职业种类、职业方向与事业成就有积极的向往和执着的追求
	职业态度	对职业选择或模拟选择有充分的认知和积极的倾向与行动
	职业良心	在履行职业义务时具有强烈的道德责任感和较高的自我评价能力
	职业作风	在职业模拟、职业实践或职业生活的自觉行动中，具有体现职业道德内涵的一贯表现
	职业守则	真诚公道，信誉第一；热情友好，宾客至上；不卑不亢，一视同仁；钻研业务，提高技能；锐意改革，勇于竞争

附录五　能力训练考核参照采分系数

附表5　　　　　　　　　　　　能力训练考核采分系数参照表

参照系数	达标程度
90% ~ 100%	能依照全部考核要求，圆满、高质地完成此种能力所属各项技能操作，其效率与稳定性俱佳
80% ~ 89%	能依照多数考核要求，圆满、高质地完成此种能力所属各项技能操作，其效率与稳定性较佳
70% ~ 79%	能依照多数考核要求，较圆满、高质地完成此种能力所属各项技能操作，其效率与稳定性一般
60% ~ 69%	能依照多数考核要求，基本完成此种能力所属各项技能操作，其效率与稳定性一般
60%以下	只能依照少数考核要求，基本完成此种能力所属各项技能操作，其效率与稳定性较低